B. S. J. ISSERLIN

DAS VOLK DER BIBEL

KULTURGESCHICHTE
DER ANTIKEN WELT

BAND 84

VERLAG PHILIPP VON ZABERN · MAINZ AM RHEIN

B. S. J. Isserlin

Das Volk der Bibel

Von den Anfängen bis zum Babylonischen Exil

Aus dem Englischen übersetzt von
Brigitte Jaroš-Deckert

VERLAG PHILIPP VON ZABERN · GEGRÜNDET 1785 · MAINZ

VII, 327 Seiten mit 78 Schwarzweißabbildungen;
8 Farb- und 33 Schwarzweißtafeln

Dem Gedächtnis meiner Frau Hilda,
die mir so viel half

Die Deutsche Bibliothek – CIP-Einheitsaufnahme

Ein Titeldatensatz für diese Publikation ist bei der
Deutschen Bibliothek erhältlich

First published by Thames and Hudson, London, as
THE ISRAELITES

ISBN 3-8053-2713-7

Printed in Germany by Philipp von Zabern
Printed on fade resistant and archival quality paper (PH 7 neutral) · tcf

Inhaltsverzeichnis

Vorwort

Das vorliegende Buch versucht eine umfassende Darstellung des alten Israel zu geben. Bisherige Zusammenfassungen des Themas wie die 1990 erschienene Arbeit von W. G. Dever, *Recent Archaeological Discoveries and Biblical Research* oder die Untersuchung von R. L. Harris, *Exploring the World of the Bible Lands* aus dem Jahre 1995 bleiben überblicksartig. Das Vorbild für dieses Buch stellt die Untersuchung von Donald Harden, *The Phoenicians* (1962) dar, dem der Autor nicht nur bis zur Kapiteleinteilung folgt, sondern sich auch an die Bemerkungen von Harden anschließt, wonach ein solches Vorhaben sich als ein nie enden wollendes erweist, dessen Realisierung einerseits der unerschöpflichen Geduld und Hilfsbereitschaft der Verleger und andererseits der immerwährenden Ermutigung und der Zuneigung seiner Frau zu danken ist.

Der für dieses Buch gewählte Zugang zum Thema ist etwas ungewöhnlich: Das Hauptinteresse gilt allein dem alten Israel – die Bezugnahme auf die Nachbarländer oder die Levante im allgemeinen wird auf ein Minimum reduziert. Es ist zwar gegen den Zeitgeist, sich nicht eigenständig mit Palästina-Archäologie zu beschäftigen, doch ist in Erinnerung zu rufen, daß V. G. Childe, dem sicherlich keine Engstirnigkeit vorgeworfen werden kann, 1935 *The Prehistory of Scotland* verfaßte. Soweit es die Materiallage erlaubt und es zutreffend erscheint, wird eine Vorgangsweise gewählt als würde man beispielsweise ein Buch über Europäische Geschichte oder Archäologie schreiben aber unter besonderer Berücksichtigung der Befindlichkeiten im Nahen Osten. In gewisser Weise nähert sich der Verfasser als Historiker dem Gebiet der Orientalischen Sprachen an, basierend auf einer akademischen Ausbildung in beiden Disziplinen: Geschichte unter Einschluß der Archäologie in Edinburgh und orientalische Sprachen in Oxford. Er fühlt sich seinen Lehrern hier wie dort sehr zu Dank verpflichtet, im besonderen V. H. Galbraith (Geschichte), V. G. Childe (Archäologie) und N. W. Porteous (Hebräisch) in Edinburgh und H. Danby sowie G. R. Driver (Hebräisch), H. A. R. Gibb und A. F. L. Beeston (Arabisch) und C. Rabin (Semitische Sprachen) in Oxford. Möge das Ergebnis vor allem bei den Lesern der drei großen monotheistischen Religionen, die am alten Israel und seiner Religion im speziellen interessiert sind, Zustimmung finden. Der Leser wird häufig auf die Unsicherheiten in Bezug auf die Quellenlage verwiesen. Sie ist wesentlich lückenhafter verglichen mit der Aufarbeitung europäischer Geschichte.

Meinen verstorbenen Eltern und meiner älteren Schwester bin ich dankbar für den permanenten Hinweis auf die Notwendigkeit, Hypothesen durch Tatsachen zu untermauern und in einer Welt, die übermäßig mit sozialen und wirtschaftlichen »Gesetzen« beschäftigt ist, das individuell Menschliche nicht aus den Augen zu verlieren. Ich widme dieses Buch dem Gedächtnis meiner Frau Hilda. Viele Jahre hindurch unterstützte sie die Arbeit daran mit wertvollen Vorschlägen und wiederholter Ermutigung, so wie sie sich mit den daraus resultierenden Belastungen abfand. Ihr plötzlicher Tod nahm ihr die Möglichkeit, die Vollendung des Werkes zu sehen. Wir und die Leser des Buches sind tief in ihrer Schuld.

Einleitung

Das alte Israel hat in der breiten Öffentlichkeit einen wesentlich höheren Bekanntheitsgrad als die meisten anderen Länder der Antike: Eine intensive religiöse Erziehung von Kindheit an verursacht aber auch eine besondere Sicht der Dinge. Wenn wir jedoch den Blick auf das von der neueren Fachwissenschaft gelieferte Bild vom alten Israel werfen (das auf außerbiblischen und biblischen Quellen gründet), sind wir mit einer beunruhigend veränderten Situation konfrontiert. Nicht nur allgemein vertraute Merkmale werden anders gesehen, sondern ganz fundamentale Positionen werden in Zweifel gezogen oder gar abgelehnt. Beginnen wir mit der grundsätzlichen Frage, ob es tatsächlich ein »Staatsgebilde« namens Israel gab, das sowohl das Territorium des vereinigten Reiches von David und Salomo und den Nachfolgestaaten als auch das Gebiet der früher durch Konföderation zusammengeschlossenen Stämme umfaßte?

In letzter Zeit äußerten viele Gelehrte Zweifel an einem solch umfassenden »Staatsgebilde« und schlugen vor, die Bezeichnung »Israel« nur für das Nordreich zu benützen. Ferner ist zu fragen, ob es vertretbar ist, eine Geschichte von Israel und Juda zu schreiben, die hauptsächlich auf biblischen Texten gründet, da diese (wie viele meinen) hauptsächlich in einer wesentlich späteren Zeit – nämlich zur Zeit des Exils und in der persisch-hellenistischen Zeit – und unter einem wesentlich späteren Gesichtspunkt verfaßt wurden. Da sie also über Ereignisse berichten, die mehrere Jahrhunderte zurückliegen, sind sie nach dieser Meinung von zweifelhafter Glaubwürdigkeit. Darüber hinaus sind biblische Texte als Literatur zu verstehen. Literatur neigt zur Auswahl und zur Formulierung ihres Erzählgutes innerhalb bestimmter literarischer Regeln. Würde es daher nicht ratsam sein, zwischen biblischer Literatur einerseits und Archäologie und Geschichte andererseits zu unterscheiden? Biblische Literatur würde dann nach literarischen Kriterien beurteilt werden, während Archäologie und Geschichte auf wirklich historischen Quellen wie nicht-biblischen, palästinischen und anderen, altorientalischen Texten basieren würden. Der Versuch, beide in einem »Die Geschichte des alten Israel« genannten Ganzen zu kombinieren, müsste da grundsätzlich mangelhaft bleiben.

Während uns diese Fragen weiter unten noch beschäftigen werden, erfordert die entscheidende Frage, ob es gerechtfertigt ist, von einem Israel zu sprechen, das sowohl Juda im Süden als auch das Gebiet des Nordreiches umfaßt, eine sofortige Antwort. Biblische Texte legen diese Vermutung nahe, doch können sie nicht als zwingendes Argument angeführt werden, da sie, wie schon erwähnt, großteils spät entstanden und für viele von anzuzweifelnder Beweiskraft sind. Trotzdem scheinen dem Autor zumindest zwei entscheidende Argumente dafür zu sprechen. Erstens wurde in Juda und in Nordisrael dieselbe Gottheit, die in der hebräischen Bibel mit den Konsonanten JHWH geschrieben und üblicherweise »Jahwe« ausgesprochen wird, verehrt, obwohl es wesentliche Unterschiede in Verehrung und Theologie gibt. Nun geht im Alten Orient die Verehrung eines gemeinsamen höchsten Gottes Hand in Hand mit gemeinsamer Staatszugehörigkeit. So wurde etwa Kemosch von den Moabitern und Milkom von den Ammonitern verehrt usw. Ferner fällt auf, daß die im Tempel zu Jerusalem verehrte Gottheit (besonders bei Jesaja) als »Gott Israels« bezeichnet wird, niemals aber als Gott Judas. Wären die beiden Reiche vollständig getrennt voneinander, würde man auch eine Differenzierung in der Gottesbezeichnung erwarten. Darüber hinaus zeigen archäologische Erkenntnisse, wie wir noch sehen werden, daß die Ursprünge Judas mit einer massiven Einwanderungswelle aus dem nördlichen, israelitischen Landesinneren in den Süden zusammenhängen. Solche Einwanderer mögen das Wissen bewahrt haben, daß es die gemeinsame (israelitische) Herkunft ist, die die Judäer an ihre nördlichen Nachbarn band. Diese Vermutungen bestärken die Ansicht der Bibel, wonach es eine erbliche Verbindung zwischen den beiden Gebieten gab und die Annahme, daß ein lange Zeit bestehendes »Staatsgebilde« namens Israel existierte, das trotz aller Differenzen sowohl den Norden als auch den Süden umfaßte, zu Recht besteht. (Im Griechenland der Antike war es in gewisser Weise ähnlich.) Dagegen wäre schwer zu verstehen, warum sich vorexilische Judäer plötzlich Israeliten genannt hätten (wie viele jetzt vorschlagen): für nachexilische Judäer war das Nordreich seiner separatistischen und häretischen Traditionen wegen ein Objekt der Ablehnung und es gibt keinen Grund anzunehmen, daß sich diese Einstellung geändert hätte.

Wenden wir uns einem anderen Aspekt unseres Themas zu. Das alte Israel, ein Volk, das gesondert wohnte und nicht zu den Völkern gezählt wurde (Numeri 23, 9), hatte die ausgeprägte Tendenz, sich für einzigartig zu halten. Diese Ansicht vertreten heute noch viele, trotzdem meinen andere, daß nur wenig von der ärmlichen und provinziellen Kultur des alten Israel nicht vergleichbar wäre mit jener seiner Nachbarn. Diese Fragen werden uns später beschäftigen; zuerst müssen wir definieren, wie Israel seine Einzigartigkeit selbst dachte und worin sie bestand, warum seine Sicht der Dinge bleibenden Einfluß ausüben und Israel selbst ein Gegenstand von Interesse sein sollte – während seine Zeitgenossen jeweils nur kurzfristig dem Vergessen entrinnen können, nämlich, wenn deren Inschriften entziffert und ihre Überreste ausgegraben werden. Einzigartigkeit aus Gründen außergewöhnlicher, kultureller Leistungen oder militärischer Stärke beanspruchten auch bestimmte andere Länder des Altertums. Israel, ein kleines Volk, das im späten zweiten und frühen ersten Jahrtausend v. Chr. das palästinische Hügelland bewohnte, hatte nur zu gewissen Zeiten politische oder militärische Bedeutung. Seine Kultur konnte sich im Vergleich mit jener seiner Nachbarn sehen lassen und dennoch war es nicht sie, warum wir uns heute an Israel erinnern. Sein Anspruch gründete in der Religion: Die Israeliten verstanden sich in einem exklusiven Vertrag mit dem Herrn, ihrem Gott, als etwas Besonderes und darin ist sogar ihre nationale Existenz grundgelegt.

Dieser zentrale Glaubensgrundsatz sollte durch den Glauben verbreitet werden und erreichte übernationalen Einfluß auf die Weltgeschichte. Schon früh wurde die in Israel verehrte Gottheit von den angrenzenden Ländern respektiert. Später wurden die Israeliten als das »Volk der Bibel« bezeichnet. Ihre heiligen Schriften, Gesetze und Bräuche faszinierten die alte Welt und zogen sie mitunter an. Das wachsende Christentum übernahm die von den Juden tradierte Hebräische Bibel als sein Altes Testament (hauptsächlich in griechischer und lateinischer Übersetzung) und machte einen großen Teil der Menschheit zu gegebener Zeit mit seinem Inhalt vertraut. Europäisches Gedankengut, Literatur und Kunst wurden stark davon beeinflußt, während zur selben Zeit die Entstehung und Verbreitung des Islam (in welchem eine Anzahl biblischer Traditionen Parallelen findet) weitere Gesichtspunkte in die Entwicklung einbrachte. Persönlichkeiten wie Abraham, Moses, David und Salomo – um nur einige zu nennen – sind den Anhängern der drei großen, monotheistischen Religionen in der ganzen Welt vertraut.

Naturgemäß gab es von frühester Zeit an Bemühungen, mehr über die Menschen, Orte und Ereignisse, über die in der Bibel berichtet wird, zu erfahren und zwar durch Heranziehung außerbiblischer, literarischer und materieller Zeugnisse. Doch ist der Wunsch, die Heilige Schrift zu verstehen, nicht der einzige Grund für solch eine Annäherung. Biblische Traditionen können auch als mögliche Informationsquelle für die Geschichte des Altertums einerseits und die Beziehung der israelitischen Religion zu ihrer geistigen und materiellen Kultur andererseits gesehen werden. Demnach müßte die Bibel eher als historisches Dokument erforscht und ausgewertet, denn als Grundlage des Glaubens geschätzt werden. Folglich muß ein Buch über die Israeliten die unterschiedlichen Bedürfnisse zweier Arten von Leser im Auge behalten: jene, die hauptsächlich an der Erläuterung der Bibel interessiert sind und jene, die Israel vorwiegend als eines von vielen Völkern des Alten Orient verstehen. Unser Ziel wird es nun sein, eine Darstellung von Israel und seiner geistigen und materiellen Kultur zu geben, wie sie sich in Kombination aus dem Studium der Bibel, außerbiblischer Texte und der Archäologie, basierend auf dem heutigen Stand der Wissenschaft, erschließen läßt.

DIE FRAGESTELLUNG

Eine Reihe weiterer, einleitender Aspekte muß berücksichtigt werden. Zuerst ist der zeitliche Rahmen unserer Untersuchung abzustecken. Die grundlegende Frage, ob Israel als eine Einheit Subjekt einer monographischen Studie sein kann, wurde schon kurz angesprochen. Halten wir die wichtigsten Grundsätze israelitischer Traditionen die Vergangenheit betreffend fest. Nur während der kurzen Periode des vereinten Königreichs unter David und Salomo konstituierte sich Israel als umfassende Einheit. Davor lebte der Süden gewissermaßen in Isolation vom Zentrum und vom Norden, während nach dem Tod Salomos das vereinte Königreich in zwei getrennte Reiche zerfiel – in Juda und in einen davon nördlichen Staat namens Israel. Die beiden Reiche wurden nie wieder vereint, dennoch erhielt sich durchaus das Gefühl einer gemeinsamen israelitischen Identität, das sogar das Ende der beiden Schwesterreiche, jenes von Israel 722 v. Chr. und das nachfolgende Exil überdauerte. Als Kyros einer Gruppe von Judäern die Rückkehr in ihre Heimat gestattete, bezeichneten sie sich selbst in der Tat bisweilen als Israeliten und diese Sitte bestand weiter. Mit diesen Überlieferungen werden wir uns im Lichte der Auseinandersetzungen in der Forschungsmeinung noch zu beschäftigen haben.

Wir beginnen daher an jenem Punkt der Geschichte, an dem sich eine Größe namens Israel zum ersten Mal aufspüren läßt und zwar im späten dreizehnten Jahrhundert v. Chr. Israelitische Traditionen in der Bibel führen viel weiter zurück – zu Jakob, einem Stammesahnherrn, dem nach einem Kampf mit einem geheimnisvollen, engelhaften Fremden der Ehrenname Israel verliehen wird und dann zu Abraham. Jene bemerkenswerten Ereignisse wie die Zeit der Unterdrückung in Ägypten, der Auszug, die Gesetzgebung am Berg Sinai und die Einwanderung in Kanaan werden wir in einem späteren Kapitel näher ausführen. Hier müssen wir festhalten, daß sie im Rahmen dessen, was wir von historischen Quellen wissen, nicht überzeugend bewiesen werden können. Zeitlich gehen wir nicht über den Fall des Königreiches Juda im Jahre 586 v. Chr. hinaus, es sei denn, es wäre zum Verständnis erforderlich: Nach der Rückkehr vom Exil bildete sich eine Gemeinschaft, die auf einer theokratischen Verfassung in enger Anlehnung an Religionsgesetze basierte und sich in vielen Punkten vom Vorangegangenen unterschied – manche sehen in dieser Phase die Ursprünge des Judentums.

Was die geographischen Grenzen betrifft, beschränken wir uns auf Israel in seinem palästinischen Kernland, weshalb wir uns nicht mit Israel in Ägypten und nur am Rande mit jenen israelitischen und judäischen Gruppen, die kurz vor oder nach der Zerstörung Jerusalems in Ägypten und Mesopotamien gegründet wurden, beschäftigen. Selbstverständlich können wir unsere Fragestellung nicht isoliert abhandeln. Um das alte Israel wirklich zu verstehen, müssen wir es in Beziehung zur altorientalischen Welt, der es als ein Teil angehörte, setzen. So können wir erkennen, wo Israel an der gemeinsamen Entwicklung teilnahm und wo es seine eigene Linie in der Geschichte verfolgte.

DIE QUELLEN UND IHRE GRENZEN

Wir müssen auch die Art der uns zur Verfügung stehenden Quellen berücksichtigen: Was können wir von ihnen lernen und wo sind ihre Grenzen? Die Bibel und besonders die Archäologie erfordern eine ausführliche Stellungnahme, während andere Quellen kürzer abgehandelt werden können.

Die Bibel

Die Bibel (das Alte Testament) ist nicht ein einziges Buch, sondern besteht aus einer Sammlung von Büchern. Nach heutiger Zählung sprechen wir von 39 Büchern, obwohl das frühe Judentum weniger zählte, da heute einige Bücher unterschieden werden, die ehemals als Einheit galten. Sie ist vorwiegend in literarischem Hebräisch verfaßt, für dessen Erforschung es eine der bedeutendsten Quellen darstellt. Daher sprechen wir von der Hebräischen Bibel, obwohl kleine Abschnitte daraus – vor allem in den Büchern Esra und Daniel – in einer verwandten Sprache, nämlich Aramäisch, geschrieben wurden. Die Bibel umfaßt 300 000 Wörter in 23 100 Versen und ist damit umfangmäßig eines der bedeutendsten Werke altorientalischer Literatur. Obwohl sie viermal so viel Text enthält wie der Koran, macht sie dennoch nur etwa ein Drittel der gesammelten Werke eines einzigen englischen Schriftstellers, nämlich William Shakespeares, aus.

Üblicherweise werden drei Hauptabschnitte unterschieden: die fünf Bücher des Mose (im westlichen Sprachgebrauch als Pentateuch, in jüdischer Terminologie als Tora bekannt); die (Früheren und Späteren) Propheten; und die Schriften. Ihre Reihenfolge entspricht eher der Reihenfolge ihrer Kanonisierung als Heilige Schrift denn ihrem Ursprungsdatum. Die Bibel wurde zum Teil in Prosa und zum Teil in poetischer Form verfaßt und beschäftigt sich mit einer beachtlichen Themenvielfalt: israelitische und jüdische Geschichte, religiöse und staatliche Gesetzgebung (wie wir es im heutigen Sprachgebrauch nennen würden), Hymnen und Gebete zur öffentlichen und privaten Verehrung und andere poetische Werke, prophetische Worte, Sprichwörter und andere weisheitliche Ausführungen. Einige Überschriften in der Bibel lassen vermuten, daß es sich bei diesen Werken um Überreste einer umfangreicheren, heute verlorenen Literatur handelt. Sie beinhalten einige der schönsten poetischen Texte und Prosatexte der Weltliteratur und spiegeln den Glauben und die Traditionen ihrer Verfasser und der Welt, der diese entstammen, wider, bieten aber kein enzyklopädisches Wissen der Lebens- und Gedankenwelt des alten Israel. Die Bibel ist Manifestation eines religiösen Zweckes: Es ist ihre Absicht, die Israeliten die Beziehung ihres Gottes zu seinem Volk, mit dem er einen Bund einging, zu lehren und die Führung über sein Volk nach seinem göttlichen Plan im Lauf der Geschichte in der Hoffnung zu etablieren, daß am Ende der in und für Israel gegründete Glaube zum religiösen Mittelpunkt für die ganze Menschheit werden wird. Eine leidenschaftslose Diskussion über rivalisierende, religiöse Loyalitätsverhältnisse darf hier nicht erwartet werden, ebenso wie die Ansichten derer, die nicht zustimmen, keine weiteren Erläuterungen erfahren. Die Bibel ist somit eine sehr wichtige, wenn auch einseitige Quelle. Hätten wir jene heute verlorenen Teile, aus welchen die Bibel schöpft, und ein anderes, größeres zeitgenössisches Korpus zur Verfügung, wäre es leichter möglich, ein umfassendes Bild zu erhalten.

Auch wenn wir uns dieser Grenzen bewußt sind, müssen wir uns weiterer Probleme in Bezug auf den biblischen Text und seiner Geschichte stellen. Obwohl der Standardtext sowohl für jüdische als auch christliche, orthodoxe Fundamentalisten unabänderlich feststeht, gibt es für sie in Bezug auf seine Bedeutung und weiterreichende Interpretation die Möglichkeit, zu althergebrachten Traditionen zurückzugreifen. Diese Einstellung hat noch immer Gewicht, aber speziell seit dem neunzehnten Jahrhundert versucht die westliche Wissenschaft einen anderen, kritischen Zugang. Demnach muß der biblische Text genau so untersucht werden wie jedes andere Dokument des Altertums. Die Möglichkeit von (Ab)Schreibfehlern, Ergänzungen oder zufälligen oder absichtlichen Kürzungen und anderen Änderungen muß anerkannt werden; außerdem zeigen alte Fassungen und jetzt auch die verschiedenen Lesearten der Schriftfunde vom Toten Meer, daß es in der Zeit vor der Fixierung des heutigen Standardtextes (ca. 100 n. Chr.) mehrere, rivalisierende Schrifttraditionen gab.

Zusätzlich muß die Frage nach der Entstehungszeit eines gegebenen Textes (als auch sein literarisches Genre wie seine soziale Verankerung – sein Sitz im Leben) und seine spätere Entwicklung erörtert werden. Ferner sind vergleichende Betrachtungen linguistischer und kultureller Art mit ähnlichen Texten der altorientalischen Literatur nötig, um einen fraglichen Text zu erklären und seine Bedeutung zu ermessen. Alle diese Fragen sind in einer Fülle von Sekundärliteratur unterschiedlich und kontrovers diskutiert, jedoch in Bezug auf Verfasserschaft und Entstehungszeit der biblischen Bücher aber in gewissem Maße übereinstimmend beantwortet. Während die traditionelle Orthodoxie den Pentateuch als das Werk des Mose erachtet und als Autoren der prophetischen Schriften jene annimmt, die dem jeweiligen Buch den Namen gaben, sehen kritische Gelehrte, daß der Pentateuch kaum, wenn überhaupt, auf Moses oder seine Zeit (etwa das dreizehnte Jahrhundert v. Chr.) zurückgeht. Ähnlich verhält es sich mit den prophetischen Büchern, die erhebliche, spätere Ergänzungen und Bearbeitungen erfahren haben (so stammt im Buch Jesaja ab Kapitel 39 nichts von einem Propheten des achten vorchristlichen Jahrhunderts und vielleicht nur wenig von ihm in den Kapiteln davor.) Das Buch Daniel (so argumentieren manche Gelehrte) stammt sogar erst aus dem zweiten Jahrhundert v. Chr., als die Makkabäer politische Bedeutung erlangten und in ebenjenem Jahrhundert fand auch die abschließende Phase der Schriftentwicklung statt – eine Entwicklung, die möglicherweise tausend Jahre früher begonnen hatte. Nachexilische Werke oder Abschnitte sind für uns vielleicht nicht so relevant als jene, die vor dem Exil entstanden sind. Dies trifft insbesonders auf die Bücher der Chronik zu, die, wie viele glauben, das Denken ihrer eigenen Zeit, vermutlich das fünfte bis dritte Jahrhundert v. Chr., widerspiegeln und deren Wert als Informationsquelle für die vorexilische Zeit heftig umstritten ist.

Was den Ursprung des Pentateuch betrifft, gibt es eine »Arbeitshypothese«, die in ihrer klassischen Form in Deutschland, besonders durch J. Wellhausen im letzten Jahrhundert, geprägt wurde, lange Zeit allgemeine Akzeptanz fand und mit einigen Modifikationen bis heute Einfluß hat. Demnach entstand der Pentateuch durch die Kombination einer Auswahl aus vier ursprünglich getrennten Quellen – abgekürzt J, E, D und P – durch mehrere Redaktoren. (Ein anderer Denkansatz – die »Ergänzungshypothese« – besagt, daß das Textvolumen eher durch Neuaufnahmen denn durch Textkombinationen erweitert wurde und fand weniger Zustimmung.) Alle vier Quellen unterscheiden sich voneinander in Vokabular, Stil und in der Weltanschauung. J gilt als die älteste Quelle und entstand in Juda im zehnten oder neunten Jahrhundert v. Chr. Ihren Namen erhielt sie durch die Verwendung des Gottesnamens »Jahwe« – die vokalisierte Form der vier Konsonanten JHWH. Sie stehen für den Namen des Herrn, den die Juden aus Gründen der Ehrerbietung nicht aussprechen durften. J reflektiert die Geisteshaltung einer einfachen, selbstsicheren Gesellschaft während der Blütezeit des vereinten Königreichs oder kurz danach. E datiert aus dem achten Jahrhundert v. Chr. und ist im Norden (Ephraim) zu lokalisieren. Der Name geht auf die Verwendung des hebräischen Wortes *Elohim* (Gott) als Bezeichnung für die Gottheit zurück. Theologisch nimmt E einen differenzierteren und kritischeren Standpunkt ein. D ist die Abkürzung für »Deuteronomium«, ein Buch, das durch seinen predigtartigen Stil und seine Feindseligkeit allen Einflüssen gegenüber, die dem Glauben Israels möglicherweise schaden könnten, gekennzeichnet ist. Es wurde mit einem 622 v. Chr. im Tempel gefundenen Buch identifiziert, das die Kultreform König Joschijas auslöste, die die kultische Gottesverehrung gänzlich auf den Tempel konzentrierte. Ursprünglich nahm man an, D wäre nur wenig älter als der Zeitpunkt seiner Entdeckung, später vermutete man, daß auch wesentlich ältere Texte, vielleicht nordisraelitischen Ursprungs, enthalten sein könnten. Schließlich meint P eine »priesterliche« Quelle, deren primäre Schwerpunkte der Ritus, die Genealogie, die Weltchronologie sowie die Entfaltung des göttlichen Planes und Israels Platz darin sind. P wird für nachexilisch gehalten, hat aber älteres Material verarbeitet.

Diese Arbeitshypothese wurde im Lauf der Zeit nicht nur verfeinert, so unterteilte man J und E in bestimmte Erzählstränge, sondern es wurde auch versucht, die Quellen jenseits des Pentateuch aufzuspüren, vielleicht bis hin zu den Büchern der Könige. Die Vorstellungen von D haben nach der Meinung vieler in einer Philosophie der göttlichen Belohnung und Strafe innerhalb des historischen Geschehens ihren Niederschlag gefunden und hinterlassen ihre Spuren speziell im »Deuteronomistischen Geschichtswerk« von Josua über das Buch der Richter bis zu den Büchern der Könige. Dieser Gesamtentwurf entspricht einer evolutionären Perspektive betreffs Israels Entwicklung vom Einfachen zum Komplexen. Er wurde in letzter Zeit aber ganz grundsätzlich in Frage gestellt. So dokumentieren archäologische und schriftliche Entdeckungen, daß Israel Teil des sich stark entwickelnden Alten Orient und von Anfang an davon beeinflußt war. Das zunehmende Interesse sowohl an mündlichen Traditionen als auch an rein literarischen Aspekten des biblischen Textes führte zur Infragestellung der Quellenscheidung und zur Einführung anderer Interpretationsmethoden.

Zusätzlich wurden radikale Änderungen in Datierungsfragen vorgeschlagen. Die Quelle J, von der man lange Zeit annahm, sie basiere auf früherem, zum Teil mündlich überliefertem Material, wird nun so wie D von einigen als eine späte (exilische oder sogar nachexilische) Quelle gehalten, die das Ende eines Prozesses der allmählichen Texterweiterung darstellt und in welcher E (das nie eine selbständige Quelle war) und P lediglich Zutaten wären. Weitere Spätdatierungen einzelner Bibelabschnitte folgten, welche breite, jedoch nicht allgemeine Zustimmung fanden: So wurde die Geschichte vom Leben Davids am Königshof und seine Nachfolge (2 Samuel 9–20; 1 Könige 1–2) lange Zeit als älteste Geschichtsschreibung – entworfen von einem Zeitgenossen – überhaupt betrachtet und wird heute als eine nachexilische »Novelle« von nur recht mäßigem, historischem Wert gesehen. Solchen Meinungen gemäß war den biblischen Verfassern das Einprägen theologischer Lehrinhalte wichtiger als historische Details. Daher kann man sich auch heute nicht mehr – anders als die Wissenschafter eine Generation vor uns – auf eine allgemein anerkannte Quellendatierung verlassen. Wo aber historische, hebräische Texte mit außerbiblischem Material (dessen historischer Gehalt selbstverständlich überprüfbar sein muß) verglichen werden können, gibt es eine gewisse Sicherheit im Umgang mit ihnen. Darüber hinaus existieren Texte, deren lokale und zeitliche Einordnung weniger Schwierigkeiten bereitet. Diese stammen aber eher vom Ende der Geschichte Israels als vom Beginn.

Epigraphische Zeugnisse

Verglichen mit der Masse an Texten der verschiedensten Art, die in anderen Ländern des Alten Orient (besonders Ägypten und Mesopotamien) ausgegraben wurden, gab es in Israel bisher wenige epigraphische Funde, obwohl ihre Anzahl durch die laufende Ausgrabungstätigkeit steigt. Auch die Art des epigraphischen Materials unterliegt einer Beschränkung. Monumentale Steininschriften sind selten und da öffentliche und private Dokumente meist auf verderblichem Papyrus festgehalten wurden, sind diese praktisch nicht vorhanden. Vor allem gibt es keine Überreste literarischer oder religiöser (speziell biblischer) Vorläufer der biblischen Bücher, obwohl die Entdeckung des Amuletts von Ketef Hinnom (Abb. 64), das weiter unten besprochen wird, auf ihre Existenz hinweist. Hauptsächlich sind formlose Notizen oder Entwürfe, die auf Keramikscherben geschrieben wurden (Ostraka), neben kurzen Texten auf Siegeln und anderen Objekten erhalten geblieben.

Die zeitliche und räumliche Verteilung des verfügbaren Materials ist uneinheitlich. Wenig kann vor das achte Jahrhundert v. Chr. datiert werden, der überwiegende Teil stammt eher aus dem spätvorexilischen Juda als aus dem nördlichen Israel. Trotzdem eröffnet es Einblicke in verschiedene Gebiete – vor allem in administrative und militärische Angelegenheiten. Epigraphische Entdeckungen in den Nachbarländern ergänzen jene in Israel eindrucksvoll, aber nur in Auswahl. Die bekanntesten Funde stammen verständlicherweise, aber nicht ausschließlich aus Ägypten und Mesopotamien. Unter den Textfunden seit den dreißiger Jahren des 20. Jahrhunderts interessieren uns nicht nur die Keilschrifttafeln von Mari, einer mesopotamischen Stadt der Bronzezeit, sondern vor allem jene aus dem bronzezeitlichen Ugarit im nördlichen Syrien und aus Ebla. Sie versorgen uns mit eindrucksvollen und vergleichbaren Hintergrundinformationen unter anderem über soziale, religiöse und literarische Aspekte. Auch aus dem eisenzeitlichen Ägypten und Mesopotamien verfügen wir über kulturelles und historisches Material. Andererseits haben uns die unmittelbaren, levantinischen Nachbarn Israels wesentlich weniger hinterlassen und mit Ausnahme der Siegesstele von Mescha, dem König von Moab, ca. 835 v. Chr., (Taf. 16.2) und Fragmenten einer Siegesstele (Taf. 16.3), die offensichtlich von König Hasael aus Damaskus in Dan im neunten Jahrhundert v. Chr. errichtet wurde, nennt kein einziger dieser Texte Israel namentlich oder überliefert irgendeine Beziehung kriegerischer oder friedlicher Art.

Ausserbiblische literarische Quellen

Das gestiegene Interesse an den Juden und ihrem Land in griechisch-römischer Zeit verursachte einige auch für unsere Belange wertvolle Werke. Die eher allgemeinen Abhandlungen wie die Geographie von Strabo oder die Naturgeschichte von Plinius berichten zeitgenössisch über Palästina. Frühere griechische Schriftsteller sind uns nur als Zitat erhalten. Im ersten nachchristlichen Jahrhundert verfaßte der jüdische Schriftsteller Josephus Flavius mehrere Bücher (Jüdische Altertümer, Der Jüdische Krieg und Gegen Apion), in denen er in den Erzählungen über die Vergangenheit seines Volkes gelegentlich heute verlorenes Textgut einfließen läßt wie z. B. die »Annalen von Tyrus«.

Jüdische Schriftsteller waren auch an der Identifikation biblischer Orte interessiert. Dieses geographische und historische Interesse wurde von der frühchristlichen Kirche übernommen. Die Erforschung der biblischen Geschichte und einer »religiösen« Geographie waren ein besonderes Anliegen des Bischofs Eusebius von Caesarea im vierten Jahrhundert n. Chr. Die Ergebnisse liegen einerseits in seiner Chronik und andererseits im Onomastikon vor, in dem er biblische Orte in Beziehung zum zeitgenössischen, römischen Straßensystem setzte. Dieses Werk, das im fünften Jahrhundert n. Chr. von Hieronymus in einer lateinischen Übersetzung neu herausgegeben wurde, bleibt eine wesentliche Quelle. Im Mittelalter erwachte durch das anhaltende Interesse an den heiligen Stätten eine andere literarische Gattung. Es entstanden eine Vielzahl von Pilgererzählungen und geographischen Berichten, die wertvolle Informationen über das Land zu jener Zeit bieten.

Im siebzehnten und achtzehnten Jahrhundert erregte Palästina das Interesse der Altertumsforscher, doch die Grundlagen der umfassenden, wissenschaftlichen Erforschung moderner Art wurden im neunzehnten Jahrhundert gelegt. Das Interesse an der Bibel wurde zunehmend mit ökonomischen und politischen Zielsetzungen verknüpft, eingebunden in das allgemeine Bestreben, die Welt – und im speziellen den Orient – wissenschaftlich zu erforschen. Zur selben Zeit erweiterte sich der Erkenntnisstand klassischer und biblischer Forscher überaus durch die Entdeckung verschiedenster Denkmäler in Ägypten und Mesopotamien und durch die fortschreitende Entzifferung der dort gefundenen Texte, die auch für das Verständnis der Bibel von großem Wert sind. Für Palästina entwickelte sich daraus ein Fortschritt in mehrere Richtungen. Reisende und Forscher besuchten Gebiete im Osten und Westen des Landes, die für westliche Besucher lange unzugänglich gewesen waren. Es gab Versuche, das Land kartographisch aufzunehmen; Beschreibungen seiner Geologie und Landschaft, seiner Fauna und Flora nahmen zu.

Von besonderem Interesse sind die Studien von Edward Robinson und Eli Smith, die auf ihren Reisen 1838 und 1852 systematisch Analogien zwischen biblischen und arabischen Ortsnamen notierten, um mit diesem Hilfsmittel biblische Stätten ungefähr lokalisieren zu können. Diese individuellen Unternehmungen wurden jedoch bald von den neu gegründeten Gesellschaften und Institutionen, die sich speziell der Erforschung der Bibel und dem syrisch-palästinischen Raum widmeten, übertroffen. Sie konnten, wenn auch manchmal mit Schwierigkeiten, die finanziellen Mittel für eine effiziente Feldforschung zur Verfügung stellen.

Als erster ist der britische Palestine Exploration Fund, der 1865 in London gegründet wurde, zu nennen. Er unterstützte die erste umfassende, wissenschaftliche Kartographierung des westlichen Palästina (1871–77). Hand in Hand damit verlief eine umfangreiche, detaillierte Beschreibung geographischer Merkmale, der Lebensweise der Menschen und der damals noch sichtbaren Altertümer. Sowohl die Karten als auch die Begleitbände sind heute von unschätzbarem Wert. Die Umstände im Ostjordanland erlaubten nur in bestimmten Bereichen Oberflächenforschungen. Ferner ermöglichte der Palestine Exploration Fund Ausgrabungen in Jerusalem und in anderen Orten, einschließlich der Pionierarbeit von Sir Flinders Petrie in Tell el-Hesi in der Küstenebene 1890.

Andere Länder schlossen sich rasch an: Deutsche, französische, österreichische und amerikanische Ausgräber arbeiteten in Megiddo, Taanach, Jericho, Samaria und Jerusalem. Die damalige, türkische Administration erließ ein Altertumsgesetz, trotzdem verursachten lokale Umstände manchmal Schwierigkeiten. In der Zeit der weitblickenden und aktiven britischen Altertümerverwaltung nach dem Ersten Weltkrieg nahm die Erforschung des Landes weiter zu und steigerte sich nochmals mit der Unabhängigkeit der beiden Staaten Israel und Jordanien nach dem Zweiten Weltkrieg.

Die Archäologie und das alte Israel

Seit über einem Jahrhundert gibt es nun Ausgrabungstätigkeit in Palästina. Naturgemäß veränderten sich in dieser Zeit Ziele, Methoden und Anforderungen. Ein beachtliches Korpus an Informationen unterschiedlicher Art, Zielsetzung und Wertschätzung liegt uns vor. Vor und vor allem nach dem Ersten Weltkrieg war die Forschung überwiegend an der Bibel orientiert (eine bedeutende Anzahl von Theologen, hebräischer Philologen und Historiker waren am Werk). Das Hauptaugenmerk der Ausgrabungen lag auf Städten von biblischem Interesse und innerhalb dieser wiederum wurden jene Gebäude und Funde besonders gesucht, denen möglicherweise religiöse Bedeutung oder eine Verbindung mit biblischen Personen zugeschrieben werden konnten.

In letzter Zeit wandelte sich das Interesse von rein biblischer zu allgemein palästinischer Archäologie unter zunehmender Berücksichtigung soziologischer und ökologischer Aspekte. Heute ist man bestrebt, die sozialen Strukturen und Lebensumstände der Bevölkerung im Altertum zu dokumentieren und ihre Abhängigkeit von natürlichen oder geschaffenen Bedingungen zu erkennen. Daraus resultierte die Beschäftigung mit nicht-urbaner Besiedlung. Zwischen und nach den beiden Weltkriegen erforschte man im Rahmen von regionalen Oberflächenforschungen Besiedlungsmuster, wobei die einzelnen Ortslagen hauptsächlich auf Grund der Oberflächenkeramik datiert wurden. Großräumige Oberflächenforschungen, die sich über das gesamte Gebiet von Israel und Jordanien erstrecken und die Integration städtischer Ortslagen in ihre Umgebung ermöglichen sollen, sind heute ein wesentliches Ziel. Daher haben sich Naturwissenschafter aus den Gebieten der Botanik, Zoologie und Geologie den ausgebildeten Ausgräbern angeschlossen.

Routinemäßig werden heute die Funde naturwissenschaftlich untersucht (bisweilen werden alle Funde aufbewahrt) und Computeranalysen in immer stärkerem Ausmaß als Hilfsmittel der Archäologie eingesetzt. Wertvolle Unterstützung leisten Luft- und Satellitenaufnahmen, darüber hinaus etablierte sich die Unterwasserarchäologie. So wurde im Lauf der Zeit der Einzelforscher in weiten Bereichen durch Teamarbeit abgelöst.

Alles zusammengenommen hat der Umfang archäologischer Tätigkeiten und Ausgrabungen seit dem Zweiten Weltkrieg in einem nicht vorhersehbaren Ausmaß zugenommen, doch bedauerlicherweise hinkt die Publikation der Feldforschung stark nach. Einheimische Forscher haben vor allem in Israel das Engagement ausländischer Archäologen weitestgehend ersetzt. Die Ergebnisse der Ausgrabungen werden im allgemeinen, wenn auch in unterschiedlichem Ausmaß, einer soziologischen Interpretation unterzogen.

Methoden archäologischer Ausgrabungen und deren Interpretation

Wir wollen nun die Methoden, die die einzelnen Ausgräber anwendeten, etwas genauer betrachten. Was die frühesten Versuche betrifft, können wir uns kurz fassen. C. Warren arbeitete 1867–70 in Jerusalem und etwas später, 1901, gruben dort F. Bliss und R. A. S. Macalister. Hauptsächlich legten sie unterirdische Schächte und Tunnels an (Taf. 2.2) und entdeckten wertvolle architektonische Details, hatten aber keine Kriterien für deren Datierung zur Hand.

Diese entwickelte erstmalig W. Flinders Petrie bei seiner kurzen aber epochemachenden Arbeit am Tell el-Hesi. Petrie beobachtete, daß der Ruinenhügel aus einer Vielzahl übereinanderliegender Besiedlungsschichten, sogenannter Straten, bestand. Die mit den einzelnen Schichten verbundene Keramik wechselt chronologisch von früh bis spät. Manche Keramikscherben (wie auch andere Fundstücke) konnten auf Grund ihrer Ähnlichkeit mit gleichartigen, bereits datierten Funden aus anderen Orten, vornehmlich Ägypten, Griechenland oder Zypern, datiert werden (Kreuzdatierung). Das Konzept der stratigraphischen Abfolge und der Datierung durch zugehörige Funde, besonders durch die Abfolge datierbarer Keramikformen, ist bis heute Grundlage archäologischer Tätigkeit.

Petrie entwickelte eine Art der Schnittzeichnung (als auch Pläne), in der er die erhaltenen Gebäude etwas schematisch als einzelne Einheit vom Fundament bis zur erhaltenen Mauerhöhe darstellte: Die einzelnen Schichten wurden manchmal zeichnerisch gekennzeichnet aber nicht systematisch getrennt und Mauerreste durch ungefähre, mitunter theoretische, horizontale Linien ergänzt und in den untersuchten Abschnitt eingebunden. Petrie behielt dieses Verfahren nach dem Ersten Weltkrieg bei und beeinflußte damit sowohl seine Schüler als auch andere Forscher. Damals war aber schon eine besser entwickelte Methode vorhanden, die erstmals von G. A. Reisner, wenn auch nicht in aller Konsequenz, in Samaria in den Jahren 1908–10 Anwendung fand.

Unter Vorwegnahme späterer Ausgrabungsmethoden um eine Generation oder mehr erkannte Reisner die Bedeutung der einzelnen Schichten und ihre funktionale Verschiedenheit. Er unterschied Füllmaterial für Fundamentgräben und Gebäudeschutt, Siedlungsschichten und deren Fußböden, Zerstörungs- und Verwitterungsschichten, Füllungen in Gruben, Raubgräben usw. Sie alle sind einzeln auszugraben und in einer Schnittzeichnung präzise anzugeben, wodurch man eine genauere Aufnahme erreichte als mit Petries Vorgangsweise. Darüberhinaus gehört zu den Aufgaben des Ausgräbers eine detaillierte Dokumentation, die die photographische Aufnahme und die Angabe des ursprünglichen Fundkontextes aller Objekte einschließt. Vorläufig folgten nicht alle Reisners Vorgaben.

Das Erkennen der einzelnen Schichten und das Verstehen ihrer Bedeutung ist in der Tat oft nicht einfach. Die größten Schwierigkeiten ergeben sich im Hügelland – dort wo sich die meisten israelitischen Ansiedlungen finden. Hier wurden die Gebäude nicht wie in den Küstengebieten oft aus Lehmziegeln errichtet, sondern viel häufiger ganz oder teilweise aus Stein. Dieser fand als gebrauchsfertiges Baumaterial gerne Wiederverwendung, wodurch die stratigraphische Abfolge schwer gestört wurde.

Eine Methode zur Überwindung dieser Probleme (wenn auch mit gewissen Nachteilen, wie sich erwies) entwickelte C.S. Fisher, ein früherer Architekten-Kollege von Reisner, bei seiner ausgedehnten Grabung in Megiddo, die 1926 begann (niedrige Arbeitskosten erlaubten damals umfangreiche Flächengrabungen). Fishers Hauptinteresse galt der Entdeckung und Bauaufnahme von Gebäuden. Jedes mit ihnen in Verbindung zu bringende Merkmal – beispielsweise eine Gruppe von Keramik auf einem noch vorhandenen Stück Siedlungsbodenfläche – wurde als Locus geführt und erhielt eine Locusnummer. Diese Loci wurden im Plan durch ihre absolute Höhe festgehalten. Loci mit ähnlichen und vermutlich zeitgenössischen Funden wurden dann ein und demselben Stratum zugewiesen. Diese »architektonische« oder »locus-to-stratum«-Methode fand große Akzeptanz und beeinflußte noch nach dem Zweiten Weltkrieg amerikanische und israelische Archäologen, da sie zur Wiederherstellung architektonisch bedeutender Merkmale in großen städtischen

Gebieten geeignet schien. Dennoch weist sie ernstzunehmende Mängel auf. Durch das Fehlen einer systematischen Beachtung der Zugehörigkeit einzelner Loci zu bestimmten Schichten konnten signifikante Unterschiede zwischen Fußbodenunterkonstruktionen und Fußböden, Ablagerungen auf Fußböden und späterem Schutt nicht immer ausreichend klar registriert werden; ebenso sind Störungen zwischen einander zugeordneten Loci nicht gebührend berücksichtigt. Es fehlten detaillierte Schnitte und Mauern in schematischen Profilen scheinen »im Raum zu schweben«, da sie eher nach ihrer absoluten Höhe als nach ihrem stratigraphischen Status verbunden wurden – eine weitere, mögliche Fehlerquelle, da Straten selten vollkommen horizontal und ebenmäßig verlaufen. Abgesehen davon gab es einzelne Gebäude, die über Jahrhunderte in Gebrauch waren, während Nachbargebäude umgebaut oder zerstört wurden.

Es überrascht daher nicht, daß diese Methode vor kurzem als »vorwissenschaftlich« bezeichnet wurde; der Pionier moderner, stratigraphischer Grabungstechnik, Sir Mortimer Wheeler, äußerte sich in wenig schmeichelhaften Worten über ihre Ergebnisse. Seine eigene Methode wurde durch seine Schülerin (und spätere »Dame«) Kathleen Kenyon im Land eingeführt, wo sie vor dem Zweiten Weltkrieg in Samaria und später in großem Maße in ihren eigenen Ausgrabungen in Jericho (1952–58) und Jerusalem (1960–67) zur Anwendung kam. Ihr Modell wurde praktisch weltweit übernommen, manchmal in Kombination mit der Locus-Registrierung. Im Wesentlichen stützt sich die »stratigraphische« Methode auf die systematische Unterscheidung und getrennte Ausgrabung und Registrierung aller sichtbaren Erdschichten und deren Dokumentation in sorgfältig gezeichneten Schnittprofilen. Die Schnitte können entlang der Seiten einzelner Suchgräben angelegt sein. Für größere Flächen wird ein Raster-System oder die Einteilung des Grabungsgebietes in Planquadrate, zwischen welchen Stege stehen bleiben, benützt. An den Seitenflächen der Stege kann wie in einem Schnittprofil die Schichtenabfolge im gesamten Grabungsgebiet abgelesen werden. Diese Methode setzt für eine erfolgreiche Arbeit einen gut ausgebildeten Mitarbeiterstab voraus und hat sich als äußerst nützlich für die Ermittlung der Geschichte einer Ortslage erwiesen – immer unter der Bedingung, daß weitreichende Schlußfolgerungen nicht aufgrund einer isolierten, kleinen Versuchsgrabung gezogen werden. Ihre Anwendung auf eine große Flächengrabung mit der Aussicht, ganze architektonische Komplexe freizulegen, stellt eine herausfordernde Aufgabe dar.

Datierungsmethoden

Genau datierte Funde wie gravierte Siegel und Skarabäen, die historisch bekannten Persönlichkeiten gehören, sind in der fraglichen Zeit in Israel selten, während Inschriften, die die Errichtung oder Restaurierung eines Gebäudes einem bestimmten Herrscher zuschreiben, bis jetzt gänzlich unbekannt sind. Die archäologische Chronologie stützt sich hauptsächlich auf das Vorkommen datierbarer Keramikformen.

Viel seltener erhalten sind datierbare Funde aus Metall oder anderen, wertvollen Rohstoffen, dagegen können selbst weggeworfene Keramikscherben oft brauchbare Hinweise geben. Die Keramikchronologie, die zwischen den Weltkriegen von W. F. Albright erstellt und später von R. Amiran in einem Standardwerk weiterentwickelt wurde, ist bis heute grundlegend.

Es gibt allerdings auch Grenzen, wenn man Keramik für Datierungszwecke benützt. Anders als bei bestimmten nicht-palästinischen Produkten (wie z. B. den griechischen rotfigurigen Vasen, die man über den Künstler, der sie bemalt hat, datieren kann), waren israelitische Erzeugnisse und Formen oft über Generationen in Verwendung und der Zeitpunkt ihres Auftretens und Verschwindens kann bisweilen nur unzulänglich angegeben werden. Allerdings kann in bestimmten Orten die statistische Häufigkeit, wo sie bekannt ist, weiterhelfen. Obwohl sich die Massenware aus dem späteren Abschnitt der uns beschäftigenden Periode wohl sehr rasch über ein großes Handelsgebiet verbreitet haben wird, könnten dennoch ältere Verfahren und Formen erhalten geblieben sein. Regionale Ausprägungen stehen allgemeinen Strömungen gegenüber. Neue Formen werden wohl erst mit Verzögerung, wenn überhaupt, in ärmere, abgelegene Orte gelangt sein. Die Korrelation der Keramikabfolge mit bekannten historischen Ereignissen oder der Regierung eines bestimmten Königs ist daher selten eine einfache Aufgabe, besonders da die Identifikation von Ortslagen mit in der Bibel erwähnten Städten, oft kontrovers geführt wird. Vor allem die Suche nach salomonischen oder davidischen Denkmälern führte zu wenig übereinstimmenden Ergebnissen und die Datierung der Stratigraphie in Orten wie Megiddo, Samaria oder Lachisch sorgte für langanhaltende, immer wiederkehrende Unstimmigkeiten. Sogar Ereignisse wie die Gründung von Samaria oder der Wiederaufbau von Hazor durch Salomo stellen keine wirklichen Fixpunkte dar. Auch Zerstörungsschichten helfen nicht immer weiter. Obwohl die Zerstörung von Jerusalem 586 v. Chr. archäologisch gesichert ist, können sie an vielen anderen Orten nicht mit derselben Zuverlässigkeit datiert werden.

Architektonische Modeerscheinungen beispielsweise bei Stadttoren, bieten auch keine genauen Datierungskriterien. Naturwissenschaftliche Testmethoden, wie z. B. die Radiocarbon-Methode, sind für unsere Periode bis jetzt nicht in bedeutendem Umfang verfügbar. So kann bestenfalls häufig nur ungefähr aber nicht präzise datiert werden. Archäologische Tabellen müssen daher etwas hypothetisch und annäherungsweise bleiben. Darüber hinaus gibt es keine allgemeine Übereinstimmung über die Untergliederung der Bronze- und Eisenzeit oder die exakten Regierungszeiten der Könige im vereinten Königreich und in den Schwesterstaaten Israel und Juda im Anschluß daran. Dementsprechend folgen wir hier einem Kompromiß.

Ebenso gab es Kontroversen über den Gebrauch datierbarer Funde zur Datierung von Straten. Jene Schule, die Kenyon folgte, hält fest, daß der Zeitpunkt, zu dem ein Fußboden eines Gebäudes errichtet wird, von den spätesten datierbaren Funden *darunter* abhängig ist; eine andere Richtung, der einige amerikanische und israelische Ausgräber angehören, halten die Ablagerungen auf Fußböden für chronologisch entscheidend. Ein Kompromiß zwischen diesen Positionen mag die beste

Lösung sein. Funde unter oder in Fußböden können einerseits viel früher sein als der Zeitpunkt der Errichtung des betreffenden Gebäudes. Diejenigen in Fußbodenablagerungen können aber auch später sein, da letztere eher der letzten Benützungsphase entstammen denn der anfänglichen. Daraus ergibt sich, daß Ablagerungen unter, in und auf Fußböden verschieden langen Zeitabschnitten angehören können. Innerhalb dieser Grenzen kann vielleicht durch historische oder andere Aspekte eine genaueres Errichtungsdatum erreicht werden, allzu oft bleibt es aber unbestimmt.

ZUSAMMENFASSUNG

Zusammenfassend können wir festhalten, daß sowohl biblische als auch archäologische Quellen nicht ausreichend umfangreich oder exakt sind, um ein so umfassendes, detailliertes und charakteristisches Bild des alten Israel zu erhalten, wie wir es wünschten. Darüber hinaus ist deren Interpretation eine kontroverse Angelegenheit. Israels geistige Entwicklung sowie seine soziale und politische Geschichte bleiben fragmentarisch, aber eine allgemeine Darstellung der Lebensgewohnheiten und der wichtigsten Abschnitte seines Werdens kann versucht werden. Wechselbeziehungen zwischen einzelnen Ereignissen, die uns aus historischen Aufzeichnungen bekannt sind, und archäologischer Evidenz sind jedoch selten möglich.

Die zunehmende Nutzbarmachung verschiedener naturwissenschaftlicher Techniken in den vergangenen Jahren warf neues Licht auf zahlreiche Aspekte des Lebens im Alten Israel. So können wir heute die Umwelt, in der der Israelite lebte und die Art, wie er sie nutzte, besser verstehen, ebenso einige seiner Technologien und seinen Handel. Die zur Zeit verfügbaren Ergebnisse von Analysen sind noch zu wenige und zu lückenhaft, um ein Gesamtbild zu entwerfen, doch in Zukunft ist davon noch weitere Aufklärung zu erhoffen.

Schließlich ist ein weiterer Faktor zu berücksichtigen. Er betrifft unsere Fähigkeit, die Alte Welt, die wir erforschen und wiederzubeleben versuchen, zu begreifen und gleichzeitig jene Art und Weise, in der sie der Israelite begriffen und gesehen hat. Wir haben keine grundsätzlichen Schwierigkeiten, die politischen Ereignisse dieser Zeit zu verstehen: Teilung der Levante im späten zweiten Jahrtausend v. Chr. in zwei Herrschaftsbereiche, Ägypten im Süden und das hethitische Reich im Norden, gefolgt von mittelgroßen und kleinen Staaten im ersten Jahrtausend v. Chr., die in der Folge der assyrischen Supermacht unterlagen, welche ihrerseits dem neubabylonischen Reich weichen mußte. Einige Einzelheiten in dieser Geschichte tragen erstaunlich moderne Züge, wie z. B. die Versendung von Schiffsladungen von Getreide zur Linderung der Hungersnot im niedergehenden Reich der früheren hethitischen Rivalen im späten dreizehnten Jahrhundert v. Chr.

In die Zeit dieser Ereignisse fällt aber auch für viele das Auftreten Israels in Palästina und die Abfolge der damit zusammenhängenden Ereignisse – der Auszug aus Ägypten, die Wanderung durch die Wüste und die Eroberung des Gelobten Landes

– wird nach biblischer Tradition direktem göttlichem Eingreifen, das sich auch später fortsetzt, zugeschrieben.

Nochmals, wir haben kein wirkliches Problem, internationale Handelsbeziehungen, die nach vereinbarten Gesetzen ablaufen, die verfügbare technologische Ausrüstung oder soziale Organisation Israels zu betrachten. Schwierigkeiten erwachsen für uns erst im Versuch, die Gedanken- und Glaubenswelt des Alten Orient, die Israel in manchen Bereichen teilte, in anderen wiederum verwarf, nachzuvollziehen. Dies gründet zum Teil im Umstand, daß die schriftliche Hinterlassenschaft einseitig ist, da sie überwiegend die Ansichten und literarischen Gepflogenheiten der gebildeten Bevölkerungsschicht repräsentiert, während die materielle Hinterlassenschaft wohl eine größere Gruppe abdeckt, zugleich aber nur einen begrenzten Einblick in deren Gedankenwelt erlaubt. Unsere Schwierigkeiten rühren aber auch daher, daß Vieles unserem modernen, westlichen Denken fremd ist, beispielsweise der Volksglauben an böse Geister und die Wirkmächtigkeit von Zaubermitteln, oder der Glaube an die göttliche Sohnschaft der Könige, an Prophezeiungen, Orakel oder Gottesurteile und eine streng theologische Sicht historischer Ereignisse. Die Bemühungen, diesen Aspekt jeglicher Gesellschaft der Antike wirklich zu erfassen, erweisen sich als sehr anspruchsvoll. Trotzdem sollten wir uns nicht abschrecken lassen, es zu versuchen.

In einem Gebiet, in welchem die Wissenslücken doch beträchtlich sind, müssen wir uns bewußt sein, daß jede Annahme eine hypothetische bleibt und mitunter das Eingeständnis des Nichtwissens das beste ist. Wir sollten uns auch hüten, dogmatische Sätze, die wir von anderen Gesellschaften des Orients kennen, einfach auf Israel zu übertragen. So z. B. daß Bildung, also die Fähigkeit zu schreiben und zu lesen, im wesentlichen auf die Gruppe der Schreiber, wie es in Mesopotamien und Ägypten der Fall war, beschränkt blieb. Vergleiche mit Nachbarkulturen können sehr suggestiv, jedoch kein Beweis für die Existenz von Merkmalen sein, die in Israel nicht belegt sind. Der Autor neigt zu der Annahme, daß Forscher, die sich mit dem alten Israel beschäftigen, großen Nutzen aus der Untersuchung ethnographischer Parallelen im Rahmen der Einwanderung der islamischen Araber nach Palästina etwa 1800 Jahre nach jener der Israeliten schöpfen können. Solche Studien könnten sich z. B. mit der Frage der Landnahme, der Einwanderung und der Bildung (Lese- und Schreibfertigkeit) außerhalb der schreibenden Zunft beschäftigen und im speziellen dem Konflikt zwischen traditionellen Lebensgewohnheiten und auf Staatsräson fußender politischer Praxis einerseits und den strengen und revolutionären Forderungen der Religion andererseits nachgehen. Die Darstellung eines solchen Konflikts in der Bibel wurde manchmal als überzogene Rückblende von einem späteren Standpunkt aus auf die Vergangenheit gesehen. Wie jedoch ein solcher Konflikt tatsächlich eine ganze Dynastie auslöschen konnte, zeigt das Schicksal der ungenügend »orthodoxen« Omajjaden, die einer aus religiösen Motiven inszenierten militärischen Attacke zum Opfer fielen. Der Fall ist mit Jehus Revolution vergleichbar. Ein Ereignis dieser Art (im Unterschied zu den politischen Machenschaften unzufriedener Priester) war im Alten Orient nicht »normal«, bringt uns aber zu unserer grundsätzlichen Frage zurück, wie »normal« das alte Israel zu seiner Zeit und an seinem Ort wirklich war.

.1 Landschaft in der Umgebung von Bethlehem. Durch Verwitterung des darunterliegenden, weichen Felsens ist eine sanft wungene Landschaft entstanden: Die typische landschaftliche Kulisse ist von eher offenem, denn bewaldetem Gelände geprägt.

.2 Durch die Landschaft in der Nähe von Bittir schlängelt sich die nach Jerusalem führende Trasse der Eisenbahn. Die Terrassen ang ersetzen einstmals nur als Weideland geeignetes Gelände und ermöglichen das Anlegen und Bewirtschaften von Feldern und n.

Taf. 2.1 Rechts im Bild Charle Warren im Gespräch mit Yakou ash-Shellaby, dem Leiter der samari tanischen Gemeinde in Nablus Warren trug wesentlich zur Erfor schung Palästinas bei.

Taf. 2.2 Die Zeichnung erinnert a die Frühzeit der Erforschung de unterirdischen Jerusalem durch da Anlegen von Tunnel und Schächten Charles Warren vor einem typisch herodianisch bearbeiteten Steinqua der in einem Tunnel in der Nähe de Südost-Ecke des Tempelplatzes.

Archäologie im alten Israel

Taf. 2.3 Jerusalem: Eingangsbereich des Warren-Schachtes und Beginn des abschüssigen Tunnels im Vordergrund.

Taf. 3.1 Jerusalem: Fassade des »Grabes des Königlichen Haushofmeisters« in der Nekropole von Silwan gegenüber der »Davidsstadt« jenseits des Kidron-Tales. Die Vertiefungen in der Fassade rühren von der Entfernung dort befindlicher Inschriftentafeln durch C. Clermont-Ganneau im Jahre 1870. Sie befinden sich heute in London.

Taf. 3.2 Jerusalem: »Grab der Tochter des Pharao«. Die sichtbaren Überreste bestehen aus einer aus dem Felsen geschlagenen, ursprünglich frei stehenden, würfelförmigen Anlage mit Rundstab und Hohlkehle, die von einer Pyramide aus Mauerwerk bekrönt war. Die Grabkammer im Inneren ist mit einer Giebeldecke und Steinbänken ausgestattet und besitzt Nischen zur Aufnahme der Verstorbenen.

Taf. 4.1,2 Jerusalem: Ausgrabungen in der »Davidsstadt« (Areal G, Blick nach Süden). Die Fundamente des »Hauses des Ahiel« i
lagern die älteren Fundamente der kanaanäischen oder davidischen Zitadelle. Das Gebäude wurde von Y. Shiloh als »Haus des A
benannt, da der Name zweimal auf hier gefundenen Ostraka auftritt; es besitzt ungewöhnlicherweise eine Toilette.

Taf. 4.3 Der steinerne Toilettensitz befindet sich an der Rückwand der rechten Ecke des Raumes. Gebräuchlicher waren vermu
Toilettensitze aus Holz über einer (Abfall)Grube.

Taf. 5.1 Überreste einer jener Strukturen, die als »Salomonische Ställe« bezeichnet werden, von welchen es in Megiddo mehrere Gruppen gibt. Sie datieren aus der Zeit König Ahabs, obwohl einige Beispiele aus salomonischer Zeit in jüngerer Vergangenheit entdeckt wurden.

Taf. 5.2 Stadttor von Megiddo, Stratum IV, vom Norden aus gesehen. Man beachte die Verwendung von Steinquadern und dazwischen horizontale Lagen von Holzbalken.

Taf. 6.1 Geschnitzte, verbrannte Holzfragmente aus Jerusalem von den Ausgrabungen Y. Shilohs in der Davidsstadt. Vielleicht stammen sie von Möbeln oder Wandverkleidungen. Die Motive entsprechen jenen der phönizischen Elfenbeinschnitzereien.

Taf. 6.2 »Die Frau am Fenster«: Elfenbeinschnitzerei aus Nimrud, Mesopotamien. Das Motiv findet sich wiederholt im Kanon phönizisch geprägter Elfenbeinschnitzereien an verschiedenen Orten. Die winzigen Säulen der Balustrade ahmen tatsächliche Elemente aus der Fenster-Architektur nach (vgl. Taf. 6.3).

Taf. 6.3 Kleine Steinsäulen als Balustrade eines Fensters im Palast in Ramat Rachel, die an die Elfenbeinschnitzerei in Taf. 6.2 erinnern.

Taf. 7.1 Rekonstruktionszeichnung einer bemalten Steinlampe oder eines Räucherbeckens aus Megiddo. Imitiert in der Form ein zusammengesetztes Kapitell mit hängenden Blättern. Vielleicht hat man sich die Kapitelle der beiden Säulen vor dem Tempel Salomos, Jachin und Boas, ähnlich vorzustellen.

Taf. 7.2 Proto-aeolisches Kapitell aus Ramat Rachel. Diese Kapitelle sind in wichtigen, öffentlichen Gebäuden anzutreffen. Die Beispiele aus Juda sind jenen aus dem Nordreich stilistisch überlegen und mit moabitischen vergleichbar.

Taf. 7.3 Dan: Vor dem inneren Tor befindet sich eine von (ursprünglich) vier einen Baldachin tragenden Säulen umgebene Steinbasis für eine Statue oder einen Thron. Die steinernen Säulenbasen lassen nordsyrischen Einfluß erkennen.

Taf. 8.1 Blick auf die gewaltigen Steinfundamente des Festungspalastes in Lachisch.

Taf. 8.2 Lachisch IV–III, Toranlage, Blick nach Außen.

ERSTER TEIL:
Der Schauplatz und seine Akteure

KAPITEL I

Geographie: Das Land und seine Ressourcen

Das von den Israeliten bewohnte Land ist klein – das westliche Palästina zwischen Dan und Beerscheba ist größenmäßig vergleichbar mit der Schweiz – und seine natürlichen Ressourcen sind begrenzt. Innerhalb dieses Gebietes überrascht aber eine außergewöhnliche Vielfalt im Landschaftsbild und in den Lebensbedingungen. Obwohl seine Grenzen nach manchen Richtungen klar gezogen sind, verlaufen seine Kommunikationsstränge zum Rest der Welt sehr bemerkenswert. Auftretende Spannungen in der Geschichte Israels, wie der Konflikt zwischen Isolation und internationalem Eingebundensein, zwischen der Kargheit der Wüste und den Reizen eines seßhaften Lebensstils, zwischen regionalem oder Stammesseparatismus und den Bestrebungen nach einer umfassenden Einheit, haben eine Beziehung zur Geographie des Landes.

DIE LAGE

Das Kernland Israels bildet einerseits einen Teil jener Landbrücke, die Eurasien und Afrika verbindet, und andererseits insbesondere einen Teil des »Fruchtbaren Halbmonds« – ein unterbrochener Gürtel fruchtbarer Gebiete, die sich vom Niltal bis zu Euphrat und Tigris erstrecken. Innerhalb dieses Bereichs wird Israel im Norden durch den Libanon und den Anti-Libanon, im Osten und Süden durch die Wüste und im Westen durch das Mittelmeer begrenzt. Da jedoch einige der wichtigsten, internationalen Verbindungsrouten diese Grenzen kreuzen, waren sie nicht unbezwingbar. Der Hauptverbindungsweg von Ägypten nach Mesopotamien und weiter durchzieht Palästina vom Süden zum Nordosten. In südöstliche Richtung zogen Karawanenwege durch die arabische Halbinsel zum Indischen Ozean; die entsprechende Schiffahrtsroute vom Golf von Aqaba entlang der Küste des Roten Meeres war zwar möglich, aber aufgrund unvorhersehbarer Windböen und verräterischer Riffe, die die unwirtliche Küste säumen, wenig einladend. Im Westen, entlang der Mittelmeerküste, waren die Bedingungen für die Schiffahrt besser. Obwohl ihr die Natur nicht so gute Häfen bescherte wie den großen, Seehandel treibenden Städten in Phönizien, so wurde die palästinische Küste doch durch eine Reihe kleiner Buchten, Flußmündungen oder sicherer Plätze hinter den Riffen für die kleinen Schiffe der Antike zugänglich. Die Routen nach und von Ägypten, Phönizien, Zypern und Ländern weiter im Westen bis Spanien wurden regelmäßig befahren. Durch seine ökonomischen und kulturellen Kontakte wurde das besondere, separatistische Selbstverständnis Israels dennoch ausgewogen: Nicht zufällig war ihnen Tarschisch, Äthiopien oder der Berg Ararat bekannt. Dennoch ist eine geographische Positionierung wie jene Israels nicht ungefährlich. Ägypten im Süden und Assyrien, sowie in der Folge auch Babylonien im Norden versuchten wiederholt, in das Land einzudringen oder es zu annektieren; die Midianiter überfielen es vom Osten und die Philister im Westen herrschten eine zeitlang über einen großen Teil von ihm. Israel selbst hing auch manchmal Expansionsbestrebungen jenseits seiner Grenzen an oder versuchte sogar, ein Imperium zu gründen. Jedoch nur gelegentlich stellte sich der gewünschte Erfolg ein. Es schien eher der Natur zu entsprechen, daß zwischen Ägypten und Mesopotamien eine Reihe kleiner oder mittelgroßer Staaten existieren sollten und Israel war einer von diesen. Gäbe es keine imperialen Interventionen aus dem Ausland, hätten die lokalen Streitigkeiten eher unwahrscheinlich zu dauerhaften, gravierenden Veränderungen im regionalen Kräftegleichgewicht geführt.

ISRAELS KENNTNIS DER WELT

Obwohl die Israeliten ihr eigenes Land natürlich am besten kannten, waren sie bemerkenswert gut über das sie umgebende Terrain informiert (Abb. 1). Die »Nationentafel« in Genesis 10 gibt einen guten Einblick in ihren Wissensstand zwischen dem achten und sechsten Jahrhundert v. Chr. (und manchmal viel früher). Ihre Welt erstreckte sich von der arabischen Halbinsel bis Südspanien und von Anatolien und Griechenland bis Libyen, Ägypten und Äthiopien (ein Gebiet in der Größenordnung von 6500 km Ost-Westerstreckung und etwa der Hälfte in der Nord-Süd-ausdehnung). Die Bevölkerung setzte sich aus Hirten und Nomaden, Bauern, Stadtbewohnern und Seefahrern zusammen, die als Nachkommen von Sem, Ham und Jafet galten. Dieses Bild scheint die israelitischen Kontakte mit assyrisch-babylonischen, ägyptischen und phönizischen Einfluß- oder Machtbereichen wiederzugeben. Erstaunlicherweise war das entfernte Anatolien verhältnismäßig gut bekannt, während das nahe gelegene Syrien mit Ausnahme der Namen der Hauptstädte der syrischen Regionalstaaten weniger vertraut war. Die vergleichsweise hervorragende Kenntnis des nördlichen und südlichen Arabien (zugegebenermaßen sind die Informationen über den Norden exakter als über den Süden) ist beinahe verwunderlich, da die Araber gerade zu dieser Zeit Außenstehende von ihrem Karawanenhandel ausgeschlossen zu haben scheinen. Vielleicht aber hatten unter anderen auch die Israeliten durch vermehrte Handelsbeziehungen zwischen Arabien und der Levante vom achten Jahrhundert v. Chr. an dennoch die Möglichkeit, über die Ursprungsorte der Waren, die sie von ihren arabischen Handelspartnern erhielten, genauere Informationen zu bekommen. Nochmals, obwohl in der Bibel Tarschisch genannt ist (manche lokalisieren es im Hinterland von Cadiz), scheint sie nicht wirklich etwas über den Weg dorthin zu wissen. Andererseits gibt es aber Hinweise, daß

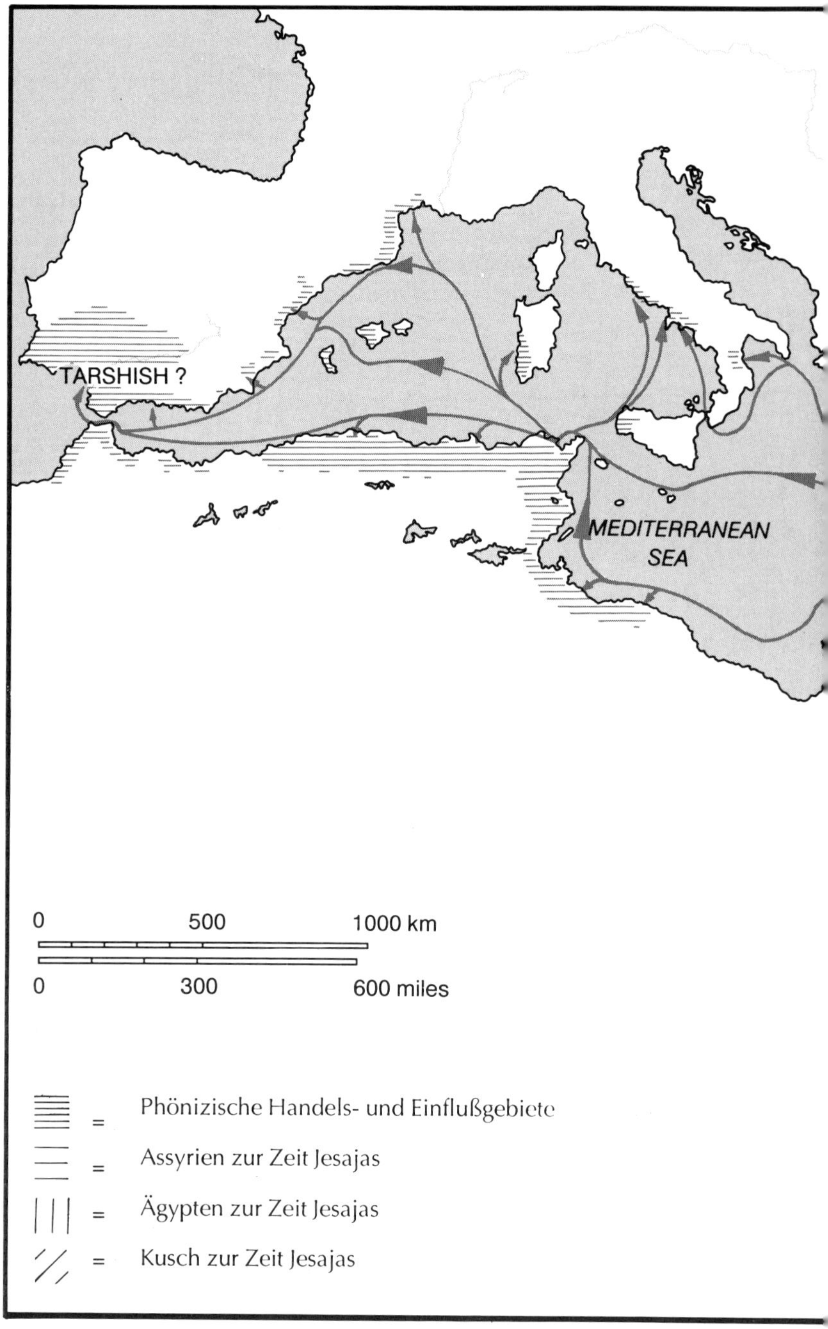
TARSHISH ?
MEDITERRANEAN
SEA
0
500
1000 km
0
300
600 miles
= Phönizische Handels- und Einflußgebiete
= Assyrien zur Zeit Jesajas
= Ägypten zur Zeit Jesajas
= Kusch zur Zeit Jesajas

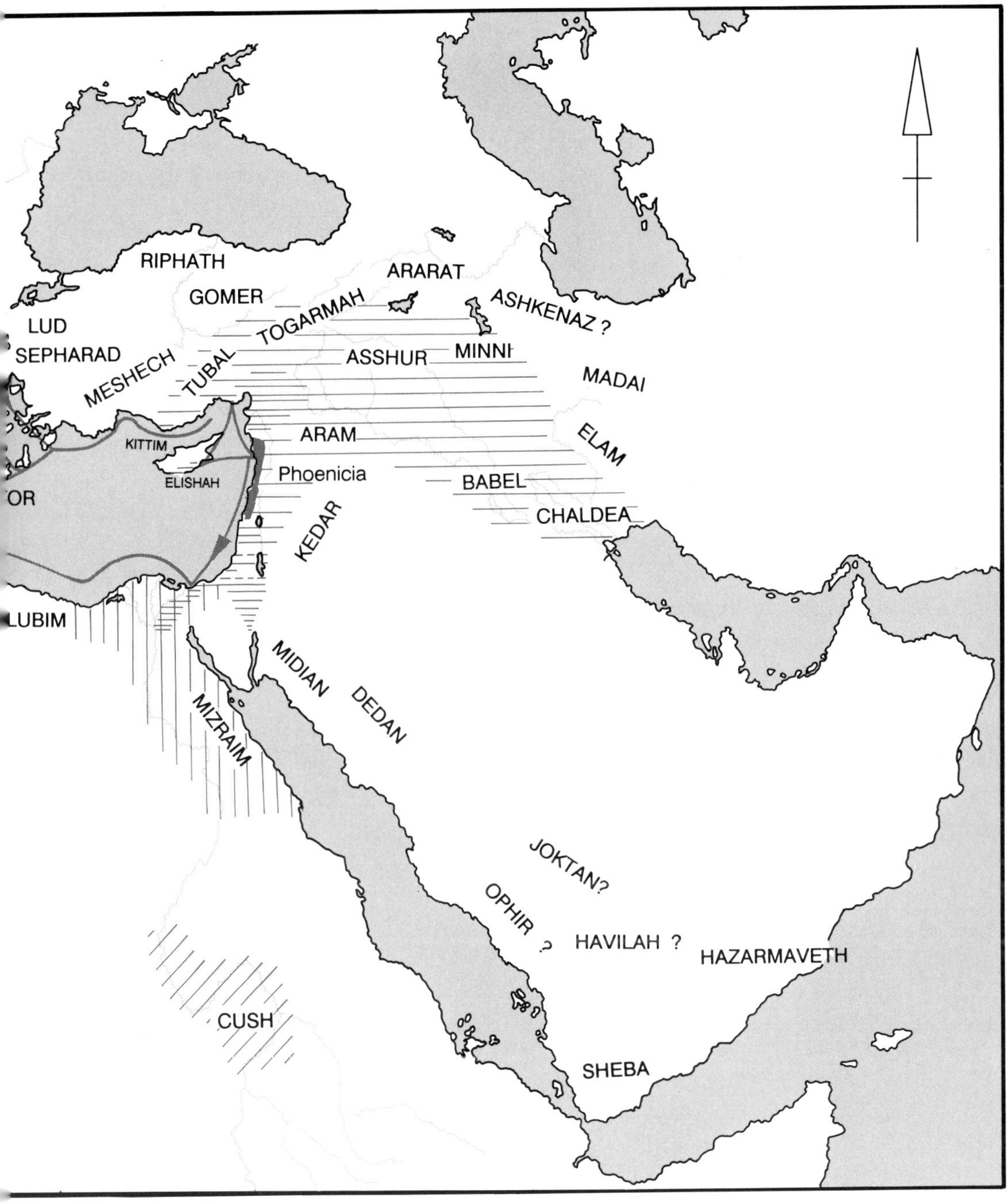

Abb. 1 Die Welt der Israeliten zur Zeit Jesajas und Ezechiels. Darunter sind auch jene Gebiete, mit denen die Nachbarn Israels, nämlich Ägypten, Assyrien und Phönizien in Kontakt standen und von welchen sie wahrscheinlich Informationen über die Welt »draußen« bezogen.

den Israeliten die phönizischen Seewege nicht unbekannt waren. Der Rest Kontinentaleuropas, Afrikas und Asiens scheint außerhalb ihres Horizontes gelegen zu sein, obwohl sie und ihre Nachbarn von den bestehenden Handelsrouten in den Osten, die nach Indien, Sri Lanka und vielleicht noch weiter führten, profitierten und in westlicher Richtung möglicherweise auch Nutznießer des Zinnimports aus Britannien waren. Schließlich setzte der alles umkreisende Ozean ihrer damals bekannten Welt eine absolute Grenze, vergleichbar mit den Wassern aus der Tiefe der Erde und den regenspendenden Wassern vom Himmel. Was die Lokalisierung geheimnisvoller, weit entfernter Bereiche wie das Paradies und seine vier Flüsse betrifft, scheinen sie sich nicht festgelegt zu haben und die Ansichten alter und neuer Kommentatoren gingen und gehen weit auseinander: In letzter Zeit wurden sowohl Armenien als auch die Sumpfgebiete an der Golfküste des Irak als Lokalisierungen für das Paradies vorgeschlagen.

KOMMUNIKATION

Obwohl diese Welt groß und unterschiedlich war, fand zwischen ihren verschiedenen Teilen schon lange Kommunikation statt und Israel war davon nicht ausgeschlossen. Die Kontakte zur phönizischen Welt wurden erleichtert durch die enge Beziehung zwischen dem Hebräischen und dem Phönizischen. Das Aramäische, dessen Bedeutung sowohl für den internationalen Handel als auch für die assyrische und babylonische Verwaltung im Steigen begriffen war, war der israelitischen Oberschicht geläufig; ägyptisch wurde jenen gelehrt, die es benötigten, während assyrisch und äthiopisch fremdartige Sprachen blieben. Die Geschwindigkeit des Handelsverkehrs wird wohl – so weit man es beurteilen kann – mit jener vor der industriellen Revolution in Großbritannien im 18. Jahrhundert vergleichbar sein. Aufzeich-

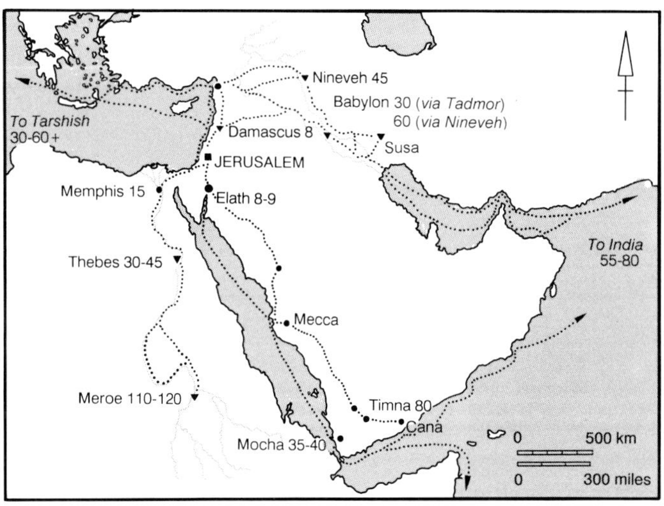

Abb. 2 Vermutete Reisedauer in Tagen von Jerusalem nach verschiedenen Städten und Gebieten des Altertums. Zu Land wird Karawanengeschwindigkeit angenommen und zu Wasser wird von einer durchschnittlichen Geschwindigkeit entlang der Hauptsegelrouten bei Tag und Nacht ausgegangen.

nungen bezüglich der Entfernungen, die innerhalb eines Tages zu Fuß oder in einer Esel-, Kamel- oder Karren- bzw. Wagenkarawane zurückgelegt wurden, sind spärlich, können aber unter Heranziehung antiker, mittelalterlicher und moderner Angaben erschlossen werden. Ein Radius von 25–30 km pro Tag scheint durchaus im Bereich des Möglichen gelegen zu sein (Abb. 2); selbst mit größeren Distanzen ist zu rechnen: 40 km zu Fuß und 40–60 km mit einer Kamelkarawane entlang verschiedener Stützpunkte in der Wüste. Schiffe, die entlang der Küste fuhren und des Nachts vor Anker lagen, werden nur bescheidene Reichweiten haben, jene allerdings, die die Häfen direkt anliefen und Tag und Nacht unterwegs waren, legten wohl 100–150 km innerhalb von 24 Stunden zurück, wie die zweiwöchige Hin- und Rückreise des Wen-Amun von Tanis in Ägypten nach Byblos im Libanon in der gleichnamigen Erzählung aus dem elften Jahrhundert v. Chr. andeutet.

Es seien auch mit Hinweis auf einige wohlbekannte Fälle einige Vermutungen darüber angestellt, wie viel Zeit man benötigte, um an die Grenzen der den Israeliten bekannten Welt zu stoßen. Jona, der vor dem Angesicht des Herrn nach Tarschisch (Jona 1,3) floh, wird, außergewöhnlich günstige Winde vorausgesetzt, nach einer Reisedauer von etwa einem Monat dort eingetroffen sein (ungünstige Winde und Vorkommnisse mögen die Hinreisezeit verdoppelt oder sogar verdreifacht haben, die Heimreise verlief sicher rascher). Die viel kürzere Reise nach Ninive (Jona 3,3) wird einen und einen halben Monat in Anspruch genommen haben. Die sagenhafte Königin von Saba wird zweieinhalb Monate benötigt haben, um Salomo in Jerusalem zu besuchen, falls sie am Landweg von Südarabien (1 Könige 10, 1–13) angereist ist. Die Flotte allerdings, die Salomo und Hiram von Tyrus von Ezjon Geber (Dscheziret Faraun nahe Aqaba) nach Ophir (1 Könige 9,26–8) entsandt haben, könnte in 20–25 Tagen ihr Ziel erreicht haben, vorausgesetzt Ophir liegt in Südarabien. Befindet es sich aber in Indien oder an der Somali-Küste, wie manche vermuten (was allerdings die Passage der schwierig zu bewältigenden Meeresenge bei Bab al-Mandeb voraussetzt), müßte man 20–40 Tage länger berechnen. Insgesamt sollten zwei bis drei Monate Reisedauer ohne Unterbrechung genügt haben, um praktisch jeden Punkt der den Israeliten bekannten Welt zu erreichen (lediglich die Reise nach Äthiopien scheint wesentlich mehr Zeit benötigt zu haben), aber häufige Unterbrechungen und die Notwendigkeit, auf eine für die Heimreise günstige Jahreszeit zu warten, führten mitunter zu einem beträchtlich größeren Zeitaufwand.

Während Armeen und Gefangenentransporte üblicherweise eine langsame Reisegeschwindigkeit hatten, konnten sich eilige Reisende oder Übermittler wichtiger Botschaften auch über große Entfernungen natürlich rascher fortbewegen – oft doppelt so schnell als gewöhnlich angenommen. Als Nebukadnezar während seines Feldzuges in Syrien vom Tod seines Vaters und der Notwendigkeit seiner sofortigen Rückkehr nach Babylon informiert wurde, scheinen sowohl der Bote als auch der Kronprinz am Tag durchschnittlich 60 – 80 km auf ihrer Reise von und nach Babylon zurückgelegt zu haben. Von der spätassyrischen Zeit an gab es für eilige Reisende in öffentlichem Dienst entlang der Hauptstraßen Stationen, wo die Pferde gewechselt werden konnten – ein Vorläufer des von Herodot beschriebenen, persischen Postsystems – aber dennoch könnte eine Nachricht zwischen Palästina und Ninive zwei bis drei Wochen benötigt haben, um ihr Ziel zu erreichen. Ebenso bekannt war eine Reihe von Stationen für Feuer- und Rauchsignale, die sehr rasch übermittelt werden konnten. Ein Experiment zur Zeit Napoleons in England erbrachte, daß Leuchtfeuersignale innerhalb von elf Minuten über eine Distanz von knapp 100 km übermittelt werden konnten, während nachbiblische, jüdische Quellen von einer erstaunlich schnellen Übermittlung von Feuersignalen von Jerusalem nach Babylon berichten. Dennoch scheint es wahrscheinlich, daß die Benützung von Signalen nur für ganz einfache Botschaften Erfolg versprechend war und daß schlechtes Wetter oder Unachtsamkeit das Weiterleiten verhindern konnte. Die Verwendung von Brieftauben ist unsicher. Auf alle Fälle stand die Möglichkeit der raschen Übermittlung von Nachrichten nur einer begrenzten Elite zur Verfügung. Menschen außerhalb dieses Kreises werden unter Umständen lange gewartet haben, bis selbst wichtige Neuigkeiten bis zu ihnen vorgedrungen sind: Während seines Aufenthaltes in Babylon erreichte Ezechiel die Nachricht vom Untergang Jerusalems erst fünf Monate später durch einen Flüchtling (Ezechiel 33,21).

GEOGRAPHISCHE GEBIETE

Physisch ist Israel in mehrere Landschaftszonen gegliedert, die Teile größerer geographischer Einheiten sind, deren Umrisse ihrerseits in der entfernten geologischen Vergangenheit grundgelegt wurden. Palästina war ursprünglich Teil des Arabischen Tafellandes und wurde im Tertiär (vor zwischen 65 und 1, 64 Millionen Jahren) in vier parallel verlaufende, nordsüdlich orientierte Gebiete umgeformt, die das Ergebnis der geologischen Faltung und Spaltung sowie der vulkanischen Aktivitäten in der gesamten Region vom Orontestal im Norden über das Rote Meer bis Ostafrika im Süden darstellen. Das westlichste dieser Gebiete ist die das Mittelmeer säumende palästinische Küstenebene (Abb. 3). Weitläufig im Süden in Philistäa, wo die Ebene von Beerscheba nach Osten abzweigt, nimmt sie im Mittelteil, im Scharon-Abschnitt, an Breite ab, läuft weiter als schmales Band im Gebiet des Karmel und tritt weiter im Norden, wo die heutige Grenze zwischen Israel und dem Libanon auf das Meer trifft, wieder in Erscheinung. Zwischen den beiden letztgenannten Orten öffnet sich die halbmondförmige Ebene zwischen Haifa und Akko, die nach Osten mit dem Jesreel-Tal verbunden ist und den Zugang zum Jordan-Tal ermöglicht.

Östlich an das Küstengebiet grenzt ein Hügel- und Hochlandgürtel, der sich über den größten Teil Westpalästinas erstreckt. Auf der Linie Beerscheba – Ajalon gibt es örtlich einige flache Ausläufer, die Schefela, die dem Hochland vorgelagert und durch ein längs verlaufendes Tal von ihr getrennt sind. Im Hochland werden drei Gebiete unterschieden: das Bergland von Judäa, das Bergland von Samaria und die

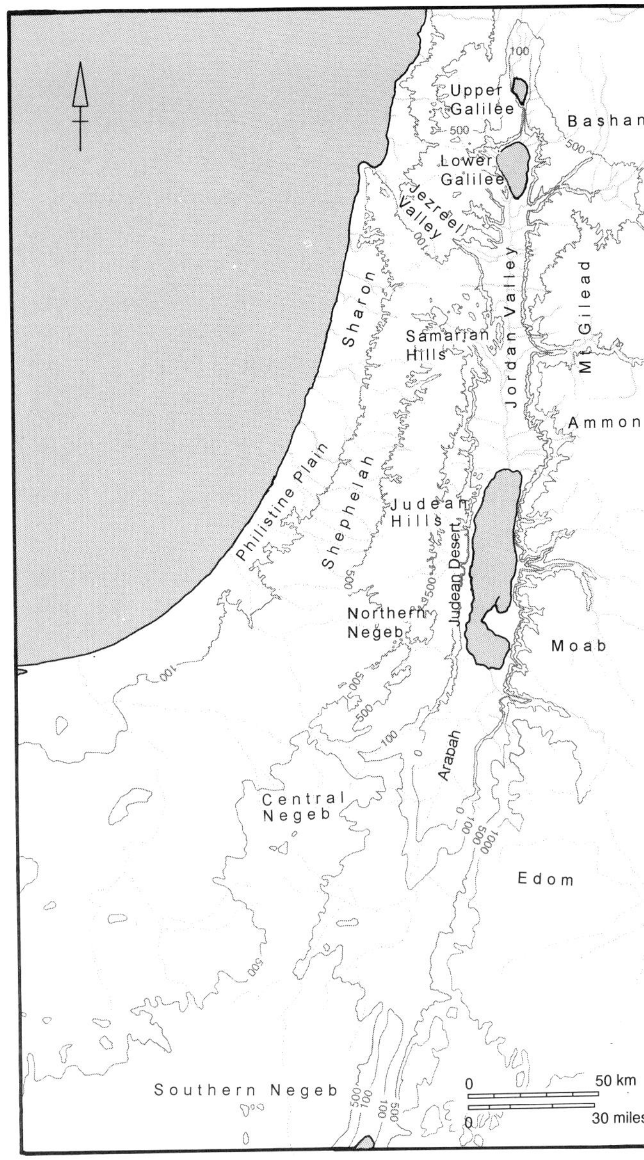

Abb. 3 Die wichtigsten geographischen Unterteilungen Palästinas sind charakterisiert durch landschaftliche Erhebungen und die geologische Beschaffenheit der Region, das Klima, die Vegetation sowie die Kommunikation nach innen und außen.

Berge von Unter- und Obergaliläa nördlich des Jesreel-Tales. In Judäa erreichen die Berge bis zu 1000 m Höhe, in Samaria sind sie durchschnittlich niedriger, um nach Norden in Obergaliläa wieder anzusteigen: Der höchste Berg im cisjordanischen Israel, Har Meron (Dschebel Dschermaq), erreicht ca. 1200 m. Auf der anderen Seite des Jordan erhebt sich das Gebirge Gilead (Adschlun) noch etwas höher. Während die Westflanke der Bergkette stufenweise ansteigt, fällt sie im Osten steil zum nächsten geographischen Hauptgebiet ab: Der lange Senkungsgraben, der im Norden vom Jordan, im Mittelteil vom Toten Meer und im Süden vom Wadi Araba gebildet wird. Große Strecken dieses bemerkenswerten Grabens, der sich sowohl vom Norden als auch vom Süden zu seinem Mittelpunkt hin eintieft, befinden sich unterhalb des Meeresspiegels. So liegt die Oberfläche des Toten Meeres auf -394 m. Schließlich steigt das Gelände an der Ostkante dieses Grabens als felsiges Terrain steil an zur vierten und letzten geographischen Zone, dem Hochland von Transjordanien. Dabei handelt es sich um ein Hochplateau, das nach Osten stufenweise abfällt. Sein westlicher Teil ist durch die Zuflüsse zum Jordan und zum Toten Meer in einzelne Blöcke zerschnitten: vor allem Gilead, Moab und Edom. Gelegentlich unterbricht ein etwas höherer Gebirgszug die Landschaft, wie z. B. der Berg Seir weit im Süden und das Hauran Gebirge in einiger Entfernung östlich vom See Gennesareth. Etwas flachere Verhältnisse in dessen Umgebung ermöglichen die Ausdehnung der Ebene von Baschan.

GEOLOGISCHE EIGENSCHAFTEN

Grundsätzlich ist der geologische Aufbau des Landes einfach. Der sichtbare Felsen im Hochland besteht aus Formationen der Kreide, und zwar entweder aus dem harten turonischen und cenomanischen Kalkstein und Dolomit oder dem weichen senonischen. Der erste verursachte eine steil-aufragende, felsige Landschaft, der zweite gerundete Kuppen und flache Täler, mit Ausnahme der durch dazwischengeschobene Flintschichten terrassierten Hänge der Wüste Juda. Ähnliche Abfolgen von weicheren und härteren Gesteinsschichten haben vor allem im judäischen Kalkstein-Bergland treppenartige Berghänge gebildet, die später die Landwirtschaft zu terrassenförmiger Nutzung inspirierte. Eozäne Felsbildungen formten das unregelmäßige Hügelland der Schefela. Antike Lavaströme in Zusammenhang mit der Entstehung des großen Senkungsgrabens finden sich westlich und östlich des oberen Jordan. Die darunterliegenden, älteren Felsformationen bleiben meist tief unter Tage und treten nur gelegentlich an die Oberfläche. Der rötlich-braune Nubische Sandstein ist für das auffällige Erscheinungsbild der östlichen Seite des Wadi Araba verantwortlich (die »rosenrote Stadt« Petra ist aus ihm herausgeschnitten). Noch älterer Granit und anderer antiker, metamorpher oder plutonischer Felsen tritt im Negev und im Gebirge Seir auf, wodurch die schon an Arabien erinnernde, wild-zerklüftete, steinige Wüstenlandschaft entstand. Die durchlässigen Kalksteinformationen des Hochlandes weiter nördlich sind arm an Quellen, welche sich eher an den Rändern der Hügel und Ebenen finden (meistens an der Westflanke, gelegentlich aber auch wie jene von En Gedi an der östlichen). Die tief eingeschnittenen, das Hochland zackig formenden Flußläufe müssen während Zeiten häufiger und starker Regenfälle entstanden sein, die ihrerseits mit der Eiszeit in Europa in Zusammenhang stehen.

Entlang der gesamten Mittelmeerküste haben sich in historischer Zeit durch den Wind gebildete Sanddünen zu einem unterschiedlichen Ausmaß des kultivierten

Landes bemächtigt. Im Inland gehen einige geologische Eigenschaften des Landes, die für die Besiedlung und Nutzung durch den Menschen von Bedeutung sind, auf die jüngere, geologische Vergangenheit zurück. So produzierte in der südlichen Küstenebene der vom Wind getriebene, tonhaltige Staub tiefe Schichten von sogenanntem Löß im nördlichen Negev bei Beerscheba (Tell es-Saba). Bei guter Bewässerung ist er sehr fruchtbar, ansonsten genügt er nur Schafen und Kamelen als Weideland. Noch weiter im Norden ist die Küstenebene bedeckt von fruchtbarem, rotem, tonhaltigem Sand (oder manchmal Sumpferde), der sich zwischen den durch die Versteinerung antiker Dünen gewachsenen Ketten von »kurkar« Sandstein ausbreitet. Dieser liefert auch während der Regenzeit trockenen Boden für Siedlungen und Reiserouten und findet überdies als eher zweitklassiger Baustoff Verwendung. Ein anderer, leicht zu bearbeitender, aber minderwertiger Stein wird durch die »nari«-Kruste zur Verfügung gestellt, die sich über kreidehaltigen Ablagerungen im Hügelland gebildet hat. Dann gibt es einige Arten hochwertigen Kalksteins, der aber schwieriger zu gewinnen und zu bearbeiten ist. Anderswo im Hügelland hat die rote, mediterrane Erde einen Boden mit idealen Voraussetzungen für den Getreide- und Weinanbau und die Kultivierung des Olivenbaumes geschaffen. Graubraune Erde in anderen Bereichen des Hügellandes bringt weniger wünschenswerte Bedingungen mit sich. Dagegen ist die rötlich-braune Erde, die sich im Norden des Landes über basaltischen Lava-Ablagerungen gebildet hat, sehr gut geeignet für den Anbau von Zerealien und Früchten. Andererseits ist der »Lisan Mergel« im allgemeinen von geringem landwirtschaftlichem Nutzen, es sei denn, er wird durch Bewässerung aufbereitet – ein Umstand, der auch für salzhaltige Böden zutrifft. Beim »Lisan Mergel« handelt es sich um schichtweise Ablagerungen von Mergel, Gips und anderen Bestandteilen, die die allmähliche Schrumpfung des Toten Meeres von einem gigantischen, prähistorischen See zu seiner heutigen Größe im Jordantal hinterlassen hat.

Aus diesen geologischen Gegebenheiten geht hervor, daß der damalige Mensch nur wenige Mineralien zur Verfügung hatte. Die Bibel erwähnt den Abbau von Eisen und Kupfer im Gelobten Land (Deuteronomium 8,9). Kupfer kam in nennenswerten Mengen nur im Nubischen Sandstein im Wadi Araba, besonders in Edom, vor, wo es im Altertum auch abgebaut wurde. Eisenerz tritt häufiger auf, vor allem im nördlichen Galiläa und in Gilead, wo es vermutlich während der in Rede stehenden Zeit gefördert wurde. Salz und Bitumen hielt das Gebiet um das Tote Meer bereit, jedoch das vom antiken Menschen geschätzte Gold, Silber und Zinn kommt nicht in abbaufähigen Mengen vor.

KLIMA

Palästina liegt zum größten Teil in einer Zone mediterranen Klimas mit heißen, sehr trockenen Sommern und kühlen, nassen Wintern. Die Niederschläge beschränken

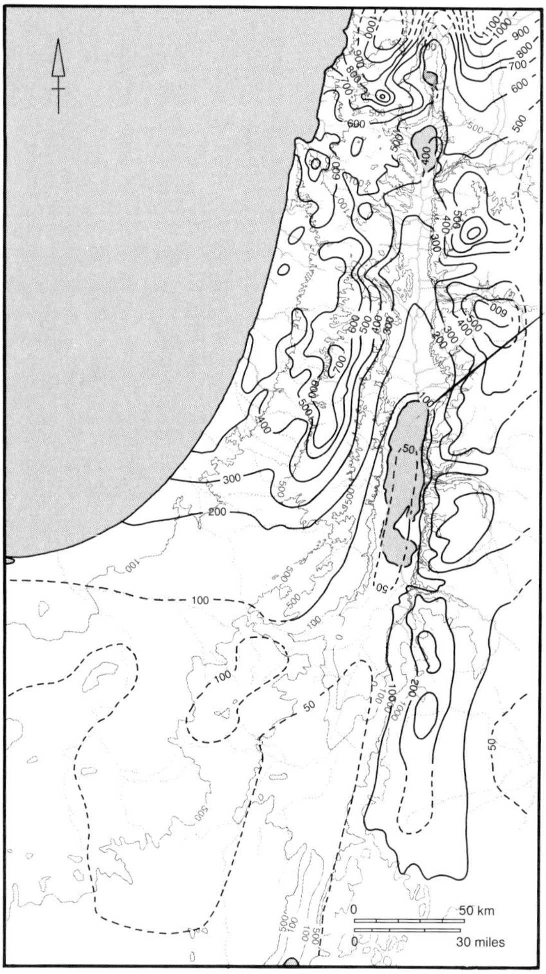

Abb. 4 Jährlicher Niederschlag in Palästina. Die Abnahme der Niederschläge von Norden nach Süden und das örtliche Auftreten von west-östlich verlaufenden Abfolgen von Niederschlagszonen sind deutlich sichtbar.

sich hauptsächlich auf die Monate Oktober bis November und Februar bis März, wobei die anfänglichen Regenfälle sehr ergiebig und gewittrig sein können (vgl. Abb. 4). Wir kennen sie als die Frühregen der Bibel, während die Spätregen (April bis Mai) das Ende der Regensaison bedeuten. In den Bergen kann Schnee den Regen ersetzen. Die Sommer sind absolut trocken, so daß ein sommerlicher Gewittersturm tatsächlich als ein furchterregendes Wunder (1 Samuel 12, 17–18) angesehen wurde. Die von den Israeliten segensreich empfundene, starke Taubildung verhalf den Pflanzen in der Trockenzeit möglicherweise zu überleben.

Es gibt aber auch eine sehr markante regionale, klimatische Vielfalt, die für dieses begrenzte Territorium erstaunlich ist. Zwei Gründe sind dafür ausschlaggebend: Erstens kommen feuchte Luftströme hauptsächlich vom Westen (Winde aus dem Osten und dem Süden sind für gewöhnlich heiß und trocken) und werden von Norden nach Süden hin schwächer. Daher regnet es vorwiegend in Galiläa und

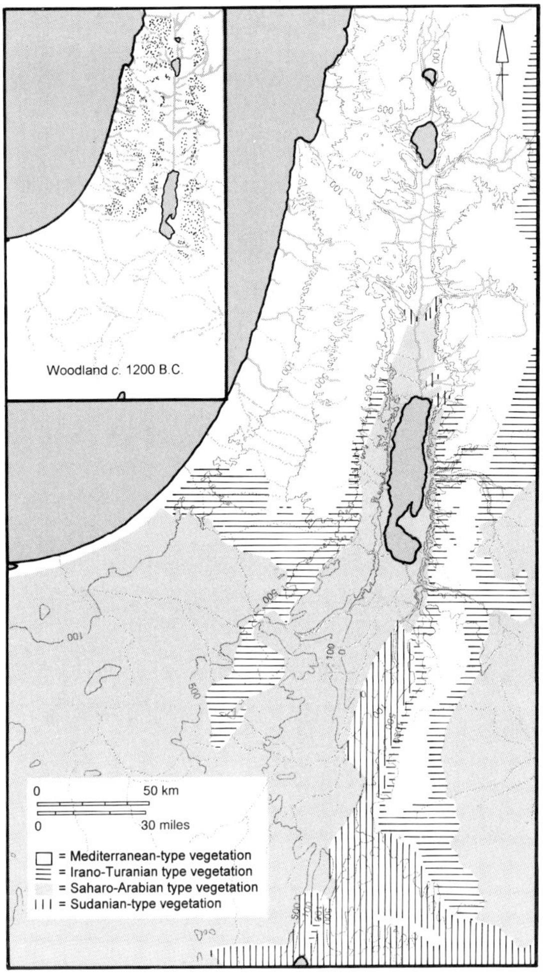

Mediterrane Vegetationszone
Irano-turanische Vegetationszone
Saharo-arabische Vegetationszone
Sudano-zambesische Vegetationszone

Abb. 5 Die Vegetationszonen in Palästina und die Waldgebiete um ca. 1200 v. Chr.

auch im Zentralraum gibt es nennenswerte Niederschläge, doch schon das Gebiet um Beerscheba weiter im Süden ist als halb-trocken zu bezeichnen, während im Negev nur gelegentliche Regenschauer die dort bereits vorherrschende Dürre etwas mildern. Zweitens steht Regenfall in direkter Beziehung zur Landschaft und deren Erhebungen. Vom Mittelmeer ostwärts strömende Luftmassen kühlen über dem Bergland ab und lassen ihre feuchte Ladung auf seine westlichen Hänge niedergehen. Beim Überqueren des Jordantales sinken die Luftmassen herab und erwärmen sich, sodaß es auf der Ostseite der Berge, in der Wüste Juda und im Senkungsgraben nördlich und südlich des Toten Meeres nur selten regnet. Die Mehrzahl der Flüsse in Palästina fließen westwärts, nur wenige in Richtung Osten. Auf ihrem Weg nach Osten steigen die Luftmassen wieder an und lassen beträchtliche Regenmengen über der Westkante des transjordanischen Hochlandgürtels niedergehen. Weiter nach Osten nimmt der Regen wieder ab, mit Ausnahme jenes flachen Gebietes im

Osten des Sees von Gennesareth, wo der gebündelte Luftstrom auf die Hauran-Berge trifft. Demgemäß gibt es hauptsächlich zwei Landstriche, die sich östlich und westlich des Jordantales einer hohen Niederschlagsmenge erfreuen. Aufgrund der Berge und des Hochlandes von Edom breitet sich der östliche weiter nach Süden aus als der westliche. Die beiden regenreichen Zonen werden durch eine trockene Zone, die sie auch östlich und südlich umgibt, getrennt. Höhenunterschiede zeitigen aber auch noch andere klimatische Auswirkungen. Während man an der Küstenebene im Sommer an der unerträglichen Luftfeuchtigkeit leidet, ist es im Bergland tagsüber wohl auch heiß, die Luft jedoch angenehm trocken und des nächtens unter Umständen erfrischend kühl. Im Bereich des Toten Meeres erlebt man milde Winter und unerträglich heiße Sommer. In den Trockengebieten gibt es enorme Temperaturschwankungen zwischen heißen Tagen und kalten Nächten. Zusammenfassend kann das Bergland, das den Israeliten als Stammgebiet gedient hat, wohl als das klimatisch angenehmste betrachtet werden.

Aber auch das Klima unterliegt im Laufe der Zeit Schwankungen und Veränderungen. Auch in unseren Tagen gibt es eine Abfolge von regenreichen Jahren und Dürreperioden. Die katastrophalen Auswirkungen solcher Vorkommnisse in ohnehin nur begrenzt begünstigten Gebieten sind evident. Die Bibel informiert uns darüber auch zur Zeit der Israeliten (z. B. Ruth 1,16 oder 1 Könige 17 ff.).

Uns beschäftigt die Frage, ob die klimatischen Abweichungen der damaligen Zeit im Vergleich zu unseren heutigen Verhältnissen nennenswert und von Dauer waren. Die Diskussion darüber ist sehr unterschiedlich, doch es hat den Anschein, daß im Chalkolithikum und in der frühesten Bronzezeit etwas feuchtere, klimatische Bedingungen herrschten als heute. Spätestens mit Beginn des dreizehnten Jahrhunderts v. Chr. stellten sich aber trockenere Verhältnisse ein, welche seitdem dominierend blieben. Daher ist zu vermuten, daß die Israeliten ähnliche klimatische Bedingungen und regionale Modifikationen wie heute angetroffen haben. Es muß aber bedacht werden, daß sich das Klima durch das Eingreifen des Menschen verändern kann, besonders durch das Roden der Wälder und das Verschwinden des Pflanzenwuchses durch Überweidung. Es wurde vermutet, daß letzteres zu einer örtlichen Temperaturerhöhung von bis zu 6° C mit den entsprechenden Auswirkungen auf die Umwelt führen kann.

VEGETATION

Die Vegetation in den verschiedenen Klimabereichen paßt sich den jeweils vorherrschenden Bedingungen an. Allerdings ist der tatsächliche Bestand an Pflanzen und Tierarten noch von einem anderen Faktor abhängig, und zwar von frühen Verbindungen Palästinas und anderer Kontinente in ihrer geologischen Vergangenheit im allgemeinen und von der geologisch jüngeren Lokalisierung des Landes als Brücke zwischen den Kontinenten – Eurasien und Afrika – im speziellen. Daraus ergibt sich eine Verbindung des Landes mit einigen der weltweit größten phytogeographischen Gruppen, wodurch eine eindrucksvolle Vielfalt der Pflanzen- und Tierwelt entstanden ist.

Am geringsten sind die Einflüsse aus gemäßigten Zonen, Nordeuropa und Asien (Euro-Sibirien). Sie beschränken sich auf einzelne Vorkommen in Obergaliläa und auf dem Golan. Mediterrane Vegetation (lokale Abweichungen ergeben sich aus der unterschiedlichen Oberflächenbeschaffenheit: Erde oder darunterliegender Felsen) findet sich selbstverständlich in jenen Teilen Palästinas, in welchen mediterranes Klima mit ausreichenden Niederschlagsmengen herrscht. Einst gab es sehr viel Wald. In den Bergen wuchs Mischwald bestehend aus der immergrünen Eiche, der Terebinthe, dem Wacholder, der Zypresse und dem Hagedorn. Pinien bedeckten die Hänge der weicheren, kreidigen Kalksteinregionen. Die Zeder scheint hier nicht heimisch gewesen zu sein (trotzdem wuchsen einige in den Bergen von Edom). An den Ausläufern der Berge und in der Sharon Ebene gibt es auch Wälder mit anderer Zusammensetzung.

Jahrhundertelang griff der Mensch in dieses Vegetationsszenario ein, indem er die Wälder allmählich zerstörte oder veränderte, um Nutz- und Bauholz sowie Holzkohle zu gewinnen, indem er den Boden rodete, um Ackerland für Getreide-, Oliven- und Weinanbau zu schaffen und um Weideland für das Vieh zu erhalten. Infolgedessen haben nur wenige Waldgebiete bis zur Gegenwart überdauert und sind einer gemischten Strauch- und Buschzone gewichen, die in Bodennähe von dornigen Pflanzen oder dem blanken Felsen umgeben ist. Dieser Prozeß nahm freilich seinen Anfang noch bevor die Israeliten in Erscheinung traten. So hatten sie sich offensichtlich in den Hinterwäldern von Galiläa noch durch Rodung einen Platz zur Errichtung ihrer Behausungen schaffen müssen, während in anderen Gegenden der Wald längst durch Felder und Weideland ersetzt worden war (so in Ai und Chirbet Raddane nördlich von Jerusalem oder in Tell Bet Mirsim und Lachisch im Süden). Vor allem im westlichen samaritanischen Bergland setzte sich das Roden der Wälder zwecks Gewinnung von Wohnraum für den Menschen auch in israelitischer Zeit fort (Josua 17, 14–18). Wie Oberflächenforschungen ergaben, war dieses Gebiet im achten Jahrhundert v. Chr. reiches Ackerland, es wuchsen aber auch noch nach dem Exil Bäume auf den Hügeln um Jerusalem. Ausgrabungen in Tell el-Ful (Gibea von Saul?) ermöglichten die Datierung des schrittweisen Verschwindens des Waldes in der Eisenzeit. So war dort im zehnten Jahrhundert v. Chr., als die erste Befestigungsanlage errichtet wurde, Zypressen- und Pinienholz für Dachbalken noch verfügbar, dagegen mußte im siebten/sechsten Jahrhundert v. Chr. Mandelholz verwendet werden, weil eigentliches Bauholz vor Ort anscheinend nicht mehr vorhanden war.

Bis in das neunzehnte Jahrhundert hielt sich an der Küste von der Scharonebene bis nach Jaffa gemischter Eichenwald, doch der Eingriff des Menschen in unserer Zeit veränderte seine Zusammensetzung. Die philistäische Ebene noch weiter im Süden scheint dagegen merkwürdigerweise immer ohne nennenswerten Baumbestand gewesen zu sein.

Dort, wo die Niederschläge im Süden und Osten des westpalästinischen Berglandes sich vermindern sowie an den Süd- und Ostgrenzen der mediterranen Vegetationszone (Abb. 5) in Transjordanien treffen wir auf eine zweite Vegetationszone, die irano-turanische Zone. Im Übergangsbereich der beiden Zonen gedeihen noch einige Bäume wie z. B. Terebinthen, in der eigentlich irano-turanischen Zone wachsen sie nur mehr sehr selten. Niedrige Büsche, beispielsweise der Wermut bestimmen das Bild. Archäologische Ausgrabungen in südlichen Ortslagen wie Beerscheba und Arad zeigen allerdings, daß die Israeliten vor Ort wachsende Bäume zur Gewinnung von Bauholz fällten.

Jenes Gebiet in Palästina mit den geringsten Niederschlagsmengen kann zur saharo-arabischen Zone gezählt werden. Es umfaßt den Zentral- und Südnegev, große Gebiete um das Tote Meer sowie das Wadi Araba, ferner die Ostflanke des transjordanischen Hochlandes als auch einen schmalen Dünenstreifen an der Mittelmeerküste. Flächenmäßig handelt es sich bei weitem um die größte Vegetationszone in Palästina. Die Wüste, deren Boden höchst spärlich bewachsen ist, überwiegt, es sei denn, die Flußtäler spenden etwas Feuchtigkeit. Tamarisken, Ginsterbüsche und die dornige Akazie, die mit jener im Sudan wachsenden verwandt ist, können beobachtet werden. In der Nähe von Elat kommen *dom*-Palmen vor wie wir sie aus Arabien kennen. Bemerkenswerter Weise können aber auch in dieser kargen Gegend die destruktiven Eingriffe des Menschen beobachtet werden: Obwohl die Beduinen den einen oder anderen Baum als Schattenspender pflanzten, führte die Überweidung zum Verschwinden jener Vegetation, die ihre Herden bevorzugten und übrig blieben die für die Tiere ungenießbaren Pflanzen.

Eine weitere Vegetationszone, die sudano-zambesische, die sich vor allem im Senkungsgraben in isolierten warmen und gut bewässerten Oasen als Überbleibsel einer wärmeren und feuchteren, prätertiären geologischen Periode findet, muß erwähnt werden. In dieser Umgebung gedeihen der Lotusbaum oder »Christusdorn« (Zizyphus spina Christi), die Dattelpalme und der Jericho Balsam. Überreste der früher weit verbreiteten Papyrusstaude – einst charakteristisch für den heute trocken gelegten Hule-See am oberen Jordan – sind eindrucksvolle Zeugen vergangener Kontakte zwischen Palästina und dem Einzugsgebiet des Nil.

TIERWELT

Die Tierwelt wird wechselweise beeinflußt von der Vielfalt der Landschaft, des Klimas und der Vegetation. Auch die Verbindungen zu Eurasien und Afrika zeigten wiederum Wirkung in Bezug auf die Auswahl des Gebietes und die Vielzahl der Arten. Die Mobilität der Tiere läßt Grenzen rasch verschwimmen, wiewohl die Mehrzahl von ihnen bewaldete Gebiete, Wüsten oder wüstenähnliche Gebiete bevorzugen. Ein Beispiel aus der Bibel ist hier hilfreich. David berichtet (1 Samuel 17, 34–36), daß er einen Bären und einen Löwen tötete, um die Herde seines Vaters zu beschützen. Er bezieht sich also auf zwei Tiere aus unterschiedlichen Lebensräumen: Der

Bär ist ein Bewohner des Waldes und der Löwe zieht die Savanne und Steppe vor. In der Schrift gibt es einige Beispiele für die Erwähnung von Tieren aus diesen beiden Zonen (einige wenige sind auch in Verbindung mit der sudanesischen Zone zu sehen). Biblische Verfasser verwenden gerne Charakteristika und Gewohnheiten aus der Tierwelt (die sie sehr sorgfältig beobachteten) für Gleichnisse und Metaphern in Poesie und Prosa.

Archäologische Entdeckungen sowie Beobachtungen von klassischen und späteren Schriftstellern als auch Berichte von Wissenschaftern und Reisenden aus jüngerer Zeit erlauben weitere Schlußfolgerungen. Die Verschiedenartigkeit der Tierwelt in der Vergangenheit wurde schrittweise reduziert, vor allem seit der Verwendung moderner Schußwaffen. Zum Beispiel kamen während der Eisenzeit überraschenderweise das Nilpferd und das Krokodil in der Küstenebene vor. Knochenfunde vom Nilpferd und noch überlebende Exemplare des Krokodils im Zerqa (oder Krokodilfluß) südlich von Haifa bis zum Ende des 19. Jahrhunderts lassen zwingend darauf schließen. Im Osten und Süden Palästinas, in Transjordanien, im Negev und im Wadi Araba herrschte ein anderes Bild vor. Hier durchstreiften Strauße, Wildesel (oder Onager), Oryxantilopen und Gazellen die Steppen und Wüsten, während das biblische Wildkaninchen, die Wildziege und der Steinbock felsigen Grund bevorzugten. In gleicher Weise fanden hier Löwen und Wölfe, Hyänen und Schakale ihre Beute. Alle genannten Tiere drangen erstaunlich weit nach Westen vor. So wurden noch im 19. Jahrhundert Strauße westlich von Amman entdeckt und Gazellen in der Nähe von Jerusalem beobachtet, während ein Pilger noch im Mittelalter das Brüllen eines Löwen nicht weit weg von Haifa gehört haben will. Schlangen und Skorpione machten die Wüste noch beängstigender als sie durch Trockenheit und Weite ohnedies war (Deuteronomium 8,15) und Schwärme von Wüstenheuschrecken aus Arabien oder Afrika wuchsen von Zeit zu Zeit zu einer verheerenden Plage an.

Im bewaldeten oder von Büschen bewachsenen Zentralraum stellte sich die Situation wiederum anders dar. Dieser war bevölkert von Rotwild, Damhirsch, Ricken, dem Auerochsen und Wildschweinen. Zuletzt genannte gibt es heute noch. Abgesehen vom Bären, der in der Zeit Elischas (2 Könige 2,24) in den Wäldern um Bethel heimisch war, gab es noch andere Raubtiere wie Füchse, Wölfe, Geparden und Leoparden, die im neunzehnten Jahrhundert noch manchmal vom Libanon kommend in Nordisrael herumstreunten. Geparden und Leoparden traf man auch im Senkungsgraben an.

Sehr zahlreich sind die Stand- und Zugvogelarten. Zu nennen sind das Rebhuhn, das in trockenen Gebieten zu finden ist und die Wachtel, auf die man in der Sinai-Wüste zur Zeit ihrer Wanderung stößt. Andere Zugvögel wie Störche wiederum bevorzugen wasserreiche Plätze. Die große Menge der Raubvögel kommen vorwiegend in der Wüste vor.

Das Süßwasser des Jordan und des Sees von Gennesareth ist der Lebensraum für Schildkröten und Fische, darunter auch Arten, die vom Nil bekannt sind. Im Mittelmeer sah man gelegentlich einen Wal und auch die Purpurschnecke, von welcher der gleichnamige Farbstoff gewonnen wurde, lebte dort. Neben vielen Fischarten sind im Roten Meer noch der Dugong, der das sehr geschätzte *tahaš* Leder, welches in der Beschreibung des Zeltheiligtums erwähnt wird, geliefert haben könnte und die als Behälter für Kosmetika benützten Tridacna Muscheln und Korallen zu nennen.

Viele Arten dieser mannigfaltigen Fauna waren für den Menschen wünschenswerte Beute, gegen andere wiederum hatte er Krieg zu führen. Die verschiedenen Lebensräume der Wildtiere wurden auch von den gezähmten Arten wie Rinder, Schafe, Ziegen, Kamele und Esel sowie dem anpassungsfähigen Hund beansprucht. Alle genannten Tiere standen am Ende der Bronzezeit im Dienste des Menschen, wiewohl Kamelreiten zu dieser Zeit noch sehr neu war. Geflügelhaltung scheint sich erst in der uns interessierenden Zeit etabliert zu haben, während der Zeitpunkt, zu welchem sich die in Ägypten schon lange geschätzte Katze in Palästina der menschlichen Gesellschaft angliederte, weiterhin ein Rätsel bleibt.

VERKEHRSWEGE

Die weiter oben ausgeführten, natürlichen Gegebenheiten des Landes bestimmen auch seine Verkehrswege und deren jeweilige Bedeutung. Gemäß den vier nordsüd verlaufenden Hauptzonen sind auch vier Hauptrouten mit derselben Ausrichtung eruierbar (Abb. 6). Die westlichste führt entlang der Küste des Mittelmeeres, die nächste folgt der Höhenlinie des westlichen Berglandes. Die dritte läuft entlang dem Jordantal und setzt sich nach einer durch die unpassierbaren Küsten des Toten Meeres bedingten Unterbrechung im Süden, dem Wadi Araba folgend, bis Elat fort. Die vierte überquert den Fruchtlandgürtel in den transjordanischen Hochländern zwischen ihrer steilen Westkante und der Wüstengrenze im Osten (ein paralleler Seitenweg etwas weiter im Osten entlang der Grenze von Steppe und Wüste wäre zusätzlich möglich). Die Routen quer durch das Land, also von Osten nach Westen, hatten mit nicht unbeträchtlichen Höhenunterschieden zwischen Hochland und Ebenen zu kämpfen. Die zahlreichen westwärts (seltener ostwärts) sich einsenkenden Flußtäler boten sich dazu an, vor allem wenn sie zu einem mäßig hohen Bergsattel führten, über den eine Querung möglich ist. Die Querverbindungen durch das Land sind wohl reichlich, jedoch von unterschiedlicher Bedeutung. Das so geschaffene Straßennetz ermöglichte es der Bevölkerung, das Land besser zu erschließen, die Produkte der verschiedenen Gebiete auszutauschen und gleichzeitig die Verschiedenheit lokaler, klimatischer Bedingungen nutzbar zu machen. Darunter sind der frühere oder spätere Zeitpunkt des Einbringens der Ernte, lokale Dürren oder die Überführung der Herden zu grünen Weiden, wenn im Laufe des Sommers die Steppe zusehends austrocknet (vgl. Genesis 37, 12–17), zu verstehen.

Das Straßennetz diente natürlich nicht nur innenpolitischen Bedürfnissen sondern selbstverständlich auch dem internationalen Handel und um Nachrichten in

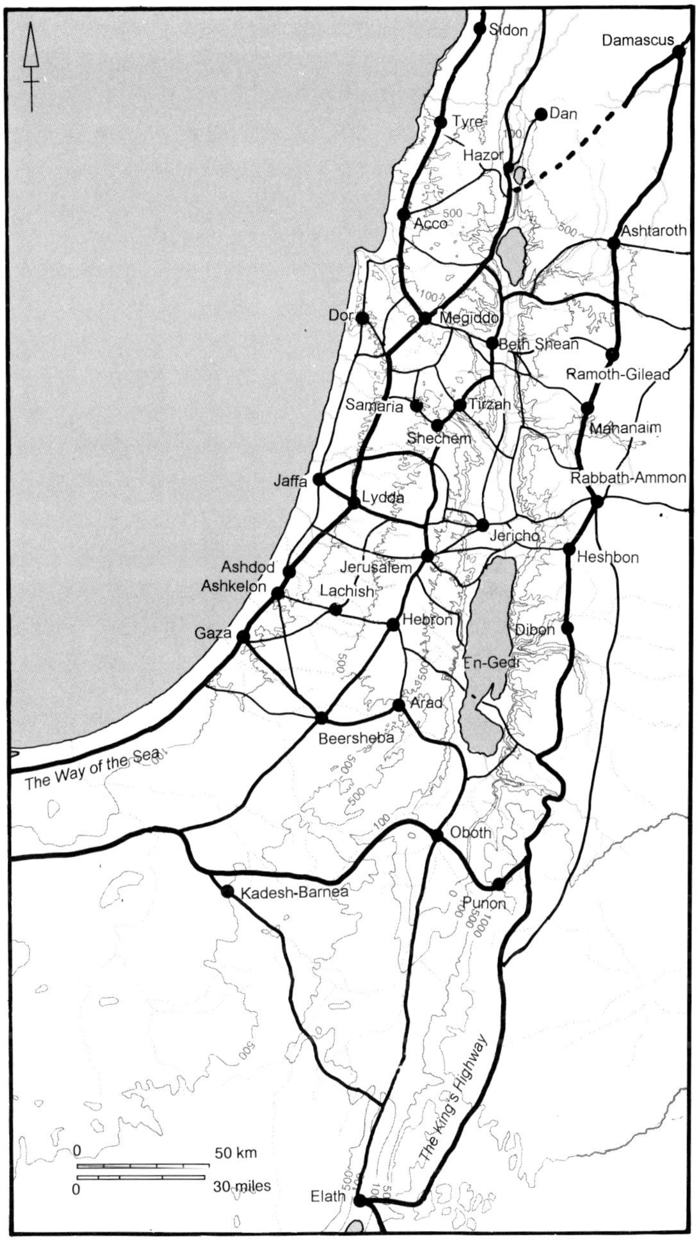

Abb. 6 Die Karte zeigt die Hauptverbindungsstraßen in Palästina. Internationale Durchzugsstraßen, regionale Haupt- und Nebenrouten sind durch jeweils schmälere Linienführung unterschieden.

und durch das Land zu transportieren. Naturgemäß benutzten leider auch fremde Armeen dieselben Straßen, um in das Land einzufallen.

Die für den Handel bedeutendste Verkehrsader durch das Land war die von Ägypten kommende, schon lange bestehende *Via Maris.* Etwa bis Jaffa folgt sie einem versteinerten Dünenstreifen nahe an der Mittelmeerküste, ab dort verläuft sie etwas weiter östlich an der Grenze von Ebene und Bergland, um den Sümpfen und Wäldern der Scharonebene zu entgehen. Ähnliche Gründe veranlaßten auch Reisende die Enge der Küstenebene, dort, wo der Karmel fast bis ans Meer reicht, zu meiden und einen Übergang auf einem der nach Megiddo, Jokneam oder Taanach führenden Pässe zu suchen. Von hier aus gelangte man dann über Akko nach Tyrus, Sidon und weiter nach Norden, allerdings auch wieder beengt, oder man benützte eine Hauptverbindung über Beth Schean beziehungsweise entlang der Westküste des Sees von Gennesareth. Die Weiterreise nach Norden war durch das Tal zwischen Libanon und Antilibanon nach Hamat, Aleppo und dem Euphrat möglich. Diese und die Beth Schean-Route führten vorzugsweise zu Furten, um den Jordan zu überqueren. In ihrer Fortsetzung gelangte man nach Damaskus und schlußendlich nach Mesopotamien.

Die Straße entlang des Bergkamms des westlichen Hochlandes hatte längst nicht jene althergebrachte, internationale Bedeutung, gewann aber an Gewicht als eine Strecke des Zugangs nach und der Kommunikation (manchmal auch der Konfrontation) zwischen dem nördlichen Israel und Juda. Nach Süden konnte man auf ihr bis Beer-

STÄDTE IN ISRAEL							
Westen		Norden		Osten		Süden	
nach	Tage	nach	Tage	nach	Tage	nach	Tage
Akko	5	Dan	7	Ramoth-Gilead	5	Elath	8–9
Dor	4	Hazor	6	Mahanaim	3,5	Beerscheba	2,5
Jaffa	2	Megiddo	3,5–4	Dibon	3	Arad	2
Aschdod	2+	Beth Schean	2,5–4	Heschbon	2	Lachisch	2-
Askalon	2,5	Samaria	2,5	Jericho	1-	Hebron	1+
Gaza	3	Sichem	2				
NAHE AUSLÄNDISCHE HAUPTSTÄDTE							
Westen		Norden		Osten		Süden	
nach	Tage	nach	Tage	nach	Tage	nach	Tage
Tyrus	6,5	Damaskus	8–9	Rabbath-Ammon	3–4	Bosra	5,5–6

Abb. 7 Ungefähre Reisezeit von Jerusalem in Karawanengeschwindigkeit (25–30 km pro Tag)

scheba gelangen, vielleicht schloß hier eine Route nach Ägypten an. Nach Norden verbat das schwierige, galiläische Bergland eine Ausdehnung über das Jesreel-Tal hinaus. Die Routen östlich und westlich des Jordan waren während der zu Rede stehenden Zeit von sekundärer Bedeutung, obwohl der Weg durch das Wadi Araba in politisch sicheren Zeiten als wichtige Handelsverbindung benützt wurde (ein Umstand, der auch auf die Straßen im benachbarten Negev zutraf). Die sogenannte »Königsstraße«, die Hauptverbindung in Transjordanien von Norden nach Süden, war eine weitere der international bedeutendsten Handelsstraßen, auf welcher die Karawanen aus Südarabien und noch weiter her Weihrauch, Gewürze und andere, wertvolle Güter bis nach Damaskus brachten.

Die Ostwest-Verbindungswege waren von unterschiedlicher Bedeutung. Obergaliläa konnte auf Umwegen über die Route Hazor – Tyrus durchquert werden. Weiter südlich gab es die noch bis vor kurzem *»Darb el-Hawarneh«* genannte Route, auf welcher die Kamel-Karawanen das Getreide aus dem Hauran-Gebiet auf Pfaden den Jarmuk entlang und dann quer durch Untergaliläa nach Akko brachten. Südlich der Hauptstraße durch das Jesreel-Tal (das die Mittelmeerküste mit dem Jordan-Tal verbindet) ermöglichen eine Reihe von Tälern den Zugang zu den Bezirken Sichem und Samaria von Westen her. Nach Osten erlaubt das Wadi Fara den günstigsten Abstieg zum Jordan-Tal. Am anderen Flußufer bietet sich das Tal des Jabbok an, um über Sukkoth, Mahanaim und Penuel das transjordanische Hochplateau zu erreichen. Von Jaffa und Philistäa im Süden gibt es mehrere Zugänge zum Zentralraum des westlichen Hochlandes und nach Jerusalem. Von hier führen steile Pfade hinunter nach Jericho. Über die Jordanfurten gelangt man dann wiederum zum transjordanischen Hochplateau und weiter zur ammonitischen Hauptstadt oder nach Heschbon. Hebron konnte über eine Reihe von Wegen, die von der philistäischen Ebene ausgehen, erreicht werden. Weiter nach Osten führt ein Pfad zu jenem schmalen Abschnitt des Toten Meeres, wo es die Kamel-Karawanen auf ihrem Weg nach Moab durchschreiten konnten.

Von wesentlich größerer Bedeutung war die Ostwest- Verbindung über Beerscheba und Arad sowie eine dazu parallele Route weiter südlich über Kadesch Barnea nach Punon und Bozra. Beide verbanden die »Königsstraße« mit dem Westen, auf welcher die Karawanen aus Südarabien Weihrauch und Gewürze zum Hafen nach Gaza bringen konnten. Auf der südlichen Route wurde wohl auch Kupfer von Punon nach dem Westen transportiert. Von Kadesch Barnea gelangte man auf Wüstenpfaden zum Golf von Aqaba und nach Elat. Gewinnträchtige Handelsrouten wie diese forderten immer wieder die politische Konfrontation heraus und erweckten Eroberungsabsichten. Das Reisen im Land, ob in friedfertiger oder kriegerischer Absicht, war nicht sehr zeitintensiv. Um von Dan nach Beerscheba zu gelangen, mußte man wohl eine Woche berechnen, um bis nach Elat vorzustoßen noch eine zweite. Die Ostwest-Durchquerung war innerhalb von drei bis fünf Tagen zu bewältigen (vgl. Abb. 7).

DER MENSCH UND DIE GEOGRAPHISCHEN GEGEBENHEITEN

Das Flachland ist ohne Zweifel mehr von der Natur begünstigt als das Bergland, es ist aber auch der Gefahr von außen mehr ausgesetzt. Allein die philistäische Ebene verfügte über ausreichend Ressourcen, um international Bedeutung zu erlangen. Das Klima mag zwar unangenehm sein, der kultivierbare Boden war aber flächenmäßig groß und ertragreich und die Handelsverbindungen zu See und zu Land sicherten den Wohlstand. Beziehungen mit Israel sind von besonderem Interesse. F. Braudel lehrte uns, eine gut entwickelte, im Flachland lebende Gesellschaftsschicht zu erwarten, die ihre armen Nachbarn im Bergland beherrschte. Die Verhältnisse in Israel scheinen diese These nicht in jedem Fall zu bestätigen. So waren die Scharon-Ebene an der Küste in der Höhe des Karmel und das Jesreel-Tal abhängige oder zeitweise umstrittene Gebiete.

Die Bezirke im Hochland hatten wohl das angenehmere Klima, mußten aber größere Anstrengungen in Kauf nehmen, um den Lebensunterhalt zu gewährleisten. Galiläa war flächenmäßig zu klein, um bedeutsam zu sein. Vielleicht suchten auch manche seiner Einwohner eine Beschäftigung im benachbarten Phönizien – möglicherweise Anzeichen einer generellen Tendenz von Bergvölkern, die ihren Lebensunterhalt in den reicheren Ebenen in ihrem Umkreis verdienen wollen, wenn die Bedingungen zuhause dies nicht erlaubten. Die Bewohner von Ephraim und Manasse weiter im Süden fanden eine bessere Ausgangssituation vor: Das Land eignete sich – auch größenmäßig – gut zum Ackerbau, der noch erweiterungsfähig war. Der Handel fand von und nach mehreren Richtungen Zugang – leider aber auch feindliche Kräfte. Juda im Süden war weniger begünstigt, auch mehr isoliert, dadurch aber sicherer. Die Bergländer suchten den engen Kontakt mit der Ebene im Westen, drangen manchmal vor oder wurden selber überfallen, aber auch mit der Absicht, ökonomische Beziehungen zu knüpfen. Die Archäologie beginnt erst, diese Vorgänge aufzuhellen. Die Schefela fungierte als Grenzland für solch militärische oder friedliche Kontakte.

Baschan auf der anderen Seite des Jordan war ein reiches Land. Es fehlten ihm aber Grenzen, die es hätte verteidigen können. Dies erwies sich als günstig für den Handel, ungünstig für die Sicherheit: Invasion und Annexion waren die logische Folge. Der gut entwickelte, südliche Nachbar Gilead, ein Bollwerk am Berg, unterhielt enge Beziehungen zu Israel auf der anderen Seite des Jordan und konnte sich lange behaupten. Obwohl die tief eingeschnittenen, sich nach Westen absenkenden Flußtäler scheinbar natürliche Grenzen bildeten, verschob sich das Gleichgewicht der verschiedenen politischen Einheiten am transjordanischen Hochplateau – Ammon, Moab und Edom – als auch Israels und das Eindringen fremder Großmächte (Ägypten kurzfristig während des Schoschenq Feldzuges, Assyrien und später Babylonien) stellte hier wie anderswo eine alle und alles überwältigende Veränderung dar. Die Nutzung der Ressourcen in den Wüstengebieten im Wadi Araba und im Negev hingen von der Gnade der politischen Umstände ab, die einmal diese und einmal jene der involvierten Gruppen bevorzugten – Edom, Ägypten, arabische und andere Stämme und besonders Juda. Diese Gebiete waren Durchgangszonen, so daß man z. B. Edomiter sowohl im Negev als auch in Transjordanien finden konnte.

Das Dasein des Menschen in seiner geographischen Befindlichkeit bedingt auch bestimmte Siedlungsmuster. Die Entstehung größerer Städte ist im Flachlandgürtel eher möglich als im Hochland, wo es nur selten bedeutende Städte, wohl aber zahlreiche

Orte und Dörfchen gab, mit Ausnahme von Galiläa. Einige frühere, kanaanäische Städte entwickelten sich auf Grund ihrer speziellen Lage weiterhin sehr gedeihlich. So lag beispielsweise Megiddo an einer sehr wichtigen Straßenkreuzung und kontrollierte außerdem den Hauptpaß über den Karmel. Jedoch scheint die Tatsache, daß – hier wie anderswo – die Regierung einen Ort als militärisches oder administratives Zentrum gewählt hat, von Bedeutung zu sein. Die Wahl zwischen mehreren Möglichkeiten konnte auch ein Aspekt in der Festlegung einer Hauptstadt sein: Obwohl das günstigste Gelände für eine nordisraelitische Hauptstadt ziemlich begrenzt erschien, bewarben sich Sichem und Tirza um die Ehre, bevor Samaria schließlich ausgewählt wurde. In ähnlicher Weise hätte als Ort einer gesamtisraelitischen Hauptstadt des vereinigten Königreiches, die am besten auf neutralem Boden inmitten des Hochlandgürtels errichtet schien, eine Lage in Benjamin, eher als Jerusalem, diese Stellung erlangen können, wenn das Haus Saul, das ja von Benjamin stammte, länger regiert hätte. Gibeon blieb aber ein wichtiger Ort panisraelitischer, religiöser Zeremonien auch nach dem Amtsantritt Salomos (1 Könige 3, 4 ff.). Geographische Bedingungen konnten Möglichkeiten eröffnen (oder auch zu verweigern scheinen), doch wie man diese nützte, wurde vom Lauf der Geschichte bestimmt.

KAPITEL II

Ursprung und Abstammung der Israeliten

Die Herkunft Israels bleibt trotz einer mehr als einhundertjährigen, intensiven Forschungstätigkeit im Dunkeln. Viele sind der Ansicht, daß man die Geschichte Israels nicht weiter als bis zur Richterzeit, also nicht hinter das zwölfte oder elfte Jahrhundert v. Chr. zurückverfolgen kann (manche meinen sogar, man käme nicht hinter die Königszeit des zehnten Jahrhunderts v. Chr. hinaus). Noch vor einer Generation erwartete man wertvolle Aufschlüsse über die Abstammung der Israeliten, indem man die Angaben aus biblischen Erzählungen in Beziehung zur altorientalischen Geschichte sowie der sozialen und materiellen Entwicklung setzte. Neuerdings wurden manche der dieserart erlangten Ergebnisse in Frage gestellt und grundsätzliche Bedenken nach der Legitimität von Argumenten erhoben, die auf der Kombination schriftlicher und archäologischer Quellen basieren. Gleichzeitig eröffnen jüngste Informationen vor allem auf Grund von großflächigen Feldforschungen neue Perspektiven. Neuartige Interpretations- und Kombinationsmöglichkeiten der bekannten Fakten unter soziologischen Gesichtspunkten treten hervor. Daraus ergibt sich in Bezug auf Israels Vorgeschichte, daß die biblischen Aufzeichnungen und deren Interpretation getrennt präsentiert werden müssen von streng historischen und archäologischen Daten. Die Ansichten der Forscher über die Entstehung Israels sollten daher im Lichte dieser Informationen durchwegs neu überdacht werden.

DIE ZEIT DER »PATRIARCHEN«

Die Bibel, besonders das Buch Genesis, enthält Berichte über die Entstehung Israels und die Verwandtschaftsbeziehungen zu seinen Nachbarn. Trotz mancher Schwierigkeiten im Detail ist die Erzählung verhältnismäßig klar und zusammenhängend. Die Israeliten sind Nachkommen von Abraham (ursprünglich hieß er Abram), ein Hebräer oder ein umherziehender Aramäer. Er verließ unter göttlicher Führung seine Heimatstadt Ur in Mesopotamien und zog mit seiner Familie nach einem Aufenthalt im weiter nördlich gelegenen Haran schließlich nach Kanaan. Hier schloß er einen Vertrag mit der Gottheit: Seine Nachkommen sollten ein großes Volk werden und Erbe des Landes sein. In diese Zeit fällt auch der Namenswechsel von Abram zu Abraham. Er und seine Nachkommen, Isaak und Jakob, werden als Halbnomaden beschrieben, die mit ihren Herden im Land herumziehen (gelegentlich auch Ackerbau treiben). Das Verhältnis zu ihren jeweiligen Nachbarn wird einmal als freundschaftlich, ein anderes Mal als feindselig geschildert. Mit ihren Wanderungen und religiösen Traditionen werden Orte im zentralen Hügelland (Sichem, Bethel) und im fernen Süden (Beerscheba, Mamre) in Verbindung gebracht, während sich das Familiengrab in Hebron befand.

Eine Anzahl von Nachbarvölkern werden durch Abstammung als verwandt mit Abraham beschrieben: in der Seitenlinie die Aramäer, in direkter Nachfolge die Ismaeliter und andere arabische Stämme, durch seinen Enkel Esau die Edomiter und durch die gewissermaßen unehelichen Sprößlinge seines Neffen Lot auch die Ammoniter und die Moabiter. Das Hauptaugenmerk gilt aber den Nachkommen von Jakob, der nach einem leidenschaftlichen Kampf mit einem übermenschlichen Fremden an einer Furt durch den Fluß Jabbok bei Penuel den Namen Israel erhielt. Jakobs frühreifer Lieblingssohn wurde von dessen eifersüchtigen Brüdern an eine Händlerkarawane verkauft, die ihn nach Ägypten mitnahm. Dort bekleidete er nach manchem Drangsal schließlich ein hohes Amt am Hof des Pharao. Dadurch erlangte er auch die Erlaubnis, daß sein Vater und seine 11 Brüder sich im Gebiet Goschen während der von ihm vorausgesagten und durch seine Voraussicht gelinderten Hungersnot niederlassen durften. Hier vermehrten sich die Nachkommen der 12 Brüder mit der Zeit zu den 12 Stämmen Israels.

In den letzten Jahren wurden diese Berichte vom wissenschaftlichen Standpunkt zusehends mehr angezweifelt. Wie wir gesehen haben, hat der biblische Text eine lange und komplizierte Entstehungsgeschichte. Viel des heute vorliegenden Textes wird für spät gehalten, die allgemeine Situation und Hauptsorgen jener (späten) Zeit reflektierend. Es ist daher nicht eindeutig zu entscheiden, in welchem Ausmaß korrekte Angaben über eine längst vergangene Zeit darin enthalten sind. Wohl wird die Existenz Abrahams, Isaaks und Jakobs als reale Personen eher angenommen als sie nur als theoretische, namengebende Repräsentanten der Ahnen der Stämme zu sehen (hier gibt es aber keine allgemeine Akzeptanz). Es wurde aber auch vorgeschlagen, daß die Patriarchenerzählungen – sogar jene über Jakob und Israel – nicht einheitlichen Ursprungs seien, sondern auf verschiedene Vorgänger zurückgriffen. Das Erzählgut wäre demnach an bestimmten heiligen Orten aufbewahrt und von den späteren Herausgebern zusammen- und umgestellt worden.

Ähnlich schwierig ist eine stimmige Einschätzung der tatsächlichen, historischen Geschehnisse der Patriarchenerzählungen vor dem Hintergrund der heute bekannten historischen und archäologischen Fakten. In den altorientalischen Texten gibt es keine Erwähnung jener Personen, die mit den Mitgliedern der Patriarchenfamilien zu identifizieren wären. Allerdings kommen manche Namen – z. B. Abram und Jakob – in Dokumenten aus dem zweiten Jahrtausend v. Chr. vor. Auch manche in den Erzählungen genannte Orte sind unter ähnlichem Namen nachzuweisen. Darüber hinaus scheinen die aus dem achtzehnten Jahrhundert v. Chr. stammenden und in Mari am oberen Euphrat gefundenen Keilschrifttafeln den allgemeinen Hintergrund der Erzählungen zu bestätigen, wonach es im Lande Hirtenstämme gab, deren Gewohnheiten mit jenen in den Patriarchengeschichten erwähnten vergleichbar sind. In der Tat enthielten sie sogar eine Stammesgruppe mit dem Namen *Banu-Jamina* – oder »Benjaminiter«. Dokumente aus Nuzi, etwas später als jene von Mari und in einiger Entfernung davon gefunden, zeigten anscheinend, daß die in den Patriarchenerzählungen vorkommenden, sozialen und rechtlichen Bräuche in das frühe Mesopotamien passen könnten.

Die Wanderungen Abrahams könnten auch mit der nomadischen Lebensweise und dem Treiben von Handel unter Verwendung von Eseln zusammenhängen. Manche sehen eine Verbindung zur vermuteten Ankunft der Amoriter, den Vorläufern der Aramäer, in Palästina um den Beginn des zweiten Jahrtausends v. Chr. (die sich, nach Ansicht mancher Forscher, in der Kultur der palästinischen mittleren Bronzezeit II niederschlägt). Andere wiederum stellen einen Zusammenhang zwischen den nicht seßhaften Gruppen der *Habiru* in den akkadischen Texten sowie den *Apiru* in den ägyptischen Texten und den Hebräern her. Datiert wurde die Patriarchenzeit zwischen dem neunzehnten und dem dreizehnten Jahrhundert v. Chr. mit Präferenz für das achtzehnte Jahrhundert. Die biblische Chronologie, die selbst Gegenstand verschiedenster Berechnungen und schließlich abhängig vom umstrittenen Zeitpunkt des Auszugs aus Ägyptens ist, gewährt hier einen gewissen Spielraum.

In jüngster Zeit sind die Versuche, biblische Berichte zu bestätigen, heftiger Kritik unterworfen worden. Die in den Patriarchenerzählungen genannten Namen sind nicht nur im zweiten, sondern vor allem im ersten Jahrtausend v. Chr. gut belegt. So wurde das verwirrende Vorkommen von Hethitern im Palästina der Patriarchenzeit, z. B. in Hebron, verbunden mit dem Begriff „Hethiter“ zur Bezeichnung der Bewohner der Levante in spätassyrischen und babylonischen Texten. Die Bezugnahme zu den sonst aufschlußreichen Mari-Texten stößt auf räumliche und vielleicht auch zeitliche Bedenken. Die dort beschriebenen Hirten(stämme) sind keine wirklichen Nomaden auf ihrem Weg zur Seßhaftigkeit und die Lesart *Banu-Jamina* erfordert eine genauere Untersuchung. Angebliche Übereinstimmungen der in den Patriarchengeschichten erwähnten, rechtlichen und sozialen Bräuche mit jenen aus den Nuzi-Texten beruhen entweder auf Mißverständnissen oder fügen sich besser in das erste Jahrtausend v. Chr. ein. Die Vorstellung von Abraham als eines mit Esel-Karawanen ziehenden Händlers wird nur mit Vorsicht behandelt und seine Beziehung zur amoritischen Völkerwanderung oder deren archäologische Verifikation nicht akzeptiert. Offensichtlich waren mehrere der in den Abrahamserzählungen genannten Ortslagen während der mittleren Bronzezeit I nicht besiedelt. Vor dem dreizehnten Jahrhundert v. Chr. sind die Aramäer nicht wirklich belegt und der Gebrauch des Begriffs »Hebräer« ohne abschätzige Färbung scheint erst in den späteren Büchern der Bibel geläufig zu sein. Die Möglichkeit des Anachronismus muß daher im Auge behalten werden. Manche ziehen die Existenz der Patriarchenzeit vollkommen in Zweifel und halten die Geschichte für eine Kombination von Ereignissen und Personen aus unterschiedlichen Zeitabschnitten, die nun umgestaltet und komprimiert vorliegt. Als Gegengewicht zu diesem Skeptizismus gibt es neuere Ansätze, die eine Datierung der Patriarchenzeit in die erste Hälfte des zweiten Jahrtausends v. Chr. nahelegen und den Exodus im dreizehnten Jahrhundert v. Chr. für möglich halten.

DER AUFENTHALT IN ÄGYPTEN, DER EXODUS UND DIE WANDERSCHAFT DURCH DIE WÜSTE

Die Bücher Exodus, Levitikus, Numeri und Deuteronomium sind die wichtigsten Quellen, die uns über diese Ereignisse informieren. Nach Exodus 12, 40 weilten die Kinder Israels 430 Jahre lang in Ägypten (an anderer Stelle werden andere Zahlen genannt und manche Genealogien, wie jene von Moses in Exodus 6, 16–20, implizieren vielleicht einen viel kürzeren Aufenthalt). Ihre rasch wachsende Zahl erschreckte die Ägypter so sehr, daß sie von einem namentlich nicht genannten Pharao bei der Erbauung der Städte Pithom und Ramesse zu schwerer Zwangsarbeit gezwungen wurden. Dieser befahl auch die Ermordung aller männlichen Neugeborenen. Lediglich ein Knabe überlebte auf wunderbare Weise: Nachdem er in einem Binsenkorb ausgesetzt, auf dem Nil treibend, von einer ägyptischen Prinzessin bemerkt, gerettet und von ihr adoptiert worden war, erhielt er den Namen Moses. Später mußte er allerdings aus dem Land fliehen, nachdem er einen Ägypter, der einen Landsmann schlecht behandelt hatte, tötete. In Midian fand er Zuflucht und heiratete die Tochter eines dort ansässigen Priesters. Am Berg Horeb erhielt er den göttlichen Auftrag, mit Unterstützung seines Bruders Aaron sein Volk in die Freiheit zu führen. So kehrte Moses nach Ägypten zurück. Der neue Pharao widersetzte sich zunächst den Bitten, die Israeliten aus Ägypten ziehen zu lassen. Doch göttliche Intervention, die sich als die »Zehn Plagen« bemerkbar machte, zwang ihn nachzugeben. Er entsandte Truppen zur Verfolgung der Israeliten, die auf wundersame Weise das Schilfmeer durchqueren konnten, indem sich die Fluten vorübergehend teilten, aber die verfolgenden Ägypter ertränkten. Dann führte Moses sein Volk zum Berg Sinai (synonym mit Horeb). Dort erhielt es in einer furchteinflößenden, göttlichen Offenbarung, die von Donner und Blitz, Erdbeben und Feuer, Rauch und vom Berg herab erklingendem Trompetenschall begleitet war, zuerst die Zehn Gebote und sodann viele zivile und religiöse Vorschriften, darunter auch den Befehl zur Errichtung eines Zeltheiligtums oder Gotteshauses. Die Israeliten wurden in wunderkräftiger Manier in der Wildnis am Leben erhalten – und trotzdem rebellisch: Die Errichtung des Goldenen Kalbes war ein besonders schweres Vergehen. Erst nach 40-jähriger Wanderschaft durch die Wüste, die auch einen längeren Aufenthalt in Kadesch einschloß, durften sie das Gelobte Land betreten.

Dieser Textabschnitt bereitete den Wissenschaftern beträchtliche Probleme, für die es bis heute keine eindeutigen Erklärungsmöglichkeiten gibt. Der biblische Text wird wiederum als eine Zusammenfassung von mehreren Traditionen erachtet. In der Beschreibung der Exodusroute zum Beispiel lassen sich anscheinend Spuren verschiedener Fassungen entdecken. Ferner gibt es einige Aspekte in der Erzählung, die für

Projektionen späterer Bedingungen in die Vergangenheit gehalten werden. Auch dürfte das Milieu, in dem die Josefsgeschichte angesiedelt ist, besser in das erste Jahrtausend v. Chr. als in das zweite passen. Auch wurde die Beschreibung des Zeltheiligtums in Anlehnung an den salomonischen Tempel in Jerusalem vermutet (aber neuerdings wurde gezeigt, daß seine Einrichtung und seine Konstruktionsmerkmale Vorgänger im bronzezeitlichen Ägypten haben). Und schließlich könnte die Episode mit dem »Goldenen Kalb« vielleicht ganz simpel von den Stierstandbildern herzuleiten sein, die Jerobeam nach dem Zerfall des salomonischen Königreiches aufstellen ließ. Die Frage nach möglichen Anachronismen geht jedoch tiefer. Es gibt keine Übereinstimmung der Wissenschafter darüber, wie viele der angeblich von Moses verkündeten Religionsgesetze in den biblischen Texten wirklich auf ihn zurückgehen. Während die rituelle Gesetzgebung größtenteils als späteren Ursprungs erachtet wird, wird die Frage des Monotheismus von manchen nicht als der Beginn des Glaubens Israels eingeschätzt, sondern für das Endergebnis einer langen Entwicklung gehalten. Es gibt in der Tat Zweifel, ob Israel überhaupt allgemeine, alte Traditionen an Moses bewahrt hat, da er, wie sie bemerkten, außerhalb des Pentateuch nur selten in Texten aus der Zeit des Königreichs erwähnt ist und hier sogar häufiger im nördlichen Israel als in Juda, wo das Geschlecht Davids im religiösen Denken eine dominierende Rolle spielte. Andere Probleme wiederum ergeben sich durch die in der Exodus-Erzählung auftretenden Unwahrscheinlichkeiten, zum Beispiel die enorm hohe Zahl der in der Wüste weilenden Israeliten betreffend (Numeri 1 und 26 geben jeweils etwa 600 000 männliche Erwachsene an).

Schließlich wurde auch die Beobachtung gemacht, daß Elemente der Folklore und vergleichbarer Literatur in die biblischen Traditionen eingeflossen sind: So erinnert die außergewöhnliche Rettung des Moseskindes an die nahezu identische mesopotamische Geschichte über die frühe Kindheit von Sargon dem Älteren, dem legendären Begründer des akkadischen Reiches. Alles in allem sind authentische Elemente in der Exodus-Geschichte schwierig zu erkennen.

Leider ist auch die Zuflucht zu außerbiblischen Quellen nicht sehr ergiebig. Obwohl für Ägypten bekannt ist, daß sich dort auch Semiten aufhielten, belegen die ägyptischen Quellen weder die Existenz von Israeliten oder deren Unterdrückung noch den Auszug. Ebensowenig läßt sich eine Einzelperson festmachen, die man klar mit dem biblischen Moses identifizieren könnte, obwohl der Name ein ägyptischer ist – und zwar eine Kurzform von Namen wie Tuthmosis oder Amosis. (Auch andere ägyptische Namen unter den Leviten, zu denen auch Moses gehörte, wie zum Beispiel Hophni, Pinhas oder Merari, sind natürlich ein Hinweis auf frühe Beziehungen zu Ägypten. Doch der Zeitpunkt ihrer Übernahme ist unbestimmt.) Als chronologische Stütze wurde gerne das Argument benützt, wonach die Israeliten die Städte Pithom und Ramesse erbaut hätten. Während der langen Regierungszeit Ramses' II. im dreizehnten Jahrhundert v. Chr. ist Zwangsarbeit in der Bautätigkeit belegt, wodurch er oft als Pharao der Unterdrückung und vielleicht auch des Auszugs gesehen wird (in diesem Zusammenhang wird auch sein Nachfolger Merenptah genannt). Trotzdem kann das dreizehnte Jahrhundert v. Chr., ein lange verbreitetes Datum für den

Exodus, nicht mit Sicherheit angenommen werden, da die Erwähnung von Pithom (vermutlich Tell el Maschuta) und Ramesse (heute identifiziert mit Tell ed Dabᶜa/Qantir) anachronistisch sein könnte: Die ins Auge gefaßte Bautätigkeit dürfte vor Ramses II. stattgefunden haben und tatsächlich könnte Pithom zu seiner Zeit nicht mehr existiert haben. Ein weiteres Problem mit diesem Datum ergibt sich aus der biblischen Erwähnung, wonach der Exodus 480 Jahre vor dem vierten Regierungsjahr König Salomos stattgefunden hätte (1 Könige 6,1; vgl. ebenso Richter 11,26), also etwa 1446 v. Chr. Andererseits werden aber genealogische Argumente und andere Bedenken angeführt, daß es sich um eine wesentlich kürzere Zeitspanne als 480 Jahre gehandelt haben muß. Auf die hellenistische Zeit geht der Vorschlag zurück, den Exodus wesentlich früher anzusetzen und ihn mit der Vertreibung der Hyksos aus Ägypten zu verbinden, wird aber von den meisten Forschern abgelehnt, obwohl es manche doch für möglich erachten.

Diese Auffassungsunterschiede könnten in teils sich widersprechenden, nun aber verknüpften, israelitischen Traditionen wurzeln. Manche leugnen den Exodus überhaupt oder glauben, Moses war nur von einer ganz kleinen Gruppe begleitet; andere wiederum behaupten, es hätten nicht alle Israeliten Kanaan verlassen, um nach Ägypten zu ziehen und wieder zurückzukehren, sondern nur die Lea- oder die Rachel-Stämme (die Nachkommen Jakobs von den Haupt- und Nebenfrauen); abermals andere meinen, mehrere Stammesverbände wären nach Ägypten gegangen, um es nach unterschiedlichen Zeiten wieder zu verlassen. Darüber hinaus wird auch von vielen die volle Entwicklung des israelitischen 12 Stämme-Verbandes erst für die Zeit der Niederlassung in Palästina für möglich gehalten, also etwa der Zeitraum der Einführung der Monarchie oder etwas früher. Daher können wir eine stimmige, historische Abhandlung nicht wagen, und ähnliche Unsicherheiten erwarten uns im Folgenden.

Unter Umgehung des Rätsels von der wundersamen Durchquerung des Schilfmeeres durch die Israeliten (vermutlich bezieht sich der Name eher auf ein Gewässer in der Nähe von Tell ed Dabᶜa, das heute mit Ramesse identifiziert wird, als auf das Rote Meer) und betreffs der anschließend benützten Routen, müssen wir auf das zentrale Ereignis der göttlichen Offenbarung am Berg Sinai zu sprechen kommen: der Vertrag mit Gott und die Gesetzgebung. Die Lokalisierung dieses Ereignisses auf einer der höchsten Bergspitzen im Süden, im Gebiet der heutigen Sinai-Halbinsel, kann nicht hinter die ersten christlichen Jahrhunderte zurückverfolgt werden, daher werden folgende zwei Alternativen erwogen. Einige glauben den Berg der Offenbarung in der Nähe von Kadesch, etwa 80 km südlich von Beerscheba, lokalisieren zu können. Für andere liegt der Berg Sinai im nordwestlichen Arabien, also im alten Midian, da hier noch für das Mittelalter vulkanische Tätigkeit belegt ist – eine Ähnlichkeit mit den in der Offenbarungserzählung erwähnten und diese begleitenden Naturphänomenen. Habakuk (3, 1–7) und Richter (5, 4–5) deuten in diese Richtung (oder auf ein Gebiet im südlichen Transjordanien), letztendlich bleibt die Frage aber ungeklärt.

Abgesehen von der geographischen Lokalisierung des Sinai hielten die Israeliten den Glauben daran aufrecht, daß sie der Gott, der sie aus ägyptischer Knechtschaft befreit hatte, dort zu seinem besonderen Volk ernannt habe und daß er jener Gott sei, dessen Name mit den Konsonanten JHWH geschrieben wurde (möglicherweise Jahwe ausgesprochen mit Kurzformen Jeho, Jahu, Jo und Jah). Wie zwei ägyptische Texte aus dem vierzehnten bzw. dreizehnten Jahrhundert v. Chr. andeuten, scheint dieser Name in Verbindung zu einer Örtlichkeit im südlichen Transjordanien zu stehen (später, im neunten Jahrhundert v. Chr. ist in einem Text aus Kuntillet Adschrud ein Jahwe aus Teman (Edom) genannt). Wo der JHWH-Kult ursprünglich beheimatet war, ob bei den Midianitern im Süden oder anderswo, wie angebliche Vorkommen des Namens im zweiten Jahrtausend v. Chr. suggerieren, bleibt spekulativ. Zum gegenwärtigen Zeitpunkt erscheint eine Herleitung aus dem Südosten im allgemeinen wahrscheinlich.

Andere von den Israeliten verwendete Gottesbezeichnungen weisen andere Verbindungen auf. Der Name El zur Bezeichnung des dem Pantheon vorsitzenden Hochgottes war bei den Kanaanäern weit verbreitet und auch von anderen Völkern im zweiten Jahrtausend v. Chr. verwendet. El ist auch ein Element der Namensbildung, im besonderen ist es im Namen Israel enthalten; diesen könnte »El behauptet sich siegreich« bedeuten (die Erklärung in Genesis 32, 28 scheint nachträglich eingefügt). Auch Personen, die in außerbiblischen Texten der Bronzezeit aus Ugarit und Ebla genannt werden, sind als Träger dieses Namens bekannt.

Die Tradition um den Berg Sinai und die Wüstenwanderungen finden in der Archäologie keine Stütze. Obwohl frühe Lagerstellen oder Begräbnisstätten unter Wüstenbedingungen jetzt manchmal erkannt werden können, ist es bisher unmöglich, eine Zuordnung zu den umherwandernden Israeliten vorzunehmen. Es muß aber auch im Auge behalten werden, daß Nomaden sozusagen »archäologisch unsichtbar« bleiben können.

DIE EROBERUNG KANAANS UND DIE ANSIEDLUNG DER STÄMME

Gemäß der Bibel gewannen die Israeliten das Gelobte Land durch Eroberung: Zuerst nahmen sie unter Führung von Mose das nördliche Transjordanien ein, später drangen sie unter der Führung von seinem Nachfolger Josua in das westliche Palästina vor. Die erste Phase, nämlich die Eroberung der Königreiche des Sihon und des Og, ist in Numeri 21, Deuteronomium 2 und 3 und Richter 11 nachzulesen, die zweite Phase in Josua 1–12. In beiden Erzählsträngen wird von einer gemeinsamen Aktion ganz Israels unter einer höhergestellten Führungspersönlichkeit berichtet, die im Anschluß daran die Zuteilung der Stammesterritorien vornimmt. Josua erreichte durch eine Reihe von gut vorbereiteten Feldzügen die Kontrolle über einen Großteil des westlichen Berglandes (der Küstengürtel blieb vornehmlich in kanaanäischer Hand). Die Berichte über die Eroberung des benjaminitischen

Gebietes sind besonders detailreich: Wir hören vom wundersamen Untergang Jerichos, dessen Mauern einstürzten, von der Eroberung von Ai durch Kriegslist und vom Vertrag mit den Gibeoniten, der durch Täuschung erreicht wurde. An anderer Stelle wird von einem Feldzug gegen die Könige des südlichen Berglandes berichtet und ein weiterer ist gegen Galiläa gerichtet, der zur Einnahme von Hazor führt. Das eroberte Land wurde daraufhin den Stämmen zugeteilt und eine Vertragszeremonie in Sichem abgehalten. Es schließen die Entlassung der Streitkräfte und der Bericht über Josuas Tod an. In Richter 1 dagegen lesen wir einen etwas anderen Bericht von verschiedenen, lokalen Eroberungen und anschließenden Niederlassungen vor allem in Juda, die auf Einzelaktionen zurückgingen. Manche sehen darin »Säuberungsaktionen« im Gefolge von Josuas Kampagnen, andere wiederum erkennen darin eine unterschiedliche Landnahmetradition, nach der die Israeliten nicht in einer konzertierten Aktion vorgegangen wären, sondern nach und nach, wie und wo es die Umstände erlaubten. Zuletzt sei erwähnt, daß manche Forscher Numeri 14, 44 ff. und 21, 1–3 als Bericht über den Zuzug bestimmter Gruppen nach Juda aus dem Kadesch-Gebiet interpretieren.

LANDNAHME ALS EROBERUNG?

Zeitpunkt und historischer Gehalt dieser Berichte wurden und werden heftig diskutiert. Noch vor einer Generation wurde der Wahrheitsgehalt ihrer grundlegenden Elemente allgemein akzeptiert. Es wurde weithin angenommen, die Israeliten wären Eindringlinge aus dem Osten und hätten ihr Ziel, die Niederlassung, mit militärischen Mitteln durchgesetzt, obwohl Richter 1 ein authentischeres Bild der Eroberung Kanaans anzubieten scheint und obwohl speziell das Buch Josua zum Teil sehr altes Erzählgut, darunter ätiologische Sagen (wie in den Beispielen von Jericho und Ai) enthält. Heute allerdings neigt man eher der Ansicht zu, daß speziell Josua eine späte – vielleicht exilische oder nachexilische – Rekonstruktion der Frühgeschichte Israels darstellt, um damit theologische Grundsätze zu illustrieren. Ebenso wird der Darstellung im Richter-Buch heute weniger historische Zuverlässigkeit beigemessen als einst angenommen.

Es hat sich also nicht nur das Ausmaß der Glaubwürdigkeit der biblischen Quellen geändert, sondern auch die Einschätzung der Beweiskräftigkeit außerbiblischer Texte und vor allem der archäologischen Ergebnisse ist einer Veränderung unterworfen. Die Wirklichkeit einer Eroberung durch die Israeliten wurde zunehmend in Frage gestellt, so daß alternative Erklärungsmöglichkeiten entwickelt werden. Die Problematik muß innerhalb des allgemeinen kulturellen und politischen Hintergrunds betrachtet werden. Palästina war während der Bronzezeit von einem Netz kleiner Stadtstaaten überzogen, die in den Ebenen dicht beisammen und im Bergland etwas weitläufiger positioniert waren. Sie kontrollierten die umliegenden Dörfer und nach Möglichkeit auch die im Gebiet sich befindlichen Hirtennomaden, mit denen sie in einer wirtschaftlichen Symbiose lebten. Städtische Siedlungsformen gab es während dieser Zeit auch in Transjordanien, allerdings weniger im Süden, wo diese erst ab dem neunten bis achten Jahrhundert v. Chr. eine Rolle zu spielen beginnen. Diese städtische Zivilisation kann als kanaanäisch bezeichnet werden, obwohl die Oberschicht manch indo-europäisches und hurrisches Element integriert hatte. Die in der Bibel getroffene Unterscheidung zwischen Kanaanäern und Amoritern unter den vorisraelitischen Landesbewohnern brauchen wir nicht weiter zu verfolgen, vielleicht mit Ausnahme der Horiter, die in Verbindung mit den Hurritern stehen könnten; ebensowenig brauchen andere vor-israelitische Völker für unsere Darstellung in Betracht gezogen werden.

Ägypten hatte schon früh Einfluß in Palästina. Im Zuge der Vertreibung der Hyksos aus dem Nildelta nach Norden wurde den den Hyksos nachjagenden Ägyptern die Zerstörung vieler palästinischer Städte um 1550 v. Chr. zugeschrieben, obwohl der Beweis dafür aussteht. Palästina wurde dem ägyptischen Reich in Asien einverleibt und blieb vom fünfzehnten bis zum zwölften Jahrhundert v. Chr. in unterschiedlichem Ausmaß unter ägyptischer Kontrolle (stärker im strategisch wichtigeren und wirtschaftlich potenteren Flachland als im weniger ergiebigen Bergland). Die Ägypter waren zwar mit einigen Garnisonen im Land präsent und setzten auch Statthalter ein, die an strategisch sensiblen Punkten residierten, gestatteten aber den Fortbestand der kleinen Stadtstaaten, solange diese ihre Steuern entrichteten und die dort stationierten oder durchziehenden, ägyptischen Truppen unterstützten. Auch die kanaanäische Kultur blieb erhalten, wenngleich sie ägyptischem und anderem, fremdländischen Einfluß ausgesetzt war. Wichtige Städte, die direkt der Kontrolle der Ägypter unterstanden, blieben wohlhabend. So konnten zum Beispiel die Herrscher von Megiddo bemerkenswerte Kunstschätze – vor allem Elfenbeinschnitzereien – ansammeln, doch in den abseits liegenden Gegenden, vor allem im Bergland, setzte der Verfall ein. Es gab weniger und kleinere Ansiedlungen und der Standard ihrer materiellen Kultur ist gesunken. Schuld daran mag die ägyptische Steuereintreibung sein aber auch die durch umherziehende Räuber und Plünderer bedingte, instabile Situation. Eine Gruppe von diesen ist in den Amarna-Briefen wiederholt genannt und führte zu heftigen Diskussionen. Die Amarna-Briefe enthalten internationale diplomatische Korrespondenz, die auf Tontafeln in akkadisch erhalten ist, in el-Amarna in Ägypten gefunden wurde und aus dem frühen vierzehnten Jahrhundert v. Chr. datiert. Jene als *Hap/biru* (entsprechend den *Apiru* in den ägyptischen Dokumenten) bezeichnete Gruppe wurde ursprünglich mit den biblischen Hebräern in Beziehung gesetzt. Ihr Auftreten im westlichen Bergland und ihre Verbindung zu den Machthabern in Sichem schienen diese Gleichsetzung zu unterstützen. Mittlerweile konnte aber gezeigt werden, daß diese Bezeichnung für einen viel größeren Kreis nichtseßhafter Menschen zwischen Mesopotamien und Ägypten während des zweiten Jahrtausends v. Chr. verwendet wurde. Manche von ihnen nahmen Arbeit an oder verdingten sich als Söldner, andere wurden Räuber. Auch flüchtende Bauern mögen ihre Reihen aufgefüllt haben. Damit wird deutlich, daß der Terminus keine hauptsächlich ethnische Bezeichnung darstellt.

Eine gewisse Verbindung mit den Hebräern der Bibel kann nicht ausgeschlossen werden. Ein ähnlicher Sachverhalt könnte bei einer anderen Gruppe nichtseßhafter Freibeuter vorliegen, nämlich den Schasu oder Schosu in ägyptischen Texten, die besonders im südlichen Transjordanien des dreizehnten Jahrhunderts v. Chr. in Erscheinung traten. Da in ihrem Gebiet der Ortsname J-h-w auftritt, vermuten manche einen Zusammenhang mit Israel, doch dieser bleibt hypothetisch.

Im späten dreizehnten und frühen zwölften Jahrhundert v. Chr. sahen sich die Ägypter in Asien mit wachsenden Problemen konfrontiert. Sie konnten ihre Einflußsphäre in einem erstaunlichen Ausmaß bis etwa 1150 v. Chr. oder noch später aufrecht erhalten, haben sich aber in gewisser Weise an die in der Küstenebene niedergelassenen Gruppen ägäischer Plünderer wie die Philister und andere Seevölker (um etwa 1174 v. Chr.) angepaßt. Es wurden aber wiederholt Feldzüge zur Erhaltung der Machtposition notwendig, so im westlichen Bergland, im Wadi Araba, wo die Kupferminen in Timna weiterhin ägyptischer Kontrolle unterstanden und im Hochland von Transjordanien, das mehrfach das Ziel von Strafexpeditionen war. Höchst bemerkenswerter Weise gibt es über all diese Vorkommnisse keinerlei Hinweise in den biblischen Aufzeichnungen, da man doch nun die Anwesenheit der Israeliten in Kanaan als Tatsache sieht, selbst wenn sie von ägyptisch kontrolliertem Gebiet umgeben gewesen wären. Diese Annahme geht auf die »Israel Stele« (ANET 378) zurück, die von Pharao Merenptah in Theben errichtet wurde (Taf. 16.1). Hier berichtet er von einem Feldzug in Palästina im fünften Jahr seiner Regierung (1207 oder 1219 v. Chr.), bei dem er unter anderen ein Volk geschlagen hat, dessen Namen von den meisten »Israel« gelesen wird. Die meisten Wissenschafter stimmen überein, daß ein solcher Feldzug stattgefunden hat und daß sich eine Einheit, die als Israel bezeichnet wurde und vielleicht recht klein war, vor Ort befand, möglicherweise in Galiläa oder im zentralen Bergland oder sogar in der gesamten Hochlandregion. Es wurde auch behauptet, Israeliten wären auf einem Merenptah zugeschriebenen Relief dargestellt. Neuerdings gibt es einen Vorschlag, wonach sich Merenptah auf ein Israel noch außerhalb Palästinas, vielleicht in Ägypten, bezieht. Dann könnte Israel das Gelobte Land nur im zwölften Jahrhundert v. Chr. betreten haben. Diese Hypothese hat wohl manche Vorteile, würde aber eine drastische Verkürzung der Richterzeit und der biblischen Chronologie jenseits der allgemeinen Akzeptanz bedeuten. Sollte (ein) Israel um 1207 v. Chr. in Palästina existiert haben, stellt sich die Frage, wieviel früher es sich schon dort befunden hatte und wie es dorthin gelangt war.

Über den Zeitpunkt des ersten Auftretens Israels in Palästina herrscht Meinungsvielfalt. Zumeist wird das dreizehnte Jahrhundert v. Chr. genannt, obwohl gezeigt wurde, daß eine gewisse Zeitspanne angenommen werden muß, in der die Israeliten die von den Kanaanäern entwickelte Art der Landwirtschaft und Viehzucht gelernt haben. Einige wenige andere Datierungsvorschläge reichen aber zurück bis ins sechzehnte Jahrhundert v. Chr. oder bis hin zum zwölften. Was die Art und Weise der Ankunft Israels in Palästina betrifft, ergeben sich manche Fragen; aber teilweise stützt die archäologische Evidenz den biblischen Bericht, der von Eroberung spricht. Doch nur mehr wenige halten an der Eroberungsthese fest, mehrheitlich wird von Unterwanderung, gefolgt von lokalen militärischen Aktionen gesprochen. Schließlich hält eine dritte Gruppe das Eindringen Israels in Kanaan für einen soziologischen Prozeß (und verläßt damit die biblische Erzählweise).

Noch bis vor kurzem folgte man der Vermutung von W. F. Albright, nach welcher der Großteil der Israeliten sich durch Eroberung in der zweiten Hälfte des dreizehnten Jahrhunderts v. Chr., genauer um 1230 v. Chr. im Land etabliert hätte und die durch Ausgrabungen entdeckte Zerstörung einer Reihe von Städten im Bergland um diese Zeit wurde zur Bestätigung dieser Annahme herangezogen. Dieser Vorgang sei die Folge des Exodus im dreizehnten Jahrhundert v. Chr., sodaß archäologischer Befund und biblischer Bericht übereinstimmten. Es gab zugegebenermaßen einige Schwierigkeiten, am auffallendsten in den von Josua berichteten Fällen von Jericho, Ai und Bethel. Jericho hatte mächtige Befestigungsanlagen und fiel ca. 1550 v. Chr. Neuere Nachgrabungen bestätigten, daß es zwischen ca. 1425 und 1275 v. Chr. eine sehr eingeschränkte und zunehmend verarmte Besiedlung gab, die offensichtlich keine Verteidigungsstrukturen aufwies. Danach wurde die Ortslage aufgegeben. Ai stellt das nächste Problem dar. Es wird mit großer Übereinstimmung auf dem Hügel von et-Tell in der Nähe von Beitin lokalisiert, das von vielen als Nachfolger des biblischen Bethel gehalten wird. Diese Ortslage war zwischen dem Untergang der frühbronzezeitlichen Stadt um ca. 2400 v. Chr. und der Gründung eines nur kurz bestehenden Dorfes im zwölften Jahrhundert v. Chr. unbesiedelt. Nur wenig Erfolg brachten Versuche, eine andere Lokalisierung zu finden, deren archäologischer Befund für unsere Fragestellung besser geeignet scheint. Des weiteren haben auch die Ausgrabungen in el-Dschib, wo das biblische Gibeon vermutet wird, keine Hinweise auf die Existenz einer bedeutenden städtischen Besiedlung während der späten Bronzezeit ergeben. Die Schwierigkeiten, an einer gemeinsamen israelitischen Eroberung um 1230 v. Chr. festzuhalten, haben sich in den letzten Jahren vervielfacht. Die Zeitspanne der Zerstörung verschiedener Städte reicht nun von ca. 1250 v. Chr. (Hazor) bis ca. 1150 v. Chr. (Lachisch). Das ursprüngliche Wohngebiet manch anderer in den Eroberungserzählungen genannten Städte war im dreizehnten Jahrhundert v. Chr. offensichtlich nicht besiedelt. Andere Ortslagen wiederum scheinen eher in der mittleren, denn in der späten Bronzezeit bewohnt gewesen zu sein. Damit nicht genug, findet sich auch eher eine Übereinstimmung jener Städte, die von den Israeliten genommen wurden, mit Besiedlungen der mittleren als der späten Bronzezeit. Infolgedessen wurde von J. J. Bimson der Vorschlag unterbreitet, den Israeliten eher die Zerstörung der mittelbronzezeitlichen denn der spätbronzezeitlichen Städte zuzuschreiben. Allerdings hätte diese Annahme eine Verschiebung der archäologischen Chronologie zur Folge und fand keine allgemeine Akzeptanz.

Darüber hinaus gibt es weitere, grundsätzliche Schwierigkeiten, das Niederbrennen kanaanäischer Städte mit der in der Bibel berichteten, israelitischen Eroberung in Verbindung zu bringen. Erstens war das Anzünden der Städte nach biblischen Angaben kein allgemein übliches, israelitisches Vorgehen (vgl. Josua 11, 13). Zweitens kann es dafür auch andere Ursachen gegeben haben, z. B. ägyptische Strafexpeditionen, innerkanaanäische Fehden oder Philistereinfälle ebenso wie gelegentliche Feuersbrünste oder Erdbeben. Außerdem hat der Verfasser an anderem Ort gezeigt, daß Eroberung nicht in jedem Fall archäologisch nachgewiesen und erkannt werden kann. So ist es z. B. sehr schwierig, die islamische Eroberung Palästinas archäologisch zu dokumentieren. Wenn nun damals kulturelle Kontinuität vorherrschte, dann muß die Kontinuität, die offenbar zu beiden Seiten des Jordan am Ende des dreizehnten und zu Beginn des zwölften Jahrhunderts v. Chr. vorlag, nicht eo ipso eine Eroberung durch die Israeliten ausschließen. Umgekehrt können Veränderungen in der Keramik, wie in Tell Deir ʿAlla, nicht mit der Ankunft neuer Bevölkerungsgruppen bekannten Ursprungs verbunden werden. Es ist auch nicht zwingend zu schließen, daß die auf den Ruinen einiger zerstörter, kanaanäischer Städte entstandenen, ärmlichen, bäuerlichen Ansiedlungen darauf hinweisen, die israelitischen Neueinwanderer hätten sich dort mit ihrer primitiven, materiellen Kultur niedergelassen. Schließlich zeigt eine Reihe von Beispielen, wie etwa Tell Beit Mirsim, daß in solch einfachen Dörfern Menschen mit hauptsächlich kanaanäischer Kultur lebten. Die Frage, ob sich innerhalb des vorherrschenden, verarmten und derben Lebensstils, vor allem im Bergland während des Übergangs von der Bronze- zur Eisenzeit, Hinweise erkennen lassen, daß etwas Neues im Begriff ist zu entstehen, wird uns später beschäftigen. Mittlerweile halten wir die fortschreitende Tilgung der angeblichen Besiedlungslücke in Transjordanien vor dem dreizehnten Jahrhundert v. Chr. fest. Sie wurde zur Unterstützung der These einer israelitischen Eroberung im dreizehnten Jahrhundert herangezogen, da es davor weder das Königreich der Edomiter noch jenes der Moabiter gegeben hätte, das den direkten Weg versperrt hätte, wie in Numeri 21 – 22 und im Deuteronomium berichtet wird. Diese Zeitgrenze ist heutzutage aufgegeben. Nach wie vor ist aber die Frage einer israelitischen Eroberung Transjordaniens zu irgendeiner anderen Zeit im Lichte außerbiblischer Quellen nicht zu beantworten. Allerdings könnten sich Hinweise auf neue Ansiedlungen im zentraljordanischen Hochland, die auf eine Zerstörung folgen und in oder kurz vor der Eisenzeit I Platz greifen, als bedeutsam erweisen.

ALTERNATIVE HYPOTHESEN

Angesichts dieser verwirrenden Situation haben sich manche Forscher von der Eroberungsthese abgewandt und nach anderen Erklärungsmöglichkeiten für den Aufstieg Israels gesucht. Unter ihnen legte A. Alt schon 1925 einen Entwurf vor, der später von M. Noth in dessen einflußreicher *Geschichte Israels* adaptiert und in wachsendem Ausmaß akzeptiert wurde. Danach betraten die Israeliten nicht als Angreifer das Land, sondern viel eher als Gruppen von friedfertigen Hirten, die schwach besiedelte Gebiete zwischen Wüste und Bergland mit ihren Herden durchwanderten. Allmählich siedelten sie sich an und begannen, Landwirtschaft zu treiben, wodurch sie in Konkurrenz zu den Kanaanäern gerieten. Diese wiederum führte zu gelegentlichen und lokalen, gewalttätigen Auseinandersetzungen, die dann der Anlaß waren, von israelitischer Eroberung zu sprechen. So verstanden handelte es sich dabei nicht um die anfängliche sondern um die zweite Phase des Werdens Israels in Kanaan.

Eine gänzlich andere Hypothese, die rasch Anhänger fand, aber auch Kritik an sich zog, wurde zunächst von G. E. Mendenhall 1962 vorgestellt und etwas später (sehr prägnant 1979) von N. K. Gottwald modifiziert und näher ausgeführt. Ihnen zufolge gab es weder eine Eroberung von außen noch eine zahlenmäßig bedeutsame Unterwanderung Kanaans durch Halbnomaden. Es habe sich vielmehr um einen weitverbreiteten Aufstand des unterdrückten Landvolkes gegen seine städtischen Herrscher gehandelt. Als »Ausgegrenzte« zogen sie sich in das wenig kontrollierte Hinterland in den Bergen zurück und benützten ihre Freiheit, indem sie sich mit anderen Gesetzeslosen, nämlich den *Habiru*-Plünderern zusammenschlossen. Miteinander waren sie in der Lage, sich in einer gleichmacherischen, proto-israelitischen Gesellschaft zu vereinen. Mendenhall und Gottwald nahmen an, daß der Kristallisationspunkt dieses Prozesses in den religiösen Vorstellungen lag, die eine Gruppe von Moses-Anhängern mit sich brachte (Gottwald dachte, daß diese erst nach Beginn einer sozialen Revolution wirksam wurden). Befürworter dieser Sichtweise zeigen nur wenig Interesse an einer religiösen Komponente und halten den Aufstieg Israels hauptsächlich für das Ergebnis von sozialen Entwicklungen unter den Kanaanäern.

Keine der oben skizzierten Hypothesen erklären den Aufstieg der besonderen lokalen Größe, die Israel darstellte, zufriedenstellend, noch gibt es für sie Unterstützung in biblischen Traditionen. Die Ursprünge Israels wird man sich in der Tat sehr komplex vorzustellen haben. Es spielten dabei nicht nur die Eroberung durch eine bestimmte Gruppe mit einer neuartigen Religion eine Rolle, sondern auch friedfertige Infiltration als auch der Anschluß enteigneter Elemente. Eine Kombination dieser Art wird nicht gänzlich ohne Parallelen sein.

ARCHÄOLOGISCHE »LEITFOSSILIEN«

Wie immer auch Israel ursprünglich entstanden sein mag: Es gibt einige archäologische Fakten, die mit seiner Etablierung in seiner historischen Heimat in Zusammenhang gebracht werden können. Als erstes ist eine schlagartige Zunahme an Ansiedlungen im Bergland Westpalästinas vom späten dreizehnten Jahrhundert v. Chr. an festzustellen, wo es davor eine wesentlich schwächere Besiedlung gab. Dieses Phänomen wurde mit der Niederlassung der Israeliten verknüpft. Zweitens wurde die Einführung neuer Kulturmerkmale, wie das Auftreten des »Vierraum-Hauses«, manchmal in Nachfolge von sehr dürftigen Hütten und Wohngruben, und neue Keramikformen, besonders Vorratskrüge mit Halswulst, als archäologische Leitfossilien für die Anwesenheit der Israeliten gehalten. Das Auftreten kleiner, unbefestigter Siedlungen mit gruppenweise angeordneten Häusern um einen runden oder ovalen, offenen Platz wurde in die gleiche Richtung interpretiert. Diese Ansätze boten allerdings Anlaß zu Kritik.

Im Bergland könnten die Israeliten Träger derselben materiellen Kultur gewesen sein als andere Bewohner. Ferner treten »Vierraum-Häuser« und Vorratskrüge mit Halswulst auch in nicht-israelitischen Gebieten, die Vorratskrüge in Galiläa aber nur selten, auf. Tatsächlich häufen sich diese Merkmale aber überwiegend auf israelitischem Territorium und wo sie außerhalb jenem zu finden sind, gibt es möglicherweise Hinweise auf eine Vermengung von israelitischer zur nicht-israelitischen Bevölkerung – wie zum Beispiel in Megiddo vermutet. Das gleichzeitige Auftreten von Vorratskrügen mit Halswulst und philistäischer Keramik im Jesreel-Tal könnte auf von den Seevölker-Herrschern abhängige Israeliten verweisen, doch findet diese These nur wenig Anklang. Tatsächlich aber entwickelte sich die hier besprochene Bergland-Kultur ohne eruierbare, weitere Störung zu jener des historischen Israel.

DAS ZEUGNIS ARCHÄOLOGISCHER OBERFLÄCHENFORSCHUNGEN

Umfangreiche archäologische Oberflächenforschungen in Israel und in geringerem Ausmaß auch in Jordanien führten in Kombination mit den Entdeckungen neuerer Ausgrabungen vor allem im westlichen Bergland zu einem anderen Denkansatz über die Ursprünge Israels. I. Finkelstein schlug auf Grund einer detaillierten Untersuchung vor, das ursprüngliche Kernland des historischen Israel im Gebiet von Ephraim und Manasse in Westpalästina zu suchen, da dort nahezu siebzig Prozent der frühisraelitischen Niederlassungen lokalisiert sind (vgl. Abb. 8 und 9). Andere frühe Ortslagen gab es in Gilead und im Jordan-Tal (letztere waren vielleicht nur saisonal benützt). Im westlichen Palästina wird die Anwesenheit der Israeliten (deren Vorgänger uns in Kürze beschäftigen werden) im späten dreizehnten und frühen zwölften Jahrhundert v. Chr. zum Teil in Manasse und besonders in jenem Abschnitt von Ephraim greifbar, der sich vom östlichen Wüstenrand zum zentralen Bergland erstreckt.

Diese Gebiete boten Hirtenvölkern passende Möglichkeiten, eine dörfliche Lebensweise anzunehmen: Im Norden konnten sie sich zwischen den kanaanäischen Städten ansiedeln während sie im rauheren und ursprünglich spärlich besiedelten Süden mehr unter sich blieben. Geprägt durch ihre Hirtentätigkeit und Herdenwirtschaft, widmeten sie sich zuerst weder dem terrassierten Ackerbau, noch der in diesen Gebieten nicht notwendigerweise zu errichtenden Zisternen zur Wasserversorgung. Beide dieser technischen Fertigkeiten wurden lange Zeit als neue Erfindungen gehalten, die man lange als Voraussetzung für die Ansiedlung der Israeliten in den Bergen betrachtete (obwohl sie tatsächlich in der vorausgehenden Bronzezeit bekannt waren). Aber erst in der zweiten Phase ihrer Niederlassung, in der frühen

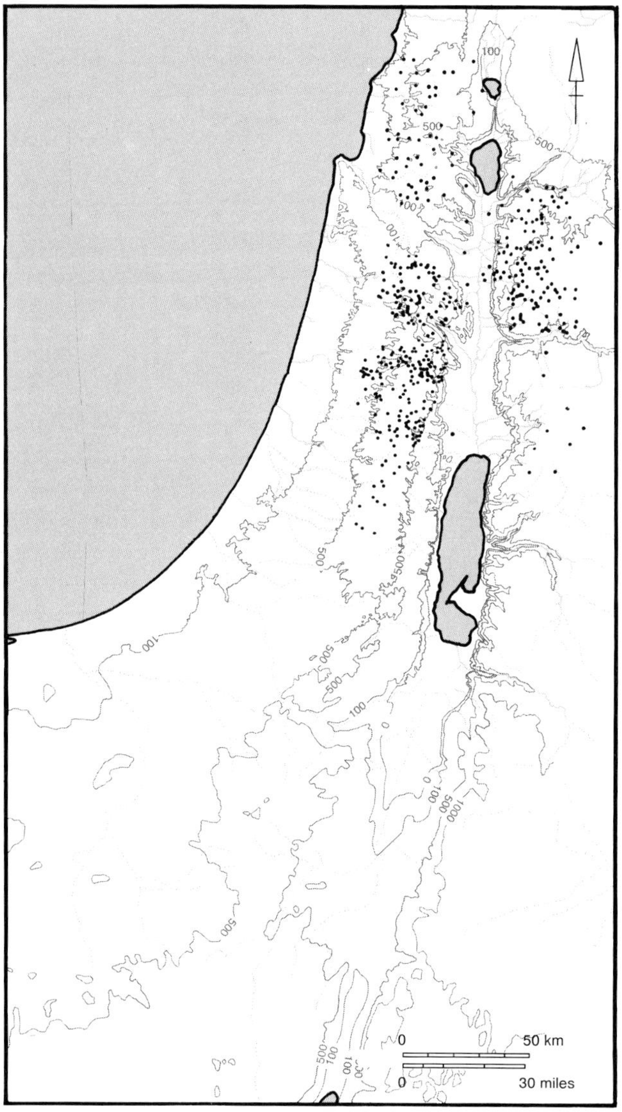

Abb. 8 Verteilung der Ansiedlungen im östlichen und westlichen Hochland während der frühen Eisenzeit. »Proto-israelitische« Elemente treten westlich des Jordan auf. In Transjordanien ist die Situation weniger eindeutig, aber Vorgänger der Stämme Ruben, Gad und Ost-Manasse sind anzunehmen.

Eisenzeit II, machten sie sich diese zu eigen. Dann nämlich führte der Bevölkerungszuwachs zur Gründung von Landwirtschaft treibenden Siedlungen auf dem einst bewaldeten Boden der westlichen Berghänge, wo es nur wenige Quellen gab.

Der israelitische Lebensstil weist verschiedene Merkmale auf; manche in Anlehnung an die kanaanäischen Nachbarn, andere wiederum gehen vermutlich zurück auf das Hirtendasein der Vergangenheit. Die kleinen, meist unbefestigten Siedlungen sind vorzugsweise um einen rundlichen oder ovalen, offenen Platz (wo vor allem Schafe und Ziegen in Sicherheit waren) angelegt, der von Gebäuden umgeben ist – eine Anordnung, die hypothetisch auf die Lagerstruktur der Nomaden zurück-

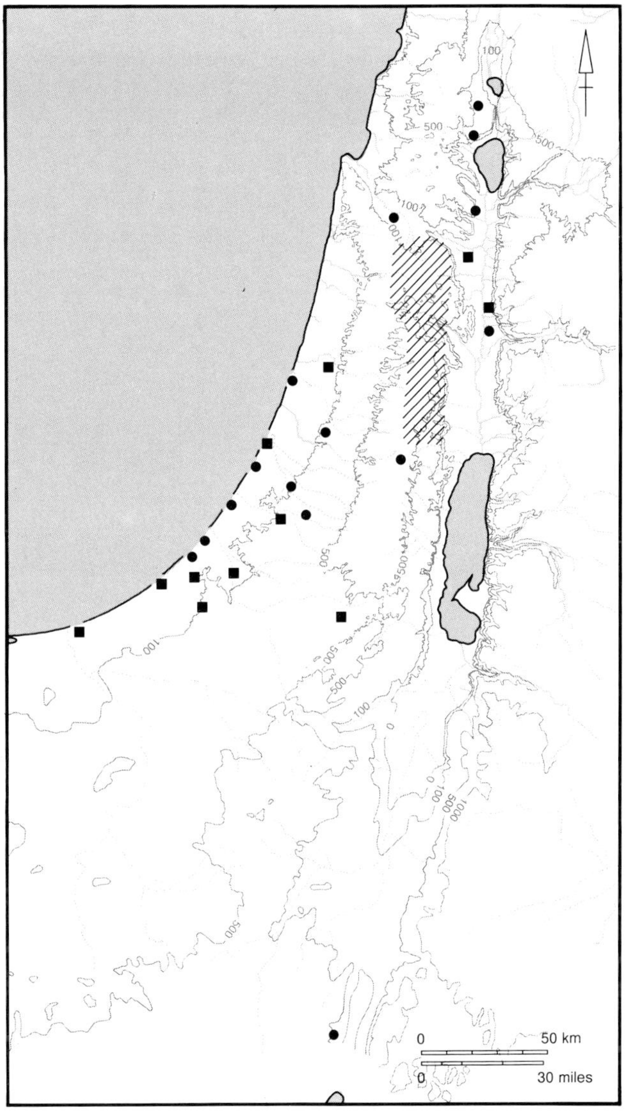

Abb. 9 Hauptgebiet der vermuteten frühesten israelitischen Siedlungen im westlichen Palästina (nach Finkelstein). Vermutet wird zunächst eine Konzentration auf die östlichen Abschnitte von Ephraim und Manasse und sodann von hier ausgehend die Streuung. Der Darstellung von Finkelstein wird weitgehend, wenn auch nicht allgemein, gefolgt. Man beachte, daß das anfängliche israelitische Territorium bis ca. 1150 v. Chr. praktisch zur Gänze von ägyptischen Stützpunkten umgeben ist.

- /// Frühestes israelitisches Siedlungsgebiet
- ■ Verwaltungsgebäude oder militärische Einrichtungen der Ägypter
- ● Andere Anzeichen ägyptischer Präsenz

geführt wird. Es gab aber auch kleine Dörfchen sowie einsam liegende Bauernhäuser. Manche Wissenschafter meinen, daß das von den Israeliten bevorzugte, von Pfeilern gestützte »Vierraum-Haus«, letztendlich von den rechteckigen Hirtenzelten abstamme.

Die Keramikformen lassen kanaanäische Prototypen erkennen, wenn auch in geringerem Formenreichtum und gröberer Ausführung. Die Vorratskrüge mit Halswulst stellen ein wichtiges Merkmal der materiellen Ausrüstung der Israeliten dar und wurden in verschiedenen, lokalen Ausführungen hergestellt. Sie wurden vorwiegend in Bezirken, die sich dem Gartenbau widmeten, gefunden, wo sie vor allem für die Aufbewahrung von Wein und Öl aber auch von Wasser, das mitunter aus einiger Entfernung herbeigebracht werden mußte, Verwendung fanden. Anfänglich bewahrte man das Getreide in zahlreichen, mit Steinen ausgekleideten Silos, die inner- oder außerhalb der Siedlung in die Erde gegraben wurden, auf. Später kamen andere Formen der Vorratshaltung in Gebrauch. In Getreide produzierenden Gegenden werden die Vorratskrüge in den Häusern auch diesem Zweck gedient haben.

Die numerisch vermutlich nicht allzu große, israelitische Bevölkerung wird sich allmählich nach Norden bis Galiläa und insbesondere nach Süden, nach Juda, ausgebreitet haben. Juda war während der Bronzezeit nur sehr dünn besiedelt und erreichte erst als es auch politische Bedeutung erlangte, nämlich um 1000 v. Chr., einen nennenswerten Bevölkerungsstand. Der langsame Bedeutungsverlust der Heiligtümer im zentralen Hochland zugunsten jener weiter südlich könnte mit dieser Verlagerung nach Süden zusammenhängen.

Die Aussagen von Finkelstein finden ihre Entsprechung in den biblischen Berichten, die die allgemeine Situation der Menschen im zentralen Bergland während der frühisraelitischen Zeit schildern. Glaubwürdig ist auch seine Ansicht, wonach die archäologisch festgestellte Bevölkerung der frühen Eisenzeit, woher auch immer sie gekommen sein mochte, als fundamental für die Israeliten des späteren Königreiches zu betrachten ist. In der Frage nach den Ursprüngen vertritt er allerdings die Ansicht, daß diese frühen Hochlandbewohner weder als Eroberer noch als Einwanderer mit ihren Herden aus dem Osten und ebensowenig als vertriebenes Landvolk aus dem Westen kamen. Sie wären vielmehr Nachkommen der örtlichen, mittelbronzezeitlichen Bevölkerung, die nach der Zerstörung ihrer Städte um ca. 1550 v. Chr. sich dem Hirtentum zuwandten aber nach drei Jahrhunderten wieder zu einer seßhaften Lebensweise zurückkehrten. Dieser Teil seiner Interpretation bleibt unbewiesen. Einer seiner israelischen Kollegen, A. Zertal, entschied sich für die These der Einwanderung aus dem Jordantal. Bis zur Beibringung archäologischer Fakten, die Hinweise auf Hirten- und Nomadentum enthalten, muß diese Frage unentschieden bleiben.

Es gibt aber weitere Unklarheiten. Das Auftreten des Namens Ascher in ägyptischen Zeugnissen aus dem vierzehnten und dreizehnten Jahrhundert v. Chr. kann, muß aber nicht in Verbindung mit dem in der Bibel genannten Stamm Ascher stehen. Die Tatsache, daß die Schreibung israelitischer Ortsnamen Elemente enthält, die vor den Israeliten nicht verwendet wurden und daß ein aramäisches Element in der hebräischen Sprache angenommen wird (die zum Großteil vom Kanaanäischen abgeleitet wird), kann zur Stützung der These eines eindringenden Elementes von außen (vielleicht auf dem Weg der Eroberung) verwendet, muß aber besser abgesichert werden. Abgesehen davon, mögen in der Forschung auch gewisse, allgemeine Wahrscheinlichkeiten bedacht werden. Die Überzeugung der Israeliten, sie würden von befreiten Sklaven abstammen, ist höchst ungewöhnlich – antike Völker erheben eher den Anspruch ihrer Abstammung von Göttern oder Helden. Daher sollte man dieser Überzeugung in gewisser Weise eine tatsächliche Grundlage zubilligen (wenn dies auch von manchen geleugnet wird und die genannten Analogien nicht

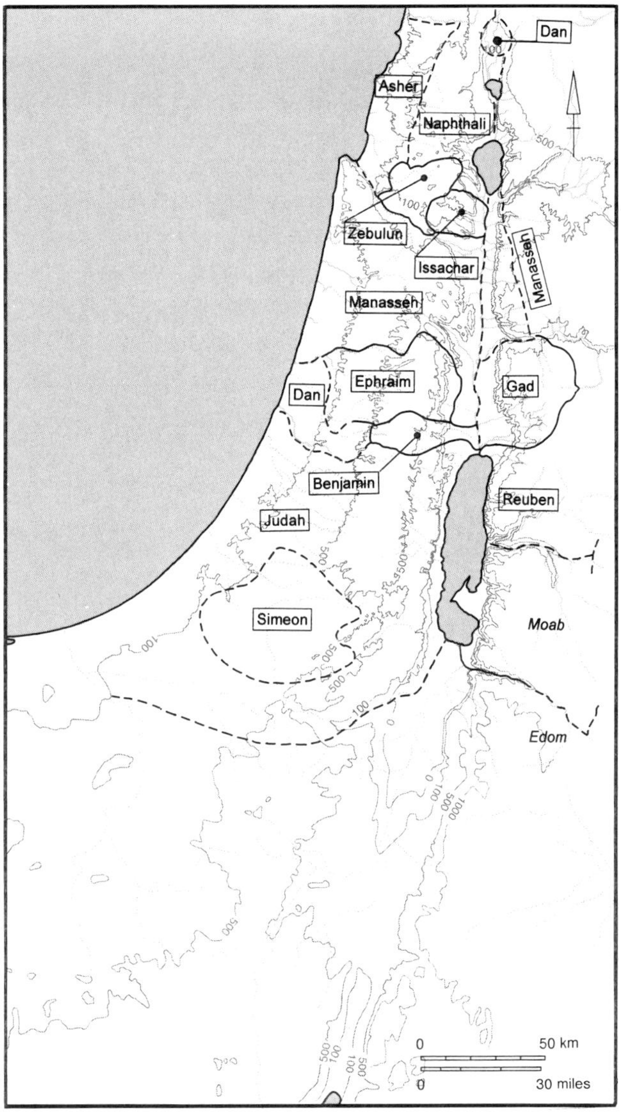

Abb. 10 Territorien der Zwölf Stämme, wie sie zur Zeit des Entstehens des vereinten Königreichs gewesen sein könnten (kleinere Veränderungen gab es davor und danach). Der Stamm Gad könnte im Jordantal bis hinauf zum See von Tiberias gesiedelt haben, vielleicht schon vermischt mit dem Stamm Manasse, der das Hochland zu beiden Seiten bevölkerte.

überzeugen). Auch wird man sich davor zu hüten haben, Israels Jahweglauben und den Vertragsabschluß alleine als Resultat kultureller Diffusion zu sehen, als vielmehr an die Möglichkeit einer Entwicklung zu denken, die sich nicht gänzlich anders als in der Bibel beschrieben ereignet hat. Schließlich und endlich hatten die antiken Schreiber, denen wir die biblischen Aufzeichnungen verdanken, ganz offensichtlich mehr Informationen zur Verfügung als wir Heutigen, und ihr Publikum würde sich neu erdachte Geschichten, die sich widersprüchlich zu seinen seit langem bestehenden Traditionen verhielten, verbeten und nicht akzeptiert haben. Hier werden sich die Geister scheiden; doch im Moment erlaubt uns die wissenschaftliche Faktenlage nicht, hinter die Siegesstele von Merenptah aus dem späten dreizehnten Jahrhundert v. Chr. zurückzugehen.

Woher immer sie kamen, brauchten die Israeliten Zeit, um ihren Einfluß auf das Land und in den eigenen Kreisen zu stärken. Eine zeitlang verfügten sie über kein zusammenhängendes Territorium (vgl. Abb. 10): Galiläa hatte eine unsichere Verbindung zum zentralen Bergland über das Jesreel-Tal, während im Süden Juda von seinen Brüdern im Norden bis zur Eroberung Jerusalems durch David abgeschnitten war. Im Hochland bestanden kanaanäische und andere Enklaven bis zur Gründung der Monarchie weiter und im Flachland verharrte nicht-israelitische Bevölkerung. Im fernen Süden behielten unter anderen Amalekiter große Teile des Negev. Auch in der israelitischen Bevölkerung entwickelte sich eine gewisse Dynamik. Völkerwanderungen veränderten weiterhin die Landkarte: Ephraimiten und Gruppen aus Manasse querten den Jordan (andere aus demselben Gebiet wechselten vielleicht nach Galiläa), Dan wanderte nach Norden und Teile von Ruben verloren ihren ursprünglichen Einfluß in Westpalästina. Parallel dazu verschmolzen immer mehr kleinere Gruppen zu größeren Einheiten. Das historische Juda vereinigte in sich neben anderen auch Kenisiten, Kalebiten, Jerachmeeliten und Simeoniten. Dem Ideal der Zwölf Stämme liegt scheinbar eine Zusammenführung von schon lange bestehenden Traditionen aus verschiedenen Entwicklungsstufen zugrunde und die Stammesgrenzen wurden offenbar erst mit dem Beginn der Monarchie endgültig festgelegt. In ähnlicher Weise wurden Verbindungen nach außen wie etwa jene judäischer Clans mit Familien in Edom, Moab und dem Negev oder zwischen Israel und den Aramäern oder sogar zwischen Israeliten und den Seevölkern (für manche führt die Spur des Stammes Dan zu den Danuna der Seevölker), vermutlich langsam durch die Entstehung der Nationalstaaten ersetzt.

Dies alles ereignete sich auf einem Schauplatz, der, seitdem die Kanaanäer mit ihrer verhältnismäßig homogenen Zivilisation unter ägyptischer Oberherrschaft dort lebten, einem dramatischen Wandel unterworfen war. Trotz weitverbreiteten kulturellen und ethnischen Fortbestands des Kanaanäertums, war die neu entstehende, palästinische Welt sowohl kulturell als auch ethnisch uneinheitlich und wies deutliche, regionale Unterschiede zwischen der Bevölkerung in den Bergen und jener in den Ebenen auf. Innerhalb der zuletzt Genannten gab es regionale Verschiedenheiten zwischen Philistern in der südlichen Küstenebene, Sikels in der Scharon-Ebene und Scherdana in der Ebene bei Akko. Sie alle waren Nachfahren der eingefallenen Seevölker, die sich mehr und mehr der lokalen, kanaanäischen Bevölkerung anpassten (ähnlich vielleicht die Danuna/Daniten). Diese Unterschiede bestimmten oft den Lauf der Geschichte während des uns interessierenden Zeitabschnittes und tatsächlich auch noch danach. Sie büßten erst zur Zeit der Klassischen Antike oder sogar der Arabischen Zeit ihre alte Bedeutung ein.

KAPITEL III

Geschichte

DIE QUELLEN

Auf den ersten Blick scheint es einfach zu sein, einen Abriß der Geschichte Israels zu geben, da diese ziemlich vollständig in der Bibel dargestellt ist. Die historische Abfolge vom Beginn der Ansiedlung Israels in Kanaan bis zum Untergang des Königreiches Juda finden wir in mehreren biblischen Büchern behandelt: Das Buch der Richter, das erste und zweite Buch Samuels, das erste und zweite Buch der Könige und die beiden Bücher der Chronik geben uns darüber Auskunft. Innerhalb eines verhältnismäßig genauen, chronologischen Rahmens schildern sie die Ereignisse manchmal sehr detailliert, ein anderes Mal eher summarisch. Gelegentlich gibt es Hinweise auf Quellen, häufiger jedoch historische Stellungnahmen. Außerdem sind in den prophetischen Büchern des Amos, Hosea, Jesaja, Jeremia und anderen zusätzliche historische Informationen enthalten.

Trotzdem ergaben sich immer wieder Schwierigkeiten, auf dieser Basis eine Geschichte Israels zu entwerfen, die heutigen Ansprüchen und kritischen Grundsätzen genügt. Die Quellen, auf die sich die biblischen Verfasser beziehen, sind uns unbekannt, sodaß nur schwer zu bestimmen ist, wieviel daraus erhalten geblieben bzw. auf dem Weg der Tradierung verändert worden ist. Die Frage nach dem Werden der biblischen Texte insgesamt war und ist Gegenstand häufiger Dispute. Die derzeitige Tendenz, ein exilisches oder nachexilisches Datum anzunehmen, wirft die Frage der Zuverlässigkeit der Inhalte auf, die eine längst vergangene Zeit betreffen. Auch ist die biblische Chronologie nicht so homogen wie es wünschenswert wäre (vergleiche z. B. 1 Könige 16, 8 mit 2 Chronik 16, 1), sodaß sich dem Versuch, sie in Übereinstimmung zu bringen, manche Hindernisse in den Weg stellen.

Darüber hinaus gibt es noch anders geartete Schwierigkeiten. Die biblischen Historiker, die die Texte zusammenstellten, hatten nicht primär die Aufgabe, einen umfassenden Bericht der vergangenen Ereignisse zu geben sondern vielmehr eine religiöse Überzeugung zu illustrieren: Der Herr führte sein Volk gemäß seinen Versprechungen und Drohungen, bestrafte die, die rückfällig wurden und belohnte jene, die seine Befehle gehorsam erfüllten. Angesichts dieser Zielvorgabe schienen manche historische Details irrelevant und wurden mit dem Hinweis auf heute verlorene Quellen, in denen sich der Leser umfassend informieren konnte, übergangen. Während die Berichterstattung über die Blütezeit des vereinigten Königreichs sehr umfangreich ist, wird jene über so bedeutende Herrscher wie Omri und Ahab deren internationaler Bedeutung nicht gerecht. Deswegen ist unser Wissensstand oft schmerzlich unvollständig. Ferner ist zu bedenken, daß die israelitischen Historiker, wie übrigens die antiken Historiker im allgemeinen, weniger an Abläufen unpersönlicher, sozialer oder ökonomischer Prozesse interessiert waren als vielmehr dazu neigten, bestimmte Ereignisse der tatkräftigen Autorität gewisser Persönlichkeiten, seien sie menschlicher oder übermenschlicher Natur, zuzuschreiben. Ebenso müssen wir die Verschiedenartigkeit der literarischen Gattungen, die ihrem Quellenmaterial zugrunde lag, beachten. Da gab es Berichte aus dem Palast- oder Tempelarchiv, offizielle und inoffizielle Chroniken, Genealogien und religiöse Quellen genau so wie prophetische Erzählungen und eine weitere Gattung, die wir heute als Legenden, Balladen und Lieder bezeichnen würden. Nicht jede dieser Quellen genügt dem heutigen Historiker zur Beweisführung historischer Ereignisse.

Dennoch können zumindest Teile der Geschichte Israels auf einer solideren Basis rekonstruiert werden als ihr Beginn, weil nun außerbiblische Daten in unterschiedlichem Umfang und vor allem für die späteren Jahrhunderte verfügbar sind. Leider sind keine Inschriften hebräischer Könige, in denen sie über ihre Taten berichten, erhalten, wohl aber andere Inschriften, Ostraka (beschriftete Tonscherben) und Siegel mit Inschriften. Obwohl die archäologischen Ergebnisse sehr hilfreich sind, können sie oft nicht mit der gewünschten Sicherheit einem bestimmten Zeitpunkt, historischem Ereignis oder einer Persönlichkeit zugeordnet werden. Textfunde außerhalb Israels – vor allem aus Mesopotamien und in kleinerem Ausmaß auch aus Ägypten – versorgen uns mit wichtigen Anhaltspunkten zur Chronologie und mit historischen Informationen. Zum Beispiel berichten Aufzeichnungen aus dem assyrischen Königshaus vom neunten Jahrhundert v. Chr. an und in der Folge dann babylonische Texte von direkten Kontakten mit Israel. Sie ermöglichen es uns (nach genauer Prüfung), die in der Bibel berichteten Ereignisse in einen größeren Zusammenhang zu stellen und erweitern speziell dann unser Wissen, wenn bildliche Darstellungen erhalten sind, wie etwa der Reliefzyklus vom Sieg Sanheribs über Lachisch 701 v. Chr. Weitere Zeugnisse außerhalb Israels sind selten. Zu nennen wäre noch das Opus des jüdischen Historikers Flavius Josephus, der im ersten Jahrhundert n. Chr. gelebt hat und manche Informationen gibt, die sonst nirgends erhalten sind. Unerwartete Unterstützung von außerhalb erhalten die biblischen Texte manchmal von Aufzeichnungen, deren Zuverlässigkeit oft nicht hoch genug eingeschätzt wird, nämlich den Büchern der Chronik. Allerdings beschränken sich diese günstigen Umstände zumeist auf die letzten drei Jahrhunderte der uns interessierenden Epoche und je weiter wir zurückgehen, desto mehr liegt sie im dunkeln.

Auch aus anderen Richtungen kommen gelegentlich Hinweise zum besseren Verständnis der biblischen Aussagen über diesen uns so obskuren Geschichtsabschnitt. So wurde erst kürzlich herausgearbeitet, daß die von König Salomo für seinen Tempel in Auftrag gegebenen Kesselwagen, wie in 1 Könige 7, 27 ff. berichtet, stilistisch am besten in eben seine Zeit passen und der Bericht über die Anfertigung der goldenen Schilde durch Salomo (1 Könige 10, 16–17) nicht als Erfindung gelten muß, wenn man ihn vor dem Hintergrund der Existenz solcher altorientalischer Objekte betrachtet.

In anderen Fällen wiederum ist es schwieriger, die biblischen Angaben mit den archäologischen Zeugnissen in Einklang zu bringen, wie zum Beispiel mit der in 2 Chronik 11, 6–10 überlieferten Liste von Festungen, die sein Nachfolger Rehabeam errichtet haben soll. Trotzdem können wir biblische Aussagen nicht einfach als unerheblich übergehen. Dies widerfuhr in gewisser Weise der Darstellung der Regierungszeit Davids und der Nachfolge durch Salomo in 2 Samuel 9–20 und 1 Könige 1–2, die als historische Novelle bezeichnet und damit ihr Wert als historische Quelle in Frage gestellt wurde. Beim Reisebericht des ägyptischen Abgesandten Wen-Amun, der im elften Jahrhundert v. Chr. nach Byblos aufbricht, handelt es sich nach kritischer, wissenschaftlicher Einschätzung um eine Erzählung ähnlicher Art, die aber trotzdem bis auf wenige Vorbehalte als historische Quelle genützt wird. Ebenso sollte man sich hüten, alle Dialoge, die manchmal sehr privater Natur und in 2 Samuel 9–20 und 1 Könige 1–2 aufgezeichnet sind, als reine Erfindungen des Verfassers abzutun. Wir dürfen unsere heutigen Ansprüche von Privatheit und Intimität nicht auf die Höfe altorientalischer Königshäuser übertragen, in welchen es von »Unpersonen«, Eunuchen, Wächtern und anderen nur so wimmelte. Auch sie hatten Augen und Ohren – und Zungen, die vielleicht durch geeignete Methoden gelockert werden konnten.

RICHTERZEIT

Die Frühgeschichte Israels von seinem ersten Auftreten bis zur Entstehung der Monarchie wird in Anlehnung an die Bibel allgemein als Richterzeit bezeichnet. Bei den Richtern handelte es sich um eine Reihe offizieller Vertreter, die nicht nur auf legistischer Ebene Recht sprachen (das hebräische *schofet*, »Richter«, ist mit den in Karthago *Suffeten* genannten Richtern, Behörden verwandt), sondern auch mit göttlicher Inspiration ausgestattet, Israel vor seinen Feinden retteten, wenn es erforderlich war. Die Annäherung an diesen Abschnitt erweist sich als außerordentlich schwierig. Die in den Büchern der Richter und im ersten Samuelbuch enthaltenen Informationen scheinen zu einem großen Teil auf Volkstraditionen zu beruhen, die sich vom zentralen Bergland aus verbreiteten. Sie dürften in einem gewissen Abstand zu den Ereignissen, von welchen sie erzählen, formuliert worden sein und sind an der Welt außerhalb nur dort und soweit interessiert, als ein Konflikt mit ihr bestand. So ist seltsamerweise kein einziger Hinweis auf die Präsenz der Ägypter, die Palästina bis weit ins zwölfte Jahrhundert v. Chr. beherrschten, oder auf späteren ägyptischen Einfluß zu finden. Andererseits sind weder Personen noch Ereignisse dieser biblischen Geschichten in außerbiblischem Material zu finden. Auch die Chronologie von Einzelereignissen oder der Gesamtdauer der Epoche ist sehr unsicher. Die Bibel erweckt den Anschein, als würde sie mehrere Jahrhunderte dauern. Die Wissenschafter beschränken sie heute aber – beeinflußt von der Datierung des Exodus in die Ramessidenzeit – auf das Ende des dreizehnten bis zur Mitte des elften Jahrhunderts v. Chr. (Es könnte sein, daß mehrere dieser Richterpersönlichkeiten, die in der Bibel aufeinander folgend erwähnt sind, tatsächlich gleichzeitig, aber an verschiedenen Orten gegen die Feinde des Landes ankämpften.)

Das Richterbuch zeichnet das Bild einer hauptsächlich ländlichen, aber turbulenten Gesellschaft, die durch einen gemeinsamen Glauben miteinander verbunden ist. Nach dem Motto »Jeder tut, was er selbst für richtig hält« werden gelegentlich auch außergewöhnliche Ereignisse erwähnt, wie die Opferung der Tochter Jiftachs oder der Mädchenraub von Schilo (Richter 11, 30 ff.; 21, 21 ff.). Einige wenige, nicht-israelitische, städtische Ansiedlungen blieben in ihrer Mitte bestehen, die Mehrzahl jedoch im Küstengürtel unterhalb des israelitischen Berglandes. Die Archäologie konnte diese Angaben in gewissem Ausmaß bestätigen. Die bäuerlichen Gemeinschaften in den Bergen expandierten stetig und spezialisierten sich immer mehr, aber die Entwicklung einiger Städte aus der kanaanäischen Bronzezeit nahm ebenfalls ihren Fortgang. Sichem wurde zwar im zwölften Jahrhundert v. Chr. vermutlich durch Abimelech zerstört (Richter 9, 45), doch Megiddo und Beth Schean fielen den Israeliten erst unter David zu – offenbar Anzeichen einer ausgedehnteren Machtübernahme. Die Organisation der Stämme, wie auch die Konföderation, wurde weiterentwickelt. Das Debora-Lied erwähnt unter Auslassung von Juda und Simeon nur zehn Stämme. Juda war in der Tat durch das unabhängige, kanaanäische Jerusalem von den Stämmen im zentralen Bergland getrennt und wurde wahrscheinlich erst kurz vor David vollständig konstituiert. Der eigentlich Kern bestand vielleicht nur aus den Stämmen Manasse, Ephraim, Benjamin und Gad.

Die Annahme einer gemeinsamen Führung in Friedenszeiten ist zweifelhaft. Auch die Vorstellung einer sakralen Konföderation mit einem Heiligtum in Schilo als Mittelpunkt und einer gemeinsamen Priesterschaft, die einen gemeinsamen religiösen Habitus verkündet, verlor an Glaubwürdigkeit. Es gab auf jeden Fall noch andere, lokale Heiligtümer.

Über die alltägliche Arbeit dieser Richterfiguren erzählt uns die Bibel nicht sehr viel. Sie unterscheidet zwischen »Großen Richtern«, die ihr Volk aus ernsten Gefahren befreien, worüber umfangreich berichtet wird, und den sogenannten »Kleinen Richtern«, denen solche Rettungstaten nicht zugeschrieben werden. Wir hören von ihnen in Richter 10 (1–5) und 12 (8–15) wenig, außer daß sie amtieren. Manche deuten sie als pan-israelitische Beamte, andere wiederum als lokal sehr geschätzte Persönlichkeiten. Die »Großen Richter«, wie Ehud, Debora, Gideon, Jiftach und Samson, folgten göttlichem Ruf und befreiten größere oder kleinere Teile Israels vor Unterdrückung durch eine bemerkenswerte Vielzahl an Fremden, darunter Moabiter, Kanaanäer, Midianiter, transjordanische Beduinen und Ammoniter. Es ist nicht unwahrscheinlich, daß sich Israel dem von außen kommenden Druck zu widersetzen hatte. So wurde der von Gideon abgewehrte Angriff als erste in der Geschichte bekannt gewordene Invasion von Scharen angriffslustiger Kamelreiter angesehen. Wir erfahren sodann, daß Gideon gebeten wurde, die Herrschaft zu übernehmen (Richter 8, 22) und daß sein Sohn Abimelech ein lokales Königtum über Israeliten und Kanaanäer im Gebiet um Sichem errichtete (Richter 9, 1–6). Wiederum etwas später drückte Israel, bedrängt von Übergriffen der Philister und Ammoniter, den

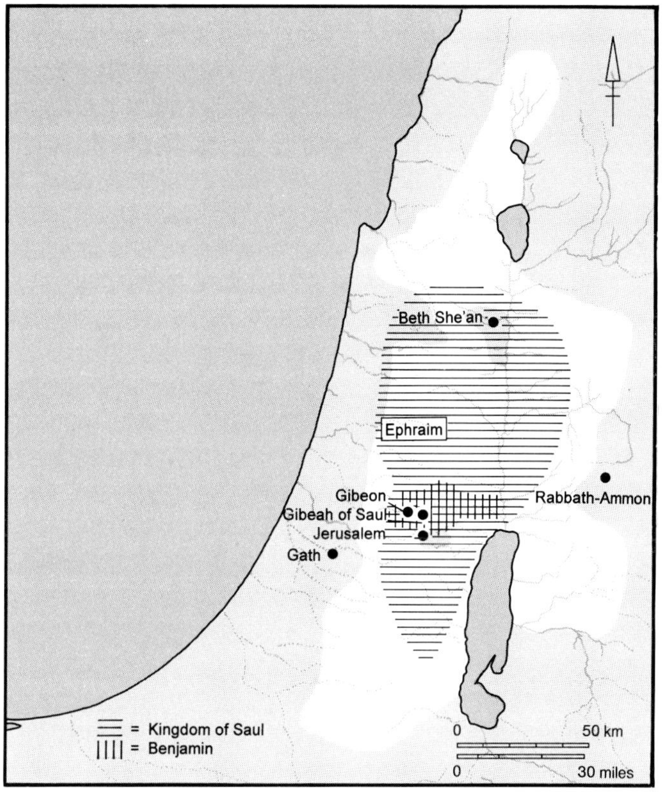

Abb. 11 Die maximale (weiße Fläche, nach Y. Aharoni) und minimale (horizontal gestreift, nach J. Maxwell Miller) Ausdehnung von Sauls Königreich. Abgelegenere Gebiete, die in der Maximalvariante enthalten sind, standen vermutlich nicht in jedem Fall unter permanenter Kontrolle.

Wunsch nach einem König aus, der über sie alle herrschen möge (1 Samuel 8, 5). Ein Königtum nach kanaanäischem Vorbild schien die Effizienz der Verteidigung zu erhöhen und für Ruhe und Ordnung zu sorgen. Beides war für eine sich entwickelnde Gesellschaft nötig. Selbst separatistische Tendenzen der Stämme oder theologische Bedenken hatten diesen Erfordernissen kaum etwas entgegen zu setzen, da die Ammoniter die Israeliten östlich des Jordan permanent dezimierten und im Westen die Philister Israel vernichtend geschlagen, die Bundeslande entführt, vermutlich das Zentralheiligtum von Schilo niedergebrannt und somit ihre Herrschaft über das Bergland ausgedehnt hatten.

DAS VEREINIGTE KÖNIGREICH

Saul

Über die Regierung Sauls wissen wir enttäuschend wenig. Selbst deren Dauer ist umstritten, wenn auch im späten elften Jahrhundert v. Chr. anzunehmen. Seine

Machtbasis war begrenzt, seine Hauptstützen waren sein Stamm, Benjamin, und seine Familie. Seine dennoch wirkungsvolle Herrschaft erstreckte sich im Bergland von Gilboa bis an die Grenzen Judas, darüber hinaus hatte er starke Verbündete in Gilead (Abb. 11). Die Bibel stellt ihn vorwiegend als militärischen Führer dar, der die Philister aus dem zentralen Hochland vertrieb und schreibt ihm Heldentaten gegen alle Feinde Israels ringsum zu (1 Samuel 14, 47 f.). Dazu hob er eine ständige Gruppe von ausgewählten Kämpfern aus, die bei Bedarf von Einberufenen aus den Stämmen unterstützt wurde. Er gliederte seine Armee in Einheiten von 100 und 1000 Mann, die von Benjaminiten angeführt wurden. Diese erhielten für ihre Dienste Land zugeteilt (1 Samuel 22, 7). Er schien im Besitz umfangreicher Ländereien, die von eigenen Beamten, wie Doeg, dem Edomiter, verwaltet wurden (wie spätere Könige beschäftigte auch Saul talentierte Ausländer) und einer Art königlicher Residenz in Gibea gewesen zu sein (vielleicht befestigt – die Identifikation mit Tell el-Ful ist unsicher und Ausgrabungen ergaben keine eindeutigen Ergebnisse). Dort hielt er Hof in der Art eines Häuptlings. Sein Regierungsstil beruhte auf breiter Konsensfindung – eine Tatsache, der man sich später mit Nostalgie entsann. Die Administration befand sich erst im Aufbau, der Steuerdruck noch im Rahmen. Seinem eventuellen Ansinnen, Gibea zu seiner Hauptstadt zu erheben, war keine Dauer beschieden.

Obwohl Saul vorübergehend militärisch erfolgreich war, scheiterte er dennoch kläglich, trotz seines Eifers für den Herrn, freundschaftliche Beziehungen zum einflußreichen, religiösen Establishment aufrecht zu erhalten. Wir erfahren noch über ihn, daß ihm von Samuel, der letzten großen Richterpersönlichkeit, das Vertrauen entzogen wurde und daß er die Priester des Nob, dessen Loyalität ihm verdächtig erschien, schlachten ließ. Zunehmende Ausbrüche krankhafter Depressionen verbunden mit dem vergeblichen Versuch, den Aufstieg eines durch göttliche Erwählung getragenen Konkurrenten, nämlich David, zu verhindern, verursachten sein tragisches Ende. Zusammen mit den meisten seiner Söhne fiel er in der erfolglosen Schlacht gegen die Philister am Gebirge Gilboa. Sein Sohn Eschbaal (Ischboschet) herrschte für einige Jahre über sein Königreich in Mahanaim in Transjordanien. Nach dessen Ermordung baten die Männer Israels David die Königskrone an, was schlußendlich zur Institution des vereinten Königreiches unter David führte. Jedoch dauerten Hoffnungen auf eine Erneuerung der Herrschaft aus dem Geschlecht Sauls an und selbst zu Zeiten Salomos wurde die Unzufriedenheit der Benjaminiten als gefährlich eingeschätzt.

David
(ca. 1005–965 v. Chr.)

Die Regierung Davids legt Zeugnis von drei wichtigen Ereignissen ab: Die Machtverschiebung vom nördlichen Israel nach Süden und zu einem neuen Herrschergeschlecht, die tatsächliche Vereinigung Judas mit dem Hauptteil von Israel im

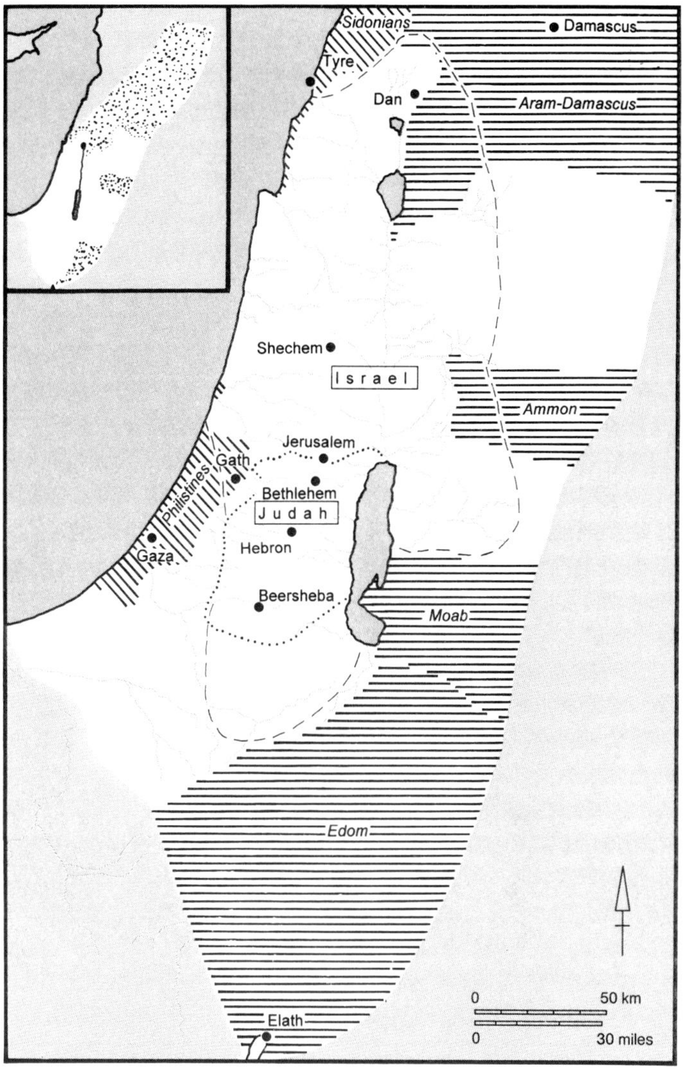

Abb. 12 Das von David geschaffene und von Salomo geerbte Imperium. Maximalvariante des vereinten Königreichs (weiße Fläche), eroberte Gebiete (horizontal schraffiert), Staaten, zu denen David vertragliche Beziehungen aufbaute (diagonal schraffiert). Minimalvariante ist durch eine strichierte Linie gekennzeichnet. Der Ausschnitt links oben zeigt eine Maximalvariante der äußeren Grenzen des Territoriums.

Norden und ein deutlicher, politischer Wechsel von der Häuptlingswürde in Richtung einer echten Monarchie, obwohl Davids eigener Regierungsstil in gewissem Ausmaß dem eines klugen Vermittlers gleicht, der zwischen divergierenden Interessen und Empfindungen eine Lösung sucht. Er schuf jedoch auch eine neue und effektive Machtbasis. Irgendwie blieb das vereinigte Königreich eine Vereinigung von zwei Königreichen und da die von den Stämmen Einberufenen sich nicht immer als zuverlässig erwiesen, hob er zusätzlich zu einer Söldnertruppe aus Keretern, Peletitern, Gittitern (Nicht-Israeliten, den Philistern nahestehend) eine Gruppe ausgewählter, israelitischer Gefolgsleute aus, die ihm alleine verpflichtet war. Er erwarb Jerusalem und machte es zu seiner Hauptstadt. Jerusalem war sein besonderer Besitz, gewissermaßen auf neutralem Grund und Boden, weder vorwiegend mit Israel noch mit Juda verbunden. Hier errichtete er einen Palast und baute eine zentrale Verwaltung in Anlehnung an ägyptische Vorbilder auf. Wieweit lokale Beamte eine Rolle spielten, ist ungewiß. Er erkor Jerusalem auch zum religiösen Zentrum Israels, indem er das pan-israelitische »*palladium*«, die Bundeslade, deren Bedeutung nach der Freigabe durch die Philister zu erlahmen drohte, in ein Zeltheiligtum auf den Berg Morija überstellte. Es wird ihm auch nachgesagt, einen Tempel zur Aufbewahrung der Bundeslade errichten zu wollen. Zadokidische (und andere) Priester versahen den Kult. Nathan, der Hofprophet Davids, wirkte in unmittelbarer Nähe zum König. Die Unterstützung des religiösen Establishments war ihm eine Kraftquelle und vermutlich erwiesen sich quer durch das Land die Leviten – untergeordnete, religiöse Vertreter – in ähnlicher Weise hilfreich. David erlangte die Königswürde über Juda und Israel durch Angebot und Vertrag. Die religiöse Unterstützung bringt eine völlig andere Dimension ins Spiel, nämlich das Königtum aus Gottes Gnaden mit dem Versprechen, daß dieses in dauerhafter Abfolge auf seine Nachkommen übertragen werden würde (vgl. 2 Samuel 7, 12–16). So wurde die Idee der göttlichen Sohnschaft des Königs – eine weit verbreitete Vorstellung im alten Orient – mit einer besonderen, israelitischen Bedeutung eingeführt.

Zu Beginn erwies sich der neue König politisch und militärisch als überaus wirkungsvoll und erfolgreich (vgl. Abb. 12). Er bereitete der Herrschaft der Philister ein dauerhaftes Ende und verwandelte das vereinigte Königreich in bemerkenswert kurzer Zeit in ein Imperium. Edom, Ammon und Moab, sowie die benachbarten aramäischen Staaten mit Damaskus wurden unterworfen. Freundschaftliche Beziehungen zu Hamath und Tyrus wurden aufgenommen, die den Weg zu in Israel fehlender Handwerkskunst und Warenaustausch öffneten. Kanaanäische und andere Enklaven, wie Megiddo und Beth Schean, wurden in das Reich eingegliedert. Nach dem Zeugnis archäologischer Funde rückten israelitische Siedler nun in Gebiete vor, die ihnen zuvor verschlossen waren, nämlich in die Küstenebene und in den Negev. Königliche Gebäudereste, die man eindeutig zuordnen könnte, liegen bis jetzt nicht vor. Gewaltige, pyramidenförmige Steinfundamente einer Zitadelle am Osthang des Ophel in Jerusalem könnten Spuren davidischer Bautätigkeit enthalten. Die Zitadelle selbst ist nicht mehr erhalten. Ob die in Megiddo V B oder IV B – V A ausgegrabenen Reste von Verwaltungsgebäuden auf David zurückgehen, ist überaus strittig, sie werden zumeist für salomonisch gehalten.

Im Laufe der Zeit entwickelten sich jedoch innenpolitische Spannungen, zum Teil bedingt durch rivalisierende Stämme oder durch Streit innerhalb der Familie Davids um die Nachfolge. Sicherlich entwickelte sich auch weit verbreiteter Unmut wegen der Belastung durch neue Steuern und Abgaben, die nur ungenügend durch eine funktionierende Gerichtsbarkeit ausgeglichen werden konnte. Zweimal kostete ihm ein Aufstand beinahe die Krone. Trotzdem hinterließ er seinem Sohn und Nachfolger Salomo ein von starker Hand regiertes Königreich von internationalem Ansehen. Obwohl es später auseinanderfiel, gibt es zwei Entwicklungen während der Regierungszeit Davids, die bis heute ihre Bedeutung bewahrt haben: Jerusalem wandelte sich von einer kanaanäischen Kleinstadt in eine international bedeutende, heilige Stadt. Das Versprechen der immerwährenden Königsnachfolge aus der davidischen Familie wurde nach dem Ende der Dynastie ein bestimmender Faktor der Hoffnung auf einen Messias aus dem Geschlecht Davids.

Salomo
(ca. 965–925 v. Chr.)

Die Regierungsübergabe von David auf Salomo verlief ohne Schwierigkeiten, doch vermehrten sich im letzten Abschnitt seiner Regentschaft die internen Probleme gepaart mit Machtverlust im Ausland (vgl. Abb. 13). Trotzdem hielten israelitische Historiker seine Regierung für den Höhepunkt der politischen Leistungsfähigkeit des Landes. Seltsamerweise sind weder Salomo, noch sein Vater David noch ihrer beider Reich in nicht-israelitischen Quellen erwähnt. Ein Umstand, dem aber nicht übergroße Bedeutung beigemessen werden muß, da Inschriften aus dieser Zeit ohnehin rar sind.

Die Struktur des Staates wurde gefestigt: Die zentrale Bürokratie erhielt Unterstützung durch regionale Administrationen, das Land (mit Ausnahme von Juda, das vielleicht einen begünstigten Status einnahm) wurde, in der Absicht, jeder möge den Hof einen Monat lang unterstützen, in zwölf Bezirke (jeder mit einer eigenen Hauptstadt) gegliedert. Die Finanzierung der öffentlichen Bautätigkeit wurde in Ergänzung zu den Einkommen aus königlichen Gütern durch Steuern und Arbeitsdienste, zu denen sowohl Israeliten als auch Nicht-Israeliten verpflichtet waren, bewerkstelligt. Zusätzliche Einkünfte ergaben sich aus den Tributzahlungen und Geschenken fremder Machthaber, aus Zolleinnahmen von Kaufleuten, die israelitisches Territorium auf den internationalen Handelswegen durchquerten sowie aus den Erträgen königlicher Handelsunternehmungen. Hier wären zum Beispiel der Handel mit Pferden und Wagen zwischen Ägypten und Kilikien zu nennen und die gemeinsamen Expeditionen tyrischer und israelitischer Schiffe auf dem Roten Meer nach Ophir (Somalia?), um Luxusgüter aus den Tropen zu beschaffen. Der Besuch der (nord- oder südarabischen?) Königin von Saba ist vielleicht damit in Verbindung zu bringen, bleibt aber irgendwie rätselhaft.

Zu Beginn gestalteten sich die Beziehungen zum Ausland zufriedenstellend. Der König von Tyrus, Hiram, mit welchem Salomo sogar engen Kontakt pflegte, entsandte Material und stellte Facharbeiter für die königlichen Bauvorhaben, nämlich den Palast und den Tempel in Jerusalem, zur Verfügung. Auch die Beziehungen zu Ägypten gestalteten sich anfänglich ebenfalls sehr erfreulich. Ein ungenannter Pharao, vielleicht war es Siamun, verheiratete seine Tochter mit Salomo, was als äußerst ungewöhnliche Ehre galt. Als Mitgift erhielt der König die von den Ägyptern eroberte Stadt Geser. Später jedoch, als eine neue, die 21. Dynastie, an die Macht kam, gewährte der Pharao jenen Zuflucht, die aus Unzufriedenheit aus dem salomonischen Herrschaftsgebiet flüchteten. Auch hatte die überforderte Monarchie Schwierig-keiten, ihre Herrschaft in den eroberten Gebieten aufrecht zu erhalten.

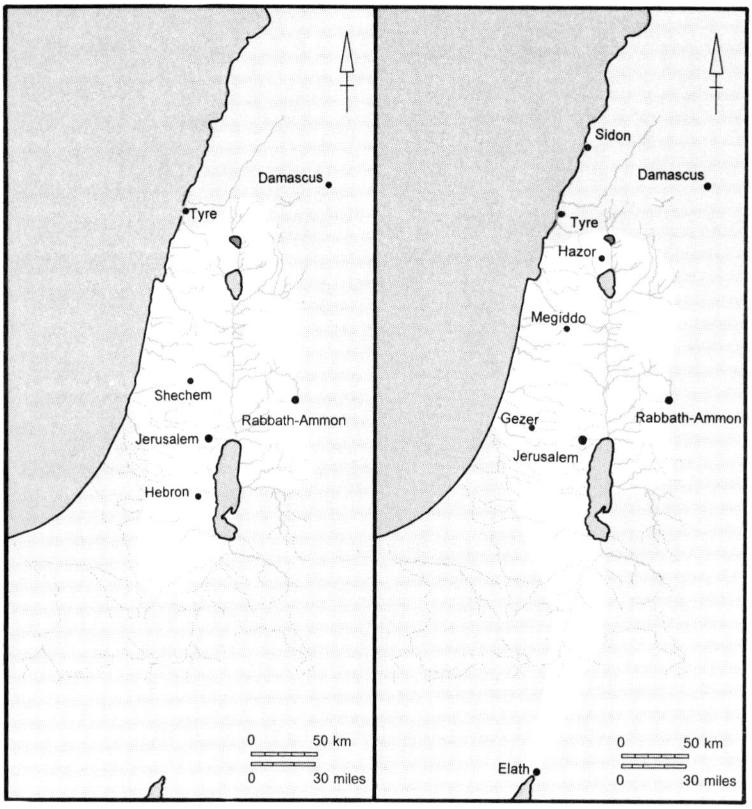

Abb. 13 Minimalvariante von Davids (links) und Salomos Reich (rechts), nach J. Maxwell Miller.

Damaskus erklärte sich selbst für unabhängig und Edom ebenso. Es gibt keine Berichte von Gegenmaßnahmen. Salomo vermied Kriege, obwohl er sein Land durch die Errichtung von Festungen in Form von Garnison- und Versorgungsstädten militärisch gestärkt hatte. Darüber hinaus entwickelte er seine Streitwageneinheit in eine schlagkräftige Bodenstreitmacht. Die Kontrolle über den Negev während der Zeit des vereinigten Königreiches gestattete dort eine größere Zahl von Ansiedlungen.

Kulturell eröffneten die Kontakte nach außen einen weiteren Horizont. Früher vermutete man auch, daß der Beginn der Geschichtsschreibung und der »Weisheitsliteratur« (Schriften mit moralischen und praktischen Ratschlägen) in die Zeit Salomos fällt, so daß von »Salomonischer Aufklärung« die Rede war, doch mittlerweile ist man eher geneigt, eine spätere Entstehung anzunehmen. Das bedeutendste Merkmal seiner Regierung jedoch war die Errichtung des Tempels. Er war gleichzeitig gesamtisraelitisches Heiligtum und königliche Palastkapelle. Die Bedeutung Jerusalems als religiöses Zentrum Israels wurde durch ihn betont, das Ansehen der Priesterschaft erhöht und diese gleichzeitig enger an das Königshaus gebunden. Die Vorstellung vom Königtum aus Gottes Gnaden wurde gefestigt. So erfuhr das

Königtum sowohl eine festere Verankerung als auch eine Umwandlung mit lang anhaltenden, ideologischen Konsequenzen.

Archäologisch gibt es den einen oder anderen Anhaltspunkt, der mit der königlichen Bautätigkeit in Zusammenhang gebracht werden kann. Obwohl in Jerusalem bis jetzt noch nichts freigelegt werden konnte, das mit Sicherheit salomonisch ist, werden die Stadttore und die angrenzenden Kasemattenmauern in Megiddo, Hazor und Geser von vielen Wissenschaftern Salomo zugeordnet. Dasselbe trifft für einige imposante Verwaltungsgebäude, wie zum Beispiel den Palast 6000 in Megiddo, zu. Die Bauausführung bezeugt fachmännische Fertigkeit, hat aber vielleicht nicht jene herausragende Qualität späterer Bauten. Allerdings befindet sich die Chronologie, wie wir schon erwähnten, im Fluß. So könnte das berühmte »salomonische« Tor in Megiddo in die Zeit der Omriden-Dynastie zu datieren sein. Ebenso sind Zweifel über die Ausstattung des Negev mit königlichen Festungen angebracht. Beim Großteil der Gebäude dürfte es sich um die Wohngelegenheiten von Hirten oder Bauern handeln, deren Alter umstritten ist. Daher wären mehr abgesicherte Informationen sehr wünschenswert, um eine genauere Vorstellung von der Größe und Bedeutung Salomos zu erhalten.

DAS GETEILTE REICH
(ca. 925 v. Chr.)

Nach dem Tod Salomos traten die Spannungen, die sich innerhalb Israels aufgebaut hatten, offen zu Tage. Die Nordstämme waren verbittert über die judäische Vorherrschaft und den neuen, mit Belastungen verbundenen Absolutismus.

Auch die religiösen Führer, besonders unter den Propheten, waren über die in der Hauptstadt sich ausbreitenden Anpassungstendenzen an fremde Kulte besorgt. Als der Nachfolger Salomos, Rehabeam, Erleichterungen für das Volk verweigerte, brach im Norden eine Revolte aus, die die Ausrufung eines eigenen Königs, Jerobeam, zur Folge hatte. Jerobeam war einst Beamter unter Salomo. Der Aufstand konnte nicht niedergeschlagen werden und leitete somit die dauerhafte Trennung des Reiches ein. Nur Juda und Benjamin hielten Jerusalem die Treue. Durch die Förderung der Heiligtümer in Bethel und Dan sowie durch Änderungen im religiösen Kalender untermauerte Jerobeam die Abspaltung (1 Könige 12, 26 ff.). Damit versuchte er, die religiöse Loyalität von Jerusalem abzuziehen, das seinerseits diese Maßnahmen als Häresie betrachtete und deswegen den Alleinanspruch auf Rechtmäßigkeit erhob.

Bald jedoch wurde die frühere, vereinte Monarchie Opfer eines Feldzugs Pharao Schoschenqs, in der Bibel Schischak genannt. In biblischen Angaben (1 Könige 14, 25 ff.) ist als Zeitpunkt das fünfte Jahr Rehabeams genannt, doch es gibt auch Vorschläge, dieses Geschehen in die letzten Regierungsjahre Salomos zu datieren.

Der detaillierte Bericht Schoschenqs über seinen Feldzug ergänzt die dürftigen

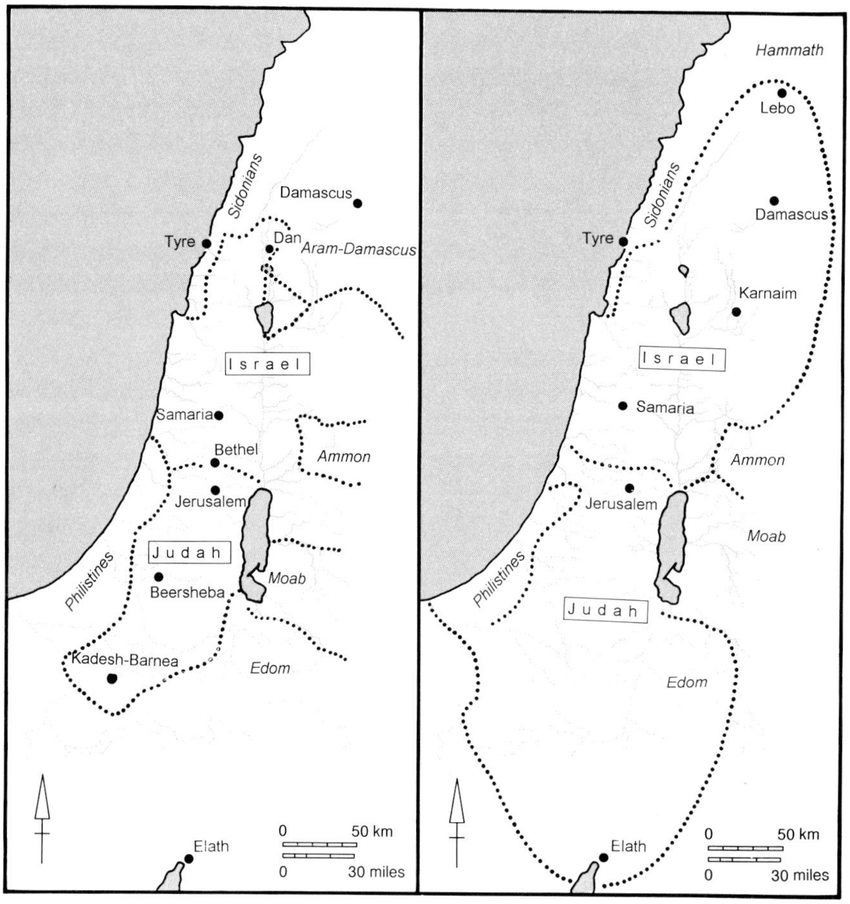

Abb. 14 Das geteilte Reich: Links die Königreiche Juda und Israel nach einer Maximalvariante nach Y. Aharoni und M. Avi-Yonah. Rechts die beiden Königreiche zur Zeit Jerobeams II. im Norden in ihrer Maximalvariante.

biblischen Angaben. In Juda wurden mobile Einheiten im gesamten Negev verteilt, die vermutlich den Handelsweg von Gaza nach Elat stören sollten, da die Ägypter ihre Route über das Rote Meer gefährdet sahen. Jerusalem zahlte hohen Tribut für seine Sicherheit. Die Ägypter drangen weit vor und überquerten den Jordan nach Penuel und Mahanajim. In Megiddo errichtete Schoschenq eine Siegesstele, von welcher ein Fragment erhalten blieb. Diese Demonstration ägyptischen Interesses fand zwar keine Nachfolger, doch sie trug zur Verarmung des Landes bei. Manche Zerstörung von bzw. in Siedlungen von Megiddo und Beth Schean bis zum Negev könnte damit in Zusammenhang stehen. Einige Ortslagen im Negev wurden in der Folgezeit aufgegeben.

Es dauerte mehr als eine Generation, bis Israel und Juda wenigstens als Mitglieder eines Systems von vielen kleinen oder mittelgroßen Staaten der Levante wieder internationale Bedeutung erlangten. Ein Imperium vergleichbar mit der Größe und dem Ansehen des davidisch-salomonischen Königreiches wurde nie wieder erreicht. Es hatte sich im politischen Vakuum, das durch die zeitweise Abwesenheit der

Großmächte Ägypten und Mesopotamien entstanden war, entwickelt. Nun war die politische Landschaft im Wandel und es begann sich eine neue, militärische Macht zu etablieren, die bald die ganze Region bedrohte: Assyrien. Ägypten sah sich veranlaßt, Bündnispartner gegen die assyrische Gefahr zu suchen.

Die beiden rivalisierenden Nachfolgestaaten unterschieden sich in manchen Belangen. Juda war zwar kleiner und ärmer, dafür aber weniger exponiert, so daß kämpfende Truppen, die entlang der Hauptstraße in der Küstenebene vordrangen, an ihm vorbeizogen. Gleichzeitig war es politisch stabiler. Der Fortbestand der davidischen Dynastie in Jerusalem, der immerwährenden Hauptstadt, war durch göttlichen Zuspruch gesichert (wenn auch einzelne Könige gestürzt wurden, blieb das Haus David unangefochten) und wurde überdies zumeist vom Tempel und dem religiösen Establishment unterstützt. Das Königreich im Norden dagegen war größer und von Natur aus bevorzugt. Wichtige Verkehrswege durchzogen es und banden es in den internationalen Handel ein. Es war allerdings auch Angriffen von außen stärker ausgesetzt. Zuerst gab es keine ständige Hauptstadt und das Procedere der Installation neuer Könige, die auf der Basis eines von der Gottheit gebilligten Vertrages herrschten, erwies sich als destabilisierender Faktor. Aufstände, die einerseits durch die Mißbilligung einflußreicher, prophetischer Kreise und andererseits durch den Ehrgeiz militärischer Anführer verursacht wurden, führten häufig zu einem Machtwechsel der Dynastie. Die Unzufriedenheit der religiösen Elite, die wohl mit Neid und Sehnsucht nach Jerusalem blickte, war eine ständige Gefahr für das Herrscherhaus.

Die Dynastie der Omriden (ca. 885–843 v. Chr.)

Etwa vier Jahrzehnte nach dem Auseinanderbrechen des vereinten Königreiches waren die beiden Nachfolgestaaten durch interne Zwistigkeiten und wiederholte Kriegszüge geschwächt. Sie verloren die Herrschaft über Moab, Ammon und Edom und wurden nun ihrerseits von außen attackiert, vor allem von Philistäa und Damaskus. Nur wenige Leistungen können dieser Periode zugeschrieben werden. Ausgrabungen in Mizpa (Tell en-Nasbe) ergaben gewaltige Verteidigungsanlangen, die vielleicht von König Asa von Juda (2 Chronik 16,6) errichtet wurden. Der laut 2 Chronik 11,5 von Rehabeam angelegte Gürtel von Befestigungsanlagen in Juda stammt vielleicht doch von späteren Herrschern, eventuell von Hiskija.

In Israel markierte die Machtergreifung Omris (ca. 885 – 873 v. Chr.) und die Regierung seines Sohnes Ahab (ca. 873 – 851 v. Chr.) einen Wendepunkt. Omri erbaute Samaria, das an einer strategisch wichtigen Position lag, als seine Hauptstadt. Ahab vergrößerte es und stattete es prächtig aus. Er ließ Megiddo wieder aufbauen und befestigen. Die berühmten »salomonischen Ställe« gehen auf ihn zurück. Ebenso wurde Hazor erweitert. Die militärischen Streitkräfte entwickelten sich mit zu den schlagkräftigsten der Levante, im besonderen die Streitwagentruppe. Dadurch wurde Moab wieder unterworfen und die außenpolitischen Beziehungen konnten von einer Position der Stärke heraus gestaltet werden. Enge Verbindungen pflegte man zu Phönizien, das sowohl ein guter Absatzmarkt für landwirtschaftliche Produkte aus Israel als auch Lieferant phönizischer Handwerkskunst und anderer Handelsgüter war. Die Frequenz der internationalen Verkehrsverbindungen auf Israels Territorium durch Phönizier und andere Händler erwies sich wirtschaftlich von Vorteil. Äußeres Zeichen der engen Verbindung mit Phönizien war die Heirat Ahabs und Isebels, einer Tochter des Königs von Sidon und Tyrus.

Eine andere Eheschließung brachte die beiden getrennten Reiche einander wieder etwas näher, wenn auch mit Israel als dominierendem Partner: Athalja, eine Tochter Ahabs oder Omris, wurde mit Joram, dem Sohn Joschafats, König von Juda, verheiratet. Vorübergehend verbesserten sich auch die Beziehungen zu Damaskus von Feindschaft zu Freundschaft. Als König Salmanassar III. 853 v. Chr. in der Levante einfiel, erfahren wir aus assyrischen, allerdings nicht-biblischen Berichten, daß die beiden Königreiche Seite an Seite in einem Verband von zwölf verbündeten Staaten ihn bei Karkar bekämpften. Israel stellte mit 2000 Streitwagen – also um viele mehr als die 1200 Salomo zugeschriebenen – die potenteste Streitwagentruppe, während Damaskus eine stärkere Infanterie mit 20 000 Soldaten – gegenüber den 10 000 Mann unter israelitischer Führung – aufbot.

Innenpolitisch entwickelte sich nicht nur das Leben in den Städten gedeihlich. Auch die ständig wachsende ländliche Bevölkerung gewann durch das Roden der Wälder vor allem auf den westlichen Berghängen mehr kultivierbares Land. In Juda gab es eine ähnlich erfreuliche Entwicklung. Auch Joschaphat unterstützte aktiv eine Vergrößerung der landwirtschaftlichen Anbauflächen, brachte seine Streitkräfte in Ordnung und unterwarf Edom. Aber es blieben andere Probleme zu bewältigen. Die israelitische Regierung versuchte sowohl ihre kanaanäische als auch ihre israelitische Bevölkerung zufrieden zu stellen (ein Indiz dafür war die Verehrung sowohl von Baal als auch von JHWH). Isebel verehrte den Baal von Tyrus (der von manchen mit Baal Schamen, dem unter anderem in Syrien verehrten, großen Himmelsgott, identifiziert wird) und zog sich mit ihren absolutistischen Neigungen, wie sie in der Geschichte um Naboths Weingarten zum Ausdruck kommen, die tiefe Feindseligkeit der Propheten zu. Die Erzählung in 1 Könige 18 berichtet von der Konfrontation Elijas mit den Baalspropheten am Karmel. Elija und sein Schüler Elischa riefen zum Sturz der Dynastie auf – eine Forderung, die erst den zweiten Nachfolger Ahabs, Joram, traf (2 Könige 9,15b-29). Es gab in der Tat zwei gleichzeitig regierende Könige desselben Namens in Israel und in Juda und daher die Vermutung, daß ein und derselbe Herrscher in beiden Ländern an der Spitze stand. Obwohl dieser König noch mit Machtfülle ausgestattet schien, begann ein Abschnitt des Machtverlustes für beide Monarchien. Israel verlor Gebiete in Transjordanien an König Mescha von Moab, der das israelitische Joch abwerfen konnte, und machte im Krieg gegen Damaskus keinerlei Fortschritte. Ähnlich erging es Juda. Es mußte Edom, das von Joschaphat unterworfen worden war, wieder in die Unabhängigkeit entlassen und es verlor Libna an der philistäischen Grenze. Krank an Kriegsverletzungen und -wunden sah sich König Joram von Israel einer stets unzufriedeneren Armee gegenüber – die Zeit war reif für eine Revolte.

Der Aufstand des Jehu (843 v. Chr.)

Die Abfolge der Ereignisse schildert uns einer der dramatischsten Berichte in der Bibel in 2 Könige 9–10. Jehu, einer der Offiziere, die erfolglos das von den Aramäern gehaltene Ramoth Gilead in Transjordanien belagerten, wurde von Elischa zum König ausersehen und von seinen Mitoffizieren in diesem Amt anerkannt und bestätigt. Rasch eilte er von dannen, überraschte und tötete den König von Israel und die Königinwitwe Isebel als auch den auf Besuch weilenden König von Juda. Anschließend veranlaßte er die offensichtlich teilautonome Stadt Samaria, sich ihm anzuschließen und die gesamte königliche Familie abzuschlachten. Als nächstes lockte er die Baal-Verehrer in den Baal-Tempel von Samaria, wo sie alle den Tod fanden und zerstörte daraufhin den Tempel. Allerdings verfolgte er seine strenggläubigen, religiösen Vorstellungen trotz seines bekennenden Eifers für den Herrn nicht leidenschaftlich genug, um warmherziger Billigung der Orthodoxen gewahr zu werden. Die Verehrung der kanaanäischen Göttin Aschera, die im Symbol des Heiligen Baumes gegenwärtig gedacht wird, bestand unter seinen Nachfolgern weiter.

Ein aramäisches Inschriftenfragment (Taf. 16.3), das vermutlich von einer Siegesstele König Hasaels von Damaskus stammt und in Dan entdeckt wurde, gibt einen zwar zeitgenössischen aber vom biblischen Text abweichenden Bericht über den Untergang der Königshäuser von Israel und Juda. In dem stark beschädigten Abschnitt behauptet Hasael, er selbst hätte König Joram von Israel und König Ahasja von Juda getötet (wenn man der ergänzten Inschriftenpassage Glauben schenken kann). Diese Aussage steht in direktem Gegensatz zur biblischen Erzählung, obwohl syrische Unterstützung der Revolte des Jehu, den Hasael als sein Werkzeug betrachtete, angenommen werden kann. Wenn dem so war, haben wir uns die Beziehungen zwischen Damaskus und verschiedenen Splittergruppen in Israel doch komplexer vorzustellen als es die biblische Sichtweise darstellt. Sowohl im Text der Mescha-Stele als auch in der Inschrift von Dan weichen israelitische und nicht-israelitische Berichte voneinander ab.

Die Folgen der Revolution waren katastrophal. Verständlicherweise überlebte das Bündnis mit Phönizien nicht den Mord an der phönizischen Königinwitwe. In Juda gelangte die Königinmutter Athalja aus dem Haus Omri an die Macht und sicherte sich gegen mögliche Rivalen ab, indem sie die königlichen Prinzen hinschlachten ließ. Lediglich der Jüngste, Joasch, wurde von dem Hohenpriester in Sicherheit gebracht und sieben Jahre später nach einem Putsch als König eingesetzt. Da Jehu nun isoliert war, suchte er 841 v. Chr. Sicherheit als Vasall von König Salmanassar III. von Assyrien (vgl. die Darstellung auf dem »Schwarzen Obelisken«, der sich im Britischen Museum befindet; Taf. 10, 11.1.2). Allerdings war Assyrien einige Jahre später durch innenpolitische Schwierigkeiten gebunden, so daß Jehu und seine Nachfolger sich alleine gegen das militärische Potential von Damaskus, das unter Hasael, einem Usurpator wie Jehu, seinem Höhepunkt zustrebte, behaupten mußten. Israel verlor alle Gebiete in Transjordanien (2 Könige 10, 32). Unter der Bevölkerung wurde ein Blutbad angerichtet, auf das noch Jahre später der Prophet Amos (Amos, 1, 3 ff.) Bezug nimmt. Unter dem Sohn Jehus, Joahas, bestand die israelitische Armee lediglich noch aus 50 Reitern, 10 Streitwagen und 10 000 Mann (2 Könige 13, 7). Daher konnte Hasael praktisch ungehindert durch Israel bis in die Küstenebene durchmarschieren, wo er Gat in Philistäa einnahm. König Joasch von Juda bestach Hasael mit dem Tempelschatz, sodaß Jerusalem verschont blieb (2 Könige 12, 18). Hasael schien ein Reich oder zumindest ein Einflußgebiet, das mit jenem Davids vergleichbar ist, aufgebaut zu haben. Die materielle Kultur dieser Zeit weist keine Besonderheiten auf. Gebäude bzw. Reparaturen an Gebäuden in Samaria und Megiddo aus der nachomridischen Zeit sind minderwertiger als jene vor dem Sturz der Dynastie.

Erst als sich Assyrien wieder, von anderen Pflichten enthoben, nach Süden wenden konnte, entspannte sich für Israel die Situation. Adad-Nirari III. unterwarf Syrien mit Damaskus in vier Feldzügen und zwang es zu Tribut. Syrien erlangte nie wieder sein einstiges militärisches Ansehen. Der Druck war von Israel genommen und König Joasch leistete 796 v. Chr. Assyrien Tribut. In der Folge zog es sich ein halbes Jahrhundert lang zurück. Durch die Schwächung von Damaskus vermochte Israel das lokale Machtvakuum auszufüllen. Jerobeam II. (785–745 v. Chr.) errichtete nach 2 Könige 14, 25 ein Reich »vom Zugang von Hamath« (vielleicht ist damit das *Beqaa* Tal im Libanon gemeint) bis zum Toten Meer (vgl. Abb. 14). Amos 6, 13 deutet auch beachtlichen Landgewinn östlich des Jordan an. Ferner soll Jerobeam II. die Unterwerfung von Hamath und Damaskus gelungen sein. Ähnlich läßt sich zur selben Zeit für Juda eine Periode der Ruhe und Konsolidierung unter König Asarja/Usija festhalten. Die städtischen Schichten in Israel erreichten wirtschaftlichen Wohlstand, die Landwirtschaft in Juda erweiterte ihre Anbaugebiete. Doch hinter dieser Entwicklung verbargen sich gesellschaftliche Probleme. Der Wohlstand der einen wurde auf Kosten der ärmeren Bevölkerung erreicht, die ihr Land an die Gutsbesitzer verloren hatten. Besonders in Transjordanien war der Anteil der israelitischen Bevölkerung kleiner geworden und obwohl die militärischen Kapazitäten heimischen Anforderungen genügten, war Assyrien Israel weit überlegen. So konnte ein neuerliches Eingreifen Assyriens nur Unheil bringen.

Der Niedergang und das Ende von Israel (745–722 v. Chr.)

Ein neuer und äußerst fähiger Herrscher, Tiglatpilesar III., bestieg 745 v. Chr. in Assyrien den Thron. Er erweiterte und reorganisierte das assyrische Reich und schuf ein effizientes, zentral regiertes Imperium, das nicht mehr von der Loyalität tributpflichtiger Vasallenstaaten abhängig war. Diese Strategie hatte nicht nur die Entfernung rebellierender Vasallenherrscher zur Folge, sondern auch die Aussiedlung einer beträchtlichen Anzahl ihrer Untertanen, um sie durch verläßlichere Ausländer zu ersetzen. Es gab aber auch Ausnahmen von dieser Regel. Unter besonderen Umständen, wie zum Beispiel an der Grenze zu Ägypten (das in der 25. Dynastie ca. 751 v. Chr. wiedererstarkte) war es von Vorteil, kleinen »Pufferstaaten« das Überleben zu ermöglichen. Davon profitierte Juda eine Weile.

Israel war durch eine Reihe von Volksaufständen geschwächt und Jerobeams Sohn, Sacharja, wurde 745 v. Chr. von Schallum gestürzt. Es folgten unter großem Blutvergießen einige gewaltsame Thronanwärter. Unter diesen Umständen stieß der assyrische Vormarsch erst in Juda auf Widerstand, das nominell noch immer vom durch Krankheit außer Gefecht gesetzten Asarja/Usija regiert wurde. Sein baldiger Tod bewahrte ihn vor Vergeltung. Als Tiglatpilesar 738 v. Chr. Hamath unterwarf – einen alten Verbündeten Israels – erachteten es der israelitische König Menachem und benachbarte Herrscher für nötig, Tribut zu leisten. Dieser ist in assyrischen Quellen erwähnt und sein Ausmaß in der Bibel genannt (2 Könige 15, 19 ff.): eintausend Silbertalente. Menachem hob dazu von der wohlhabenderen Bevölkerung, vermutlich vor allem Landbesitzer, je 50 Schekel ein. Demnach waren 60 000 Bewohner betroffen (ein beträchtlicher Teil der Gesamtbevölkerung), da ein israelitisches Talent 3000 Schekel hatte. 734 v. Chr. drang Assyrien weiter nach Süden vor und unterwarf die philistäische Ebene bis Gaza. Angesichts dieser Bedrohung verbündeten sich König Pekach von Israel und König Rezin von Damaskus. Da sich Juda unter König Ahas dieser Koalition nicht anschloß, drangen die beiden Koalitionäre im »Syrisch-Ephraimitischen« Krieg in das Land ein, in der Absicht, einen ihnen gewogenen Herrscher am Thron in Jerusalem zu etablieren. Ahas befand sich sehr in der Klemme, zumal sich auch Edomiter und Philister an diesem Angriff beteiligten. Gegen den Rat des Propheten Jesaja begab er sich als Vasall unter assyrische Herrschaft in der Hoffnung auf Befreiung aus dieser Zwickmühle. Da Tiglatpilesar unter keinen Umständen den Sieg der Koalition dulden konnte, erfüllte sich diese Hoffnung auch.

733 v. Chr. wandte sich Tiglatpilesar gegen Damaskus, 732 v. Chr. wurde Rezin ermordet und Damaskus assyrische Provinz. Auch Israel verlor 732 v. Chr. sein Territorium, ausgenommen das samaritanische Hochland. Gilead, Galiläa und die nördliche Küstenebene, die möglicherweise zuvor von Syrien besetzt worden waren, wurden ebenfalls assyrische Provinzen. Der Zerstörung von Städten wie zum Beispiel Hazor folgte die Verbannung vieler ihrer Einwohner (vgl. 2 Könige 15, 29). Auf Grund dieser Vorkommnisse wurde Pekach durch Hoschea ersetzt, der Tiglatpilesar 731 v. Chr. und dessen Nachfolger Salmanassar V. (727 – 722 v. Chr.) tributpflichtig war. Möglicherweise versuchte er sich im Verband mit phönizischen und philistäischen Herrschern in Erwartung ägyptischer Unterstützung gegen die assyrische Dominanz aufzulehnen. Als ägyptische Hilfe ausblieb, wurde Hoschea gefangen genommen und Samaria belagert. Es ist der strategischen Position der Stadt und der Entschlossenheit ihrer Verteidiger zu verdanken, daß die Assyrer drei Jahre

benötigten, um Samaria zu erobern. Ob Salmanassar V. die Einnahme der Stadt noch erlebte, ist ungewiß. Sein Nachfolger Sargon II. (722–705 v. Chr.) traf letzte Anordnungen nach dem Sturz der Stadt und sah sich 720 v. Chr. erneut Aufständen in Hamath, Damaskus und Samaria gegenüber. Er ließ daraufhin 27 290 Einwohner ins Exil nach Mesopotamien und Medien führen und siedelte an ihrer Stelle eine Oberschicht aus Babylonien und Syrien (die später wiederholt durch beispielsweise Araber vermehrt wurde) an. Die religiösen Symbole der Israeliten wurden entfernt, eine neue Streitwagentruppe aus den Resten der Armee gebildet und ein assyrischer Statthalter nach dem Wiederaufbau der Stadt eingesetzt. Diese Situation sollte nun länger bestehen. Viele, vor allem im Bergland verbliebene Israeliten, schickten sich an, die Verwüstungen des Krieges zu beseitigen und das Land erholte sich von den Kriegsverwüstungen. Doch die Oberschicht in Samaria war nicht-israelitisch und auch in anderen Städten, wie in Megiddo, ließ sich eine aus Assyrern und Mitgliedern anderer Völker bestehende Schicht nieder, die Regierungsangelegenheiten inne hatte. Sie war zahlenmäßig nicht besonders groß, hinterließ aber archäologische Spuren. Ungeachtet dieser Bedingungen wurde ein gewisses Wiederaufleben des israelitischen Kultes erlaubt (2 Könige 17, 27–33).

Ein anderer Teil der verbliebenen Israeliten wiederum floh in den Süden nach Juda, wo sich Jerusalem einem großen Bevölkerungszustrom ausgesetzt sah. Juda sowie Ammon, Edom und Moab hatten ihre Unabhängigkeit verloren, auch die Küstenebene wurde trotz wiederholter ägyptischer Übergriffe von Sargon gehalten, so daß für Juda Unterwerfung unter assyrische Oberhoheit die einzige Möglichkeit darstellte. Daher zog sich Juda 713 v. Chr. auch rechtzeitig von einem Aufstand zurück, dem es sich ursprünglich angeschlossen hatte. Jede Schwächung der assyrischen Herrschaft ließ jedoch alte Ambitionen wieder aufleben.

Juda und Assyrien

Die letzten Regierungsjahre Sargons kennzeichneten innenpolitische Schwierigkeiten. Er starb inmitten weitverbreiteter Aufstände 705 v. Chr. Babylonien unter Mardukapaliddina rebellierte im Süden, ebenso einige Provinzen in Anatolien. Die 25. Dynastie in Ägypten (Äthiopier), ein sozusagen natürlicher Gegner Assyriens, konnte nun mit der Unterstützung Phöniziens und einiger »Pufferstaaten« wie Juda rechnen. Sargons Nachfolger, Sanherib, konnte sich erst 701 v. Chr. wieder Syrien, Phönizien und Palästina zuwenden. Mittlerweile dachte der auf Ahas folgende König Hiskija (727 – 698 v. Chr.) in Juda daran, sein Reich wieder zu einer unabhängigen Macht nach davidischem Vorbild zu machen. Die mit diesem Vorhaben verbundenen Ereignisse können wir nicht nur in der Bibel (Bücher der Könige, Bücher der Chronik und Jesaja) und in Sanheribs eigenem Bericht über den Feldzug sondern auch in der hebräischen Schiloach-Inschrift verfolgen. Möglicherweise gibt es auch eine Erwähnung bei Herodot (Herodot II, 141). Die archäologische Evidenz in judäischen Ortslagen wie Lachisch und der Reliefzyklus (Abb. 51) aus dem Palast

Sanheribs in Ninive, in dem der Feldzug gegen Lachisch dargestellt ist, sind wichtige Zeugnisse. Manches bleibt unklar, doch nimmt man heute an, daß Sanherib nur einen Feldzug gegen Juda führte und nicht, wie früher angenommen, zwei, obwohl diese Hypothese jüngst wieder aufgegriffen worden ist.

Hiskija ging systematisch vor. Zunächst stärkte er Jerusalem als religiöses Zentrum, das eng mit der davidischen Dynastie verbunden war, in dem er die lokalen Kulthöhen beseitigen ließ, was unter der Landbevölkerung Verwirrung stiftete. Das von den Assyrern besetzte Israel im Norden versuchte man durch eine Einladung zu einem großen Passah-Fest zu gewinnen. Die Befestigungsanlangen in der Hauptstadt und in anderen wichtigen Städten wurden verstärkt und die Wasserversorgung für Jerusalem unverletzbar gegen Angriffe von außen gemacht, indem der Schiloach-Tunnel gegraben wurde, der das Wasser von der Gichon-Quelle bis innerhalb die Umfassungsmauer der Stadt leitet. Die Armee wurde mit Waffendepots und Vorratslagern versorgt (die Vorratskrüge mit dem *»la-melech«*- Stempel könnten für die Bevorratung und Verteilung von Speisen und Wein verwendet worden sein). Zu Ägypten und Babylonien wurden diplomatische Kontakte hergestellt und Verbindungen philistäischer Städte wie Aschdod zu Jerusalem geknüpft, die durch die Absetzung des pro-assyrischen Königs von Ekron begünstigt waren. Die östlichen Nachbarn Judas sowie phönizische Städte wurden ebenso beigezogen.

Als sich Sanherib allerdings im Anmarsch befand, erwies sich die Koalition als wirkungslos. Viele Mitglieder wechselten rasch die Seiten und so wurde der Rest der Verbündeten einschließlich einer starken, ägyptisch-äthiopischen Streitwageneinheit bei Elteke in der palästinischen Ebene geschlagen. Der Vormarsch bewegte sich nun auf das widerspenstige Juda zu. Es fehlten schlagkräftige, judäische Bodentruppen, die Widerstand hätten leisten können und so belagerten die Assyrer bald eine Anzahl von judäischen Städten. Manche bereiteten den Angreifern erbitterten Widerstand. Lachisch fiel erst nach beträchtlichen Anstrengungen, wie uns archäologische Ergebnisse und Sanheribs aussagekräftige Reliefdarstellungen zeigen. Jerusalem selbst wurde zwar umzingelt, konnte aber durch die Akzeptanz harter Bedingungen die militärische Einnahme verhindern. Es mußte schweren Tribut entrichten und verlor viele Gebiete an die von den Assyrern eingesetzten Vasallenkönige von Aschdod, Ekron und Gaza. Die Verschonung Jerusalems erschien wie ein Wunder und gab Anlaß zur Überzeugung, daß der Herr Seine Heilige Stadt und Seinen Tempel immer beschützen wird, wenn Seinen Forderungen Genüge getan wird. So erreichte Hiskija den Ruf eines Frommen, dessen Rechtschaffenheit belohnt wurde. Das Land aber war schrecklich verwüstet und entvölkert, und die Armee, vor allem die Streitwagentruppe, erreichte niemals mehr ihr einstiges Ansehen.

Nach dieser Lehrstunde entwickelte sich der Nachfolger Hiskijas, Manasse, verständlicherweise zum gehorsamen Diener Assyriens. Politische Unabhängigkeitsbestrebungen jeglicher Art als auch kultische Reformansätze wurden unterbunden und Vertreter solcher Ideen grausam verfolgt. Das assyrische Machtpotential erreichte seinen Höhepunkt. Sanherib zerstörte 689 v. Chr. Babylon (dessen Wiederaufbau sein Nachfolger Asarhaddon (680 – 669 v. Chr.) wenig ratsamer Weise gestattete). Asarhaddon griff 671 v. Chr. Ägypten an und nahm Memphis ein. Sein Sohn Assurbanipal (668 – 627 v. Chr.) plünderte Theben und zerstörte es. Die letzten Jahre Assurbanipals waren jedoch durch wachsende Schwierigkeiten gekennzeichnet. Die Kontrolle über Ägypten konnte nicht mehr in vollem Umfang aufrecht erhalten werden. Die 26. Dynastie, Necho I. und dann Psametik I., verdankte gegenseitigem Übereinkommen ihre Einsetzung. Ebenso könnten die Berichte über Manasses Wandel zur Rechtgläubigkeit in seinen letzten Regierungsjahren als auch die Verstärkung der Befestigungsanlagen in Jerusalem (2 Chronik 33, 14 ff.) mit diesen geänderten Umständen in Verbindung gebracht werden. Manasses Sohn Amon wurde nach zweijähriger Regentschaft (642 – 640 v. Chr.) ermordet und dessen achtjähriger Sohn Joschija durch Entscheid des »Landvolkes« als König eingesetzt. Joschijas Regierung wurde Zeuge bedeutender Veränderungen im internationalen Kräftefeld und bot dem Wiedererstehen eines gesamtisraelitischen Königreiches unter dem Geschlecht Davids eine letzte Chance.

Der Aufstieg Babylons, der Untergang Assyriens und das Wiedererwachen Ägyptens

Nach Assurbanipals Tod geriet Assyrien in eine verhängnisvolle Entwicklung. Die Nachfolge war strittig. Skythische Nomaden verwüsteten die Levante (es wird ihnen nachgesagt, sie wären im Süden bis Askalon vorgedrungen). Babylonien unter dem chaldäischen König Nabu-apal-usur (626–605 v. Chr.) wie auch das Reich der Meder in Persien verhielten sich angriffsfreudig und drangen in das assyrische Landesinnere vor. Die Meder nahmen 614 v. Chr. die alte Hauptstadt Assur ein und zwei Jahre später überrannte ein gemeinsames Heer aus Babyloniern und Medern die Stadt Ninive – ein Ereignis, das ein enormes internationales Erdbeben auslöste, wie uns das biblische Buch Nahum berichtet. Der letzte assyrische König, Assuruballit (612–609 v. Chr.), versuchte mit Sitz in Haran zu regieren. Ägypten nützte in der Zwischenzeit die Schwäche Assyriens, brachte Philistäa und den Libanon unter seine Kontrolle und erweiterte sein Einflußgebiet bis ins nördliche Syrien. Dort unterstützte es den letzten assyrischen König – zweifellos ein schwacher Schützling, doch besser als babylonische oder medische Vorherrschaft.

Auch in Juda keimten angesichts des Niedergangs Assurs neue Hoffnungen, eine Monarchie nach davidischem Muster wiederbeleben zu können – ein Vorhaben, das auf eine Konfrontation mit den in Palästina den Ton angebenden Ägyptern hinaus laufen mußte. Im Zuge einer weiteren religiösen Reform wurden alle heidnischen Symbole aus dem Tempel entfernt und die Kulthöhen in Juda als auch das alte Heiligtum im Norden, in Bethel, abgeschafft. Sehr bedeutsam erwies sich der Fund eines »Gesetzbuches« im Tempel im achtzehnten Regierungsjahr Joschijas (vgl. 2 Könige 22–23 und 2 Chronik 34–35). Es unterstützte die Reform ganz entschieden durch seine starke Betonung einer zentralen Kultstelle und der göttlichen Strafe bei Ungehorsam. Es wurde ein Großes Passah-Fest veranstaltet, bei dem auch die

Israeliten aus dem Norden zugegen waren. Offenbar versuchte Joschija, seinen religiösen und politischen Einfluß bis nach Samaria, Galiläa und über den Jordan auszudehnen. Daher ist es auch strittig, ob ein Fort oder eine Befestigungsanlage in Megiddo ihm oder doch eher den sich auf Expansionskurs befindlichen Ägyptern oder etwa den Persern zugeschrieben werden soll. Hebräische Ostraka aus der Festung von Mezad Haschavjahu, die südlich von Tel Aviv an der Küste liegt und von griechischen Söldnern bewohnt war, weisen vielleicht auf eine Ausweitung des joschijanischen Gebietes bis Philistäa hin – wenn überhaupt, dann wohl nur mit ägyptischer Duldung. Jedoch unterlag er 609 v. Chr. Pharao Necho II., der sich auf dem Weg zur Unterstützung des letzten assyrischen Königs befand, bei einer Auseinandersetzung in Megiddo – vielleicht in einem Kampf – und kam ums Leben. Mit seinem Tod erloschen auch alle seine Pläne.

Joschijas Sohn, Joahas, wurde zwar durch »Volkswahl« zum König eingesetzt, doch von Necho bei dessen Rückkehr von Syrien seines Thrones beraubt und als Gefangener nach Ägypten gebracht. Necho setzte einen Bruder von Joahas, Eljakim, auf den Thron. Er regierte mit dem Thronnamen Jojakim als Vasall der Ägypter.

Juda zur Zeit der babylonischen Vorherrschaft

605 v. Chr. wurden die Ägypter, die sich bis dahin erfolgreich in Syrien behaupten konnten, von den Babyloniern unter der Führung von Kronprinz Nebukadnezar bei Karkemisch entscheidend geschlagen. In der Folge fielen Syrien und Palästina und Juda unterwarf sich Nebukadnezar (605–562 v. Chr.). Doch war noch immer nicht entschieden, ob Ägypten, das viele Verbündete auf seine Seite ziehen konnte, oder Babylonien die Oberhand gewinnen würde. Pro-ägyptische Anhänger standen damals und später pro-babylonischen gegenüber, die dachten, Babylon könne in Erwartung ägyptischer Hilfe nicht wirksam entgegengetreten werden. Einer der prominentesten Vertreter dieser Haltung war der Prophet Jeremia. Die kommenden Ereignisse gaben ihm recht. Nach einem Rückschlag für Babylon erhob sich Jojakim 600 v. Chr. in Erwartung ägyptischer Unterstützung. Vorerst entsandte Nebukadnezar nur vor Ort verfügbare Truppen, einschließlich Ammonitern und Moabitern, gegen Jojakim (2 Könige 24, 2). In Arad gefundene Ostraka könnten auf eine Bedrohung des Negev durch die Edomiter hindeuten. 597 v. Chr. schließlich rückte Nebukadnezar selbst nach Jerusalem vor und nahm es nach einer Belagerung von nur wenigen Monaten ein.

Jojakim erlebte das Ende vermutlich nicht mehr. Sein Sohn und Nachfolger Jojachin (auch Jechonja oder Konja in der Bibel genannt) musste sich ergeben. Die königliche Familie samt ihrem Gefolge, sowie all jene, die im Fall eines neuerlichen Aufstandes von Nutzen sein konnten, nämlich bedeutende Zivilisten, wichtiges Armeepersonal und Handwerker, beispielsweise Schmiede, besonders Waffenschmiede, wurden als Gefangene nach Babylonien gebracht. Auch der Tempelschatz wurde mitgenommen (vgl. 2 Könige 24, 10–16). Der Onkel von Jojachin,

Matthanja, erhielt an seiner Statt den Thron und führte den Thronnamen Zidkija. Die wichtigsten Ereignisse dieser Zeit sind in babylonischen Chroniken kurz erwähnt. Allerdings hofften viele in Jerusalem und auch viele der Exilierten, Jojachin möge eines Tages als König zurückkehren, da er formell nicht abgesetzt wurde, und datierten weiter nach seinen Regierungsjahren. Zidkijas Stellung war von Beginn an instabil und geschwächt. Mangelnde Charakterstärke machte es ihm unmöglich, sich in einer Stadt durchzusetzen, deren mächtige Familien und Sippen sich entweder entschieden ägypten- oder vehement babylonienfreundlich deklarierten. Die pro-ägyptischen Parteigänger sprachen auch einem neuerlichen Aufstand gegen Babylonien das Wort, auf ägyptische Unterstützung vertrauend. Vor allem Jeremia warnte unter wachsendem persönlichem Risiko vor diesem Ansinnen.

Nach einem fehlgeschlagenen Versuch 594/3 v. Chr. wurde die Revolte schließlich 588 v. Chr. in einer konzertierten Aktion mit Ägypten, Ammon und Tyrus in Gang gesetzt. Einer der Lachisch-Briefe, das sind Nachrichten auf Ostraka, die in Lachisch gefunden wurden, enthält einen Bericht über die Reise eines hohen judäischen Offiziers nach Ägypten, wohl zweifellos um militärische Aktionen zu koordinieren. Zidkijas Chancen standen schlecht. Sein Volk war ausgelaugt und in sich tief gespalten. Es fehlen zwar in den babylonischen Chroniken die diesbezüglichen Abschnitte, doch die Bibel informiert uns über die wichtigsten Ereignisse. Die babylonische Armee überrannte das Land förmlich, nur Lachisch und Aseka konnten sich eine Weile halten. Jerusalem wurde belagert und ein erfolgloses, ägyptisches Entsatzheer konnte die Babylonier nur zu einem vorübergehenden Rückzug veranlassen. Durch zweijährige Belagerung ausgehungert, fiel Jerusalem 586 v. Chr. Der König wurde nach einem Ausbruchsversuch gefangen genommen, gezwungen, der Ermordung seiner Söhne zuzusehen und dann geblendet. Als Gefangenen brachte man ihn nach Babylon.

Wie andere von den Babyloniern eroberte Städte wurde auch Jerusalem verwüstet und zerstört: der Palast und der Tempel, alle wichtigen Gebäude und die Befestigungsanlagen. Bis zu zwei Drittel der Bevölkerung sind entweder durch den Krieg umgekommen oder nach Babylon ins Exil geführt worden. Zur Kontrolle des verbliebenen Restes setzten die Babylonier einen Statthalter namens Gedalja, Sohn des Ahikam, Sprößling einer einflußreichen Familie, ein. Er bezog seinen Statthaltersitz nördlich von Jerusalem in Mizpa, das vor der Monarchie ein bedeutendes religiöses Zentrum war und von Zerstörung verschont blieb. Er versuchte so gut es ihm möglich war, die flüchtende Bevölkerung zur Niederlassung zu bewegen und zu landwirtschaftlicher Tätigkeit zu animieren. Diese Bemühungen trugen ihm den Zorn nationalistischer Kreise ein, die ihn für einen babylonischen Kollaborateur hielten. Ebenso nahm man ihm die Ansiedlung von Menschen auf jenem Land, das sich ursprünglich im Besitz von Exilierten befand, übel. Durch seine Ermordung war seinem Wirken nur kurze Zeit beschieden. Aus Furcht vor babylonischen Vergeltungsmaßnahmen flohen viele Judäer, die Gedalja um sich versammelt hatte, nach Ägypten und zwangen Jeremia, mitzukommen. Die wenigen Verbliebenen zogen sich in kleine, nicht-städtische Siedlungen zurück, lediglich auf benjaminitischem Territorium überstanden Städte wie Mizpa und Bethel den Krieg und einige andere weitab im Süden. Selbst in Jerusalem mag ein kleiner Bevölkerungsrest übrig geblieben sein, darunter auch – nach den Gräbern in Ketef Hinnom zu schließen – einige Wohlhabende. Die Bevölkerungszahl war nun jedoch überall drastisch gesunken. Im südlichen Juda ließen sich nach und nach Edomiter – die späteren Idumäer – nieder, doch im Unterschied zu den Assyrern im nördlichen Israel siedelten die Babylonier in Juda keine Kolonisten an. Die »Rückkehr zum Zion« blieb somit als Möglichkeit bestehen.

Die Archäologie bestätigt die Abfolge der Ereignisse in der letzten Phase der Geschichte Judas. Der Angriff Sanheribs hatte, wie er behauptete, verheerende Folgen. Der Wiederaufbau erfolgte sehr langsam. Wenige wichtige Gebäude wurden errichtet, darunter auch der Palast, der Jojakim den Tadel Jeremias eingebracht hatte (Jeremia 22, 13 ff.). Sollte der Palast mit jenem in Ramath Rachel freigelegten Gebäude richtig identifiziert sein, deutet die aufwendige Ausführung auf Anleihen an ein früheres, vielleicht aus dem neunten Jahrhundert v. Chr. stammendes Bauwerk hin. Bis zum Sturz der Monarchie hatten viele ihrer Bewohner ein angenehmes Leben geführt, manche wurden wohlhabend, ja sogar reich – um so dramatischer empfanden sie nun den Zusammenbruch.

Der Untergang der davidischen Monarchie, der Stillstand des organisierten Tempelkultes und die Entfernung der bedeutendsten Gruppen der Bevölkerung Jerusalems kennzeichnen das Ende einer Epoche, wenn auch kulturell Kontinuität besteht. Natürlich blieben Hoffnungen aufrecht, das Königtum wiedererrichten und den gesellschaftlichen Status wiedererlangen zu können. Einige dieser Hoffnungen wurden erfüllt, andere nicht. Manche der Exilierten konnten zu gegebener Zeit zurückkehren. Der Tempel wurde wieder aufgebaut, doch die Wiedereinsetzung des Hauses David in das Königsamt fand nicht statt. Darüber hinaus war die mit den Namen Esra und Nehemia verbundene, von den zurückgekehrten Exilanten gegründete Jerusalemer Gemeinschaft in Einstellung und Temperament von jener sehr verschieden, die 586 v. Chr. ihr Ende nehmen musste.

KAPITEL IV

Sozialstruktur, konstitutionelle Vorstellungen und Regierungsformen

Über die Gesellschaft des alten Israel sind wir unvollständig informiert, jedoch versetzen uns die Bibel und andere Quellen in die Lage, uns ein Bild ihrer Rahmenbedingungen und wesentlichen Merkmale zu machen. Zu keiner Zeit war ihre Zusammensetzung im alten Israel rein israelitisch, sondern es gab eine Vermischung freier Israeliten mit Nachkommen von Kanaanäern und anderer bronzezeitlicher Stadt- und Landbevölkerung, fremden Arbeitern ohne Grundbesitz in den ländlichen Gegenden als auch ausländischen Handwerkern und Kaufleuten. Sklaven waren offenbar kein bestimmender sozialer Faktor, wenn sie auch möglicherweise insgesamt im Ansteigen begriffen waren. Die Israeliten definierten sich abseits dieser Vielzahl untereinander vermischter Fremder durch das Prinzip der Blutsverwandtschaft und das Postulat der gemeinsamen Abstammung, die sich in Stämmen, Sippen und Familien (in absteigender Reihenfolge) verkörpert. Für den Alten Orient war ein solch geschlossenes System mit seinem genealogischen Interesse und detaillierten Aufzeichnungen darüber eher ungewöhnlich, wenn es auch – wie die Mari-Texte vom achtzehnten Jahrhundert v. Chr. an berichten – unter Hirtenvölkern Stammesgesellschaften gab, auf deren Abstammung von Familien oder Sippen gelegentlich hingewiesen wird. Genealogische Aufzeichnungen, die von außerhalb Israels bekannt sind, unterscheiden sich auch in Umfang und Methode von den biblischen. Der Ansatz der Israeliten, der die Verzweigungen einer ganzen Gesellschaft umfaßt, ist entweder linear, also vom Vater zum Sohn, manchmal über viele Generationen hinweg oder segmentiert, das heißt er zeigt die Bildung einer sozialen Gruppe von den verschiedenen Nachkommen eines einzigen Ahnherrn ausgehend. Aus der Zeit des alten Israel sind lineare Stränge vor allem von Königshäusern und angesehenen Familien bekannt. Sie dienten zur Klärung der Nachfolge oder des Erbes und könnten auch bei Familienfesten zu Rate gezogen worden sein, wenn das Wohlwollen aller bereits verschiedenen Vorfahren durch Gedenkopfer weiterhin gewährleistet werden sollte. (Neuerdings glaubt man, diese Opfer auch in Israel antreffen zu können.) Segmentierte genealogische Aufzeichnungen dürften sonst weniger bekannt gewesen sein. Am besten vergleichbar sind Israels detaillierte, genealogische Angaben mit Traditionen des vorislamischen Arabiens.

Das vom Prinzip der Blutsverwandtschaft getragene System in Israel erwies sich als außerordentlich widerstandsfähig und dauerhaft. Es überstand Repressalien von

Seite der Regierenden mitsamt ihrer Bürokratie, es überlebte Kriege und es überdauerte soziale Umschichtungsprozesse wie das Ersetzen kleiner, unabhängiger Landbesitzer durch Großgrundeigner. Die Gesellschaft mochte durch die Entwicklung von Klassenunterschieden und Religionsreformen verändert werden, aber ihr völkischer Status blieb davon unberührt. Als die Juden aus dem babylonischen Exil nach Jerusalem zurückkehrten, besaßen sie immer noch detaillierte Aufzeichnungen über ihre Abstammung (Esra 2, 62).

Nach biblischen Angaben hegten die Israeliten den in ihrer Nähe lebenden Ausländern gegenüber gemischte Gefühle. Einmal eiferten sie ihrer Zivilisation nach und imitierten ihre Religion, dann wieder lehnten sie sie ab oder akzeptierten sie, wo es ihnen nützlich erschien oder traten ihnen manchmal freundlich entgegen. Ihren kanaanäischen Nachbarn gegenüber empfanden sie offenbar ein Gefühl der Antipathie, das durch die Befürchtungen genährt wurde, die die Attraktivität deren Religion auf manche israelitische Landsleute ausübte. Von manchen Gelehrten wird dieser Interpretationsansatz neuerdings abgelehnt und behauptet, daß die späteren Spannungen, die zwischen der neuerrichteten jüdischen Gemeinde in Jerusalem und ihren Nachbarn nach der Rückkehr vom Exil entstanden sind, also in jenem Zeitabschnitt als die hebräische Bibel ihre endgültige Gestalt anzunehmen begann, auf die Frühzeit projiziert wurden. Jedenfalls scheint das Anwachsen der Feindschaft stufenweise verlaufen zu sein und ihre Ursprünge liegen weit zurück.

INTERPRETATIONEN DER ISRAELITISCHEN GESELLSCHAFT

Um diese alte Gesellschaft im Detail verstehen zu können, müssen wir uns bewußt machen, daß sie im Laufe der Zeit unter vielen verschiedenen Aspekten untersucht und gedeutet wurde und manche von diesen Ergebnissen auch auf unser Denken Einfluß genommen haben. Die alten Israeliten empfanden ihre Gesellschaftsform als gottgegeben. Doch schon im ersten Jahrhundert n. Chr. benützte der jüdische Historiker Flavius Josephus Termini der griechisch-römischen Welt, um sie zu beschreiben, und später standen biblische und andere Gelehrte unter dem Einfluß ihrer eigenen klassischen Bildung. In neuerer Zeit erklärten westliche Gelehrte diese alte Gesellschaft als Produkt der Wechselwirkung von Kräften und versuchten sie in Kategorien darzustellen, mit welchen historische Ereignisse im allgemeinen beschrieben wurden. Manche Entwicklungen des neunzehnten und zwanzigsten Jahrhunderts, wie der Beginn der Soziologie und der Ethnographie wie auch der Wirtschafts- und Politikwissenschaften sind in diesem Zusammenhang von besonderer Bedeutung. Sie haben die Art und Weise unseres Zugangs zur Gesellschaft des alten Israel verändert. So werden heute zum Beispiel Klassenunterschiede und Klassenkampf sowie die materielle Ausstattung verschiedener sozialer Einheiten maßgebender für den Wandel eingeschätzt als Konflikte ideologischer Art.

Man hat versucht, die Entwicklungsstufen Israels in den Kategorien der vergleichenden Ethnographie zu beschreiben. Demnach wäre das vormonarchische Israel eine segmentierte Gesellschaft gewesen, die aus Individuen und Gruppen gleichen Ranges mit eher losem Zusammenhalt bestand und in einer »geordneten Anarchie« lebte. Die nächste Entwicklungsstufe erkennt die Stellung eines Häuptlings an und trifft auf die Epoche Sauls zu. Erst der Übergang zu einer monarchischen Form unter David und vor allem unter Salomo bedingte die Entstehung einer pyramidenförmig gestalteten Gesellschaftsstruktur, die von Beamten verwaltet wird, welche selbst zu den gehobeneren Klassen des Systems gehörten. Im achten Jahrhundert v. Chr. hätten sich die Klassenunterschiede verschlimmert. Erklärungsversuche dieser Art wurden von manchen der Kritik unterworfen. Diese bezog sich allgemein auf den Hinweis, daß wir keine zeitgenössischen Aufzeichnungen, sondern vor allem spätere Erzählungen zur Verfügung haben und insbesondere betreffs der Staatlichkeit im zehnten Jahrhundert v. Chr. Diese würde einen Grad der Bildung und Alphabetisierung des Landes voraussetzen, der vermutlich nicht einmal bis zum achten Jahrhundert v. Chr. erreicht wurde. Es gab aber auch Gegenargumente. Die verfügbare Faktenlage legt Modifikationen in Bezug auf die vorgeschlagenen Entwicklungen nahe. So ist anzunehmen, daß es von Beginn an soziale Unterschiede zwischen wohlhabenden und einflußreichen Persönlichkeiten einerseits und Menschen von geringerer Bedeutung andererseits gegeben hat. Daher müssen wir uns beim Versuch, ein möglichst umfassendes Bild dieser alten Gesellschaft zu entwerfen, der Interpretationsgrenzen, die sich aus dem spärlichen Datenmaterial ergeben, bewußt sein.

BEVÖLKERUNGSGRÖSSE

Naturgemäß erweist es sich als schwierig, die Zahl der Israeliten und die der anderen Bewohner des Gelobten Landes in den verschiedenen Abschnitten seiner Geschichte zu schätzen, darüber hinaus scheinen sich die Israeliten selbst davon keine klare Vorstellung gemacht zu haben. Zu Zeiten nationalen Hochgefühls empfanden sie sich auch zahlenmäßig als überaus stark (vgl. 1 Könige 3, 8), wenn allerdings dieses Gefühl einer gewissen Ernüchterung Platz geben mußte, kamen sie sich mitunter als ein kleines Volk oder sogar als das kleinste aller Völker vor (vgl. Amos 7, 2 und Deuteronomium 7, 7). Sie lehnten die Volkszählung zwar ab, um Gottes Zorn nicht zu provozieren, dennoch gibt es Daten aufgrund einer Erhebung, die Joab auf Wunsch Davids durchgeführt hatte: Joab meldete 800 000 Soldaten aus dem nördlichen Israel und 500 000 aus Juda (2 Samuel 24, 9). Ferner gibt es Berichte über die zahlenmäßige Stärke der judäischen Armee zu verschiedenen Zeitpunkten (vgl. zum Beispiel 2 Chronik 17, 14 ff. und 2 Chronik 26, 11 ff.). Diese Zahlenangaben stifteten Verwirrung, da sie eine Gesamtbevölkerung von mehreren Millionen suggeriert, deren Ernährung die damalige Wirtschaftsleistung des Landes sicher nicht bewerkstelligen konnte. So versuchte man, die Zahlen zu interpretieren, indem man z. B. die »Tausenden« nicht als absolute Angabe verstand sondern als miteinander verwandte Gruppen oder die nominell »Tausendschaften« genannten Verbände in Wirklichkeit als kleine bis winzige Einheiten betrachtete. Allerdings bleiben hier einige Fragen offen.

Neuerdings versucht man einen Zugang zu dieser Fragestellung von einer anderen Ausgangsposition. Man nimmt etwa eine Million Einwohner für das moderne Palästina vor der Technisierung der Landwirtschaft an. Diese Größe könnte auch als Obergrenze der israelitischen Bevölkerung angesehen werden, da sie durch die traditionellen Methoden der Landwirtschaft gerade noch ernährt werden könnte. (Selbst diese Schätzung ist zu optimistisch.) Mittlerweile wurde der methodische Ansatz verfeinert. Die Schätzungen beruhen auf der Addition bekannter lokaler Größen, wie der möglichen Getreideproduktion oder der verfügbaren Wasserversorgung, und besonders auf der Summe bekannter oder vermuteter, überbauter Flächen israelitischer Ansiedlungen, die mit einem Koeffizienten, der sich aus der angenommenen Bevölkerungsdichte ergibt, multipliziert wurde. Die Ergebnisse sorgten für Überraschungen.

Schon lange hielt man es für wahrscheinlich, daß die Zahl der Israeliten während der Eisenzeit von einer vergleichsweise kleinen zu einer respektablen Größe angewachsen ist. I. Finkelstein errechnete nun für das zwölfte Jahrhundert v. Chr. eine Gesamtzahl der niedergelassenen israelitischen Bevölkerung im westlichen Palästina von nur ca. 21 000, die bis zur Gründung der Monarchie vielleicht auf ca. 55 000 angestiegen sei und insgesamt höchstens 150 000 betragen haben wird, wenn man die nicht-seßhafte Hirtenbevölkerung dazurechnet.

Broshi und Finkelstein folgerten unter Verwendung derselben Methode, daß bis ca. 734 v. Chr. die Gesamtbevölkerung des nördlichen Israel unter Einschluß von Gilead auf 350 000–460 000 Menschen angestiegen ist und in Juda etwa 110 000 Menschen lebten (beide inklusive der Hauptstädte). Etwas früher schätzte Yigal Shiloh die städtische Bevölkerung Israels während der Monarchie auf etwa 150 000. Solche Schätzungen könnten allzu vorsichtig sein, wie die kürzliche Anhebung der Bevölkerungsschätzung für Juda im achten Jahrhundert v. Chr gezeigt hat. Wenn auch die Behauptung Sanheribs, 200 000 Bewohner Judas, allerdings unter Ausschluß Jerusalems, gefangengenommen zu haben, auf große Zweifel stößt, halten sie manche unter Einschluß der von Hiskija annektierten, nicht-judäischen Gebiete doch für möglich. Später muß die Bevölkerungszahl durch die Kriege drastisch gesunken sein, sowohl durch die aramäischen und moabitischen Übergriffe im neunten als auch durch die militärischen Auseinandersetzungen mit den Assyrern im westlichen Palästina während des achten Jahrhunderts v. Chr. Das samaritanische Gebiet konnte sich verhältnismäßig rasch erholen, dagegen waren die durch Sanherib verursachten Verwüstungen in Juda zumindest für die Schefela nachhaltig. Unter der Regierung Manasses regenerierte sich auch das judäische Bergland, und die Bevölkerung dehnte sich sogar in die Wüste Juda und in das Gebiet um Beerscheba aus. Der entscheidende babylonische Feldzug 587–586 v. Chr. hinterließ große Teile des Südreiches entvölkert. Selbst für die persische Zeit rechnet man für Juda einschließlich Jerusalems mit nur einem Drittel der Bevölkerung von 734 v. Chr.

Den Anteil an Nicht-Israeliten an der Bevölkerung des Landes zu verschiedenen Zeitpunkten abzuschätzen, bleibt gewagt. Während des zwölften Jahrhunderts v. Chr. bildeten die Israeliten wohl eine Minderheit. Zu Salomos Zeiten wird von 153 600 Fremden, die zu Zwangsarbeit verpflichtet wurden, berichtet (2 Chronik 2, 17), also eine wesentlich geringere Zahl als jene 1 300 000 Israeliten, die nach der von Joab etwas früher durchgeführten Volkszählung unter Waffen standen. Wir sollten uns auch davor in Acht nehmen, eine drastische Abnahme des nicht-israelitischen Bevölkerungsanteils anzunehmen. Viele Verordnungen in der Bibel haben zum Ziel, die Situation für den besitzlosen und sehr ärmlich im Land lebenden Fremden – *ger* – zu verbessern, sodaß doch mit einer größeren Anzahl von Menschen aus dieser Schicht zu rechnen ist. Dagegen wird die kanaanäische Oberschicht aufgrund ihrer Ausbildung und Fertigkeiten sicherlich rasch Beschäftigung in der neuen, königlichen Verwaltung gefunden haben.

Ein Vergleich der Bevölkerungsgröße des alten Israel mit jener seiner Nachbarn erweist sich als ebenso schwierig. Philistäa mit seinen wichtigen Städten war wohl dicht besiedelt. Broshi und Finkelstein denken an 50 000 Einwohner. Das Königreich von Damaskus wird Israel an Einwohnern zahlenmäßig übertroffen haben. Dies trifft zweifellos auch in noch größerem Ausmaß für die Bewohner Ägyptens und Assyriens zu, sodaß man das von Amos (7, 2) formulierte Gefühl der Hilflosigkeit als eine sehr realitätsbezogene, demographische Aussage verstehen kann.

PHYSIOGNOMIE UND ÄUSSERES ERSCHEINUNGSBILD

Die wenigen Skelettfunde von Israeliten deuten auf grundsätzlich mediterrane Abstammung allerdings mit einigen Abweichungen. Menschliche Überreste aus Lachisch im südlichen Juda weisen Ähnlichkeiten zu einem unterägyptischen Bevölkerungstyp auf (wodurch weder Identität noch Einwanderung aus diesem Gebiet bewiesen werden soll), während früheisenzeitliche Skelettreste aus Megiddo Annäherungen an brachyzephale Typen aufweisen. In beiden Fällen gibt es analoge Merkmale auch für die vorisraelitische Bronzezeit aber keine Hinweise für das Auftreten eines neuen Menschentyps, der mit den Israeliten identifizierbar wäre. Durch Rheuma oder Arthritis verursachte Veränderungen an den Knochen mögen ein Indikator für das Vorherrschen dieser Krankheit sein, ob allerdings lokal eingeschränkt oder sozial bedingt ist nicht zu entscheiden.

Da es nur sehr wenige Darstellungen der Israeliten gibt, wissen wir kaum etwas über ihr äußeres Erscheinungsbild. Manche sehen in den ägyptischen Reliefdarstellungen im Tempel von Karnak unter den Gefallenen auch Israeliten abgebildet, die von Pharao Merenptah ca. 1207 v. Chr. geschlagen wurden, wie er selbst behauptet. Leider ist die Szene sehr schlecht erhalten und nur schematisch. Darüber hinaus ist strittig, welche Gruppe der geschlagenen Feinde als Israeliten anzusehen wären: Es gibt eine Gruppe Beduinen in *schosu*-Kleidung und eine andere Gruppe, die nach ägyptischer Darstellungsweise als Asiaten zu erkennen sind. Die viel späteren Darstellungen auf dem »Schwarzen Obelisken« von Salmanassar III. (Taf. 10, 11.1.2) zeigen unter anderen Tributpflichtigen auch Abgesandte von König Jehu aus Israel, die er 841 v. Chr. entsandte, und vielleicht sogar den König selbst, helfen uns jedoch anthropologisch nicht viel weiter. Etwas aufschlußreicher sind die Reliefs vom Feldzug Sanheribs im Jahre 701 v. Chr., die die gefangen genommenen Einwohner von Lachisch darstellen. Die Gefangenen sind etwas untersetzt, mit rundlichen Köpfen wiedergegeben, was vielleicht ein Ausdruck künstlerischer Konvention ist, andererseits aber gut zu Beschreibungen der Bevölkerung Judas während der Römerzeit paßt. Die Hinweise aus dieser Zeit sind griffiger und weisen auf einen meso- bis brachyzephalen Typus hin, der nicht sehr groß aber robust ist.

Antike Schriftsteller außerhalb Israels haben uns keine Beschreibungen hinterlassen, wie die alten Israeliten ausgesehen haben könnten und Anspielungen in der Bibel sind zweideutig. Die im Hohelied (dessen Entstehungszeit umstritten ist) gehäuft vorkommenden Lobpreisungen der Geliebten lassen uns eine schlanke, anmutige Gestalt von hellgelber (weizenfarbiger) Hautfarbe und mit schwarzgelocktem, glänzendem Haar erahnen – ein Typus, der in Syrien und Arabien begegnet. An anderer Stelle (1 Samuel 17, 42 und Klagelieder 4, 7) lesen wir von rosiger und weißer Hautfärbung bei Männern. Wir werden wohl an verschiedene physische Typen denken müssen. Sehr großer Körperwuchs scheint nicht die Regel gewesen zu sein. Bei Saul wird er daher ausdrücklich erwähnt (1 Samuel 9, 2) und steht in Korrespondenz mit seinem heldenhaften Charakter. Die Lebenserwartung war vermutlich nicht hoch, und Krankheiten wie beispielsweise Arthritis verursachten sicherlich schmerzvolle, spätere Lebensjahre. Die besser ernährte und komfortabler untergebrachte Oberschicht konnte bestimmt mit einer höheren Lebenserwartung rechnen. Das durchschnittliche Lebensalter der judäischen Könige wird mit ca. 46 Jahren angegeben, mit vereinzelten Spitzen von 65 bis 70 Jahren. Ganz ähnliche Zahlen kennen wir auch von englischen Königen aus dem Mittelalter.

KLEIDUNG UND HAARTRACHT

Über die Bekleidung der Israeliten sind wir etwas besser unterrichtet als über ihr physisches Aussehen und können sogar regionale und soziale Unterschiede als auch Veränderungen innerhalb der uns beschäftigenden Zeitspanne erkennen. Grundsätzlich setzt sich die im levantinischen Raum vorherrschende, spätbronzezeitliche Bekleidungstradition fort. Männer als auch Frauen tragen hemdähnliche, lang- oder kurzärmelige Gewebe, die manchmal bis zu den Knöcheln reichen. Die Garderobe der besser Situierten kann mit ornamentalen Mustern und Fransen verziert sein. Die Troddeln, die ursprünglich die Gewänder der vornehmen Kanaanäer geschmückt hatten, wurden verpflichtend für israelitische Männer (Numeri 15, 38–39), um sie als Mitglieder eines Volkes von Rang zu erkennen. Bei der Arbeit

Abb. 15 Darstellungen des Königs und hochgestellter Israeliten auf Siegeln (von links nach rechts): Schebarjahu, Diener des (Königs) Usija; Aschna, Diener des (Königs Ahas); Pera, vielleicht ein hoher, israelitischer Beamter; Pekach, vielleicht der spätere König, bevor er den Thron bestieg.
Rechts: Ein judäischer König (Manasse?) übergibt die Amtsinsignien, einen Bogen und mehrere Pfeile, dem neuernannten Stadtobersten (von Jerusalem).
Alle Dargestellten sind in der Kleidung, die hohe Beamte und Könige auch in den Nachbarländern tragen, wiedergegeben. Sie tragen langes Haar oder eine Perücke, sind glatt rasiert oder bärtig. Ihre Bekleidung besteht aus langen oder kurzen Schurzen, manchmal befindet sich auch ein kurzer über einem langen. Mitunter hängt am Rücken ein langer Umhang herab. Oft tragen sie einen Zeremonialstab mit verziertem Kopf; einer hat den besonders langen Stab geschultert. Vielleicht handelt es sich dabei um den Zeremonial-Schlüssel des Vorstehers im königlichen Palast, der nach Jesaja 22, 22 derart getragen wird, obwohl die Inschrift dafür keinen Anhaltspunkt bietet.

oder im militärischen Einsatz trugen sie kurze Lendenschurze, die von einem Gürtel, in dem ein Messer steckt und von dem Siegel oder dergleichen hängen konnten, gehalten wurden. Auch Schals oder Schärpen fanden als Gürtel Verwendung. Bei den Priestern waren sie besonders ornamentiert. Bei der eigens erwähnten Bekleidung Josefs (Genesis 37, 3), die später auch von Prinzessinnen getragen wurde (2 Samuel 13, 18), dachte man an ein Stück Stoff, das ähnlich wie ein Sari um den Körper gewickelt wurde. Dieses Kleidungsstück ist zwar aus der Bronzezeit bekannt, aber nach David in Israel nicht mehr belegt. Priester mußten Unterwäsche aus Leinen tragen (Exodus 28, 42), ob es auch andere taten, wissen wir nicht. Tücher und ärmellose Mäntel, zum Teil mit Fransen, dienten als Überbekleidung, die zuerst mit spitzen Gewandnadeln, ab dem zwölften Jahrhundert v. Chr. jedoch mit Sicherheitsnadeln an der Vorderseite zusammengehalten wurden.

Männer trugen als Kopfbedeckung den Turban oder blieben barhäuptig. Die Turbane der Einwohner von Lachisch in den Reliefdarstellungen von der Belagerung der Stadt durch Sanherib sind so gewickelt, daß ein Saum des Stoffes herabhängt. Die Priester wickelten ihren Turban um eine hohe Kappe (Fes), die ein

Diadem schmückte und auch von Mitgliedern des Königshauses und des Adels getragen wurde. Wie die Darstellungen am »Schwarzen Obelisken« zeigen, trug man im nördlichen Israel eine andere Art der Kopfbedeckung. Jehu und sein Gefolge sind dort mit Kappen abgebildet, die an den Typ der »phrygischen Kappe« in Anatolien erinnert. Es scheint auch Unterschiede im Schuhwerk gegeben zu haben. Üblicherweise trugen die Israeliten, wenn sie nicht ohnehin meist barfuß gingen, wozu die amtierenden Priester verpflichtet waren, Sandalen. Soldaten bekamen auch Stiefel. Die Stiefel Jehus und seiner Begleiter auf dem »Schwarzen Obelisken« sind allerdings an den Zehenspitzen nach oben gedreht – ganz in der Art einer besonderen »anatolischen« oder nordsyrischen Mode. Im Großen und Ganzen waren Frauen ähnlich gekleidet wie Männer. Ihre Gewänder waren allerdings länger und als Kopfbedeckung trugen die Frauen aus Lachisch weit über den Rücken fallende Tücher. Schleier zur Verhüllung des Gesichtes wie bei muslimischen Frauen sind nicht bekannt, wiewohl sie manchmal ihr Gesicht verhüllten (vgl. Genesis 38, 15).

Besonderes Augenmerk legten Männer wie Frauen auf ihre Haartracht. Speziell in der Frühzeit hatten die Männer langes Haar, das sie vielleicht wie Samson (vgl. Richter 16, 19) in einzelnen Locken oder als Rolle drapierten. Seitliche Locken sind aus dieser Zeit in Israel nicht bezeugt. (Es gibt allerdings eine Statue eines ammonitischen Herrschers, aus dem neunten oder achten Jahrhundert v. Chr., der mit solchen Seitenlocken dargestellt ist; weitere Beispiele aus Tell Halaf und Sendschirli.) Andererseits tragen die Männer aus Lachisch auf dem Relief von Sanherib gelocktes Kurzhaar. Das lange Haar der Frauen ist in der Mitte gescheitelt, manche zeigen Stirnfransen oder aufwendig gelegte Locken. Mitunter ist die Verwendung von Perücken nach ägyptischem Vorbild bei beiden Geschlechtern zu vermuten.

Abb. 16 Kopf eines ammonitischen Königs oder Gottes. Seine Kopfbedeckung ist der ägyptischen Atef-Krone nachgebildet und ähnelt jener mehrerer, levantinischer Herrscher. Ob die Kronen Davids und seiner Nachfolger mit dieser vergleichbar sind, wissen wir nicht.

Männer trugen gepflegte Bärte, lediglich die Oberlippe wurde rasiert. Aromatische Öle für Haar und Bart waren in Gebrauch, Frauen benutzten auch dekorative Kosmetik, vor allem Augenschminke. Je nachdem, was man sich leisten konnte, trugen beide Geschlechter auch Schmuck: Ringe, Armbänder, Armreifen und Halsbänder. Besonders Frauen schmückten sich zusätzlich mit Fußspangen, Nasen- und Zehenringen. Männer von Rang und Ansehen demonstrierten ihre Stellung durch das Tragen eines Amtsstabes, der gelegentlich mit einem Kopf in ägyptischer Art verziert war. Die Oberschicht übernahm – trotz prophetischer Mißbilligung (vgl. Zephanja 1, 8) – auch fremdländische Bekleidungssitten, vor allem imitierten benachbarte Könige die Kronen der Ägypter, und die israelitischen Könige könnten es ihnen nachgemacht haben. Dafür sprechen auch Darstellungen auf Siegeln hochgestellter Persönlichkeiten, die sie vielleicht porträtieren sollten: Sie versuchten durch ihr Aussehen Königen und hohen Beamten angrenzender Länder zu ähneln (Abb. 15).

SOZIALSTRUKTUR: STÄMME, SIPPEN UND FAMILIEN

Die biblischen Quellen betonen immer wieder die Bedeutung der Zugehörigkeit des einzelnen Israeliten zu einer sozialen Gruppe, sei es nun Stamm, Sippe oder Familie. Wir können diese einzelnen Einheiten nur lückenhaft umreißen, da ihre Grenzen fließend sind und wir sie erst im niedergelassenen Status verfolgen können, wenn sie sich an Gebieten oder bestimmten Örtlichkeiten festmachen lassen.

Am Wenigsten wissen wir über die Stämme. Ganz allgemein weisen ihre behaupteten oder tatsächlichen Grenzen, wie auch ihre Sippenverbände nach den Darstellungen in der Bibel wohl auf unterschiedliche, vorisraelitische, örtliche Gruppen hin. Eine ökonomisch bedingte Grenzziehung wurde angezweifelt, obwohl gerade die besondere Rechteckform des benjaminitischen Territoriums vom Jordantal bis jenseits des Gebirgskamms des westlichen Hochlandes den Stammesangehörigen eine vielfältige Nutzung des Landes bot (vgl. Abb. 42). Ähnliche Überlegungen mögen, wenn auch weniger offensichtlich, für andere Stammesgebiete ausschlaggebend gewesen sein. Im menschlichen Bereich bieten Stämme ein hohes Maß an Identifikationsmöglichkeiten für den Einzelnen und kennzeichnen sich manchmal sprachlich durch einen bestimmten Dialekt (vgl. Richter 12, 6) sowie eine spezielle Stammesehre aber auch -eifersucht aus. Über die Regierungsform der Stämme vor allem in Friedenszeiten sind wir schlecht informiert. Wir wissen nicht, ob es eine geregelte Nachfolge der Stammesoberhäupter oder eine Teilung der Verantwortung mit den Stammesältesten gab. Vielleicht existierten solche Regelungen auch nur im Notfall. Auf jeden Fall wurde die stämmische Selbstverwaltung mit der Entstehung der Monarchie durch die königliche Administration ersetzt.

Etwas besser sind wir über die Sippen informiert (die frühere Übersetzung des hebräischen *mischpacha* – Familie – ist irreführend). Aus der Bibel erfahren wir, wo sie lebten und in den Samaria Ostraka finden wir sie als Verwaltungseinheiten für das achte Jahrhundert v. Chr. im nördlichen Israel bestätigt. Wir haben auch Hinweise in Bezug auf die juridische und ökonomische Funktion der Sippe. Es fiel wohl eher in den Aufgabenbereich der Sippe und weniger des Stammes, Blutrache bei Mord zu üben oder die Rückerwerbung jenes Landes zu ermöglichen, das ein Sippenmitglied verloren hatte. Da die Sippe mitunter mit der Gemeinde identisch war, hatte sie auch großen Einfluß auf die lokale Rechtssprechung. Das Leben der Israeliten muß durch dieses Zusammenwirken von rechtlicher Macht und dem Bewußtsein der gemeinsamen Abstammung stark geprägt und beeinflußt worden sein. Die Sippe trat auch als militärische Einheit in Erscheinung und stellte in Kriegszeiten nominell eine »Tausendschaft« *(eleph)* bereit. Die tatsächliche Größe dieser Einheiten muß angesichts der sehr unterschiedlichen Anzahl der Sippenmitglieder beträchtlich geschwankt haben (vgl. Richter 6, 15). Wie und in welchem Ausmaß die Sippen eine geregelte Führungsstruktur besaßen, bleibt unbekannt.

Die Kernfamilie bildet die kleinste Einheit unter Verwandten und besteht aus dem Hausherrn, seiner Ehefrau oder den Ehefrauen und den Nachkommen. Großeltern, Brüder oder Onkel ohne eigenen Haushalt konnten die Kernfamilie erweitern. Dazu war es nötig, das übliche Vierraum-Haus zu vergrößern. Mehrere solcher Häuser bildeten dann einen Familienverband. Entgegen früheren Schätzungen nimmt man heute wegen der hohen Kindersterblichkeit eine eher geringe Zahl von Familienmitgliedern an – durchschnittlich eher vier als acht.

Der Familienvater als Oberhaupt der Familie übte patriarchale Autorität aus. Er kontrollierte auch den Anbau auf familieneigenem Land, dessen Umfang je nach Bodenqualität und Bebauung differierte. Eine Vorstellung, mit welcher Größenordnung wir es tun haben, gibt uns die Schätzung von etwa 10 ha anbaufähigem Land pro Familieneinheit, die für das frühisraelitische Dorf Isbet Sarta vorgeschlagen wurde. Das Land konnte an den ältesten Sohn vererbt werden, die bewegliche Habe wurde vermutlich unter allen Familienangehörigen aufgeteilt. Neben der landwirtschaftlichen Tätigkeit ging der israelitische Hausherr in der ackerbaulich ruhigeren Jahreszeit sicher noch einer anderen Beschäftigung nach. Manche spezialisierten sich in Handwerken wie Töpferei oder Weberei und gaben ihre Kenntnisse an den Sohn weiter. Wie und in welchem Ausmaß sich biblische Anweisungen wie zum Beispiel das Sabbatjahr, in welchem das Land brach liegen sollte, oder das Jobeljahr, in dem veräußerter Besitz an den ursprünglichen Eigner zurückzugeben war, auswirkten, ist nicht klar ersichtlich.

FREIE UND SKLAVEN

Gemäß biblischem Gesetz sind alle freien Israeliten gleichgestellt – mit Ausnahme der Priester und Leviten. Sklaven hatten einen davon verschiedenen Status und waren innerhalb bestimmter humanitärer Grenzen das Eigentum ihres Herren. Von diesem Schicksal waren weniger jene Israeliten betroffen, die wegen Zahlungsunfähigkeit oder aufgrund anderer Umstände als Sklaven verkauft, sondern vielmehr Nicht-Israeliten, die als Sklaven im Ausland gekauft wurden oder als Kriegsgefangene in den Sklavenstand gerieten. Erstere wurden üblicherweise nach sechs Jahren in die Freiheit entlassen, es sei denn, sie zogen die geschützte Umgebung im Hause ihres Besitzers vor. Letztere dagegen blieben Sklaven für immer, wenn ihr Herr sie nicht von sich aus freigab. Wahrscheinlich lebten die Haussklaven üblicherweise unter erträglichen Bedingungen. Sie waren in die Familie eingebunden und so es sich um beschnittene, männliche Sklaven handelte, durften sie auch am Passah-Fest und anderen religiösen Feierlichkeiten teilnehmen. Vermutlich lebten im allgemeinen auch nur wenige Sklaven in einem Haushalt. Wir haben keine Hinweise auf große Scharen von Sklaven, die sich unter erbärmlichen Bedingungen für riesige Landgüter abplagen mußten, wie wir es später aus der Römischen Welt kennen. Ein viel schwereres Los dagegen hatten wohl jene Sklaven zu tragen, die bei öffentlichen Bauvorhaben eingesetzt wurden. Es kam aber auch vor, daß Sklaven zu Vertrauten ihres Herren und dessen einflußreiche Diener wurden (besonders die Sklaven des Königs konnten auch befördert werden), sodaß sie in der Hierarchie mitunter höher stiegen als Freie. Darüberhinaus wurde ihnen gestattet, Eigentum zu erwerben. Die Institution der Sklaverei scheint allgemeine Akzeptanz gefunden zu haben, da uns auch nichts über Sklavenaufstände berichtet wird.

DIE STELLUNG DER FRAUEN

Vermutlich wird die rechtliche Position der Frauen – ähnlich wie bei Sklaven – nicht mit ihren tatsächlichen Lebenssituationen in jedem Punkt übereinstimmen. Nach biblischem Gesetz befinden sie sich unter dauernder Vormundschaft: zuerst jener des Vaters und dann der des Ehemannes oder eines anderen, männlichen Verwandten. Sie konnten geschieden werden, aber sich nicht selbst scheiden lassen. Ihre Väter erhielten von ihren Freiern »Brautgeld« (*mohar*), doch ob sie je davon etwas sahen, Mitgift oder einen Witwenanteil bekamen, ist ungewiß. Wir wissen auch nicht mit Sicherheit, ob sie bei Gericht als Zeuginnen auftreten konnten. Auch ihre Teilnahme an religiösen Aktivitäten war beschränkt. Zuhause dagegen waren sie angesehen, und so sie Kinder hatten, schuldeten diese ihnen Respekt. Sie waren zwar im großen und ganzen vom öffentlichen Leben ausgeschlossen, jedoch nicht gänzlich, wie das Beispiel der beiden Prophetinnen Hulda und Debora, von denen die letztgenannte sogar im Krieg eine führende Rolle spielte, zeigt. Auch die Königinmutter genoß besonders in Juda hohes Ansehen. Frauen der Oberschicht und des Mittelstandes konnten wohl auch über ihren Besitz verfügen, wie Inschriftensiegel mit Frauennamen bezeugen (vgl. Richter 17, 2–4). Offensichtlich konnten sich Frauen mit ausgeprägter Persönlichkeit und Willensstärke doch Gehör verschaffen. Man denke an die energische Frau von Schunem (2 Könige 4, 8 ff.) oder an die Mutter der Könige Joahas und Zidkija, eine Dame aus dem Landadel (2 Könige 23, 31; 24, 18), die wohl nicht ohne Grund mit einer Löwin verglichen wurde (Ezechiel 19, 2).

EINE ZAHLENMÄSSIGE SCHÄTZUNG DER FAMILIEN, SIPPEN UND STÄMME

Nachdem wir uns mit den bestimmenden Faktoren des israelitischen Sozialgefüges auseinander gesetzt haben, wollen wir uns nun an eine Schätzung ihrer numerischen Stärke wagen. Beginnend mit der Kernfamilie, bewegen wir uns noch auf vergleichsweise »sicherem« Boden. Vorausgesetzt, sie bestand aus vier bis fünf Mitgliedern, könnte man bei einer Gesamtbevölkerungszahl im achten Jahrhundert v. Chr. von 110 000 in Juda und 350 000 im nördlichen Israel eine Anzahl von etwa 22 000 bis 27 500 Familien in Juda und etwa 70 000 bis 87 500 Familien in Israel errechnen. Abzuziehen sind allerdings die im Land wohnhaften Ausländer, die zum größeren Teil wohl im nördlichen Israel lebten. Die Anzahl der Sippen zu eruieren ist schon schwieriger. Nach Numeri 26 gibt es in ganz Israel 60 Sippen. Allerdings sind in dieser Liste jene nicht enthalten, die in späteren historischen Aufzeichnungen zusätzlich genannt sind. Es ist auch problematisch, die Gesamtbevölkerungszahl einfach durch 60 zu dividieren (460 000 : 60 = 7666), wobei die Ausländer wieder abgezogen werden müssen. Noch größere Schwierigkeiten bereitet uns die Zahl der Stämme. Als Ruben und Simeon 734 v. Chr. als unabhängige Größen praktisch verschwunden waren, existierten vermutlich zehn Stämme mit durchschnittlich je 46 000 Mitgliedern. Die tatsächliche Zahl wird allerdings gebietsweise sehr unterschiedlich gewesen sein. So scheinen für Untergaliläa vernünftige Schätzungen möglich, während sie woanders, besonders in Transjordanien gänzlich unsicher sind.

In welchem quantitativen Verhältnis stand nun die Oberschicht zum Rest der Bevölkerung? Eine Schätzung besagt, daß nur etwa 2 Prozent der Gesamtbevölkerung als Elite einzuschätzen sind, was in absoluten Zahlen für das Nordreich 7000 und für Juda etwa 2200 ergibt. Dabei handelt es sich vermutlich um eine Untergrenze, da die Schätzung von T. Ishida in Bezug auf die davidische Familie, die hohen Beamten usw. schon für das zehnte Jahrhundert v. Chr. eine Zahl von 5600 Personen ergeben hat. Es muß aber auch mit einer gut situierten und fest verankerten Mittelschicht zwischen arm und reich in beiden Königreichen gerechnet werden. Dafür gibt es archäologische Hinweise, aber erinnern wir uns doch, wie König Menachem den Tribut an die Assyrer ca. 738 v. Chr. finanzierte: Er hob je 50 Schekel von 60 000 Grundbesitzern – wohl Familienoberhäupter – ein, um den Tribut von 1000 Silbertalenten leisten zu können (2 Könige 15, 20). Angesichts der etwa 87 000 geschätzten Familien im nördlichen Königreich handelt es sich dabei um einen proportional hohen Anteil an der Gesamtzahl. Gleichwertige Informationen aus Juda fehlen, aber wir wissen, daß Pharao Necho 609 v. Chr. (2 Könige 23, 33–35) einen Tribut von 30 Silbertalenten und einem Goldtalent von Juda forderte, der auch über eine Steuer, die der Landadel der individuellen Einschätzung gemäß zu entrichten hatte, eingetrieben wurde. Wie hoch die Belastung für den Einzelnen war, ist unbekannt, doch nachdem der Gesamtbetrag für Juda weniger als ein Zwanzigstel jenes von Israel ausmachte, ist bei ähnlicher Beitragshöhe pro Familie mit etwa 4000 angesehenen, gut situierten Familien am Land (ausgenommen die Bewohner Jerusalems, Priester, Leviten und Ausländer) zu rechnen oder vielleicht etwas mehr, da die Einzelleistung in einem politisch instabilen und ausgelaugten Land wohl doch niedriger war. Unterhalb dieser Mittelschicht muß es eine bedeutend größere Anzahl ärmerer Landbevölkerung gegeben haben. Die Aufsplitterung der Bewohner des ländlichen Raumes in arm und reich wurde auch aus anderen Gründen schon vermutet.

BEWEGUNG UND UNTERSCHIEDE IM SOZIALGEFÜGE

Bestimmte Faktoren waren für die Veränderung gesellschaftlicher Befindlichkeiten von Bedeutung. Zunächst ist hier die Verschiebung von Landbesitz zu nennen. Im frühen Israel scheinen überschaubare, bäuerliche Betriebe dominiert zu haben. Es wird aber auch schon zu Beginn der Monarchie einerseits von ungewöhnlich wohlhabenden Personen wie Nabal (1 Samuel 25, 2 ff.) und Barsillai (2 Samuel 19, 31 ff.) berichtet und andererseits von heruntergekommenen oder ausgestoßenen Menschen wie Jiftach (Richter 11, 1–8) oder jener Truppe, die David am Beginn um sich scharte (1 Samuel 22, 1–2). Bis zum achten Jahrhundert v. Chr. hat sich die Situation dahingehend verändert, daß immer mehr größere Landgüter auf Kosten der ehemals vielen, kleineren Einheiten entstanden sind, wie die Propheten Amos und Jesaja (besonders Jesaja 5, 8) mahnend brandmarken. Als Folge davon stieg die Zahl der Armen, seien sie nun bedürftig oder gänzlich mittellos, an und führte zur Entstehung einer Art Klassengesellschaft. Ein Teil der Oberschicht, den man unter dem Begriff »Landadel« subsumieren könnte, lebte außerhalb der Hauptstädte und besetzte politisch das konservative Lager. Die neue Elite war jedoch hauptsächlich städtisch, lebte vorwiegend in den Hauptstädten, in denen vom Getreidehandel profitierende, landbesitzende Adelige ihren Lebensstil in der Umgebung der hohen, königlichen Beamten, des Hofes und der Priesterschaft entfalten konnten. Hier tummelten sich auch eine Fülle von Handwerkern und Händlern, unter welchen sich auch zahlreiche Ausländer befanden. Die biblischen Angaben darüber konnten nur zum Teil archäologisch erhärtet werden. Die Unterscheidung zwischen »Einheitsarchitektur« in Tell el Fara (Tirza) im neunten Jahrhundert v. Chr. und Differenzierung zwischen ärmlichen und wohlhabenden Unterkünften im achten Jahrhundert v. Chr. wird zwar oft erwähnt, muß aber durch weitere Fakten belegt werden. Die Existenz von Slums ist aber bis heute nicht nachgewiesen.

In dieser neu entstandenen, durch Unterschiede sich definierenden Gesellschaftsstruktur gab es aber Möglichkeiten zum Auf- und Abstieg, das heißt, die Schichten waren bis zu einem gewissen Grad durchlässig. Der Niedergang vieler kleiner Landwirte wurde ausgeglichen durch den Aufstieg vieler Männer in die Dienste des Königs, wo auch Nicht-Israeliten beschäftigt waren. Manche konnten es zu Einfluß in der Verwaltung oder der Armee bringen und in ihrer Stellung Reichtum erwerben.

Vor allem im Nordreich strebten manche militärische Befehlshaber sogar den Thron an und einige, wie Jehu, ergriffen tatsächlich die Macht.

POLITISCHE ORGANISATION

Die politische Entwicklung von einer eher losen, israelitischen Konföderation zu einem zuerst vereinigten und dann geteilten Königreich mußte für das Leben der Israeliten weitere, bedeutende Veränderungen mit sich gebracht haben. Während der Richterzeit sind eher wenige Beschränkungen der individuellen Freiheit des Einzelnen von Seite der Regierenden anzunehmen, denn fraglich bleibt ohnehin, wieweit es eine stammesübergreifende Regierung gab und wie effektiv sie war. Vielleicht schlossen sich Stämme bei Bedrohung von außen unter der Führung von Richtern, also politischen, militärischen und juridischen Führungspersönlichkeiten, zusammen, die ihrerseits durch göttlichen Auftrag angespornt, zur Verbesserung der Lage wirken sollten. Ob es jedoch in Friedenszeiten auch so eine Führerschaft gab, ist unbekannt und ob die in der Bibel erwähnten »Kleinen Richter« (Richter 10, 1–5) diese besetzten, wird angezweifelt. Überholt ist auch die Theorie der »Amphiktyonie« im frühen Israel, wonach sich eine Gruppe von Stämmen um ein zentrales Heiligtum mit einer gemeinsamen Priesterschaft und einem Kodex aus religiösen und zivilen Vorschriften gruppierte. Wir wissen einfach nicht mit Sicherheit, ob ein Heiligtum wie Schilo tatsächlich auch überregionale Bedeutung hatte. Sicherlich wurden schon sehr früh als Eckpunkte des Gemeinsamen der Glaube an den Herrn, der Israel aus Ägypten herausgeführt hat, Gehorsam seinen Geboten gegenüber einfordert und keine andere Autorität neben sich duldet, tradiert, wenn auch in sehr unterschiedlichem Ausmaß in die Tat umgesetzt worden sein.

Mit dem Beginn der monarchischen Herrschaftsform änderte sich die Situation. Der Preis für die Sicherheit gegen Bedrohung von außen war eine Reihe von Einschränkungen für den Einzelnen als auch die Notwendigkeit zu akzeptieren, daß beträchtliche Steuern bezahlt, Dienste geleistet (vgl. 1 Samuel 8, 11 ff.) und Befehle von königlichen Beamten, die nicht dem eigenen Stamm angehörten, befolgt werden mußten.

Spätestens jetzt beginnt sich auch das grundsätzliche Dilemma abzuzeichnen. Wie konnten die sozialen und juridischen Vorschriften, die auf dem Absolutheitsanspruch der Gottheit basierten, weiterhin beachtet und in Einklang mit dem Leben in einer von altorientalischen Vorstellungen und königlichen Mystik geprägten, durch Staatsräson beeinflußten Monarchie gebracht werden? Dieses niemals ganz gelöste Spannungsverhältnis wies die königliche Macht manchmal in ihre Schranken – wie wir sehen werden.

Die Entstehung der Monarchie wurde in letzter Zeit unter neuen Gesichtspunkten gesehen. Lange Zeit glaubte man, sie entstand aus der Notwendigkeit heraus, sich gegen Gefahren von außen, speziell gegen die in den Philistern personifizierte

Bedrohung schützen zu müssen. Heute neigt man eher der Ansicht zu, sie wäre ein Instrument gewesen, um die innenpolitischen Probleme der israelitischen Gesellschaft in den Griff zu bekommen. Die Entwicklung des Staates entspricht nach der Ansicht gewisser Forscher den Gesetzen, welche die Entwicklung von Staaten im allgemeinen beherrschen. Demnach entwickelte sich eine »frühe Staatsform«, deren Gesellschaft ohne nennenswerte soziale Unterschiede von einer Regierung mit einem nur kleinen, sich stammesmäßig rekrutierenden Beamtenstab geführt wurde, stufenweise zu einer »reifen Staatsform«. In ihr ist die Klassengesellschaft voll entwickelt, der Unterschied zwischen Herrschern und Beherrschten evident und die Bürokratie sowie das Steuersystem ausgefeilt. Manche Stufen auf diesem Weg sind in der Geschichte der Regierungen von Saul bis Salomo bezeugt.

Ein bedeutender Schritt zur Monarchie in Israel stellte die Übernahme einer Königsideologie dar, die von den Vorstellungen des Alten Orient diesbezüglich stark beeinflußt war. Demnach wurde das Königtum als von der Gottheit eingesetzt verstanden und der einzelne König verdankte seinen Thron göttlichem Willen. Öffentliche Anerkennung und formale Zustimmung spielten ebenfalls eine Rolle. In Israel wurde der König selbst nicht mit der Gottheit identifiziert, wie etwa in Ägypten, wohl aber konnte man sich den König als Sohn Gottes vorstellen (vgl. Psalm 2, 7). Die Aufgaben des Königs in Israel und anderswo bestanden im Abwenden möglicher Bedrohungen von außen und in der Wahrung von Recht und Ordnung – speziell von sozialer Gerechtigkeit gegenüber Schwachen, Armen, Witwen, Waisen und vorübergehend im Land weilenden Fremden – innerhalb des Königreiches. Wenn er seine Pflichten erfüllt, würde sich sogar in der Natur – etwa durch Nahrungsüberschüsse – zeigen, daß er dem göttlichen Auftrag gerecht wird. Tat er dies nicht, gab es keine konstitutionellen Mechanismen, ihn zu belangen. Er hatte allerdings mit Kräften im Land zu rechnen, die er nicht straflos ignorieren konnte: Priester, Propheten und Leviten, die hohe Beamtenschaft und wohlhabende Städter, den Landadel und die Armee. Jede dieser Gruppen erforderte Beachtung und mußte im Rahmen des Möglichen zufriedengestellt werden. Der Handlungsspielraum des Königs wurde aber nicht nur durch diese alltägliche Rücksichtnahme eingeschränkt, sondern auch durch konstitutionelle Gegebenheiten. So konnte er Gesetze nicht allein verabschieden, und wichtige Entscheidungen bedurften der Zustimmung des Volkes; man denke an die Umsetzung der Vorschriften gemäß dem im Tempel gefundenen Gesetzbuch zur Zeit König Joschijas (2 Könige 22; 23, 1–3) oder an die Befreiung hebräischer Sklaven während der Regierung Zidkijas (Jeremia 34, 8–20). Gegen Ende der Monarchie war die Macht des Königs stark beschnitten. Die formalen Beschränkungen, die ihm in Deuteronomium 17, 14–20 auferlegt werden, halten manche für postmonarchische, nicht erfüllbare Theorien, stehen aber in einer Linie mit dem allgemeinen Versuch, die politische Wirklichkeit mit den religiösen Bedingungen in Einklang zu bringen und scheinen auch der Reform König Joschijas zu entsprechen.

Die Vorstellung von Opposition ging in Israel über bloße Kontrolle oder Umsturzpläne aus Unzufriedenheit mit einem König hinaus. Neben dem Verständnis des von Gott gestifteten Königtums gab es auch in direkter Opposition dazu die Ansicht, Königtum sei etwas genuin Böses da es die Souveränität Gottes in Frage gestellt habe. Diese Haltung ist für den Alten Orient doch ziemlich ungewöhnlich. Es gab wohl Aufstände gegen einen bestimmten König, aber die Institution des Königtums selbst wurde nicht angezweifelt oder gar verurteilt. In Israel dagegen scheinen solch antimonarchistische Strömungen von Beginn der Königszeit an gegenwärtig gewesen zu sein. Ihr tatsächlicher Einfluß änderte sich von Zeit zu Zeit, doch ihre Auswirkungen auf das spätere politische Denken im mittelalterlichen und vor allem modernen Europa gepaart mit der Idealvorstellung des Gerechten Königs waren nicht unbeträchtlich. Der Bürgerkrieg im England des siebzehnten Jahrhunderts mag als Beispiel solch sehr langfristiger Konsequenzen dienen.

DER KÖNIGLICHE BEAMTENSTAB

Die Bildung eines Stabes von loyal zum Hof eingestellten Ministern und Staatsbeamten war ein zentrales Merkmal des entstehenden Königtums. Sie wurden am Land von örtlichen Beamten unterstützt, die für einen Bezirk Verantwortung trugen. In Israel begann dieser Prozeß mit Saul. Wir besitzen nur dürftige Informationen über die anfangs sicher noch wenig entwickelte Aufgabenteilung, doch es scheint einen Oberbefehlshaber gegeben zu haben, der über eine ständige, ausgewählte Truppe als auch über die Einberufenen von den Stämmen befehligte. Zusätzlich standen dem König Beamte wie etwa der Nicht-Israelite Doeg, ein königlicher Herdenaufseher, und andere, vornehmlich Benjaminiten, zur Verfügung (vgl. 1 Samuel 21, 8; 22, 6–7), die als Lohn Land und Weinberge erhielten. Vermutlich existierte eine von der späteren verschiedene Bezirksorganisation, es gab auch noch keine Hauptstadt oder ein dem Thron verbundenes, religiöses Establishment. Die religiöse Opposition stellte in der Tat ein ernsthaftes Schwächeelement für das Königtum dar.

David und Salomo schufen dann eine neue, gut entwickelte und umfassende Verwaltung. Die Bibel informiert uns detailliert (2 Samuel 8 und 20; 1 Könige 4; mit Ergänzungen in 1 Chronik 18 und 27) über die Regierungszentrale in der neuen Hauptstadt Jerusalem und über die Verwaltung der ländlichen Bezirke als auch über die verschiedenen Steuern und Arbeitsdienste, zu welchen Israeliten wie Nicht-Israeliten zur Unterstützung von Regierungsprojekten verpflichtet und herangezogen wurden. Von späteren Regierungen haben wir diesbezüglich weniger Informationen, können aber dennoch einen Umriß der konstitutionellen Bestimmungen und administrativen Einrichtungen geben.

An der Spitze der Pyramide stand der theoretisch von Gott erwählte und vom Volk akklamierte König, dessen Amtsantritt so etwas wie einen Vertrag zwischen der Gottheit, dem König und dem Volk begründen konnte. Weniger verfassungsgemäße Wege zum Thron waren im Nordreich nicht selten, und in Juda entschied der Landadel öfters den Verlauf der Dinge. Frauen konnten verfassungsgemäß die Königswürde nicht erlangen. Die Nachfolge ging nicht automatisch an den Erstgeborenen unter den Söhnen. Zum Amtsantritt fand (gewöhnlich?) die aus der Bronzezeit bekannte Zeremonie der Salbung des Königs statt. Sie betonte die religiöse Sphäre des Königs und stellte gleichzeitig klar, daß Lästern gegen Gott gleichzusetzen ist mit Lästern gegen den König und beides mit dem Tod zu ahndende Verbrechen sind (vgl. 1 Könige 21, 10 ff.). In der frühen Monarchie wurde der König als Kriegsherr und in der Rechtssprechung selbst aktiv. Er behielt das religiöse Establishment zwar im Auge, nahm aber vielleicht mit Ausnahme der frühen Zeit keine eigentlich priesterlichen Funktionen wahr. In administrativen Belangen wurde er von einem Beamtenstab unterstützt, der aus wichtigen israelitischen und nicht-israelitischen Fachleuten bestand, die ihr Amt zum Teil an ihre Nachkommen weitergaben. Offenbar nach ägyptischem Vorbild war der oberste Beamte, der der Bürokratie vorstand, der »Staatsschreiber« (*sofer*). Ihm oblag die königliche Korrespondenz und wohl auch Sendschreiben an die örtliche Beamtenschaft. Die Mitteilungen waren schriftlich und wurden durch das königliche Siegel beglaubigt. Der Staatsschreiber betreute auch das Archiv und war verantwortlich für die Weiterführung der Chronik. Der »königliche Herold« oder »Protokollchef« (*maskir*) überwachte das höfische Zeremoniell, den Zutritt zum König und die Kommunikation zwischen König und Volk. Der »Majordomus« (*ascher al-habajit* = der über dem Haus ist) oder Palastvorsteher war zwar, wie schon sein Titel aussagt, für den Palast zuständig, doch sein Amt weitete sich im Lauf der Zeit beträchtlich aus. Der Aufseher über die Zwangsarbeit, militärische Führer und die hohe Priesterschaft waren angeschlossen. Darüber hinaus gab es königliche Ratgeber und den »Freund des Königs«, dessen Aufgabengebiet nicht klar umrissen ist. Andere Bedienstete am Hof brachten die Produkte der königlichen Güter und trugen somit, auch unter Verwendung der Steuerabgaben, zum reibungslosen Ablauf des höfischen Lebens bei. Verschiedene niedere Beamte ergänzten das System. Die Königlichen Prinzen konnten auch in der Verwaltung tätig werden. Diese einmal geschaffene, zentrale Bürokratie scheint zumindest in Juda mit nur geringen Änderungen lange bestanden zu haben. Die örtliche Verwaltung war weniger zentralistisch angelegt, vermutlich spielten die Ältesten des Ortes bei Bedarf eine wichtige Rolle.

Die Hauptstädte und vielleicht noch ein paar andere, wichtige Städte unterstanden einem (*sar-ha ir*) Stadtobersten, sonst trugen die Ortsältesten Verantwortung. Das Land war ab Salomo in zwölf, wirtschaftlich offenbar vergleichbare Bezirke eingeteilt, die der Reihe nach je einen Monat lang den Hof zu unterstützen und versorgen hatten. Die Einteilung erfolgte in einigen Fällen nach den Stammesgrenzen, in anderen wiederum, vor allem bei den zu separatistischen Tendenzen neigenden Josef-Stämmen, wurden diese durchbrochen. Ob Juda ein Teil dieses Systems war, wissen wir nicht mit Sicherheit. Hier existierte eine eigene Bezirksorganisation, deren Entstehungszeit allerdings umstritten ist (Abb. 17). Im Nordreich bestand das salomonische System weiter, wie uns die Samaria-Ostraka aus dem achten Jahrhundert v. Chr. zeigen.

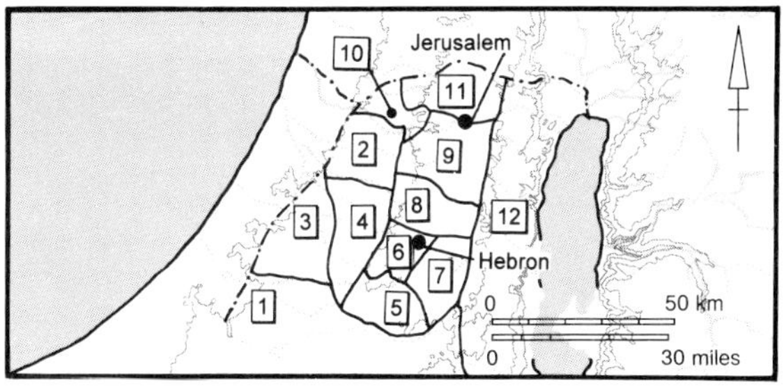

Abb. 17 Die Verwaltungsbezirke Judas: Der Zeitpunkt ihrer Entstehung ist ungewiß, möglicherweise während der Regierung Joschafats (zeitgleich mit Ahab im Norden). Die Numerierung folgt Josua 15, 21–62, einschließlich der Septuaginta, und Josua 18, 25–28.

Dieses Regierungssystem konnte in guten Zeiten Sicherheit für die Bevölkerung gewährleisten, ihr einen gewissen Wohlstand ermöglichen und dem Land Respekt von außen verschaffen. Es lasteten aber auch schwere Pflichten auf der Bevölkerung, besonders da sie ja auch beträchtliche, religiöse Gebühren, wie zum Beispiel den Zehnten zahlen mußte. Während einer Hungersnot oder zu Kriegszeiten konnte sich die Doppelbelastung für die Ärmeren vernichtend auswirken und zu gesellschaftlichem Abstieg führen. Gelegentlich profitierte das Volk von der Beute erfolgreicher Kriegszüge, insgesamt aber wohl eher selten, während Tributleistungen anderer gänzlich dem königlichen Vermögen zugeschlagen wurden. Die prophetische Kritik richtete sich gegen das System, allerdings nie direkt gegen den König, wohl aber gegen jene seiner höchsten Beamten, die unter Mißachtung sozialer Gerechtigkeit mit den Reichen und Mächtigen paktierten, die ihrerseits die ärmere Bevölkerung unterdrückten.

GESETZ UND JUSTIZWESEN

In vielen Bereichen ist die Position des Königs in Israel vergleichbar mit jener anderer, zeitgenössischer Monarchen des Alten Orient. Eine große Ausnahme bildete der Bereich des Rechts, in dem er offensichtlich Beschränkungen unterworfen war. Mesopotamische Herrscher zum Beispiel erließen Gesetze, auch wenn diese bloß die gängige Praxis repetierten, in Israel dagegen ist kein Fall bekannt, in dem der König oder eine Regierungsstelle Gesetze erlassen hätte. Hier galt göttliches Recht, wie es in der Bibel beschrieben ist und regelte zivile, kriminelle und religiöse Angelegenheiten. Es wurde schriftlich festgehalten und mußte in bestimmten Abständen öffentlich vorgetragen werden (vgl. Deuteronomium 31, 10 ff.). Allerdings ist uns aufgrund fehlender Nachrichten über Einzelfälle unbekannt, in welchem Ausmaß die biblischen Vorschriften auf die tatsächliche Rechtspraxis Einfluß nahmen oder von ihr bestimmt waren. Wir wissen auch nicht, wie weit sich israelitisches Recht vom vorangegangenen kanaanäischen Recht unterschied, obwohl Ähnlichkeiten und Unterschiede in Bezug auf mesopotamisches Recht und Gerichtspraxis feststellbar sind.

Da es keinen öffentlichen Ankläger gab, mußte ein gerichtliches Verfahren mittels Anklage durch den einzelnen Israeliten eingeleitet werden. Vermutlich herrschten für niedergelassene Ausländer nur beschränkte Möglichkeiten, Anklage zu erheben (vlg. 2 Samuel 21, 1–6). Üblicherweise wurden die Ältesten bei Gericht zugezogen, es gab aber auch ernannte Richter und andere Bedienstete bei Gericht (Deuteronomium 16, 18). Der König war urteilsberechtigt in Fällen, die ihn selbst als Oberbefehlshaber des Heeres betrafen und in solchen, die durch die allgemein gültige Rechtstradition nicht gedeckt waren. Zusätzlich konnte er über an ihn herangetragene Bittgesuche befinden, die aus Gründen der Rechtsverweigerung oder anderen Schwierigkeiten entstanden sind. Ob er normalerweise Bescheide von niedereren Gerichten revidieren konnte, ist ungewiß. Es gibt aber Beispiele, wo er bei drohender Todesstrafe um Einhalt der Vollstreckung gebeten wird (vgl. 2 Samuel 14, 5–11). Ein von Joschafat in Jerusalem eingesetzter Gerichtshof bestehend aus Priestern, Leviten und Laienrichtern (2 Chronik 19, 8–11) sollte wohl eher besonders schwierige Fälle behandeln als die Urteile niedererer Gerichte revidieren (vgl. Deuteronomium 17, 8–13).

Fälle vor Gericht hatten die Eingaben der betroffenen Parteien zum Ausgangspunkt und wurden normalerweise innerhalb eines Tages abgeschlossen. Als Beweismittel galten Zeugenaussagen unter Eid, vermutlich mit Ausnahme jener von Frauen und Sklaven, schriftliche oder materielle Beweise und manchmal ein Gottesurteil, wie im Fall der des Ehebruchs angeklagten Frau. Die Strafe bei zivilen Rechtsstreitigkeiten bestand abgesehen von der Wiederherstellung von Zerstörungen oder Beschädigungen aus einer Geldstrafe zahlbar an die geschädigte Partei; an den Gerichtshof oder den König waren offenbar keine Zahlungen zu leisten. Die Rechtssprechung bildete keine Quelle königlicher Einnahmen, ausgenommen vielleicht in speziellen Fällen wie »Majestätsverbrechen« (vgl. 1 Könige 21, 8–16).

Bei Mordfällen wurde der Verbrecher der »Blutrache« der Familie des oder der Ermordeten ausgeliefert oder durch Steinigung der Todesstrafe zugeführt, wobei die überführenden Zeugen die ersten Steine warfen und dann die Hinrichtung durch die ganze Gemeinde vollzogen wurde. Es gab keinen von Amts wegen ernannten Henker. Biblisches Gesetz schloß in solchen Fällen die Gewährung von Gnade ausdrücklich aus – ein Vorrecht, das in anderen altorientalischen Monarchien vom König wahrgenommen wurde. Das Streben nach Gerechtigkeit in gerichtlichen Belangen oblag zu einem bemerkenswert hohen Anteil in den Händen der Gemeinde.

SOZIALE WERTVORSTELLUNGEN

Auch in dieser antiken Gesellschaft wurden bestimmte Idealvorstellungen sozialen Zusammenlebens geschätzt und tradiert, wie etwa der Respekt der Jungen gegenüber den Alten oder die Achtung der minder Bemittelten gegenüber den besser Gestellten, die sich ihrerseits wieder großzügig und hilfreich jenen gegenüber erweisen sollten, die weniger Glück im Leben hatten. Gutes Benehmen war ebenso hoch geschätzt wie das Einhalten eines bestimmten Zeremoniells vor allem im Bereich des

Gesetzes. Hiob 29, wenn vielleicht auch erst nach unserer Periode verfasst, wie auch die Psalmen und das Buch der Sprüche geben einen guten Einblick in geschätzte Verhaltensweisen. Wo das Sozialsystem versagte, riefen die Propheten zur Umkehr und die Bemitleidenswerten und Geächteten in dieser familiendominierten Gesellschaft mochten sich zu Krawallen verbünden, wenn es gefahrlos schien (vgl. Hiob 30), doch der Ruf zur sozialen Revolution ist nicht zu vernehmen. Die Vorstellung eines besonderen Naheverhältnisses der Schwachen und Sanftmütigen zur Gottheit deutet auf eine Verschiebung sozialer Spannungen in die religiöse Sphäre und wird in der folgenden Entwicklung zunehmend bedeutsamer.

Auch großzügiges Verhalten gegenüber dem besiegten Feind, wie in 1 Könige 20, 30 ff. berichtet, dürfte Bestandteil sozialer Normen gewesen sein, rief aber Protest hervor. Es existiert auch kein Hinweis in der Bibel, daß israelitische Könige oder Adelige sich an der Jagd als aristokratischem Freizeitvergnügen beteiligten, wie es im benachbarten Ausland Sitte war. Obwohl der vom samaritanischen Adel gepflogene Lebensstil, der in gewisser Weise jenem der Freier in Homers Odyssee ähnelt, eine Rüge des Propheten Amos provozierte, ist dennoch nicht mit der Durchdringung aristokratischen Gehabes in einem Land zu rechnen, dessen soziale Vorstellungen stark von biblischen Vorgaben beeinflußt sind. Wir finden bezüglich sozialer Werte zwar manche Ähnlichkeiten zwischen Israel und seinen Nachbarländern, doch es muß signifikante Unterschiede in der Weltanschauung sowohl an der Spitze als auch an der Basis der sozialen Pyramide gegeben haben. In Übereinstimmung mit zeitgleichen, altorientalischen Vorstellungen wurde ein israelitischer König zwar auch göttlich ernannt (obwohl die Ernennung durch die Gottheit widerrufen werden konnte), doch unvorstellbar für den damaligen Alten Orient war das in Frage Stellen der Institution des Königtums aus religiösen oder anderen Motiven. Die daraus sich entwickelnden Spannungen in der Geschichte Israels können vielleicht mit jenen verglichen werden, die zum Untergang der frühen islamischen Omajjadendynastie führten. In beiden Fällen erwies es sich als unmöglich, die Forderungen einer neuen Religion an die Mechanismen einer Gesellschaft anzupassen, in der sie ab nun eine führende Rolle einnehmen sollte. Die wachsende Würdigung der frommen Armen findet eine Entsprechung im späteren Christentum und Islam. Wenn sich auch manche Königshäupter des Alten Orient als bedürftig und arm erklärten (um so vielleicht eher die Gunst Gottes zu erlangen), so ist anscheinend diese Einstellung in der israelitischen Gesellschaft weiter verbreitet und bedeutender als in der übrigen altorientalischen Welt.

ZUSAMMENFASSUNG

Zu Beginn war die israelitische Gesellschaft eine vorwiegend ländliche auf weitgehend gleichem Niveau, geordnet nach verwandtschaftlichen Beziehungen mit nur geringem Kontakt zwischen den örtlichen Gemeinschaften. Die Entwicklung führte zu einer zweigeteilten Gesellschaft mit einer städtischen Elite – Verwaltungsbeamte, wohlhabende Landbesitzer und der königliche Hof – einerseits und der großen Masse der ländlichen Bevölkerung andererseits. Die Bedeutung verwandtschaftlicher Bindungen ging zurück und machte der Tendenz hin zur Klassengesellschaft Platz. Zunächst gab es aber zwischen arm und reich eine gut etablierte Mittelschicht. Eine politische Zentralmacht löste die lokalen Vertretungen ab und bildete in Juda eine Symbiose mit dem religiösen Kultzentrum, das vom urbanen, politischen Mittelpunkt ausging. Für das Landvolk bedeutete dies wesentliche Veränderungen in Lebensstil und Brauchtum – beispielsweise das Aufgeben alter Glaubensformen und das Annehmen der neuen Glaubenssätze des organisierten Staatskultes in der Hauptstadt. Solche Erfolge seitens der religiösen Reformer unterscheidet Israel, besonders aber Juda, von anderen zeitgenössischen Kulturen.

Auch geographische Faktoren bestimmten maßgeblich die Organisation der israelitischen Gesellschaft, ihre innen- und außenpolitischen Kontakte in Kriegs- als auch Friedenszeiten und ihre Vorstellungen. Es scheint hier aber nicht angebracht zu behaupten, wie etwa Braudel meint, daß Berglandbewohner generell von ihren wohlhabenderen und zivilisierteren Nachbarn in den Flachlandgebieten abhängig waren und beherrscht wurden. Sicherlich gab es immer wieder das Bestreben verarmter Berglandbewohner, in den Ebenen Arbeit zu finden, um den Lebensunterhalt zu verdienen und ebenso gab es Zeiten der politischen Dominanz der Flachland- über die Gebirgsregionen. Aber zu anderen Zeiten verkehrte sich diese Situation in das Gegenteil und die Machtfülle der Königreiche im Hochland erwies sich als überaus wirksam und dominant gegenüber jenen in den Ebenen.

Unser Verständnis der Geschichte Israels benötigt zunehmend mehr Einsicht in soziale Bedingungen, obwohl unser Informationsstand – nicht nur in diesem Bereich – ein lückenhafter ist. Darüber hinaus muß uns der prägende Einfluß einzelner Herrscherpersönlichkeiten – wie etwa Omri oder Hiskija – auf die Geschichte Israels stets bewußt sein. Da sowohl israelitische als auch nicht-israelitische Quellen deutlich darauf hinweisen, muß jedes taugliche Interpretationsmodell der israelitischen Geschichte diesem Umstand Rechnung tragen.

Schließlich sei noch ein aufregender Gedanke an das Ende dieser Zusammenfassung gestellt. Wie wir darlegen konnten, war das alte Israel eng mit seinen Nachbarn im Alten Orient verbunden und seine völkische Struktur kann am besten mit derjenigen der westsemitischen Hirtenvölker verglichen werden. (Es ist nach heutigem Stand der Dinge weniger gut vergleichbar mit den Kanaanäern, sodaß die Annahme rein kanaanäischer Abstammung sehr erklärungsbedürftig bleibt.) Neuerdings jedoch wies Mosheh Weinfeld auf beachtliche Ähnlichkeiten in den Traditionen um die Entstehung Israels mit jenen frühgriechischer Siedlungen hin. Vielleicht ein Anzeichen sehr früher kultureller Kontakte? Es bleibt zu hoffen, daß diesem faszinierenden Aspekt nachgegangen wird.

Taf. 9.1 Ritzzeichnung auf einer bronzezeitlichen Elfenbeinplatte aus Megiddo: Einem thronenden, kanaanäischen König und seinem Gefolge werden unter Bewachung Gefangene vorgeführt.

Taf. 9.2 Detail aus Taf. 9.1. Der Thron ist von Sphingen (Keruben) flankiert. Ein Leier-Spieler unterhält den König.

Taf. 10 Der »Schwarze Obelisk« des assyrischen Königs Salmanassar III. berichtet von der Unterwerfung König Jehus von Israel (und anderen Herrschern).

Taf. 11.1 Detail von Taf. 10 zeigt König Jehu (oder einen Gesandten) in einer Geste der Ergebenheit.

Taf. 11.2 Ein weiteres Detail des »Schwarzen Obelisken« von Taf. 10 bildet Tribut bringende Israeliten ab. Die verschiedenen Tributgaben sind in den Begleittexten aufgelistet.

Taf. 12.1 Luftbildaufnahme der ausgegrabenen Gebiete von Lachisch mit der Belagerungsrampe im Vordergrund rechts unten.

Taf. 12.2 Detail aus Taf. 12.1 mit der Belagerungsrampe an der Südwest-Ecke des Tells von Lachisch. Sie wurde in meterhohen Massen von unbehauenen Steinen, am Fuß etwa 55 m–60 m breit, bei einer Steigung von 30° nach oben sich verschmälernd aufgeführt.

Taf. 13 Rekonstruktionszeichnung von Lachisch vor der Belagerung. Das Wohngebiet der Zivilbevölkerung befindet sich vorwiegend rechts der Straße, die vom Stadttor bis hinter den Festungspalast führt.

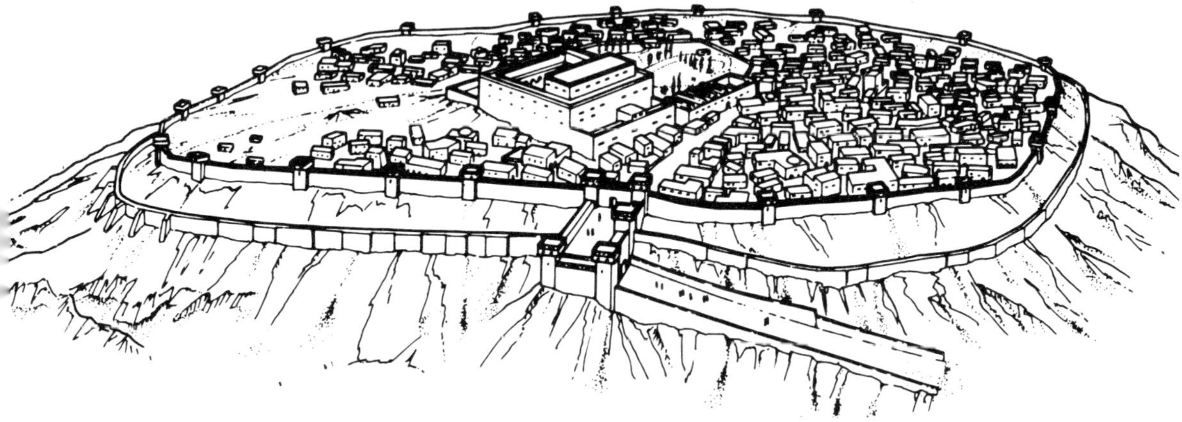

1

2

3

Taf. 14.1 Assyrische Steinschleuderer und Soldaten mit kammartigem Aufsatz auf den Helmen, bei der Belagerung von Lachisch. Niuire, Palast des Sanherib.

Taf. 14.2 Kämme von assyrischen Helmen aus Lachisch.

Taf. 14.3 Steinkugeln für Steinschleudern, vielleicht von der Belagerung Lachischs.

Taf. 15.1 Zertrümmerte Vorratskrüge unter dem Zerstörungsschutt nach der Belagerung, Lachisch.

Taf. 15.2 Nach der Einnahme Lachischs werden die Besiegten deportiert. Palast des Sanherib, Ninive.

Taf. 16.1 »Israel-Stele« des ägyptischen Pharao Merenptah. Hier berichtet er vom Sieg über Israel im fünften Jahr seiner Regierung (1207 v. Chr. oder 1209 v. Chr. nach der Chronologie von Beckerath). In diesem Denkmal wird »Israel« zum ersten Mal genannt (vorletzte Zeile Mitte).

Taf. 16.2 »Mescha-Stele«. Ca. 830 v. Chr. errichtete König Mescha von Moab ein Siegesdenkmal, in dem er die Eroberung und Annexion israelitischen Territoriums beschreibt. Lange Zeit war diese Stele das einzige Dokument, das ausführlich von einer in der Bibel erwähnten Auseinandersetzung Israels mit einem Nachbarn Zeugnis ablegt.

Taf. 16.3 Fragment einer aramäischen Inschrift auf einem Siegesdenkmal, das König Hasael von Damaskus in Dan errichten ließ (und kürzlich von A. Biran gefunden wurde). Sie belegt die erste außerbiblische Erwähnung des »Hauses Davids« und schreibt die Morde an König Joram von Israel und König Ahasja von Juda dem König von Damaskus, Hasael, zu, im Unterschied zum biblischen Bericht, der Jehu nennt.

ZWEITER TEIL:
Die materielle Kultur

KAPITEL V

Städte und Dörfer: Planung und Architektur

Zum Zeitpunkt als Israel archäologisch greifbar wurde, haben wir es mit einer vorwiegend seßhaften Gesellschaft zu tun. Obwohl die nomadisierenden Hirten noch eine bedeutende Rolle spielten, dürften die meisten Israeliten in festen Häusern gelebt haben, wenn auch manche davon, wie jene an den Wüstenrändern, nur saisonal bewohnt waren. Daher wird der Ruf »zu deinen Zelten, Israel« (1 Könige 12, 16) nach dem Tod Salomos als literarischer Archaismus zu verstehen sein. Bis heute fehlen uns jedenfalls archäologische Spuren der in Zelten lebenden Hirten wie sie im frühen Israel existierten weitgehend.

Auch die Überreste der ersten israelitischen Siedlungen, wie Vorrats- oder Wohngruben, Pfostenlöcher oder Fußböden, geben uns keine wirkliche Vorstellung von architektonischen Merkmalen, sondern weisen vielleicht nur auf eine temporäre oder dauerhafte Ansiedlung nomadisierender Hirten hin.

Ursprünglich eignete den Israeliten sicherlich eine nicht-städtische Lebensweise, auch wenn sich manche von ihnen in kanaanäischen Städten wie etwa Sichem oder vielleicht auch Megiddo aufhielten. Hauptsächlich lebten sie in kleinen Orten, Dörfern und verstreuten, bäuerlichen Anwesen. In die noch aus der Bronzezeit stammenden, kanaanäisch geprägten Städte konnte sich Israel erst in der Zeit von David integrieren. Für manche Städte hatte dies den Abstieg zur Folge, andere wiederum nahmen die Chance zur Veränderung wahr. Die Israeliten siedelten sich in unterschiedlicher Zahl an und ersetzten sogar manchmal die kanaanäische Stadtbevölkerung. Jerusalem avancierte vom Mittelpunkt eines kleinen Königreiches zur Hauptstadt eines Imperiums, wo Kanaanäer und israelitische Neuankömmlinge offensichtlich Seite an Seite lebten. Megiddo erlangte neue Bedeutung als israelitisches, administratives und militärisches Zentrum. Beth Schean, ein ursprünglich entscheidender ägyptischer Stützpunkt, konnte seine Rolle nicht behaupten und verfiel. Erst nach der Reichseinigung im zehnten Jahrhundert v. Chr. und vermehrt im neunten Jahrhundert kam es zu israelitischen Stadtgründungen. Vermutlich hatte die Regierung dabei die Hände im Spiel, da die Städte zu jener Zeit entstanden, als viele Dörfer aufgegeben und deren Bewohner vermutlich umgesiedelt wurden. Welche Ursachen auch immer den Aufstieg der Städte ermöglicht hatten, sie bedingten eine neue Form der Abhängigkeit von den städtischen Zentren und veränderten den Charakter des einst ländlichen Israel.

FRÜHE FORMEN LÄNDLICHER BESIEDLUNG

Standort und Charakter der ländlichen Besiedlung des frühen Israel wurde in letzter Zeit intensiv erforscht. In der Eisenzeit I, also der vormonarchischen Zeit, vermieden es die Israeliten, sich in der Nachbarschaft kanaanäischer Städte oder Hauptverbindungsrouten anzusiedeln. Sie bevorzugten davon entfernte, mitunter auch weniger ansprechende dafür aber verteidigbare Plätze in erhöhter Lage, etwa Lichtungen in den Hinterwäldern oder verlassene Siedlungshügel, wo es ihnen möglich war, Getreide anzubauen und ihre Tiere zu halten. Da sich die Ansiedlungen auch nicht immer in der Nähe von Quellen befanden, mußte Wasser oft von weit her geholt oder Regenwasser in Zisternen aufgefangen werden. Diese grub man in den undurchdringlichen Felsen oder verputzte sie mit Kalkmörtel. Diese Techniken kennen wir schon aus der Bronzezeit, als man begann, Brunnen anzulegen.

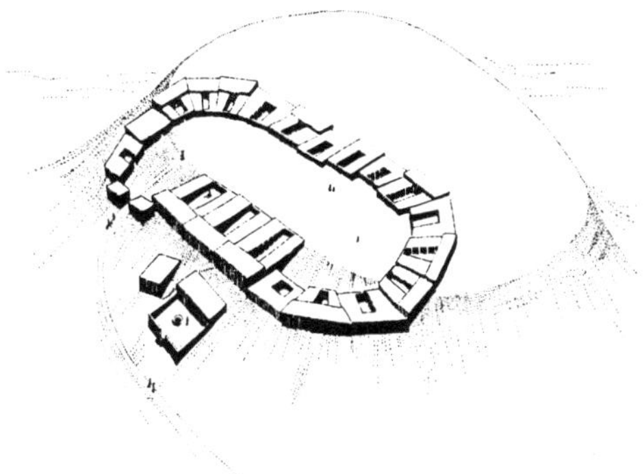

Abb. 18 Beerscheba, Rekonstruktion von Stratum VII mit einer typischen Eisenzeit I – Siedlung: Die Gebäude sind um einen zentralen Hof zur Verteidigung gegen Räuber angelegt.

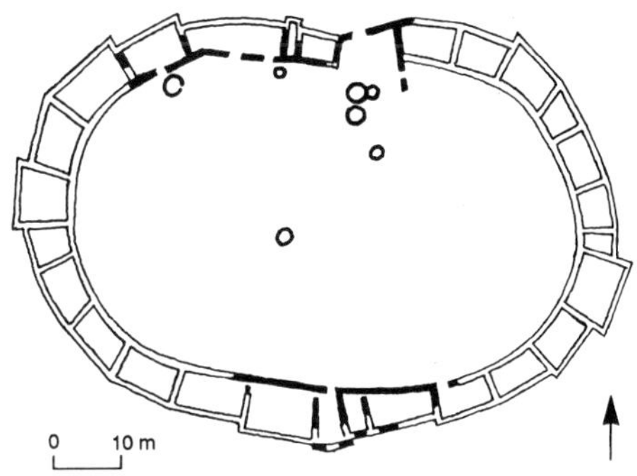

Abb. 19 Plan der ländlichen Ortslage von Isbet Sarta, Stratum III (Früheisenzeit): ein ovaler Ring von Räumen ist um einen offenen Platz gebaut.

Trotz insgesamt dünner Besiedlung, vor allem an den Wüstenrändern, lassen sich dennoch gewisse Siedlungsmuster erkennen. In Ephraim konnten die Dörfer ein bis mitunter auch zwei Hektar, meist aber deutlich weniger als ein Hektar Ausdehnung erreichen und waren vielleicht von hundert, in sehr seltenen Fällen auch tausend Menschen bewohnt. Vermutlich gab es in jedem Tal einen Hauptort, in dessen näherer oder weiterer Nachbarschaft weitere kleine Dörfer und Einzelhöfe entstanden sind. Das bebaubare Land erstreckte sich in einem Umkreis von 1–2 km und das Weide- und Buschland über insgesamt etwa 4–5 km Entfernung vom Dorf. Diese Größenordnung ermöglichte es den Bewohnern, ihren täglichen Aufgaben ohne langen Anmarsch nachzukommen und am Abend regelmäßig in ihre verhältnismäßig sicheren Behausungen zurückzukehren.

Die frühisraelitischen Dörfer waren öfters oval oder kreisförmig angelegt mit Häusern vom »Vier-Raum«-Typus, die in ununterbrochener Linie aneinandergrenzten, um so einen gewissen Schutz vor wilden Tieren und Räubern zu bieten (Abb. 18 und 19). Der Platz innerhalb dieses Häuserringes blieb leer und stand dem Tierbestand zur Verfügung oder wurde als Zufluchtsort für Menschen in Not genützt. Eine Variante im Hausbau, wie etwa in Ai, verbindet die hinteren Räume der Häuser miteinander – eine Vorwegnahme der späteren Kasemattenmauern. Echte Verteidigungsanlagen waren zu dieser Zeit noch nicht üblich, doch vielleicht handelt es sich zum Beispiel bei den Strukturen in Chirbet Dawara nordöstlich von Jerusalem um Reste von solchen. Die Mauern bei Gilo im Südosten (von Jerusalem) dürften eher die Weideflächen für die Tiere begrenzt als Räuber vom Eindringen gehindert haben. Stellenweise wurden ehemalige kanaanäische Verteidigungsanlagen notdürftig in Stand gesetzt, doch Festungen im eigentlichen Sinn waren nicht-israelitischen Ursprungs und manche deuten auf phönizische Kontrolle israelitischen Territoriums hin – wie in Galiläa, in Har Adir und an anderen Orten.

Öffentliche Gebäude scheint es nur sehr wenige gegeben zu haben. In Schilo gibt es Hinweise auf ein öffentliches Lagerhaus und in Chirbet Raddana bei Jerusalem auf ein öffentliches Gebäude unbekannter Funktion oder Nutzung. Ob ein nicht für Wohnzwecke errichtetes Gebäude in Tell Qiri bei Jokneam israelitisch war und welchem Zweck es diente. ist unklar. Die Existenz kultischer Vorrichtungen bedeutet nicht notwendigerweise ausschließlich religiöse Nutzung eines Gebäudes. Siedlungen wie Beth Schemesch III, die durch unregelmäßig angelegte Häuser gekennzeichnet sind, zeigen vielleicht die Entwicklung zu einer Stadtgemeinde.

LÄNDLICHE SIEDLUNGEN WÄHREND DER KÖNIGSZEIT

Die Siedlungen sind in diesem Zeitabschnitt (Eisenzeit II) beeindruckend rasant angewachsen, die ländliche Bevölkerung in Israel und Juda hat dramatisch zugenommen. Einen Rückgang verursachten die assyrischen Angriffe, besonders der Feldzug von Sanherib, doch er wurde später wieder ausgeglichen durch die Gründung vieler, kleiner Städte entlang der Verbindungsstraßen. Damals betrug die Entfernung zwischen den Siedlungen selten mehr als 3 bis 5 km. Ihre architektonische Gestaltung ist weiterhin nur schwierig allgemein zu beschreiben, doch dürfte die ovale Siedlungsform außer Gebrauch gekommen sein, wenn auch manche Häuser noch direkt aneinander gebaut waren. Mitunter besaßen auch Dörfer Verteidigungsmauern, doch es war nun die Aufgabe der Städte, bei Bedarf Zuflucht zu gewähren.

Auch die Landwirtschaft unterlag einem Wandel, sie wurde vielfältiger und arbeitete mit verfeinerten Methoden. Sie produzierte Überschüsse, um damit in den Städten Steuern (Amos 5, 11) zu begleichen und religiöse Gebühren zu entrichten bzw. durch Verkauf ein Einkommen zu erzielen. Diese Veränderung bedingte eine neue Abhängigkeit des Landes von den städtischen Zentren. Die Städte selbst lebten wie Parasiten von den Erträgen des Landes eigentlich ohne Gegenleistung – bis auf das Gewähren von Schutz bei Gefahr. Das vermehrte Verkehrsaufkommen wurde durch Verbesserung des Wege- und Straßennetzes erleichtert.

STÄDTE

Während einige relativ bedeutende, spätbronzezeitliche Städte nicht befestigt waren, galt für israelitische Begriffe jede Örtlichkeit, die durch Mauern geschützt wurde, als Stadt. Viele dieser »Städte« waren klein, vielleicht nur 2–3 Hektar messend, und hatten wohl nicht mehr als 1000 bis 1500 Einwohner. Tatsächlich behauptet Tiglatpilesar III., als er 732 v. Chr. in Galiläa einfiel, von drei eroberten Orten insgesamt 625, 650 bzw. 656 Einwohner ins Exil geführt zu haben (ANET 283). In Wirklichkeit handelte es sich bei diesen »Städten« lediglich um befestigte Dörfer, deren Bewohner vorwiegend von der Landwirtschaft lebten und sozial etwa gleichgestellt waren. Die übliche Größe der bedeutenderen unter ihnen wird 3 bis 5 Hektar betragen haben. Natürlich gab es auch größere Städte mit vermutlich mehreren tausend Einwohnern. So erstreckte sich Hazor im zehnten Jahrhundert v. Chr. über eine Fläche von 6,5 Hektar, Geser und Megiddo über etwa je 10 Hektar, Lachisch etwas später über 15 Hektar und Jerusalem erreichte schließlich im siebten Jahrhundert v. Chr. eine Ausdehnung von 50 bis 60 Hektar und eine Einwohnerzahl von 20 000. Samaria dürfte vor seinem Fall 722 v. Chr. zu ähnlicher Größe angewachsen sein. Dennoch dürften diese beiden Hauptstädte kaum an zeitgleichen, mittelgroßen, syrischen Städten wie Samal, Gosan, Hamath oder Damaskus zu messen sein und waren gänzlich unvergleichlich in Bezug auf Ausdehnung und Bewohnerzahl mit der Metropole Ninive, deren später von Jona (4, 11) nachgesagten 120 000 Einwohner keine Übertreibung darstellen müssen. Ebenso waren Babylon mit 50 000 bis 80 000 Menschen sowie das weniger gut bekannte Memphis und Theben in Ägypten wesentlich größer.

Dennoch wiesen die größeren israelitischen Städte urbane Strukturen und Eigenschaften auf. Sie erhielten Zuwendungen vom Land in Form von Steuern, Pachtzins und religiösen Abgaben und ihre Bewohner, die unterschiedlichen Wohlstand und soziale Schichtung repräsentierten, erfüllten vielfältige Aufgaben in der Verwaltung, als Soldaten und Priester, Gelehrte und Schreiber, Handwerker und Händler. Diese Funktionsvielfalt drückt sich auch in der architektonischen Gestaltung der Städte und Widmung ihrer Gebäude, sei es für militärische, administrative oder religiöse Zwecke aus. Auch die Wohnviertel der reicheren und ärmeren Städter unterscheiden sich. Selbstverständlich war auch eine ausgefeilte Infrastruktur von Nöten. Beginnend mit der Wahl des Platzes in verteidigungsfähiger Position auf einem Hügel, Sporn oder Ruinenhügel, muß eine ausreichende Wasserversorgung sichergestellt sein, Verkehrswege für Im- und Export innerhalb der Stadt und nach außen angelegt werden, eine fähige Administration zur Wahrung der öffentlichen Ordnung aufgebaut und ein Mindestmaß an hygienischen Standards, die die Abfallbeseitigung und das Begraben der Toten umfassen, angestrebt werden. Insgesamt boten die Städte ein anspruchsvolleres Leben als die Dörfer, allerdings konnten nicht alle Stadtbewohner in gleichem Ausmaß daran teilhaben. So wurden die Vertreter der Bürokratie und Verwaltungsbeamte vom gemeinen Volk getrennt – in Lachisch zum Beispiel durch eine Mauer. Das soziale Leben des Einzelnen spielte sich wohl eher in der Familie und in der Sippe ab und weniger im gesellschaftsbildenden Gefüge der Stadt. Über öffentliche Freizeit- und Erholungsplätze sind wir nicht unterrichtet, ebenso wenig, ob die königlichen Gärten in Jerusalem für die Allgemeinheit zugänglich waren. Es gibt noch keine Anzeichen über ein umfassendes Gemeinschaftsleben wie in der späteren griechischen *Polis*, man sollte aber auch die Möglichkeit der Erfahrungsbildung und die Teilnahme am intellektuellen Leben einer Stadt, das durch die steigende Alphabetisierung bedingt und gefördert wurde, nicht unterschätzen.

VERTEILUNG DER STÄDTE

In einem Land mit so vielen Städten und Kleinstädten würde man so etwas wie eine »Hierarchie« unter ihnen erwarten, also »zentrale Städte«, die von abhängigen anderen Städten und Dörfern umgeben wären. Sanherib rühmt sich ja, 46 Städte und zahlreiche Dörfer allein in Juda (ANET 258) eingenommen zu haben, obwohl manche von diesen auch auf von Hiskija annektiertem Territorium gelegen sein könnten. Es gibt gewisse Anzeichen für solch eine »Rangordnung«. Einige wichtige Städte wie Jerusalem, Hebron und Beerscheba lagen auf einer Linie und waren, grob gesprochen, eine Tagesreise voneinander entfernt. Eine zweite Linie entlang der Schefela bildeten die Städte Jerusalem – Beth Schemesch – Lachisch. Kleinere Siedlungen befanden sich in Abhängigkeit von den »Zentral-Städten«. Wieder andere Städte lagen viel näher beisammen – besonders Sichem, Samaria und Tirza. Wie viele Städte zugleich als Markt fungierten und in welcher Entfernung diese Marktplätze zueinander lagen, wissen wir nicht. Jerusalem und Samaria waren natürlich auch Marktplätze, in Lachisch führte eine Straße mit Geschäften in die Stadt und in Hazor wird für das achte Jahrhundert v. Chr. ein Marktplatz vermutet. Ob wie im mittelalterlichen Europa zur Ausstattung jeder Stadt auch ein Marktplatz gehörte, ist gegenwärtig nicht zu entscheiden. Unbedingt notwendig scheint er nicht gewesen zu sein, da verschiedene Handwerker, wie der Schmied und der Weber, auch am Land arbeiteten.

STADTPLANUNG

Städteplanung war unter Israels Nachbarn erprobte Praxis. Manche Städte wuchsen unkontrolliert, andere wurden nach einem geometrischen Plan in rechteckigem, quadratischem, rhomboidem, ovalem, rundem oder halbkreisförmigem Umriß angelegt. Hauptstraßen gliederten das Stadtgebiet in Assyrien und Babylonien. Schon im zweiten Jahrtausend v. Chr. hatten die Ägypter ein hoch entwickeltes Straßennetz geschaffen, dessen Wege rechtwinklig kreuzten und die Städte in verschiedene Bereiche mit eigener Widmung und Funktion und reihenweise identischen Wohnmöglichkeiten gliederten.

In Israel wurde die Mehrzahl der Städte auf Hügeln oder Siedlungshügeln errichtet, so daß eine geometrische Umrißführung a priori sehr schwierig war. Bedingt durch ihre Lage erhielt die israelitische Stadt eine längliche, ovale oder rundliche Form. Wo Regelmäßigkeit auftritt, nämlich in den annähernd kreisförmig angelegten Städten Sichem oder Tell Beit Mirsim, wurden vorisraelitische Strukturen übernommen. Häufiger sind städteplanerische Eingriffe im Stadtinneren erkennbar, die sowohl das Gesamtbild als auch einzelne Gebäude oder Viertel nachhaltig prägten (Abb. 20). Vermutlich hielten sich Architekten in königlichem Auftrag strenger an den Plan als private Bauherren. Ausführung und Qualität der Bauarbeiten scheint mit jener in Mesopotamien oder Ägypten durchaus vergleichbar zu sein.

VERSCHIEDENE STADTTYPEN

Abgesehen von den beiden Hauptstädten, Jerusalem und Samaria, auf die wir später zu sprechen kommen, können wir nach Yigal Schiloh hauptsächlich zwei Stadttypen unterscheiden. Es gibt Städte für vorwiegend administrative oder militärische Aufgaben von angemessener Größe mit funktionell angelegten, beeindruckenden, von großen, offenen Plätzen umgebenen Gebäuden oder Gebäudekomplexen. Die reinen Wohnviertel befanden sich an anderen Stellen der Stadt. Die Qualität dieser öffentlichen Bauten war bemerkenswert hoch, insbesondere verwendete man erst-

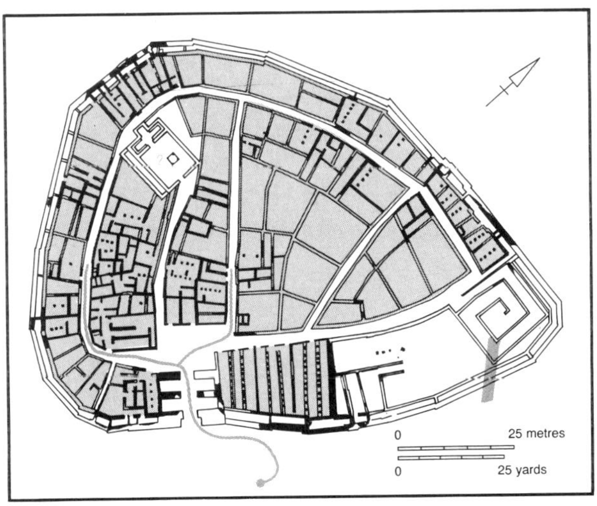

Abb. 20 Plan von Beerscheba II (achtes Jahrhundert v. Chr.): Ein großer Teil der Stadt scheint für Wohnzwecke zur Verfügung gestanden zu haben. Das gut geplante Straßensystem ist erkennbar. Ferner gab es öffentliche Gebäude wie Vorratshäuser, einen Regierungssitz und ein vermutlich aus einem früheren Stratum stammendes Heiligtum (rekonstruiert).

Abb. 21 Proto-aeolisches Kapitell in Stein geschnitten aus Megiddo.

klassige Steinquader und setzte mit protoaeolischen Kapitellen (Taf. 7.2 und Abb. 21) architektonische Akzente. Diese Gebäude sollten Eindruck machen. Anders verhielt es sich mit den Landstädten, die wesentlich kleiner und überfüllt waren und nur in beschränktem Umfang ein Planungsprinzip erkennen lassen. Die Ausführung ihrer Bauten ist weniger qualitätsvoll, Steinquader sind nur selten zu finden und dekorative Elemente scheinen überhaupt zu fehlen. Die Fassade der Häuser ist wenig imposant und ihr Inneres, dort wo das Leben der Menschen stattfand, war für den Außenstehenden unsichtbar. Die Zuordnung zu einer der beiden Arten bleibt bisweilen fraglich.

Wohnstädte

Kleinstädte wie Tell Beit Mirsim und Tell en-Nasbe (Mizpa; Abb. 22) sind von einer Stadtmauer umgeben, entlang welcher im Inneren oder parallel dazu im Abstand einer Hausbreite eine Straße läuft, die die Stadt in einen äußeren und einen Kernbereich teilt. Die äußere Zone kann durch an der Mauer errichtete Wohnhäuser verbaut sein, deren Hinterräume dann oft kasemattenartig aneinander gereiht waren, oder sie wurde für öffentliche Zisternen, Öfen oder steinverkleidete Vorratsgruben genützt. Im Kernbereich lassen sich weder ein regelmäßiges Straßennetz noch Durchgangsstraßen erkennen. Der Zugang zu Häusergruppen erfolgt über kleine Gäßchen oder Sackgassen, vielleicht ein Hinweis darauf, daß mehrere Familien oder Sippen in einem Bereich wohnten. Es gibt keine größeren, öffentlichen oder religiösen Gebäude, ebensowenig sind scharfe Unterschiede zwischen arm und reich oder etwa Slums erkennbar. Der einzige öffentliche Bereich scheint ein großer, offener Platz an der Innenseite des Stadttores gewesen zu sein.

Gelegentlich tritt aber auch in reinen Wohnbezirken durchdachte Planung zutage. In den Straten VIIb und VIId von Tell el-Fara (N) (Tirza) wurden Reste eines rudimentären Straßennetzes entdeckt und in VIIb neben ärmlichen Unterkünften ein repräsentatives Wohnviertel, dessen Häuser – sehr ähnlich in Grundriß und Größe – nach den Himmelsrichtungen ausgerichtet sind. Offensichtlich funktionierte auch im zivilen Bereich professionelle Planung und Überwachung.

In Tell es-Saʿidiye VIII (achtes Jahrhundert v. Chr.) fand man einen Komplex, der eine architektonische Modeerscheinung der Klassischen Zeit (*Insulae*) vorwegzunehmen scheint: ein Häuserblock mit annähernd identischen Einheiten (Vorhof

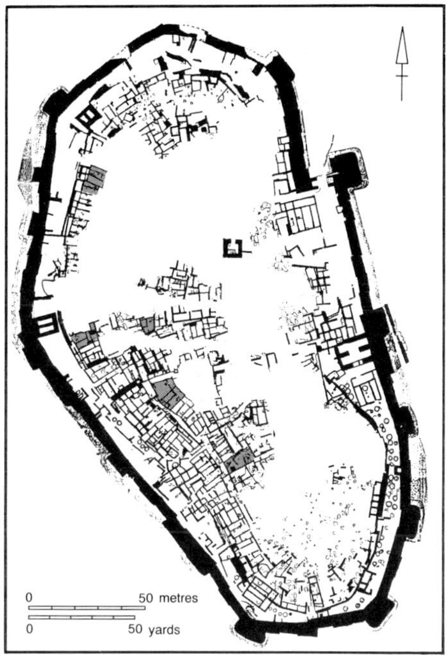

Abb. 22 Tell en-Nasbe (Mizpa) war ursprünglich nur eine befestigte Kleinstadt, wurde aber von König Asa, 905 – 874 v. Chr., durch Anbau einer massiven Umfassungsmauer zu einer mächtigen königlichen Festung ausgebaut. Die Einwohner blieben allerdings Bauern oder führten ihr Handwerk fort. (Mögliche Werkstätten sind schraffiert gekennzeichnet.)

und Hauptraum), die beiderseits mit dem Rücken entlang einer Mauer ausgerichtet sind, wird von geraden Straßen flankiert. Ein zweites, weniger gut ausgeführtes Beispiel stammt aus Tell en-Nasbe. Beide Strukturen liegen rechtwinklig zur Stadtmauer. Verbindungen zu Transjordanien wurden in ersterem Zusammenhang diskutiert.

Abb. 23 Megiddo: Plan der Straten III–II (spätes achtes/frühes siebtes Jahrhundert v. Chr.): Das erste bekannte Beispiel für eine Stadt in Palästina, die nach einem Rasterplan angelegt wurde.

Administrative und militärische Zentren

Die Israeliten unterscheiden unter den Städten mit öffentlichen Funktionen im besonderen Vorratsstädte, Wagenstädte und Reiterstädte (1 Könige 9, 19; 2 Chronik 8, 4–6). Da irgendeine Zuordnung archäologischer Evidenz zu den genannten Städten äußerst schwierig ist, beschränken wir uns auf die architektonischen Fakten.

Zunächst zur Ausrichtung der Gebäude: Erst im späten achten oder frühen siebten Jahrhundert v. Chr. wurde ein flächendeckendes Rastersystem für die Errichtung von Straßen in Megiddo III gefunden (Abb. 23). Wichtige öffentliche Gebäude folgten mitunter ziemlich exakt ihrer Ausrichtung, auch wenn sie voneinander etwas entfernt waren, wie etwa Lachisch III, in der Mehrzahl aber mußte ihre Lage den natürlichen Gegebenheiten, also dem Hügel, auf dem sie erbaut wurden, angepaßt werden. Es gibt aber Beispiele, wo die Seiten oder die Ecken von Strukturen ungefähr nach dem Kompaß ausgerichtet sind.

Für den Grundriß von Baulichkeiten bevorzugte man das Quadrat, 1½ Quadrate oder 2 Quadrate (wie Helga Weippert gezeigt hat) mit gelegentlichen Ungenauigkeiten in der Ausführung. Beispiele für die Anwendung der quadratischen Form liefern Residenzgebäude in Lachisch und die Umfassungsmauer von Palast 1723 in Megiddo VA-IVB. Ein anderer Komplex (1576) in Megiddo – ein Hof mit Hallen an der Rückseite in Stratum IVA – erstreckt sich über 1½ Quadrate während sich die Umfassung der Akropolis in Samaria über 2 Quadrate ausdehnte. Offensichtlich verbanden die Israeliten mit der Form des Quadrates die Vorstellung von Vollständigkeit. In einer Vision Ezechiels etwa dreizehn Jahre nach dem Fall Jerusalems sieht er den heiligen Bezirk um Jerusalem, die heilige Stadt in dessen Mitte und die Baulichkeiten des zukünftigen Tempels als konzentrische, quadratische Bereiche (Ezechiel 42, 15–20; 48, 16 ff., 30 ff.). Hier scheint sich der Höhepunkt einer alten Tradition zu manifestieren, wobei die Frage nach ausländischen Vorbildern unbeantwortet bleiben muß.

Die Hauptstädte Samaria und Jerusalem

Über Samaria und Jerusalem sind wir nur lückenhaft informiert. Die prächtige, königliche Akropolis in Samaria, die von einer mit Steinquadern errichteten Umfassungsmauer auf einer Fläche von 178 m mal 89 m begrenzt ist, gibt einige Anhaltspunkte, doch von der eigentlichen Stadt außerhalb der königlichen Anlagen wissen wir so gut wie nichts, sodaß an der Existenz einer »zivilen« Stadt schon gezweifelt wurde. Trotzdem ist am Höhepunkt der Entwicklung Samarias mit etwa 20 000 Einwohnern verteilt auf ca. 60 ha zu rechnen. Gerade umgekehrt verhält es sich mit Jerusalem: Die königliche Akropolis ist nur in den Beschreibungen der Bibel erhalten, während unser Wissen über die Stadt aus archäologischen Ergebnissen und ausführlichen, biblischen und nachbiblischen, literarischen Quellen, unter welchen Flavius Josephus eine der wichtigsten darstellt, zusammengesetzt ist. Wir können

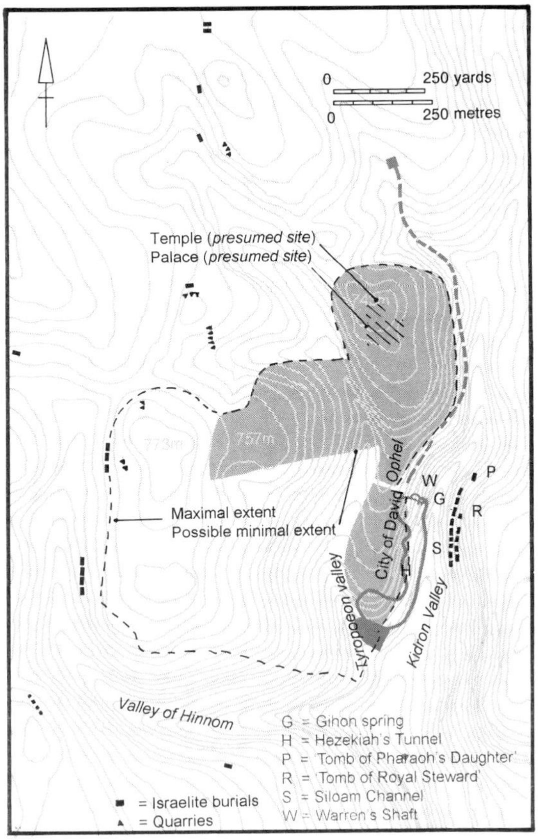

Abb. 24 Plan des eisenzeitlichen Jerusalem mit seinen Entwicklungsphasen. Rechts im Bild, am östlichen Hügel, befindet sich das ursprünglich kanaanäische und davidische Kerngebiet mit den salomonischen Erweiterungen im Norden. Westlich des heutigen Haram dehnte sich das Siedlungsgebiet in begrenzter, näher nicht bestimmbarer Größe aus und wurde während der größten Ausdehnung der Stadt im achten und siebten Jahrhundert v. Chr. in die Stadt integriert. Der Großteil des westlichen Hügels befand sich dann innerhalb der Stadtmauern. Um die Stadtgrenzen genau festlegen zu können, bedarf es weiterer Untersuchungen.

G Gihon-Quelle
H Hiskija-Tunnel
P »Grab der Tochter des Pharao«
R »Grab des königlichen Haushofmeisters«
S Schiloach-Kanal
W Warren-Schacht

■ Israelitische Gräber
▲ Steinbrüche

sogar Phasen der Stadtentwicklung, ihre einzelnen Bezirke und manche architektonischen Merkmale erkennen.

Auf dem östlichen der durch einen einst tiefen Taleinschnitt getrennten Hügel, der von der jetzigen *Haram*-Plattform nach Süden abzweigt, dem biblischen Ophel, an dessen Fuß die Gichon-Quelle entspringt, erhob sich das kanaanäische Jerusalem (Abb. 24). Der für Schaffung von Wohnraum zur Verfügung stehende Platz betrug nur etwa 4 ha, wurde durch Aufschüttung von Terrassen am steil abfallenden östlichen Abhang ständig erweitert und war überfüllt mit Häusern und öffentlichen Bauten. Zu erwähnen ist eine hohe, an den Bergrücken gelehnte, pyramidenförmige Steinstruktur, die zuerst der Zitadelle der kanaanäischen Herrscher und schließlich jener von David Platz bot. Da aber nach der Schätzung Tomo Ishidas Davids Familie und sein gesamter Hofstaat einschließlich der hohen Beamten und deren Familien etwa 5600 Personen umfaßte, hat ein Teil davon sicherlich außerhalb der Stadt gewohnt.

Salomo erweiterte das Stadtgebiet nach Norden und errichtete dort im *Haram*-Bezirk – wo genau, weiß man nicht – Palast und Tempel, doch der Platzmangel blieb bestehen. Josephus, der oft interessante Informationen transportiert, bezieht im Rahmen der Stadterweiterung auch den westlichen Hügel (der lange für den Berg Zion gehalten wurde) mit ein und führt sie auf die Könige Judas nach Salomo und David zurück (Bellum V, 142, wo er von der »ersten Mauer« spricht). Obwohl es zur Zeit archäologisch nicht beweisbar ist, könnten sie theoretisch begonnen haben, einen größeren Bereich zu befestigen, hätten das Unternehmen aber nach dem Auseinanderbrechen der gesamtisraelitischen Monarchie unvollendet wieder eingestellt und den Versuch, Jerusalem zur imperialen Hauptstadt zu machen, aufgegeben. Viel später, als unter Hiskija im achten Jahrhundert v. Chr., der westliche Hügel bereits Teil des bewohnten Gebietes geworden war, wurde er durch eine 8 m starke Mauer, die Nahman Avigad teilweise freigelegt hat, in das Verteidigungssystem eingebunden. Ihr genauer Verlauf ist aber nicht völlig zu bestimmen. Hiskija veranlaßte den Bau des Schiloach-Tunnels, der das Wasser der Gichon-Quelle in das vergrößerte Stadtgebiet führte und Jerusalem bei einem Angriff dadurch fast uneinnehmbar machte, vielleicht mit Ausnahme der Schwachstelle im Norden.

Diese erweiterte Stadt war von unterschiedlichen Zonen geprägt. Im siebten Jahrhundert v. Chr. befanden sich die öffentlichen Gebäude, darunter der Palast und Tempel Salomos, und die Häuser der oberen Bevölkerungsschichten seit langem auf dem östlichen Hügel und auf dem westlichen zeichnete sich eine ähnliche Entwicklung ab. Hier vermutet man auch die Paläste der späteren Könige ab Manasse, obwohl diese erst gefunden werden müssen. Der dazwischenliegende Talkessel, der für Wohnzwecke weniger attraktiv war, beherbergte Händler und Kunsthandwerker.

Einige Anmerkungen zur Architektur in Jerusalem sind noch anzufügen. Wie schon früher erwähnt, zeichnete sich die Bautätigkeit des offiziellen Israel durch großflächige und weiträumige Grundrisse und Mauerwerk aus beeindruckenden Steinquadern aus. Über diese erfahren wir viele Details in der biblischen Beschreibung des salomonischen Palastes und Tempels, doch leider sind keine mit Sicherheit identifizierbaren Reste erhalten. In letzter Zeit wurden von Professor Benjamin Mazar und seiner Enkelin Eilat an der Nordost-Ecke des Ophel imposante Steinquader-Konstruktionen aus dem neunten Jahrhundert v. Chr. entdeckt. Erstaunlicherweise fehlen ansonsten die in einer königlichen Hauptstadt zu erwartenden Monumentalgebäude und Anzeichen von Stadtplanung, vor allem in den von Kenyon und Shiloh untersuchten Stadtvierteln am Ostrand des Ophel. Es wurden allerdings in Mauern des achten Jahrhunderts v. Chr. wiederverwendete, sehr sorgfältig gearbeitete Steinquader und ein protoaeolisches Kapitell gefunden, die salomonischen Ursprungs sein könnten und damit Hinweise auf großartige Bauwerke geben, die sich in der Nähe befunden haben würden. Leider wurde durch spätere Abbauarbeiten des gesamte Material im oberen Areal des Hügels so stark bewegt, daß kaum noch Hoffnung besteht, Überreste zu finden.

Eine Vorstellung von der Pracht salomonischer Architektur mögen der Tempelplatz, der »heilige Bezirk« (arab. *Haram*) und seine Umfassungsmauer geben. Seine heutige Größe geht auf Erweiterungen Herodes‹ zurück. Die ursprünglichen

Abmessungen des salomonischen Komplexes sind unbekannt, werden aber übereinstimmend als sehr groß angenommen: 250–275 m mal 160 m (Busink) oder auf ein quadratisches Areal von 500 Königsellen (ca. 262, 5 m) Seitenlänge geschätzt. Damit wird die Akropolis von Samaria bei Weitem übertroffen. Der mit der Errichtung verbundene Aufwand und die erforderlichen Mittel müssen enorm gewesen sein und das Ergebnis nach dreizehnjähriger Bautätigkeit (1 Könige 7, 1) außergewöhnlich beeindruckend.

DIE ORGANISATION DER STÄDTE UND DIE ANFORDERUNGEN AN SIE

Die zivile Verwaltung

Um ein reibungsloses Zusammenleben einer großen Anzahl von Menschen zu gewährleisten, wird ein »Rat der Ältesten« nicht ausreichend gewesen sein. Die Bibel erwähnt eigene, königliche Beauftragte als »Stadtoberste« (*sar ha-ir)* in Jerusalem und vielleicht anderen wichtigen Städten, von welchen auch Siegel gefunden wurden. Wo diese zivilen Kräfte ihrer Arbeit nachgingen und wo sie ihre Unterlagen aufbewahrten, ist unklar. Bei kleinen Orten kann man sich ein Treffen der Ältesten im Torgebäude einer Siedlung vorstellen, nicht jedoch bei größeren Städten. Wie im Mittelalter könnte man sich einen Raum über dem Eingangstor oder eigene Gebäude in der Art eines Rathauses vorstellen, wo diese Funktionen wahrgenommen werden konnten. Ausdrücklich sind solche Komplexe architektonisch nicht nachzuweisen, doch wären zum Beispiel der turmähnliche Anbau an die Stadtmauer in Tell Beit Mirsim oder ein großes »Vierraum«-Haus beim Stadttor, wie in Tell en-Nasbe, für diese Zwecke dienlich. Ob es auch für einzelne Stadtviertel in größeren Städten wie Jerusalem eigene Vorsteher mit entsprechenden Räumlichkeiten gab, ist unbekannt.

Eine weitere Aufgabe der Stadtverwaltung ist die Aufrechterhaltung der öffentlichen Ordnung. Die Bibel nennt Wächter, die vor allem in der Nacht ihre Runden drehen (Hohelied 3, 3; 5, 7 – vielleicht eine späte Quelle), erwähnt aber nichts von einem Polizeihauptquartier. Es ist auch die Rede von Gefängnissen, von welchen sogar ein Siegel gefunden wurde, doch es gibt keine Anhaltspunkte, um ein bestimmtes Gebäude entweder als Gefängnis oder als Gerichtshof zu identifizieren.

Verkehrswege innerhalb der Stadt waren ebenso wichtig wie jene nach außen. Es führten gewöhnlich gepflasterte Hauptstraßen vom Tor oder den Toren zum großen Platz der Stadt, die für Verkehrsmittel auf Rädern breit genug waren. Selten aber führten sie in das verbaute Gebiet, das von Gäßchen unterschiedlicher Breite und Beschaffenheit durchzogen war. Diese mit den Wagen der Oberschicht oder den Karren der Bauern zu befahren oder einander zu passieren, muß die Bewohner vor erhebliche Probleme gestellt haben. Lediglich ein Vorwärtskommen mit Packtieren scheint gut vorstellbar. Die Aufmerksamkeit, die der Konstruktion und der Erhaltung von Straßen beigemessen wurde, variierte erheblich. In einigen wichtigen Städten wurde streckenweise Kopfsteinpflaster verlegt, wie zum Beispiel in Dan. An anderen Orten begnügte man sich mit einer gestampften Schichte aus Kies, Ton, zerstoßener Kreide und Scherben von Tongefäßen. Darüber hinaus bestand die Gefahr, wie in Hazor, daß ordentliche Straßenbeläge wieder verfielen.

Vor allem für die mitunter starken Regenfälle im Winter mußten die Straßen drainagiert werden. Hauptstraßen, die zum Stadttor führten, hatten mit Stein verkleidete und abgedeckte Ablaufrinnen, die das Wasser aus der Stadt hinaus, möglicherweise zu einer Zisterne oder einem Brunnen, führten. Weiter im Stadtinneren suchte sich das Wasser seinen eigenen Weg und wurde möglicherweise durch Bordsteine gehindert, direkt in die Häuser einzudringen. Gelegentlich wurden Ausgüsse in die Mauern oberhalb einer entlang eines Abhangs verlaufenden Straße eingefügt; Beispiele sind aus Jerusalem bekannt. Häusliche Abwässer sammelte man in eigenen Senkgruben.

Vorkehrungen zur Beseitigung von Müll scheinen nur sporadisch getroffen worden zu sein. Vermutlich landete er oft einfach auf der Straße und war dann ein Fressen für Hunde oder er wurde über die Stadtmauer gekippt. Irgendwie mußte er aber aus den Städten entfernt und zu Abfallhalden gebracht werden. Der Name des Misttores in Jerusalem deutet eine solche Vorgangsweise an. Wenn gesagt wird, daß Hiob in der Asche saß (Hiob 2, 8), ist vielleicht darunter zu verstehen, daß der Müll eine Zeitlang auf einem bestimmten Platz deponiert wurde und zum Hügel anwuchs. Im alten Israel wurde noch keine Mülldeponie gefunden, wohl aber gibt es ein Beispiel dafür aus dem nabatäischen Petra. Eine andere Verwendungsmöglichkeit des Abfalls bestand darin, ihn als Dünger über die Felder zu verstreuen.

Jene Handwerker, deren Arbeit unangenehmen Rauch oder Geruch, wie jene der Töpfer und der Gerber, verursachten, sind am Stadtrand angesiedelt, ebenso die Walker (Jesaja 7, 3 ff.). Auch die Produktion von Olivenöl scheint an der Peripherie stattgefunden zu haben. Fallweise werden Leute aus demselben Handwerk ihre Profession in derselben Nachbarschaft ausgeübt haben – worauf die »Bäckerstraße« in Jerusalem hinweist (Jeremia 37, 21) – andere Berufsgruppen wiederum waren über das ganze Wohngebiet der Stadt verstreut.

STÄDTISCHE STRUKTUREN

Baumaterialien

Die israelitischen Bauherren benötigten hauptsächlich drei Rohmaterialien. Stein brauchte man für Fundamente, Mauern und Pfeiler, besonders im Bergland. Lehm benötigte man für die Herstellung von Lehmziegeln für die oberen Mauerabschnitte, besonders in der Küstenebene errichtete man damit auch ganze Mauern.

Auch als oberste Schichte der Flachdächer, als Mörtel zwischen Gebäudesteinen (Kalkmörtel wurde nicht benutzt) und als Verputz fand Lehm Verwendung. Holz diente vielerlei Zwecken. Es kam für Pfeiler, Dachbalken und als Verstärkung für Mauern und Fundamente, bei Fenstern und Türen sowie als Wandverkleidung zur Anwendung. Die oberen Stockwerke bestanden oft großteils oder gänzlich aus Holz und schließlich wird es mitunter in früher Zeit als auch noch später Holzhäuser gegeben haben (2 Könige 6, 2).

Kalkstein wurde zumeist in oberirdischen Steinbrüchen in der Nähe des Bauvorhabens abgebaut. Untertagebau war selten, eine Ausnahme bilden die »Steinbrüche Salomos« in Jerusalem. Die Organisation besonders hochwertigen Baumaterials für außergewöhnliche Bauvorhaben, wie den salomonischen Tempel, von größerer Entfernung findet in der Bibel eigene Erwähnung (1 Könige 5, 17–18). Die Frage nach dem Transport des Materials warf sicher Probleme auf. Packtiere oder Karren würden auf schlechten Wegen nicht viel ausrichten, vielleicht waren Ochsengespanne effektiver. Die Gewinnung von brauchbarem Bauholz war üblicherweise im Bergland gut möglich. Nur im Notfall oder bei Knappheit verarbeitete man das Holz von Obstbäumen. So verwendete man im Gibea Sauls in der zweiten Phase das Holz des Mandelbaumes während für die erste Zypressen- und Pinienholz zur Verfügung stand. Da ein beträchtlicher Holzbedarf für die mannigfaltige Bautätigkeit in den Städten und Dörfern anzunehmen ist, wird es auch eine öffentliche Stelle gegeben haben, die auf den vernünftigen Umgang mit Ressourcen zu achten hatte (vgl. 1 Chronik 27, 28). Zedernholz aus dem Libanon importierte man für besonders luxuriöse, öffentliche oder private Bauten, in welchen auch Zypressenholz Verwendung fand, zum Beispiel in Arad und Beerscheba. Für die Türen des Stadttores in Lachisch III wurde hartes Akazienholz aus dem Negev verwendet. Gutes Bauholz war wohl auch Handelsware, während das billige Holz, etwa jenes der Tamariske, örtlich, beispielsweise in Beerscheba, zu erhalten war. In der hellenistischen Zeit transportierte man Ziegel über große Entfernungen, aber anscheinend nicht während unseres Abschnitts. Zusätzliche Materialien wie Kiesel für ordentliche Fußböden, Kalkverputz für Böden, Mauern und Zisternen sowie Strauchwerk und Schilf für Dachkonstruktionen wurden wahrscheinlich für gewöhnlich in der Nähe beschafft.

Die israelitische Bautechnik folgt früheren levantinischen Traditionen bis hin zu Steinbruchs- und Maurerwerkzeugen und weist bemerkenswert wenig ägyptischen Einfluß auf, wo doch die Ägypter jahrhundertelang Palästina kontrollierten und es in anderen Gebieten nachhaltig beeinflußten. Üblicherweise wurden Mauern über Steinfundamenten errichtet. Der private Hausbau verwendete meist schlechten, meist nur annähernd rechteckig gemachten Bruchstein in bestenfalls mäßig tiefen Fundamentgräben während wichtige öffentliche Bauvorhaben auf massiven, tiefen Fundamenten ruhten. Jene in der Akropolis von Samaria, in Dan und in Ramat Rahel im Süden Jerusalems, die oft für phönizische Arbeit gehalten werden, reichen bis zum gewachsenen Felsen, in den die einzelnen Blöcke eingepaßt waren. Quadersteine wurden darüber geschichtet, genau gegeneinander verpaßt und in horizontalen Reihen als Binder verlegt; diese verbargen einen groben Mauerkern. Um genaue Einpassung zu ermöglichen, wurde die Vorderseite jedes Steines mit Randschlag versehen, wobei die Mitte von Fundamentsteinen mit grober Steinbruchsbosse belassen wurde. Wo hingegen das Mauerwerk sichtbar war, wurde die Bosse später entfernt. Eine andere Methode kam in Lachisch und in Megiddo bei Tor 2156 und Tor 1567 der Umfassungsmauer von Palast 1723 (Stratum VA bzw. IVB) zur Anwendung. Auf Oberflächenniveau wurde eine freistehende Mauer errichtet, wo nötig zur Druckverteilung auf eine Schicht von Baumstämmen gestellt und von beiden Seiten mit mächtigen Anschüttungen versehen. Diese eher schlichte Methode erwies sich aber als billig und wirkungsvoll, zeugt von Einfallsreichtum und kommt bis jetzt vorwiegend in Israel vor.

Auf solcherart unterschiedlichen Fundamenten erhoben sich auch verschiedenartige Mauern. Neben höchst unansehnlichen, errichteten israelitische Baumeister auch Mauern von allerhöchster Güte. In gewöhnlichen Wohnhäusern bestanden die Wände meist aus mehr oder weniger rechteckigen Bruchsteinen oder gänzlich aus Steinbruchschutt, der in mehr oder minder waagrechten Lagen, in den Ecken mitunter durch Ecksteine verstärkt, verlegt wurde. Dagegen kamen bei den Mauern »phönizischen« Stils z.B. in Samaria und Megiddo VA – IVB sorgfältig mit dem schräg gehaltenen Breitbeil geglättete Steinquader bester Qualität zur Verarbeitung, die in horizontalen Reihen in Läufer- und Bindertechnik errichtet wurden. Eine andere Möglichkeit des Mauerbaus bestand darin, den Raum zwischen kurzen Steinpfeilern mit Bruchgestein auszufüllen. Diese letztgenannte Methode ist im frühen Phönizien belegt und könnte von dort nach Israel gelangt sein. Gegen die häufig geäußerte Ansicht, die hervorragende Steinverarbeitung in Samaria und anderswo sei das Werk phönizischer Facharbeiter, meldet Yigal Shiloh Zweifel an, da sie in Israel früher zu finden sei als in Phönizien. Zweifellos ist es vernünftig anzunehmen, daß das umfangreiche Bauprogramm Salomos und seiner Nachfolger die Entwicklung der Steinverarbeitungstechniken förderte und zu ihrer Verfeinerung beitrug. Die Anwesenheit phönizischer Baumeister kann natürlich nicht ausgeschlossen werden, vielleicht arbeiteten sie zusammen mit ihren israelitischen Kollegen an der Errichtung des salomonischen Tempels (vgl. 1 Könige 5, 18 ff.). Anderswo, beispielsweise in Lachisch oder Jerusalem, entstanden gewaltige, aber grobe, in den Ecken durch Ecksteine verstärkte Steinmauern, die ordentlich verputzt wurden und sehr gut ausgesehen haben müssen. Sie erfüllten ihren Zweck ausgezeichnet!

Zur Verstärkung der Mauern verwendete man horizontal verlegte, einzelne Holzbalken, wie z. B. bei den Türmen des Tores in Megiddo VA – IVB oder einen Rahmen aus Bauholz für Lehmziegel- oder Steinwände, wie vielleicht im Residenzgebäude 338 in Megiddo und in einer Stadtmauer aus dem achten Jahrhundert v. Chr. in Jerusalem. Eine kompliziertere Konstruktion von Holzbalken und Lehmziegeln wie sie sonst in Nordsyrien und Anatolien auftritt, findet sich zwar auch in Tell el-Cheleife, ist aber sonst für Israel ungewöhnlich. Um eine lokale Tradition handelt es sich vielleicht in Kuntillet Adschrud, wo zur Stabilisierung zwischen Fundament und aufgemauerter Ziegelmauer eine Lage Äste und Zweige eingefügt war.

Fußböden bestanden aus Erde, gestampftem Kalk, Kies oder aus Pflastersteinen. Holzböden soll es im Tempel Salomos gegeben haben, auch von Tell Deir ʿAlla wird ein solcher berichtet, im übrigen waren sie ungebräuchlich. Die Obergeschoße erhielten Lehmböden, die über den Plafonds der Untergeschoße aufgetragen wurden.

Häuser

Trotz einer gewissen Vielfalt bezüglich Grundrißgestaltung und Bautechnik bei israelitischen Häusern dominiert ein charakteristischer Haustyp, das »Vierraum«- oder »Pfeiler«-Haus (vgl. Rekonstruktion in Abb. 25). Es kommt sowohl in der Stadt als auch auf dem Land mit nur geringen regionalen Abweichungen vor, mag sein, daß manch ländliche Bauausführung zu wünschen übrig ließ. Dieser Haustyp ist für Israel von Beginn seiner archäologischen Erfaßbarkeit an belegt und zwar im späten dreizehnten Jahrhundert v. Chr. in Chirbet Dawara oder in Tell Masos im Negev und für das zwölfte Jahrhundert v. Chr. in et-Tell (Ai) im Bergland. Es blieb im Verlauf der israelitischen Geschichte unverändert bestehen, gewann lediglich größere Regelmäßigkeit und wies mit der Zeit einen verbesserten technischen Standard auf. Aus der palästinischen Bronzezeit sind keine wirklichen Vorgänger dafür bekannt. Die Annahme von Prototypen aus Holz, die die ersten israelitischen Siedler errichtet hätten, bleibt rein hypothetisch. Gelegentlich gibt es aber Funde dieses Typs außerhalb Israels, so in Tell Qasile XI – damals philistäisch – und in einer Anzahl von transjordanischen Ortslagen. Seine Verbreitung deckt sich jedoch in so hohem Maße mit dem Siedlungsgebiet der Israeliten, daß sich Yigal Shiloh veranlaßt sah, vom typisch israelitischen Haus zu sprechen. Manche sind gegen die Identifizierung, da ja der Typ auch anderswo verbreitet ist.

Das »Vierraum«-Haus ist ein rechteckiges, etwa 12 m mal 8 m messendes Gebäude, an dessen an der Straße liegender Schmalseite sich der Eingang in der Mitte befindet. Im Inneren ist es in drei längliche Abschnitte gegliedert, deren mittlerer einen meist offenen Hof bildete, die seitlichen Räume waren überdacht. Hinten liegt ein weiterer Raum, quer zu den anderen, und stets überdacht. Die um den Hof angeordneten Räume konnten durch Zwischenwände unterteilt sein. Es gibt vereinfachte Formen mit nur drei Raumeinheiten, nämlich dem Hof und je einem Raum seitlich und quer an ihn anschließend, oder sogar nur zwei, und zwar einen Raum längs des Hofes. Dabei handelt es sich weniger um Vorläufer des »Vierraum«-Hauses als vielmehr um gleichzeitige Erscheinungsformen.

Im Inneren konnten die an den Hof seitlich angrenzenden Räume auch durch eine Reihe von etwa 1 m voneinander entfernten Pfeilern vom diesem getrennt werden. Die Pfeiler sind 0,8 m bis 2,2 m hoch, bestehen entweder aus einem Monolithen oder aus mehreren übereinandergelegten Steinen und konnten durch verschieden hohe Mauern aus grobem Bruchstein miteinander verbunden sein. Auf den Pfeilern lag das Gebälk, auf dem die Dachbalken ruhten. Dadurch entstanden niedrigere oder höhere Räume unterschiedlicher Nutzung: die erstgenannten als

Vorratskammern oder für Tiere, die letztgenannten, die auch heller und besser durchlüftet waren, als Küche, Speisekammer, Wohn- und Arbeitsräume. Vielleicht war zwischen den Pfeilern auch Platz für senkrechte Webstühle. In einem seltener vorkommenden Haustyp von nahezu quadratischem Grundriß gibt es diese Pfeilerreihe im Inneren nicht. Der offene Hof ist hier durch Mauern von den angrenzenden Räumen getrennt. Man spricht von Hofhäusern. Möglicherweise diente dieser Haustyp öffentlichen Zwecken.

Üblicherweise erhielten die Häuser ein Flachdach, denkbare Ausnahmen wären Häuser mit Zisternen und Gebäude der Oberschicht, die vielleicht ein Winkeldach trugen. Das Flachdach bestand aus einer Schichte wasserundurchlässigen Lehms, der auf eine Lage von Zweigen und Schilf über den Dachbalken aufgetragen und mit einer Steinwalze glatt gerollt wurde. Die meist engen Türen bestanden aus Holz und drehten sich in hölzernen Angeln oder einfach in einem Loch im Boden. Angelsteine waren selten. In vielen Fällen wird auch ein Vorhang genügt haben. Fenster waren vermutlich klein, in der oberen Wandhälfte plaziert und insgesamt selten. In den Räumen könnte man sich Regale zur Aufbewahrung von Keramikgefäßen vorstellen und Holznägel, um Gegenstände daran aufzuhängen. Größere Mengen von Lebensmitteln wie Getreide, Mehl, Wein und Öl lagerte man in Vorratskrügen, die in den Fußboden eingelassen wurden. Aufgemauerte Vorratsbehälter waren nicht verbreitet.

Solche Häuser hatten oft wohl nur eine Wohnebene, Keller waren nicht üblich. Bei Schönwetter wird sich das Leben im Hof abgespielt haben, wo es eine Feuerstelle, einen Lehmofen, eine Handmühle und möglicherweise auch eine Zisterne gab, die allerdings nicht generell nachzuweisen ist. So klingt auch die Ankündigung in 2 Könige 18, 31, die Menschen in Jerusalem würden nach der Kapitulation »Wasser, jeder aus seiner eigenen Zisterne trinken« sehr überzogen. Schon früher ermunterte König Mescha seine Untertanen in Moab, in jedem Haus auch eine Zisterne anzulegen (ANET 320–1). Hoch entwickelte Anlagen mit Klärbecken, die mit Zisternen verbunden waren, treten dennoch schon sehr früh auf. Seit der späten Bronzezeit wurden Zisternen mit Kalk verputzt, vermutlich hielt sich Wasser auch im blanken Felsen eine Weile. Unter Berücksichtigung der in 1 Könige 5, 5 formulierten Idealvorstellung, daß jeder »unter seinem eigenen Weinstock und unter seinem eigenen Feigenbaum« sitzen möge, gab es in den Höfen der Häuser vielleicht eine Weinlaube und gelegentlich auch einen Feigenbaum.

Manche israelitische Häuser waren mit einem Obergeschoß ausgestattet, das man von außen über einen Stiegenaufgang, der unten aus Stein und weiter oben aus Holz bestand, erreichte. Selten gab es Treppen im Inneren eines Hauses. Die Wände des ersten Stockes waren aus Holz oder aufgemauert mit Lehmziegeln, sehr unwahrscheinlich aus Stein. Es mußte nicht das gesamte Erdgeschoß überbaut sein, offene Teile, die als Arbeits- oder Wohnareale dienten, wurden mit Ballustraden gesichert (Deuteronomium 22, 8). Die oberen Räume sind ob ihrer guten Durchlüftung sehr geschätzt, nach 2 Könige 4, 10 mit einem Bett, einem Tisch, einem Sessel und einer Lampe möbliert und wurden vielleicht besonderen Gästen des Hauses zum Über-

Abb. 25 Rekonstruktion eines israelitischen Hauses. Es gab anscheinend auch Häuser, deren obere Etage die gesamte Hausfläche einnahm und so den Hof in einen geschlossenen Raum verwandelte.

nachten angeboten. Bis heute gibt es keine Möbel-Funde in Israel, doch aus Lachisch und anderswo sind Tonmodelle von Möbeln erhalten (Abb. 26), die einen stabilen und funktionellen Eindruck machen. Die Möblierung des Hauses war wohl den besser Situierten vorbehalten. Die einfachen Menschen schliefen bestenfalls auf einer Matratze oder eher auf einem ausgebreiteten Mantel. Zum Zudecken benützte man Tücher oder Mäntel (vgl. Ex 22, 26; 1 Samuel 19, 13–14 könnte ein Moskitonetz meinen). Möglicherweise waren Wohn- und Vorratsräume auch mit Kästen oder Kommoden, Matten und Teppichen ausgestattet, doch dafür fehlen Belege.

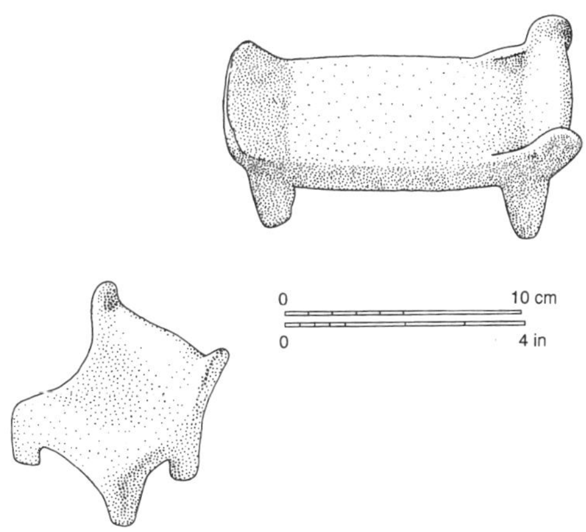

Abb. 26 Terrakotta-Modelle von Möbeln (Sessel und Liege) aus Lachisch. Sie geben einen Eindruck, wie die Häuser möbliert gewesen sein könnten – mit stabilen und für den Gebrauch tauglichen Stücken (bei jenen, die sich Möbel leisten konnten). Die aufwendig gefertigten Möbelstücke der Aristokratie – Liegen mit Elfenbeineinlagen – zeigen naturgemäß eine verfeinerte Technik und Ausführung.

Das private Wohnhaus verfügte über kein Badezimmer, es existierten aber tragbare Waschbecken, Badewannen und Fußbäder. Toiletten waren zwar im Orient schon lange bekannt, doch die in Jerusalem gefundenen Steinsitze über Senkgruben stellen trotzdem eine Ausnahme dar (Taf. 4.1–3 und Abb. 27)). In der Ehud-Erzählung wird im Palast des moabitischen Königs Eglon ein Abort erwähnt (Richter 3,

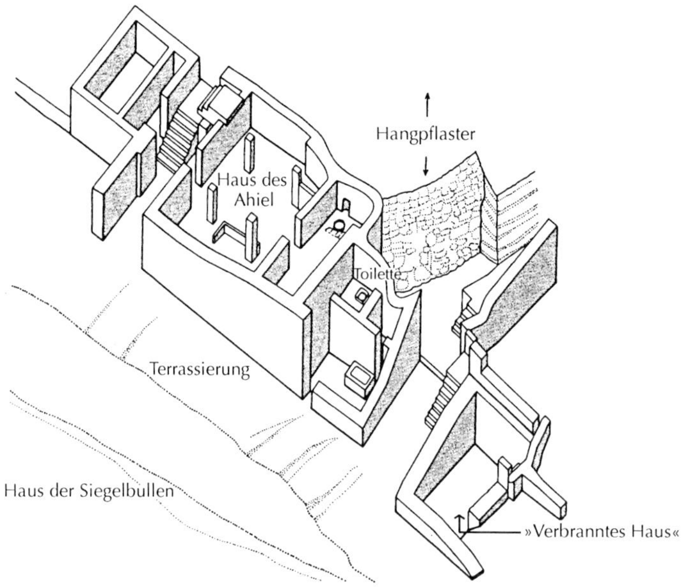

Abb. 27 Architekturrekonstruktion des ›Hauses des Ahiel‹, das von Y. Shiloh in der ›Davidsstadt‹ in Jerusalem ausgegraben wurde. Es ist gegen den Hang gebaut und ein Beispiel eines solide errichteten Vierraum-Hauses, dessen obere Etage durch Pfeiler gestützt wird (siehe auch Taf. 4.1–3).

24). Vermutlich waren Holzsitze häufiger in Gebrauch, sind aber nicht erhalten. Für die Wohnungen der Oberschicht und der Mitglieder des Königshauses sind Toiletten wohl anzunehmen, auch wenn es keine Befunde dafür gibt.

Der Großteil der Häuser, die wir kennen, sind der oberen oder unteren Mittelschicht der Bevölkerung zuzuordnen. Wohnviertel des Proletariats oder der enteigneten Landbevölkerung, die in die Städte geströmt ist und in Hütten lebt, wurden bis dato nicht gefunden. Genauso wenig aber konnten echte Patrizierhäuser der obersten Gesellschaftsschichten in den beiden Hauptstädten archäologisch nachgewiesen werden. Es gibt wohl Beispiele für ansehnliche Herrenhäuser, wie Haus 148 in Tirza. Auch hat man Häuser mit mehr als 250 m^2 Wohnfläche für Häuser des Adels gehalten, doch die Kritik der Propheten Amos und Jesaja richtet sich gegen anderes. Sie prangert die schloßähnlichen Wohnstätten aus Mauern aus Quadersteinen und Balken aus Zedernholz an (Jesaja 9, 9; Amos 5, 11), die den Königspalästen nicht nachstehen, eigene Gebäude für Sommer und Winter aufweisen und mit Wandverkleidungen oder Möbeln mit Elfenbeineinlagen oder -schnitzereien luxuriös ausgestattet sind (Amos 3, 15). In Grabkammern des St. Etienne Friedhofs in Jerusalem gibt es Nachahmungen von verkleideten Nischenwänden, möglicherweise ein Einfluß architektonischer Elemente aus Urartu (modern Armenien). Die sorgfältig geplanten Gräber der antiken Menschen spiegeln die Wohnarchitektur der Lebenden wider und so ist damit zu rechnen, daß die Villen der Aristokraten und Höflinge in Jerusalem, die in den Nekropolen von Schiloach (Silwan) und St. Etienne in der Nähe des Damaskus-Tores begraben sind, architektonische Merkmale aufwiesen, die ursprünglich in Anatolien, Zypern oder Ägypten beheimatet sind, wie zum Beispiel Gesimse in Räumen mit gewölbten oder geschrägten Dächern oder Plafonds.

Bestimmte Bereiche dieser luxuriösen Häuser waren möglicherweise auch mit Architektur-Skulpturen bestückt. Sie müssen außerordentlich geräumig gewesen sein, wenn Amos 6, 9 von zehn Männern spricht, die nur den Rest derer darstellen, die hier ursprünglich wohnten. Eine solche Anzahl überschreitet bei weitem die Möglichkeiten eines normalen Vierraum-Hauses und so wird man nicht fehlgehen, mehrere Geschosse zu vermuten. Diese waren bereits damals und später in Phönizien und auch in Ägypten bekannt. In Häusern dieser Dimension könnte man sich das Leben einer Großfamilie (ein Mann mit seinen Söhnen und deren Familien sowie Gefolgsleuten) in Sicherheit vorstellen und würde auch die Erwähnung bei Amos verdeutlichen. Bei Ausgrabungen gefundene Tonmodelle solcher Turmhäuser weisen auf ihre Existenz in Israel hin, dennoch gibt es kein entsprechendes Beispiel dieses oder irgendeines anderen Typs von Gebäude, in dem Aristokraten residierten. In seiner Beschreibung des aristokratischen Lebensstils erwähnt Amos üppige Gelage beim Klang der Leier (Amos 6, 4–6; Jesaja 5, 11–12) – man fühlt sich an die Freier in der Odyssee erinnert, allerdings mit dem Unterschied, daß bei Amos auch Frauen beim Trinkgelage teilnehmen (Amos 4, 1), was eigentlich in dieser Männerdomäne überrascht. Wir werden auch über die Neigung der Adeligen zur Sophisterei und ihren zur Schau gestellten Skeptizismus den überkommenen theologischen Vorstellungen gegenüber informiert (Jesaja 5, 19–21). Allerdings liefert uns die Archäologie noch keinen Hinweis zum Beispiel auf Räume in den Villen der Adeligen, die geeignet wären für gesellschaftliche Zusammenkünfte, oder auf ihre tatsächliche Ausstattung, zum Beispiel mit Liegen aus Elfenbein. Vielleicht erhalten wir aus dem Studium der Grabarchitektur zielführende Hinweise, besonders betreffs der Verkleidung von Mauern.

Der Lebensstil der Unterschicht war wesentlich einfacher. Ihre Häuser waren spärlich möbliert, Lampen wurden nur in der Nacht und dann sparsam verwendet und in ihrer Ernährung herrschten wohl Grundnahrungsmittel vor. Fleisch und auch Fisch standen eher selten am Speiseplan. Fisch mußte vom Mittelmeer oder vielleicht auch von Ägypten nach Jerusalem importiert werden, vermutlich in eingesalzenem oder getrocknetem Zustand oder er stammte aus den Flüssen der Küstenebene oder dem Jordan.

Hauptsächliche Lebensmittel waren Brot, Gemüse und Kräuter, Oliven und Obst – abwechselnd verfeinert mit verschiedenen Gewürzen und Saucen. Frischmilch und Sauermilch sowie Milchprodukte wie Käse ergänzten die Ernährung. Da nur wenige Scherben der zerbrechlichen Kochgefäße gefunden wurden, vermutete man, es hätte nicht täglich eine gekochte Mahlzeit gegeben. (Eine solche Annahme ist jedoch nicht überzubewerten, da Linsen und andere Hülsenfrüchte, die unbedingt gekocht werden mußten, sicher Hauptnahrungsmittel waren.) In den späteren, tiefen Kochtöpfen aus Juda wurde vornehmlich geschmort und gekocht, in den früheren, flacheren Formen vielleicht mehr gebraten.

Gegen Feuchtigkeit, Nässe und Kälte im Winter waren vor allem die ärmeren israelitischen Häuser nicht gerüstet. Viele ihrer Bewohner hatten mit tropfenden Dächern und feuchten Wänden und in der Folge mit Pilzbefall (die »Lepra« der

Bibel) zu kämpfen bzw. vielmehr zu leben. Es muß so häufig vorgekommen sein, daß es sogar im Gesetz Erwähnung findet. Die Heizmöglichkeiten, Kohlenbecken im Wohnraum oder Kochöfen, waren nicht effizient genug und selbst die Körperwärme der gehaltenen Tiere dürfte nicht ausgereicht haben, ein Haus auch nur zu temperieren. Unter diesen Bedingungen entstanden und verbreiteten sich wahrscheinlich rheumatische und andere Erkrankungen, häufiger in den Häusern der Armen, die auch weniger Heizmaterial anschaffen konnten. Unter den besseren Wohn- und Ernährungsbedingungen der höheren Gesellschaftsschichten konnte Gesundheit und Überleben leichter gesichert werden, was im Besonderen auch für das Heranwachsen der Kinder zutrifft, deren Chance, das Erwachsenenalter zu erreichen, in der Oberschicht größer war.

Königspaläste

Die Paläste der Könige von Israel und Juda und ihrer Vertreter in den Provinzen haben sicherlich zu den imposantesten Gebäuden des Landes gezählt. Die Bibel nennt jene in Jerusalem, Samaria, Jesreel und Tirza, es wird aber auch in anderen Residenzstädten, darunter vielleicht Ramath Rahel bei Jerusalem wie auch in der zeitweisen königlichen Hauptstadt Hebron entsprechende Anlagen gegeben haben. Die Beschreibungen der Bibel und die archäologischen Ergebnisse zusammengenommen lassen noch viele Fragen zu diesen Gebäuden offen.

Die Festung im Gibea Sauls, Tell el-Ful im Norden Jerusalems, kann mit einer gewissen Wahrscheinlichkeit als frühester königlicher Wohnsitz betrachtet werden und ist möglicherweise von den Philistern errichtet worden. Die Ausgrabungen legten Teile einer groben, festungsähnlichen Steinkonstruktion frei, deren Obergeschoß vorwiegend aus Holz bestand, um einen 52 m mal 35 m messenden Hof angelegt und durch gewaltige Ecktürme (13 m mal 9 m) verstärkt war. Der Plan läßt keine Ähnlichkeiten mit den Palästen der Kanaanäer aus der Bronzezeit erkennen. Bestenfalls kann man einen Zusammenhang mit den turmähnlichen Festungen (*migdal*) jener Zeit herstellen. Von David wird berichtet, daß er unter Mithilfe tyrischer Zimmerleute und Baumeister, die auch Zedernstämme verwendeten (2 Samuel 5, 11), ein Haus in Jerusalem baute. Vielleicht lehnte sich Davids Haus an tyrische, heute uns nicht bekannte Vorbilder an und hatte möglicherweise einen Repräsentationsraum mit einem großen Fenster, wie der Palast des Herrschers in Byblos in Phönizien, den Wen-Amun etwa ein Jahrhundert früher in seinem Reisebericht beschreibt. Wenn dies zutrifft, so ist Davids Palast ein frühes Beispiel eines Typus, der uns noch einmal begegnen wird.

Über die Bautätigkeit Salomos erfahren wir mehr aus der Bibel. Die Beschreibung seiner Palastanlage in 1 Könige 7, 1–9 erwähnt mehrere Gebäude (vgl. Abb. 28). Eines davon ist das »Libanonwaldhaus« mit Abmessungen von 50 m mal 25 m und 15 m Höhe aufgeteilt auf drei Ebenen. Das Erdgeschoß war durch vier Reihen von je 15 Pfeilern aus Zedernholz, die die Geschoßbalken trugen, in drei

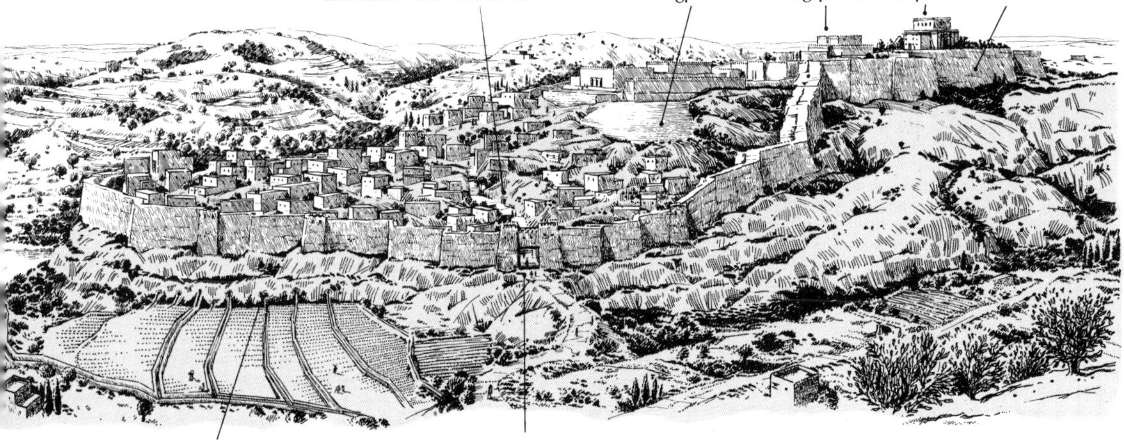

Abb. 28: Eine künstlerische Rekonstruktion Jerusalems, wie es zur Zeit Salomos ausgesehen haben könnte. Die Felder im Vordergrund könnten durch abgeleitetes Wasser aus dem Schiloach-Kanal bewässert werden.

längliche Durchgänge unterteilt. Vermutlich waren die zwei äußeren Pfeilerreihen mit dem Rücken an die Mauer angelehnt. Es gab drei Reihen quadratischer Fenster und Türen. Etwas summarisch werden eine Pfeilerhalle und eine Vorhalle, ein mit Zedernholz getäfelter Thronsaal, ein Hof, Salomos Privatgemächer und das Haus der Tochter des Pharao aufgezählt. Das Palastviertel befand sich in unmittelbarer Nähe zum Tempel und wurde aus Steinquadern errichtet, die auf gewaltigen, bis zu 5 m langen Fundamentsteinen ruhten. Die Umfassungsmauer weist nach drei Lagen Steinquadern eine Lage Zedernholzbalken auf. Das Fehlen jeglicher archäologischer Überreste läßt die Anordnung der genannten Komplexe, die nicht vollständig aufgezählt sein müssen, und ihre architektonische Gestaltung im Unklaren. Die Säulenhalle wurde mit jener in ähnlichen Gebäuden in Urartu (Armenien) und mit jener des Großen Tempels der Astarte in Kition auf Zypern verglichen und der Palast als solcher mit syrischen Anlagen in Sendschirli/Samal, Tell Halaf/Gosan, Tell Tayinat oder Hamath/Hamah. In den beiden letztgenannten Beispielen befindet sich der Palast, wie in Jerusalem auch, neben dem Tempel. Alle erwähnten Komplexe sind dem »hilani«-Typ zugehörig. Dabei handelt es sich um eine rechteckige Anlage, die durch eine zentral an der Längsseite gelegene Vorhalle mit einem monumentalen, durch Säulen gegliederten Eingang betreten wurde, zu dem mitunter ein Stiegenaufgang führt. Hinter der Vorhalle befindet sich in Längsrichtung der Thronsaal, in einem Nebenraum führt eine Treppenflucht in das Obergeschoß zu einem Prunkzimmer, das durch große Fenster sehr viel Licht erhält. Nicht nur der Palast Salomos sondern auch die monumentalen Steingebäude 6000 und 1723 aus dem davidischen oder eher noch salomonischen Megiddo VA wurden mit diesem Typus verglichen. Auch ein großes Gebäude in Jericho zeigt Ähnlichkeiten mit Palast 6000 von Megiddo. Es gibt allerdings auch Unterschiede. Die Komplexe 6000 und 1723 lassen den für den »hilani«-Typ charakteristischen Monumentaleingang mit Säulen vermissen und 1723 ist im Eingangsbereich mit protoaeolischen Pilasterkapitellen ausgestattet, die untypisch für »hilani«-Strukturen, aber ein häufiger Bestandteil israelitischer Monumentalarchitektur besonders des neunten Jahrhunderts v. Chr. sind (Abb. 21). Abgesehen davon wurde 1723 auch mit ägyptischen Gebäudekomplexen verglichen. Festzuhalten ist somit, daß die Entstehung der Monumentalarchitektur in Israel in unterschiedlichem Ausmaß Vorstellungen von Syrien, Phönizien und Ägypten aufgenommen hat.

Die königliche Akropolis in Samaria ist dank umfangreicher Grabungstätigkeit besser erforscht als das salomonische Jerusalem. Es ist allerdings nicht das gesamte Gelände untersucht und die entdeckten Gebäude sind zum Teil stark zerstört, darüber hinaus ist die Datierung der einzelnen Phasen strittig. Die eigentliche Akropolis, die über einer Gutshofstruktur aus dem elften Jahrhundert v. Chr. errichtet wurde, erhebt sich auf einer Plattform mit den Maximalmaßen von ca. 200 m mal 100 m. Während der omridischen Phase ist sie von einer außen mit einfachen Steinquadern verkleideten Mauer umgeben. Beim späteren Wiederaufbau und der Erweiterung, die vermutlich auf Ahab zurückgeht, wird eine imposante Kasemattenmauer mit beträchtlich größerem Umfang und sorgfältig verlegten Steinquadern an der Außenseite errichtet. Der Zugang erfolgte vermutlich von Osten. Der Palast, der nur teilweise freigelegt wurde und dessen Grundriß daher nicht vollständig bekannt ist, befand sich innerhalb der Umfassung. Soweit erkennbar, gruppieren sich Räume um offene Höfe, offenbar in Anlehnung an kanaanäische Traditionen. Hinter der omridischen Umfassungsmauer westlich des Palastes gibt es eine Reihe von Vorratsräumen, in welchen die berühmten Samaria-Ostraka gefunden wurden, bei welchen es sich um administrative Listen vermutlich aus dem frühen achten Jahrhundert v. Chr. handelt (Joasch und Jerobeam II.). Weitere Lagerräume befinden sich westlich außerhalb der Kasemattenmauer und gehen auf Jerobeam II. zurück. Nördlich der Palastanlage wurde ein großes Wasserbecken entdeckt, das vielleicht dem in 1 Könige 22, 38 erwähnten »Teich von Samaria« entspricht. Aus erheblich gestörtem Gebäudeschutt weiter östlich davon wurden Tonbullen, die von einer Kanzlei stammen könnten, und Elfenbeinschnitzereien, die einst die Wandverkleidungen oder Möbel verzierten, geborgen. Die genaue Herkunft des Elfenbeins, ob vom »Elfenbeinhaus« Ahabs (1 Könige 22, 38) oder einem späteren, königlichen Gebäude, ist umstritten und der genaue Standort eines solchen Hauses ist unbekannt. (Ebenso unbekannt ist der Aufstellungsort einer Stele mit amtlichem Text, von der aber nur ein kleines Fragment erhalten ist).

Ob es im samaritanischen Palast auch ein »Erscheinungsfenster« gab, wie es für den Palast in Jesreel beschrieben ist (2 Könige 9, 30 ff.), wissen wir nicht, da von den oberen Etagen nichts erhalten ist. Man fand allerdings eine Reihe protoaeolischer Pilasterkapitelle (Abb. 30), die zum Beispiel Durchgänge flankierten oder die Sichtseiten von Wänden schmückten. Sie kommen in Samaria in Verbindung mit sorgfältig gearbeiteter Steinquader-Architektur vor – eine Kombination, die für die israelitische Monumentalarchitektur typisch werden sollte. Diese Art des Kapitells

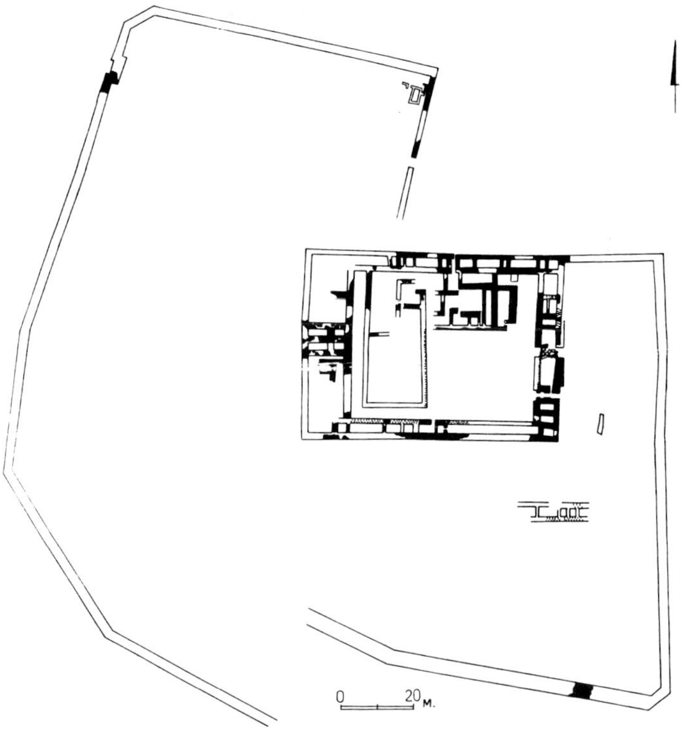

Abb. 29 Plan der Palastanlage von Ramath Rahel mit großem äußerem Hof und Umfassung sowie dem eigentlichen Palast, der von einer Kasemattenmauer aus Steinquadern umgeben ist. In der qualitativ hochstehenden Palastarchitektur finden sich proto-aeolische Kapitelle und mindestens ein ›Erscheinungsfenster‹ mit einer von winzigen Säulen gestützten Balustrade (vgl. Taf. 6.2,3). Beide dürften eher aus der früheren (neuntes bis achtes Jahrhundert v. Chr.) Phase denn aus der späteren stammen (siebtes bis sechstes Jahrhundert v. Chr.).

ist erst später in Phönizien und im phönizisch beeinflußten Zypern bezeugt und kann daher gemäß dem gegenwärtigen Stand unserer Kenntnisse nicht von dort abgeleitet werden. Es kommt auch in Transjordanien vor, doch sein hauptsächliches Verbreitungsgebiet ist Israel.

Die Überreste in Ramat Rahel südlich von Jerusalem geben uns vielleicht die aufschlußreichsten Informationen über Palast-Architektur, auch wenn die Chronologie des Komplexes umstritten ist (vgl. Abb. 29). Es wurden Fundamente und Teile der Umfassungsmauer gefunden, innerhalb welcher Gebäude in Steinquader-Architektur geschmückt mit protoaeolischen Kapitellen um einen Hof angeordnet waren (Taf. 3.2). Der Fund von dekorativen Gebäudeteilen des Obergeschosses ist sin-

Abb. 30 Hazor. Rekonstruktion des Eingangs zur Zitadelle, der mit proto-aeolischen Kapitellen geschmückt war.

gulär. Es handelt sich dabei um winzige, rot bemalte Säulen, die die Balustrade eines großen Fensters trugen (Taf. 6.3), in dem sich der König der Öffentlichkeit zeigte, und um stufenförmige Zinnen. Das gesamte Gebäude inmitten eines weitläufigen Exerzierhofes umgeben von einer Kasemattenmauer muß einen nachhaltigen Eindruck hinterlassen haben. Ob es sich dabei um den von Jojakim erbauten Palast handelt, der das Mißfallen Jeremias findet, oder ob sich dieser in Jerusalem befand, ist umstritten. Jeremia 22, 14 erregt sich an großen Fenstern, einer Zedernholzdecke und zinnoberroter Farbe. Die Funde in Ramat Rahel und die Erwähnungen Jeremias vermitteln eine Vorstellung der späten, israelitischen Palastarchitektur, in der alte Traditionen fortbestehen. Zwischen Juda und dem Nordreich scheinen hier keine wesentlichen Unterschiede bestanden zu haben. Erst der Einfall fremder Mächte und der Untergang der Monarchie setzten dieser gemeinsamen Architektur-Tradition ein Ende, obwohl sie anderswo weiterbestand. Im Nordreich entstanden öffentliche Gebäude im Stil des mesopotamischen Hofhauses und dienten den assyrischen Verwaltern als repräsentativer Wohnsitz. Dazu zählen Gebäude 1052 und 1369 in Megiddo III und die umgebaute Zitadelle von Hazor III. Später unterlagen diese Bauten lokalen Veränderungen.

Verteidigungsanlagen

In einigen israelitischen Städten gab es Zitadellen, von welchen aus sowohl Kontrolle über die Stadt ausgeübt als auch letzte Zuflucht in Zeiten der Not gewährt werden konnte. Strategisch an erhöhten Punkten inmitten der Stadt oder am Stadtrand gelegen, nahmen sie unterschiedliche Formen an. Die größten unter ihnen, wozu sicherlich jene der beiden königlichen Hauptstädte Jerusalem und Samaria zu zählen sind, werden einem plötzlichen Angriff eher widerstanden haben als einer längeren Belagerung. In Arad im südlichen Juda bestand eine etwas kleinere Verteidigungsanlage (Abb. 31), die vom frühen achten bis zum sechsten Jahrhundert v. Chr. (Strata X – VI) große Bedeutung hatte und von einer mächtigen Umfassungsmauer mit 3–4 m starken Bastionen umgeben war. Die Stadtmauer bestand aus kurzen Abschnitten, die in leicht gezahntem Verlauf aneinander gereiht waren. In ihrem Inneren gab es Wohneinheiten, Lagerräume und einen kleinen Tempel; der Hang außerhalb der Mauer war durch ein Glacis befestigt, das von einer äußeren Mauer Stabilität erhielt. Auch in Tell el-Cheleife ist für das achte Jahrhundert v. Chr. eine quadratische Verteidigungsanlage mit einer massiven, vor- und rückspringenden Umfassungsmauer und einer beachtlichen Steinquader-Struktur im Inneren belegt. In beiden Orten gibt es keine Anzeichen von Besiedlung außerhalb der Umfassungsmauern, daher wird man sie im strengen Sinn als Festungen und nicht als Zitadellen zu bezeichnen haben (wie es speziell im Fall von Arad häufig geschieht).

Das große Gebäude in Tell el-Cheleife wurde auch schon für einen Zollposten mit diversen Lagerräumen gehalten, doch auf Grund seiner Nähe zum »Vierraum«-

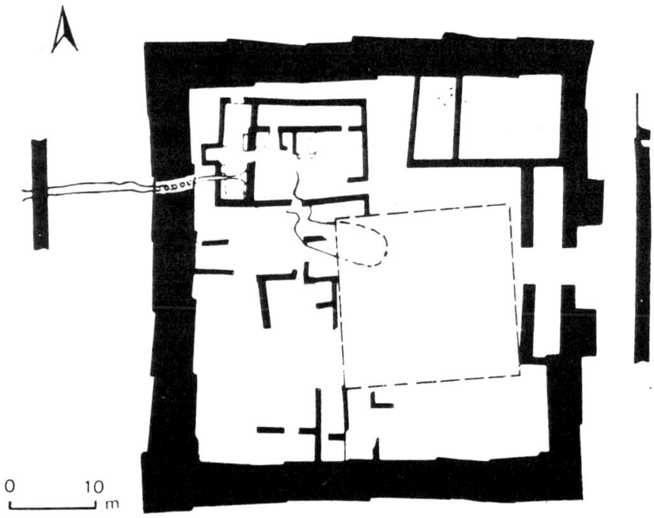

Abb. 31 Plan der Festung in Arad, Stratum X (frühes achtes Jahrhundert v. Chr.?). Die Anlage erstreckt sich über etwa 50 m mal 50 m und war von einer gewaltigen Umfassungsmauer umgeben, der eine Kasemattenmauer mit Türmen zugrunde lag. Sie hielt offenbar bis zur endgültigen Zerstörung der Festung durch Nebukadnezar stand. Ein kleiner Tempel (vgl. Abb. 63) in ihrem Inneren ist von besonderem Interesse.

Haustyp und der Gegenwart eines kleinen Glacis ist es auch mit einer nur mehr in den Grundmauern erhaltenen Struktur in der Zitadelle von Hazor VIII vergleichbar. Sie entstammt der Mitte des achten Jahrhunderts v. Chr. und ihr Grundriß kann auf ein sehr geräumiges »Vierraum«-Haus zurückgeführt werden. Wir wissen nicht, wie viele Stockwerke es besaß und ob diese möglicherweise aus Ziegelwänden bestanden. Der Eingang war jedenfalls mit protoaeolischen Säulenkapitellen geschmückt. Es grenzt an Verwaltungsgebäude und war an drei Seiten von der Stadtmauer umgeben, war aber nicht getrennt von der Stadt, sondern diente ihr als Bollwerk. Auch in En Gev befand sich eine Zitadelle im Norden der Stadt, doch dabei handelte es sich um eine vergleichsweise einfache Anlage.

Zusätzlich zu diesen bedeutenden Verteidigungsanlagen gab es mehrere kleinere Anlagen, die dieselbe Aufgabe hatten. Im samaritanischen Bergland existierten einfache Strukturen an wichtigen Punkten als Aussichtsposten, Signalstationen oder um Zugangsstraßen zu kontrollieren. In Juda, vor allem im Gebiet um Jerusalem, scheinen eine Reihe von festungsähnlichen Gebäuden und vereinzelten Türmen denselben Zwecken gedient zu haben. Dagegen sind die Festungen und befestigten Siedlungen im Negev eingebunden in ein Überwachungssystem, das den Zutritt zum Bergland kontrollierte und wichtige Karawanenrouten überwachte. In Kadesch Barnea ist schon im zehnten Jahrhundert v. Chr. eine elliptische Umfassung bekannt. Im achten Jahrhundert v. Chr. wurde dann die 40 m mal 60 m messende Festung errichtet, die von einer 4 m starken Mauer mit Bastionen an den Ecken und in der Mitte der Seitenmauern umgeben war. Ein durch eine Stützmauer gesicherter Erdwall gab ihr Stabilität. Im Inneren war ein Speicherbecken angelegt, das von einem Kanal gespeist wurde. Nach ihrer Zerstörung im frühen siebten Jahrhundert v. Chr. wurde die Festung etwas später mit einer Kasemattenmauer wieder errichtet und blieb bis zum Ende Judas 586 v. Chr. bestehen. Ein weiteres,

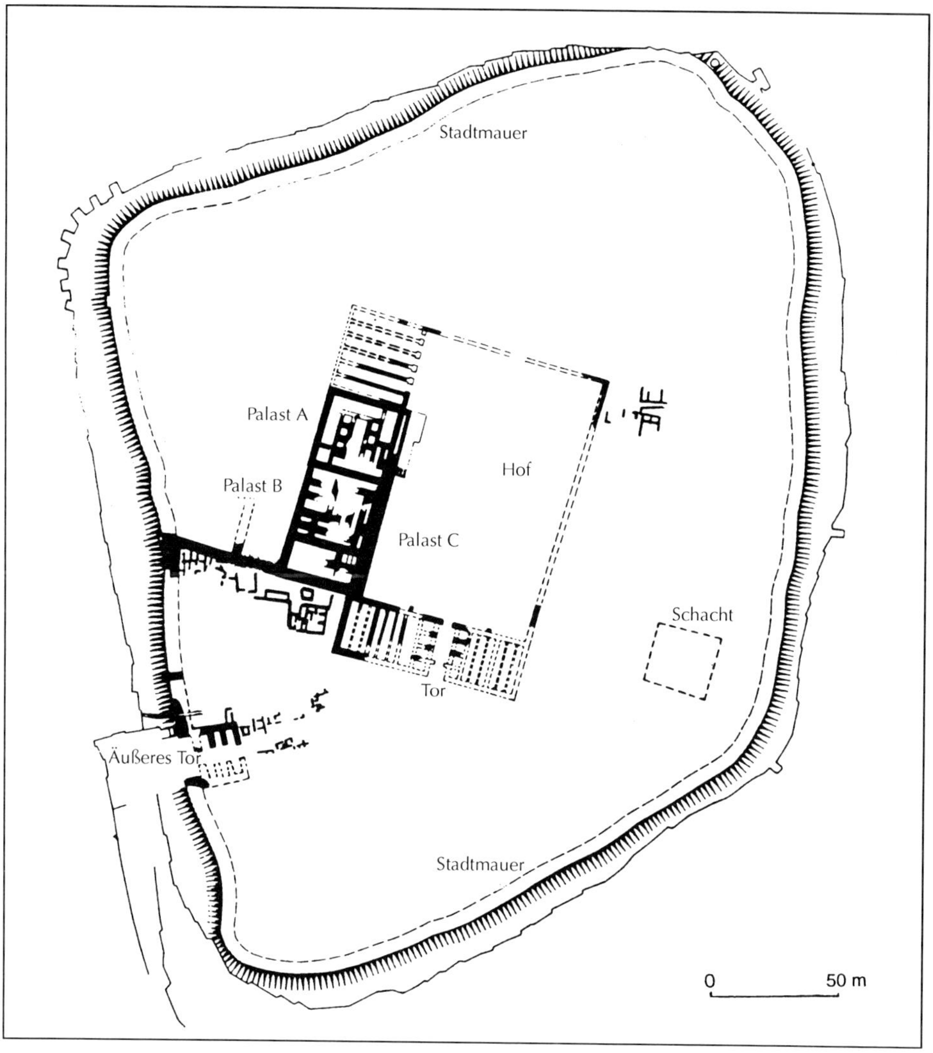

Abb. 32 Lachisch, Stratum III. Das Stadtbild ist geprägt vom riesigen Festungspalast, der das Zentrum der militärischen und staatlichen Macht beherbergte. Durch eine Mauer ist er mit der Stadtumfassung verbunden, die zugleich den Wohnbereich der Bevölkerung abtrennt.

jedoch viel einfacheres Beispiel dieser Art (Straßenstation) ist 50 km weiter südlich in Kuntillet Adschrud belegt.

Der Festungspalast in Lachisch, wohl aus dem zehnten Jahrhundert v. Chr. (Stratum V) als isoliertes Fort aus Ziegelwerk begonnen, wurde auf einem quadratischen Plateau von 32 m Seitenlänge errichtet, das von gewaltigen, stellenweise bis zu 11 m hohen, steinernen Fundamentmauern gestützt wird. Später, in den Straten IV und III (900–701 v. Chr.) erfuhr die Anlage eine Erweiterung nach Osten und Süden auf 76 m mal 36 m und fungierte als Herrschaftssitz (vgl. Abb. 32). Lagerräume und

Stallungen, die durch ein eigenes Tor zugänglich und um einen quadratischen Hof angeordnet waren, vergrößerten den Komplex nach Norden und Osten, der im Süden durch eine massive Mauer von der zivilen Stadt getrennt wurde. Die geringen Überreste erlauben keine Rekonstruktion des Grundrisses im Inneren, obwohl anscheinend die Räume um Innenhöfe angeordnet waren, doch die äußerst massiven Fundamente deuten doch auf ein mehrgeschoßiges Gebäude, das zumindest gegen Aufruhr und feindliche Überfälle einen gewissen Schutz bot. Es stellte insgesamt eher einen befestigten Palast denn eine Zitadelle im strengen Sinn dar. In Israel hatten die Zitadellen generell nicht jene Bedeutung wie etwa in Mesopotamien und waren auch anders, d. h. nicht auf einer Mauer sitzend, positioniert.

Die Planung und Ausführung dieser Bauten weisen sehr unterschiedliche Qualität auf. Das hohe architektonische Niveau im Nordreich in Megiddo und in gewissem Maße auch in Geser bleiben allerdings ungewöhnlich. Selbst in Hazor wurde nur zum Teil in der anspruchsvollen Steinquadertechnik gebaut und kleine Stützpunkte wie in Tell el Oreme/ Kinneret II sowie die dortige spätere Zitadelle I hinterlassen einen eher kümmerlichen Eindruck.

Stadtmauern und Stadttore

Städte waren in der Regel mit Stadtmauern umgeben. Üblicherweise errichtete man eine einzelne Mauer, gelegentlich, wie in Lachisch III und in Geser, eine Kombination von innerer und äußerer Mauer (in Lachisch könnte die Außenmauer niedriger gewesen sein). Ein verdeckter Weg außerhalb der Mauer, aber hinter einer Schutzwand, stellte eine weitere Variante dar. In vielen Orten wurde ein abgeschrägtes Glacis angelegt, das sowohl den Zugang zur als auch das Untergraben der Mauer erschweren sollte. In Lachisch befand es sich zwischen innerer und äußerer Mauer,

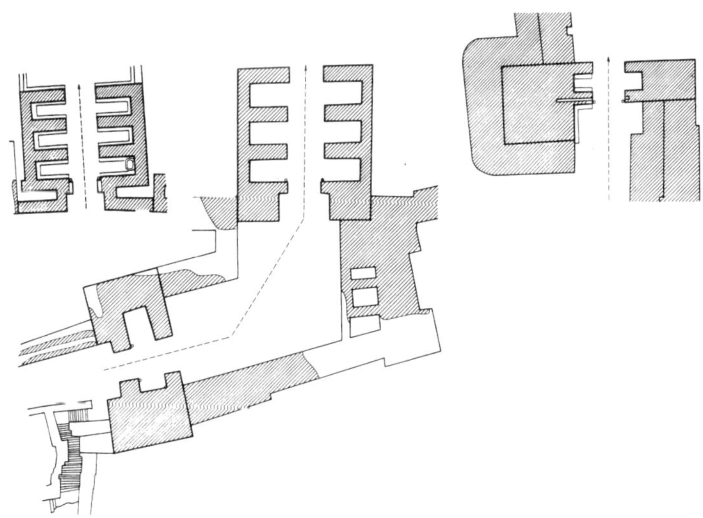

Abb. 33 Pläne israelitischer Tore in Geser und Megiddo, mit einfachen und doppelten Toren und Plan der Toranlage von Tell en-Nasbe mit übereinandergeführten Mauerstrecken der Stadtmauer, ähnlich wie in Dan.

Abb. 34 Rekonstruktion der Toranlage von Megiddo mit Haupttor und äußerem Tor, welche durch eine Zugangsstraße quer durch den Hof verbunden sind. Hier würden allfällige Eindringlinge sich nach rechts wenden und dabei ihre Seite und den Rücken den Verteidigern als Ziel bieten.

darüber hinaus ist ein Glacis in Hazor, Beerscheba, Tell Halif und En Gev belegt. Stadtgräben waren selten und stets trocken, beispielsweise in Hazor, Jesreel und Tell en-Nasbe. Sie erreichten bei weitem nicht die gewaltigen Dimensionen der Gräben der mittleren Bronzezeit. Die Stadtmauer selbst war das wichtigste Element des Verteidigungssystems. In der Frühzeit, einschließlich der Regierung Salomos, bevorzugte man Kasemattenmauern. Sie bestanden aus einer inneren und einer äußeren Mauer im Abstand von wenigen Metern, die durch quer laufende Mauern verbunden waren. Der dadurch gewonnene Raum konnte entweder als Vorratslager genutzt oder zur Beherbergung gedient haben oder einfach mit Erde gefüllt worden sein, wodurch sich auf günstige Art und Weise ein beträchtlich widerstandsfähiger Verteidigungswall ergab. Dieser billige Mauertyp blieb vor allem in Kleinstädten Judas, die weniger unter feindlichen Angriffen zu leiden hatten, lange in Gebrauch. In strategisch bedeutenden Festungen ging man ab dem neunten Jahrhundert v. Chr. dazu über, die Kasemattenmauern durch stabile, meterdicke Mauern zu ersetzen. Manche weisen einen geraden Verlauf auf, andere folgten einer durch Vor- und Rücksprünge unterbrochenen Linie, die etwas Flankenfeuer erlaubte, und wiederum andere waren mit geringfügigen Vorsprüngen versehen. An möglichen Schwachstellen der Mauern wurden Türme errichtet, die manchmal durch ein Glacis verstärkt waren. Türme finden sich insgesamt nicht häufig. Selten ist auch ein im Negev zu beobachtendes, Kreuzfeuer erlaubendes System, nach dem in regelmäßigen Abständen Türme in der Umfassungsmauer plaziert waren. Die Türme in Geser könnten vielleicht auf Salomo zurückgehen.

Die Mauern selbst wurden entweder in Stein- oder in Ziegelbauweise oder in einer Kombination beider errichtet, wobei dann eine meterhohe Steinbasis die Ziegelmauer trug. Die Qualität der Ausführung war sehr unterschiedlich. Es gibt Ansichtsseiten mit geglätteten Steinquadern, mit grob bearbeiteten Steinen, die an den Ecken Steinquader zur Stabilisierung benötigten und mit Verputz, hinter dem sich

Bruchgestein verbirgt. Wo sich die Mauern an Stadthügel oder Terrassierungen anlehnten, gewannen sie zusätzlich an Stabilität. Wie die Mauern in den oberen Abschnitten, also im Bereich von Wehrgang und Zinnen ausgesehen haben mögen, ist durch Ausgrabungen nicht belegt, weil davon bis auf eine Ausnahme nichts die Zeiten überdauert hat. In Lachisch III ist eine Bastion der äußeren Mauer in ursprünglicher Höhe von etwa 6 m erhalten, die Mauer selbst war 4, 6 m hoch, beide wurden im Zuge der assyrischen Belagerung verschüttet. Eine gestufte Zinne aus Megiddo stammt entweder von der Stadtmauer oder einem öffentlichen Gebäude. Assyrische Darstellungen der Belagerungen von Lachisch und Geser zeigen Standflächen für die Verteidiger bzw. Soldaten am oberen Ende der Mauer, die durch runde Schilde abgeschirmt werden. Fenster in den Türmen waren offensichtlich nicht für Bogenschützen bestimmt, auch sonst sind keine Mauerschlitze für sie erkennbar.

Die Tore einer Stadtmauer bedurften besonderer Aufmerksamkeit, da sie mögliche Schwachstellen im System darstellten. Vermutlich hatten sogar Städte wie Megiddo aus diesem Grund nur ein Stadttor, doch Jerusalem war durch mehrere zu betreten. Levantinischer Tradition folgend bestand die Toranlage aus einer turmartigen Struktur, deren zentral gelegener Durchgang von nischenähnlichen Kammern, gebildet durch seitlich vorspringende Mauern, flankiert war (vgl. Abb. 33). Falls Ussishkins Interpretation der assyrischen Reliefs, die die Belagerung der Stadt Lachisch darstellen, zutrifft, hatte das Stadttor dort um 701 v. Chr. ein von Zinnen gekröntes Obergeschoß und an der Außenseite vorspringende Türme. Die sogenannten »salomonischen« Toranlagen in Hazor, Megiddo und Geser, wobei die Datierung jener in Megiddo besonders umstritten ist, sind nach einem einheitlichen Schema mit geringen Abweichungen errichtet und weisen sechs solche Kammern auf, drei an jeder Seite. Dieses Grundschema bestand noch länger fort, wenn auch später die Seitenkammern auf zuerst vier und dann zwei – eine rechts und eine links – reduziert wurden.

Mit der Zeit wurden die Toranlagen wichtiger Städte, besonders aber in Lachisch und Dor fortwährend größer und massiver. Das Tor in Lachisch ist 25 m tief und 24, 5 m breit, im Vergleich dazu betragen die Abmessungen der salomonischen Toranlage in Megiddo 19, 75 m mal 17, 5 m. In Arad oder in Mezad Haschavjahu hatte das Torgebäude keine Seitenkammern, was aber nur selten vorkommt. Dan und Tell en-Nasbe weisen eine ungewöhnliche Mauerführung unter Beibehaltung des gebräuchlichen Torschemas auf: Das Tor ist tangential, nicht frontal, zwischen übereinander greifende Mauerstücke gesetzt.

Üblicherweise war nur ein Paar Türen in der äußersten Toröffnung vorgesehen, das in steinernen Türangeln ruhte. Jene in Lachisch III bestanden aus Akazienholz vom Negev, hatten arsenhaltige Bronzebeschläge und waren verschließbar. Die Zugänge zum Tor von innen und außen und die Passage selbst konnten gepflastert sein. Unter dem Pflaster war öfters ein Abflußkanal, der aus den benachbarten Wohnbezirken kam. Es gab auch verputzte Steinbänke und Wasserbecken, die den Stadtältesten bei ihren Treffen, den Wachmannschaften und Passanten zur Verfügung standen. Auch Durchreisende werden in den Kammern des Tores versorgt worden sein. Vor dem Haupttor in Dan wurden die Restes eines von vier Säulen auf syro-hethitischen Basen getragenen Baldachins entdeckt, der entweder als Schutzschirm für den königlichen Thron diente, wenn der König im Tor Hof hielt (vgl. 1 Könige 22,10) oder unter welchem eine Statue stand – ein bislang einzigartiges Element.

Strategisch besonders wichtige Orte waren mit einem zusätzlichen äußeren Tor ausgestattet, das vor dem Haupttor lag und mit diesem durch angrenzende Mauern verbunden war, die mitunter auch einen Hof umfaßten (vgl. Abb. 34). Angreifer, die das äußere Tor durchbrechen konnten, sahen sich dann von allen Seiten von Verteidigern umgeben. Diese doppelten Anlagen besaßen Megiddo VA – IVB, Geser, Dan, Lachisch III und Beerscheba V, wurden aber bei späteren Instandsetzungen zum Teil aufgegeben. Sicher achtete man bei solch bedeutenden Bauten auf solide Ausführung. So zeigt das »salomonische« Tor in Megiddo an der Ansichtseite sorgfältig bearbeitete Steinquader und dazwischen eine Reihe von horizontalen Holzbalken. Insgesamt erfüllten die israelitischen Verteidigungsanlagen ihre Aufgaben gut, wenn man bedenkt, wieviel Zeit und Aufwand die Assyrer, die Meister der Belagerungstechnik, benötigten, um Samaria und Lachisch zu Fall zu bringen. Dafür sprechen auch die Darstellung der Belagerung von Lachisch an einer der bedeutendsten Stellen im Palast Sanheribs in Ninive und der weise Entschluß, Jerusalem selbst nicht anzugreifen.

Lagerhäuser und Stallungen

In einem Land, in dem die Steuerleistung überwiegend in Form von Naturalien erbracht wurde, benötigte man für die in großen Mengen abgelieferten Waren wie Getreide, Öl und Wein erhebliche Speicherkapazitäten, die auch für den Getreide-

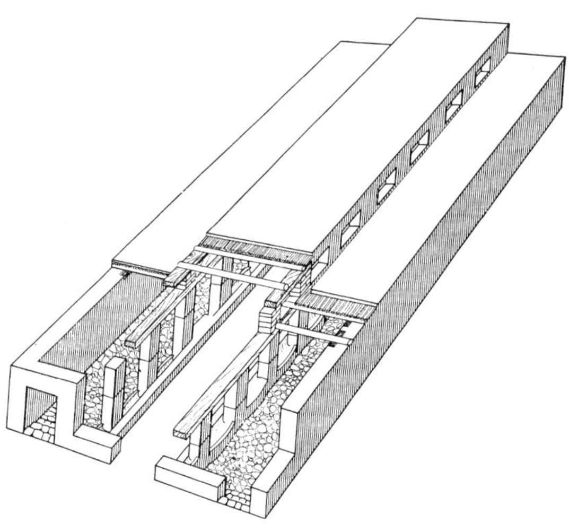

Abb. 35 Beerscheba II, Rekonstruktion eines Lagerhauses.

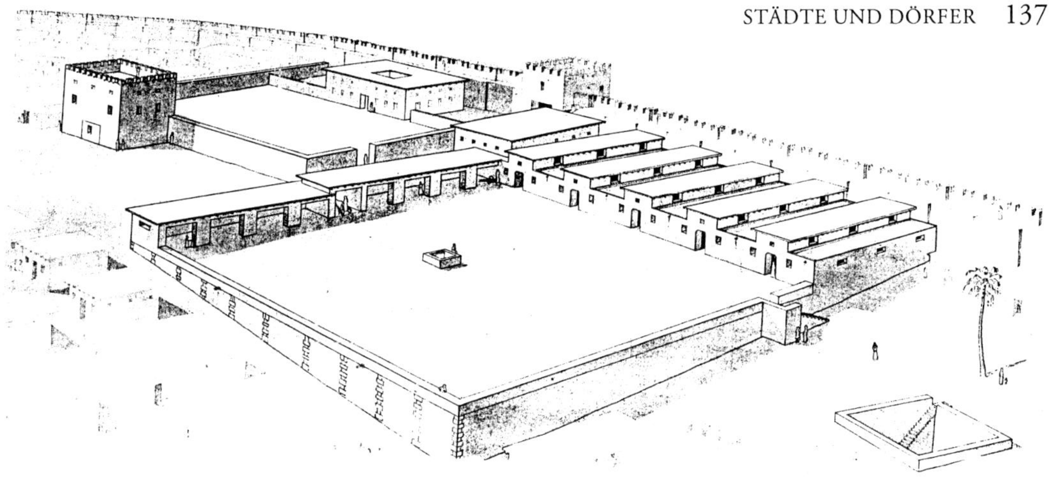

Abb. 36 Die »Stallungen« in Megiddo (Taf. 5.1). Werden auch als Lagerhäuser interpretiert. Wahrscheinlicher aber handelt es sich dabei um Stallungen für die Pferde der Streitwagen. Die Streitwagenkräfte in Israels Armee erlangten ob ihres Könnens großen Ruhm.

handel und zum Aufbewahren von Lebensmittelvorräten in Kriegszeiten oder während einer Hungersnot erforderlich waren. Es wird allgemein angenommen, daß in allen wichtigen öffentlichen, oder militärischen Zentren bestimmte Gebäude existierten, die – vielleicht nicht ausschließlich aber doch vorwiegend – diesem Zweck dienten. Die in Frage kommenden Strukturen sind etwa 30 m lang und 15 m breit und durch zwei Pfeilerreihen in drei längliche, etwa gleich breite Abschnitte gegliedert. Die beiden Seitenschiffe waren sicherlich überdacht, ob es der Mittelgang auch immer war, ist umstritten (Abb. 35). Die Gebäude selbst und besonders ihre Fußböden, die man vor allem gegen Feuchtigkeit schützte, wurden mit besonderer Sorgfalt angelegt. So bestanden die Schichten unter den Böden in Beerscheba aus mehreren Lagen von Asche, Sand und Holzkohle. Zwischen den Pfeilern befanden sich Steintröge.

In Hazor VIII fand man ein einzelnes Gebäude dieser Art, meistens sind sie aber in Gruppen angeordnet, wie zum Beispiel in Beerscheba nebeneinander an die Stadtmauer angrenzend oder in Lachisch IV–III um einen zentral gelegenen Hof. Es werden aber auch andere Räumlichkeiten, wie jene in den Kasemattenmauern oder die in Tell en-Nasbe neben dem verbauten Gebiet gefundenen Silos zur Einlagerung von Vorräten gedient haben, letztere wohl mehr für den kommunalen als den individuellen Gebrauch. Ein ähnlicher Verwendungszweck könnte einer Grube von 11 m Durchmesser an der Oberfläche und einer Tiefe von 7 m in Megiddo III zukommen, die mit Bruchsteinen ausgekleidet und mit zwei wendeltreppenähnlichen Stiegenfluchten versehen ist. Sollte es sich dabei um einen Getreidespeicher handeln, hätte er eine Menge von 450 Kubikmetern fassen können und notwendigerweise irgendeine Art von Überdachung gebraucht. In Beth Schemesch II fand man ein kleineres, ovales Silo und in Hazor VI ein viereckiges Steinsilo im Ausmaß von ca. 12 m mal 12 m und einer Tiefe von 3 m – 4 m.

Einer anderen Theorie zufolge, handelte es sich bei den erwähnten Komplexen im Sekundärgebrauch oder sogar zum Zeitpunkt ihrer Errichtung um Kasernen für das Militär. In manchen Fällen wäre dies möglich, da im alten Israel sonst keine Unterkünfte für die Armee bekannt sind. Die kommandierenden Offiziere lebten in schönen Gebäuden, doch die Truppen mußten Unterkunft finden, wo es ging. Schließlich gab es den Versuch, die diskutierten Strukturen als Markthallen zu interpretieren, was aber bei Megiddo und Lachisch äußerst unwahrscheinlich ist.

Auch die Pferde und Streitwagen der königlichen Streitmacht bedurften einer entsprechenden Unterbringung. Lange hielt man eine Gebäudegruppe in Megiddo IVA für Pferdestallungen (Taf. 5.1 und Abb. 36). Ursprünglich salomonisch (1 Könige 9, 19), später in die Zeit Ahabs datiert, da dessen Streitwagentruppe berühmt war. Sie sind nach dem Schema der oben beschriebenen Lagerhäuser errichtet und in diesem Fall könnte man die Tröge zwischen den Pfeilern als Futtertröge und die Löcher in den Pfeilern als Vorkehrungen zum Anbinden der Tiere interpretieren. Die Böden der Seitenschiffe waren gepflastert, damit die Pferde im Trockenen stehen. James Pritchard stellte die Deutung der Strukturen in Megiddo als Ställe in Frage und hielt auch sie für Lagerhäuser. Viele folgten seiner Sicht, andere, darunter Yigael Yadin und besonders E.J. Holladay, widersprachen heftig. Letztlich müssen wir uns mit Vermutungen zufrieden geben, alles in allem wird aber die ursprüngliche Deutung zu bevorzugen sein. Dies trifft vor allem für Megiddo zu, wo es Vorgängerbauten aus der Zeit Salomos gab, allerdings weniger – nur zwei oder drei sind bekannt. Vor kurzem wurden auch für Lachisch in Residenznähe Unterbringungsmöglichkeiten für 50 Streitwagengespanne zur Diskussion gestellt.

Es gab auch den Vorschlag, die Pferde wären nur in losen Unterständen, die keine erkennbaren Spuren hinterlassen hätten, gehalten worden, doch es ist schwer vorstellbar, daß diese einen geeigneten Aufenthaltsort für die königlichen Wagenpferde darstellten. Andererseits ist es aber auch nicht undenkbar, daß derselbe Gebäudetyp für verschiedene Zwecke adaptiert werden konnte. So gibt es in Lachisch IV und Hazor VIII – VII Gebäudegruppen mit langen, schmalen, allerdings nicht durch Pfeiler unterteilten Räumen in unmittelbarer Nähe der Paläste, die vielleicht als »Schatzkammern« zur Aufbewahrung von Waffen und wertvollen Metallen dienten. Das Ostraka-Haus in Samaria ist in diesem Zusammenhang zu nennen, wenn es auch mitunter als Zeugnis für einen anderen Typus von Gebäude gehalten wird, nämlich für die »Kanzlei der Schreiber«.

Öffentliche Wasserversorgung

In erster Linie versorgte die Quelle in unmittelbarer Nähe der Stadt ihre Bewohner mit Wasser. Zusätzlich oder als Alternative war es erforderlich, Zisternen anzulegen. Obwohl nicht jeder Privathaushalt eine Zisterne besaß, wurden in Tell en-Nasbe immerhin 53 gefunden. Auch von der Regierung wurden Zisternen für die Öffentlichkeit angelegt, wie jene von König Asa in Mizpa errichtete (Jeremia 41, 9). Brunnen waren in Israel selten und wo es sie gab, beispielsweise außerhalb des Stadttores von Beerscheba, stets allgemein zugänglich. Für den privaten Haushalt war es sicher zu kostspielig, einen Brunnen im hügeligen Gelände zu graben. Nach Prediger 12, 6 waren sie mit einem Rad ausgestattet, über welchem das Seil zum Hochziehen des Schöpfbehälters lief.

Trotzdem reichten diese Vorkehrungen angesichts einer stets steigenden Bevölkerungszahl und angesichts der Tatsache, daß die Quellen meist außerhalb der Stadtmauern lagen und der Zugang zu ihnen in Kriegszeiten durch den Feind verhindert werden konnte, nicht aus. Daher mußten öffentliche Stellen Maßnahmen ergreifen, um die Wasserversorgung vor allem in den beiden Hauptstädten Jerusalem und Samaria aber auch in den wichtigen Festungen und Verwaltungssitzen sicherzustellen. Die Leistungen Israels für die Allgemeinheit sind in diesem Bereich beeindruckend und gehen, soweit bekannt, weit über die Bemühungen der Nachbarländer hinaus. In Urartu (Armenien) und Assyrien war vor allem die Wasserzufuhr für die königlichen Parks, Gärten, Felder und sonstigen Grundstücke organisiert; der private Haushalt war bezüglich der Wasserversorgung auf sich gestellt.

In Israel gab es verschiedene Methoden, die Versorgung der Bevölkerung mit Wasser zu gewährleisten und diese auch im Falle eines Krieges sicherzustellen. Dazu legte man Becken an, die von einer Quelle oder vom abgeleiteten Regenwasser gespeist wurden und mitunter ein beträchtliches Volumen fassen konnten. Manche stellen eine technische Meisterleistung dar. In einem kürzlich entdeckten Becken wurde durch einen Staudamm von 40 m Länge, 6 m oberer und 7 m unterer Stärke im St. Anna Tal (Bethesda) in Jerusalem neben den späteren Schafbecken Regenwasser aufgestaut und nach einem ausgeklügelten System über einen Kanal entlang des Kidron-Tales nach Süden zum Nordende der Davidsstadt geleitet. Die Konstruktion wird der Spätzeit des judäischen Königreichs zugeschrieben und läßt das frühere Becken in der Akropolis von Samaria klein erscheinen. Die Errichtung des Staudammes, der das durch den Schiloach-Tunnel zum Schiloach-Teich in Jerusalem hingeleitete Wasser zurückhält, kann ebenfalls größere Bauarbeiten erfordert haben.

Die Becken befanden sich oft außerhalb der Stadtmauer, größere Sicherheit boten natürlich Verteilungssysteme innerhalb der Stadt. Dafür stellt der Schiloach-Tunnel eines der herausragendsten Beispiele dar. Andernfalls wurde oft ein geschützter Zugang zur außerhalb der Stadt liegenden Quelle geschaffen. In Megiddo VA – IVB führt eine lange, abschüssige, unterirdische Galerie von der Stadt zur Quelle, die einer Höhle am Fuß des Tells entspringt. Der äußere Zugang wurde durch eine bewachte Überbauung geschützt. Yadin hält diesen Status für salomonisch; man vergleiche auch eine ähnliche, aber etwas frühere Anlage in Tell es-Saʿidiye. Während des neunten Jahrhunderts v. Chr. erfuhr die Wasserversorgung durch eine neue Konstruktion, die beachtliches Können und große Mittel erforderte, größere Sicherheit. Der äußere Zugang zur Quelle wurde zugemauert. Innerhalb der Stadtmauer wurde ein tiefer Schacht in den Felsen getrieben und im unteren Bereich zur Erleichterung des Abstiegs mit Stufen ausgestattet, von welchen man durch einen Tunnel die Quelle erreichen konnte – unbehelligt und in vollkommener Sicherheit. Eine andere Möglichkeit bestand darin, die Sohle des Schachtes so tief zu legen, daß sich das Wasser dort sammelte und mit herabgelassenen Eimern geschöpft werden konnte.

In Megiddo IVA wurden beide Varianten eindrucksvoll erprobt (Abb. 38). Ein 35 m tiefer Schacht, oben durch Steinmauern verstärkt, unten aus dem Felsen gehauen, war durch einen 63 m langen Gang mit der Höhle, aus der die Quelle sprudelte, verbunden. Ursprünglich gelangten die Wasser tragenden Frauen über aus dem Fels geschlagene Stufen im unteren Schachtbereich entlang des Durchgangs direkt bis zur Quelle. Später wurden die Stufen entfernt und der Tunnel eingetieft, so daß das Quellwasser bis zur Schachtsohle fließen konnte, die nun als Brunnen fungierte. Allerdings kehrte man wieder zum Ursprungszustand zurück, legte neuerdings Treppen an und erreichte somit wieder zu Fuß die Quelle.

Eine weitere Möglichkeit, die Wasserversorgung der Bevölkerung zu gewährleisten, bestand in der Konstruktion einer Schacht- und Stollenanlage, um das Grundwasser zu erschließen. Während der Regierung Ahabs entstand eine außerordentlich beeindruckende Anlage dieser Art in Hazor VIII (Abb. 39). Man grub einen 19 m mal 15 m großen Schacht bis zu einer Tiefe von 30 m. Die oberen 10 m mußten durch Mauern gesichert werden, die restlichen 20 m schlug man in den Felsen. Von der Schachtsohle führte ein 22 m langer, abschüssiger Stollen auf Grundwasserniveau. Die entlang der Schachtwände abwärts führenden Treppen waren breit genug, um zum Beispiel zwei mit Wasserkrügen beladenen Maultieren gegenseitiges Passieren zu ermöglichen. In Gibeon gibt es geringfügige Abweichungen von diesem Schema. Hier ist der Schacht mit einem durchschnittlichen Durchmesser von 11,3 m zylindrisch. Eine spiralförmige, aus dem Felsen geschlagene Treppe (Farbtaf. 7.1), gesichert durch eine Brüstung, führt entlang der Schachtwand abwärts bis zu einer Tiefe von 11,8 m. Von hier führte ein zweiter, viel engerer und roher Schacht weitere 13,6 m hinab bis zum zeitgenössischen Grundwasserspiegel. Um dem erhöhten Bedarf an Wasser gerecht zu werden, konstruierte man ein zweites System, das einen getreppten Stollen aufweist: Eine in Israel bis jetzt einzigartige Galerie von 48 m Länge, die unterhalb der Stadtmauer durch und hinaus zur Quellenhöhle führt. Das genaue Alter dieser Systeme ist nicht mit Sicherheit zu bestimmen, ist aber allgemein mit der Eisenzeit anzugeben. Der zylindrische Schacht könnte nach dem assyrischen Einfall 701 v. Chr. nicht mehr in Gebrauch gewesen sein. Auch in Geser begann man mit der Konstruktion eines ähnlichen Schachtsystems, es blieb aber unvollendet.

Mehrfach wurden auch verschiedene Systeme gleichzeitig angelegt und benützt, um eine ausreichende Wasserversorgung zu sichern. Jerusalem ist dafür ein sehr gutes Beispiel (Abb. 37). Eine Vielzahl von Becken, in welchen über eine beträchtliche Oberfläche Regenwasser gesammelt werden konnte, ergänzten die Wasserressourcen der Gichon-Quelle am Fuß des Ophel. Eine unbedeutendere Quelle (Job's well) weiter im Süden wurde durch ein Erdbeben 763/62 v. Chr. verschüttet. Die Vermutung, daß in der Eisenzeit Wasser von den »Salomonsteichen« nach Jerusalem geleitet wurde, findet heute keine Unterstützung.

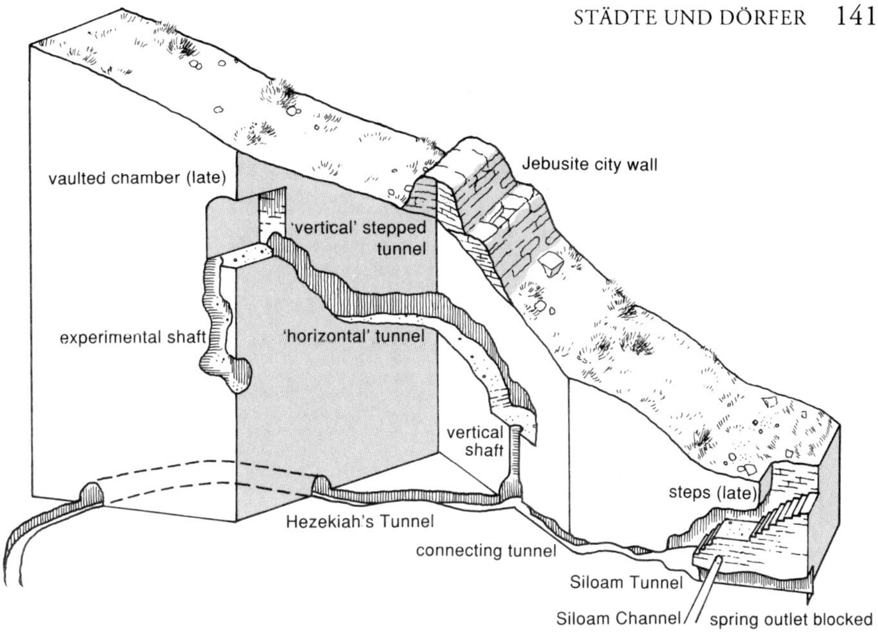

Abb. 37 Diagramm der unterirdischen Wasserversorgungssysteme in Jerusalem (Warren's Schacht usw.). Alle Systeme hängen vom Wasser der Gichon-Quelle ab, und wurden zu unterschiedlichen Zeitpunkten errichtet, um eine sichere Versorgung der Stadt mit Wasser zu gewährleisten.

Die Vorrichtungen zur Nutzung der Schiloach-Stadtquelle sind das Resultat einer längeren Entwicklung, die mehrteilig und kompliziert ist, und unser Bild von ihr ist vor kurzem durch die Ausgrabungen von R. Reich und E. Schukron maßgebend verändert worden. Einen ersten Teil des Systems formt der Schiloach-Kanal, der das Wasser der Quelle entlang des unteren Bereichs des Osthügels der Stadt zu einem Teich am Südende des Hügels führt. Daß er Felder und Gärten, einschließlich der königlichen Gärten (2 Könige 25, 4) bewässerte, wird jetzt nicht mehr angenommen. In Kriegszeiten mußte jedoch eine sicherere Vorrichtung vorhanden sein. Bis vor kurzem wurde diese mit dem von Captain Charles Warren 1867 entdeckten System identifiziert, das dieser für spätbronzezeitlich hielt, von Yigal Shilo aber in das zehnte oder neunte Jahrhundert v. Chr. datiert wurde. Es besteht aus einem von der Stadt aus begehbaren, unterirdisch angelegten Zugang zu einem Schacht, der 15 m in die Tiefe führt und durch einen horizontal geführten Tunnel mit der Quelle verbunden ist. Das Wasser konnte, so nahm man an, von der Quelle zum Schacht fließen, von wo es mit Eimern aus dem Schacht geschöpft wurde. Reich und Schukron haben jedoch erwiesen, daß es kaum möglich ist, Wasser mit dem Eimer aus dem Schacht zu schöpfen; ferner ist der Schacht naturgeformt und anscheinend eine späte Zufallsentdeckung. Zum Wasserholen ging man statt dessen weiter den Zugangsstollen entlang bis oberhalb eines Wasserbeckens, das mit der Quelle verbunden war und durch zwei oder drei benachbarte Türme verteidigt wurde. Hier konnte in Sicherheit Wasser geschöpft werden. Um den äußeren Zugang noch weiter zu sichern, wurde die Quellenanlage, die wohl aus der Mittelbronzezeit stammt, vermutlich im späten achten Jahrhundert v. Chr., innerhalb einer neuen, äußeren Stadtmauer plaziert. Äußerungen der Fachwelt stehen noch aus. Ein

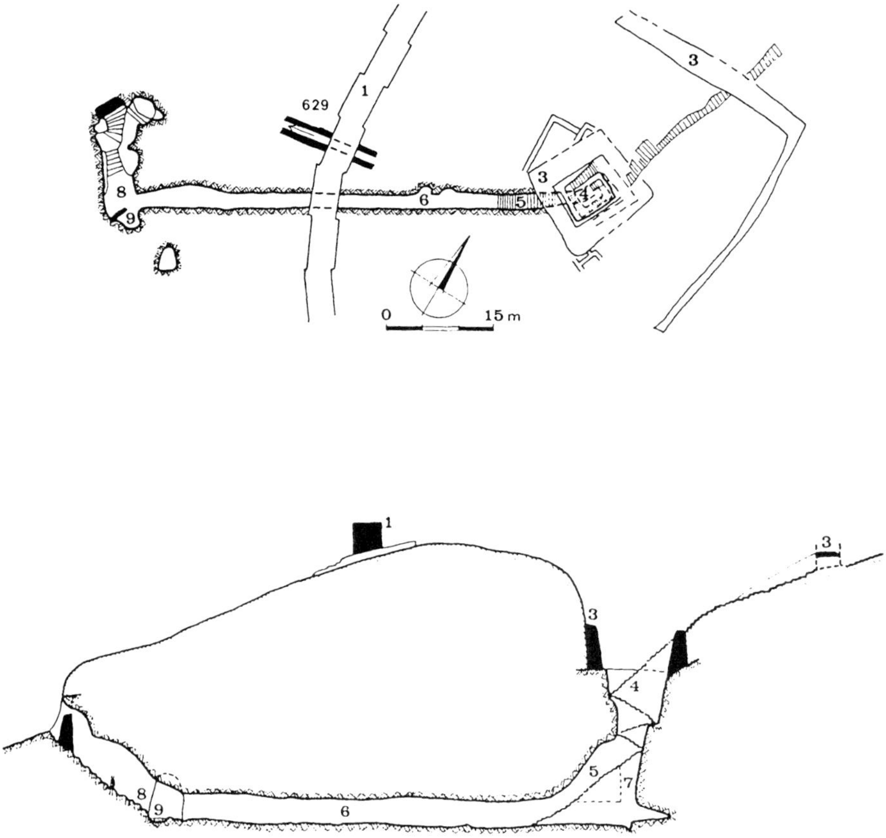

Abb. 38 Wasserversorgungsystem in Megiddo, Grundriß und Schnittzeichnung.

drittes, vom Konzept her vor allem auf die Sicherheit der Wasserversorgung der Jerusalemer Bevölkerung bedachtes System entstand in Erwartung eines Angriffs und einer möglichen Belagerung durch Sanherib 701 (oder 688) v. Chr. und stellt eine absolute Meisterleistung antiker Bautechniker dar. Der natürliche Ablauf der Quelle wurde blockiert und in einem Tunnel zu einem Wasserreservoir innerhalb der Stadtmauer umgeleitet. Die Streckenführung des Tunnels, die aus heute noch ungeklärten Gründen eine S-Form beschreibt, entweder um die Königsgräber nicht zu tangieren oder einer natürlichen Felsspalte folgend, und eine Neigung von 0,06 % auf einer Gesamtlänge von 533 m (ursprünglich vielleicht sogar 600 m) zeugen von herausragend kompetenter Planung und Ausführung. Der Tunnel wurde im Gegenortverfahren errichtet: Man begann an den beiden Tunnelenden und arbeitete sich nach geringen Richtungs- und Niveaukorrekturen zum Durchbruch vor. Nach derselben Methode ging man auch beim Tunnel in Megiddo vor.

Bei den Tunnelarbeiten mußten Tausende Tonnen Fels geschlagen und wegtransportiert werden – beim Schiloach-Tunnel über eine Strecke von bis zu 300 m. Bedenkt man, daß an vorderster Front aus Platzgründen nur je ein Steinhauer arbeiten

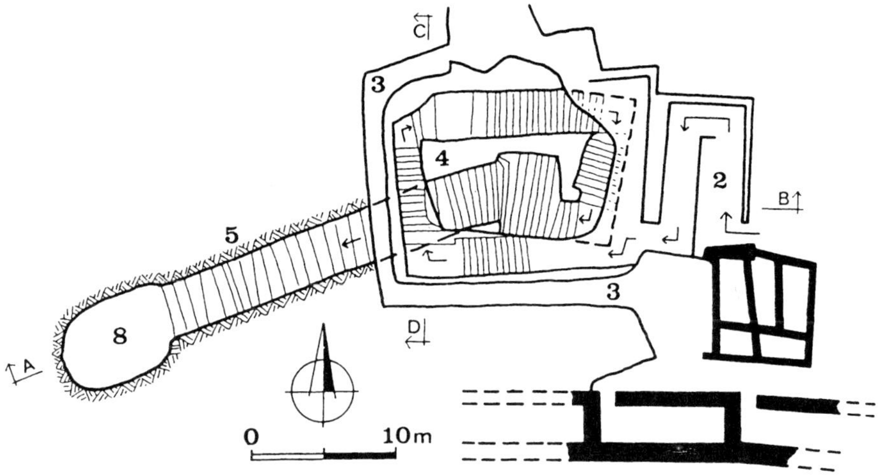

Abb. 39
Anlage zur Wasserversorgung in Hazor im Grundriß.

und pro Tag vielleicht einen halben Kubikmeter Fels abbauen konnte, wären etwa 1100 Arbeitstage erforderlich gewesen. Da aber der Tunnel von beiden Seiten vorwärts getrieben wurde, wäre die nötige Arbeitszeit nur die Hälfte von 1100 Tagen, also etwa 550 Tage, gewesen. (Nach einer anderen Annahme war die tägliche Arbeitsleistung beträchtlich höher und damit die Arbeitszeit entsprechend kürzer.) Ein Schichtbetrieb rund um die Uhr wird zur Verkürzung beigetragen haben. Die »Schiloach-Inschrift« (Taf. 18.2) drückt nachhaltig den Stolz und die Freude über die gelungene Fertigstellung des Tunnelprojektes aus. Dadurch war die Wasserversorgung in Jerusalem durch mehrere gleichzeitig arbeitende Systeme gedeckt und dementsprechend gibt es auch keinerlei Hinweise darauf, daß die Stadt bis zu ihrer Zerstörung durch die Babylonier 586 v. Chr. unter Wasserknappheit gelitten hätte.

BAUTECHNIKER UND BAUTECHNIK IN ISRAEL

Die öffentlichen Bauvorhaben in Israel weisen oft einen gewaltigen Umfang auf und erfordern mannigfache Sachkenntnis. Dazu muß es Menschen mit einer speziellen Ausbildung und einem hohen Maß an Kompetenz gegeben haben. Im phönizischen und punischen Bereich sind solche Spezialisten auch in Inschriften genannt. In Israel dagegen legen ausschließlich die Überreste ihrer Werke ein beredtes Zeugnis ihres Könnens ab. Vor allem israelitische Wasserbautechnik muß auch im Ausland hohes Ansehen genossen haben. So wird zum Beispiel von König Mescha von Moab überliefert, daß er israelitische Kriegsgefangene für Arbeiten zur Sicherung der Wasserversorgung in seinem Land einsetzte. Sogar in Nordarabien wurde ein von F. W. Winnett und W. Reed in Skaka entdeckter Wasserschacht mit dem Wasserversorgungssystem von Gibeon verglichen, bei dem vielleicht in Israel ausgebildete Spezialisten tätig waren. Auch in Assyrien wird um 701/700 v. Chr. von einem israelitischen Baumeister oder Maurer – vielleicht in Kriegsgefangenschaft – berichtet.

Die Vermessung und Planung von Großprojekten in direktem Auftrag der Krone zeigen ein Höchstmaß an Professionalität und sind absolut vergleichbar mit der königlichen Bautätigkeit in Ägypten oder Assyrien. Auch sind wichtige Gebäude in Israel vergleichbar genau vermessen und im äußeren Erscheinungsbild ähnlich fertiggestellt, einschließlich gelegentlich vorkommender Fehler. Man denke zum Beispiel an die drei grundlegend fast identischen »salomonischen« Tore in Hazor, Megiddo und Geser, die die Annahme eines zentralen, königlichen Planungsbüros, wo die Pläne auch aufbewahrt wurden, mit einem qualifizierten Mitarbeiterstab sehr wahrscheinlich machen. Diese Mitarbeiter mußten auch in der Lage sein, ungelernte und angelernte Zwangsarbeiter, die etwa Salomo ausgehoben hat (1 Könige 5, 27 ff.) oder die von Asa zum Bau von Geba und Mizpa verpflichtet wurden (1 Könige 15, 22), zu beaufsichtigen. Darüber hinaus waren Vorkehrungen zu treffen, eine so große Anzahl von Menschen unterzubringen und mit Lebensmitteln zu versorgen und Futter und Wasser für die Arbeitstiere bereit zu stellen. Dadurch war es möglich, daß eine begrenzte Zahl von Spezialisten etwa den Bau eines Wassertunnels oder einer Stadtumfassungsmauer überwachte – in jener von Tell en-Nasbe lassen sich zum Beispiel Abschnitte unterscheiden, die auf verschiedene Arbeitstrupps zurückgehen.

Die bei Großprojekten tätigen, verantwortlichen Techniker mußten, wie ihre Kollegen im benachbarten Ausland, auch in der Lage sein, die Mengen des benötigten Baumaterials und der erforderlichen Lebensmittel richtig einzuschätzen. Sie mußten zu Zeiten, in denen sie sich nur auf die menschliche Kraft und deren Unterstützung durch Arbeitstiere verlassen konnten, wissen, wie man erhebliche Mengen Erde oder Felsen transportiert oder wie man schwere Lasten bewegt und hebt. Einfache mechanische Hilfen wie der Flaschenzug waren noch unbekannt, zeitweise dürfte man sich mit Rampen geholfen haben. Aufschüttungen waren eine einfache, aber effektive Methode, um das gewünschte Niveau für zu errichtende Gebäude oder die nötige Stabilität von Fundamentmauern zu erhalten und sind als Spezialität israelitischer Techniker in die Baugeschichte eingegangen. Auf diese Art entstanden die Terrassen am Osthügel in Jerusalem und die Nivellierungsarbeiten in Megiddo, die vor der Errichtung des Stall- oder Lagerhauskomplexes notwendig waren. Bei den Großprojekten wurden tausende Tonnen Material bewegt und abtransportiert: etwa 5000 Tonnen Fels beim Wassertunnel in Hazor und etwa 3000 Tonnen Kalkstein beim zylindrischen Schacht in Gibeon. Erschwerend hinzu kam die ohnehin anspruchsvolle Arbeit unter Tage, die die Vermessung vor zusätzliche Probleme stellte.

Bei den eigentlichen Gebäuden bevorzugte man einige wenige Grundriß-Schemata, die dem jeweiligen Verwendungszweck angepaßt waren. So nutzte man das lange, hallenartige Gebäude mit Haupt- und Seitenschiff als Lagerhaus, Markthalle oder Stallung oder adaptierte das Modell des »Vierraum«-Hauses gemäß den Erfordernissen eines Gebäudes in einer Zitadelle. Ein zylindrischer Aushub mit spiralförmigen Treppen entlang der Wand bildete in Gibeon die Grundlage für einen

Wasserschacht und in Megiddo III die Grundlage für eine große Getreidegrube. Außerhalb des städtischen Gebietes bediente man sich vielleicht ähnlicher Techniken, verfolgte hier aber andere Ziele: Terrassierung, um Flächen für Ackerbau und Gärten zu gewinnen, oder Tunnelbau, um Felder zu bewässern oder manchmal auch Bergbau zu treiben. Vielleicht reichen die Ursprünge dieser Techniken bis in kanaanäische Zeit zurück und sind möglicherweise auch von außerhalb beeinflußt, in Israel sind sie aber gepaart mit Einfallsreichtum zu großer Fertigkeit verfeinert und gereichen den alten Israeliten zur Ehre – mehr als ihnen bisweilen erwiesen wird.

EINFLÜSSE VON AUSSEN

Betrachtet man israelitische Siedlungen und Städte mit ihren privaten und öffentlichen Gebäuden, erkennt man ein Nebeneinander von lokalen Entwicklungen und Anleihen aus anderen Kulturen. Die Anlage israelitischer Wohnstädte und der darin sich befindlichen Privathäuser scheinen eine einheimische Entwicklung darzustellen. Die Gesamtplanung der Städte mit vorwiegend öffentlichem Charakter, die mitunter sehr unterschiedlich sind, kann im allgemeinen nicht von Vorbildern außerhalb des Landes abgeleitet werden. Einheimischen Ursprungs ist auch die »Pfeiler-Haus«-Methode des privaten Wohnbaus, die zwar später auch im phönizischen Bereich ähnlich zu beobachten ist. Die Herkunft der Verwendung des sorgfältig behauenen Steinquaders, oft in Verbindung mit protoaeolischen Kapitellen, in öffentlichen Bauwerken ist unklar, wurde aber dann zu gleichen Teilen in Phönizien und Israel verwendet. Der Grundriß einiger israelitischer Paläste könnte direkt oder über phönizische Vorbilder vom nordsyrischen »hilani«-Typ inspiriert sein. Dagegen scheint die hallenartige, durch zwei Pfeilerreihen in Haupt- und Seitenschiffe gegliederte Konstruktion für Lagerhäuser und Stallungen eine lokale Entwicklung zu sein.

Im Bereich der Verteidigungsstrukturen gehen die Kasemattenmauern letztendlich vermutlich auf hethitische Vorläufer zurück, obwohl sie im mittelbronzezeitlichen Palästina bekannt waren. Da sie aber in der späten Bronzezeit praktisch verschwinden, erhebt sich die Frage, ob ihre Wiedergeburt in der frühen Eisenzeit auf kanaanäische Traditionen zurückgeht oder ob sie von außerhalb nach Palästina zurückkehrten. Wir wissen es nicht. Dagegen scheint es sich beim zweiten, massiven Mauertyp, nämlich bei den hauptsächlich zur Zeit des geteilten Reiches auftretenden Mauern mit Vor- und Rücksprüngen, um eine israelitische Erfindung zu handeln. Die Stadttore weisen Ähnlichkeiten mit jenen des bronzezeitlichen Palästina aber auch mit zeitgenössischen nordsyrischen auf und wiederum ist die Frage nach der tatsächlichen Herkunft der israelitischen Gestaltung dieser architektonischen Komponente schwierig zu beantworten. Schließlich könnten die israelitischen Wasserversorgungssysteme, speziell die Tunnelanlagen, auf Vorgänger in Kanaan und Anatolien oder auch Ägypten zurückgehen, doch die israelitischen Techniker entwickelten eigene Traditionen. Überraschend ist die verhältnismäßige Seltenheit ägyptischer Traditionen in diesen Belangen: Sie könnte beabsichtigt sein.

BESTATTUNG DER TOTEN

Vom Aufenthaltsort der Lebenden kommen wir nun zu jenem der Toten. Der zeitgenössische Orient kennt sowohl die Erdbestattung als auch das Verbrennen der Verstorbenen. In Israel sah man üblicherweise vom Verbrennen der Toten ab. Das Einäschern der Überreste Sauls und seiner Söhne (1 Samuel 31, 12–13) war ein Notfall und stellt eine Ausnahme dar, und das »große Feuer« beim Begräbnis von König Asa von Juda (2 Chronik 16, 14) ist eher den dort verbrannten Gewürzen zu verdanken. Gleichwohl gibt es trotz allgemeiner Präferenz der Erdbestattung verschiedene Möglichkeiten, dabei vorzugehen, etwa in- oder außerhalb der Stadt zu bestatten. In der Levante war es während der Bronzezeit und auch danach durchaus üblich, sowohl Könige als auch die einfachen Bürger innerhalb der Stadt zu beerdigen. Könige fanden ihre letzte Ruhe in stattlichen Gräbern oder Grüften innerhalb des Palastbezirkes, die Untertanen konnten unter den Fußböden ihrer Häuser begraben werden. In Juda gab es nur eine kurze Zeit, während der die Dynastie der Davididen im Palastbereich begraben wurde und wir kennen nur ein Beispiel eines Begräbnisses in einem Privathaus, nämlich das des Joab (1 Könige 2, 34), der jedoch auf seinem Wüstenbesitz und nicht in der Stadt bestattet wurde. Es gibt keine weitere archäologische Evidenz für Gräber innerhalb der Siedlungen.

Tatsächlich wurde in Israel im Regelfall außerhalb der Städte und Ansiedlungen begraben. Nur wenige der in den Felsen gehauenen oder in die Erde eingelassenen Gräber, in denen die Toten – einzeln, in kleinen Gruppen oder in Massengräbern – beigesetzt waren, wurden gefunden. 2 Könige 23, 6 und Jeremia 26, 23 erwähnen zwar die »Gräber der einfachen Leute«, doch sie blieben bis heute unentdeckt. Der überwiegende Teil der Grabstätten der einfachen israelitischen Bevölkerung ist unbekannt, ebenso wie die vermutlich existierenden, beschrifteten Grabsteine (2 Könige 23, 17) nicht erhalten sind. Lediglich Beispiele aus dem phönizischen Achsib weisen darauf hin. Angehörige aus besser situierten Familien oder der Oberschicht wurden allerdings in natürlichen oder aus dem Felsen geschlagenen Höhlen beigesetzt – eine Bestattungsform, die eine lange Tradition aufweist. Manche solche Friedhöfe, die sich in einer gewissen Entfernung vom Siedlungsgebiet befinden, sind allerdings bekannt. Diese Familiengräber, in denen der Israelite »zu seinen Vätern« zur Ruhe gebettet wird, waren über Generationen hinweg in Verwendung und konnten im Lauf der Zeit eine große Anzahl Verstorbener aufnehmen. Im achten und siebten Jahrhundert v. Chr. vollzog sich ein gewisser Wandel und man belegte die Gräber nur mehr mit wenigen Mitgliedern einer prominenten Familie.

Am besten bezeugt sind israelitische Felsgräber in Juda ab ca. 900 v. Chr. Sie bestehen aus einem rechteckigen Raum, der über ein paar Stufen oder durch einen

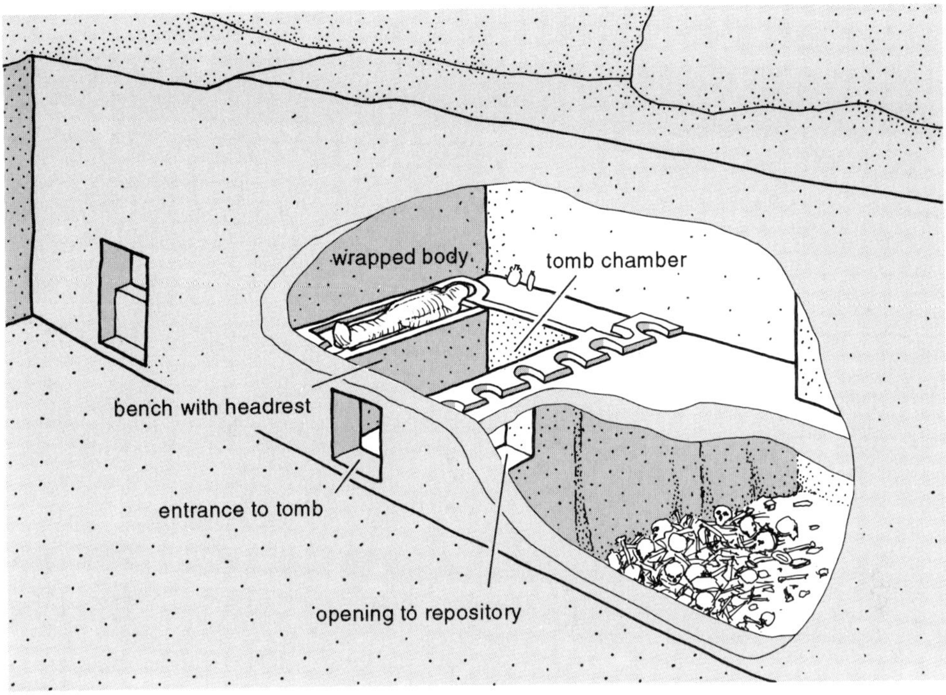

Abb. 40 Ketef Hinnom Gräber, Jerusalem. Die Nekropole ist im Hinnom-Tal lokalisiert und aus mehreren Gründen bemerkenswert: Sie war sehr lange in Verwendung, über das Ende der Monarchie hinaus, und in den Gräbern befanden sich außerordentlich reiche Grabbeigaben. Das Diagramm zeigt die Grabkammer mit den Bänken für die Verstorbenen und die Seitenkammer für die Überreste der vorangegangenen Bestattungen. Aus diesen Gräbern stammt der außergewöhnliche Fund eines Amuletts in Form von zwei zusammengerollten Silberblättchen mit Inschrift (vgl. Abb. 64), die eine kurze Fassung des »Priestersegens« (Numeri 6, 24–25) enthält.

Schacht mit quadratischer Öffnung zu betreten ist (vgl. Abb. 40). An drei Seiten des Raumes sind Bänke aus dem Felsen geschlagen, woher die Bezeichnung dieses Grabtyps als »Bankgrab« stammt. Die Toten liegen am Rücken auf diesen Bänken, manchmal, speziell in Jerusalem, auf einer steinernen Kopfstütze. Zahlreiche Grabbeigaben, darunter persönliche Dinge wie Siegel, Waffen oder Schmuck und Gegenstände zur »Speisung« des Toten wie Teller, Krüge und Gefäße sowie insbesondere Lampen als Symbol der Ewigkeit und zur Erhellung der Dunkelheit gehören zur Grabausstattung. Insgesamt hält sich der materielle Wert der Beigaben in Grenzen, im Wesentlichen herrscht Schmuck aus Bronze vor, Gold ist überaus selten. Lediglich am Ende der Geschichte Judas finden wir Grabbeigaben, die einen beträchtlichen Wert darstellen, so zum Beispiel in den Gräbern von Ketef Hinnom nahe der Südwest-Ecke des antiken Jerusalem. Um dem Bedürfnis nach mehr Platz in den Familiengräbern nachzukommen, beschritt man zweierlei Wege. In seltenen Fällen wurden zusätzliche Grabkammern in Verbindung zum Hauptgrab angelegt oder, was sehr viel häufiger vorkam und den eigentlichen Regelfall darstellte, man deponierte die Überreste früherer Bestattungen samt ihrer Beigaben in speziellen Gruben oder in kleinen Seitenkammern und schuf somit Platz für Neubelegungen.

Dieser Grabtyp begegnet in ganz Juda, einschließlich der Hauptstadt, und entspricht etwa dem Status des »Vier-Raum«- Hauses der Lebenden. Die Gräber der Oberschicht sind allerdings anders. Einige Schachtgräber an der Südwest-Ecke der Tempelplattform datieren möglicherweise aus dem neunten Jahrhundert v. Chr. und schließen offenbar an phönizische Vorbilder an. Interessanter sind aber jene von ausländischem Geschmack geprägten Gräber, die vielleicht Andeutungen betreffs der Wohnhaus-Architektur der Oberschicht bieten. Es handelt sich dabei um einen Friedhof nördlich des Damaskus-Tores und besonders um einige Felsgräber in Silwan, dem alten Schiloach, gegenüber der Stadt im Kidron-Tal. Im erstgenannten Friedhof besteht das Grab aus einem geräumigen Hauptraum, der an drei Seiten von Grabkammern umgeben ist, die ihrerseits an drei Wänden Bänke für die Toten aufweisen. Die bedeutenderen, monumentalen Felsgräber im Kidron-Tal gehörten vermutlich Mitgliedern des Hofes, vielleicht auch dem von Jesaja verspotteten Schebna (Jesaja 22, 15–16). Mit freistehenden, aus dem Felsen geschlagenen Monolithen gestaltet, waren sie einst von einer Pyramide, die sich nach ägyptischer Art über einem Gesims mit Rundstab und Hohlkehle erhob, gekrönt und hatten in den Innenräumen entweder flache oder gegiebelte Decken. Diese Gräber stehen nicht in der Tradition des in Israel entwickelten Grabbaus, sondern lehnen sich an ägyptische, phönizische oder anatolische Vorbilder an. Andere, mit besonderer Sorgfalt errichtete Gräber der Nekropole in St. Etienne im Norden Jerusalems, imitieren dekorative Paneel-Wandverkleidungen, die in wohlhabenden Häusern zu finden waren. In manchen Gräbern informieren uns Inschriften über den Namen des Besitzers, wie es auch gelegentlich bei Häusern vorkommt. Vermutlich nahm auch hier die Grab-Architektur Anleihe an der Wohnhaus-Architektur. Manchmal läßt sich auch eine künstlerische Ausschmückung der Grabkammer beobachten. In Tell Aitun nahe Hebron befinden sich in einem Grab sehr grobe, löwenähnliche Köpfe mit Blick ins Grabinnere. Vielleicht stellen sie Schutzgeister dar oder sollen die Geister des Toten abschrecken, die Höhle zu verlassen. An den Wänden befinden sich Ritzzeichnungen.

KAPITEL VI

Landwirtschaft

Nach biblischen Angaben bildeten gemischte Landwirtschaft und Viehhaltung die Lebensgrundlagen der Israeliten (Abb. 41). Lediglich die transjordanischen Stämme Ruben und Gad führten zu Beginn vorwiegend ein Hirtendasein. Die in Deuteronomium 8, 8 ff. gepriesenen Vorzüge des Gelobten Landes, in dem Getreide, Wein, Öl und Obst gedeihen, also typisch mediterrane Produkte, schließen auch Eisen- und Kupfervorkommen ein – was daran erinnert, daß auch eine bäuerliche Wirtschaft gewisse Industrien benötigt. Die Bewirtschaftung des Familienbesitzes wurde als Ideal angesehen und in vielen, oft sehr detaillierten Beschreibungen (Jesaja 28, 24 ff.) sind landwirtschaftliche Tätigkeiten und Bedingungen geschildert. Nostalgische Sehnsüchte, die die Zeiten vor der Niederlassung verherrlichen, erwiesen sich als wenig nachhaltig und so blieben auch die Rechabiten, die sich dem niedergelassenen, Ackerbau treibenden Leben verweigerten, die Ausnahme (Jeremia 35, 6–10). Die Situation veränderte sich allerdings mit der Entstehung immer größerer Landgüter, gegen welche sich auch die scharfe, prophetische Kritik richtet, und der damit verbundenen Enteignung der kleinen Bauern und den daraus resultierenden sozialen und moralischen Mißständen.

Die Archäologie unterstützt und differenziert das in der Bibel gezeichnete Bild, das durch antike und spätere Texte sowie durch Vergleiche mit der traditionellen, palästinischen, bäuerlichen Tätigkeit ergänzt wird. Gemäß den verfügbaren, archäologischen Ergebnissen waren die Israeliten von Anfang an sowohl Bauern als auch Hirten und es gibt keine klaren Hinweise auf eine Phase des reinen Hirtendaseins davor.

REGIONALE UNTERSCHIEDE IN DER LANDWIRTSCHAFT

Die Vielfalt landschaftlicher und klimatischer Bedingungen in Palästina konfrontierten den israelitischen Bauern mit einer Reihe von Problemen und Möglichkeiten. Das Buch Deuteronomium informiert uns hauptsächlich über die Landwirtschaft des westlichen Berglandes und der angrenzenden Küstenebene nördlich des Breitengrades von Beerscheba sowie des Nordwestrandes des transjordanischen Hochlandes, die allesamt der mediterranen Klimazone zuzurechnen sind. Natürlich gibt es Unterschiede: So eignet sich die Ebene besser zum Getreideanbau und speziell in Juda gedeiht Gerste, aus der auch Brot gebacken wurde, besser als Weizen. Dagegen ent-

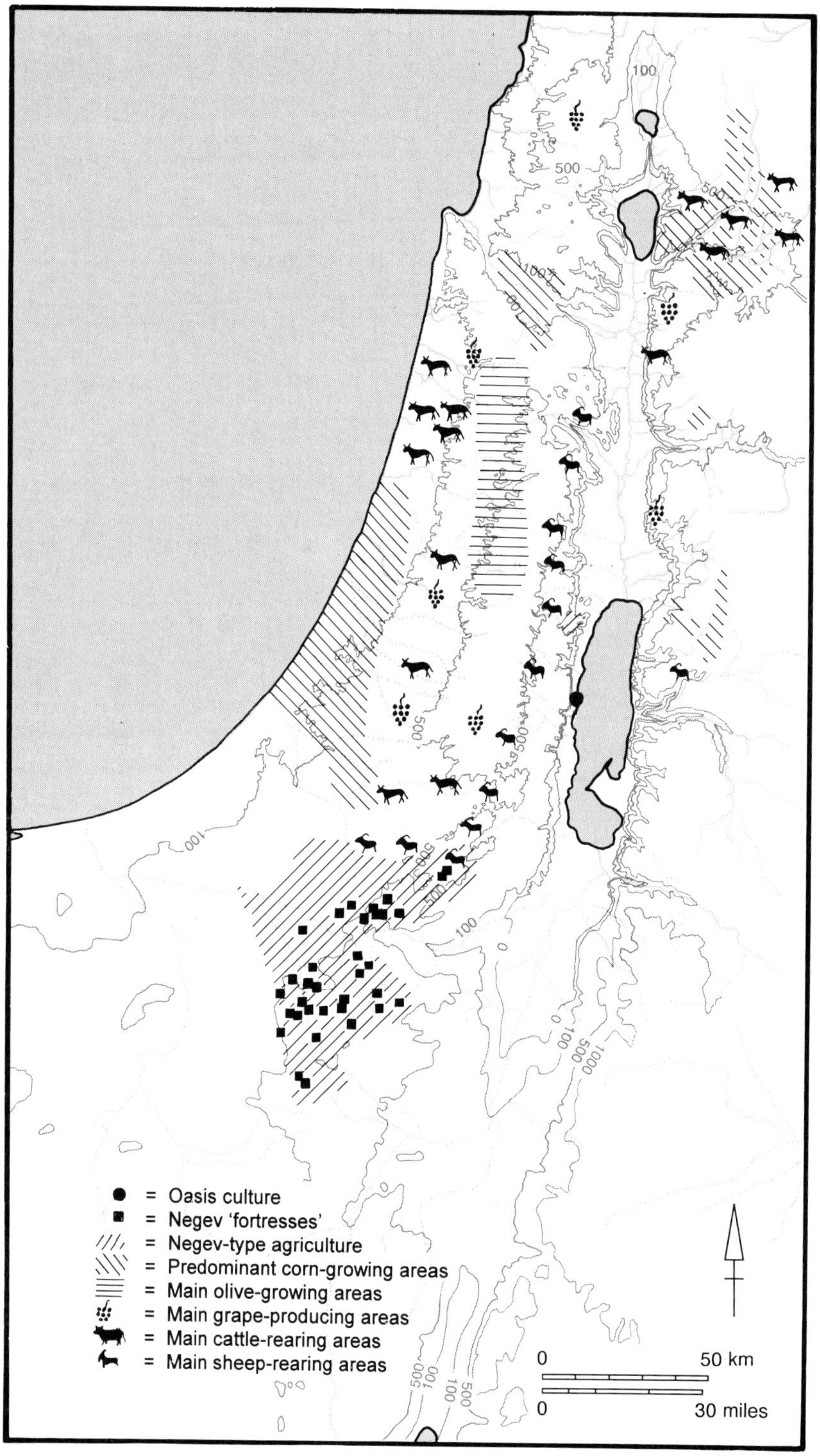

Abb. 41 Hauptverteilungsgebiete von Ackerbau und Viehzucht je nach klimatischen Voraussetzungen und natürlicher Vegetation in den verschiedenen Zonen des Landes.

● Oase

■ »Verteidigungsanlagen« im Negev

/// Landwirtschaftlich genutzte Bereiche im Negev

Gebiete mit vorwiegend

\\\ Getreideanbau

≡ Olivenbäume

Trauben

Rinderzucht

Schafzucht

wickeln sich Obst- und Olivenbäume in Teilen des Hochlandes sehr zufriedenstellend, das besonders an den östlichen und südlichen Wüstenrändern auch zur Schaf- und Ziegenzucht genützt wurde. Im Talgrund nächst Samaria und entlang des Küstengürtels mit Philistäa, der Scharon-Ebene und dem Jesreel-Tal sowie auf der Hochebene von Baschan wurden Viehherden gehalten. In der mediterranen Klimazone wird das landwirtschaftliche Jahr durch die Abfolge von nassen Wintern und heißen, trockenen Sommern bestimmt. Die feuchte Jahreszeit beginnt und endet mit starken Niederschlägen, die in der Bibel »Früh«- und »Spätregen« heißen. Die landwirtschaftliche Arbeit beginnt nach den ersten Regenfällen im November, wann die ausgetrocknete Erde etwas aufgeweicht ist, mit dem Pflügen und der Aussaat. Manchmal wird ein zweites, mitunter auch ein drittes Mal, am Ende der Regensaison, gepflügt. Die Gerste wird im Mai geerntet (lokal früher oder später), die Weizenernte findet etwa einen Monat später statt, gefolgt von der Weintrauben-, Obst- und Olivenernte. Aus dem zehnten Jahrhundert v. Chr. ist auf einer Kalkstein-Tafel der sogenannte »Geser-Kalender« (auch »Bauernkalender«) erhalten (vgl. Taf. 18.1), der den Rhythmus der israelitischen Landwirtschaft schildert. Es handelt sich dabei um eine protohebräische Schreibübung in archaischer, hebräisch-phönizischer Schrift, die Macalister bei seinen Ausgrabungen in Geser gefunden hat. Die Übersetzung bereitet die eine oder andere Schwierigkeit, könnte aber, beginnend mit der Erntezeit, folgendermaßen lauten: »*Zwei Monate des Einsammelns [von Oliven usw.], zwei Monate der Aussaat, zwei Monate der Frühlingskräuter [der späten Wiese oder der Spätsaat?], ein Monat des Hackens [oder des Hochziehens] des Flachses, ein Monat der Gerstenernte, ein Monat der [Weizen]Ernte und des Abmessens, zwei Monate des Zurückschneidens [oder Erntens?] der Reben, ein Monat [des Einsammelns] des Sommerobstes.*« Die Erwähnung des Flachses ist durch die Lage von Geser in der Küstenebene bedingt, deren feuchte oder bewässerte Böden den Flachsanbau begünstigen. Obwohl die Liste nicht erschöpfend ist, es werden zum Beispiel die Obstbäume, das Gemüse und die Kräuter nicht näher unterschieden oder erwähnt, so zeigt sie dennoch, daß mit Hilfe der Archäologie manchmal, zumindest in einem bestimmten Umfang, die Angaben der Bibel ergänzt oder bestätigt werden können.

Andere Bedingungen herrschen im wesentlich trockeneren Steppengürtel vor, der sich im Süden und Osten an die mediterrane Zone anschließt. Das Klima verhindert hier das Kultivieren von Obst- und Olivenbäumen, doch Getreideanbau und Viehwirtschaft, wofür das Baschan-Hochplateau östlich des Sees von Gennesareth sehr geschätzt wurde, florierten. Wo die Niederschläge jedoch sehr unregelmäßig, gelegentlich auch nur als kleine Schauer niedergehen oder jahrelang gänzlich ausbleiben, wie an den Wüsten- und Steppenrändern vor allem im Negev, sind Viehhaltung – im Bestreben eine Überweidung des Terrains zu vermeiden – und Ackerbau sehr eingeschränkt oder nur zeitweise möglich, es sei denn, man traf Vorkehrungen, das Regenwasser sammeln und nützen zu können. Aber auch dann konnte sich eine Trockenperiode verheerend auswirken. Dennoch wurde die Wildnis als wirtschaftlich nützlich angesehen und sorgfältig unter den Sippen oder Ortschaften aufgeteilt.

Wieder andere Bedingungen und dadurch auch andere Möglichkeiten finden wir im südlichen Jordan-Tal, an den Ufern des Toten Meeres und im Wadi Araba vor. Durch angenehm warme Winter und extrem heiße Sommer eignen sich diese Gebiete, dort, wo es durch Quellen oder Wadis Möglichkeiten zur Bewässerung gab, hervorragend zur Kultivierung wärmeliebender Pflanzen, wie etwa der Dattelpalme. Gleichzeitig können hier Garten- und andere Produkte zu Zeiten gezogen und geerntet werden, wo deren Gedeihen in anderen Gebieten während der kalten Jahreszeit nicht möglich ist.

So verschiedenartig die Vorgaben in den einzelnen Gebieten auch sind, können sie sich wirtschaftlich ergänzen und es ist für einen Stamm oder auch einen Einzelnen zweifelsfrei vorteilhaft, Grund und Boden in verschiedenen Zonen zu besitzen. So erstreckten sich die Territorien, besonders dasjenige des Stammes Benjamin, über mehrere Vegetationszonen (Abb. 42) und selbst vor 1948 besaßen Bauern aus den

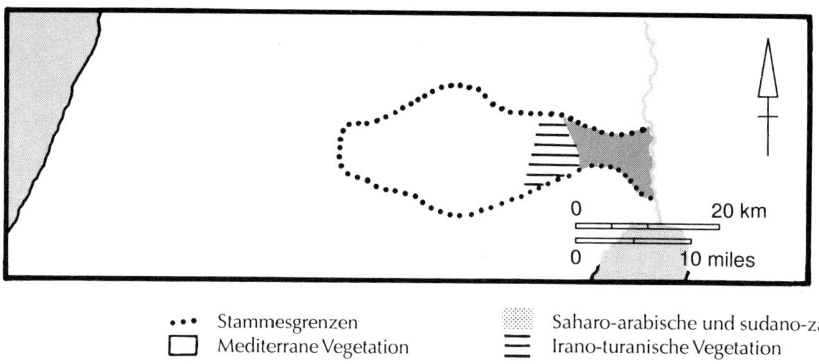

Abb. 42
Das Territorium des Stammes Benjamin erstreckt sich über mehrere Vegetationszonen, die verschiedene Arten landwirtschaftlicher Nutzung und Tierhaltung ermöglichen.

samaritanischen Bergen Land in der angrenzenden Scharon-Ebene. Dies erforderte vom Menschen als auch vom Viehbestand saisonbedingte Mobilität. Die Tiere konnten zwar im Herbst auf den abgeernteten Feldern in den Ebenen grasen oder im Winter den Neuwuchs an den Steppenrändern abweiden, aber im Sommer mußten sie zurück in die Berge, da die Steppe dann ausgetrocknet war und das wachsende Korn auf den Feldern der Ebenen den Zutritt für Hirten und ihre Herden nicht gestattete. Die dadurch notwendig gewordenen Ortswechsel aber auch das Bedürfnis, landwirtschaftliche Überschüsse zum Konsumenten in und außerhalb Israels transportieren zu können, setzt ein angemessenes Straßen- und Wegenetz voraus, das beispielsweise in und um Jerusalem sowie in Samaria offensichtlich existierte. Eine weitere Voraussetzung betraf die Gewährung öffentlicher Sicherheit für die bäuerliche Gemeinschaft, ihre Produkte und Herden, ihre Felder und Gärten.

Überschüsse wurden wohl schon sehr früh auf dem Tauschwege gehandelt. Schon vom dreizehnten bis zum zehnten Jahrhundert v. Chr. tauschte Isbet Sarta etwa Getreide für Öl. Später wurden mit landwirtschaftlichen Überschüssen Steuern oder Pachtzins beglichen.

BAUERN IM BERGLAND

Zwei grundlegende Bedingungen mußten für einen israelitischen Bauern erfüllt sein: Es muß ausreichend kultivierbares Land und Wasser vorhanden sein. Teile des Berglandes waren noch bewaldet und in Galiläa ließen sich israelitische Siedler zuerst auf Lichtungen und in den Hinterwäldern nieder. Schrittweise wurde der Wald dort und südlich davon geschlägert, obwohl er als Lieferant von Bauholz, Brennmaterial und als Weidegrund nützlich war. An manchen Orten war bereits gerodet als die Israeliten ankamen, so etwa in der Gegend von Ai. Dieser frühen Abholzung folgten lokal Erosion und Auslaugung des Bodens, sodaß angesichts einer Bevölkerung, deren Zahl jene der bronzezeitlichen Bewohner des Berglandes weit übersteigen sollte, zusätzliches Land erschlossen werden mußte. Die israelitische Problemlösung sah in großem Umfang die Errichtung landwirtschaftlicher Terrassen vor – eine Methode, die schon in der Bronzezeit fallweise auftritt und von den Israeliten ab dem dreizehnten Jahrhundert v. Chr., etwa im Gebiet von Ai, angewendet wurde. Häufig sind die Terrassen in Juda, Samaria und im Negev zu finden, während sie in Galiläa nicht so gebräuchlich sind. Ihre Errichtung und Instandhaltung überstiegen vermutlich die Mittel und Möglichkeiten des Einzelnen, sodaß man sich sicherlich zu gemeinsamen Unternehmen zusammengeschlossen und insbesondere auch Planung und Organisation staatlicherseits vorzustellen hat. Gelegentlich gibt es auch vereinzelt liegende Terrassen, die wohl das Ergebnis individueller Anstrengung darstellen. Im Allgemeinen wurden die Terrassen, die durch Stützmauern befestigt waren, vorzugsweise an den Nordhängen angelegt, wo sich die Feuchtigkeit länger hielt und dadurch ein gutes Bodenklima entstand. Hinter der Stützmauer lagen Schichten von Kies und Ackererde und darüber eine Schicht von zugebrachtem Humus. Auf diese Weise erhielt man aus früher als Weideland genützten Berghängen kultivierbares Land. Die untersten Terrassen eigneten sich für Rebenanbau, die oberen für Feigen, Nüsse und Granatäpfel, während an den exponierten, höchstgelegenen Terrassen Getreide und Hülsenfrüchte angebaut werden konnten. Am Bergfuß und im Talgrund gab es Kräutergärten und Wasserwiesen. Zur Bewässerung zapfte man Quellen an und wo diese fehlten, mußte auf Zisternenwasser zurückgegriffen werden. In den höheren Bereichen diente ein System von Kanälen und Tunnel zur Verteilung des Regenwassers. Zunächst entstanden diese Terrassierungen vorwiegend in der Nähe der Dörfer und nahmen mit zunehmender Entfernung von den Wohngebieten ab. Ab dem achten Jahrhundert v. Chr. tauchten zum Beispiel im Gebiet um Jerusalem Einzelgehöfte mit dazugehörigen terrassierten Anbauflächen auf, vermutlich um den gestiegenen Nahrungsbedarf der ständig anwachsenden Bevölkerung in der Hauptstadt zu decken. S. Gibson und G. Edelstein untersuchten ein solches Anwesen bei Chirbet er-Ras. Ein »Vier-Raum«-Haus mit einer eigenen Zisterne ist umgeben von Terrassen mit Gärten und Feldern, mit einer Wein- und in Parallelfällen vielleicht auch einer Ölpresse ausgestattet und über einen mit Mauern befestigten Weg, der eher für Lasttiere als für Karren geeignet scheint, zu erreichen (Numeri 22, 24 ff.).

Am Oberlauf des Jarkon begegnet ein anderer Bauernhof-Typ. Er besteht aus einer Umfassung mit einigen wenigen Räumen und einer Zisterne im Inneren und diente den Bewohnern der östlich anschließenden Dörfer vermutlich nur als vorübergehendes Quartier, wenn sie zur Arbeit in ihren Weingärten und Olivenhainen kamen. Sehr wahrscheinlich besaßen sie auch noch Felder im nahen, fruchtbaren Flachland. Etwas weiter nördlich waren israelitische Bauern dauerhaft in der Scharon-Ebene angesiedelt. Hier könnten sie sogar eine Dränage vorgenommen haben, um Sumpferde in Ackerland umzuwandeln, doch steht der Beweis dafür zur Zeit aus.

BAUERN IM NEGEV UND AM RAND DER WÜSTE JUDA

Im Negev mußte man etwas anders vorgehen. Hier war es zunächst erforderlich, für Sicherheit zu sorgen, sollte landwirtschaftliche Tätigkeit Erfolg haben. Dadurch wird es auch verständlich, daß die israelitischen Dörfer im Zuge der Ausdehnung nach Süden im elften Jahrhundert v. Chr. entlang des Wadi Beerscheba und darüber hinaus, wo vorher eine Mischung von Judäern, Kenitern und Amalekitern in geringer Zahl hauste, festungsähnlichen Charakter aufweisen. Die Häuser wurden Seite an Seite um einen zentralen, offenen Platz, direkt aneinander gebaut oder durch Mauern miteinander verbunden und stellten so, gemäß den topographischen Gegebenheiten, eine geschlossene Verteidigungslinie dar. Ein einziger Durchgang oder ein Tor gewährte Zutritt. Später, vielleicht im zehnten Jahrhundert v. Chr., gründete man ein Netz von festungsähnlichen Anlagen auch zum Schutz der Karawanenwege zwischen dem Mittelmeer und dem Golf von Aqaba. Für diese Anlagen verwendete man grob behauene Steinblöcke und darüber manchmal auch Lehmziegel. Eine Kasemattenmauer oder eine einfache Mauer umschloß einen ovalen, quadratischen oder rechteckigen Hof. Im achten und siebten Jahrhundert v. Chr. verstärkten vorspringende Türme die Ecken und die Mitten der Seitenmauern rechteckiger Anlagen.

Vorwiegend in der Nähe solcher Anlagen entwickelte sich entlang der Nebenflüsse der großen Wadis landwirtschaftliche Tätigkeit, die von vereinzelten oder lose gruppierten Bauern betrieben wurde. Die hier verwendete Methode kam vielleicht als Lehngut aus dem Bergland, wo die kontinuierliche Besiedlung ihre Spuren verwischt hat. Zur Urbarmachung des Bodens wurde in den Wadis das Wasser der Winterregen mittels errichteten Steinmauern aufgestaut, sodaß sich der mitgeführte Schlamm ablagern und langsam in den Boden einsickern konnte. In der solcherart aufbereiteten Erde wurden Getreide und andere Feldfrüchte angebaut und die gespeicherte Feuchtigkeit ließ sie bis zur Ernte gedeihen. Ein anderes Standbein für die Bauern war die Viehhaltung, besonders die Aufzucht von Schafen. Für deren Versorgung mit Wasser mußten Zisternen angelegt werden, da Quellen oder Brunnen selten waren. Sie wurden in den undurchdringlichen, lehmigen Mergel gegraben und mit einer groben Steinauskleidung versehen, hatten einen ebenen Boden und einen Durchmesser bis zu 8 m bei einer Tiefe von 4 m. Wasser aus über 1 km

Entfernung wurde zu ihnen geleitet. Es gibt keine Anzeichen dafür, daß sie abgedeckt werden konnten, so ist anzunehmen, daß viele Zisternen im Sommer austrockneten und sich die Bauern samt ihrem Vieh genötigt sahen, einen Ortswechsel in die Berge vorzunehmen – manchmal über beträchtliche Entfernungen (vgl. Genesis 37, 12–17). Diese nur für eine bestimmte Zeit des Jahres bewohnten Bauernhäuser gleichen oft nur Hütten, nur selten trifft man auch auf Häuser des »Vier-Raum«-Typs. Einzelne Gehöfte sind von einer Mauer begrenzt und erreichen mitunter eine ansehnliche Größe. Die enormen Anstrengungen, in diesem Gebiet kultivierbares Land zu schaffen, gehen möglicherweise auf königliche, vielleicht salomonische, Verordnung zurück.

Viele der festungsähnlichen Strukturen und der davon abhängigen, landwirtschaftlichen Siedlungen überlebten das späte zehnte oder frühe neunte Jahrhundert v. Chr. nicht. Manche halten ihren Niedergang für eine Folge der Verwüstungen im Zuge des Einfalls von Pharao Schoschenq. Später versuchte vor allem König Usija (2 Chronik 26, 10) wieder befestigte Stützpunkte in der Wüste zu errichten und landwirtschaftliche Tätigkeit zu initiieren, doch ihr Ausmaß hielt sich in Grenzen. Im achten und siebten Jahrhundert v. Chr. entstanden im biblischen Tal von Achor (der Ebene von *Buqei^cah*) am judäischen Wüstenrand nahe dem Toten Meer im Gefolge von militärischen Vorposten zur Sicherung der Schwefel-, Salz- und Asphaltvorkommen aber auch der nach Jerusalem führenden Straßen bäuerliche Aktivitäten. Es wurde nicht nur Getreide angebaut sondern auch Dattelpalmen, Weintrauben und vielleicht Oliven. Ob und in welchem Ausmaß auch im Negev Datteln und Weintrauben gediehen, wissen wir nicht, halten es aber für wahrscheinlich. Mit der babylonischen Eroberung 586 v. Chr. wurde der Anbau in beiden Gebieten aufgegeben. Über die Nutzung der subtropischen Zone des Jordan – Wadi Araba – Grabens besitzen wir nur lückenhafte Kenntnisse. Balsam wurde in En Gedi gezogen und verarbeitet und in Jericho, der »Stadt der Palmen«, gab es Datteln. Ob sie schon damals von jener herausragenden Qualität waren, die im Römischen Reich ihren Weltruhm begründete (vgl. Plinius, Naturgeschichte, XIII, ix, 44), mag dahingestellt sein.

GERÄTE UND ARBEITSMETHODEN DER BAUERN

Die Archäologie liefert uns in Bezug auf Methoden der bäuerlichen Arbeit kaum Anhaltspunkte, daher sind wir hauptsächlich auf biblische Angaben und Beobachtung traditionell arbeitender Bauern im palästinisch-arabischen Raum angewiesen. Anders als andere Völker, beispielsweise die Ägypter, hinterließen die Israeliten weder bildliche Darstellungen noch Modelle und daher bleibt Vieles im Dunkeln.

Man nimmt an, daß der israelitische Bauer etwa 20 ha Ackerland und noch einmal so viel Weideland besaß. Gepflügt wurde auf den rechteckigen oder annähernd quadratischen, nur mäßig großen Feldern mit einem Holzpflug, dessen Pflugschar aus einem metallenen Dorn besteht (Abb. 43), und der von zwei jochtragenden

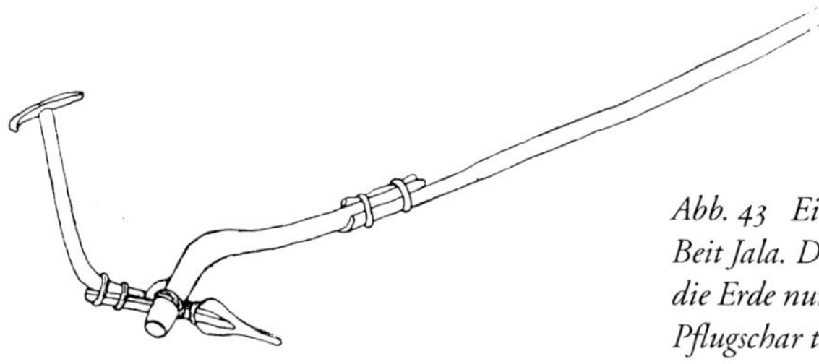

Abb. 43 Ein traditioneller palästinischer Pflug aus Beit Jala. Die mit Metall beschlagene Pflugspitze reißt die Erde nur auf und wendet sie nicht, wie es eine Pflugschar tun würde.

Ochsen oder Eseln gezogen wurde. Kamele sind als Zugtiere nicht erwähnt und die Erwähnung von Pferden in landwirtschaftlichem Zusammenhang (Jesaja 28, 28) ist rätselhaft. Der Pflug riß die Erde auf, wendete sie aber nicht. Diese Vorgangsweise entspricht mediterranen Bedingungen, da dadurch die übermäßige Austrocknung des Bodens verhindert wird. Auch Hacken und Pickel mit Metallblatt waren in Verwendung, Spaten werden nicht erwähnt. Diese Geräte wurden sicherlich auch in Olivenhainen oder in Weingärten zum Auflockern des Bodens und zum Jäten benützt, im Weingarten war darüber hinaus noch ein kurzes Messer für den Rebenschnitt und die Ernte nötig. Ab dem zehnten Jahrhundert v. Chr. ersetzte Eisen die Bronze-Teile der Werkzeuge (gelegentlich wurde es schon ein oder zwei Jahrhunderte früher verwendet). Neben Metallsicheln war auch die billigere Form mit gezähnten Flintklingen in einem Holz- oder Knochenschaft die ganze Zeit über in Gebrauch. Vielleicht wurde auch Stein für andere Werkzeuge benützt, da er billiger war als Metall.

Nach dem Pflügen wurde in weitem Auswurf gesät und zum Eggen vielleicht Zweige über die Felder gezogen. Eggen selbst sind keine bekannt. Bei der Ernte wurde das Getreide mit der Sichel dicht unterhalb der Kornähren, das verbliebene Stroh extra geschnitten und gesammelt. Zu Garben zusammengeschnürt brachte man das geerntete Getreide in das Dorf oder das Gehöft, manchmal unter Zuhilfenahme eines Karrens (vgl. Amos 2, 13), vermutlich vom zweirädrigen Typ, wie er in den Szenen der Belagerung Lachischs durch Sanherib abgebildet ist. Gedroschen wurde üblicherweise auf einer der privaten oder öffentlichen, zahlreich gefundenen Dreschtennen. Sie bestanden aus einem Platz mit hartem, ebenem Boden, der vorzugsweise etwas erhöht lag und dem Westwind ausgesetzt war. Sie befanden sich im Dorf oder in der Stadt, mitunter vielleicht auch vor dem Stadttor. Was den Dreschvorgang betrifft, müssen wir uns auf biblische Angaben verlassen und durch Beobachtung der traditionell arbeitenden Bauern ergänzen. Zunächst breitete man das Getreide aus. Dann trieb man die Tiere darüber, die einen Dreschschlitten zogen, der an der Oberseite leicht aufgebogen und an der Unterseite mit kleinen Flint- oder Eisenstücken besetzt war. Die dadurch gewonnene Mischung aus Korn, Spreu und gehäckseltem Stroh warf man mit der Worfelgabel in die Luft, wo der Wind die leichteren Bestandteile, Spreu und Stroh, verblies und die schwereren, nämlich das Korn, senkrecht zu Boden fallen ließ. Spreu und Häcksel versuchte man mittels eines Weidengeflechts zu sammeln. Das Korn wurde bis zum Transport in die Lagerräume bzw. -behälter zu Haufen getürmt bewacht. Zur Lagerung dienten vor allem mit Steinen ausgemauerte Gruben oder Silos von bisweilen beträchtlichem Fassungsvermögen. Vorratsgebäude waren in der frühen Zeit noch selten. Eine Korngrube in Ai soll 7000 Liter aufnehmen haben können, was für zehn Personen über ein ganzes Jahr ausreichen würde. Später legte man noch größere Vorratsbehälter an, wie die gigantische runde Grube mit spiralförmiger Treppe und einem Fassungsvermögen von 450 Kubikmetern in Megiddo III, die entweder aus israelitischer oder assyrischer Zeit stammt. Spreu fand Verwendung als Brennstoff, gehäckseltes Stroh gelangte in das Tierfutter oder wurde Ziegeln, Verputz oder Ton beigemengt. Das Korn wurde gesiebt, manchmal geröstet genossen, manchmal zu Bier weiterverarbeitet (das »starke Getränk« der Bibel ?), im allgemeinen aber zu Mehl gemahlen. Dies geschah mit Handmühlen, deren Lärm zu einer typisch häuslichen Geräuschkulisse gehörte (vgl. Jeremia 25, 10). Deren einfachste Form bestand aus einem kleineren, brötchenförmigen, oberen Mühlstein, der auf einem größeren, kissenförmigen, unteren Mühlstein hin- und herbewegt wurde. In beiden Fällen handelt es sich bei den Steinen gewöhnlich um Basalt. Während der Eisenzeit II kam ein ausgeklügelteres Modell in Verwendung. Der obere Mühlstein erhielt eine rahmenähnliche Form, wodurch die Körner durch die Aushöhlung in der Mitte immer wieder nachgeschüttet und so stetig gemahlen werden konnten. Nach dem Mahlen erfolgte das Sieben des Mehles, dennoch konnten sehr grobkörnige Anteile nicht vermieden werden und verursachten eine starke Abnutzung der Zähne.

Bei den Wein- und Olivenpressen können wir wieder reichlicher auf archäologische Informationen zurückgreifen. Jene Weintrauben, die nicht gleich frisch gegessen oder getrocknet wurden, verarbeitete man weiter: Sie wurden gepreßt, gelegentlich auch in Balkenpressen, wie sie hauptsächlich beim Olivenpressen Verwendung fanden, in der Regel wurden sie jedoch in den häufig gefundenen, quadratischen Weinpressen zertreten. Sie bestanden aus einem höher und einem tiefer gelegenen, aus dem Felsen geschlagenen Becken, die durch eine Rinne miteinander verbunden sind. Im oberen Becken wurden die Trauben zerdrückt und der ausfließende Saft im unteren Becken gesammelt. Entweder trank man den Traubensaft frisch oder kochte ihn zu Sirup ein. Dasselbe hebräische Wort meint diesen Sirup oder Bienenhonig, also in jedem Fall ein Mittel, das zum Süßen diente. Schließlich aber ließ man den Traubensaft in Keramikkrügen zu Wein, vielleicht später auch zu Weinessig, vergären. Ob es sich bei den glockenförmigen Aushöhlungen im kreidigen Fels in Gibeon und anderswo um Weinkeller handelte, in welchen der Wein bei angemessener Temperatur reifen konnte, ist ungewiß.

Auch Oliven konsumierte man erntefrisch oder konservierte sie eingesalzen, zerstieß sie in einem Mörser zur Gewinnung hochqualitativen Öls, führte sie aber in überwiegendem Ausmaß und in beträchtlicher Menge der Verarbeitung zu Öl mittels Ölpresse zu. Hauptsächlich bestand diese Presse aus einem an einem Ende in einer Mauer oder einem Felsen befestigten Horizontalbalken (vgl. Abb. 44), dessen anderes Ende, belastet durch schwere Gewichte wie ein Hebel wirkte. Dadurch wurde auf den sich darunter befindlichen, mit Oliven gefüllten Stapel von Körben Druck ausgeübt und das auslaufende Öl in einem Becken aufgefangen. Das Becken war

Abb. 44 Rekonstruktion einer eisenzeitlichen Olivenpresse. Zuerst werden die Oliven zerdrückt und dann in Körben übereinandergestapelt. Der durch Steingewichte beschwerte Horizontalbalken übt soviel Druck aus, daß das Öl herausgepreßt wird.

entweder eine Vertiefung im Felsen oder bestand aus einem Behälter aus Stein oder Keramik. Früher hielt man runde Steinbottiche, die man in Siedlungen oder in einem landwirtschaftlichen Kontext gefunden hatte, als Bottiche für die Färberei, heute ordnet man sie zum Zubehör einer Ölpresse. Vermutlich gab es mehrere Preßvorgänge, die erste Pressung ergab des kostbarste Öl. Nach der Reinigung fand es im kosmetischen und pharmazeutischen Bereich Verwendung, diente aber vor allem als Nahrungsmittel. Diese schon in der Bronzezeit bekannten Pressen erfuhren in der israelitischen Periode nur geringfügige Verbesserungen.

Über andere, grundlegende Aspekte der Landwirtschaft sind wir schlechter informiert. So wissen wir nichts Genaues über den Wechsel von Brachfeld und bebautem Feld – man vermutet, daß die Hälfte des Gutes alle zwei Jahre brach lag – oder über das Praktizieren von Fruchtwechselwirtschaft – etwa eine Abfolge von Hülsenfrüchten und Getreide. Auch lassen die biblischen Hinweise auf Mist auf den Feldern keine eindeutigen Schlußfolgerungen bezüglich systematischer Düngung zu – es könnten auch bloß die Ausscheidungen der auf den Stoppeln weidenden Tiere gemeint sein. Ebenso wenig wissen wir, ob Heu gemacht wurde, auch wenn dies Amos 7, 1 vielleicht andeutet. Ob die bäuerliche Arbeit in den Dörfern gemeinschaftlich organisiert war, ist auch unbekannt. Manche biblische Passagen, darunter auch Jesaja 28, 24 ff., berichten von der Vielfalt der Feldfrüchte, die ein israelitischer Bauer anpflanzte. Archäologische Befunde deuten an, daß Pistazien, Kräuter und Gemüse gesammelt wurden, aber in welchem Umfang, abgesehen von Zeiten der Hungersnot, ist nicht erkennbar. Schließlich bleibt unklar, ob landwirtschaftliche

Verfahren ausschließlich in bäuerlichen Traditionen wurzeln. So hatten Jahrhunderte später die karthagischen Nachkommen der phönizischen Nachbarn Israels Handbücher zur Landwirtschaft verfaßt, wie etwa die Abhandlung von Mago, die die Römer für so wertvoll hielten, daß sie ins Lateinische übersetzt wurde. Textstellen wie Jesaja 5, 1–2 und 28, 24–29, die von einem hochgebildeten Städter an ein anspruchsvolles, städtisches Publikum gerichtet sind, mögen einen Hinweis auf die Aufnahme landwirtschaftlicher Themen in die Weisheitsliteratur geben. Diese Überlegungen zeigen nur eine mögliche Richtung auf, erfordern aber eindeutige Belege.

Unsere Informationen zur Tierwirtschaft sind in ähnlicher Weise beschränkt. Die Rinder in den Belagerungsszenen von Lachisch gehören einer buckligen Rasse an, es wurden aber auch Knochen von Kurzhorn-Rindern in Lachisch gefunden. Die königlichen Stallungen für alle möglichen Arten von Vieh, die in 2 Chronik 32, 28 erwähnt sind, konnten archäologisch nicht belegt werden. Man kann aber annehmen, daß manche der niedrigen Räume in den Häusern als Stall, zum Beispiel für die Kälbermast oder gelegentlich zur Unterbringung von Schafen und Ziegen verwendet wurden. Die meiste Zeit über wurden die Tiere aber wohl im Freien gehalten. Aus Steinen errichtete Einfassungen neben Bauernhäusern konnten als Gehege gedient haben, jene aus vergänglichen Materialien haben die Zeiten nicht überdauert. Es gab Fettschwanz- und Wolle tragende Schafe und Ziegen mit spiralig eingedrehten Hörnern, manche vermutlich mit jenem glänzend schwarzen Haar, das man auch heute noch bei Ziegen in dieser Gegend findet. Die Tiere versorgten den Menschen mit Fleisch, Milch, woraus Käse hergestellt wurde, Leder, Horn, Ziegenhaar und Wolle. Die Schafe wurden vor der Schur im Frühling gedippt, Scheren sind allerdings nicht erhalten. Manche schlachtete man wohl des zarten Fleisches wegen früh, Rinder jedoch scheint man oft jahrelang gehalten zu haben. Rinder und Esel kamen auch als Zugtiere zum Einsatz, Esel und Maultiere konnten als Lasttiere und zum Reiten verwendet werden. Seltener waren Kamele in Verwendung, am häufigsten kommen sie im Gebiet von Lachisch vor, wo sie aber vermutlich nicht gezüchtet, sondern von Arabien importiert worden waren. Hunde wurden zwar gehalten, aber wenig geschätzt. Anders als die frühen Griechen und Araber züchteten die Israeliten keine preisgekrönten Rassehunde für die Jagd. Hauskatzen waren unbekannt. Hühner gab es vermutlich zumindest ab dem achten Jahrhundert v. Chr., als auf Siegeln die Darstellungen junger Hähne auftreten. Unklar bleibt, ob Gänse, Enten und Tauben zum Tierbestand eines Bauernhofes gehörten, ob Bienen auch gezüchtet wurden oder ob man nur wilden Honig kannte. Durch das Jagen von Wild besonders Rotwild konnte vornehmlich in Notzeiten der Fleischanteil in der Ernährung aufgebessert werden.

Ob in Israel Getreideproduktion allmählich die Viehzucht als Hauptform der Landwirtschaft überholte, wie das im frühen Griechenland der Fall war, muß unbeantwortet bleiben. Unbestreitbar hat aber die Tierhaltung, speziell die Aufzucht von Ziegen, das Landschaftsbild maßgeblich beeinflußt, da durch Überweidung die Vegetation gestört und die Regeneration des Waldbestandes verhindert wurde. Dauerhafte

Zeugnisse bzw. deren Überreste von früher Tierwirtschaft wie Mauern, Gräben oder Dämme, die im frühen Europa Weideland wirkungsvoll eingegrenzt haben, sind für Israel noch ausständig.

SOZIALSTRUKTUR

Im folgenden soll die soziale Stellung der bäuerlichen Bevölkerung betrachtet werden. Die Kritik der Propheten Amos (8, 4–6), Micha (2, 2) und Jesaja (5, 8) richtet sich gegen die im achten und siebten Jahrhundert v. Chr. wachsende Tendenz zur Entstehung immer größerer Landgüter, von welchen die kleineren Bauern abhängig und unterdrückt, ja sogar zum Verlassen ihrer Anwesen genötigt werden, obwohl es bis jetzt keine Anzeichen dafür gibt, daß sich die enteignete Landbevölkerung in Slums in den Städten niedergelassen hätte. Andere biblische Passagen weisen aber darauf hin, daß es schon sehr früh Besitzer großer Landgüter gegeben hat. Darunter befanden sich nicht nur Mitglieder aus der Familie Sauls, dessen Nachkomme Mefiboschet einen Verwalter für sein Gut beschäftigte, oder aus dem Hause Davids, dessen Sohn Abschalom offensichtlich ein bedeutender Schafzüchter war (2 Samuel 13, 23), sondern auch Privatpersonen wie Nabal (1 Samuel 25, 2 ff.) oder Barsillai (2 Samuel 19, 31 ff.). Später, nach der Reichsteilung, muß Elischas Vater ein Mann von erheblicher wirtschaftlicher Substanz gewesen sein, wenn er zwölf Pfluggespanne besaß (1 Könige 19, 19–21). Die neuere Interpretation der Samaria-Ostraka aus dem achten Jahrhundert v. Chr. besagt, daß eine Anzahl von bedeutenden Persönlichkeiten mehrere Güter in verschiedenen Sippengebieten rund um die nördliche Hauptstadt entweder als Lehensgut oder in eigenem Besitz hielten. Einzelne dieser Betriebe könnten sich auf die Produktion bestimmter Produkte wie Wein oder Öl spezialisiert haben.

Als später König Menachem im Nordreich Israel herrschte, muß es, wie weiter oben erwähnt, bis zu 60 000 zahlungskräftige Gutsbesitzer gegeben haben, von welchen er einen Betrag von je 50 Schekel einheben konnte, um den Tribut an den König von Assur zu finanzieren (2 Könige 15, 19 ff.). Auf solchen Gütern waren wahrscheinlich auch Tagelöhner beschäftigt. Eine Gruppe dieser Tagelöhner ist bei Erntearbeiten im siebten Jahrhundert v. Chr. auf einem Ostrakon aus Mezad Haschavjahu aus dem Südreich Juda bezeugt. Vielleicht handelt es sich aber auch um Zwangsarbeiter, die zur Mitarbeit bei der Ernte in den königlichen Gütern eingesetzt wurden (1 Samuel 8, 12). Schlußendlich läßt sich aber kaum abschätzen, in welchem Verhältnis die Arbeit in den landwirtschaftlichen Betrieben zwischen dort beschäftigten, israelitischen Arbeitern, nicht-israelitischen »Gastarbeitern«, zum Arbeitsdienst verpflichteten Arbeitern oder Sklaven aufgeteilt war. Es läßt sich auch kein spezieller Gebäudetyp – vergleichbar mit der Villa der Römer – für Besitzer großer Landgüter ausmachen. Vielleicht weist speziell im Negev das Vorkommen von etwas repräsentativeren Häusern vom »Vier-Raum«-Typ, die in der Nachbarschaft ärmlicherer Behausungen stehen, auf den Wohn- oder Aufenthaltsort des Eigentümers oder seines Verwalters inmitten den von ihm Abhängigen hin. Ob es irgendeinen Unterschied in der Bewirtschaftung zwischen einem großen, von einem Herrschaftssitz zentral verwalteten Landgut und dem privaten Anwesen abhängiger Bauern gibt, wissen wir nicht.

Ab dem achten Jahrhundert v. Chr. waren zumindest Teile der israelitischen Landwirtschaft darauf ausgerichtet, ihre Produkte nicht nur den lokalen Erfordernissen anzupassen, sondern auch marktfähige Überschüsse zu erzeugen, im Bereich der Getreide-, Wein- und vor allem der Olivenölproduktion. Ein Vergleich von Siedlungsplänen zeigt uns, wie sich dies entwickelt haben könnte. Isbet Sarta, Tell Beit Mirsim und Ai weisen für die Eisenzeit I eine Fülle von Vorratsbehältern für Getreide auf, während andere landwirtschaftliche Einrichtungen wie zum Beispiel Ölpressen selten vorhanden sind. Im neunten Jahrhundert v. Chr. finden sich in den Überresten des Anwesens von Schemer in Samaria eine Reihe von Ölpressen, die ausreichten, um den Ölbedarf von etwa 150 Menschen, die vielleicht in der Nähe lebten, zu decken. Chirbet Dschemein im westsamaritanischen Hochland prahlte im achten Jahrhundert v. Chr. – nicht als einziger Ort – mit dem Besitz einer öffentlichen Ölpresse, deren Kapazität die lokalen Bedürfnisse weit überstieg. Auch in Beth Schemesch dürfte sich eine der bedeutendsten Produktionsstätten für Öl bis zum Angriff Sanheribs befunden haben.

Bezüglich eventueller lokaler Massenweinproduktion ist die Interpretation jener 63 aus dem Felsen geschlagener, glockenförmiger Zisternen, die von J. B. Pritchard in Gibeon gefunden wurden, als Weinkeller, in dem riesige Weinmengen aus der Region gelagert werden konnten, strittig. Vielleicht verteilte sich die Weinherstellung, die insgesamt große Mengen erreichte, auf viele kleine Betriebe, was vermutlich auch in einem bestimmten Ausmaß für die Getreideproduktion zutrifft. Wie noch in jüngerer Vergangenheit brachten dann Kamel-Karawanen das Getreide von Hauran und dem zeitweise israelitischen Baschan zur Verschiffung an die Küste, aber auch von Moab nach Juda.

Nach den assyrischen Angriffen, besonders nach der Attacke durch Sanherib, kam es zu Veränderungen. Im siebten Jahrhundert v. Chr. konzentrierte sich die Ölproduktion in Philistäa. In Ekron und Timna etablierten sich international bedeutende Produktionszentren, die sehr wahrscheinlich auch große Anteile der israelitischen Olivenernte (im Austausch für Getreide?) verarbeiteten. Alleine in Ekron konnten etwa hundert Doppelölpressen festgestellt werden, die sich angesichts dieses bedeutenden Industriezweiges interessanterweise im Besitz von Privathäusern befanden.

Zusammenfassend kann festgehalten werden, daß die israelitische Landwirtschaft effizient arbeitete. In normalen Zeiten versorgte sie die Bevölkerung ausreichend, wenn auch nicht überreichlich, mit Nahrungsmitteln. Der Anteil von Fleisch und Milchprodukten in der Ernährung der kleinen Leute dürfte niedrig ausgefallen sein, ihre Kost mag vorwiegend auf Getreideprodukten in Kombination mit Früchten, Wein, Oliven und Olivenöl sowie Gemüse beruht haben. In Gebieten, in welchen die Rinderzucht dominierte, wie in der Scharon-Ebene, wird der Rindfleischkonsum auch des gemeinen Volkes höher gewesen sein und jener der reichen Städter hoch genug, um Anstoß zu erregen. Vor allem in guten Erntejahren standen Überschüsse für den Handel und zum Export zur Verfügung. In Jahren nur mäßiger bis schlechter Erträge mußten die Vorräte der letzten Ernte herangezogen und mit Ernteprodukten aus weniger betroffenen Gebieten des Landes ergänzt werden, um drückende Armut zu lindern und den Abstieg in Sklaverei oder Emigration zu verhindern. Gegen Naturkatastrophen wie eine lang anhaltende Dürreperiode oder die Heuschreckenplage war man allerdings machtlos und in dieser Hinsicht waren auch die Nachbarländer nicht besser gestellt. Importierte Lebensmittel waren für den Durchschnitt der Bevölkerung sicher unerschwinglich, selbst wenn sie zu haben gewesen wären.

Die technische Ausrüstung und Arbeitsmethoden der Landwirtschaft in Israel sind vergleichbar mit den Standards in den levantinischen Ländern. Sie weisen auch Ähnlichkeiten zum eisenzeitlichen Griechenland und interessanterweise auch zu Teilen des zeitgenössischen Europa und Nordafrika auf. Vom Gesichtspunkt der Landwirtschaft aus gesehen ist Israel ein mediterranes Land, wenn es auch Verbindungen zu Ägypten und Mesopotamien unterhielt.

KAPITEL VII

Industrie und Handwerk

Industrie und Handwerk waren im alten Israel gut entwickelt, wenn auch nicht auf jenem Niveau, das seinen phönizischen Nachbarn Anerkennung auf dem internationalen Markt brachte. Auch ein bäuerliches Volk, dessen handwerkliche Geschicklichkeit sehr anpassungsfähig sein konnte und mußte, war auf ausgebildete Handwerker, wie zum Beispiel den Schmied oder eine breite Palette von Kunsthandwerkern speziell für das anspruchsvolle Publikum der städtischen Eliten angewiesen. Die Bibel berichtet tatsächlich von einer Vielfalt an Handwerkern, an deren Spitze der vielseitige *haraš* steht, dem nicht nur als Schmied und Holzarbeiter sondern auch als Hersteller hochqualitativer Stoffe Fähigkeiten zugeschrieben werden. Solche Persönlichkeiten sind mitunter auch namentlich genannt. Dann gibt es noch eine Reihe ausgebildeter Handwerker wie den Töpfer und den Metallarbeiter, deren Tätigkeit nicht nur detailliert beschrieben sondern auch im literarischen Vergleich ihren Niederschlag fand und andere Handwerker, wie den Gerber, der wenig angesehen war und nicht erwähnt wurde. Im allgemeinen blieben Handwerker aber anonym. Im sechsten Jahrhundert v. Chr. muß es eine stattliche Anzahl gegeben haben, da nach der Niederlage Jojachins durch Nebukadnezar 597 v. Chr. tausend Handwerker und Schmiede aus Jerusalem deportiert wurden (2 Könige 24, 16), was angesichts einer Gesamtbevölkerungszahl von etwa 25 000 Menschen in Jerusalem ein sehr hoher Anteil war.

Nun erhebt sich aber die Frage, wieviele der in Israel arbeitenden Handwerker waren Israeliten? Es gibt die Auffassung, es handle sich nur um wenige, die obendrein nicht sehr effizient gearbeitet hätten. Vielleicht mag dies für die früheste Zeit auch zutreffen, doch schon im neunten oder achten Jahrhundert v. Chr. stellten die Israeliten zumindest einen bestimmten Anteil der im Land tätigen Handwerker, wenn teilweise vielleicht auch von kanaanäischer Abstammung, und zählten auch solche in ihren Reihen, für deren Tätigkeit besondere Kunstfertigkeit von Nöten ist, wie die Elfenbein- und Knochenschnitzer. Darüberhinaus gehender Bedarf wurde vermutlich durch ansässige Ausländer oder Importwaren gedeckt. In ihren vielfältigen Tätigkeitsbereichen unterschieden sich israelitische Handwerker, ob sie nun als Reisende unterwegs, in ihren eigenen Häusern oder in Gemeinschaften arbeiteten, in Bezug auf Arbeitsweise und Werkzeug nicht nennenswert von den nicht-israelitischen. Diese wie jene setzten die aus der Bronzezeit stammenden Traditionen fort und aktualisierten sie, als Zeitgenossen der fortgeschrittenen Metallzeit, durch die Verwendung von Metall in Form von Kupfer und Bronze und dem neuerdings entwickelten, härteren Eisen und Stahl, sowohl im Bereich ihrer Werkzeuge als auch für ihre Produkte.

METALL

Irdisches Eisen und Meteoreisen waren im Nahen Osten schon lange bekannt, doch unverbessertes Eisen hatte wenig praktischen Nutzen. Seine Seltenheit und die ihm zugeschriebene oder vermutete magische Komponente trugen zu seiner gelegentlichen Verarbeitung als Zeremonialwaffe oder Schmuck bei. Etwa um 1200 v. Chr. war man in der Lage, Eisen durch entsprechende Möglichkeiten des Erhitzens und Abkühlens und durch Hämmern zu gehärtetem Stahl zu verarbeiten und Geräte wie zum Beispiel Messer daraus herzustellen. In Palästina setzte sich der Gebrauch dieses verbesserten Eisens rasch durch. Etwa 20 Fundstücke aus Eisen, vornehmlich Waffen und Schmuck, die aus dem zwölften Jahrhundert v. Chr. stammen, wurden im philistäisch oder kanaanäisch bewohnten Küstengürtel gefunden und der Stahlschmuck aus Umm ed-Dananir und Madaba in Transjordanien könnte noch ein wenig älter sein.

Im elften Jahrhundert v. Chr. stieg die Verwendung von Eisen gewaltig an, dennoch übertraf die Bronze in der Werkzeug- und Waffenherstellung das Eisen zahlenmäßig eindeutig. In Israel dehnen sich Eisenfunde auch auf das Bergland aus, zu nennen sind hier Ai, das benachbarte Chirbet Raddana und Beth Zur. Die Eisenverarbeitung vor allem im nördlichen Palästina scheint schon früh, vielleicht unter dem Einfluß der Seevölker, Fortschritte gemacht zu haben. Davon zeugen eine Spitzhacke von hervorragender Qualität aus einer (phönizischen?) Festung des elften Jahrhunderts v. Chr. in Har Adir in Galiläa, ein Axtblatt aus Tell Qiri in der Nähe von Jokneam ähnlichen Datums sowie Funde in Taanach, das nach 1020 v. Chr. vermutlich israelitisch war und die sich bis ca. 926 v. Chr. verfolgen lassen. Im zehnten Jahrhundert v. Chr. traten Werkzeuge und Waffen aus Eisen sowohl in Israel als auch in Philistäa sehr häufig auf und im neunten und achten Jahrhundert v. Chr. fand Eisen bei diesen Geräten nahezu ausschließliche Verwendung. Bronze blieb aber vorherrschend in der Schmuckerzeugung, bei Vasen und dekorativem Zubehör und Beschlägen und wurde wahrscheinlich in größeren Mengen als in der Bronzezeit hergestellt, obwohl davon aufgrund von Plünderungen und durch Wiedereinschmelzen nur wenig erhalten geblieben ist.

Wie und warum es zu dieser Umstellung gekommen ist, bleibt noch ungewiß. Wahrscheinlich erreichte die neue Technik Israel über das Flachland im Bereich Philistäa-Esdraelon-Beth Schean, aber ob die Ursache in der Verknappung des Zinn oder im Mangel an Holzkohle, von welcher man größere Mengen bei der Bronzeals bei der Eisenverarbeitung benötigt, zu suchen ist, scheint unsicher. Auch war Eisen vorerst sicher weder technisch besser noch billiger als Bronze. Insgesamt wurden in Philistäa weder qualitativ höherwertige noch quantitativ mehr Metallprodukte erzeugt als in Israel und der Schluß liegt nahe, daß die Handwerker auf jeden Fall von weiter her stammen dürften. Unser momentaner Wissensstand stützt auch nicht die Interpretation der vielzitierten Stelle 1 Samuel 13, 19–22, wonach die Philister Eisen wohl für die eigene Waffenerzeugung benützt, den Israeliten daraus aber nur die Herstellung landwirtschaftlicher Geräte erlaubt hätten. So fand man etwa aus einem Kontext des elften Jahrhunderts v. Chr. in Ai Waffen aus Eisen und zwar zwei Lanzenspitzen und eine (?)Dolchklinge. Vielleicht bezieht sich die biblische Aussage auf ein späteres, vorübergehendes und nicht auf ein ständiges Verbot; im übrigen wird Eisen nicht ausdrücklich genannt. Bemerkenswert bleibt die rasche Akzeptanz dieser verbesserten Technik in der Eisenverarbeitung in Israel, dessen Gesellschaft zu dieser Zeit überwiegend aus einfachen Bauern bestand, während in Assyrien und vor allem in Ägypten diese Übernahme langsamer vonstatten ging.

Ob das in Israel benützte Kupfer und Eisen von Erzvorkommen im Lande stammt, läßt sich auch nicht eindeutig beantworten. Es gibt Kupfer- und Eisenerzvorkommen, worauf auch Deuteronomium 8, 9 hinweist. Kupfer tritt vor allem in der Nähe von Timna (Wadi Meneʿije) nördlich von Elat, in Feinan, dem biblischen Punon und südlich von Petra, beide auf der edomitischen Seite, auf und Eisenerz vor allem in Adschlun, dem alten Gilead. Die Gegend von Feinan entwickelte sich zu einem der größten Kupferproduzenten des Alten Orient, war aber nur zeitweilig unter der Kontrolle von Juda. Schon in den dreißiger Jahren des zwanzigsten Jahrhunderts entdeckten Fritz Frank und Nelson Glueck Anzeichen für Kupfer-Bergbau und Verhüttung im Wadi Araba. Glueck führte die Aktivitäten auf Salomo zurück und deutete ein Gebäude in Tell el-Cheleife als große Verhüttungsanlage – eine heute verworfene Annahme.

In letzter Zeit untersuchte Beno Rothenberg zusammen mit deutschen und anderen Bergbauspezialisten systematisch Bergbau und Verhüttung in diesem Gebiet und kam zum Ergebnis, daß in Timna vom späten vierzehnten Jahrhundert v. Chr. bis zur Mitte des zwölften Jahrhunderts v. Chr. unter ägyptischer Schirmherrschaft und mit Einsatz lokaler, midianitischer und vielleicht auch amalekitischer Arbeitskräfte Kupfer abgebaut und verhüttet wurde. Die Arbeiter waren in einfachen Hütten in Lagern untergebracht, die Aufseher wohnten in besseren, davon getrennten Gebäuden. Man trieb Galerien und Schächte zum erzführenden Gestein, zerschlug die aufgelesenen Erzknollen vor Ort und transportierte sie zur Verhüttungsanlage weiter, wo sich auch Lagerhäuser und Werkstätten befunden haben könnten. Zum Ausschmelzen bediente man sich einfacher Gruben oder auch schon besser entwickelter, teilweise in den Boden eingelassener Schmelzöfen. Lokal gewonnenes Eisenerz kann als Zusatz verwendet worden sein. Als Brennstoff verwendete man Holzkohle, deren Ausgangsprodukt die heimische Akazie bildete. Um die nötige Hitze für den Schmelzvorgang zu erreichen, bediente man sich zusätzlich zum natürlichen Wind auch des Blasebalgs oder Blaseröhren aus Ton, von welchen man einige Exemplare gefunden hat. Zum Bergbau-Werkzeug gehörten neben Metallmeißeln und -hacken auch Arbeitsgeräte aus Stein, nämlich Hammer, Amboß, Mörser, Stößel und viele andere. (Solche Steinwerkzeuge wurden auch im südspanischen Rio Tinto gefunden, das im achten Jahrhundert v. Chr. in Bergbauangelegenheiten mit den Phöniziern in Verbindung gestanden sein soll.) Zur Sicherung der Anlagen, die vermutlich nur in der kühleren Jahreszeit betrieben wurden, errichtete man gezielt plazierte Blockhäuser.

Zweifelsohne gab es, während die unter ägyptischer Leitung stehenden Arbeiten fortgesetzt wurden, Israeliten in Palästina, doch interessanter wäre eine Antwort auf die Frage, ob die kurze Tätigkeit im zehnten Jahrhundert v. Chr. in Verbindung mit den Israeliten zu sehen ist. 1962 vertrat Rothenberg noch die Ansicht, man könne einer kurzen Phase der Bergbau- und Verhüttungstätigkeit bei Timna auf Geheiß Salomos zustimmen und der verstorbene Professor Yohanan Aharoni bestimmte die auf der Töpferscheibe hergestellte Keramik aus den Aufseher-Wohnbereichen zweifelsfrei als israelitisch und aus dem zehnten Jahrhundert v. Chr. datierend. (In der Arbeitersiedlung fand man Vorräte von grober »Negev Keramik«, die anscheinend zum Teil von umherziehenden Töpfern vor Ort erzeugt wurden.) Heute allerdings schreibt Rothenberg diese späte Phase im Bergbau der 22. ägyptischen Dynastie zu, vermutlich im Zusammenhang mit dem Angriff Pharao Schoschenqs. Danach wurde der Bergbau für Jahrhunderte eingestellt, was im Klartext bedeutet, daß im Gebiet um Timna niemals israelitische Bergbau- und Verhüttungstätigkeit existiert hat. Obwohl es hier widersprechende Meinungen gibt, fehlen nach wie vor eindeutige Beweise, um das Gegenteil annehmen zu können.

Auch an anderen Orten ergibt sich ein unsicheres und unvollständiges Bild. Für Tell Masos II am Rand des Negev ist im zwölften und elften Jahrhundert v. Chr. in kleinem Maßstab Verhüttung von importiertem (Negev?) Kupfererz anzunehmen. Auch nördlich vom Toten Meer in Tell Deir ʿAlla scheint von reisenden Metallarbeitern unbekannter Herkunft saisonal Kupfer verhüttet worden zu sein. Man entdeckte hier mehrere Schmelzöfen, doch es hat den Anschein, als dienten sie eher dem Wiedereinschmelzen von Kupfer als der Verhüttung von Kupfererz, das zu diesem Zwecke hätte importiert werden müssen. Ein ähnliches Bild zeigt sich in Beth Schemesch in der Schefela, wo während der philistäischen Besetzung und in der darauf folgenden israelitischen Zeit mehrere Schmelzöfen in Betrieb waren. Eine kleinere Anlage fand sich in Chirbet Raddana in der Umgebung von Ai. Alle genannten Anlagen stammen aus der Zeit vor der Reichsteilung. Danach verloren die israelitischen Kupferproduzenten vermutlich bedingt durch Importe vom Ausland ihr Betätigungsfeld. Die Annahme, daß sich die Akazienbestände, aus welchen Holzkohle erzeugt wurde, so dramatisch verknappt hätten, sodaß die Kupferproduktion eingestellt werden mußte, ist wenig wahrscheinlich, da noch viel später israelitische Zimmerleute Akazienholz für die verschiedensten Zwecke benützten.

Zinn kommt in Palästina nicht vor und mußte zur Erzeugung von Bronze eingeführt werden. Zum Teil gelangte es über Assyrien von unbekannten Orten noch weiter östlich ins Land aber schon seit der späten Bronzezeit wurden Zinnbarren, wie Funde im Meer bei Haifa demonstrieren, in palästinischen Häfen angeliefert, vermutlich über Zypern von Spanien kommend. Dieser Handelsverkehr wurde mit großer Wahrscheinlichkeit während der Eisenzeit fortgesetzt. Ezechiel 27, 12 erwähnt in einer Aufzählung von Waren, die von Tarschisch (vermutlich im südspanischen Guadalquivir-Gebiet zu lokalisieren) nach Tyrus gelangten unter anderem Zinn und Eisen, Blei und Silber und der Befund im Meer bei Haifa datiert einen Barren in das fünfte vorchristliche Jahrhundert. Was die Eisenverarbeitung betrifft, gibt es keine eindeutigen Hinweise auf Abbau und Verhüttung auf israelitischem Territorium, möglicherweise aber Hinweise dafür in oder nächst Mugharet el-Warde bei Radschib in Adschlun, dem alten Gilead und vielleicht auch in Tulul edh-Dhahab in der sehr frühen Eisenzeit I. Der gesamte israelitische Eisenbedarf wird davon aber nicht gedeckt worden sein und wenn Jeremia 15, 12 von qualitativ hochwertigem »Eisen des Nordens« spricht, ist vermutlich an Eisen aus Anatolien zu denken, das Israel über das Metall verarbeitende Zentrum Damaskus erreichte. Das von Ezechiel 27, 19 genannte Eisen aus Usal stammt eher aus dem nordsyrischen Izalla als aus dem jemenitischen Sanʿa. Vermutlich stand auch Eisen aus dem Westen zu Verfügung, das die Tyrer von Tarschisch bezogen.

Auch bei Silber und Blei mußte die Versorgung aus dem westlichen und nördlichen Ausland (Anatolien) gedeckt werden, da beide in Palästina nicht vorkommen. Die Scheidung von Silber und Blei (und anderen Metallen) durch Raffinierung muß insbesondere den Jerusalemern wohlbekannt gewesen sein, wie die anschaulichen Beschreibungen in Jeremia (6, 29–30) und Ezechiel (22, 20–22) zeigen. Das Rohmaterial für Goldschmiede und andere mußte ebenso importiert werden. Teilweise kam es von Ägypten und Arabien, aber vor allem aus dem geheimnisvollen Ophir, dessen Lokalisierung sehr verschiedenartig vorgeschlagen wird: in Arabien oder in Afrika, in Indien oder sogar in Sri Lanka. Das wiederholt in der Bibel erwähnte Ophirgold ist außerbiblisch auf einem hebräischen Ostrakon aus dem achten Jahrhundert v. Chr. genannt, das von Tell Qasile nördlich von Tel Aviv stammt und offensichtlich belegt, daß der Import von Ophirgold nicht auf die Zeit Salomos beschränkt war. Alle genannten Metalle gerieten zur Weiterverarbeitung in die Hände verschiedenster Handwerker. Werkzeuge und Geräte für die Landwirtschaft und andere Bereiche wurden von Schmieden hergestellt oder repariert, die sowohl in der Eisen- als auch in der Bronzebearbeitung kompetent waren. Solche Handwerker lebten in Städten und zumindest vorübergehend auch in Dörfern. In Taanach und Megiddo fand man große Mengen von Werkzeugen und Waffen verschiedenster Art, die dort entweder gelagert wurden, um auf einen umherziehenden Schmied zu warten, dort gesammelt wurden, um an einen anderen Ort zur Reparatur gebracht zu werden oder für den Schrotthändler bestimmt waren. Spezialisierte Handwerker beherrschten auch die Herstellung von Statuetten im Wachsausschmelzverfahren oder mittels Halb- oder Doppelmodeln und das Hämmern von Metallblech zu Schüsseln und Krügen. So fand man etwa einen kleinen Bronzekrug aus dem zehnten Jahrhundert v. Chr. in Geser. Zu erwähnen ist auch die in Jeremia 10, 3.4a.9 genannte, mit Metallblech überzogene Holzstatue. Unter den Handwerkern, die die vorbereitenden und grundlegenden Arbeiten durchgeführt haben, wird es auch Israeliten gegeben haben, doch die komplizierten Aufgaben wurden ziemlich sicher von Nicht-Israeliten wie Kanaanäern, den Seevölkern und später den Phöniziern wahrgenommen. Dieser Art fanden sich wertvolle Gegenstände aus dem zwölften und elften Jahrhundert v. Chr. in Beth Schean, Megiddo und Tell es-Saʿidiye beispielsweise Gefäß-Sets für Wein bestehend aus Schalen, Sieben und Krügen. Sie stehen in kanaanäischer Tradition, weisen aber auch Verbindungen zum ägäischen Raum auf, wie ein Bronzekessel aus Tell es-Saʿidiye oder Doppeläxte. Wie zur Zeit Salomos war das zentrale Jordan-Tal auch damals eine wichtige, Bronze verarbeitende Region, wenn damals auch nicht unter israelitischer Kontrolle. In Tell Masos fand man eine Axt kanaanäischen Stils und eine andere in einem Hort einer israelitischen Kulthöhe in Hazor XI.

Der phönizische Einfluß verstärkte sich später während der Regierungszeit Salomos. So wurden die Metallarbeiten für den Tempel in Jerusalem von einem Handwerker namens Hiram angefertigt, der tyrisch-israelitischer Abstammung war (1 Könige 7). Durch diese Kontakte konnte das Niveau israelitischer Handwerkskunst sicherlich verbessert werden. Die Tempelausstattung umfaßte große Werkstücke wie zum Beispiel die beiden gewaltigen Bronzesäulen Jachin und Boas und das »Eherne Meer«. Ob die Säulen massiv oder hohl waren oder ob sie einen mit dünnem Metallblech überzogenen Stein- oder Holzkern besaßen, ist Gegenstand von Diskussionen. Zum weiteren Tempelinventar gehörten reich verzierte Kesselwagen, der Altar aus Bronze und mehrere kleinere Gegenstände, die wahrscheinlich in levantinischer Tradition stehen und lokale kanaanäische, ägäische, zypriotische und syrische Merkmale in sich vereinen. Außerhalb Jerusalems fand sich eine vermutlich phönizische Metallschüssel in Megiddo IV.

Nach dem Auseinanderbrechen des vereinten Königreichs gaben Hof und Adel in den Nachfolgestaaten von Israel und Juda wohl Luxusgüter aus Metall verschiedenster Art in Auftrag. So fand man Metallschüsseln zwar nicht in Palästina sondern in Assyrien, doch könnten sie aus der Kriegsbeute oder aus dem Tribut stammen, den israelitische, wohl eher judäische Könige und hier vor allem Ahas oder Hiskija zu leisten hatten. Manche dieser Schüsseln zeigen als Dekor einfache Muster, andere einen Skarabäus – im achten Jahrhundert v. Chr. vielleicht das Symbol für den König – und eine Anzahl sind an den Seitenflächen mit hebräischen Namen beschriftet. Im Unterschied zur Dekoration phönizischer Ware zeigen sie keine bildlichen Darstellungen, doch ob sie deshalb von judäischen Handwerkern oder doch von phönizischen unter Berücksichtigung lokaler Aufträge hergestellt wurden, läßt sich heute nicht mehr entscheiden.

Auch die Goldschmiede und Juweliere, die Ringe, Ohrringe und Armreifen im Gußverfahren oder ausgefeilteren Methoden herstellten, waren zum Teil lokale Kunsthandwerker und zum Teil von außerhalb. Schmuckstücke wie zum Beispiel Fibeln wurden sicher größtenteils importiert, doch Amulette wie jene klein zusammengerollten Silberblättchen mit dem Gottesnamen, die in einem Grab in Jerusalem gefunden wurden, kamen sicher aus der Werkstatt eines lokalen Handwerkers.

STEIN

Stein verschiedenster Herkunft diente als Ausgangsmaterial für zahlreiche Gegenstände. Die meist aus Basalt, seltener aus Kalkstein gefertigten Dreifuß-Schalen waren als Mörser in Verwendung, in dem mannigfaltige Substanzen – Farben oder Gewürze – mittels eines Stößels zerstampft werden konnten. Manche dieser mitunter sehr aufwendig ausgeführten Schalen wurden möglicherweise auch, vornehmlich in den ägäischen Raum, exportiert. Die von ägyptischen Exporten inspirierten Alabastergefäße zur Aufbewahrung aromatischer Öle scheinen in der Bronzezeit größere Verbreitung erfahren zu haben als in der Eisenzeit. Die runden Schminkpaletten (Taf. 24.2) für Gesichts- und Augenschminke aus fein gekörntem Kalkstein sind vielleicht als typisch israelitisches Erzeugnis zu bezeichnen. Oft sind sie mit eingeschnittenen Mustern kunstvoll dekoriert und mit kleinen Einlagen farbiger Paste versehen und kommen ab dem achten Jahrhundert v. Chr. häufig in Israel, selten aber außerhalb vor. Diese Gegenstände wurden offenbar auf einer einfachen Drehbank hergestellt, die anscheinend auch vom Zimmermann verwendet wurde.

MINERALVORKOMMEN

Neben den Erzen finden sich in Israel noch andere, nützliche Minerale. Die Gegend um das Tote Meer lieferte Salz in Form von Steinsalz oder in Salzpfannen (Zephanja 2, 9). Über die Nutzung von Meeressalz wissen wir nicht Bescheid. Salz wird nicht nur zur Zubereitung von Speisen und bei zeremoniellen Anlässen sondern auch zu industriellen Zwecken, etwa beim Gerben, benötigt. Dagegen war der Schwefel aus dem Gebiet des Toten Meeres weniger bedeutend. Der später als wichtiger Exportartikel gehandelte Asphalt vom Toten Meer wurde spärlich genützt, wie z. B. in Tell Beit Mirsim, im Unterschied zur regelmäßigen Verwendung als Binde- und Dichtungsmittel bei Gebäuden in Mesopotamien oder im Bereich der Mumifikation. Eine wirkliche Ausnahme stellt der Fund eines in Leinen gewickelten, in Asphalt eingeschlossenen Toten aus einem nicht-israelitischen Grab des zwölften Jahrhunderts v. Chr. in Tell es-Saʿidiye dar. Der für die Gerberei benötigte Alaun wurde vermutlich importiert. Weit verbreiteter Gebirgskalkstein wurde in der Nähe von Jerusalem in einiger Quantität zu Kalk gebrannt, der vielleicht als Tünche oder beim Verputz Verwendung fand, aber noch nicht als Mörtel beim Hausbau eingesetzt wurde.

TÖPFEREI

Wie schriftlichen Quellen zu entnehmen ist, war den Israeliten das Töpferhandwerk vertraut und interessierte sie auch. Hauptberuflich gibt es nur männliche Töpfer. Es gibt keine Hinweise darauf, daß Frauen ihnen geholfen oder in ihrer Freizeit selbst getöpfert hätten.

Als Handwerker waren die Töpfer verschiedenartig organisiert: Sie schlossen sich entweder in Familieneinheiten oder Gilden zusammen wie jene in 1 Chronik 4, 23, die für die Krone arbeiteten, oder sie betrieben ihr Handwerk selbständig oder gingen damit auf Reisen. Von den einfachsten Dörfern bis zu den wohlhabenden Städten waren ihre Produkte gefragt, die sowohl im häuslichen als auch im industriellen Bereich verschiedenartig und zahlreich gebraucht wurden. Ihre Werkstätten befanden sich in oder in der Nähe großer Städte wie Jerusalem aber auch in kleineren Orten am Land, wie die im Buch der Chronik erwähnten Töpfer der Schefela. Nachdem das Land hier teilweise bewaldet und Ackerbau nur in begrenztem Umfang möglich war, könnte es sich bei den Töpfern der Schefela sozusagen um Zuerwerbsbauern handeln, die saisonal den sonst ungenügenden Lebensunterhalt durch Töpferei aufbesserten. Im allgemeinen scheint es zunächst eine Vielzahl von Produktionsstätten mit nur eingeschränkter Typenvielfalt, die aber in sich uneinheitlich war, gegeben zu haben. Als später in der Eisenzeit II die Anzahl der Produktionsorte zurückging, wuchs die Typenvielfalt beträchtlich an und in ihr der Zug zur Standardisierung.

Neuere Untersuchungen zur Keramik, einschließlich petrographischer und Neutronanalysen, ergaben eine flächenmäßig weite Streuung der Produkte (vgl. Abb. 45). So verbreiteten sich judäische Schalen bis ins Nordreich, während Produkte von dort (darunter zweifarbige und samaritanische Keramik, die aber unter Umständen phönizisch ist) weit im Süden von Juda anzutreffen sind. Zum Teil geht die weite Verbreitung auf das Königshaus zurück. So finden sich die in königlichen Töpfereien in der Schefela erzeugten Vorratskrüge mit Henkel und dem *lamelech* – Stempel im gesamten Gebiet des Südreiches während wiederum ein anderer Typ von in Jerusalem erzeugten Krügen mit Stempel in Lachisch anzutreffen ist. Dennoch führte die regionale Produktion nur begrenzt zu regionalen Abweichungen. Unterschiede im Repertoire und Stil lassen sich eher entlang der Grenzen von Israel und Juda beobachten. Stellenweise kann diese Grenzlinie erstaunlich genau angegeben werden, auch wenn manche Produkte hier und dort zu finden sind. Warum bestimmte Keramik aus dem einen Reich im anderen gehandelt oder nicht gehandelt werden konnte – mögen es wechselnde Sympathien oder Zollbestimmungen gewesen sein – wissen wir nicht.

Das zur Keramikherstellung benötigte Material, vor allem Lehm in unterschiedlicher Zusammensetzung und Plastizität, war praktisch im ganzen Land vorhanden. Lehm von besserer Qualität mußte vielleicht von etwas entfernteren Orten organisiert werden. Die in Jerusalem beschäftigten Töpfer besorgten ihn vom 8 km entfernten Moza. Im Bergland wurde zerstampfter, regionaler Kalkstein beigesetzt. Dies erwies sich als ungünstig, da er zerfällt, wenn er zu lange einer Temperatur über 900° C ausgesetzt ist und die austretenden Gasblasen beschädigen das Stück. Daher ist ein großer Teil der israelitischen Keramik nicht solange gebrannt, bis der Kern dieselbe Färbung zeigt wie die Oberfläche. Brennen bei niedereren Temperaturen bedeutete auch weniger Brennstoffverbrauch und dies erleichterte wiederum die Gründung einer Töpferei, da (um nach neuerer Praxis in Palästina zu urteilen) verschiedenster Brennstoff (Baum- und Strauchschnitt, Dornen, Gras, Olivenabfall

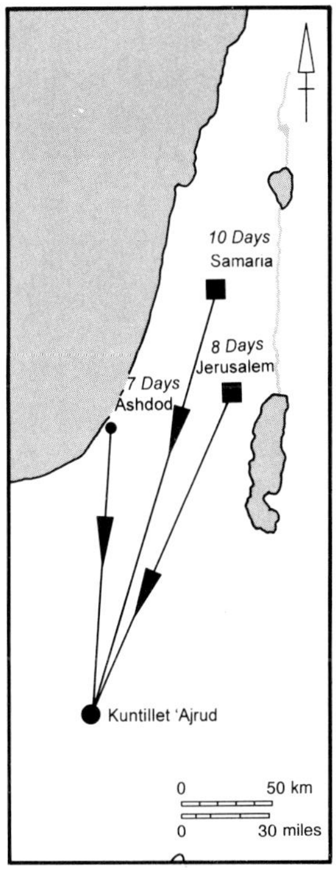

Abb. 45 Ursprungsorte und ungefähre Transportdauer einiger Formen der in Kuntillet Adschrud gefundenen Keramik. Andere Formen, die in verschiedenen Bezirken Israels erzeugt oder importiert wurden, waren im ganzen Land verbreitet.

und Mist) eigentlich wohl überall in ausreichenden Mengen zur Verfügung stand. Die gemäßigte Brenntemperatur bedingte aber auch poröse Gefäße, was sich im Fall von Wasserkrügen oder Flaschen nicht nachteilig auswirkte, da durch Verdunstung die Flüssigkeit kühl blieb. Wo aber auf Undurchlässigkeit Wert gelegt wurde, erhielten die Gefäße einen Überzug aus Pech oder einen roten Überzug aus hämatithaltigem Lehm und ihre Oberfläche wurde geglättet und hochpoliert. Während der Eisenzeit I wurde noch händisch und daher unregelmäßig poliert, ab dem achten Jahrhundert v. Chr. setzte sich die Unterstützung durch die Töpferscheibe mehr und mehr durch und die Politur zeigt gleichmäßige, ring- oder spiralförmige Muster. Die Vorliebe für glänzend polierte Oberflächen ließ wenig Spielraum für die Bemalung der Keramik, die nun tatsächlich seltener vorkommt als noch während der späten Bronzezeit. Wenn überhaupt, dann dominieren einfache Bandmuster in schwarz und rot und nur gelegentlich kommen aus dem kanaanäischen Repertoire stilisierte Darstellungen von Palmen oder Steinböcken oder ägyptisch beeinflußte Motive wie Lotusblumen und -knospen vor. Die auf einem Bruchstück erhaltene, seltene Rinderdarstellung könnte auf phönizische Vorbilder zurückgehen oder ist vom Darstellungskanon eines anderen Materials, nämlich von Metallschalen, entlehnt. Üblicherweise war israelitische Keramik nicht glasiert und die in Sprüche 26, 23 erwähnten, glasierten Gefäße dürften Importware sein.

In der frühen Zeit wies die israelitische Keramik nur sehr mittelmäßige Qualität auf; sie wurde von Hand oder auf Matten aufgebaut und teilweise auf der langsam drehenden Scheibe gefertigt. Ab ca. 1000 v. Chr. sind Verbesserungen bemerkbar und ab dem achten Jahrhundert v. Chr. fand die schnell drehende Töpferscheibe zunehmend rasche Verbreitung und Verwendung. Ab diesem Zeitpunkt entwickelte sich das Töpferhandwerk zu hoher Kompetenz und erreichte in der Tat nahezu griechische Standards. Die Töpfer waren mit den Methoden der Massenproduktion schnell vertraut und beherrschten den Umgang mit schnell drehenden Tonkegeln auf der Scheibe (hochziehen des Gefäßkörpers, abzwicken oder abschneiden mittels Schnur oder Kordel, ausdünnen zu dick geratener Gefäßwände). So genügten die besten Produkte israelitischer Töpfer nicht nur praktischen Ansprüchen, sondern sind auch als formschön zu bezeichnen.

Archäologische Erkenntnisse helfen uns, eine Vorstellung von der Töpferwerkstatt und den Produktionsmethoden zu erhalten – mehr als biblische Texte es erlauben. Angesichts der unangenehmen Rauchentwicklung und der nicht zu unterschätzenden Brandgefahr befanden sich die Werkstätten und Öfen der Töpfer am Siedlungsrand, wie in Tell en-Nasbe oder überhaupt außerhalb der Siedlung wie in Lachisch (in einer Höhle) oder in Megiddo (in einstigen Höhlengräbern). Die Arbeitsplätze verfügten über Nischen oder Löcher zur Aufbewahrung von Lehm oder lederharten Gefäßen, in Schalen oder Krügen stand Wasser bereit und einfache Werkzeuge aus Keramik, Knochen und Muscheln dienten dem Formen, Drehen und Polieren der Tongefäße. In Lachisch und Megiddo weisen die Höhlenböden kreisrunde Vertiefungen mit einem Loch in der Mitte auf, was auf den Gebrauch einer Töpferscheibe mit Drehpunkt in einer Steinpfanne schließen läßt. Die genaue Form der Töpferscheibe läßt sich aber bis heute nicht präzise nachvollziehen. Wohl fand man in mehreren Orten ringförmige Scheiben aus Basalt, die Bestandteil von sich langsam drehenden, vielleicht hölzernen Töpferscheiben gewesen sein könnten. In einer verbesserten Ausführung besteht sie aus zwei übereinandergelegten Steinscheiben, deren obere mittels eines Zapfens sich auf der unteren dreht. Bisher wurde noch kein Exemplar der schnell drehenden Töpferscheibe der Eisenzeit II C gefunden. Die mit dem Fuß betriebene Töpferscheibe, bei der eine massive untere Scheibe durch den Fuß des Töpfers in Bewegung versetzt wird und über eine Achse eine kleinere, obere Scheibe antreibt, auf welcher das Gefäß gedreht wird, ist erst in hellenistischer Zeit belegt (Jesus Sirach 38, 29); ob sie schon früher existierte, weiß man nicht.

Über die Vorrichtungen zum Brennen der Keramik sind wir etwas besser informiert. Das Brennen im offenen Feuer scheint nicht vorgekommen zu sein. Es waren zweckmäßige Brennöfen in Verwendung, von welchen die unteren Teile in Ausgrabungen mehrfach sichergestellt werden konnten. Diese waren teils im Boden eingegraben, teils freistehend. Frühe Beispiele bestehen aus zwei länglichen, mit Lehm ausgekleideten Kammern, die von einem gemeinsamen Schürloch abzweigen und durch einen zungenartigen Vorsprung von der Rückwand voneinander getrennt sind (Abb. 46), etwa ein U darstellend. Darüber wird sich ursprünglich eine Zwischendecke (Rost?) oder nur ein Zwischenboden (?) befunden haben, auf der die zu brennende Keramik aufgestapelt wurde, und darüber wiederum ein zeitweiliges, gewölbtes Dach. Solcherart wurden die Gefäße in einem geschlossenen Raum durch

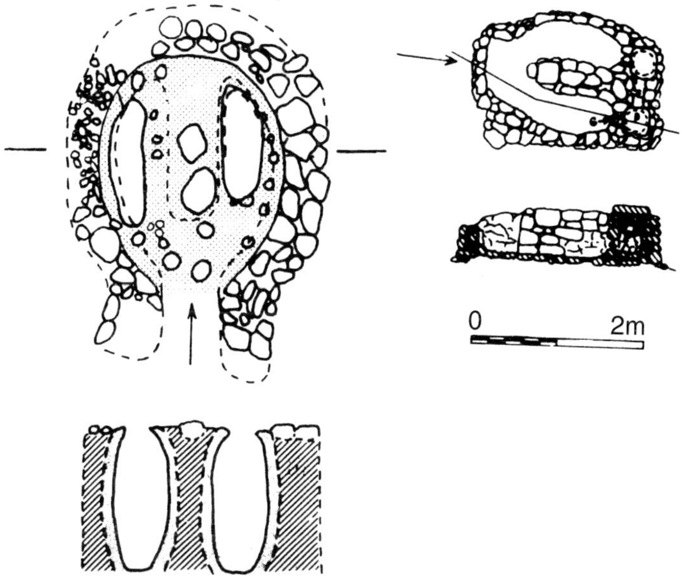

Abb. 46 Eisenzeitlicher Töpferbrennofen. Diesen Typ gab es im alten Israel in Megiddo, aber auch im phönizischen Sarepta und in den phönizischen Kolonien beispielsweise in Motya auf Sizilien. Die Gefäße wurden im Inneren eines temporär kuppelartig abgedeckten Platzes über dem Schürloch gebrannt, von dem die heiße Luft über eine durchbrochene Zwischendecke aufsteigt. Nach dem Brennvorgang entfernte man den kuppelförmigen Oberbau und entnahm die fertigen Gefäße.

die von unten aufsteigende Heißluft gebrannt. Ein verhältnismäßig gut erhaltener Ofen aus Höhle 37 in Megiddo weist technische Verfeinerungen gegenüber diesem Schema auf. Hier strömen die Verbrennungsgase von den Seitenkammern durch Luftlöcher in Räume, die durch zentrale Luftschächte miteinander verbunden sind. Von dort wurden sie über nicht mehr erhaltene Aufbauten weitergeleitet. Bei späteren Öfen findet sich die U-Form leicht abgewandelt zu einer Omega-Form, doch das Funktionsprinzip bleibt dasselbe. Ähnlichkeiten bestehen zum phönizischen Bereich, doch schlußendlich wurzelt diese Art des Töpferofens in spätbronzezeitlichen Typen des östlichen Mittelmeerraumes.

Zumindest ab der Eisenzeit II zeigt die israelitische Keramik einen breiten Formenreichtum (Abb. 47) vom großen Vorratskrug für Getreide, Öl und Wein bis hin zu winzigen Parfumfläschchen und Pyxiden. Frühe Vorratskrüge, die üblicherweise mit zwei Henkeln versehen sind, zeichnen sich manchmal durch mit Wulst versehene Hälse aus und haben ihre Form, dann allerdings mit kurzem Hals, bis in die fortgeschrittene Eisenzeit bewahrt. Diese Form wurde sehr häufig in frühen israelitischen Siedlungen angetroffen und daher als Beweis des israelitischen Siedlungscharakters gehalten, doch sie tritt auch anderswo auf. Von ca. 1000 bis 800 v. Chr. waren vor allem im Norden ovale Krugformen mit dem Schwerpunkt unterhalb der Mitte und einer betonten Schulter beliebt. Vom achten bis zum sechsten Jahrhundert v. Chr. entwickelt sich besonders ein längliches, »torpedoförmiges« Gefäß (»sausage jar«) mit flachem Rand und die vor allem in Juda beliebten Krüge mit weiten Mündungen (hole mouth jars).

Eine bestimmte Art von Vorratskrügen mit eiförmigem Gefäßkörper und vier Henkeln, die sich im späten achten Jahrhundert v. Chr. im Südreich etabliert hat, trägt an den Henkeln manchmal Siegelabdrücke mit Darstellungen eines vierflügeligen Skarabäus (vielleicht ein königliches Symbol) oder einer geflügelten Sonnen-

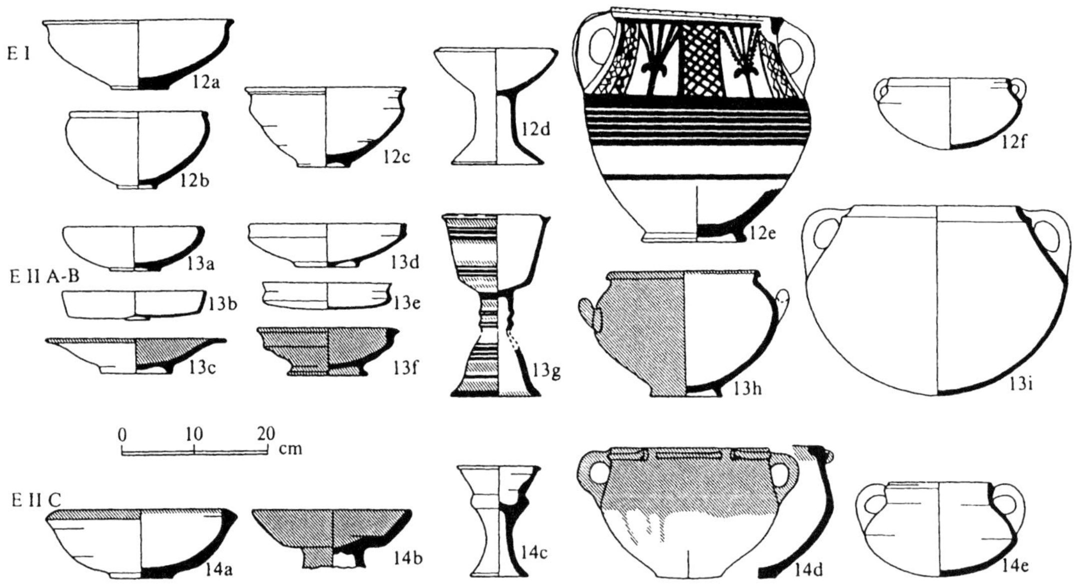

E I – Eisenzeit I

Schale (12a–c)

Kelch (12d)

Krater (12e)

Kochtopf (12f)

Krug (12g)

Kanne (12h)

Kännchen (12i)

Wasserflasche (12j)

Pyxis (12k)

Lampe (12l)

E II A–B – Eisenzeit II A und B

Schale (13a–f)

Kelch (13g)

Krater (13h)

scheibe. Über der Darstellung steht *lmlk* (*la melech*: für den König, dem König gehörend) und darunter finden sich die Namen von insgesamt vier Städten: Hebron, Ziph, Sochoh und ein bis heute unsicheres *Mmšt* (Taf. 20, 21). Datierung und Zweck dieser speziellen Krüge war Gegenstand zahlreicher Diskussionen. Neuerdings ergaben Ausgrabungen in Lachisch und Tell Batasch, daß sie während der Regierung Königs Hiskijas hier wie dort in Verwendung standen. Durch Neutronen-Aktivierungs-Analyse konnte als ihr Herstellungsort die Schefela bestimmt werden, was bedeutet, daß die genannten Städtenamen nicht die Orte der königlichen Töpfereien meinen können. Ihr unterschiedliches Fassungsvermögen verbietet auch die Annahme, sie als Maßeinheit für die Allgemeinheit oder für die Anlieferung von Steuern in Form von Naturalien zu verstehen. Am wahrscheinlichsten handelt es sich dabei um Vorratsgefäße für die Versorgung königlicher Armeelager oder Abgabenzentren, von welchen dann von der Verwaltung der Transport zu militärischen Befestigungsanlagen in häufig angegriffene Grenzgebiete organisiert wurde. Bei den vier in den Abdrücken genannten Städten handelte es sich somit um die Zentren jener königlichen Güter, von welchen die Vorräte eingezogen wurden. Obwohl die Krugstempel mit dem Skarabäus-Motiv vermehrt in Städten des westlichen und jene mit dem Motiv der »geflügelten Sonne« eher im nördlichen Juda anzutreffen sind, wird man sich den Umlauf der Gefäße wohl in den verschiedensten Gebieten des Reiches vorzustellen haben. Ob sie nach Hiskija auch noch in Gebrauch waren, ist ungewiß. Später treten dann Krugstempel mit dem Motiv konzentrischer Kreise auf, die vielleicht aus der Regierung Joschijas stammen.

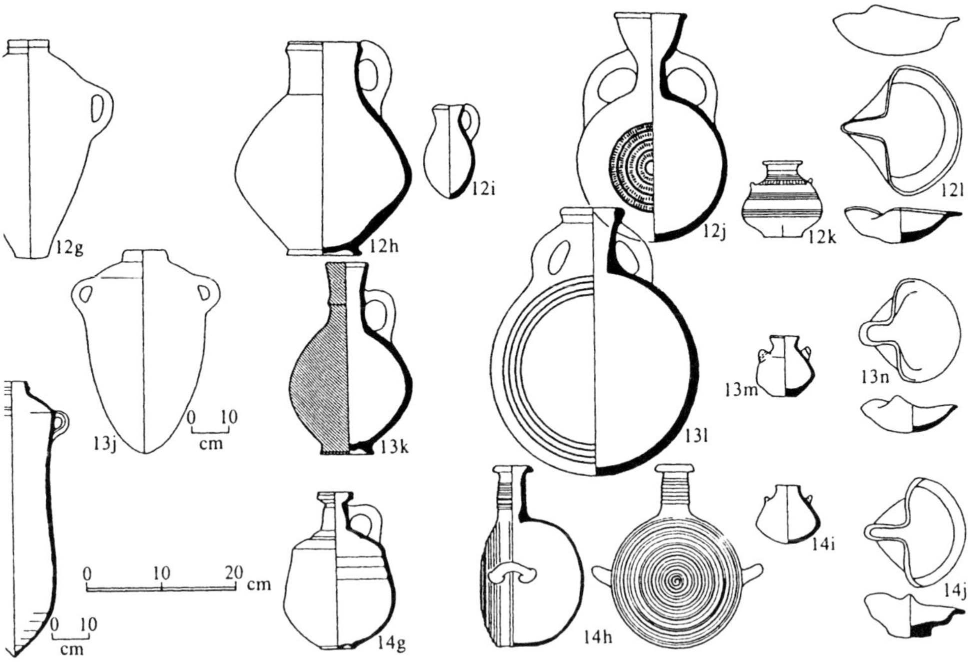

Abb. 47 Übersicht über eisenzeitliche Keramikformen.

Auch das Vorkommen großer Weinmisch-Schüsseln (Krater) wurde als Indikator für frühe, israelitische Ansiedlungen gehalten und – neben überlebenden Spätbronzeformen – eine Form mit zahlreichen Henkeln, die oft mit Seil- oder Ritzmuster versehen ist. Sie treten aber nicht nur in frühen, israelitischen Ortslagen sondern auch anderswo auf. Auch bei den Kochtöpfen wurden bestimmte Formen als Kennzeichen einer frühisraelitischen Besiedlung gehalten, wie jene flachen, beckenförmigen Gefäße ohne Henkel mit nach außen hängendem, in der Seitenansicht dreieckigem Rand, der dann durch einen eher rechteckigen, manchmal wulstigen Rand ersetzt wird. Obwohl dieses Merkmal als israelitisches »Leitfossil« angesehen wurde, kommt es auch in definitiv kanaanäischem Kontext vor. Ab dem zehnten Jahrhundert v. Chr. werden Henkel an den Kochtöpfen immer beliebter und nach ca. 800 v. Chr. bilden sich im Norden ausgeprägte, hohe Randlippen aus, während Juda rundliche, zweihenkelige Kochtöpfe mit hohem, oft gerilltem Hals vorzieht. Während die frühen Schüsseln von mäßiger Qualität, im Norden manchmal mit horizontalem Bandmuster und im Süden mit einfachen, aus kanaanäischem Repertoire stammenden Palmmotiven bemalt waren, verbessert sich ihre handwerkliche Ausführung nach 1000 v. Chr. deutlich. Der Ton wird feiner gemagert, sorgfältig geformt und gebrannt. Es entwickelt sich ein großer Formenreichtum, geradwandige, gerundete und schüsselartige Formen wechseln sich in der Beliebtheit ab.

Kochtopf (13i)
Krug (13j)
Kanne (13k)
Wasserflasche (13l)
Pyxis (13m)
Lampe (13n)

E II C – Eisenzeit II C

Schale (14a.b)
Kelch (14c)
Krater (14d)
Kochtopf (14e)
Krug (14f)
Dekanter (14g)
Wasserflasche (14h)
Pyxis (14i)
Lampe (14j)

Ebenfalls ab ca. 1000 v. Chr. kamen ein roter Überzug (Schlicker) in Mode, zuerst nur geglättet, sodann auch händisch und in zunehmendem Maße mit Scheibenunterstützung poliert, sowie Griffe, die jenen der Metallgefäße nachgeahmt und im Lauf der Eisenzeit II zu ornamentalen Leisten verkümmert sind und gelegentlich um den ganzen Gefäßkörper herumlaufen. In Juda setzten sich dann tiefe Schüsseln mit spriralförmigen Politurspuren durch, die zum Teil wohl auch in das Nordreich exportiert wurden. Obwohl die gelungensten unter ihnen sehr ansehnlich waren, können sie dennoch nicht mit den »Samaria-Schalen«, die vom zehnten bis sechsten Jahrhundert v. Chr. im nördlichen Israel und dem benachbarten Phönizien gefunden wurden, konkurrieren. Bei diesen ist eine äußerst dünnwandige Gruppe mit rotem Kern und eine etwas dickere, aus besonders feinem, hellem Ton zu unterscheiden, die beide mit einem glänzend polierten Überzug versehen sind (Abb. 48). Die dünneren Schalen zeigen auf der Innenseite konzentrische Kreise in gelb und rot. Die dickeren Schalen besitzen zunehmend höher werdende Ring- oder gestufte Basen und sind innen und außen mit einem roten, gelben oder schwarzen, polierten Überzug versehen. Wahrscheinlich wurden sie im Bergland von Samaria als auch in Phönizien erzeugt, allerdings wurde bis heute noch kein Töpferofen im Nordreich entdeckt.

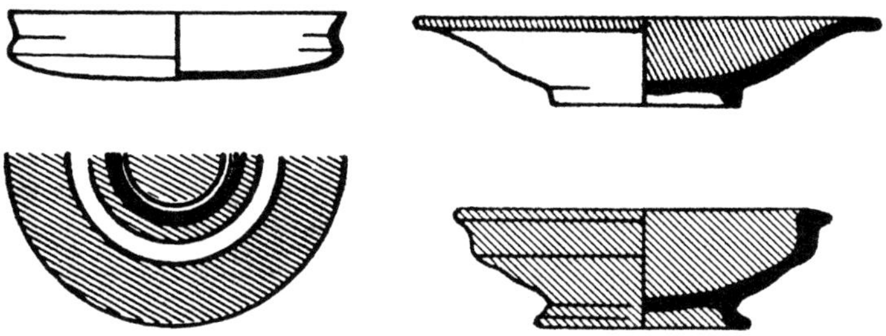

Abb. 48 »Samaria-Schalen«: Links Beispiel der dünnwandigen Gruppe mit Rundboden und konzentrischer Bemalung auf der Innenseite; rechts Beispiele der etwas dickwandigeren Gruppe mit Ringbasen.

Kelche auf hohem, trompetenförmigem Fuß fanden in der Eisenzeit I und II in ganz Israel große Verbreitung, gab es aber auch in nicht-israelitischen Ortslagen. Die südlichen Formen sind an einer abgestuften Basis und gegebenenfalls durch kunstvolle Bemalung erkennbar. Das Repertoire der Formen wird durch Becher, Krüge und Schöpfgefäße, um Flüssigkeit aus den Krügen zu entnehmen, ergänzt. Eine typisch israelitische Form nach ca. 1000 v. Chr. stellen die kleinen, meist schwarz überzogenen, polierten Parfumfläschchen dar, die zuerst langhalsig, dann mit kürzerem Hals und schließlich nach ca. 800 v. Chr. winzig klein auftreten. Wasserkrüge *(decanter)* leiten ihre Form von Metallgefäßen ab und sind manchmal sehr schön ausgeführt. Sie stellen im Norden und im Süden eine typische Form der Eisenzeit II C dar und unterscheiden sich bis auf eine Rille am Rand des Wasserkruges im Nordreich praktisch nicht viel voneinander. Ein anderes Gefäß zur Aufbewahrung von Flüssigkeiten ist die sogenannte Pilgerflasche (Feldflasche), die kanaanäische Vorbilder kennt. Späte Formen zeigen ein asymmetrisches Profil mit einer flachen und einer konvexen Seite. Pyxiden, deren Herkunft letztendlich im mykenischen Raum zu suchen ist, werden immer schlichter und kleiner. Schließlich sind noch Lampen zu erwähnen, die üblicherweise durch eine einzelne Schnauze (eine

Form mit sieben Schnauzen ist selten) und immer breiter ausladende Ränder gekennzeichnet sind. In der Eisenzeit II C entwickelt sich in Juda ein Typ mit hoher, solider Basis. Zusätzlich zu dieser stattlichen Vielfalt keramischer Formen, deckte der israelitische Töpfer auch noch andere Bereiche ab. So schuf er von der Wanne für Fußbäder über Schmelztiegel und Tonrasseln auch Spielzeugtiere und Möbelmodelle sowie Götterfigurinen und -plaketten.

Der israelitische Töpfer traf allerdings am Markt auf Konkurrenz. Ausgrabungen haben bestätigt, daß keramische Produkte zu verschiedensten Zeiten aus überraschend vielen Ländern Israel erreichten. Im dreizehnten und zwölften Jahrhundert v. Chr. verbreitete sich bemalte, midianitische Keramik aus Nordarabien nicht nur im Bergbaugebiet im Wadi Araba sondern bis zum Rand des Negev und der angrenzenden, südlichen Küstenebene (vgl. Abb. 50). Die in diesem Zusammenhang manchmal auftretende, grobe, handgefertigte Negev Keramik, die noch mehrere Jahrhunderte später im südlichen Randgebiet Judas hergestellt wurde, stammt vielleicht von amalekitischen oder anderen, nicht-israelitischen Töpfern. Später dann, in der Eisenzeit II, begegnet moabitische und edomitische Keramik ziemlich in derselben Gegend bis zum Timna- und Sorektal (Tel Batasch) in der zentralen Küstenebene im Nordwesten des Landes. Diese Importe aus dem Osten erreichten Israel zusammen mit anderen Handelsgütern, die auf den Handelsrouten zum Mittelmeer das Land passierten. Aus der entgegengesetzten Richtung kam philistäische Keramik herein, die durch lokale, kanaanäische Traditionen aber auch durch importierte, ägäische Merkmale gekennzeichnet ist. Ausgehend von der südlichen Küstenebene, wo die »Städte« der Philister lokalisiert werden, verbreitet sie sich entweder im Gefolge von Militäraktionen der Philister oder durch den Handel bis ins Bergland. Stilistisch ähnliche Keramikfunde gab es auch in Tell Deir ʿAlla im Jordantal und in Beth Schean in der Jesreel-Ebene (Esdraelon), die vielleicht von verwandten Gruppen wie den Tjeker, die an der Nordküste im Gebiet um Dor angesiedelt waren, stammen könnten und vielleicht auf dem Handelsweg oder durch eine Völkerwanderung dorthin gelangt sein mögen. Auch aus dem Norden und dem Nordwesten fanden zahlreiche Keramikprodukte ihren Weg nach Israel. Zweifarbige Krüge und Schalen aus Phönizien und dem Nordreich verbreiteten sich während der Eisenzeit I und II bis ins südliche Juda – in geringerem Maß aber in der Eisenzeit IIB. Ein frühes Beispiel kommt sogar so weit südlich wie Tell Masos vor. Zyprisch-phönizische Keramik und hier vor allem die Schwarz-auf-Rot-Ware I (III) und II (IV) in Form von kleinen Parfumfläschchen taucht ab ca. 1000 v. Chr. in vielen Ortschaften des Nord- und des Südreichs auf, seltener findet sich die weiß bemalte, zyprische Keramik I. Phönizische Keramik mit rotem, poliertem Überzug oder mit Bemalung begegnet in der Eisenzeit II A-B-C vor allem in Form von Krügen mit kleeblattförmigem Ausguß und Kannen mit pilzförmigen Randlippen sowohl in Israel als auch in Juda in soweit voneinander entfernten Städten wie Hazor und Lachisch. Griechische Importe sind nur in kleinem Umfang feststellbar. Es gibt nur ein paar wenige Fragmente des mittleren geometrischen Typs aus Megiddo VA – IVB und aus Samaria III (Mitte neuntes und achtes Jahrhundert v. Chr.). Eines der frühesten

Stücke geht vielleicht auf ca. 1100 v. Chr. zurück. In der Küstenstadt Mezad Haschavjahu wurde eine etwas größere Menge vorwiegend ostgriechischer Keramik aus dem siebten Jahrhundert v. Chr. gefunden, was mit der Anwesenheit griechischer Söldner und Händler dort zusammenhängen wird, aber nichts läßt darauf schließen, daß griechische Kaufleute oder andere Gruppen griechische Keramik in nennenswerter Zahl ins Land gebracht hätten. Erst in der persischen Zeit werden griechische Keramikimporte bedeutend.

Die bislang angeführten, fremdländischen Keramikprodukte erreichten Israel auf dem Wege friedlicher Handelsbeziehungen. Das Auftreten einer anderen Gruppe ausländischer Keramik, nämlich assyrischer und babylonischer, ist mit der Expansion des assyrischen Reiches ab dem späten achten Jahrhundert v. Chr. verknüpft. Jene Keramik findet sich vorwiegend in Fundlagen aus dem siebten Jahrhundert v. Chr. hauptsächlich im Nordreich und den östlichen und westlichen Nachbarländern. Besonders schöne Produkte, die sogenannte Palast-Keramik, treten auffällig hervor und wurden als erstrebenswerte Güter von ansässigen Töpfern verständlicherweise imitiert.

FAYENCE, FRITTE UND GLAS

Keramikprodukte stellten meist bloße Gebrauchsgegenstände dar, dagegen rangierten Gefäße aus glasierter Fayence oder unglasierter Fritte unter den Luxusgütern. Sie wurden schon lange in der Levante hergestellt und auch in der Eisenzeit zusammen mit kleineren Objekten wie Amuletten, Skarabäen und Perlen, bei welchen in besonderem Maß Ägypten und Phönizien federführend waren, nach Palästina importiert. Vielleicht gab es in Israel auch eine kleine, eigene Fayence-Produktion. Von Megiddo stammen mehrere Gefäße aus Fayence oder Fritte, darunter befinden sich ganz schlichte und solche, die von ägyptischen Beispielen angeregt, Tiere darstellen, so etwa entenförmige Behältnisse oder einen Löwen, der zwischen seinen Vorderpranken einen Topf hält. Der verstorbene Professor Carl Watzinger vermutete, sie könnten von einer lokalen Werkstatt stammen, die vom elften bis in das achte Jahrhundert v. Chr. in Betrieb war und Traditionen aus der späten Bronzezeit fortsetzte, doch neuerdings stuft man diese Produkte als phönizisch ein. Glas wurde in Israel praktisch nicht hergestellt. Eine Schminkpalette aus Glas und Nadeln mit Glasköpfen, die man in Megiddo entdeckt hat, wurden vielleicht auf regionalen Auftrag hin hergestellt, doch üblicherweise mußte Glas importiert werden. Ebenfalls aus Megiddo stammt eine Schminkpalette aus Fayence aus dem siebten Jahrhundert v. Chr. Andere der verstreut im Land gefundenen Schminkpaletten aus Stein zeigen vielleicht Spuren von Fayence- oder Fritteeinlagen. Diese dürften heimischer Produktion entstammen, da Schminkpaletten im phönizischen Bereich nicht üblich waren, und selbst, wenn dem so wäre, hielt sich die Fayence- und Fritteerzeugung in Israel in sehr bescheidenem Rahmen.

HOLZ

Ein grundsätzliches Erfordernis für ein kultiviertes Leben ist das Vorhandensein von Holz und im engeren Sinn von Bauholz. In den Wäldern und den bewaldeten Landschaften Israels standen zahlreiche, verschiedenartige Bäume für diese Zwecke zur Verfügung: Pinien (Fichten), Eichen, Sykomoren und Akazien. Für bestimmte Zwecke wurde das Holz des Olivenbaumes bevorzugt, wertvolleres Holz, wie jenes der Zeder oder des Buchsbaumes, mußte vorwiegend aus dem Norden importiert werden. Jesaja 44, 14 gibt vielleicht einen Hinweis darauf, daß Bauholz in eigenen Baumschulen von privaten Unternehmern gezogen wurde. Auch das Königshaus scheint seinen Bedarf auf ähnliche Weise gedeckt zu haben, denn in 1 Chronik 27, 28 ist von einem Aufseher am Hof Davids die Rede, der für die Sykomoren in der Schefela zuständig war. Dörfer und Städte gestatteten das unkontrollierte Abholzen der Wälder sicherlich nicht, da der Waldbesitz ein wertvolles Gemeingut darstellte. Von Holzarbeitern ist in der Bibel öfter die Rede und zusammen mit dem tatsächlichen Fundmaterial können wir uns eine Vorstellung ihres Werkzeugrepertoires machen. Zur Verfügung standen Äxte und Dechsel, Sägen (zum Teil aus Flint) zum Schneiden von Brettern, Hobel, Bohrer, Meißel und Messer in den im Nahen Osten, speziell in der Levante, üblichen Formen. Es scheint auch einfache Drehbänke für das Drechseln von Holz gegeben zu haben. Für den Entwurf und die Kontrolle benützte man Anreißwerkzeuge oder Griffel, Maßbänder und Greifzirkel und um Holzteile zu verbinden griff man zu Nägeln, vorzugsweise aus Kupfer, oder zur Methode der Schwalbenschwanzverbindung.

Der Zimmermann und der Tischler wurden im Rahmen von Bauvorhaben für Türen, Tore und Fenster samt ihren Rahmen, Kreuz-Sprossen, Balustraden und Fenstergitter benötigt; sie waren auch für Säulen, Wandverkleidungen, Plafonds und Dachbalken zuständig und kamen sehr wahrscheinlich in den Obergeschoßen von Häusern verstärkt zum Einsatz. Im Bereich der täglichen Gebrauchsgegenstände erzeugte der Tischler Schalen und Kisten oder Kästchen und auch der Bedarf an Möbeln wie Betten oder Sofas, Sessel, Schemel und Tische wurde von ihm gedeckt. Tonmodelle von Einrichtungsgegenständen aus Lachisch, Tel Masos und Tell en-Nasbe bezeugen Stabilität und Funktionalität. Der auf den Lachisch-Reliefs von assyrischen Soldaten als Kriegsbeute weggetragene Stuhl (des Befehlshabers?) dürfte der Kategorie der Luxusmöbel angehören. Im Segment dieser Güter wird der Tischler einerseits mit Elfenbeinschnitzern, die die Elfenbeineinlagen fertigten und andererseits mit den Goldschmieden, die für die Blattgoldverzierungen und -verkleidungen verantwortlich waren, zusammengearbeitet haben. Unter diesen Kunsthandwerkern wird sich ein hoher Anteil nicht-israelitischer Kollegen, hauptsächlich Phönizier, befunden haben, die sicherlich in ihrem Stil arbeiteten. Neuere Ausgrabungen in Jerusalem erbrachten Fragmente verzierter Holzarbeiten aus importiertem Buchsbaum mit geschnitzten Palmenornamenten nach phönizischer Art. Die Propheten Jesaja (44, 10.13–17) und Jeremia (10, 3–4) erwähnen aus Holz geschnitzte Götzenbilder mit Metallüberzug, deren Erzeugung auch die Zusammenarbeit verschiedener Handwerker voraussetzte. Vermutlich wurden manche Holzarbeiten auch gebeizt oder bemalt. Leider sind wir aber qualitativ und quantitativ weit davon entfernt, für die israelitische Zeit Holzarbeiten zu besitzen, wie sie aus der mittleren Bronzezeit von Jericho erhalten sind.

WEITERVERARBEITUNG LANDWIRTSCHAFTLICHER PRODUKTE

Landwirtschaft und Viehzucht erzeugten vielfältige Bedarfsgüter, die bei richtiger Weiterverarbeitung im Handel auf Nachfrage stoßen sollten. Eines davon ist das Getreide, doch es gibt keine Hinweise auf die Existenz eines »Industriezweiges« Müllerei. Wein wurde offensichtlich individuell von den Besitzern der Weingärten erzeugt. Aufschriften auf Lehmflaschen könnten darauf hindeuten, daß »Markenprodukte« aus einer bestimmten Region (Aufschrift *smdr* in Hazor und *khl* im Gebiet um Hebron, womit entweder »bläulicher« Wein oder der Produktionsort gemeint ist) in den Handel kamen. Die Verwendung von in den Felsen geschlagenen, bienenkorbförmigen Gruben in der Nähe von Gibeon als kühle Lagerräume für die Weinkrüge einer großen »Weinkellerei« ist umstritten, ebenso wie die Lesung der Graffiti auf den dort gefundenen Scherben von Weinkrügen, die den Herkunftsort der Weintrauben andeuten soll. Im Bereich der Ölproduktion gibt es allerdings Einrichtungen zum Zerdrücken der Oliven in Verbindung mit zahlreichen Ölpressen, bei welchen natürlich die Vermutung nahe liegt, daß hier auch für den Handel und nicht nur für den Bedarf einer Familie oder eines Landgutes produziert wurde. Eine Parfum erzeugende Anlage, die man in En Gedi entdeckt hat, wird zu vergleichbaren Zwecken betrieben worden sein. Die Tierhaltung versorgte nicht nur die großen Städte mit Fleisch – offensichtlich mit lebenden Tieren, da es keine Hinweise auf den Verkauf von getrocknetem oder eingesalzenem Fleisch gibt, sondern lieferte auch das Rohmaterial für die Herstellung von Leder und Textilien.

Gerberei und Ledererzeugung

Leder konnte in vielerlei Hinsicht zur Verwendung kommen, für Zeltplanen und Beutel, für Weinschläuche und Flaschen, für Gürtel, Panzer und Schuhe. Obwohl in der Bibel von all diesen Dingen die Rede ist, bleiben Gerber und Lederarbeiter sowie ihre Tätigkeiten unerwähnt. Darüber hinaus sind aus israelitischer Zeit keine Gerbereien bekannt und nur sehr wenig Leder hat die Zeiten überdauert. Trotzdem können durch Beobachtung gegenwärtiger Praxis in den Nachbarländern gewisse Vermutungen über die Arbeitsweise gewagt und durch die Aussagekraft der Lederfunde in den Höhlen am Toten Meer und im römerzeitlichen Masada ergänzt werden. Demnach wurden die Häute von Rindern, Schafen, Ziegen, manchmal auch Gazellen und möglicherweise von Delphinen? *(tahaš),* letzteres ein seltenes Luxusimportgut, zunächst vom Fleisch getrennt und enthaart. In einer Mixtur aus Mineralien, nämlich Alaun und Salz, und organischen Stoffen wie Galläpfel, Granatapfelschalen, Baumrinde und Mehl wurden sie gegerbt, sodann getrocknet, gespannt und schließlich mit Milch oder Fett geputzt. Ob in- oder ausländische Arbeiter dieses übelriechende und vermutlich wenig geachtete Handwerk verrichteten, wissen wir nicht. Die von ihnen erzeugten Lederprodukte genügten den Ansprüchen des heimischen Marktes, erreichten aber offenbar nicht darüber hinausreichende Anerkennung. Nach den Fundorten von Messern, die durch ihre spezielle Form für das Schneiden von Leder bestimmt waren, zu schließen, dürfte Lederbe- und -verarbeitung in mehreren Gegenden stattgefunden haben.

Spinnen und Weben

Etwas umfangreichere Informationen stehen uns über die Herstellung von Textilien zur Verfügung. Die biblischen Aussagen werden durch archäologische Funde, darunter auch einige Gewebefragmente oder deren Abdrücke, ergänzt. Von den Darstellungen in ägyptischen Gräbern erhalten wir wertvolles Vergleichsmaterial. Trotzdem bleiben viele Fragen nach der Art der tatsächlich benutzten Webstühle unbeantwortet.

Das hauptsächliche Rohmaterial für die Erzeugung von Textilien im alten Israel war Wolle. Sie stammte von den zahlreichen Schafen des Landes und wurde durch Schur mit dem Messer gewonnen (die Verwendung von Scheren ist zweifelhaft). Das Rupfen der Wolle nach alter Manier mag zur Filzgewinnung noch üblich gewesen sein, Genaueres wissen wir aber nicht. Ziegenhaar wurde für gröbere Gewebe wie Zeltdecken oder Säcke verwendet. Heimischer Flachs war nur in kleinen Mengen verfügbar und mußte als Garn oder fertiger Stoff, also Leinen, zu hohen Preisen vor allem aus Ägypten importiert werden. Es gibt allerdings in 1 Chronik 4, 21 eine Erwähnung von Webern von feinem Leinen in Juda. Baumwolle war in Mesopotamien zwar ab dem achten Jahrhundert v. Chr. bekannt, muß aber noch sehr selten gewesen sein – selbst Sanherib spricht von »Bäumen, die Wolle tragen« in seinem Garten. In Israel ist mit einer größeren Verbreitung der Baumwolle nicht vor dem Exil zu rechnen.

Das Spinnen lag vorwiegend in den Händen der Frauen und brachte der Hausfrau Ehre (Sprüche 31, 19) – ganz im Gegensatz zu den Männern, für die es eine entehrende Tätigkeit war (2 Samuel 3, 29). Man benutzte eine Spindel mit einer oder mehreren, gleichmäßig rotierenden Spinnwirteln aus Ton, Knochen, Elfenbein, Stein oder sogar Glas. Die Unterschiede in Material, Form und Gewicht der Wirteln mag ein Hinweis darauf sein, daß man Fäden verschiedener Dichte und Stärke erzeugte. Für besonders reißfeste und dünn gezwirnte Fäden aus mehr als einer Strähne benützte man mitunter Zwirnschüsseln, die im Inneren zwei bis drei Ösen aufweisen, um die Fäden zu entwirren und sie gespannt zu halten. Solcherart gedrehte Fäden konnten auch mehrfarbig sein. Die aus der Mitte des neunten Jahrhunderts v. Chr. stammenden Stoffunde aus gewöhnlichem Garn und aus gedrehtem Nähgarn von Kuntillet Adschrud im Negev bescheinigen, daß sowohl der einfache als auch der gedrehte Faden von guter Qualität gewesen sein müssen. Der Großteil der Woll- und Leinenstoffe blieb wahrscheinlich einfarbig. Es gab aber Farben auf pflanzlicher oder tierischer Basis zum Einfärben der Gewebe, wenn auch das wertvolle Purpur eine phönizische Spezialität gewesen zu sein schien. Vermutlich wurde der noch nicht verwebte Faden gefärbt und nicht erst der fertige Stoff. Zum Färben verwendete man Steinbottiche von etwa 70 cm Durchmesser und ebensolcher Tiefe, die entweder in den Felsen gemeißelt waren oder wohl häufiger aus einem separaten Stein gefertigt, sich auf dem Fußboden des Hauses befanden. Der Bottich hatte an der Oberseite eine verhältnismäßig kleine Öffnung, durch die die Fadenknäuel in den flüssigen Farbstoff getaucht wurden. Überlaufende Farbe konnte durch eine Rille, die um die Öffnung führte, aufgefangen und durch ein in die Rille gebohrtes Loch in den Bottich zurückfließen. Möglicherweise hatten einige dieser Vorrichtungen je nach Jahreszeit eine Doppelfunktion als Färbebottich und Ölpresse; diese Annahme trifft aber sicher nicht in jedem Fall zu, besonders dort nicht, wo die Steinbottiche nahe von Webereivorrichtungen auftreten, wie in Lachisch Struktur H. 15:1003. Leinen konnte man nur blau einfärben, Wolle dagegen nahm rot und andere Farben an. Rot-blaue Stoffe erreichte man auf einfachem Wege durch die kombinierte Verwendung von Wolle und Leinen. Das Tragen solcher Mischgewebe war allerdings für den Israeliten ausdrücklich verboten (Levitikus 19, 19; Deuteronomium 22, 11), obwohl die prächtige Kleidung der Hohenpriester vielleicht doch nicht frei davon war. Aus Kuntillet Adschrud sind einige Muster dieses mehrfarbigen Stoffes aus blauen Leinen- und roten Wollfäden erhalten.

Weben war eine Tätigkeit, die Männer und Frauen ausübten. Hausfrauen konnten Leinengewebe zum Verkauf anbieten (Sprüche 31, 24). Unter den männlichen, berufsmäßigen Webern gab es Fachkräfte zur Herstellung feinen Leinens (1 Chronik 4, 21). Es wurden zwei verschiedene Arten von Webstuhl benützt: der waagrechte und der senkrechte. Der waagrechte Webstuhl, der in der Geschichte von Samson und Delila (Richter 16, 13–14) erwähnt ist, wird grundsätzlich mit dem heute noch von Beduinenfrauen verwendeten vergleichbar sein (Abb. 49). Der senkrechte Webstuhl besteht aus zwei hölzernen, vertikalen Pfosten, die einen horizontalen Balken tragen, an dem die Kettfäden hängen, die durch tönerne Webergewichte straff gespannt werden. Zahlreiche Webergewichte wurden in verschiedenen, israelitischen Ortslagen gefunden, mitunter auch Reste von den senkrechten Pfosten vertikaler Webstühle, sodaß anzunehmen ist, daß Weben eine weit verbreitete Tätigkeit war. Um Muster in einen Stoff einzuweben, benutzte man ebenso zahlreich gefundene Knochenstäbe, mittels welcher bestimmte Kettfäden angehoben wurden, sodaß derart die gewünschte Musterung entstehen konnte.

Das Walken war der letzte Arbeitsvorgang in der Stoffherstellung und wurde nach biblischen Angaben außerhalb der Siedlungen durchgeführt. Bisher konnten keine dafür benützten Vorrichtungen entdeckt bzw. als solche identifiziert werden.

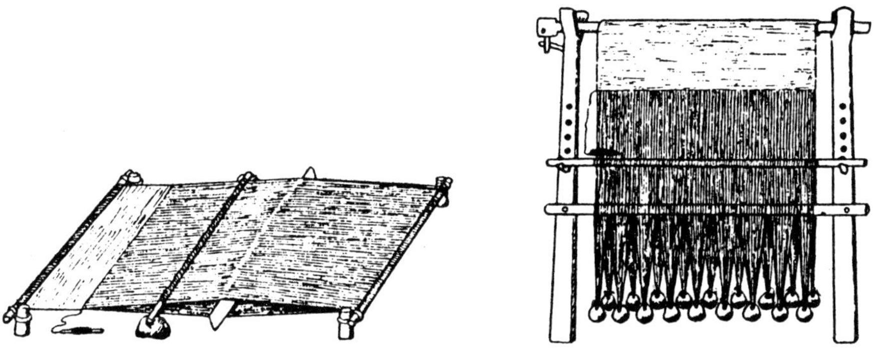

Abb. 49 Die Typen alter, palästinischer Webstühle ähneln den heute von Bauern und Beduinen benützten. Der senkrechte Webstuhl (rechts) fand seinen Platz vielleicht zwischen den Pfeilern eines israelitischen Hauses, seine Kettfäden hängen von einem Querbalken herab und werden von Webergewichten gespannt. Den waagrechten Webstuhl (links) könnte Delila (Richter 16, 13–14) für die Locken Samsons benützt haben.

Anhand der Gewebefunde (oder deren Abdrücke auf Keramik o. ä.) von Kuntillet Adschrud und anderswo können wir Aussagen über die technische Beschaffenheit und Qualität dieser Produkte treffen. (Wahrscheinlich handelt es sich dabei um israelitische Erzeugnisse, dennoch kann ihre eventuelle Herkunft durch Phönizier nicht gänzlich ausgeschlossen werden.) Bei Leinenstoffen ist, einer langen, palästinischen Eigenart folgend, die Anzahl der Kett- und Schußfäden pro Quadratzentimeter annähernd gleich. Wollstoffe dagegen haben, wiederum einer alten Tradition im Lande verpflichtet, eine wesentlich höhere Anzahl Schußfäden als Kettfäden. Leinengewebe wurden äußerst sorgfältig gesäumt, Wollstoffe an den Rändern mit verknüpften, bisweilen doppelt verknüpften Fransen versehen. Wo es sich um die Verbindung von Materialstücken durch Nähen handelte, wurden diese kunstvoll mit einer feinen Nadel und ganz eng gesetzten Stichen zusammengenäht, was man auch als »Kunststopfen« bezeichnen könnte. Wie andere israelitische »Industriezweige« erreichte auch die israelitische Textilindustrie einen hohen Qualitätsstandard und lediglich das Ausbleiben archäologischer Funde verhinderte lange Zeit diese Erkenntnis. Trotzdem fehlen noch Beispiele von Textilien mit Stickereien oder mit Gold- und Purpurfäden (Psalm 45, 13).Vielleicht bringen zukünftige Funde Einblicke in diesen vergangenen Luxus.

Knochen und Elfenbein

In einem Land mit bäuerlichen Strukturen waren Knochen von Rindern, Schafen und im besonderen von Ziegen jederzeit verfügbar und zudem ein billiges Ausgangsmaterial. Von frühester Zeit an wurden sie für eine breite Palette von Gegenständen von der Nadel zur Pfeilspitze bis hin zu Knochenflöten verwendet und waren speziell während der Monarchie (Eisenzeit II) sehr beliebt. Häufig fanden sich in den Siedlungen an einer Seite zugespitzte, an der anderen gerundete Knochenstäbe (*Spatulae*), die unter vielen anderen Verwendungsmöglichkeiten auch als Hilfsmittel beim Weben von Mustern – wohl einer populären Hausindustrie – zum Einsatz gelangten. Auch Schmuck, vor allem Perlen, konnte aus Knochen bestehen. Eine große Vielfalt kleiner, keulenförmiger Perlen, verziert mit geraden Linien oder konzentrischen Kreisen um einen Mittelpunkt, erfreuten sich vor allem in der Eisenzeit I großer Beliebtheit und standen möglicherweise mit Weissagungspraktiken in Zusammenhang. Knochen bildeten auch bei Einlagen oder Beschlägen für Möbel, Schminkutensilien oder kleinen Gefäßen (Pyxiden) einen billigen Ersatz für Elfenbein. Sie konnten eingeritzte oder reliefierte Verzierungen tragen. Vermutlich stammen die besten Exemplare dieser Gattung aus dem Ausland, Phönizien oder Syrien, und dort, wo der hohe, technische Standard nicht im selben Maß erreicht werden konnte, scheint israelitische Provenienz vorzuliegen.

Elfenbein war ein kostspieliges Luxusgut und mußte teils im Rohzustand oder bereits geschnitzt, entweder von Syrien, wo es noch Elefantenherden gab, bevor sie durch die Jagd ausgerottet wurden, Afrika und vielleicht sogar Indien importiert werden. Auch das Elfenbein der in der Eisenzeit II noch in der palästinischen Küstenebene und vielleicht am Oberlauf des Jordan existierenden Flußpferde könnte genützt worden sein. Angesichts seines hohen Preises war es dennoch überraschend weit verbreitet, wenn auch hauptsächlich bei flächenmäßig kleinen Gegenständen, wie Scheiben bei Einlagen für Möbel oder Griffe. Anspruchsvoller verarbeitet und daher zweifelsohne noch teurer waren zum Beispiel rund geschnitzte Möbelteile oder das in flachen Plaketten gearbeitete Elfenbein für Wandverkleidungen. Die Plaketten waren mit Darstellungen in Hoch- und Tiefrelief verziert, zum Teil in durchbrochener Arbeit, zum Teil für Einlagen aus Glas und Paste vorbereitet oder für Goldblatteinlagen vorgesehen. Wie bei den Knochenarbeiten stammen auch hier die prächtigsten Stücke zweifelsohne von phönizischen oder syrischen Handwerkern, die aus einem weithin geschätzten Repertoire schöpfen konnten. Die etwas unbeholfener wirkenden Beispiele mögen auf israelitische Bemühungen zurückgehen. Allerdings müssen diese extravaganten Möbel, die die Paläste der Könige und des Adels schmückten, wie die von Amos 6, 4 so überaus mißbilligend aufgezählten Elfenbeinliegen oder das von Hiskija als Tribut an Sanherib übergebene Elfenbein, erst entdeckt werden – bereits gefundene Fragmente lassen den einstigen Glanz erahnen und brauchen den Vergleich mit dem Luxus im mesopotamischen Nimrud oder dem zyprischen Salamis nicht zu scheuen.

ÜBERLEGUNGEN ZUR LEISTUNGSFÄHIGKEIT DER WIRTSCHAFT

Weder alte Statistiken noch andere Texte erlauben uns eine Schätzung der industriellen Leistungsfähigkeit des alten Israel. Trotzdem wollen wir es wagen, eine Vorstellung der Größeneinheiten – ob tausend, zehntausend oder hunderttausend – zu skizzieren. Unsere Eckpunkte sind einerseits die wahrscheinlichen Bedürfnisse der Bevölkerung und andererseits das Produktivitätsvolumen, das mit damaligen Mitteln erreichbar war. Dabei muß von Beginn an klar sein, daß das durch die Industrielle Revolution ermöglichte Niveau nicht zu erwarten ist.

Beginnen wir mit der Eisen- und Stahlproduktion. Den normalen Bedarf wird wohl hauptsächlich die lokale Erzeugungskapazität gedeckt haben. Das qualitätsvollere »Eisen aus dem Norden« wird von der Masse der Bevölkerung kaum benötigt worden sein, wobei der Jahresverbrauch einer durchschnittlichen Familie doch deutlich begrenzt war. Nägel, Pfeilspitzen und ähnliches stellten ersetzungsbedürftige Gebrauchsartikel dar, während Messer und Werkzeuge für die Landwirtschaft, wie Pflugscharen und Hacken, nicht jährlich zu erneuern sondern höchstens zu reparieren waren. So könnte man eine zeitlang den Jahresbedarf pro Familie mit 3–4 kg annehmen, was auch einer Zahl entspricht, die man, auf anderer Basis berechnet, für einen frühgriechischen Haushalt für angemessen gehalten hat. Bei 100 000 Familien wären dann 300–400 Tonnen Eisen pro Jahr erforderlich, was eine schwer zu erfüllende Aufgabe der eisenerzeugenden Betriebe gewesen sein wird, da ihre Arbeit in einzelnen Kilo gemessen wurde. Dazu müssen aber noch die Anforderungen des Staates und vor allem der Armee gezählt werden, die speziell vor bevorstehenden, großen Kriegen zweifellos erheblich waren. Das Gewicht einer kompletten Ausrüstung für einen einzigen Krieger läßt aufhorchen. Für den Helm müssen 3 kg Eisen berechnet werden, für einen Schuppenpanzer 18,6–26,6 kg und für ein Eisenschwert ca. 0,3–1 kg, was ein Gesamtgewicht pro Mann von ca. 25–30 kg bzw. bis zu 3 Tonnen Eisen für 100 Mann ergibt. Ganz zu schweigen von der Ausrüstung für Pferde und Wagen und den großen Mengen an Pfeil-, Speer- und Lanzenspitzen. Die von den Assyrern von unterworfenen Völkern angeforderten Tributleistungen an Eisen, meist 3–9 Tonnen, stellen das vernünftigerweise für militärische Notfälle auf Vorrat gehaltene Eisenvolumen kleiner oder mittelgroßer Staaten dar.

Schwieriger gestaltet sich die Quantifizierung der Produktion von Bronze. Gefäße und Verzierungen aus Bronze gab es sicherlich nur in Haushalten, die es sich leisten konnten, doch läßt sich die Häufigkeit ihres Vorkommens in durchschnittlichen oder gehobenen Häusern nicht abschätzen. Staat und wiederum besonders Armee hatten einen hohen Bedarf an Bronze, doch Genaueres ist unbekannt. Von den Israeliten selbst wurde, wie wir sahen, nur wenig qualitativ hochwertige Bronze erzeugt. Noch weniger läßt sich die im Land produzierte Menge an Silber und Gold abschätzen.

Im Bereich der Keramikproduktion bewegen wir uns auf etwas festerem Boden. Gehen wir von der Annahme aus, daß in einem Haushalt des achten Jahrhunderts v. Chr. in Jerusalem schätzungsweise jährlich durchschnittlich fünf Gefäße zu Bruch gingen.

Diese Zahl mag hoch erscheinen und die weniger wohlhabenden Menschen am Land gingen mit ihrem Hausrat wahrscheinlich sorgfältiger um – so ist vielleicht eher mit einem landesweiten Schnitt von drei zerbrochenen Gefäßen pro Jahr zu rechnen. Bei 100 000 Familien in Israel bedeutet dies, daß etwa 300 000, vorwiegend nicht importierte Gefäße zu ersetzen sind. In einem großen, israelitischen Töpferofen konnten etwa 200 große Gefäße auf einmal gebrannt werden. Nimmt man eine Bestückung mit verschieden großen Gefäßen an – kleinen, mittleren und großen – so könnte sich die Zahl auf über tausend erhöhen (ein etwas größerer, moderner libanesischer Ofen faßt 1500 Stücke bei einem Brennvorgang). Bei einer Füllung von 1000 Stück muß man daher 300 mal brennen, um die erforderliche Stückzahl von 300 000 zu erreichen. Gehen wir von 15 Brennvorgängen pro Ofen, die teilweise nur saisonal in Betrieb waren, und Jahr aus, so könnten 20 Öfen den heimischen Bedarf abgedeckt haben. Zu diesen alltäglichen Gebrauchsgefäßen kommen noch große Lager- und Transportgefäße, etwa für das Verschiffen israelitischen Öls und vielleicht auch Weines in einer Größenordnung, die wir nicht kennen. Staatlicherseits wurden große Vorratsgefäße benötigt, um die Steuerleistung, die in Naturalien erbracht wurde, zu lagern und um die Lebensmittel zur Versorgung des Militärs in Lagerstädten und Festungen aufzubewahren. Selbst wenn wir nun die Anzahl der Öfen verdoppeln oder verdreifachen und ihre Kapazitäten verringern, sind unter dem Strich nur verhältnismäßig wenige, Keramik produzierende Zentren im Land anzunehmen. Dabei ist zu bedenken, daß alleine in Megiddo etwa ein Dutzend Töpferöfen standen, die bereits einen beträchtlichen Prozentsatz der erforderlichen Gesamtmenge aufnehmen konnten.

Der Bedarf an Holzarbeiten und für die Zimmerei ist schwieriger zu erschließen. Ihre Produkte, etwa auf dem Bausektor, sind sehr langlebig, daher könnte die Nachfrage die Produktion begrenzt haben, es sei denn, der Bedarf steigt aufgrund von Bevölkerungswachstum oder durch allgemeinen Wohlstand. Im Bereich der steinverarbeitenden Betriebe wissen wir zwar, daß manche Gegenstände aus Stein, wie Schminkpaletten und Mörser, sehr beliebt waren, können aber nicht abschätzen, wie lange sie in Gebrauch waren, wie viele Frauen sie überhaupt besaßen oder sie auch weitergaben.

Olivenöl war eines der Hauptnahrungsmittel in Israel und wurde zum Teil auch exportiert, zum Beispiel nach Ägypten. Die Ermittlung bzw. Abschätzung des ungefähren privaten Verbrauchs im Inland scheint wiederum das probateste Mittel zu sein, eine Prognose für die Gesamtproduktion zu entwerfen. Hier sind wir mit einer Reihe unterschiedlicher Schätzungen über den pro Kopf Konsum von früher und heute konfrontiert. Unter diesen scheint jene von M. Heltzer, die Aufzeichnungen aus Ugarit verwendet, in besonderer Weise zuzutreffen. Dort wird der Ölverbrauch verschiedener Personen mit durchschnittlich 2,3 Krügen zu je 22 Liter Inhalt pro Jahr ausgewiesen, also 51 Liter jährlich. Diese Angabe bezieht sich vermutlich auf einen Haushalt, der theoretisch aus fünf Personen besteht, womit sich eine Menge von 10 Litern pro Person und Jahr bzw. 27 Kubikzentimetern pro Person und Tag ergibt. Legt man diese Menge nun auf die 460 000 Einwohner in Israel um, ergibt sich ein Gesamtbedarf von geschätzten 4, 6 Millionen Liter jährlich. Dazu kommt noch das exportierte Öl, von dem wir nicht wissen, in welchem mengenmäßigen Verhältnis es zum inländischen Verbrauch steht. Es muß sich aber ob der würdigenden Erwähnungen um erhebliche Mengen gehandelt haben. Die gesamtisraelitische Ölproduktion wird daher ein gewaltiges Volumen erreicht haben, obgleich sie nicht, wie in Philistäa während des siebten Jahrhunderts v. Chr., auf wenige große Produktionsstätten konzentriert war.

Auch die Weinproduktion des Landes war beachtlich. Der tägliche Konsum des durchschnittlichen Israeliten war wohl in ähnlicher Weise bescheiden wie beim Öl und lag sicher deutlich unter einem Liter. Der Weinkonsum hielt sich vielleicht in einem ähnlichen Rahmen wie der Ölverbrauch. Für den Staat waren sicherlich größere Mengen Öl und Wein erforderlich – ob er auch selbst als Produzent und möglicherweise auch als Verkäufer auftrat, läßt sich schwer abschätzen.

Der Bedarf an Wolle zu Bekleidungszwecken wird in einer einfachen Gesellschaftsform übereinstimmend mit 1,5–3 kg pro Person und Jahr angegeben. Eine Bevölkerung von ca. 460 000 Menschen verbraucht demnach 690 000–1 380 000 kg Wolle jährlich. Wir wissen auch, daß Caprovinae jährlich etwa 0,5–1 kg stofftaugliches Material pro Jahr liefern. Somit hätte es in Israel 690 000–1 380 000 Schafe und auch Ziegen geben müssen, um seine Menschen zu bekleiden. Aber wie viele solcher Tiere könnte es tatsächlich im Land gegeben haben? In der früheisenzeitlichen Siedlung von Isbet Sarta schätzt man einen Bestand von 6–7 Schafen oder Ziegen pro Familie, womit sich für ganz Israel etwa 600 000–700 000 solcher Tiere ergäben, die allerdings nur den grundlegenden Bedarf abdecken und keine Überschüsse mehr für den Export zulassen würden. Die Gesamtzahl erhöht sich zwar sicherlich durch die Herden der Großgrundbesitzer und des Königshauses, es könnte aber bezeichnend sein, daß die Israeliten als Tribut vom moabitischen König Mescha eine sehr erhebliche Zahl Wolle tragender Lämmer und Schafe forderten (2 Könige 3, 4). Es hat daher den Anschein, daß mit der heimischen Produktion nicht immer die grundlegenden Bedürfnisse erfüllt werden konnten. Diesen Eindruck bestätigt in gewisser Weise eine Erhebung im westlichen Palästina aus der frühen britischen Mandatszeit: 1925 wurden dort 290 503 Schafe und 537 904 Ziegen gezählt. Für das altisraelitische Gebiet in Transjordanien wären diese Zahlen etwa um die Hälfte zu erhöhen, so daß man von ca. 1 200 000 Schafen und Ziegen insgesamt ausgehen könnte. Auch diese Zahl würde nur den Grundbedarf befriedigen und keinen Spielraum für Exporte ermöglichen.

Aus eben Erwähntem ergibt sich, daß für Lederprodukte aller Art Rohmaterial in Hülle und Fülle vorhanden war. Es läßt sich aber auch nicht annähernd quantifizieren, wie, selbst bei wechselnden Bedingungen, Nachfrage und Produktion zueinander standen. Zudem wissen wir nicht, ob überhaupt alle verfügbaren Tierhäute auch gegerbt wurden.

Insgesamt werfen diese, zugegebenermaßen hypothetischen Zahlen ein interessantes Licht auf unser Thema. Abschließend muß noch die wichtige Rolle des Staates innerhalb der Wirtschaft des Landes erwähnt werden. Der Tempel in Jerusalem erlangte diese wirtschaftliche Bedeutung nicht, obwohl die Masse von dargebrachten Opfern eine beträchtliche Menge an Tieren und darüber hinaus anderen Konsumartikeln wie Öl, Salz, Mehl und Gewürze erforderte. Es gibt aber keinen Hinweis darauf, daß er, wie andere Tempel des Alten Orient, auch in der Produktion engagiert war.

KAPITEL VIII

Handel und Wirtschaftssystem

Schon ganz früh in der Richterzeit, möglicherweise im zwölften Jahrhundert v. Chr., war der durch die allgemeine Instabilität eingetretene Stillstand des Karawanenhandels entlang der Hauptverkehrsrouten, wie es das Deboralied (Richter 5, 6) anzudeuten scheint, als ein unerträgliches Übel angesehen worden, von dem sich Israel befreien mußte. Schon damals muß der Handel für die Israeliten zweifelsohne eine wichtige Komponente dargestellt haben, die während der Zeit des vereinigten und dann des getrennten Königreiches von entscheidender Bedeutung war. Die Wirtschaft konnte nur florieren, wenn die Verteilung der im Land verfügbaren oder produzierten Waren wie Salz, Getreide, Mühlsteine oder Keramik sichergestellt wurde und war ihrerseits davon abhängig, daß Rohmaterialien wie Eisen, Kupfer, Zinn, Blei, Alaun, Natron oder Antimon von außerhalb ungehindert das Land erreichen konnten. Zusätzlich beruhte der Lebensstil der Oberschicht auf importierten Luxusgütern der unterschiedlichsten Art, darunter Metallgefäße, Textilien, Glas, Fayence oder Fritte, Salben und Parfums, Weihrauch, Gewürze, Elfenbein, auserlesenes Bauholz und natürlich Gold und Silber, die das Land von den Nachbarstaaten oder aus noch größeren Entfernungen erreichten. Für bestimmte kultische und zeremonielle Belange der Priesterschaft und des Königshauses war man gänzlich auf Importgüter angewiesen. So benötigte man Gold und Edelsteine für die Kleidung und das Brustschild des Hohenpriesters (Exodus 28) und natürlich für die Gewänder des Königs, Weihrauch und verschiedene Duftsubstanzen (Exodus 30, 34), heiliges Salböl vermengt mit Myrrhe, Zimt, wohlriechendem Würzrohr und Kassie (Exodus 30, 22 f.), Myrrhe und Aloe als Duftstoff für die königlichen Kleider (Psalm 45, 9) – Produkte, die allesamt auf Importen aus Afrika, Arabien, Indien, Sri Lanka oder gar aus noch weiter entfernten Ländern beruhten. Daher waren sowohl der Binnenhandel als auch der Handel in levantinisches Gebiet genauso wichtig wie internationale Handelsbeziehungen, um das israelitische Lebensgefüge aufrechtzuerhalten. Wie die Israeliten dies bewerkstelligt haben, ist die nächste Frage, der wir uns nun zuwenden und können dabei nur begrenzt auf schriftliche und archäologische Quellen zurückgreifen.

ISRAELITISCHE EXPORTE

Manchmal wurden die verschiedenen Importgüter mit Geld bezahlt, wie zum Beispiel die von Salomos Händlern getätigten Einkäufe (1 Könige 10), in anderen Fällen erfolgte die Verrechnung auf dem Weg des Tauschhandels. So lieferte Salomo als Gegenleistung für Libanonzedern und -tannen an den tyrischen König Hiram laut 1 Könige 5, 24 f. große Mengen an Weizen und Öl, die in der Parallelerzählung in 2 Chronik 2, 10 durch Gerste und Wein ergänzt werden. Tatsächlich stellten landwirtschaftliche Produkte die wichtigsten Güter dar, die Israel für den Export anzubieten hatte. Ezechiel (27, 17) zählt Weizen, Öl, Reis (?), Honig, Öl und Balsam als Tauschobjekte für den Handel mit Tyrus auf; Öl wurde nach Hosea 12, 2 auch nach Ägypten exportiert. Besonders das Territorium von Manasse im Nordreich trat als wichtiger Produzent dieser wertvollen Güter auf. Ezechiel (27, 6) erwähnt auch die Eichen von Baschan, das zeitweilig unter israelitischer Kontrolle stand, die von den tyrischen Schiffbauern für die Herstellung von Rudern begehrt waren. Offensichtlich gehörten auch die in der Josefserzählung (Genesis 43, 11) genannten Pistazien und Mandeln zu den auserlesenen Produkten des Landes und waren sehr geschätzt (bei dem ebenfalls aufgezählten Tragantgummi und der Myrrhe muß es sich um Importe aus dem Osten handeln). Bemerkenswerterweise kommt Vieh in keiner dieser Auflistungen vor (Ezechiel 27, 21 berichtet lediglich, daß die Tyrer Schafe und Ziegen aus Kedar und Arabien bevorzugten). Auch Wein rangiert nach Salomo nicht mehr in den Listen. Wahrscheinlich konnte der Wein aus Israel nicht mit den Produkten der international berühmten Weingärten aus Helbon in Syrien oder dem Libanon mithalten. Dennoch könnte israelitischer Wein in Ägypten Käufer gefunden haben, da dieses selbst keine Weinproduktion besaß und vielleicht zu günstigeren Marken griff. Möglicherweise sind die Funde israelitischer und judäischer Amphoren aus dem achten und siebten Jahrhundert v. Chr. im Meer vor der Küste Israels ein Indiz dafür. Einige dieser Gefäße sind – einer gebräuchlichen Praxis antiker Weinverschiffung folgend – innen mit einer Pechschicht versehen, damit sie wasserundurchlässig werden. Vermutlich war dieser Wein für Ägypten bestimmt. In den anderen Amphoren mag sich Öl befunden haben, während Getreide entweder im Laderaum oder in Säcken transportiert wurde. Getreide von Israel und Juda scheint bis nach Assyrien verkauft worden zu sein, vielleicht auf dem Weg des nochmaligen Exports aus Philistäa oder Phönizien. Auf einer Tontafel aus Ninive aus dem siebten Jahrhundert v. Chr. wird Getreide erwähnt, das in einem judäischen Maß (*Sea*, akkadisch: *sutu*) gemessen wird. Die Händler könnten Philister gewesen sein. Die plausibelste Erklärung scheint zu sein, daß es sich dabei um zum Weiterverkauf bestimmte Ware aus Juda handelte, die in der heimischen (judäischen) Maßeinheit abgefüllt wurde. Speziell im siebten Jahrhundert v. Chr. scheinen philistäische Städte israelitisches Rohmaterial verarbeitet und an den internationalen Märkten verkauft zu haben. Ein herausragendes Beispiel dafür ist die Ölproduktion in Ekron.

Industriell gefertigte Waren scheinen nur einen kleinen Anteil am Export aufzuweisen. Die Mehrzahl der in Israel hergestellten Textilien dürften nur wenig Anklang bei ausländischen Händlern gefunden haben mit Ausnahme der von den Hausfrauen gewebten Laken und Schärpen, die ausländische Käufer fanden (Sprüche 31, 24). Israelitische Keramik trifft man nur selten im Ausland. Bestimmte in Galiläa erzeugte Vorratskrüge, die sich zum Verschiffen von Waren aller

Art eigneten, könnten in Tyrus verkäuflich gewesen sein. Steingefäße dagegen waren für den Export nur unbedeutend. Es wäre aber denkbar, daß zumindest gelegentlich, vor allem nach Kriegen und Hungersnöten, Israel ein Boden war, auf dem ausländische Käufer Sklaven suchten. Besonders Tyrus zeigte Interesse an diesem schändlichen Handel (Amos 1, 9).

INFRASTRUKTUR FÜR DEN HANDEL

Zuallererst benötigt der Handel mit zerbrechlichen als auch sperrigen Gütern ein effizientes Straßennetz im Inneren und nach außen. Beträchtliche Teile davon scheinen noch von der vorangegangenen Bronzezeit erhalten zu sein. Manche Straßen konnten während der Richterzeit und kurz danach auch mit Verkehrsmitteln auf Rädern befahren werden, wie den Berichten über die Reise der Bundeslade von der philistäischen Ebene nach Jerusalem, wenn auch mit Unterbrechungen und so manchen örtlichen Schwierigkeiten, zu entnehmen ist (vgl. 1 Samuel 6; 7, 1–3; 2 Samuel 6, 1–16). Die chaotischen Zustände während des späten dreizehnten und frühen zwölften Jahrhunderts v. Chr. verursachten jedoch keine dauerhafte Blockade der wichtigen, internationalen Verkehrsverbindungen, die das israelitische Territorium durchziehen. Als erste wäre die *Via Maris* zu nennen, die, von Ägypten kommend, an der Küste entlang führte, das Esdraelon-Tal (Jesreel-Tal) durchquerte und so über den Jordan nach Damaskus und schließlich weiter nach Mesopotamien reichte. Die zweite, als »Königsstraße« bezeichnete Route in Transjordanien, trifft mit jenem großen Karawanenweg zusammen, auf dem Weihrauch und Gewürze von Arabien transportiert wurden, kreuzte israelitisches Gebiet nördlich des Arnon und führte weiter nach Damaskus (eine wichtige Querverbindung zweigte westlich ab durch den Negev und erreichte die Hafenstadt Gaza). Darüber hinaus gab es vom Inneren Israels ausgehend eine Reihe guter Verbindungen zu den Mittelmeerhäfen mit ihren internationalen Handelsgeschäften.

Mit der Etablierung des Königtums lagen auch die Instandhaltung und Verbesserung der Straßen sehr im Interesse des Königs. Josephus (Antiquitates VIII, 187) schreibt Salomo sogar die Pflasterung der nach Jerusalem führenden Straßen mit schwarzem Stein zu – eine Anmerkung, die bis jetzt allerdings keine Bestätigung findet. Von späteren Königen hört man in der Bibel zwar nicht mehr ausdrücklich, daß sie Straßen gebaut hätten, doch sie werden diesbezüglich König Mescha von Moab wohl kaum nachgestanden sein, der in seiner Inschrift (ANET 320) von der Errichtung einer Straße durch das Arnon-Tal berichtet. Wiederholt werden aber im Alten Testament in Stand gesetzte oder neue Straßen erwähnt und schlecht erhaltene bzw. aufgegebene beklagt (vgl. Jesaja 35, 8 und Jeremia 18, 15).

Bis heute gibt es noch nicht ausreichend archäologische Erkenntnisse, wie man beim Bau dieser großen Durchzugsstraßen vorgegangen ist, doch es gibt das eine oder andere Beispiel von Straßenbau in unterschiedlichem Gelände. Im Bereich Beth Lidd in Samaria wurden Nebenstraßen und örtliche Wege für landwirtschaftliche Zwecke direkt auf dem gewachsenen Felsen errichtet und in Dorfnähe durch Steinmauern begrenzt. An manchen Stellen sind Spuren einer groben Pflasterung oder Felsbearbeitung erkennbar. Leider waren diese, anscheinend in der Eisenzeit II angelegten Straßen, bis in die Römerzeit in Gebrauch und erhielten vielleicht erst dann ihre gegenwärtige Form und Ausrichtung. Auch in das felsige Gelände im Süden des Landes wurden Straßen eingeschnitten und Trittstufen auf schwer zugänglichen Hängen angelegt und mit Steinmauern begrenzt. Sowohl archäologische Befunde als auch Bibeltexte (vgl. Richter 19, 10–12) lassen erkennen, daß Hauptstraßen oft die besiedelten Orte umgingen. Natürlich konnten Reisende von der Straße abzweigen und im nächstgelegenen Dorf oder der nächsten Stadt um Unterkunft bitten, wie es die Erzählung im Richterbuch darstellt, doch für Kaufleute wären eigene Plätze an den Straßen, wie etwa die späteren Karawansereien, wünschenswert. Vielleicht diente ein rechteckiges Gebäude mit einem großen, von Räumen umgebenen Hof und Futtertrögen für die Tiere aus dem siebten Jahrhundert v. Chr. an der Straße von Jericho nach Michmas diesem Zweck. In ähnlicher Weise könnten etwas ältere Strukturen in Kuntillet Adschrud, das im Negev entlang der Handelsroute vom Mittelmeer nach Elat liegt, Reisenden Übernachtungsmöglichkeiten angeboten haben. Im Norden wird eine Art Karawanserei der Eisenzeit II in unmittelbarer Nähe zu jener aus dem Mittelalter in Chan et-Tudschar beim Berg Tabor vermutet. Brunnen und Zisternen wurden zur Versorgung der Reisenden am Straßenrand angelegt, in der Bibel werden auch Wegmarkierungen und vielleicht Steinhaufen genannt, die die Orientierung im menschenleeren und schwierigen Gelände erleichtern sollten (Jeremia 31, 21). Zusätzlich wird es Zollgebäude gegeben haben, von welchen sich eines vielleicht in Tell el-Cheleife befand. Zur Beförderung der Güter verwendete man vor allem Lasttiere, seltener Karren. Im Fernhandel nach Syrien und Mesopotamien, vor allem aber auf den Routen nach Arabien und Ägypten, die durch trockenes Wüstengebiet führten, kamen ohne Zweifel Ketten von Lastkamelen zum Einsatz. Die Gegend um Lachisch konnte wahrscheinlich – wie noch in jüngerer Zeit – den Bedarf an solchen Tieren decken. Für den Transport kleiner, leichterer Güter mußte menschliche Muskelkraft genügen. Es gab Reisende, die aus den unterschiedlichsten Gründen unterwegs waren – vom umherziehenden Kochtopf-Verkäufer, der seine Waren am Straßenrand oder auf Märkten feilbot, bis zum Boten und Kurier.

Israel war auch in den Handel zu Wasser eingebunden und kontrollierte mehrere Häfen an der Mittelmeerküste südlich des Karmel, darunter auch die bedeutende Hafenstadt Dor, die schon in der Bronzezeit gemauerte Schiffslandeplätze besaß. Weiter südlich existierten zahlreiche Ankerplätze für Schiffe, die sich bis zum am Flußufer des Jarkon (Audscha) gelegenen Hafen bei Tell Qasile erstreckten – also nördlich des heutigen Tel Aviv. Nicht-israelitische Häfen wie Akko (wo noch vor vergleichsweise kurzer Zeit Getreide aus dem Hauran-Gebiet verschifft wurde, welches Kamelkarawanen über Galiläa herbeibrachten), Jaffa – sozusagen der natürliche Hafen für Nordjuda und Jerusalem – und die philistäischen Hafenstädte bis Gaza werden ihrerseits Handelsbeziehungen zu Israel unterhalten haben. Alle diese

Häfen standen für Schiffe zur Verfügung, die nicht nur zwischen Phönizien und Ägypten pendelten, sondern auch Zypern, die Ägäis oder Ziele noch weiter westlich anliefen. Am Golf von Aqaba errichtete Salomo Ezjon-Geber als Stützpunkt für den Seehandel mit Ophir, bei dem es sich vielleicht um die kleine Insel Dschesiret Faraun etwa 11,25 km südlich von Elat handelte, die mit einem (vorsalomonischen?) Hafen des phönizischen *cothon* Typs samt einer Umfassung ausgestattet war. Die weitere Entwicklung ist etwas undeutlich, die Fortsetzung des Handels bis ins Golfgebiet jedoch naheliegend und durch einen Scherbenfund mit einem südarabischen (minäischen) Graffito vom siebten oder sechsten Jahrhundert v. Chr. aus dem Verwaltungszentrum von Tell el-Cheleife bei Elat angedeutet.

Zwei weitere den Handel fördernde Faktoren, neben dem funktionierenden Straßennetz im Inneren und nach außen, sind anzuführen. Die israelitischen Maße und Gewichte korrespondierten bis auf wenige lokale und zeitliche Abweichungen mit jenen der Nachbarländer in Asien, besonders mit Mesopotamien und manche entsprachen auch ägyptischen Einheiten bzw. ließen sich leicht in diese umrechnen – so entsprechen vier israelitische Schekel (Gewichtsmaß) fünf ägyptischen *qedets* (ein Zehntel *deben*). Zweitens benützte man in Israel wie in den nahe gelegenen asiatischen Ländern die gemeinsame Währungseinheit eines Schekels in Silber. Für den täglichen Gebrauch wurde es in kleine Stücke geteilt (»Hacksilber«), die dann ausgewogen werden konnten, durch Auskratzen oder Raffinieren auf Reinheit überprüft und in Beuteln zur Aufbewahrung oder zum sicheren Transport zusammengeschnürt wurden. In einer Inschrift aus dem späten achten Jahrhundert v. Chr. bezieht sich Sanherib auf eine Einheit von gegossenen halben Schekeln als etwas ganz Selbstverständlichem (wie ein ugaritischer Text vermuten läßt, könnten schon in der Bronzezeit Bruchteile des Schekel in Verwendung gestanden sein). Es gibt Zweifel, ob es sich dabei um echte Vorläufer des Münzgeldes handelt. Wir wissen auch nicht, ob die israelitischen Könige an der Produktion dieses »Geldes« oder der Tempel an der Ausgabe reinen Silbers beteiligt waren, wie wohl manche Heiligtümer im Ausland. Die gar nicht so seltenen Funde von Gewichten, die einem Schekel, einem Bruchteil oder einem Vielfachen von ihm entsprechen (Taf. 30.3), deuten darauf hin, daß im Alltag das Silber zur Bezahlung ausgewogen und so zur Währungseinheit wurde. Die Fülle der ausgegrabenen Gewichte an bestimmten Orten mögen einen Hinweis auf ihre zentrale Rolle im Zahlungswesen, bedingt durch kaufmännische Faktoren, Einhebung oder Verwaltung von Steuern oder Tempelabgaben, geben. Die Erfindung des eigentlichen Münzgeldes im siebten Jahrhundert v. Chr. in Lydien dürfte Israel nicht vor dem Ende des Königtums nachhaltiger tangiert haben.

Über die gesetzlichen Rahmenbedingungen innerhalb welcher in Israel Handelsgeschäfte abgeschlossen wurden, nämlich Verträge zwischen den Händlern und ihren Lieferanten und ihre Verpflichtungen untereinander, wissen wir wenig, da praktisch keine einschlägigen Dokumente, die uns darüber aufklärten, erhalten sind (anders als in Mesopotamien, wo besonders viele aus dem ersten Jahrtausend v. Chr. existieren, bevor die Tontafeln durch Papyrus ersetzt wurden). Bei manchen Ostraka mag es sich um Zahlungsvereinbarungen oder Lieferscheine handeln. So werden in zwei hebräischen Notizen vom achten Jahrhundert v. Chr. aus Tell Qasile 1100 Einheiten Öl in Beziehung zu 30 Schekel Ophirgold gesetzt oder in einer aramäischen Notiz ähnlichen oder etwas späteren Datums aus Tell es-Saʿidiye, in der jemandem 30 *Kor* (ca. 150 Scheffel?) Gerste gutgeschrieben werden. Auf anderen Ostraka aus Jerusalem ist von Getreide und Öl die Rede. Wir wissen auch sehr wenig über Preise und wie sie sich verändert haben. Durch zeitweises Überangebot oder fallweise Verknappung werden sie gesenkt oder angehoben worden sein, wie es das im Buch der Könige (2 Könige 7, 1.18–20) erzählte Beispiel für Weizen- und Mehlpreise nach dem Ende der Belagerung von Samaria zeigt. Wir kennen auch keine Fälle, wo Behörden die Preise festgelegt oder bestimmt hätten, was als angemessener Preis zu erachten ist (vgl. die Angabe in Levitikus 27, 16 von 50 Silberschekel für ein Hómer Gerste), doch darf vermutet werden, daß die konservative öffentliche Meinung gegen allzuviel Dynamik des Marktes eingeschritten ist. Als Marktplatz bot sich der offene Bereich in der Nähe der Stadttore an. Ob täglich Markt abgehalten wurde oder in festgelegten Abständen, wie etwa im mittelalterlichen Europa, können wir nicht beurteilen.

AUSLÄNDISCHE HÄNDLER

Natürlich gab es unter den Handeltreibenden in Israel neben den Israeliten zahlreiche Ausländer von sehr unterschiedlicher Herkunft, angeführt von phönizischen und vor allem tyrischen Kaufleuten. Wahrscheinlich meint die Bibel Phönizier und nicht die Nachkommen der vorisraelitischen Landesbevölkerung, wenn sie von »Kanaanäern« (im Sinn von Kaufleuten und Händlern) spricht. Denn die palästinischen »Kanaanäer« genießen nicht den Ruf erfolgreicher Kaufleute, dagegen nannten die Phönizier selbst ihr Land Kanaan und ihre in Karthago lebenden Kolonisten bezeichnen sich selbst als Kanaanäer. Getragen von den freundschaftlichen, israelitisch-phönizischen Beziehungen seit den Tagen Davids und Salomos bis zur Revolution durch Jehu, ergriffen und nützten die Phönizier ihre Möglichkeiten mit bemerkenswerter Energie, wenn auch nicht immer mit gewissenhafter Redlichkeit (Hosea 12, 8 deutet den betrügerischen Umgang mit der Waage durch die »Kanaanäer« an), was an den zweifelhaften Ruf der Phönizier bei Homer erinnert.

Von Ostraka, Graffiti und gelegentlichen, offiziellen Inschriften erfahren wir, daß die Phönizier im ganzen Land bis Kuntillet Adschrud im Negev tätig waren. Sie brachten eine Fülle notwendiger und erwünschter Güter ins Land, darunter Metalle, Bauholz, Textilien (speziell Purpurgewebe), Luxusgefäße aus Metall, Glas, Fritte und Fayence, Tridacna Muscheln, aromatische Salben, Keramik und zweifelsohne zahlreiche andere Artikel verschiedener Herkunft. Aus ihren Reihen stammen auch reisende Handwerker, die königliche oder private Aufträge erfüllten, nämlich Elfenbeinschnitzer und Siegelschneider, ausgebildete Maurer und Zimmerleute, sowie Spezialisten für Metall-, Glas- und Fayencearbeiten. Manche unter ihnen ließen sich wahrscheinlich in den Handelszentren des Landes nieder, wie etwa nach dem Exil die Tyrer in Jerusalem (Nehemia 13, 16). Bei den von Zephania 1, 11 genannten »Kanaanäern«, die sich im Machtesch Viertel in Jerusalem aufhielten, handelte es sich vielleicht um eine solche Gruppe, die recht wahrscheinlich auch ihre Familien mitgebracht hatte. Von diesen günstigen Standorten aus handhabten sie die Exporte sowohl aus dem nördlichen Israel wie aus dem südlichen Juda, waren ihrerseits aber auch im Land unterwegs und nahmen hier und dort verschiedene Güter mit – so zum Beispiel jener »Kanaanäer«, der nach Sprüche 31, 24 die Erzeugnisse der Heimarbeit israelitischer Hausfrauen, wie etwa Laken und Schärpen, käuflich erwarb.

Kaufleute aus Damaskus ließen sich, zumindest vorübergehend, in einem Viertel in Samaria nieder. Sie vertrieben vermutlich Transitgüter, wie über Syrien aus Anatolien kommende Metalle, und Produkte aus ihrem eigenen Land, darunter Wein aus Helbon, weiße Wolle und Luxusartikel wie Fayencegefäße. Einige aramäische Graffiti und Siegel stehen vielleicht in Verbindung mit ihren Tätigkeiten, doch in wesentlich geringerer Anzahl als die entsprechenden phönizischen. Trotz der politischen Überlegenheit von Damaskus in der zweiten Hälfte des neunten Jahrhunderts v. Chr. konnte Syrien den Phöniziern nicht die kaufmännische Reputation streitig machen.

Auch Assyrien bekundete vor allem nach seinen militärischen Erfolgen ab der Mitte des achten Jahrhunderts v. Chr. wirtschaftliches Interesse an Israel. Sollte sich Nahum 3, 16 wirklich auf assyrische Kaufleute beziehen (und nicht auf ihre Nachrichtenoffiziere), so waren sie bei den Israeliten nicht sonderlich beliebt, wie der Vergleich mit einem Heuschreckenschwarm bildhaft verdeutlicht. Die vereinzelten Funde wertvollen, assyrischen Glases aus Kontexten vor der assyrischen Eroberung, dürften von ihnen ins Land gebracht worden sein. Vermutlich galt aber Assyriens größeres Interesse dem Handel mit Ägypten, an dessen Grenze Sargon II. eine Handelsniederlassung gründete. Trotz seiner Abneigung gegen Assyrien, könnte Israel von dessen dortiger Präsenz profitiert haben.

Die Händler aus Arabien und den angrenzenden Ländern waren für Israel von größerer Bedeutung. Wie schon in der frühen Eisenzeit und davor brachten Ismaeliter und Midianiter Gewürze, Weihrauch und ähnliche Waren. Wenn man die Streuung der midianitischen Keramik (Abb. 50) als Richtschnur heranziehen darf, so ergeben sich als Reichweite ihrer Handelstätigkeit weite Gebiete im südlichen Juda und in der Küstenebene. Später scheinen Edomiter und Samarier – nach dem Keramikbefund zu schließen – ähnliche Routen benützt zu haben. Händler aus Südarabien könnten auch mit Samaria und Bethel Handel getrieben haben, obwohl ein südarabisches Siegel aus Bethel umstritten ist. Sicherlich kamen sie nach Jerusalem und einige von ihnen dürften dort wohl auch verweilt haben, wie Graffiti in südarabischer Handschrift auf heimischen Keramikscherben, die aus jüngeren Ausgrabungen stammen, andeuten. Die von ihnen gebrachten Gewürze, der Weihrauch und das Gold war am judäischen Königshof sehr gefragt und wurden im königlichen Schatzhaus aufbewahrt (vgl. 2 Könige 20, 13).

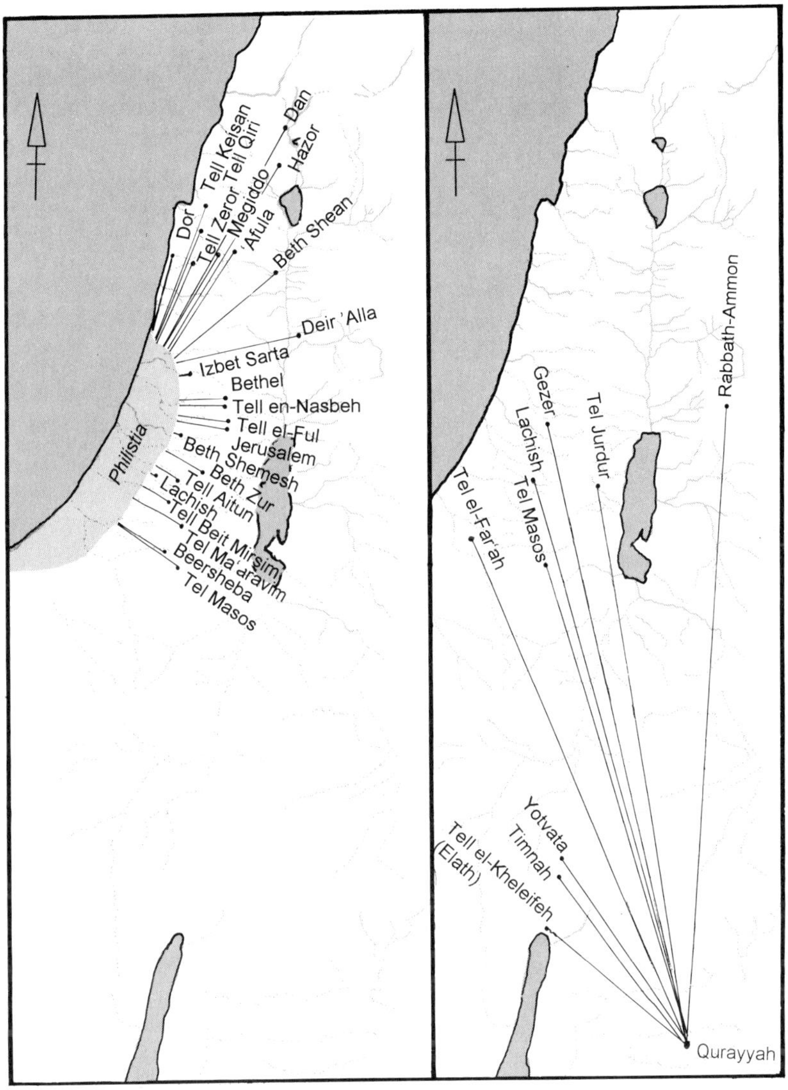

Abb. 50 Streuung der Keramikimporte aus Philistäa bzw. Midian. Die philistäische Ware verteilte sich von der Küstenebene aus, vielleicht im Gefolge politischer Vorherrschaft. Die midianitische Ware folgte den Importrouten von Weihrauch und Gewürzen aus Arabien. Während die Reichweite dieser Produkte nicht über ein bestimmtes Maß hinausging, waren zypriotische oder phönizische Erzeugnisse beinahe allgegenwärtig.

Durch die Gründung der Monarchie wurde der philistäischen Dominanz politisch ein Ende gesetzt und die philistäische Kaufmannschaft war in Israel nur spärlich vertreten. Davor könnte es einen weiter reichenden Warenaustausch gegeben haben, wenn man die Verteilung philistäischer und verwandter Keramikprodukte betrachtet (Abb. 50). Andererseits wurden landwirtschaftliche Produkte aus Israel in Philistäa weiterverarbeitet und dort auch vermarktet und besonders im siebten Jahrhundert v. Chr. ergänzten sich Juda und Philistäa auf wirtschaftlicher Ebene.

Im achten Jahrhundert v. Chr. oder kurz davor trat etwas griechische Keramik in Israel auf, die im siebenten und sechsten Jahrhundert v. Chr. häufiger wird. Ob sie von Griechen ins Land gebracht wurde, etwa über Küstenorte wie Mezad Haschavjahu, ist nicht eindeutig nachvollziehbar. Wahrscheinlich importierten phönizische Händler neben vielen anderen Waren auch griechische Keramik. Dasselbe wird für die viel zahlreicheren, ägyptischen Importgüter zutreffen. Es gibt keine Hinweise, daß sie von ägyptischen Händlern ins Land gebracht worden wären. Die Ägypter überließen in Ägypten selbst ihren Außenhandel vielmehr konzessionierten, ausländischen Händlern, wie Phöniziern und Griechen, die in eigenen Handelsniederlassungen lebten.

ISRAELITISCHE HÄNDLER

Die uns zur Verfügung stehenden Angaben über israelitische Händler und ihre Tätigkeiten sind hoffnungslos unvollständig. Das Ausmaß ihres Engagements am Binnenmarkt ist nur schwer abzuschätzen. In der Spannbreite des Verkaufs von materiell wenig wertvollen Waren durch ihre Produzenten in der Art eines Krämers und dem Handel mit kostbaren Gütern, den die Ausländer an sich zogen, muß es dennoch einen Bereich gegeben haben, in dem lokale Unternehmen ein kaufmännisches Betätigungsfeld fanden. Die Arbeit israelitischer Händler im Ausland können wir etwas besser verfolgen. Die Bibel nennt ausdrücklich Kaufleute im Auftrag des Königs, die nicht notwendigerweise israelitischer Abstammung sein müssen und während den Regierungszeiten von Salomo und Ahab im Außenhandel tätig waren. Gemäß einer zwar traditionellen, heute aber umstrittenen Übersetzung sollten die Kaufleute Salomos Leinengarn aus Ägypten erwerben. Gesicherter ist im selben Kontext (1 Könige 10, 28–29), daß sie im internationalen Pferde- und Wagenhandel engagiert und gemeinsam mit den Männern des tyrischen Königs Hiram in königlicher Mission nach Ophir unterwegs waren, von wo sie Ophirgold, Almug-Bäume und Edelsteine mitbrachten (1 Könige 9, 28; 10, 11) und möglicherweise gemeinsam nach Tarschisch reisten und von dort Gold, Silber, Elfenbein, Affen und vielleicht Pfaue (oder Paviane) einführten (1 Könige 10, 22). Viele bezweifeln jedoch die Tarschisch-Fahrten; der Ausdruck »Tarschisch-Schiff« bezeichnet ein für Langstreckenfahrten taugliches Schiff und die in Frage kommende Reise wäre die nach Ophir.

Die aufgezählten Importartikel – darunter auch Tiere, die vielleicht für die Errichtung eines schon von anderen altorientalischen Monarchen bekannten, königlichen Zoos bestimmt waren, scheinen ausschließlich den Bedarf des Königs und des Hofes zu decken. Mit keinem Wort wird erwähnt, daß die königlichen Händler auch für die Bedürfnisse der gewöhnlichen Bevölkerung zuständig gewesen wären. Welche Art von Handel die Kaufleute im Auftrag Ahabs trieben, wird nicht erwähnt. Wir erfahren lediglich, daß sie in Damaskus vertraglich bestimmte Bereiche zugesichert erhielten, wie solche umgekehrt Händler aus Damaskus in Samaria zugesprochen bekamen (1 Könige 20, 34). Aus den Regierungszeiten anderer Könige ist uns weder Ausmaß noch Bedeutung königlicher Handelsbeauftragter bekannt. Insgesamt scheint der Handelsumfang des Königs begrenzt gewesen zu sein und es gibt keine Indizien für königliche Monopole in diesem Bereich wie sie etwa für das bronzezeitliche Ugarit zu bemerken sind. Es gibt aber Hinweise, daß zumindest eine beschränkte Zahl israelitischer Händler auch ohne offiziellen Auftrag ab dem neunten Jahrhundert v. Chr. entweder gemeinsam mit anderen, zum Beispiel Phöniziern, oder auf sich selbst gestellt, außerhalb Israels tätig waren und recht wahrscheinlich Anteil an Import- und Exportgeschäften hatten.

Vor kurzem erregte die Entdeckung israelitischer oder typologisch als israelitisch zu bezeichnender Siegel in phönizischem Fundkontext einige Aufmerksamkeit. Man vermutete, sie stammten von Besuchern aus Israel oder von dort niedergelassenen, israelitischen Händlern, die zusammen mit ihren phönizischen Berufskollegen ihren Geschäften nachgingen. Diese Funde kann man aber auch in einen breiteren Zusammenhang stellen, da nicht nur Siegel sondern auch andere, typisch israelitische Gegenstände, wie Keramik oder Schminkpaletten, und israelitische Namen außerhalb Palästinas auftreten. Aus dem phönizischen Bereich wurden israelitische Siegelfunde nicht nur in Beirut und Tarsus, also im Kernland, gemacht sondern auch in phönizischen Kolonien wie Karthago. Sie sind auch in Zyrene und Ägypten anzutreffen, im syrischen Bereich in Damaskus und Aleppo und einige wenige im mesopotamischen Raum in Babylonien und Assyrien. Des weiteren wurde israelitische Keramik im assyrischen Nimrud und Schminkpaletten der in Israel üblichen Form im phönizischen Byblos und Aradus und im mesopotamischen Ninive sichergestellt. Man darf annehmen, daß das Vorkommen dieser Gegenstände mit der Anwesenheit von Israeliten entweder als Besucher oder als dort aus beruflichen Gründen (Handelstätigkeit) Wohnende, in Zusammenhang steht. Manche Fundstücke in Mesopotamien könnten von Exilierten stammen, doch Babylonien und Assyrien wurde die Heimstätte vieler ausländischer Kunsthandwerker und Händler, darunter neben anderen auch Phönizier, sodaß die Anwesenheit einer kleinen Anzahl Israeliten aus ähnlichen Gründen nicht wirklich verwundern muß. Die Darstellung eines Handelsschiffes auf einem israelitischen Siegel des achten Jahrhunderts v. Chr. deutet kaufmännische Aktivitäten auch im Mittelmeerraum an, ob jedoch mit gecharterten, phönizischen Schiffen (wie vielleicht schon sehr früh Richter 5, 17 andeutet) oder einer eigenen Handelsflotte, wissen wir nicht.

Insgesamt halten sich aber solche Beispiele sehr in Grenzen und sollten sie tatsächlich mit israelitischen Händlern, die im Ausland unterwegs waren, zu tun haben, war ihr Handelsvolumen sicherlich klein. Interessanterweise gibt es im arabischen Bereich oder dem noch ferneren Osten keine Anzeichen einer Handelstätigkeit von Israeliten. Die Araber scheinen die Routen des profitablen Weihrauch- und Gewürzhandels nach Südarabien fest im Griff gehabt zu haben und Güter von dort, Indien oder Somalia waren für die Israeliten nur über Zwischenhändler erhältlich. Der einzige Versuch, dieses Monopol zu durchbrechen, war die gemeinsame Aktion von Salomo und Hiram von Tyrus nach Ophir. Die dazu benötigten Schiffe könnten, zerlegt in Teile, entweder aus dem bauholzreichen Gebiet um Kerak in Moab oder sogar von der palästinischen Küstenebene auf Kamelen zum Ausgangshafen nach Ezion Geber gebracht worden sein. 1182/83 n. Chr. benützten die Kreuzfahrer diese Methode, um ihre Flotte ins Rote Meer in Gang zu setzen. Das Prinzip der Vorfertigung könnte den Phöniziern bekannt gewesen sein – jedenfalls wendeten es ihre Kolonisten in Karthago einige Jahrhunderte später an.

Wie groß der Umfang der Handelsgeschäfte israelitischer Händler im Ausland auch immer gewesen sein möge, verdichten sich die Hinweise, daß Samaria und etwas später auch Jerusalem in den letzten Jahren der Monarchie, im internationalen Handel doch eine gewisse Bedeutung erlangten. Begünstigt durch die Lage zwischen Via Maris und »Königsstraße«, konnte vor allem Jerusalem in den von den Phöniziern dominierten Ost-Westhandel eingreifen. Ezechiels Ausspruch (26, 1–2) über die Hoffnung Tyrus‹, sein Handel möge sich nach dem Fall von Jerusalem – diesem »Tor der Völker« – Tyrus wieder zuwenden und die Stadt wieder mit Leben füllen, während Jerusalem dann darniederläge, scheint die Situation kurz und prägnant zusammenzufassen.

DAS ISRAELITISCHE WIRTSCHAFTSSYSTEM IM VERGLEICH

Die Wirtschaftsform des Alten Orient und im besonderen jene Mesopotamiens wurde oft als ein von Tempel und Staat dominiertes System beschrieben, in welchem sowohl Könige als auch Heiligtümer nicht nur sehr viel Land besaßen und darüber verfügten sondern auch Handwerk und Handel von ihnen abhängig war. Dieses Modell (das in letzter Zeit immer mehr Kritiker fand, die den privaten Bereich stärker betont sehen wollen) hielten einige auch anwendbar für das alte Israel, das sich somit in das »asiatische« System einfügen würde, welches grundsätzlich verschieden wäre von der in Griechenland geübten Praxis mit seiner Dominanz der privaten Unternehmen und dem nur eingeschränkten Besitz oder Einfluß von Tempel und Staat. Allerdings scheint sich Israels Wirtschaftsgebaren diesem Muster nicht wirklich anpassen zu lassen, selbst unter Berücksichtigung unseres eher lückenhaften Wissens um die wirtschaftlichen Befindlichkeiten der israelitischen Heiligtümer im allgemeinen und des Tempels in Jerusalem im besonderen. Nach biblischen Angaben verfügt der Tempel nicht über dauerhaften Landbesitz. Levitikus 27, 16 ff. führt aus, daß jeglicher Besitz, einschließlich Grund und Boden, der dem Tempel feierlich versprochen wurde, durch Rückkauf ausgelöst oder anläßlich des Jubiläumsfestes an den Spender zurückgegeben werden konnte, andernfalls gelangte er nicht in den Besitz des Tempels sondern in jenen der Priester. Es gibt auch keine Anzeichen dafür, daß der Tempel, wie jene in Mesopotamien, als Bank fungierte und Geld an Händler oder andere Unternehmer zur Finanzierung ihrer Geschäfte auslieh. Ebensowenig lenkte der Tempel die Wirtschaft im allgemeinen; es ist aber anzunehmen, daß religiöse Gesetze die wirtschaftliche Praxis beeinflußten, wenn es dafür auch keine »Behörde« gab außer der Gesetzgebung des Pentateuch. Außerhalb desselben konnte keine religiöse Gesetzgebung promulgiert werden. Wirtschaftlich gesehen war der Tempel zwar ein Ort aufwendigen Konsumverhaltens, aber nicht selbst in Produktion oder Handel involviert.

Im Vergleich dazu stellt sich die Situation am Königshof anders, aber nicht gänzlich verschieden dar. Auch er führte einen fraglos aufwendigen Lebensstil, der aber zu einem erheblichen Teil aus den Erträgen der königlichen Güter, die königlicher Leitung unterstanden, befriedigt werden konnte. Trotz der von König Asarja (Usija) (2 Chronik 26, 10) in Angriff genommenen Verbesserungen am Land, die vielleicht zu einer Ausweitung der königlichen Güter oder jener ihrer Pächter führten, waren Privatbesitz oder Familiengüter wahrscheinlich zu allen Zeiten weitläufiger und es gibt keine Anzeichen dafür, daß sich das Königtum in die Leitung dieser Betriebe eingemischt hätte. Dasselbe scheint für die Handwerker, die für den königlichen Hof arbeiteten, gegolten zu haben. Was schließlich den Handel betrifft, konnten wir festhalten, daß die Händler des Königs nur streng begrenzte Aufträge zu erfüllen hatten und daß auch sie wahrscheinlich ein Teil einer bedeutend größeren Kaufmannschaft waren. Insgesamt bleibt zu bemerken, daß es bis heute – anders als in Mesopotamien – keine Anzeichen für ein regulierendes Eingreifen des Königs in wirtschaftliche Belange gibt, sei es im Bereich der Preisbildung oder im Erstellen von Rahmenbedingungen für das Wirtschaftsleben, die etwa das Kreditwesen regelten. Zusammenfassend könnte das israelitische Wirtschaftssystem als ein »Mischsystem« bezeichnet werden, das zwar Züge des »asiatischen« Modells trägt, sich aber nicht gänzlich verschieden vom frühgriechischen Konzept darstellt. Aufgrund geographischer und historischer Befindlichkeiten ist dieses Ergebnis auch nicht gänzlich überraschend, da sowohl Israel als auch Griechenland dem östlichen Mittelmeerraum angehören und schon sehr früh miteinander in Kontakt traten.

Der Profitgedanke in der Privatwirtschaft des achten Jahrhunderts v. Chr. manifestierte sich in der Entstehung großer Landgüter, die durch gesteigerte Kapazitäten Produkte für den Verkauf am Markt erzeugten. Diese profitorientierte Tendenz geriet in Widerspruch zum traditionellen Ideal der unabhängigen Bauernschaft und wurde von den Propheten hart angegriffen, da sie sozialen Aufruhr provozierte. Finanzielle Darlehen an Bauern, die mit einer Mißernte konfrontiert waren, zeigen einen anderen »frühkapitalistischen« Aspekt auf, der unerwünschte Konsequenzen verursachte. Grundsätzlich ist der israelitischen Gesellschaft als Ganzes nicht zu unterstellen, daß sie vom Profitgedanken beherrscht gewesen wäre. Die Idealvorstellung kommt in Sprüche 30, 8 zum Ausdruck, die besagt, der Mensch möge vor Reichtum aber auch vor Armut bewahrt werden und entspricht – mit einigen Schwankungen in die eine oder die andere Richtung – dem Bild der Mittelschichtgesellschaft, die nach den archäologischen Befunden für einen großen Teil der Bevölkerung zutreffen wird. Es gibt keine Anzeichen der Unzufriedenheit in dieser Lebensbefindlichkeit. Wirklicher Reichtum wird wohl im Wesentlichen nur in den beiden Hauptstädten anzutreffen gewesen sein; bittere Armut gab es zweifelsohne weitverbreitet, doch die archäologischen Funde weisen nicht darauf hin, daß sie überwiegte.

Am unteren Ende der sozialen Pyramide konnte sich der einfache Dorfbewohner vielleicht den kleinen Luxus einer von auswärts stammenden Keramik leisten. An ihrer Spitze begegnet uns tatsächlich beträchtlicher Reichtum, der vor allem in den gesellschaftlichen Eliten der Hauptstädte zu finden ist. Allerdings ist erwähnenswert, daß etwa aus Phönizien importierte, kostbare Güter in Israel in geringerem Umfang festzustellen sind als in seinen östlichen und westlichen Nachbarländern. So wurden Gegenstände aus Gold, sei es als Grabbeigaben oder als Streufunde in stratigraphischen Schichten, besonders selten gefunden. Tatsächlich war die Trefferhäufigkeit in Bezug auf Goldfunde in der Bronzezeit größer. Es hat den Anschein, als konnte die israelitische Oberschicht einfach über weniger verfügen und daher auch weniger ausgeben als die Aristokraten des frühen Griechenland oder jene des ammonitischen Bereichs. Auch sind deren Bestattungen nicht zu vergleichen mit dem, was bis heute in Israel entdeckt werden konnte, merkwürdigerweise mit einigen Ausnahmen ganz am Ende des uns beschäftigenden Zeitabschnittes. Allerdings deutet die Inschrift im Grab des Schebna in Jerusalem mit der Feststellung, es sei weder Gold noch Silber darin zu finden, an, daß in den Gräbern der Hofaristokratie sehr wohl mit Schätzen gerechnet wurde. Zumindest einige der Könige des Nordens wie des Südens besaßen nennenswerte Reichtümer. Ihre Einkünfte setzten sich nicht nur aus Steuern und den Erträgen aus den königlichen Gütern zusammen, sondern wurden auch durch Beschlagnahmung, Gebühren, die Händler zu entrichten hatten, Gewinnen aus von ihnen geförderten Handelsunternehmen und gelegentlich durch Tribute und Kriegsbeute vermehrt. Das Ausmaß des Tributes, den israelitische und judäische Herrscher vor allem an assyrische Könige zu leisten hatten, gibt einen Eindruck ihres Vermögens. Die Auflistung läßt erkennen, daß ihre wirtschaftliche Stärke durchaus mit jener anderer, levantinischer Herrscher vergleichbar ist und man erwartete auch, Gesandte von Babylonien mit einem Besuch in Hiskijas Schatzhaus beeindrucken zu können (2 Könige 20, 12–13). In diesem Zusammenhang muß auch erwähnt werden, daß die durch die assyrischen Angriffe im achten Jahrhundert v. Chr. verursachten Zerstörungen im Nordreich anscheinend ziemlich schnell wieder in Ordnung gebracht werden konnten, sobald es unter assyrischer Verwaltung stand. Ebenso begann sich Juda, als das Königtum zu Ende ging, von den Verwüstungen, die die Angriffe Sanheribs verursacht hatten, zu erholen. Insgesamt war die israelitische Wirtschaft in der Lage, der überwiegenden Mehrheit der Bevölkerung während des größten Teils der Geschichte Israels ein erträgliches, mitunter auch ein angenehmes Leben zu ermöglichen.

fel 1.1 Die »Hirtenfelder« in der Umgebung von Bethlehem.

fel 1.2 Blick in das Wadi Kelt in der Wüste Juda.

Farbtafel 2.1 Die Wüste Juda.

Farbtafel 2.2 Das Tote Meer bei Qumran. I Steilhängen im Vordergrund befinden sic Höhlen, in denen die Schriftrollen gefunden w Im Hintergrund das transjordanische Hochland.

Farbtafel 3 Wasserfall in der Oase En Gedi am W des Toten Meeres, der aus einer Quelle in einem hundert Meter hohen Felsen entspringt.

Farbtafel 4.1 Blick auf das Bergland von Samaria mit Oliven- und Zitruswäldern.

Farbtafel 4.2 Blick von Transjordanien auf das Südufer des Sees Gennesareth. In der Bildmitte das Yarmuk-Tal und die Golanh
von Osten.

fel 5.1 Der Tell von Beth Schean im Frühling. Die Jesreel-Ebene mündet hier in das Jordantal. Blick von Westen.

fel 5.2 Der Tell von Beth Schean im Hochsommer. Blick von Südosten auf den Tell.

Farbtafel 6.1 Blick von Obergaliläa auf den See Gennesareth.

Farbtafel 6.2 Der Negev im Frühling – Kontraste einer Landschaft.

'arbtafel 7.1 Wasserversorgungssystem von Gibeon. Oberer Teil des Schachtes mit spiralförmig hinabführender Treppe über .72 Stufen, neuntes Jahrhundert v. Chr.

'arbtafel 7.2 Die Kultnische des Tempels von Arad war an der Rückwand mit zwei Steinpfeilern und am Eingang mit zwei kleinen Räucheraltären aus Stein ausgestattet.

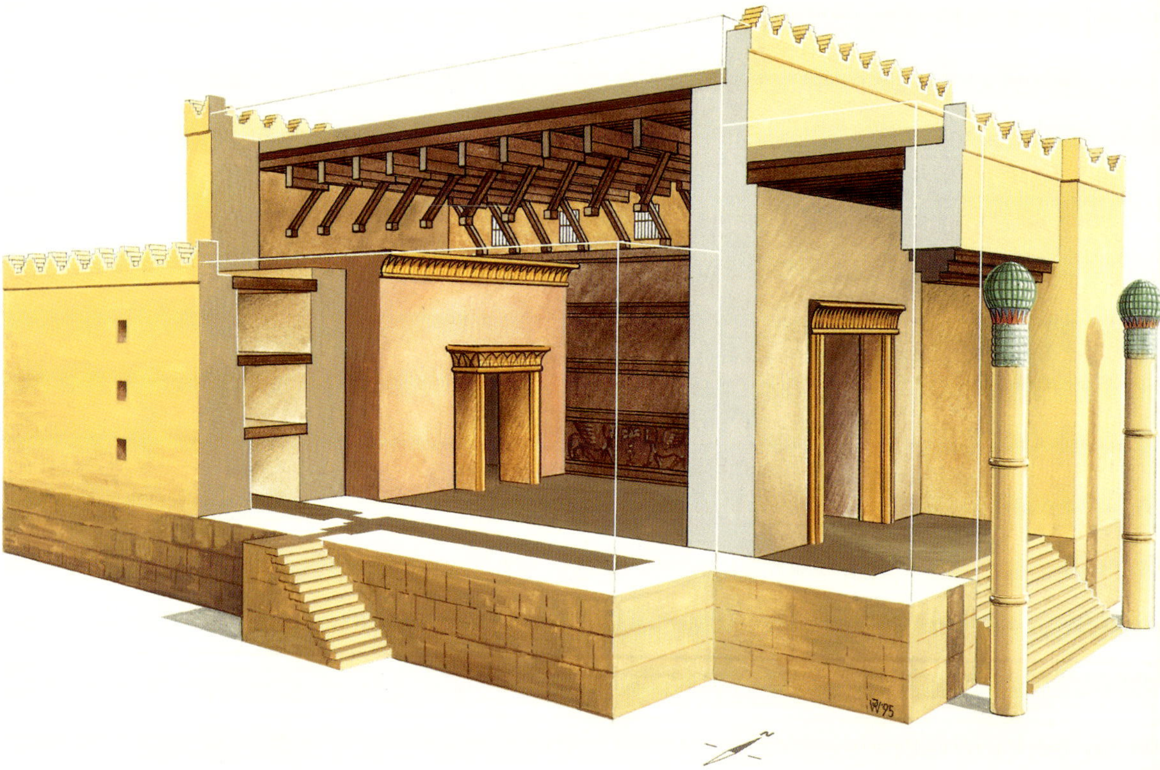

Farbtafel 8 Rekonstruktionszeichnung von Innen- und Außenansicht des salomonischen Tempels.

KAPITEL IX

Kriegsführung

Im Alten Orient wurden häufig Kriege geführt – manchmal sogar beinahe jährlich, wie in der Bemerkung in 2 Samuel 11, 1, wo die »Wende des Jahres« (Frühling) als jene Zeit bezeichnet wird, in der die Könige in die Schlacht ziehen. Israel wurde oft in Kriege verwickelt, die sich anscheinend beträchtlich auf das Leben des Einzelnen und die Entwicklung der gesamten Gesellschaft auswirkten. Wie schon gewohnt, sind unsere Informationen auch in diesem Bereich lückenhaft. Es gibt verstreute Erwähnungen in der Bibel, die durch Berichte über Feldzüge von den Feinden – seien es Assyrer, Ägypter oder Moabiter – und durch epigraphisches Material aus Israel ergänzt werden. Ostraka vom späten achten bis zum frühen sechsten Jahrhundert v. Chr. aus Juda informieren uns über die Aufstellung der Armee und Versorgungseinrichtungen. Ausgrabungen warfen ein Licht auf Festungen und Verteidigungsanlagen im Nord- und im Südreich, erzählen aber wenig über Waffen und Ausrüstung. Assyrische Reliefs, die die Feldzüge verschiedener Könige darstellen, liefern uns sehr wertvolle Detailinformationen, vornehmlich natürlich die Bilder der Belagerung von Lachisch durch Sanherib 701 v. Chr. Leider liegen aus Ägypten keine vergleichbaren Darstellungen vor und die Israeliten selbst überlieferten auch keine bildlichen Aufzeichnungen über ihre eigenen Feldzüge.

Die Geschichte der militärischen Präsenz Israels erstreckt sich über einen Zeitraum von zumindest sechs Jahrhunderten. Die innere Entwicklung des Landes als auch die wechselnden Bedrohungen von außen, mit welchen das Land konfrontiert war, bedingten im Laufe der Zeit mitunter auch grundlegende Veränderungen im Rahmen der Streitkräfte. Diejenigen zwischen der Zeit vor und nach der Gründung der Monarchie waren besonders wichtig, doch gab es Veränderungen bis zum Ende.

DIE MILITÄRISCHE ORGANISATION ISRAELS WÄHREND DER RICHTERZEIT

Nach biblischen Angaben formierten sich die Streitkräfte hauptsächlich aus Einberufenen eines oder mehrerer Stämme, um gegen lokale oder auch umfangreichere Bedrohungen vorzugehen. Das Richterbuch (5, 8) spricht zwar von einer Summe von 40 000 Soldaten, doch wird es sich bei den tatsächlich im Kampf befindlichen um eine wesentlich geringere Anzahl gehandelt haben. Oft war die Ausrüstung mangelhaft – so fehlten der Heerschar von Debora und Barak Schilde und Speere.

Dolche und besonders Schwerter waren zu dieser Zeit selten, ebenso Helme und Schuppenpanzer (Mäntel oder Jacken aus Leder oder Leinen, auf welche kleine Metallblättchen aus Bronze oder Eisen schuppenartig aufgenäht wurden). Während Pfeile und Bogen bei den Israeliten zunächst nur vereinzelt auftraten, erreichte man mit Schleudern den Feind auch aus einer gewissen Entfernung. Der zusammengesetzte Bogen war kostspielig und vielleicht ein Privileg ausländischer Söldner. In der Schlacht von Gilboa hatten Sauls Kräfte den verheerenden Auswirkungen der gegnerischen Bogenschützen nichts Adäquates entgegenzusetzen (1 Samuel 31, 3), obwohl an anderer Stelle von der Ausbildung der Bogenschützen am Hof die Rede ist. Der teure und raffinierte Streitwagen fehlte ebenso wie wirkungsvolle Verteidigungsanlagen und befestigte Siedlungen. Diese israelitische Armee konnte sich nicht mit den Streitkräften der Kanaanäer oder Philister, die in den Ebenen mit Streitwagen ausgerüstet waren, messen und wird bei plötzlichen, erdrückenden Übergriffen im Bergland Schutz gesucht haben, wo immer er zu finden war (vgl. Richter 6, 2). Trotzdem konnte sie durch geschicktes Ausnützen des Terrains oder der Wetterbedingungen, auch gegen überlegene Feinde Vorteile erringen, als zum Beispiel die Heerschar von Debora und Barak die Oberhand behielt, nachdem die feindlichen Streitwagen im tückischen Boden des plötzlich überfluteten Kischon-Flußes steckengeblieben waren (Richter 5, 21). Oder sie setzte auf Überraschungsangriffe oder das Erzeugen von Panik – einer List, derer sich Gideon gegen die Midianiter bediente, deren hohe Mobilität als Feind gefürchtet war und die überwältigende Massen aufstellen konnten, wo sie am wenigsten erwartet wurden (Richter 6–7).

Zusätzlich zu diesen, nur gelegentlich auf Zeit Einberufenen von den Stämmen, sah diese Zeit die Bildung von dauernd kampfbereiten Gruppen von Gefolgsleuten einzelner Persönlichkeiten wie Abimelech (Richter 9, 4) oder Jiftach (Richter 11,3). Auch am Beginn der Königszeit suchte sich Saul selbst eine Reihe ausgewählter Krieger (1 Samuel 14, 52) und später scharte auch David, auf der Flucht vor Saul und vogelfrei, eine Gruppe von Kämpfern um sich (1 Samuel 22, 1–2). Diese entwickelten sich zum Kern seines stehenden Heeres und wurde nach seinem Amtsantritt als König durch ausländische Berufssoldaten als da waren Gittiter, Kreter und Pleter aus Philistäa, oder mit ihnen verwandter Herkunft und mit militärischer Ausbildung verstärkt. Die Kombination einer ständigen, vom König abhängigen Berufsstreitmacht und der fallweisen, nur bei Bedarf einberufenen Stammesaufgebote bildete die Grundlage für die Gliederung des israelitischen Heeres in der Zukunft.

DAS MILITÄR IN DER KÖNIGSZEIT

Von den merkwürdig hohen Zahlenangaben in der Bibel in Bezug auf die israelitischen Streitkräfte muß Abstand genommen werden, dennoch ist, aufgrund anderer Anhaltspunkte, davon auszugehen, daß die Armeen von David und Salomo und ihrer Nachfolger schlagkräftig waren und abschnittsweise auch international mithalten konnten. Im neunten Jahrhundert v. Chr. war Ahab in der Lage, sich mit 2000 Streitwagen und 10 000 Mann an der Allianz gegen Salmanassar III. in Karkar 853 v. Chr. zu beteiligen und stellte damit eines der größten Kontingente mit der umfangreichsten Streitwagenabteilung. Die Armee Judas zur Zeit der Könige Joschafat und Asarja dürfte in ähnlicher Weise beachtlich gewesen sein. Jerobeam II. entwickelte im frühen achten Jahrhundert v. Chr. sein Heer im Nordreich zu einer gewaltigen Streitmacht und später verstärkte König Hiskija von Juda seine Truppen in einem Ausmaß, daß er (irrtümlich, wie sich herausstellen sollte) annahm, sich mit den Assyrern messen zu können. In der Militärgeschichte Israels wurden jedoch Phasen der Stärke immer wieder durch jene der Schwäche unterbrochen und letztendlich gelang es den Streitkräften keines der beiden Länder ihre Unabhängigkeit zu verteidigen.

DIE ADMINISTRATIVEN RAHMENBEDINGUNGEN

Während der Königszeit konnte sich das Militär auf eine leistungsfähige Bürokratie stützen. Neben kurzen, diesbezüglichen Bemerkungen in der Bibel, geben uns die Ostraka aus Lachisch und Arad – zumindest für das späte Juda – einen Einblick in seine internen Abläufe. Zwischen der Hauptstadt und lokalen Einheiten wurden schriftliche Dokumente gewechselt, die sich in Stil und Art der Anrede je nach dem Rang des Empfängers unterschieden; Register wurden zentral und vor Ort geführt. Die Rekrutierung erfolgte auf der Grundlage erhobener, schriftlicher Daten – so erfahren wir von einer von David in Auftrag gegebenen Volkszählung der wehrfähigen Männer des Landes durch Joab (2 Samuel 24, 1–9), die er nicht vollenden konnte. Aus der Zeit Asarjas erhalten wir von einer Soldatenliste der Armee Judas Kenntnis, die von Bürokraten geführt wurde (2 Chronik 26, 11 ff.). Als Jerusalem Nebukadnezar endgültig erlegen war, werden unter den wichtigsten Gefangenen ein Kriegsminister und ein hoher Beamter in Schreiberfunktion genannt, der für die Aushebung der Wehrfähigen verantwortlich war (2 Könige 25, 19). Regionale Einberufungen wurden vermutlich von Offizieren durchgeführt, die einem bestimmten Bezirk zugeordnet waren (vgl. Deuteronomium 20, 5–9). Kontingente von mehr als einem Stamm faßte man möglicherweise zu Einheiten einer gewissen Größe zusammen und verband damit auch verschiedene, lokale Fähigkeiten. Bei mancherorts auftretenden Notfällen sandte man vielleicht von der Hauptstadt einen schriftlichen Befehl an die nächstgelegene Einheit zur Bereitstellung von Männern (Rekruten?), wo sie benötigt wurden – unter Androhung der Todesstrafe (vgl. Arad-Brief Nr. 24). Es gab Aufzeichnungen über Lagerbestände und Ausrüstung als auch über die Materialausgabe in Form von Ermächtigung, Bestätigung und Eintragung. Kampfbefehle, Lage- und Geheimdienstberichte, Signale und andere Angelegenheiten wurden schriftlich festgehalten. Gelegentlich findet sich auch ein menschlicher Zug in der Korrespondenz, wenn etwa ein knappes, an einen Untergebenen gerichtetes:

»Kannst du denn (den Brief) nicht lesen?«, beantwortet wird mit: »Niemand versuchte je, mir irgend etwas vorzulesen!« (Lachisch-Brief 3). Das alte Israel knüpft mit dieser, die militärische Organisation unterstützenden Bürokratie an Traditionen an, die schon in der Bronzezeit besonders in Assyrien und Ägypten entwickelt wurden und möglicherweise über die Standards zeitgenössischer, mittelgroßer oder kleiner levantinischer Staaten hinausgehen.

DIE HEERESORGANISATION

Von Anfang an werden in den israelitischen Streitkräften Einheiten zu 50, 100 und 1000 Mann genannt (wie in den Nachbarländern auch), deren tatsächliche Anzahl wohl nicht immer mit der nominellen Stärke übereinstimmte. So berechnete man auf Grundlage der ausgegebenen Nahrungsrationen in Arad, daß einer Einheit von 50 eine tatsächliche Anzahl von 35 – 40 Mann entsprach und eine Einheit von 100 etwa aus 75 Mann bestand. Größere Truppenstärken ergaben sich aus der Zusammenlegung dieser Grundeinheiten – so werden schon in den Anfängen wiederholt Abteilungen von 600 Mann genannt. Dementsprechend gab es Offiziere und Hauptmänner für 50, 100 und 1000 Mann. 1 Könige 16, 9 erwähnt aber, daß Simri die Hälfte der Streitwagentruppe von Nordisrael angeführt haben soll und wenn der König nicht persönlich das Kommando übernahm (vgl. zum Beispiel 2 Samuel 11, 1), konnte das Heer auch unter einem alleinverantwortlichen Oberbefehlshaber im Feld gestanden sein. Der Titel »Vorsteher des Heeres«, den Abner und Joab zu ihrer Zeit trugen, kommt auch im schon erwähnten Brief 3 aus Lachisch vor (ca. 588 v. Chr.), allerdings wird nicht deutlich, ob er sich auf einen Offizier im Feld oder in der Verwaltung bezieht. Wir wissen auch wenig über den Aufbau des Stabes. Unter David ist einmal, möglicherweise angeregt durch ägäische Vorbilder, eine Gruppe von drei Offizieren genannt (2 Samuel 23, 8 ff.), von welchen wir später allerdings nichts mehr hören und die auch keine beratende Funktion innegehabt haben dürften.

Die Armee hatte verschiedenartige Truppen. Die Infanterie, vielleicht in schwere und leichte Infanterie geteilt, überwog und war nun mit Schwertern und Lanzen, Steinschleudern und Schilden, möglicherweise auch mit Helm und Panzer ausgerüstet. Mit David begann auch die Ausbildung und der Einsatz von Bogenschützen (vgl. 2 Samuel 1, 18). Einige Wachmannschaften absolvierten offenbar ein besonderes Schnelligkeitstraining und werden in der Bibel als Läufer (2 Könige 11, 4) bezeichnet. Ausländische Söldner kamen wohl hauptsächlich im Rahmen der Infanterieformationen zum Einsatz. Abgesehen von jenen bei David im Dienst stehenden, werden auch in Juda angeworbene Karer im Zusammenhang mit dem Sturz der Athalja erwähnt (2 Könige 11, 4). Einige Zeit später, etwa während oder nach der Regierung Joschijas, könnten griechische Söldner in Mezad Haschavjahu an der Küste gedient haben und in der Folge wurden griechische oder mit ihnen verwandte Truppen – die *Kittim* der Arad-Ostraka – im Gebiet um Beerscheba stationiert.

Während des vereinigten Königreiches und der Omridenzeit im Nordreich erlangte die Streitwageneinheit große Bedeutung, die aber später abnahm. Dennoch verleibte Sargon II. nach dem Sturz Samarias eine israelitische Streitwageneinheit, die offensichtlich einen ansehnlichen Eindruck machte, seinem Heer ein. Laut einer aramäischen Inschrift, die neuerdings in Dan entdeckt wurde, gab es schon früh auch eine Kavallerie. Das Gelände in Juda eignete sich schlecht für den Einsatz von Streitwagen, die daher auch keinen bedeutenden Stellenwert erlangten und nach dem Angriff von Sanherib nicht mehr belegt sind. Reiter kamen vorwiegend in der Aufklärung, im Nachrichtendienst und bei Ablenkungsmanövern zum Einsatz. Darstellungen berittener Bogenschützen auf assyrischen Reliefs verweisen auf ihre Bedeutung bei militärischen Einsätzen zur Zeit Sargon II. Verbesserungen an Zügel und Zaumzeug ermöglichten dem Reiter zwar eine bessere Führung und größere Kontrolle über das Pferd, doch von eigentlichen Kavallerieangriffen kann noch lange keine Rede sein. Erst als Jahrhunderte später Sattel und Steigbügel erfunden wurden, hatte der Reiter eine gewisse Sicherheit, sowohl das Pferd unter Kontrolle halten als auch gleichzeitig seine Waffen einsetzen zu können. Die assyrische Armee begegnete dieser Problematik eine Zeit lang mit der Bildung von Reiterpaaren, bei welchen einer für die Führung beider Pferde verantwortlich war, während der andere seine Lanze oder den Pfeil abschießen konnte. Nach einer Übersetzungsvariante des Feldzugberichtes von Sanherib, sollen sich in der Armee Hiskijas auch Araber befunden haben. Wenn dem so war, wird es sich bei ihnen um Kamelreiter handeln, ähnlich jenen, die 150 Jahre früher unter Gindibu, dem Anführer der Araber, zur Schlacht um Karkar ausgezogen waren. Jedenfalls würden sie gute Dienste bei der Überwachung des Negev geleistet haben.

Wir haben keine direkte Bezugnahme auf die Arbeit von Pionieren, sei es betreffs Wegbereitung, Lageraufbau oder Vorbereitungen für eine Belagerung, doch gelegentliche Erwähnungen des Durchbrechens von Stadtmauern des Feindes (zum Beispiel 2 Chronik 26, 6) deuten ihre Existenz an. Noch weniger erfahren wir über Waffenfabriken, ortsgebundene oder mobile Reparaturbetriebe oder medizinische Versorgungsmöglichkeiten.

DIE AUSRÜSTUNG DES MILITÄRS

Die Informationen in Bezug auf Ausrüstung sind teilweise mangelhaft. Die exakte Bestimmung der in der Bibel verwendeten Begriffe ist selten klar und eindeutig, archäologische Funde sind spärlich und manchmal aus Grenzlagen und die bildlichen Darstellungen der Assyrer (vgl. Abb. 51) bieten nur begrenzten Einblick.

Bei den Angriffswaffen dominierten zunächst Lanzen oder Spieße und Wurfspeere, deren Bedeutung aber später zurückging. Ihre Schaftlänge schwankte wahrscheinlich zwischen 1, 25 m und 1, 8 m, ihre Spitzen bestanden aus Bronze oder Eisen und waren mit einem Zapfen (speziell bei Wurfspeeren, wodurch sie nur schwer von großen Pfeilspitzen zu unterscheiden sind) oder mit Tüllenspitzen (gegossen oder zusammengefaltet) zur Befestigung am Schaft versehen. Das Schaftende konnte aus Metall bestehen und seinerseits als mögliche Waffe dienen (vgl. 2 Samuel 2, 23). Ob der Speer Goliaths (1 Samuel 17, 7) am Schaft tatsächlich mit einer in einer Schleife endenden Leine umwickelt war, die ihn beim Wurf in Rotation versetzte – nach Muster eines besonderen ägäischen Modells – ist umstritten; jedenfalls gibt es dafür keinen weiteren Beleg.

Schwerter und Dolche bestanden zunächst aus Bronze und dann aus Eisen und waren am Anfang selten. Zur Zeit des Auftretens Israels ersetzten Schwerter die davor häufigeren Rapiere. Nach biblischen Angaben fand das Schwert als Hieb- und Stichwaffe Verwendung (vergleiche Richter 3, 16 ff.; 2 Samuel 2, 16 und 2 Samuel 20, 10 mit 1 Samuel 17, 51 und 2 Samuel 16, 9). Fragmente einer bronzezeitlichen Waffe aus Geser und einer kürzeren, früheisenzeitlichen Waffe aus Megiddo, die beide aus Bronze sind und in der Naue II Tradition stehen, aber nicht aus israelitischem Fundkontext stammen, als auch ein schön gearbeitetes Schwert mit gehörnten Vorsprüngen aus Grab 102 aus Tell es-Saʿidiye, geben eine Vorstellung davon, was den Israeliten vielleicht vorschwebte. Während der Königszeit wurde das Schwert nach biblischen Angaben Grundbestandteil der militärischen Ausrüstung, allerdings gibt es kaum archäologische Funde.

Eines der schönsten Beispiele ist ein erst kürzlich entdecktes Eisenschwert mit gerader Klinge aus Vered Jericho in der Länge von 1, 04 m, das einem Fundkontext aus dem siebten Jahrhundert v. Chr. entstammt. Solche Schwerter wurden vermutlich in einer Scheide getragen, die vom Gürtel herabhing. Ein leicht gekrümmtes Eisenschwert mit einer (inneren) Schneide und ca. 62, 5 cm Länge aus einem späten Fundkontext (ca. 588 v. Chr.) von Tell Bet Mirsim zeugt von einer alternativen Kampftradition. Schon davor in Assyrien bekannte, gekrümmte Schwerter entwickelten sich gleichzeitig als Infanterieausrüstung in Griechenland. Ein Bündel

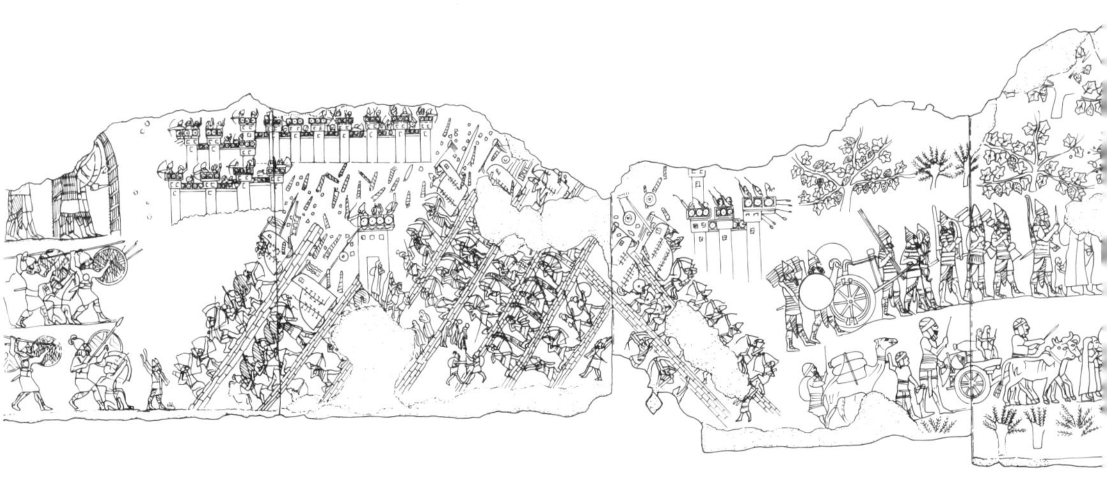

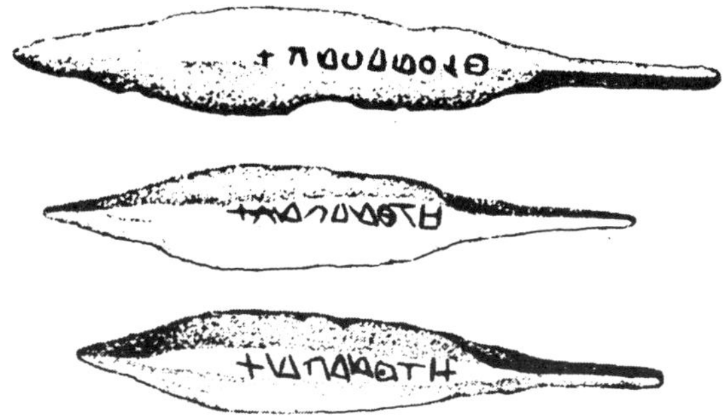

Abb. 52 Pfeilspitzen aus el-Chadr in der Nähe von Bethlehem tragen die Namen ihrer Besitzer (elftes Jahrhundert v. Chr.). Vielleicht gehörten sie einer kanaanäischen oder möglicherweise israelitischen Bogenschützengilde. Erst in späteren Fundkontexten sind Pfeilspitzen häufiger, weshalb man breiteren Einsatz der Bogenschützen erst später vermutet.

solcher Waffen könnte, abgesehen von der eigenen Bewaffnung des Kommandanten, als Kriegsbeute von Lachisch in den assyrischen Reliefs abgebildet sein. Dolche, die vermutlich in den Gürtel gesteckt wurden, sind nur schwierig von Messern zu unterscheiden.

Unter den Waffen, die für den Kampf auf Entfernung tauglich sein sollten, war die Steinschleuder von Anfang an sehr beliebt. Sie fand auf dem Schlachtfeld und bei Angriffen auf Städte Verwendung (2 Könige 3, 25) und ist auch auf den assyrischen Reliefs zu finden, wo sie von den Verteidigern von Lachisch gegen Sanheribs angreifende Truppen eingesetzt wurde. Kein Exemplar der Steinschleuder ist erhalten, lediglich tennisballgroße Steine konnten in Festungen, wie etwa Lachisch, entdeckt werden, wo sie auf Vorrat gehalten wurden. Im allgemeinen verwendete man den zusammengesetzten Bogen, der innen mit Horn und am Rücken mit Sehnen verstärkt war. Seiner Empfindlichkeit wegen wurde er in einer Kombination von Bogentasche und Köcher aufbewahrt. Mit einer Reichweite von 100 m und mehr, erwies er sich als äußerst wirkungsvolle Waffe. Bedauerlicherweise wurden weder Bogen, Bogentasche noch Köcher gefunden, genausowenig wie ein kompletter Pfeil, dessen Schaft aus Schilf oder Holz und Federn bestand, dafür aber zahllose

Abb. 51 Zeichnung der Reliefdarstellungen aus dem Palast Sanheribs in Ninive mit Szenen der Belagerung und Eroberung von Lachisch.

Pfeilspitzen (Abb. 52). Sie waren je nach Zeit und Ort häufiger aus Eisen als aus Bronze gefertigt, hatten üblicherweise eher Steckspitzen statt Tüllenspitzen, waren im Umriß oft oval, blattförmig oder dreieckig und vorwiegend flach, ausgenommen einige mit einer sanften Rippe in der Mitte. Manche weisen zwischen Pfeilblatt und Zapfen eine Verdickung auf, die verhindern soll, daß sich die Spitze beim Aufprall zu tief in den Schaft hineinschiebt. Sonderformen, die besonders schwer ausgeführt waren oder einen runden oder quadratischen Querschnitt aufweisen, dienten zum Durchstoßen von Panzern. Ab ca. 600 v. Chr. treten dreischneidige, »skythische« Pfeilspitzen mit Tüllenspitzen auf.

Für ihre Verteidigung und zu ihrem Schutz verwendeten israelitische Soldaten Schilde, Helme und Panzer. Bei den Schilden handelt es sich um lederbespannte Holz- oder Flechtwerkschilde mit einem Handgriff. (Das Leder mußte geölt werden, damit es in gutem Zustand blieb.) Wir unterscheiden zwei Formen: den großen, rechteckigen Schild, der einen eigenen Schildträger benötigte und den kleinen, runden Schild, den der Soldat selbst trug und an der Vorderseite vielleicht mit Metallüberzug verstärkt war oder einen Schildbuckel hatte. Beide Formen sind im Nahen Osten allgemein gebräuchlich. Wiederum sind keine Schilde erhalten, doch die Reliefs von Sanheribs Angriff auf Lachisch zeigen von den Zinnen hängende, runde Schilde, die die sich verteidigenden Judäer schützen sollten. Auf denselben Reliefs erkennen wir, daß die judäischen Krieger konische Helme (aus Leder oder Bronze) trugen. Weitere Angaben über die Helme der israelitischen Soldaten stehen uns aus keiner Zeit zur Verfügung. Der Panzer bestand aus kleinen, flachen oder mit einer Längsrippe versehenen Schuppen aus Bronze oder Eisen, die auf ein Gewand oder ein Wams aus Leder oder festen Stoff aufgenäht waren. Ein mit Metall beschlagener Kragen konnte den über dem Schuppenpanzer ungeschützten Nacken bedecken. Durch sein beträchtliches Gewicht war der Schuppenpanzer einer schnellen Fortbewegung hinderlich (vgl. 1 Samuel 17, 39) und wohl eher für Wagenkämpfer als für die Bodentruppe geeignet, die eine spezielle Ausbildung dafür benötigte (vgl. 1 Könige 22, 34). Obwohl griechische und andere Söldner aus der Ägäis im israelitischen Heer Dienst taten, wurden bislang keine der typisch griechischen Bronze-Kürasse gefunden, ebenso keine Beinschienen (die nur in der Goliath-Erzählung vorkommen). An ihrer Stelle wird man hohe Lederstiefel zum Schutz der Beine getragen haben (vgl. Jesaja 9, 4).

Neben der personenbezogenen Armeeausrüstung kommt dem Streitwagen allerhöchste Bedeutung zu. Wiederum informieren uns die Reliefs über die Eroberung Lachischs dazu am ausführlichsten. Sie zeigen uns einen großen Streitwagen, vor den vier Pferde gespannt werden können, mit hohen, achtspeichigen Rädern und einem quadratischen Wagenkasten. Vermutlich handelt es sich bei dieser Darstellung, die an die Streitwagen der assyrischen Könige erinnert, um das Gefährt des Befehlshabers selbst. Weitere Streitwagen, etwas kleiner und schematischer abgebildet, mit sechsspeichigen Rädern werden von den Zinnen auf die angreifenden Assyrer geschleudert. Dabei wird es sich um einige Exemplare jener Streitwagen handeln, die von den Judäern für den Kampfeinsatz in Lachisch stationiert waren.

Einige wenige Überreste von Streitwagen bzw. dem Pferdegeschirr konnten in Ausgrabungen sichergestellt werden. Schuppen eines Eisenpanzers, an deren Rückseite sich Holzpartikel befinden, müssen von einem gepanzerten (»eisernen«) Streitwagen stammen, und wurden in Stratum VIIB in Tell el-Fara (N) (zehntes Jahrhundert v. Chr.?) gefunden. Aus Lachisch stammt eine Wangenplakette eines Streitwagen- oder Kavalleriepferdes, aus Megiddo eine umstrittene weitere.

Die Verwendung von Belagerungsmaschinen wie etwa bewegliche Rammböcke ist in der israelitischen Armee bis jetzt nicht eindeutig nachzuweisen. Allerdings müssen die in 2 Chronik 26, 15 erwähnten, »von klugen Männern erfundenen Maschinen« für König Asarja (Usija) genannt werden, von welchen man »Pfeile und große Steine abschießen konnte«. Manche halten sie für die Vorläufer der späteren Katapulte, Yadin bevorzugt deren Interpretation als Kampfplattform, die es mit Sicherheit tatsächlich gab und auf den Bastionen der Verteidigungsanlagen errichtet wurde. Dennoch steht die Klärung der Frage aus.

AUSBILDUNG UND AUFSTELLUNG DER ARMEE

Kriegsführung mußte erlernt werden, wie in 2 Samuel 1, 18 oder Micha 4, 3 nachzulesen ist. Die Truppen wurden für die Bewältigung einfacher oder komplexer Manöver ausgebildet, sei es, sich in einer Reihe zu formieren (2 Könige 11, 8) oder einem Gegner von zwei Richtungen gegenüberzustehen (2 Samuel 10, 9). Es gibt Hinweise auf ein eigenes, hebräisches Befehlsvokabular. Als Exerzier- und Paradeplatz werden große, offene Flächen gedient haben, wie etwa der Hof um den Palast in Ramat Rahel. Gelehrt wurden der Umgang mit Waffen wie Pfeil und Bogen (2 Samuel 1, 18) und die Bedeutung von Trompeten- oder Hornsignalen als Beginn oder Ende eines Kampfeinsatzes. Eiserne Disziplin schien bisweilen Voraussetzung (2 Könige 18, 36).

Das Rückgrat der militärischen Organisation bildeten einerseits die Hauptstädte der vereinigten und dann der getrennten Monarchie und andererseits ein Gürtel mächtiger Festungen im Grenzgebiet, wo auch die Mehrzahl der Truppen stationiert waren. Die Streitwageneinheit war in bestimmten »Wagenstädten«, welchen die Kontrolle wichtiger Straßen oblag, positioniert. Sollte es sich bei den »Stallungen« in Megiddo IV tatsächlich um solche handeln, könnten in dieser Stadt, die an der Kreuzung wichtiger Nordsüd- und Ostwestverbindungen lag, bis zu 150 Streitwagen stationiert gewesen sein. Militärdepots und Nahrungsmittelvorräte gab es nicht nur in den Hauptstädten sondern auch in sogenannten »Speicherstädten«. Elitetruppen des Heeres, zu denen auch ausländische Söldner gehörten, befanden sich zum Großteil in den Hauptstädten – man denke an die Karer in Jerusalem während der Regierung der Athalja – während kleinere Einheiten von ihnen auch in exponierten Lagen eingesetzt waren. So dürften einige Griechen zur Zeit von Joschija oder später in der Küstenfestung von Mezad Haschavjahu Dienst getan haben

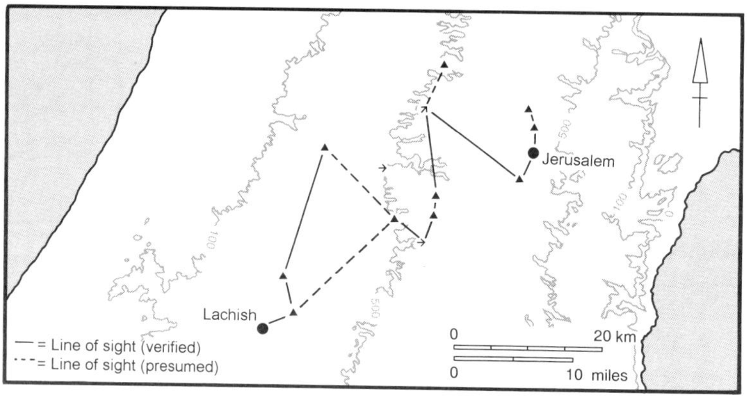

Abb. 53 Diagramm mit den Stationen, über welche Rauch- oder Feuersignale rasch im Königreich von Juda übermittelt werden konnten, entsprechend schriftlicher und archäologischer Hinweise (vgl. Taf. 19.1).

— Nachprüfbare Sichtlinie
- - - Vermutete Sichtlinie

und die »Kittim« in den letzten Jahren des Südreiches in dem von den Edomitern bedrohten Gebiet um Beerscheba. Diese Truppen dürften Teile des Rückhalts für den Festungsgürtel an den südlichen und östlichen Grenzen der Wüste Juda und im besonderen für den judäischen Bereich des Negev gebildet haben – vergleichbar mit dem *Limes* der Römer. Diese Verteidigungsstützpunkte lagen entlang wichtiger Straßen oder Routen in unterschiedlichen Abständen zueinander in der Nähe von Wasserstellen. Sollte die judäische Armee über bewaffnete Kamelreiter verfügt haben, wäre hier ihr idealer Einsatzort. Die Kommunikation zwischen den Festungen untereinander und dieser und der Befehlszentrale in der Hauptstadt, das heißt die Übermittlung von Befehlen und Kundschafterberichten und das Weiterleiten vertraulicher Nachrichten erfolgte mittels brieflicher Mitteilung über Kuriere. Einige Beispiele sind uns in den Briefen von Lachisch und Arad erhalten. Ein erfahrener Reiter oder Kamelreiter konnte vermutlich innerhalb eines Tages die Verbindung zwischen den meisten Grenzpunkten und der Hauptstadt herstellen. Einfache, aber dringende Nachrichten, z. B. Warnsignale, konnten mittels kodierter optischer Signale, etwa Rauchsignale, über eine Reihe von Stationen in gegenseitiger Sichtweite rascher übermittelt werden (Abb. 53). In den Lachisch-Briefen ist diese Vorgangsweise erwähnt (Taf. 19.1). Manche der genannten Stationen konnten vorläufig identifiziert werden. Auch von den Vorposten der Grenzfestungen konnten durch Signale verdächtige Bewegungen im voraus gemeldet werden.

VERSORGUNGSEINRICHTUNGEN

Vielleicht konnte sich eine vorrückende Armee auf feindlichem Gebiet in einem gewissen Ausmaß davon ernähren, was sie auf dem Land vorfand und vielleicht wurden einzelne Armeemitglieder auch durch »Essenspakete«, die ihre Familien nachschickten, versorgt, dennoch konnte dies niemals zur Versorgung einer Armee auf Dauer genügen. Wir haben zur Zeit keine genauen Informationen über die Versorgung der israelitischen Truppen im Bewegungskrieg (ein Problem, das die

Assyrer bemerkenswert zufriedenstellend gelöst haben), doch präsentiert uns archäologisches und vor allem epigraphisches Material interessante Details über das Versorgungssystem des stehenden Heeres in Juda vom achten bis zum sechsten Jahrhundert v. Chr. in Verknüpfung mit biblischen Angaben. Möglicherweise wurden die Vorratskrüge mit dem *la-melech*-Stempel (»für den König«) (Taf. 20, 21) aus der Zeit Hiskijas an vier Versorgungszentren in Hebron, Ziph, Socho und *Mmšt* (dessen Identifizierung unbekannt ist) geschickt, wo sie mit Öl, Wein und Getreide gefüllt werden sollten. Von dort gelangten sie in Lagerräume in die Grenzgebiete zur Verpflegung der dort stationierten Einheiten. Ein in Beerscheba gefundenes Ostrakon bezeugt aber auch die regionale Versorgung der Truppen. Ob sich dieses System auch nach dem erdrückenden Überfall von Sanherib 701 v. Chr. halten konnte, muß bezweifelt werden. Allerdings zeigen die Arad-Briefe aus dem späten siebten und frühen sechsten Jahrhundert v. Chr., daß Arad nach dem Ausfallen von Beerscheba als Vorratsstadt auch die Versorgung dieses Bereiches übernahm. Gerste und vielleicht andere Nahrungsmittel wurden aus den Dörfern südlich von Hebron angeliefert. Über die eingehenden Vorräte wurde Buch geführt und ihre Ausgabe erfolgte auf Befehl einer übergeordneten Stelle mittels Anweisung auf einem Ostrakon an den örtlichen Kommandanten. Die Menge und Qualität der ausgegebenen Waren an Einzelne oder Gruppen ist sorgfältig aufgelistet: Getreide, Mehl (fein oder grob), Teig oder Brot, Wein (Tafelwein oder Wein minderer Qualität) und Öl. Für Truppen, die unterwegs waren, gab es unterschiedliche Rationen, je nachdem welche Entfernungen sie vor Ankunft am Zielort zurückzulegen hatten. Bei einer Reisedauer von mehr als vier Tagen, wurde nicht Brot, das sich schlecht hält, mitgegeben sondern Mehl oder Teig. Das Ausgabedatum wurde von einem lokalen Schreiber auf der Rückseite eines Ostrakon notiert und dieses aufbewahrt. Einmal im Monat scheinen alle Ausgaben in einem Hauptbuch, das uns nicht erhalten ist, zusammengefaßt worden zu sein. Nach nicht unbestrittenen Berechnungen könnte die Ration pro Kopf und Tag ungefähr 1,2 kg Brot oder etwas Gleichwertiges (vielleicht manchmal etwas weniger), etwa 0,17 (oder 0,3) Liter Wein und möglicherweise 0,1 Liter Öl betragen haben. Die Brotmenge ist vergleichbar mit jener von römischen Soldaten, die Ölration jedoch etwas geringer und die Weinration auffallend niedrig, selbst wenn man, gemäß alternativen Kalkulationsvorschlägen, die Kapazität des *bat*-Maßes gegenüber der hier zugrunde liegenden Umrechnung verdoppelt. Es scheint jedoch, daß solch eine begrenzte Zuweisung im Alten Orient nicht singulär ist. Die erhaltenen Weinlisten aus dem achten Jahrhundert v. Chr. aus der königlichen Residenzstadt Nimrud in Assyrien zeigen, daß dort die Weinrationen für Personen, die keine hohe Stellung innehatten, 0,184 Liter pro Tag betrugen – etwa ein Becher pro Tag. Eine analoge Quantität pro Mann ist auch als Teil der Speisezuweisung errechnet, welche die weltkluge Abigail den Gefolgsleuten des flüchtigen David überwies (vgl. 1 Samuel 25, 18). Fleisch wird in unseren Dokumenten aus Juda nicht erwähnt – bei den Römern gehörte es zum regelmäßigen Bestandteil der Ernährung des Militärs. In Juda mag es gelegentlich verabreicht worden sein (vgl. wiederum 1 Samuel 25, 18).

DER RELIGIÖSE ASPEKT DES KRIEGES

Was nun die tatsächliche, kämpferische Auseinandersetzung betrifft, müssen wir uns vor Augen halten, daß Krieg im alten Israel und in seinen Nachbarländern nicht einfach die Fortsetzung der Diplomatie durch andere Mittel bedeutet. Krieg bedeutete auch die Einbeziehung der nationalen Gottheit, des Herrn der Heerscharen, dessen Willen man sich vor Feldzügen oder Schlachten durch priesterliche Orakel oder prophetische Worte zu versichern hatte, um hoffen zu können, seines entscheidenden Eingreifens voll überwältigender Macht teilhaftig zu werden. Er konnte die Feinde Israels niederzwingen, indem er die Naturgewalten mobilisierte oder eine von ihm erregte Panik auf sie losließ. Sein war der Sieg und er konnte ihn ohne menschliches Zutun erwirken. So formulierten die Propheten auch ihren Argwohn gegenüber dem Vertrauen auf menschliches Vermögen anstelle göttlicher Macht. Die Soldaten mußten sich im Zustand ritueller Reinheit befinden und geweiht sein und auch die Ausführung des Feldzugs unterlag religiösen Vorschriften. Unter bestimmten Voraussetzungen konnte der Feind, wenn er unterlegen war, »gebannt« werden, was bedeutet, daß jedes menschliche und tierische Leben dem Untergang geweiht war. Dasselbe Schicksal widerfuhr gelegentlich den Israeliten selbst: Aus der Inschrift König Meschas erfahren wir, daß er israelitische Gefangene seiner nationalen Gottheit Kamosch als Opfer »geweiht« hat. Während der Königszeit wurde diese Vorgangsweise seltener, galten israelitische Könige doch als barmherzig (oder »verläßlich«, vgl. 1 Könige 20, 31), doch konnte solch großzügige oder politischen Gewinn bringende Haltung auch mit religiöser Verurteilung beantwortet werden (1 Könige 20, 35 ff.).

STRATEGIE UND TAKTIK

Die israelitische Armee hatte sich im Stellungskrieg und bei Auseinandersetzungen im freien Gelände zu behaupten. Im Bewegungskrieg überrascht sie mit einer gewissen Raffiniertheit. So könnte sie nach dem Muster der Zangenbewegung die indirekte Annäherung an den Feind gesucht und vom Überraschungseffekt profitiert haben. Ebenso wurden ihre Gegner in unübersichtlichem Gelände in Fallen gelockt, zum unerwarteten Zeitpunkt angegriffen und durch vorgetäuschte Flucht ins Verderben geführt. Für Unternehmungen in der Ferne konnten Vorausstützpunkte errichtet werden. David könnte das transjordanische Sukkoth-Gebiet in diesem Sinn für seinen Krieg gegen die Ammoniter benützt haben. Später, während des Feldzugs Sargons II. in Philistäa (712 v. Chr.) erfahren wir von einem (judäischen oder alliierten?) Basislager in der Schefela, das »in einem Dickicht, in welchem niemals die Sonne scheint und das von einem Graben umgeben ist«, versteckt lag. Für den Einsatz des Streitwagens bedurfte es wagentauglicher Straßen. Sie wurden als bewegliche Schießstände eingesetzt, von welchen aus der Feind durch einen Pfeilhagel bedrängt oder im Marsch oder auf der Flucht angegriffen werden konnte.

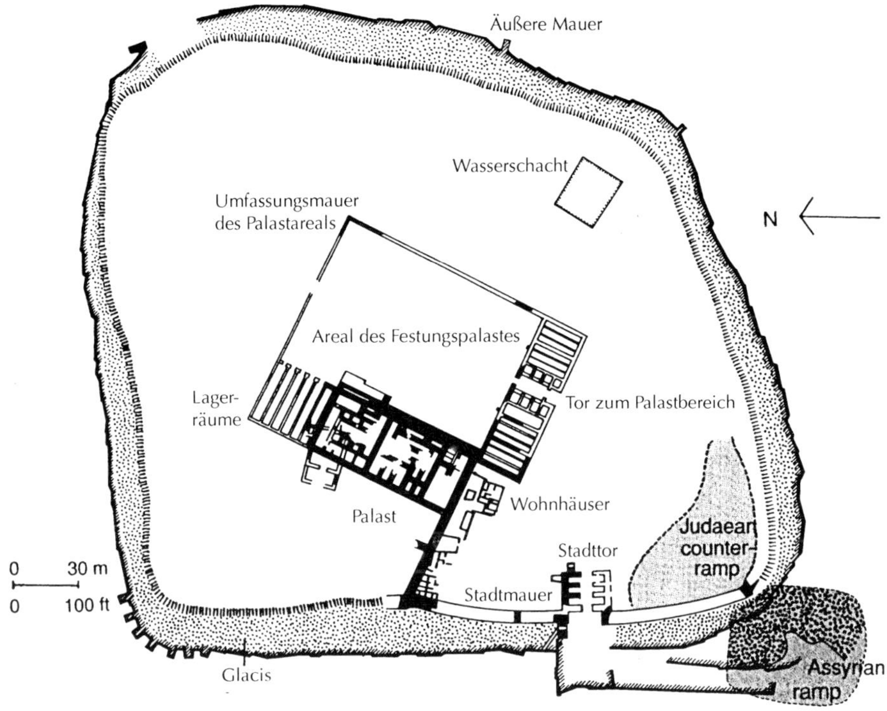

Abb. 54 Plan von Lachisch mit den Rampen der belagernden Assyrer und der sich verteidigenden Judäer. Das Engagement beider war erheblich.

Rasterfläche innerhalb der Stadtmauer: Verteidigungsrampe der Judäer

Rasterfläche außerhalb der Stadtmauer: Angriffsrampe der Assyrer

Es hat den Anschein, als stünden der israelitischen Armee die beweglicheren Kräfte in Form berittener Bogenschützen, die die Assyrer so erfolgreich eingesetzt hatten, nicht in größerem Ausmaß zur Verfügung – ihre Stärke beruhte auf schwerer und leichter Infanterie. Der Beginn und das Ende von Schlachten wurden durch Trompeten- oder Hornsignale verkündet. Die Truppen operierten in mehreren Gruppen, vielleicht drei, die sich um ihre Standarten sammelten und starteten unter Kriegsgeschrei den Angriff. Weitere taktische Details entziehen sich unserer Kenntnis.

Die Streitkräfte Israels kämpften mit unterschiedlichen Erfolgen gegen ihre unmittelbaren Nachbarländer, doch gegen die Feldarmeen Assyriens oder später Babyloniens waren sie chancenlos und wurden von ihnen auf dem Schlachtfeld im offenen Gelände hinweggefegt. Erfolgreicher waren sie im Stellungskrieg bei der Verteidigung ihrer Festungen. So scheinen sie die Assyrer, alte Meister der Belagerungstechnik, bei den großen Belagerungen in ernste Schwierigkeiten gebracht zu haben. 712 v. Chr. beschreibt Sargon II. Aseka »als Nest eines Adlers, das unerreichbar für Rampen oder Rammböcke« sei. 701 v. Chr. nahm Sanherib Lachisch wohl ein, erachtete dies aber für eine so überragende Leistung, daß er es an prominenter Stelle in seinem Palast in Ninive bildlich detailliert dokumentieren ließ (Abb. 51). Jerusalem nahm er niemals ein. Die Belagerung von Samaria dauerte drei Jahre und vermutlich spielte beim Fall der Stadt, wie in der Belagerung Jerusalems durch Babylonien 586 v. Chr., die ausbrechende Hungersnot die vielleicht ausschlaggebende Rolle. Die Reliefs über Lachisch geben uns einen Einblick in israelitische und im besonderen judäische Verteidigungsmethoden: Die Feinde, welche versuchten, von Belagerungsrampen auf die Mauer zu kommen, wurden einem Schlingenstein- und Pfeilhagel ausgesetzt, der von den Verteidigern, die auf speziellen Kampfplattformen an den Türmen und Bastionen positioniert waren, abgefeuert wurde. Die feindlichen Belagerungsmaschinen wurden mit brennenden Fackeln in Brand gesteckt, die zusammen mit allem, was sonst noch in die Hände zu bekommen war, und sei es ein kompletter Streitwagen, von oben auf die Angreifer hinabgestürzt wurden. Schließlich errichtete man eine Verteidigungsrampe im Inneren der Stadtmauer an jener Stelle, wo die Assyrer mittels einer eigenen (Belagerungs)Rampe den Hauptangriff führten (Abb. 54 und Taf. 12, 13). Ein weniger entschlossener und weniger bedeutender Feind hätte sich wohl angesichts solchen Verteidigungswillens und -geschicks verabschiedet.

FOLGEN DES KRIEGES

Eine Armee unter Feldzeichen konnte vielleicht ein eindrucksvoller Anblick und Demonstration von Herrschaft sein und die Eintreibung des Tributes oder die Übernahme von Kriegsbeute oder Gefangenen war vielleicht ein Anlaß der Freude sowohl für den König als auch für das Volk. Trotzdem zog der Krieg immer – auch wenn er erfolgreich war – schlimme Folgen nach sich. Die Abwesenheit oder der Tod der Ehemänner und Söhne bedeutete, sie konnten nicht wie nötig für den Lebensunterhalt ihrer Familien sorgen, wodurch diese in Überschuldung, Abhängigkeit und Sklaverei gerieten. Ehrgeizige und brutale Truppenkommandanten ergriffen die Gelegenheit zum Aufstand und zur Ausrottung von Dynastien, begleitet von Blutvergießen, Angst und Schrecken. Eine militärische Niederlage aber wirkte sich noch katastrophaler für das Land und sein Volk aus. Das Vorrücken der Syrer und Moabiter im neunten Jahrhundert v. Chr. scheint zur Vernichtung eines großen Teils der israelitischen Bevölkerung jenseits des Jordan geführt zu haben. Die Angriffe der Assyrer und später der Babylonier hatten große Zerstörungen in den Städten und Dörfern angerichtet und die Exilierung wichtiger Gruppen der Bevölkerung zur Folge. Während sich das Leben am Land im früheren Nordreich unter assyrischer Administration langsam normalisierte, lagen die Städte danieder und die Eroberung des Südens durch Babylonien führte zu einer langanhaltenden Verwaisung jener Gebiete Judas, die besonders heiß umkämpft waren. Der von den Propheten herbeigesehnte Friede blieb ein entferntes Ideal und die immer wieder aufflammenden Feindseligkeiten zwischen den Israeliten und ihren Nachbarn zufolge vergangener Katastrophen überdauerten den sie verursachenden Anlaß lange Zeit.

Taf. 17.1 Siegel des Schreibers Amos, achtes/siebtes Jahrhundert v. Chr., in moabitischer Schrift. Schreiber hatten oft wichtige Stellungen inne, sodaß ihre Siegel sowohl aus Israel und aus seinen Nachbarländern bekannt sind.

Taf. 17.2 Siegel von Eljaschib, Sohn des Eschijahu, spätes siebtes Jahrhundert v. Chr. Eljaschib war Kommandant der königlichen Festung in Arad, möglicherweise bis zur Zerstörung der Stadt durch Nebukadnezar, und mit der Aufsicht der Vorräte betraut.

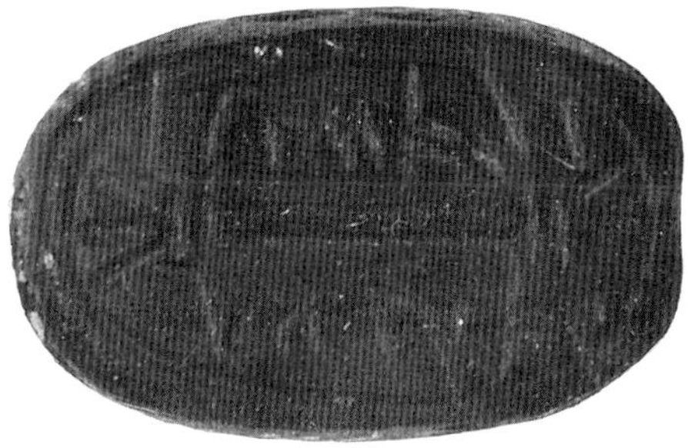

Siegel und Siegelabdrücke

4

3

Taf. 17.3 (links) Bulle mit Abdruck der Papyrusstruktur und Siegel des »Gedalja, der über dem Haus ist« (Palastvorsteher). Lachisch, sechstes Jahrhundert v. Chr. Dabei handelt es sich offensichtlich um jenen Gedalja, der nach der Eroberung durch die Babylonier und dem Zusammenbruch der Monarchie zum Statthalter von Juda eingesetzt worden ist. Das Siegel würde somit seine hohe Stellung am Hof vor diesen Ereignissen bezeugen.

Taf. 17.4 (oben) Bulle mit Siegelabdruck des Gemarjahu, Sohn des Schaphan, aus der Davidsstadt, Jerusalem. Er war ein bedeutender Beamter zur Zeit Jeremias (vgl. Jeremia 36, 10–12).

Taf. 18.1 Der »Geser-Kalender«, vielleich eine Schreibübung, die in eine Kalkstein Tafel geritzt wurde, beschreibt landwirt schaftliche Tätigkeiten innerhalb eine Jahres im Monatsrhythmus.

Taf. 18.2 Die Inschrift im Schiloach Tunnel berichtet vom erfolgreichen Ab schluß der Tunnelbauarbeiten, durch die da Wasser der Gichon-Quelle zu einem Becke innerhalb der Stadtmauer Jerusalems geführ wird. Der Tunnel diente der Sicherung de städtischen Wasserversorgung in Erwartun eines Angriffs der Assyrer 701 v. Chr.

Taf. 19.1 Lachisch-Brief Nr. 4, Vorderseit auf einem der zahlreichen Ostraka aus de von Nebukadnezar zerstörten Stadtto Bereich von Lachisch. Im Text ist die Übe mittlung von Signalen mittels Feuer- un Rauchzeichen zwischen drei Statione erwähnt: Lachisch – unbekannter Stando des Schreibers – Aseka.

Taf. 19.2 Ostrakon von Tell Qasile, in de 30 Schekel Gold von Ophir (vielleicht i Arabien, woher es Salomo erstanden habe soll) erwähnt werden, die für Beth-Horo (oder den Tempel des Gottes Horor bestimmt sind. Ophirgold war in Isra außerordentlich geschätzt. Achtes Jah hundert v. Chr.

Handschriften und Inschriften

Taf. 20.1 Vorratskrug aus Lachisch mit *lmlk* (dem König gehörig) – Stempeln an den Henkeln. Die Stempel könnten königliche Versorgungszentren bezeichnen. Insgesamt treten vier Städtenamen auf den Stempeln auf: Hebron, Socho, Zif und ein nicht identifizierter Ort namens *Mmšt* (der Name eines Ortes oder vielleicht eine Abkürzung für *Mmšlt*; *Mamschelet* = Regierung = die Hauptstadt, d. h. Jerusalem).

Taf. 20.2 Zwei Henkel mit *lmlk*-Stempeln von Krügen, die für Versorgungseinrichtungen in Socho (links) bzw. Hebron bestimmt waren.

La melech Stempel

1.1 Einer von zwei privaten Siegelabdrücken in Kombination mit zwei *lmlk*-Stempeln auf den beiden anderen Henkeln eines nkeligen, königlichen Vorratskruges. Der Abdruck nennt Meschullam, (Sohn des) Achimelech, der auch von anderen ıbdrücken aus Lachisch bekannt ist. Offensichtlich hatte er als Beamter mit der Erzeugung, Abfüllung oder Verteilung der Krüge ..

1.2 Königlicher Stempelabdruck auf dem Henkel eines Vorratskruges aus Lachisch. Die Inschrift (*la melech hebron*, für den , Hebron) wird von einem vierflügeligen Skarabäus begleitet, der wahrscheinlich zur Zeit Hiskijas ein Herrschaftssymbol dar-

1.3 Die Inschrift (*la melech socho*, für den König, Socho) des königlichen Stempelabdrucks auf dem Henkel eines Vorratsgefäßes einer stark vereinfachten Darstellung der geflügelten Sonnenscheibe begleitet.

Taf. 22.1 Bronze-Statuette des Baal mit Blattgoldüberzug aus Megiddo, späte Bronzezeit. Dieser Statuentyp stand wahrscheinlich Pate für die grobe Statue einer sitzenden Gottheit aus dem früheisenzeitlichen Hazor (vgl. Abb. 57).

Taf. 22.2 Bronzestatuette eines Stieres vom »Stierheiligtum« aus der Nähe von Dschenin in den samaritanischen Bergen – entweder für kanaanäische oder für israelitische Verehrer.

Taf. 22.3 Steinaltar mit Hörnern von Megiddo. Seit der Zeit Salomos waren gehörnte Altäre im öffentlichen und privaten Bereich in Gebrauch.

Taf. 23 Kultständer aus Keramik mit plastisch gearbeiteter Dekoration, Taanach. Die Motive der Dekoration (Sphingen, Löwen) sind nicht-israelitischer Herkunft, hatten aber auch Einfluß im Dekorationsprogramm des salomonischen Tempels.

Taf. 24.1 Spätbronzezeitliches Gefäß als Votivgabe aus dem Grabentempel in Lachisch III, dreizehntes Jahrhundert v. Chr. Die Inschrift in früh-alphabetischer (proto-kanaanäischer) Schrift formuliert eine Widmung an die Göttin Elat.

Taf. 24.2 Schminkpalette aus Kalkstein, Tell el-Oreme.

Taf. 24.3 Kleiner Räucherständer in Bronze mit Darstellungen der Darbringung von Opfern an sitzende Gottheiten.

DRITTER TEIL:
Die Geisteskultur

KAPITEL X

Sprache, Schrift und Literatur

Die Sprache, in der die alten Israeliten gesprochen und in welcher sie auch geschrieben haben – hebräisch – genießt schon lange ganz besondere Aufmerksamkeit. Als Sprache, in der die Hebräische Bibel verfaßt ist, gilt sie Juden als auch Christen als heilig. Antike Gelehrte sahen in ihr die ursprüngliche Sprache der Menschheit überhaupt und als jene Sprache im besonderen, in der die Schöpfungsworte gesprochen wurden. Ihr Einfluß ist weltweit spürbar: Hebräische Ausdrücke wie Sabbat oder Messias werden international verstanden und viele Redewendungen der Bibel wurden in zahlreiche Sprachen übersetzt. Trotzdem kann das Hebräische genauso beschrieben und untersucht werden, wie jede beliebige andere Sprache.

DIE SPRACHE

Wir haben mit einer überraschenden Feststellung zu beginnen. Die von den Israeliten gesprochene Sprache wurde erstmals im Prolog des Buches Jesus Sirach (Ecclesiasticus; ca. 130 v. Chr.) als hebräisch bezeichnet, davor wurde sie als »Sprache Kanaans« (Jesaja 19, 18) und die in Jerusalem gesprochene Sprache als »judäisch« (Jesaja 36, 12–13) bezeichnet. Es gibt gute Gründe sowohl für die allgemeine als auch die spezifizierte Terminologie. Einerseits steht die von den Israeliten verwendete Sprache in enger Beziehung zu der in der späten Bronzezeit von den Kanaanäern gesprochenen und zu der verwandten, in Ugarit gebräuchlichen Sprache. Erstgenannte können wir in grammatikalischen Abweichungen und erläuternden Glossen in der akkadischen, in Tell el-Amarna gefundenen, diplomatischen Korrespondenz und in kanaanäischen Lehnwörtern und Namen, die die Ägypter transkribiert haben, verfolgen und letztgenannte ist von einer Vielzahl in alphabetischer Keilschrift niedergeschriebener Dokumente aus Ugarit und anderswo bekannt. Somit gehört das Hebräische zur nordwestsemitischen Sprachenfamilie. Darüber hinaus bleibt das Hebräisch der Israeliten in der Eisenzeit eng verbunden mit anderen Sprachen, die sich aus dem Kanaanäischen entwickelt haben, so besonders das Phönizische und das gehobene Moabitische. Auch der sprachliche Einfluß der Kanaanäer im israelitischen Territorium, welche die Israeliten nach biblischen Angaben nie wirklich austreiben konnten, muß sich bemerkbar gemacht haben. Andererseits weisen das jerusalemitische und judäische Hebräisch ganz entschieden eigenständige Merkmale auf und die Auswertung unserer Quellen zeigt, daß die Verschiedenheit in manchen Bereichen auf sehr alte Zeit zurückgeht.

Vorläufer und frühe Entwicklung

Als sich die Israeliten im dreizehnten Jahrhundert v. Chr. im Gelobten Land bemerkbar machten, fanden sie sich in einer vorwiegend kanaanäisch sprechenden Umgebung vor. Die Auswirkungen auf die Sprache, bedingt durch die Tatsache der ägyptischen Oberhoheit oder der Anwesenheit einer städtischen Aristokratie von ursprünglich hurrischer oder indoeuropäischer Abstammung oder durch internationale (Handels)Beziehungen, sind weitgehend begrenzt. Ob die Israeliten ihrerseits die sprachliche Situation durch das Mitbringen ihrer eigenen Sprache, die dem späteren Aramäisch und Arabisch nahe stand, beeinflußten, ist ungewiß. Manche Gelehrte weisen auf das Vokabular im sehr frühen Deboralied (Richter 5) hin, das teilweise an das Aramäische erinnert, und ganz allgemein auf die Gegenwart hebräischer Wörter, die mit dem Aramäischen und Arabischen verwandt sind und die in der Bedeutung vergleichbar sind mit anderen Wörtern, die dem Kanaanäischen nahestehen (so bedeuten sowohl *zahab* (aramäisch/arabisch) als auch *ḥaruṣ* (kanaanäisch) »Gold«). Aramäische Anklänge könnten die frühe Verwandtschaft zwischen Israel und Aram, die in der Genesis zum Ausdruck gebracht wird, oder sogar die aramäische Abstammung Israels, die in Deuteronomium 26, 5 angesprochen wird, widerspiegeln. So würde sich das Hebräische als eine Mischsprache darstellen, die Elemente von zwei getrennten Sprachen in sich vereinigt (wie das Englische, das angelsächsische und anglofranzösische Elemente enthält). Bis heute haben wir jedoch keine unmittelbaren (nichtbiblischen) Informationen über eine passende, frühe, nicht-kanaanäische Ausgangssprache. Jedenfalls ist das Hebräische durch die Zeiten hindurch geprägt von vielen Unregelmäßigkeiten und regionaler Abgrenzung innerhalb seines Sprachgebietes. Inwieweit es zur Entwicklung einer gemeinsamen »Hochsprache« kam, die alle lokalen Dialekte zu überbrücken imstande war, ist selbst für ein späteres Stadium zweifelhaft.

Die Weiterentwicklung vom Kanaanäischen zum Hebräischen kann anhand der gegenseitigen Einflußnahme von Konservativismus und Vereinfachung aufgezeigt werden. Letztgenannte hat vielleicht mit den sozialen und ethnischen Veränderungen am Ende der Bronzezeit zu tun, die das Halten des korrekten (Sprach)Niveaus nicht begünstigten. So kam es zum Beispiel durch Zusammenlegung von Zischlauten zu einer Reduktion der Konsonantenzahl des Kanaanäischen; etwa um 1200 v. Chr. wurden das wie ein Zischlaut ausgesprochene ṯ (wie th im Englischen »thin«) und ś (*sin*) fusioniert mit š (*schin*). Das Hebräische folgt derartigen Vereinfachungen meistens, doch blieben im Jerusalemer Hebräisch *sin* (ś) und *schin* (š) separat. Besonders aufschlußreich sind die Beziehungen zwischen den Verbalsystemen des Kanaanäischen und Hebräischen. Wie in allen semitischen Sprachen, so wurde auch im Kanaanäischen, bei Verba und Nomina gleichermaßen, die Bedeutung des Wortes durch Stammkonsonanten (Radikale), meist drei an der Zahl (die Vokale hatten nur untergeordnete Bedeutung), ausgedrückt. Zur genaueren Bestimmung verwendete man Präfixe (zum Beispiel »*h̲*-« für den Kausativ), Verdopplung des zweiten Radikals (zur Verstärkung) oder Einfügung eines »*t̲*« zur Bildung des Reflexivs. Das Passiv wird durch Vokaltausch innerhalb des Wortes angezeigt. Das Hebräische übernahm dieses System in einer abgemagerten Form. So gerieten die Reflexivbildungen mittels eingefügtem »t« außer Gebrauch (und überlebten nur im benachbarten Moabitischen) und die Passivformen durch Vokaltausch treten nur mehr gelegentlich auf. Wichtiger ist aber, wenn auch ungleich komplizierter, die Beziehung zwischen den Kennzeichnungen von Tempus und Aktionsart im Kanaanäischen und Hebräischen.

Das frühe Hebräisch der Richterzeit

Vom dreizehnten bis zum zehnten Jahrhundert v. Chr. halten sich die uns bekannten Fakten über die Sprache der alten Israeliten sehr in Grenzen. Nur wenige Graffiti stehen zur Verfügung, helfen uns aber kaum weiter, sodaß wir auf die Hebräische Bibel angewiesen sind. Aber auch sie ist bedauerlicherweise für die frühe hebräische Prosa nur bedingt aussagekräftig, obwohl manche Gelehrte (welchen von anderen heftig widersprochen wird) mehrere poetische Textpassagen dem zwölften, elften und zehnten Jahrhundert v. Chr. zuschreiben. Dazu zählen vermutlich in folgender Reihenfolge: Das Siegeslied des Mose in Exodus 15, das Deboralied in Richter 5, der Jakobssegen in Genesis 49, die Spruchreden Bileams in Numeri 23 und 24, der Mosessegen in Deuteronomium 33 und das Lied des Mose in Deuteronomium 32. Das Klagelied Davids auf Jonathan (2 Samuel 1, 17–27) und einige Psalmen, darunter Psalm 18 (vgl. auch 2 Samuel 22) und der für sehr früh gehaltene Psalm 113 könnten für unsere Fragestellung auch in Betracht gezogen werden. Sprachlich zeigen die genannten Gedichte eine Reihe besonderer Eigenschaften. Sie verwenden ungewöhnliche oder archaische grammatikalische Formen und machen nur bedingt Gebrauch von Elementen, die dem Kanaanäischen fremd oder ungewöhnlich sind, im späteren Hebräisch der Bibel vor allem in der Prosa aber regelmäßig verwendet werden, wie zum Beispiel der definite Artikel *ha-*, die Benützung des *-et* zur Bezeichnung des Akkusativobjektes und das Relativpronomen *ascher* (welcher/welches).

Der Ursprung dieser Dichtungen ist ungewiß, auch wenn bei manchen ephraimitische Wurzeln vermutet werden. Ebenso herrscht Ungewißheit darüber, inwieweit eine die Stämme übergreifende, allgemeine, poetische Ausdrucksweise oder regional unterschiedliche Sprachmerkmale vorliegen. Auch das normale, nicht für die Dichtung verwendete Hebräisch und vor allem der Dialekt dieser Zeit sind schwer zu fassen. Die Schibbolet-Erzählung in Richter 12, 6 weist lediglich auf regionale Unterschiede in der Aussprache hin – worin diese bestanden, ist ungewiß. Wir müssen verschiedenartige Abweichungen von der späteren Standardsprache in Betracht ziehen und sehen im kryptischen Text des Geser-Kalenders aus dem zehnten Jahrhundert v. Chr., daß sie auch nach der Gründung des Königtums anzutreffen sind, als eigentlich eine sprachliche Angleichung zu erwarten ist.

Das Standardhebräisch im vereinten Königreich und nach der Reichsteilung

Die Entstehung des vereinten Königreiches brachte weitreichende soziale und politische Veränderungen mit sich. Es entstand ein mächtiger, geltungsbewußter und kulturell aktiver Königshof, der sich auf eine loyale Bürokratie stützen konnte und es entwickelten sich ausgedehnte und verschiedene Kontakte nach außen. Das Gefüge des geeinten Landes beinhaltete auch ein kanaanäisches Element. Jeder dieser Faktoren hatte anscheinend nachhaltigen, bedeutenden Einfluß auf die Sprache der Israeliten. Die Diktion am Hof und im Tempel in Jerusalem muß großes Ansehen genossen haben und regte zum Nacheifern eines bestimmten sprachlichen Niveaus an. Die Schulen und die königliche Bürokratie trugen das Ihre dazu bei, das jerusalemitische Hebräisch weit im Land zu verbreiten. Angesichts seiner Benützung in einem verfeinerten Leben am Hof, der kulturelle und im besonderen literarische Interessen hegte und sich auch mannigfaltigen technischen Bedürfnissen gegenüber sah, mußte auch die Sprache bereichert und differenzierter werden. Lokale kanaanäische als auch ausländische Einflüsse werden zur Vergrößerung des Vokabulars und Prägung eines angemessenen Stils beigetragen haben. Die solcherart hervorgegangene Schriftsprache erwies sich als bemerkenswert langlebig.

Ab nun können wir aus zweierlei Quellen schöpfen. Ein großer Teil der Hebräischen Bibel, der Poesie und Prosa umfaßt, entspringt der Königszeit. Zusätzlich gibt es wichtiges, epigraphisches Material ab dem achten Jahrhundert v. Chr. und zwar hauptsächlich von Juda und großteils aus dem siebten und sechsten Jahrhundert v. Chr. Mit Ausnahme der kurzen und stereotypen, administrativen Listen der Samaria-Ostraka aus dem achten Jahrhundert v. Chr. haben wir aus dem Nordreich wenig epigraphisches Material zur Verfügung, sodaß wir uns nur schwer ein Bild darüber machen können, in welchem Ausmaß das Standardhebräisch des Nordens vom jerusalemitischen Hebräisch nach der Trennung der beiden Reiche abweicht. In den Samaria-Ostraka sind Spuren von Dialekt zu finden und im literarischen Schrifttum des Nordens treten Eigenheiten sowohl in der erzählenden Literatur (beispielsweise in »E«, der elohistischen Quellschrift des Pentateuch) als auch in der dichterischen Ausdrucksweise, speziell bei Hosea, auf. Für weitergehende Vermutungen fehlt uns aber zur Zeit noch der epigraphische Hintergrund. Jedenfalls muß aber das Standardhebräisch des Nordens als auch jenes des Südens doch ähnlich genug und gegenseitig verständlich gewesen sein – wie die Tätigkeit des Propheten Amos beweist.

Zusätzlich sind einige andere Einschränkungen zu bedenken, denen wir ob des Materialbestandes unterliegen. Im Hebräisch der Bibel treffen wir vorwiegend auf eine Schriftsprache und in jenem der Ostraka auf den Stil der ausgebildeten Schreiber mit ihrem Hang zu bürokratischer Ausdrucksweise. Resultierend aus dem hauptsächlich religiösen Interesse, das die erhaltenen Bibeltexte verfolgen, ist Vokabular aus verschiedenen Bereichen unterrepräsentiert, so zum Beispiel jenes sozialer und technischer Tätigkeiten. Das biblische Vokabular beläuft sich auf etwa 8000 Wörter, während ca. 20 000 erforderlich wären, um eine semantische Abdeckung zu erreichen. Die Epigraphik konnte dieses Volumen nur begrenzt erweitern. Die Sprache der Mittel- und Unterschicht ist bis auf wenige Ausnahmen schlecht belegt. 2 Könige 1, 9–11 oder 9, 27 lassen einen stechenden, militärischen Ton anklingen (»Auch ihn – erschlage ihn!«), der sich in einem Ostrakon von Arad (Nr. 24, Zeilen 18–19) stilistisch wiederfindet (»(Schaffe) die Männer zu Elischa!«). Das Hebräisch der Unterschicht klingt vielleicht in einem bislang einzigartigen Ostrakon des siebten Jahrhunderts v. Chr. aus Mezad Haschavjahu an, der die Bitte eines Erntearbeiters um Rückgabe eines beschlagnahmten Kleidungsstückes enthält (diese Sicht wird aber nicht allgemein geteilt). Die darin auftretende, unorthodoxe Satzstruktur, eine sich wiederholende Ausdrucksweise und die bevorzugte Verwendung des *waw*-Konsekutivum (eine Konstruktion, die aus Imperfekt oder Jussiv bei vorgestelltem »und« Perfekt-Bedeutung ergibt bzw. aus Perfekt mit vorgestelltem »und« Futur-Bedeutung ergibt) gründet entweder in archaisch anmutenden Eigenheiten im Dialekt des Bittstellers oder in dessen nur mäßig erfolgreichem Versuch, sein Ansuchen der literarischen Sprache entsprechend zu formulieren. Wieweit die Ausdrucksweise des einfachen Volkes in biblischen Erzählungen auch die tatsächliche Volkssprache widerspiegelt, oder ob sie doch eher literarischen Ansprüchen genügt, können wir heute nicht mehr nachvollziehen.

Trotz aller Unzulänglichkeiten bedingt durch die Quellenlage können wir dennoch einige Eckpunkte der nun verwendeten Sprache in Dichtkunst und Prosa festhalten. Dichterisches Erzählgut liegt außerhalb der Bibel (mit Ausnahme eines unklaren Graffito aus einem Grab in Chirbet Beit Lei) nicht vor und ist eher der frühen Diktion verpflichtet. Wir stoßen auf archaische grammatikalische Formen und den sparsamen Gebrauch der weiter oben erwähnten drei Kennzeichen der Prosa – »*ha*, *et* und *ascher*«, müssen aber tendenziell ein Schwinden des Unterschieds zwischen Poesie und Prosa erkennen. In der Prosa kommen diese drei Kennzeichen jedoch regelmäßig vor, ebenso die konsequente Verwendung des *waw*-Konsekutivum. In der Syntax lassen sich unterschiedliche Konstruktionen beobachten. In der einfachsten Form werden Sätze durch die Verwendung von »und« nebeneinandergestellt, wofür es in Genesis 1 viele Beispiele gibt. Auch Temporal- oder Konditionalsätze können auf diese Art ausgedrückt werden (vgl. »Mitgefangen, mitgehangen« im Deutschen). Selbst der predigtartige Stil des Deuteronomium bedient sich gelegentlich dieser Vorgangsweise. Man kannte aber Mittel und Wege, um den sprachlichen Ausdruck flexibler und präziser zu gestalten und wendete sie auch an, beispielsweise in offiziellen Texten wie den Ostraka aus Lachisch. Einfache und zusammengesetzte Partikel und Präpositionen kommen häufig vor (zum Teil auch in schwer überschaubarer Bedeutungsvielfalt) und auch das Gerundivum wurde verwendet – wie etwa »seit deinem Senden« statt »seit du sandtest« oder »bei seinem Gehen« statt »als er ging«.

So wie die Entfaltung dieser syntaktischen Hilfsmittel leider undatierbar ist, lassen sich insgesamt Entwicklungsspuren im Standardhebräisch nicht annähernd in der gewünschten Deutlichkeit nachvollziehen. Es wurden aber einige biblische Texte in wissenschaftlichem Konsens verhältnismäßig präzise datiert. Einschränkend zu beachten ist die Möglichkeit einerseits der linguistischen Aktualisierung älterer Texte, sodaß sie für die religiöse Lehre und Praxis verständlich bleiben, und andererseits die Adaptierung nicht-jerusalemitischen Sprachgebrauchs (und hier vor allem der im Norden üblichen Sprachfärbung) an jerusalemitische Sprachgewohnheiten. Auf der Basis dieser Überlegungen können einige linguistische Veränderungen festgehalten werden. Manche von ihnen fallen in den Bereich der allgemeinen Veränderung einer Sprache, wie dies auch in vielen anderen Sprachen zu beobachten ist. Dazu gehören zum Beispiel die Tendenz, Schwierigkeiten (in der Aussprache oder im Aufbau) zu vermeiden und ohne Rücksicht auf die Richtigkeit zu vereinfachen als auch ein erweitertes Vokabular, um neue Entwicklungen im materiellen oder geistigen Bereich sprachlich ausdrücken zu können. Auch das Bestreben, abgenutzte oder abgegriffene Begriffe durch neue und treffende zu ersetzen, kann zur Veränderung führen. Für das Hebräische trifft für die Punkte Vereinfachung oder Vermeidung komplizierter Strukturen der Wechsel bestimmter Konsonanten und die Ersetzung des selten gebrauchten, femininen Plurals von Pronomen, pronominalen Suffixen und Verbalformen durch die üblicherweise verwendeten, maskulinen Formen zu. Darüber hinaus treten die komplizierten Konstruktionen des *waw*-Konsekutivum gegen Ende des Zeitabschnitts seltener auf und vor allem judäische Ostraka benützen sie nur begrenzt. An ihrer Stelle kam zunehmend mehr der Gebrauch des einfachen Perfekts in Frage, um die Vergangenheit auszudrücken und des Imperfekts, um die Zukunft anzudeuten. Auch im Vokabular lassen sich Veränderungen erkennen. So gibt es im Bereich der religiösen Terminologie zwischen der frühen und der späten Phase unterschiedliche Begriffe für »Gemeinschaft« und für das Waschen des Fleisches für die Opfer. (Über datierbare, semantische Veränderungen einzelner Begriffe im Lauf der Zeit wissen wir wenig.) Der Trend zur linguistischen Veränderung scheint sich gegen Ende des judäischen Reiches verstärkt zu haben, wofür uns Jeremia und Ezechiel als späte Autoren mit einigen guten Beispielen versorgen. Auch die politische Situation nach dem Tod Joschijas und der Niederlage Jojakins 597 v. Chr. (vgl. 2 Könige 24, 10ff), die die Deportation großer Teile der Jerusalemer Oberschicht zur Folge hatte, wird ihren Beitrag zu unserer Problematik geleistet haben. Die neuen Umstände begünstigten keineswegs das Bewahren einer »Hochsprache« (in Wort und Schrift), sondern gestatteten es umgangssprachlichen, populären Formen, die aus dem höflichen Sprachstil bis dahin verbannt waren, einzusickern. Ihre Bühne wurde vermehrt das nachexilische Hebräisch. Als Ausgleich dazu gab es Bemühungen, die eine zwar prestigeträchtige, aber altmodische Sprache bewahren wollten.

Abweichungen vom Standardhebräisch und Dialekthebräisch nach der Reichsteilung

Die Schreiber waren natürlich bemüht, das Niveau des sprachlichen Ausdrucks hoch zu halten, sodaß sich nur selten Abweichungen davon in ihre Texte einschlichen. Dennoch gibt es den einen oder anderen Hinweis auf beliebte oder regionale Verwendungen. So wurde versucht, die Anfänge des nachexilischen Hebräisch und des späteren Hebräisch der Mischna aus dem nicht literarischen oder gesprochenen Hebräisch der Königszeit herauszufiltern, welches mitunter biblische und andere Texte beeinflußt hat. Wie nicht anders zu erwarten, schien es sogar innerhalb Jerusalems stilistische Unterschiede in der Sprachkultur gegeben zu haben. So enthält die nicht- oder halboffizielle Inschrift im Schiloach-Tunnel (703/702 v. Chr.) einige abweichende Formen.

Ein weiterer Anstoß, vom Standardhebräisch in Jerusalem abzuweichen, kam sicherlich vom großen Flüchtlingsstrom aus dem Norden, vor allem nach dem Sturz Samarias 722 v. Chr., womit vielleicht auch die flächenmäßige Ausdehnung Jerusalems in Zusammenhang zu bringen ist. Vielleicht hängen einige Textpassagen der Bibel, welchen von der Forschung Merkmale aus dem Norden zugeschrieben werden, mit diesen Ereignissen zusammen. Da sie sich nach dem Exil weiterentwickelten und ausbreiteten, sollten sie noch davor Eingang in die Volkssprache Jerusalems gefunden und somit der linguistischen Situation der judäischen Hauptstadt eine weitere Facette zugefügt haben.

In Bezug auf regionale Dialekte außerhalb Jerusalems, hilft uns nicht sehr umfangreiches, aber signifikantes, epigraphisches Material weiter. Was den Norden betrifft, so haben die Samaria-Ostraka des achten Jahrhunderts v. Chr. im Unterschied zu jerusalemitischen Usancen die Ersetzung von Diphtongen durch Vokale vollzogen. Darin erkennen wir im Nordreich die Fortsetzung einer kanaanäischen Tradition, die von Juda nicht mitgetragen wird, aber im zeitgenössischen Phönizischen und Moabitischen ebenso zu finden ist. In Gilead verrät die Inschrift auf Verputz von Tell Deir ʿAlla, die vermutlich vor der assyrischen Eroberung zu datieren ist, eine linguistisch komplizierte Situation, in der die lokale Sprache zwar vorwiegend im Kanaanäischen wurzelt, jedoch vom Aramäischen beeinflußt ist und z. B. durch den ausgiebigen Gebrauch des *waw*-Konsekutivum in Verbindung zum Hebräischen und Moabitischen steht. Wenn wir uns nun dem Süden zuwenden, finden wir auf dem Arad-Ostrakon 24 zweimal das *p* durch ein *b* ersetzt, was zwar gelegentlich im Phönizischen und Aramäischen zu beobachten ist, im Hebräischen aber unerwartet auftritt. Insgesamt ist unser Kenntnisstand noch lückenhaft. Die Sprache, in der die Israeliten geschrieben und gesprochen haben, muß gegenseitig verständlich gewesen sein, doch wo und wann sich ein Hebräisch nach jerusalemitischem Stil durchgesetzt hat und welche Abweichungen davon in welchem Gebiet und zu welcher Zeit aufgetreten sind, mögen künftige, epigraphische Entdeckungen erläutern.

Fremdeinflüsse auf das Hebräische

Die aktiven Beziehungen der Israeliten zu den Nachbarländern und das Erbe der kanaanäischen Zivilisation, die ihrerseits weitreichenden, äußeren Einflüssen ausgesetzt war, finden erwartungsgemäß auch in der Sprache ihren Niederschlag. Es gibt Lehnwörter zur Bezeichnung von Gegenständen und Tätigkeiten oder Maße und Gewichte im Bereich des Handels (einschließlich des internationalen Fernhandels) sowie im Umfeld des Handwerks und der Architektur, der Kunst, der Verwaltung und der Kriegsführung. Solche Lehnwörter treten zwar in einem gewissen Umfang auf, allerdings läßt sich der Zeitpunkt ihrer Übernahme in die Sprache kaum feststellen. Ein beträchtlicher Teil von ihnen war schon im Kanaanäischen integriert und wurde von dort als Erbstück übernommen.

Soweit wir wissen, entlehnte das Hebräische nichts aus dem Moabitischen, Ammonitischen oder Edomitischen und ebenso kaum etwas aus dem Früharabischen mit Ausnahme von Begriffen aus dem Bereich des Handels entlang der Weihrauchroute wie zum Beispiel das Wort für Weihrauch (*lebona*) selbst. Ähnlich verhält es sich im Westen mit dem Philistäischen, dessen Bezeichnung für Herrscher (*seren*) in das Hebräische eingegangen ist (das vielleicht mit dem griechischen *tyrannos* verwandt ist) und möglicherweise auch die (ursprünglich anatolischen?) Begriffe für Helm (*k/qoba*) und Rüstung/Panzer (*širyon*). Bedeutender sind die Anleihen aus dem Ägyptischen, die Begriffe für Exportgüter (*neter* für Natron und *seš* für feines Leinen) und Bezeichnungen für Edelsteine und Schreibutensilien als auch einige Maße und Gewichte umfassen, ebenso wie Ausdrücke einiger ägyptenspezifischer Merkmale. Angesichts der ägyptischen Herrschaft in Palästina bis zum zwölften Jahrhundert v. Chr. hätte man eigentlich umfangreichere, sprachliche Anleihen erwartet. Der bedeutendste Anteil von Lehnwörtern stammt aus dem Akkadischen, die sich in praktisch allen Bereichen, in welchen von menschlichem Handeln die Rede ist, aufspüren lassen. Viele waren schon durch die Kanaanäer übernommen worden und einige andere (wie *peḥa* für Gouverneur) könnten mit dem Auftreten Assyriens im ersten Jahrtausend v. Chr. in Zusammenhang stehen, während wieder andere indirekt auf dem Weg über das Aramäische eingedrungen sein könnten. Viele Bezeichnungen für kostbare Waren wie Edelsteine, die aus Armenien bzw. Indien stammen, Gewürze und aromatische Substanzen erreichten Israel in einer vom Akkadischen beeinflußten Form (die entsprechenden Handelsrouten durchzogen Mesopotamien) – etwa das (hurrische?) Wort für Jaspis (hebräisch *yašpeh*, akkadisch *(i)ašpu*) und das vom Sanskrit abgeleitete Wort für Smaragd (hebräisch *bareqet*, akkadisch *barraqtu*). Weitere Begriffe scheinen das Hebräische direkt und unverändert von der Ursprungssprache (z. B. Sanskrit, tamilisch-malaysisch, dravidisch oder andere) erreicht zu haben – etwa *ʿahalot* für Aloe, *piṭedah* für Topas oder Chrysolith und *tukkiyim* für Pfauen. In manchen Fällen läßt sich das Lehnwort auf bestimmte Umstände zurückführen. So wird etwa das vom Ägyptischen abgeleitete Wort für feines Leinen – *šeš* – in späteren Bibeltexten durch das aus dem Norden stammende Wort *buṣ* für Byssus ersetzt – möglicherweise ein Hinweis auf geänderte Verhältnisse im Außenhandel. Wie schon erwähnt, sind mehrere hebräische Maß- und Gewichtsbezeichnungen vom Akkadischen beeinflußt, das Flüssigkeitsmaß *hin* allerdings vom Ägyptischen, was an einen Zusammenhang mit dem langanhaltenden Olivenölexport von Palästina nach Ägypten denken läßt. Interessanterweise wurde allerdings die hebräische Bezeichnung Schekel, ein Gewichtsmaß, das leicht in die ägyptische Maßeinheit *qedet* umzurechnen war, nicht durch den ägyptischen Terminus verdrängt, sondern behielt seine Beliebtheit bei.

Durch die enge Beziehung des Hebräischen zum Phönizischen, erweist sich das Herausfiltern bestimmter Lehnwörter als schwieriges Unterfangen, man nimmt aber an, daß phönizischer Stil und Ausdruck hebräische Autoren beeinflußt haben. So wird die bevorzugte Verwendung des infinitivus absolutus anstelle von finiten Formen in Bibeltexten kurz vor und verstärkt vor allem nach dem Exil auf phönizische Vorbilder zurückgeführt. Terminologisch findet sich in der frühen Verbindung von »Königen« und »Prinzen« (Richter 5, 3) und in der (nachexilischen) Formulierung »unter der Sonne« (Prediger 1, 3) eine Parallele zur einer phönizischen Inschrift.

Besonders interessant ist aber ein Vergleich des Hebräischen mit dem Aramäischen. Wir erwähnten bereits, daß mit dem Aramäischen verwandtes Vokabular schon im Deboralied vorkommt und vereinzelt aramäische Wörter verstreut in der gesamten hebräischen Bibel mit zunehmender Häufigkeit bei späten Autoren wie Jeremia und Ezechiel auftauchen. Bedeutender ist aber das Auftreten grammatikalischer Formen im Bibeltext, die in Anlehnung an das Aramäische gebildet sind und einen tiefgehenderen, linguistischen Einfluß auf das Hebräische vermuten lassen. Die Gründe dafür dürften zum einen in der wachsenden politischen, militärischen und wirtschaftlichen Bedeutung der Aramäer im neunten und achten Jahrhundert v. Chr. zu suchen sein und zum anderen in der Anwesenheit eines aramäischen Bevölkerungselements liegen. Darauf deuten Ortsnamen wie *Hazor Hadatta* (Josua 15, 25) und Personennamen wie *Adriel* (1 Samuel 18, 19) sowie Funde von aramäischen Ostraka als auch der aramäische Einfluß, der in der Inschrift auf Verputz von Tell Deir ʿAlla in Gilead zum Ausdruck kommt. Dennoch erreichte das Aramäische vor dem Niedergang der Monarchie nicht jenen dominierenden Einfluß wie nach dem Exil.

DIE SCHRIFT

Vorläufer

Schon lange bevor Israel in den Lauf der Geschichte eingetreten ist, war die Schrift im Alten Orient erfunden worden. Die frühen Schriftsysteme in Mesopotamien und Ägypten waren sehr kompliziert. Ihnen lag keine Alphabetschrift zugrunde, sondern ein Zusammenspiel aus Logogrammen und syllabischen Zeichen. Sie konnten nur von einer bestimmten Gruppe, den Schreibern, in einer langen Ausbildungszeit langsam erlernt werden. Darin erschöpfen sich aber auch schon die

Gemeinsamkeiten ägyptischer und mesopotamischer Schrift, die darüber hinausgehend vollkommen unterschiedlich sind. Der mesopotamische Schreiber drückte mittels eines Rohrgriffels keilförmige Vertiefungen in eine Tontafel, während sein ägyptischer Kollege mit einer zu einem Pinsel zerkauten Binsenspitze und Tinte auf Papyrus, gelegentlich auch auf Leder schrieb. Für weniger wichtige Mitteilungen oder Notizen benützte er Tonscherben (Ostraka), Holz oder Steinsplitter. In einem beschränkten Ausmaß waren beide Systeme im Palästina des zweiten Jahrtausends v. Chr. in offiziellen Kreisen in Gebrauch. Für die internationale Korrespondenz kanaanäischer Könige konnten keilschriftliche Texte in akkadischer Sprache von lokalen, ausgebildeten Schreibern gelesen und geschrieben werden. Schrift- und Sprachkenntnisse waren auch vonnöten, um sich mit der religiösen und weltlichen Literatur Mesopotamiens befassen zu können. Der seit der Eingliederung ins ägyptische Reich aufgebaute ägyptische Verwaltungsapparat in Palästina benützte ägyptische Hieroglyphen als auch die hieratische Schreibschrift der Ägypter.

Neben diesen beiden offiziellen, ausländischen Schriftarten begannen sich im levantinischen Raum vorwiegend die Kanaanäer mit der Entwicklung einer Alphabetschrift in der zweiten Hälfte des zweiten vorchristlichen Jahrtausends zu beschäftigen, die insbesondere in Palästina und am Sinai bezeugt ist. Bis zum dreizehnten Jahrhundert v. Chr. stand ein Repertoire von etwa 27 konventionellen, nicht mehr bildhaften Zeichen zur Verfügung, von welchen jedes für einen bestimmten Konsonanten stand (gefolgt von einem, oder keinem, Vokal). Damit hatte man ein passendes System gefunden, die konsonantische Struktur der zeitgenössischen, kanaanäischen Sprache auszudrücken, die für die Übermittlung der Wortbedeutung wichtiger war als die Vokale. Später, nach der Verschmelzung einiger Konsonanten miteinander, erfüllten etwas weniger Zeichen, nämlich 22, diese Aufgabe. Diese neue Schrift war sehr anpassungsfähig. Sie konnte vertikal oder horizontal und in dieser Richtung von rechts nach links oder von links nach rechts gerichtet oder als *Bustrophedon* angeordnet sein (eine Zeile von links nach rechts und die nächste gegenläufig). Sie wurde nach ägyptischer Art mit Binse und Tinte geschrieben oder auf Stein, Metall oder Keramik geritzt oder graviert. Sie war leicht zu erlernen und bald konnten sie auch Menschen benützen, die weder offiziellen Kreisen noch den eigentlichen Schreibern angehörten. Auf der Grundlage der Keilschrift entwickelte sich auch eine alphabetische Schrift, die vor allem durch die berühmten Funde im nordsyrischen Ugarit bekannt wurde, aber auch in Palästina belegt ist. Ebenfalls noch während der späten Bronzezeit begann die Vorstellung von einer bestimmten Anordnung der Buchstaben innerhalb des Alphabets und von Namen für die einzelnen Buchstaben, die eine gewisse Ähnlichkeit mit den heute im hebräischen Alphabet verwendeten haben, konkretere Gestalt anzunehmen.

Die Umbrüche im politischen und sozialen Gefüge des levantinischen Raumes nahmen auch Einfluß auf die Schriftsysteme. Während des zwölften Jahrhunderts v. Chr. verschwand das Keilschriftalphabet und die aus Mesopotamien stammende Keilschrift kam in Palästina außer Gebrauch. Sie erwachte nur noch einmal im Gefolge der assyrischen Eroberung im achten Jahrhundert v. Chr., als assyrische Siegesdenkmäler unter anderem in Samaria und Aschdod aufgestellt und in diesem Zusammenhang einige Tafeln mit administrativen oder wirtschaftlichen Texten in Samaria und Gezer gefunden wurden. Mit dem Rückzug der Ägypter wurden auch die ägyptischen Hieroglyphen seltener. Erhalten sind lediglich ein Fragment der Siegesstele von Pharao Schoschenq, die er in Megiddo aufstellen ließ und einige Importartikel aus Ägypten, die Hieroglyphen tragen. Im siebten oder sechsten Jahrhundert v. Chr. begegnet noch gelegentlich die hieratische Schreibschrift im Zusammenhang mit der Abwicklung von Geschäften mit Ägypten, so etwa in Arad oder im judäischen Kadesch Barnea, oder in schulmäßigen Schreibübungen. Ägyptische Zahlzeichen allerdings bleiben im Nord- und Südreich ab dem achten Jahrhundert v. Chr. in Gebrauch und fallweise kam auch das phönizische System zur Anwendung. Die kanaanäische Alphabetschrift konnte sich aber behaupten und entwickelte sich zum beinahe ausschließlichen Schriftsystem der Israeliten.

Die Anfänge israelitischer Lese- und Schreibfertigkeit

Ab welchem Zeitpunkt konnten Israeliten lesen und schreiben? Schenkt man biblischen Angaben Glauben, dann schon sehr früh, nämlich noch vor der Landnahme, während welcher Josua eine Abschrift des Gesetzes des Mose, für alle sichtbar, auf die Steine eines Altars am Berg Ebal geschrieben haben soll (Josua 8, 32). Manche Forscher zweifeln solch ein frühes Datum an. Ausgehend von der Annahme, daß die Schriftkenntnis im Alten Orient praktisch nur den ausgebildeten Schreibern (und höheren sozialen Schichten) vorbehalten war, wird sie für zu anspruchsvoll gehalten, als daß eine so einfache Gesellschaft wie jene des frühen Israel fähig gewesen wäre, sie zu erlernen. Dagegen könnten die zahlreichen Graffiti aus dem arabischen Raum angeführt werden, die etwas unscharf ab dem sechsten oder achten Jahrhundert v. Chr. datiert werden und zeigen, daß die noch einfacher lebenden Beduinen wohl in der Lage waren, alltägliche Botschaften in Alphabetschrift zu kritzeln. In dieselbe Richtung weisen auch eine Anzahl von Graffiti aus vielleicht israelitisch geprägten Siedlungen vom palästinischen Hochland, etwa in Chirbet Raddanah (zwölftes Jahrhundert v. Chr.), Orte in einiger Entfernung von kanaanäischen Städten wie Chirbet Tannin im Gebirge Ephraim (spätes elftes Jahrhundert v. Chr.) und Manahat, etwas südlich von Jerusalem. Es kann zwar nicht bewiesen werden, daß Israeliten diese Graffiti geschrieben hätten, doch umgekehrt ebensowenig, daß sie es nicht gewesen wären. Dasselbe trifft für ein Ostrakon aus Beth Schemesch am Gebirgsrand zu (ca. 1200 v. Chr. ?), das vielleicht den später bei Israeliten gebräuchlichen Namen *Hanan* enthält. Der bemerkenswerte, in Richter 8, 14 berichtete Vorfall, bei dem Gideon einen jungen Mann aus Sukkot bat, die Namen der Stadtältesten aufzuschreiben, muß nicht notwendigerweise dahingehend interpretiert werden, daß es sich bei dem jungen Mann um einen Beamten handle und die Stadt kanaanäisch wäre. Jedoch muß die Frage nach der Schreibfertigkeit des frühen Israel zum gegenwärtigen Zeitpunkt unbeantwortet bleiben.

Mit dem Beginn der Eisenzeit setzte sich ein aus 22 Buchstaben bestehendes Alphabet durch, das in seiner phönizischen Variante, die sich in den libanesischen Handelsstädten entwickelt hatte, bis ca. 1000 v. Chr. allgemeine Akzeptanz im levantinischen Raum fand. Dieser Prozeß blieb nicht ohne Auswirkungen auf Palästina, was mit zwei Funden näher illustriert werden kann. Ein außergewöhnlicher, auf eine Tonscherbe gekritzelter Text, der dem zwölften oder elften Jahrhundert v. Chr. zugeschrieben wird und aus Isbet Sarta bei Afek (Ras el-Ain), östlich von Tel Aviv, stammt (Abb. 55), weist eine Mischung von eigenwilligen Buchstabenformen

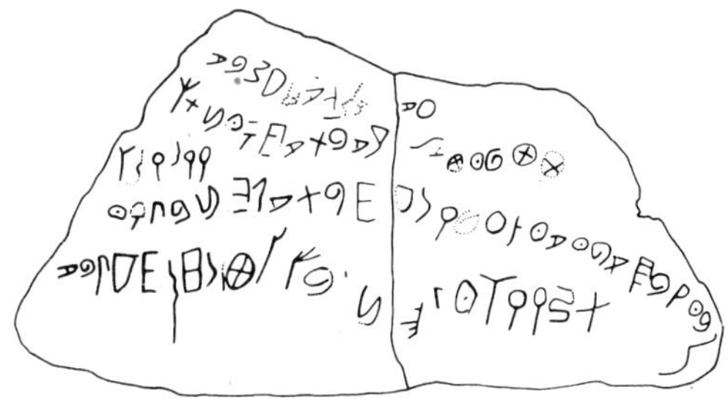

Abb. 55 Die Inschrift aus Isbet Sarta (zwölftes/elftes Jahrhundert v. Chr.) enthält fast ein vollständiges Alphabet. Es dürfte sich um eine Schreibübung handeln, die zeigt, wie sich die Israeliten die Alphabetschrift aneigneten.

auf. Er enthält ein (unvollständiges) Alphabet in der üblichen Reihenfolge mit einer Ausnahme: das *pe* steht vor dem *'ajin* (was auch in manchen alphabetischen Psalmen vorkommt) und ist von links nach rechts geschrieben. Vielleicht handelt es sich um eine Schreibübung und vielleicht sind wir hier Zeugen jenes Vorgangs, der besagt, daß Israeliten in einem kleinen Dorf (Isbet Sarta) in der Nähe einer kanaanäischen Stadt (Afek) von Kanaanäern die Kunst des Schreibens erlernten. Ob auch die beschrifteten Pfeilspitzen aus el Chadr in der Nähe von Bethlehem aus dem elften Jahrhundert v. Chr. mit den frühen Israeliten in Verbindung zu bringen sind, ist zweifelhaft. Anders der sogenannte Geser-Kalender, der vielleicht auch eine Schreibübung auf einer Steintafel (Taf. 18.1) in der fortan gebräuchlichen Schreibrichtung von rechts nach links darstellt und (fast) übereinstimmend für israelitisch und insofern für das älteste Beispiel hebräischer Epigraphik gehalten wird.

Charakteristische Merkmale der hebräischen Schrift

Die Entwicklung des phönizischen Alphabets diente der Darstellung der phönizischen Sprachlaute, die aber nicht gänzlich kongruent mit jenen waren, die bei Aramäern und Hebräern verwendet wurden. Dennoch konnten die meisten hebräischen Konsonanten durch phönizische Buchstaben zufriedenstellend dargestellt werden, obwohl die Schrift nicht zwischen *Schin* und *Sin* unterscheidet, die in Jerusalem aber phonetisch getrennt waren.

Als Israel die phönizische Schrift übernahm, wurden Vokale nicht geschrieben. Möglicherweise in Anlehnung an aramäische Praxis führte man zur Kennzeichnung langer Vokale ab dem neunten Jahrhundert v. Chr. allmählich Konsonanten, sogenannte Vokalbuchstaben, in die hebräische Schrift ein: so kann ein *he* (*h*) am Wortende ein langes -a, -e oder -o bedeuten, finales *waw* (*w*) ein langes -u, finales *jod* (*j*) ein langes -i und ein finales *aleph* (*'*) ebenso für ein langes -a stehen. Durch Reduzierung der Diphtonge auf einfache, lange Vokale kann *jod* auch langes -e und *waw* auch ein langes -o ausdrücken. Bis zu einem gewissen Ausmaß versuchte man, diese Vokalbuchstaben auch im Wortinneren zur Kennzeichnung von langen Vokalen zu benützen; man fand aber keine einheitliche Regelung. Kurze Vokale bleiben durchwegs unausgedrückt. Üblicherweise stehen Konsonanten einzeln, unverbunden nebeneinander, erst später treten in beschränktem Umfang Ligaturen auf. Zuerst trennte man die Wörter mittels kurzen, vertikalen Strichen voneinander, später durch Punkte oder Zwischenräume. Diese konnten auch Phrasen, Sätze und Absätze trennen.

Arten der entwickelten hebräischen Schrift

Bis zum neunten Jahrhundert v. Chr. gab es zwischen den in Syrien, Phönizien und Israel verwendeten Schriften nur geringe Unterschiede (daher sind kurze Textausschnitte häufig auch sehr schwierig zuzuordnen). Allerdings führte die Entwicklung der dynastischen Staatenbildung in Israel und Syrien mit ihrem jeweiligen Apparat von Schreibern zu einem eigenen Schreibstil des Aramäischen und des Hebräischen, die sich beide vom Phönizischen unterschieden; zusätzlich entwickelte sich neben der Monumentalschrift in allen drei Gebieten eine kursive Schreibschrift. Im palästinischen Raum werden vertikale Abstriche verlängert und jene von nach links gerichteten Buchstaben, der Schreibrichtung gemäß, geschwungen geschrieben. Dieser Schreibstil wurde für hebräische, vor allem judäische und auch offizielle moabitische Buchstabenformen maßgeblich. Bis zum achten Jahrhundert v. Chr. ersetzte dieser kursive Stil in Israel und Juda fast gänzlich die Monumentalschrift. Auch in öffentlichen Inschriften wie in jener im Schiloach-Tunnel (Taf. 18.2) wurde dieser Kursivstil benützt, lediglich auf Siegeln kommen gelegentlich noch die älteren Buchstabenformen vor. Gleichzeitig bildeten sich innerhalb der Kursivschrift stilistische Unterschiede heraus: Für ein kalligraphisch anspruchsvolles, »formelles« Schriftbild, das bei wichtigen oder öffentlichen Texten erwünscht war, waren sehr erfahrene, geübte Schreiber zuständig; eine weniger formelle, »freie« kursive Schriftform war den Gebildeten zu eigen, während jene, die nur gelegentlich etwas schrieben, einen sehr gewöhnlichen, »vulgären« Schreibstil mit unförmigen Buchstaben aufweisen. Die offizielle Kursivschrift erreichte ein sehr hohes, kalligraphisches Niveau. Sie schwang sich durch ein ausgewogenes Schriftbild und fließende Linien zu einer Eleganz auf, die im Alten Orient bis zur entwickelten arabischen Schrift viele Jahrhunderte später ihresgleichen sucht. Ab dem achten Jahrhundert v. Chr. findet sich die hebräische Schrift gelegentlich in der philistäischen Küstenebene, wohin sie im Gefolge wirtschaftlicher Beziehungen oder durch kulturellen und politischen Einfluß aus Israel gelangt ist. Ähnliche Einflüsse verursachten vermutlich früher die Verbindungen zwischen offizieller moabitischer (und edomitischer) und israelitischer Schrift.

Die besten Schriftstücke waren sicherlich das Werk hauptberuflicher Schreiber, die im Dienst administrativer oder religiöser Institutionen standen oder Aufträge von angesehenen Persönlichkeiten erhielten. Einer von ihnen war Baruch, der Sohn des Neria, der nach dem Diktat Jeremias schrieb (Jeremia 36, 4.32). Darüber hinaus gab es noch andere des Schreibens und Lesens Kundige, die ihren Lebensunterhalt verdienten, in dem sie auf Verlangen den Analphabeten Schriftstücke vorlasen oder solche verfaßten, wie es im Nahen Osten noch bis vor kurzem üblich war. Der Text wurde auf speziellen Schreibtafeln aus Holz oder sogar Elfenbein notiert. Die Tafeln besaßen einen erhöhten Rand und in der Vertiefung im Inneren befand sich eine Wachsmischung. Mehrere solcher Tafeln konnten wie eine spanische Wand zusammengehängt werden (Klapptafel). Der Text wurde mittels eines Griffels in die Wachsoberfläche geschrieben und durch die erhöhten Ränder beim Zusammenfalten geschützt. Wurde er nicht mehr benötigt, löschte man ihn. Exemplare dieser Schreibtafeln wurden gefunden, allerdings nicht in Israel: eines in einem Wrack in Uluburun (Kaş) vor der türkischen Südküste, datierend aus ca. 1400 v. Chr., und ein zweites in einem Brunnen aus dem späten achten Jahrhundert v. Chr. im assyrischen Nimrud. Eine andere Möglichkeit, Texte oder Notizen vorübergehend festzuhalten, bestand darin, sie in Tonscherben einzuritzen bzw., was häufiger der Fall war, diese mit schwarzer Tinte zu beschreiben. Zur Ausrüstung eines Schreibers gehörte eine Palette mit Fächern für das Schreibgerät und Vertiefungen für rotes oder schwarzes Pulver, das mit Wasser verdünnt zur Tinte angerührt wurde, ferner ein spezielles Messer zum Spitzen des Schreibrohres als auch zum Schneiden des Papyrus und zum Löschen der Niederschrift.

Wichtige Dokumente oder Literarisches wurden mit Tinte auf von Ägypten importierten Papyrus oder auf heimisch produziertes Leder geschrieben. Aus vorexilischer Zeit ist kein beschriebenes Leder erhalten und in einer Höhle im Wadi Murabbaat nahe des Toten Meeres wurde auch nur ein Fragment eines Briefes auf Papyrus gefunden, der allerdings gelöscht und für eine Liste wiederverwendet wurde. Ton-Bullen, kleine Kügelchen aus Ton, die man auf die Dokumente klebte, um diese zusammenzuhalten und in welche das Beglaubigungs-Siegel gedrückt wurde, liefern den indirekten Beweis, daß Dokumente auf Papyrus niedergeschrieben wurden. Manchmal ist auf ihrer Rückseite noch der Abdruck der Papyrusfasern sichtbar (Taf. 17.3). Größere Textkonvolute bestehen aus mehreren, aneinander befestigten Papyrusblättern, die dann zusammengerollt werden konnten und sind aus vorexilischer Zeit nicht überkommen. Wie das Textbild ausgesehen haben könnte, illustriert vielleicht die Inschrift in Tinte aus dem achten Jahrhundert v. Chr. aus Tell Deir ʿAlla auf Verputz, die offensichtlich eine Abschrift darstellt. Der Text ist in Kolumnen sorgfältig angeordnet und mit horizontalen und vertikalen Begrenzungslinien eingefaßt. Der Beginn des Textes und andere wichtige Abschnitte wurden mit roter Tinte geschrieben, alles Übrige mit schwarzer. Ob es in hebräischen Texten auch Abbildungen gab, wie sie häufig in den zeitgenössischen, ägyptischen Texten auftreten, wissen wir nicht. Zur Aufbewahrung der Rollen und Dokumente dienten eigens geformte Gefäße oder Kästen, vielleicht auch Regale. So ein »Archiv«, durch Ton-Bullen und zwei besondere Gefäße als solches identifiziert, wurde in letzter Zeit in der Davidsstadt in Jerusalem entdeckt. Es enthielt vier Kalksteinständer möglicherweise kultischer Funktion und etwas heimische Keramik, wurde also vielleicht mehrfach genützt.

Schulbildung und Verbreitung der Lese- und Schreibfertigkeit

Schulen dienten recht wahrscheinlich der Weitergabe der Schreibkunst und der Pflege der Traditionen. Es scheint vernünftig anzunehmen, daß auch in Israel, so wie in Ägypten und Mesopotamien, solche Schulen tatsächlich existierten. Man dachte sogar an Schulen mit unterschiedlichen Richtungen in der Hauptstadt und anderen bedeutenden Städten des Landes gemäß den verschiedenen Anforderungen, die von den Regierungszentren oder den religiösen Heiligtümern gestellt wurden. Gelehrt wurden Lesen und Schreiben (einschließlich bisweilen ägyptische Zahlwörter und andere Symbolzeichen, wie in Kadesch Barnea), vermutlich auch Grundlagen der Mathematik und Fächer mit praktischem Nutzen ergänzt durch das Studium von Texten, deren Inhalt von der Wahl des Schultyps abhing. Schulgebäude oder Klassenzimmer konnten archäologisch nicht einwandfrei nachgewiesen werden, jedoch wird eine Struktur vom neunten bzw. achten Jahrhundert v. Chr. in Kuntillet Adschrud von manchen dahingehend interpretiert, weil man dort eine Anzahl von angekritzelten Gefäßen gefunden hat. Einige Übungsbeispiele von Schülern dürften aber erhalten sein. Bei der frühen Tafel von Isbet Sarta könnte es sich darum gehandelt haben, genauso wie bei den in die Stufen des Palastes von Lachisch gekritzelten ersten fünf Buchstaben des Alphabets, wo vielleicht ein Schüler im ach ten Jahrhundert v. Chr. seine ABC-Kenntnisse vertiefen wollte. Ein etwas fortgeschrittenerer Umgang mit der Sprache liegt dem »Geser-Kalender« (Taf. 18.1) aus dem zehnten Jahrhundert v. Chr. zugrunde, während eine nicht zur Gänze erhaltene Inschrift auf dem Arad-Ostrakon Nr. 88, die den Amtsantritt eines Königs ankündigt, schon als Modell für literarische Formulierung gedient haben kann.

Schulische Ausbildung wird aber nicht auf die Schreiber allein beschränkt gewesen sein. Von König Joschafat wird in 2 Chronik 17, 7–9 berichtet, daß er eine Kommission ausgesandt habe, die das Volk von Juda unterrichten sollte. Ob ein umfassenderer Unterricht, also nicht »nur« religiöse Unterweisung, angestrebt wurde, entzieht sich unserer Kenntnis, doch ab dem achten Jahrhundert v. Chr. ist allerdings anzunehmen, daß schon ein erheblicher und stetig wachsender Teil der Bevölkerung zumindest grundlegende Kenntnisse im Schreiben und Lesen aufzuweisen hatte. In der Tat wird damals die Annahme, jeder Hausherr sei im Stande, einen bestimmten Text auf die Türpfosten seines Hauses zu schreiben (Deuteronomium 6, 9 und 11, 20), und der König könne eine Abschrift des Gesetzes für sich machen und diese lesen (Deuteronomium 17, 18–19), der Wirklichkeit sehr nahe gekommen sein.

Auch der unterschiedliche Grad der Schreibtüchtigkeit, der sich in den verschiedenen Stilen der Kursivschrift (formelle, freie und vulgäre Schrift) ausdrückt, ist als Hinweis auf die sozial weite Streuung der Schreibfertigkeit an sich zu interpretieren und genauere Untersuchungen der Texte auf Fundort und Charakter verdeutlichen dies noch mehr. Menschen mit Schreibkenntnissen gab es nicht nur in Städten oder Festungen sondern auch am Land, wie etwa schon sehr früh im Wadi Dilbeh in den samaritanischen Bergen, in Bauernhöfen im Buqeiah Tal in der Umgebung des Toten Meeres oder in Manahat nächst Jerusalem. Produzenten oder Händler in der Wein- und Getreidebranche, aber auch Handwerker wie zum Beispiel Elfenbeinschnitzer, werden ihre Produkte gekennzeichnet oder Notizen über ihre Geschäfte gemacht haben. Darüber hinaus waren Angaben über Besitz, Angaben über den Inhalt auf einem gewöhnlichen, im Haushalt benützten Behälter oder Warnungen an potentielle Grabräuber nur dann sinnvoll, wenn davon ausgegangen werden konnte, daß die Betreffenden sie auch zu lesen im Stande waren. Auch Frauen scheinen zumindest teilweise des Lesens und Schreibens mächtig gewesen zu sein und zwar nicht nur die Damen der Gesellschaft oder vermögende Frauen, die wie die Männer, Namenssiegel besaßen, mit denen sie wirtschaftliche oder juristische Geschäfte abwickelten, sondern vielleicht auch Frauen aus dem Volk, wenn man eine beschriftete Spinnwirtel aus der Nähe von Beth Schean in diese Richtung interpretieren darf – denn Spinnen war die Domäne der Frauen.

Monumental- oder Prunkinschriften

Wir müssen nun die verschiedenen Arten von Inschriften genauer ansehen. Monumentalinschriften für die Öffentlichkeit sind selten und bislang wurde kein hebräischer Text auf Verputz, wie ihn Deuteronomium 27, 2–3 fordert und wie er in der nicht-hebräischen Inschrift auf Verputz aus Tell Deir ʿAlla exemplarisch vorliegt, gefunden, ausgenommen einige hebräische Graffiti in phönizischer Schrift aus Kuntillet Adschrud im Negev. Die einzige aus dem neunten Jahrhundert v. Chr. bekannte Monumentalinschrift – frühere besitzen wir nicht – ist immer noch jene des Moabiterkönigs Mescha, deren Text einen vom Hebräischen abweichenden Dialekt verrät. Sogar aus dem achten Jahrhundert v. Chr. sind keine wirklich nennenswerten Inschriften auf Stein erhalten. Nur ein kleines Fragment einer Siegesstele aus Samaria ist hier anzuführen; in Juda wurde diesbezüglich gar nichts gefunden. Möglicherweise führte auch die Tatsache, daß es offensichtlich sehr wenige solcher Inschriften gab, zum Rückgang der Monumentalschrift. Die berühmte (offiziöse) Schiloach-Inschrift ist in sorgfältiger Kursivschrift verfaßt und beschreibt die Errichtung des gleichnamigen Tunnels in Jerusalem (701 v. Chr.) (Taf. 18.2) durch zwei Arbeitergruppen, die von den entgegengesetzten Enden des Tunnels aufeinander zu arbeiteten. Der Text vermittelt einen guten Eindruck vom aufregenden Ende der Arbeiten: *»Als* *noch drei Ellen bis zum Durchbruch waren, wurde die Stimme eines Mannes gehört, der zu seinem Kameraden rief. Denn es war ein Riß (?) im Felsen. ... Und am Tag des Durchbruchs schlugen die Steinhauer einander entgegen, Hacke gegen Hacke; und es floß das Wasser von der Quelle zum Teich über eine Entfernung von 1200 Ellen und 100 Ellen war die Höhe des Felsens über den Steinhauern.«*

Zusammen mit einer anderen offiziellen Inschrift wurde bei neueren Ausgrabungen am Ophel in Jerusalem eine Steintafel gefunden, die offensichtlich die Namen der Besitzer des Hauses angibt – in der Art unserer Namensschilder. Dabei handelt es sich zwar um einen auffallend neuartigen Fundtyp, der allerdings nicht zu sehr zu überraschen braucht, da auch die Inschriften in den Monumentalgräbern, die die Wohnstätte der Toten darstellen, besonders in der prestigeträchtigen Nekropole von Silwan vis-à-vis des Kidrontals auf ihre Besitzer hinweisen. Die bekannteste Inschrift ist jene des königlichen Haushofmeisters (Scheban)jahu, vermutlich jener, der von Jesaja (22, 15–16) äußerst kritisch erwähnt wird:*»Dies ist das Grab des [Scheban]jahu, der dem Haus vorsteht – [königlicher Haushofmeister]. Hier gibt es weder Silber noch Gold, nur [seine Gebeine] und die Gebeine seiner Magd mit ihm. Verflucht sei, wer es öffnen möge!«* Weitere Grabinschriften, die sich auf weniger hochgestellte Persönlichkeiten beziehen als jene in den Elitegräbern von Silwan, fand man in Chirbet el-Qom bei Hebron. Einer dieser Texte enthält einen Fluch über jeden, der die Inschrift zu zerstören sucht und zwei andere formulieren religiöse Gedanken, die anscheinend Aschera in Verbindung mit Jahwe bringen. Auf dem Boden rechtgläubigen Monotheismus dagegen befinden sich die Bekenntnisse eines Felsgraffito in der Wüste Juda und eines weiteren in Chirbet Beit Lei in der Schefela. In letzterem, kurz vor oder nach dem Niedergang Jerusalems entweder 586 oder ca. 700 v. Chr. geschrieben, kommt die Sorge um die Stadt zum Ausdruck.

Ein Fragment einer Elfenbeintafel aus dem achten Jahrhundert v. Chr., die im mesopotamischen Nimrud gefunden wurde, zeigt eine sehr sorgfältig geschriebene, hebräische Inschrift, die einen »großen König« nennt. Diese ungewöhnliche Prunkinschrift kam vermutlich entweder als Kriegsbeute oder als Tributgabe vom Nordreich nach Assyrien.

Ostraka

Zahlreicher und aufschlußreicher sind die meist mit Tinte auf Tonscherben geschriebenen Texte. Ihre Sammlung umfaßt etwa 70 lesbare Inschriften aus Samaria, etwa ebensoviele aus Arad, ungefähr 18 aus Lachisch und kleinere Mengen oder vereinzelte Exemplare aus mehreren anderen Orten.

Die jetzt in die erste Hälfte des achten Jahrhunderts v. Chr. datierten Samaria-Ostraka enthalten Lieferscheine über die Anlieferung von Waren, hauptsächlich Wein und Öl, aus verschiedenen Orten des Stammesgebietes von Manasse in die Hauptstadt. Sie nennen auch die Namen der damit befaßten Personen (Steuereintreiber, Grundbesitzer, Empfänger königlicher Spenden). Bei zwei in Tell Qasile in

Juda gefundenen Ostraka, von welchen eines das Ophirgold nennt (Taf. 19.2), könnte es sich auch um amtliche Zahlungen handeln, die in Zusammenhang mit der Lage des Ortes als Flußhafen stehen. Auch die vom zehnten bis ins sechste Jahrhundert v. Chr. datierten Arad-Ostraka (mit Unsicherheiten in der Stratigraphie) enthalten zahlreiche administrative Texte, vornehmlich Befehle an einen örtlichen Beamten namens Eliaschib, der für die Ausgabe von Rationen zuständig war. Als Empfänger sind die Kittäer, vielleicht griechische Söldner, und andere in königlichem Auftrag Reisende genannt. Die getätigten Ausgaben wurden dann offensichtlich in regelmäßigen Abständen in ein Hauptbuch eingetragen. Darüber hinaus werden religiöse Amtsträger und »das Haus Jahwes« (der Tempel in Jerusalem?) erwähnt und auf die von den Edomitern ausgehende Gefahr hingewiesen. Die ins Jahr 588 v. Chr. datierten Lachisch-Briefe geben die Korrespondenz eines lokalen Garnisonkommandanten mit entlegenen Stationen wieder, von welchen manche durch einen etwas gezierten Stil mit einer schwülstigen Ausdrucksweise gekennzeichnet sind. So beginnt einer mit den Worten: *»An meinen Herrn Jaosch. Möge Jahwe meinem Herrn auch heute, wie täglich, gute Nachrichten zukommen lassen. Wer ist dein Diener – ein Hund – daß sich mein Herr an seinen Diener erinnern sollte?«* Aber auch verschiedene andere Angelegenheiten kommen in der Korrespondenz zu Wort: der Durchzug einer militärischen Mission nach Ägypten, die Beschlagnahme gefährlicher Korrespondenz und die Tätigkeiten eines namentlich nicht genannten Propheten, dessen Äußerungen die Moral der Öffentlichkeit ungünstig beeinflussen könnten.

Leider ist aus dem Bereich privater Korrespondenz viel weniger Material erhalten. Neben dem Fragment eines Privatbriefes, der in Murabbaat gefunden wurde, gibt es noch die Bittschrift eines im Frondienst befindlichen Erntearbeiters um Rückerstattung seines Gewandes, das von einem Vorgesetzten beschlagnahmt worden ist. Das Ostrakon wurde in Mezad Haschavjahu bei Javne Jam, südwestlich von Tel Aviv gefunden und ist dahingehend ungewöhnlich, als es anscheinend nicht vom Schreiber selbst formuliert sondern vom Bittsteller diktiert worden sein könnte, denn die unzusammenhängende Ausdrucksweise läßt sowohl die Angst des Bittstellers als auch seine mangelnde stilistische Praxis erkennen (allerdings wird diese Sicht nicht allgemein geteilt). Texte in Zusammenhang mit der Rechtssprechung oder Themen wie Eheschließung und Scheidung, Erbschaft oder andere familiäre Angelegenheiten fehlen zur Gänze.

Siegel

Jedes auch nur einigermaßen bedeutsame Schriftstück wurde mit Siegel versehen. Daher stellen Siegel und Siegelabdrücke (hauptsächlich jene der auf die Papyrusblätter gedrückten Ton-Bullen) einen wichtigen Teil unseres epigraphischen Materials dar, denn sie tragen üblicherweise den Namen des Besitzers (der Besitzerin) des Siegels und dessen (deren) Vater und enthalten manchmal interessante Zusatzinformationen. Die Israeliten verwendeten in der Mehrzahl Stempelsiegel in der Form des ägyptischen Skarabäus, kaum je Zylindersiegel. Viele Siegel bestehen aus Kalkstein. Wohlhabendere konnten sich Halbedelsteine und gelegentlich auch Fayence, Glas, Kupfer, Silber oder Gold leisten. Ärmere hatten sich gegebenenfalls mit Knochen zu begnügen. Die Siegel wurden der Länge nach durchbohrt, um sie auf einer Halskette oder einem Armband auffädeln zu können. Eine weitere Möglichkeit bestand darin, sie als Siegelring zu tragen. Normalerweise wurde der Text in die flache Unterseite geschnitten oder eingraviert; Beschriftung am Rücken oder auf Ober- und Unterseite ist selten. Die frühen Beispiele vom neunten Jahrhundert v. Chr. ab sind meist zusätzlich zur Inschrift mit dekorativen Motiven versehen. (Manchmal wurde beim fertigen Siegel die Beschriftung dort angebracht, wo immer man Platz dafür fand.) Bei den phönizischen Siegelschneidern erfreuten sich ägyptische Motive großer Beliebtheit, andere bevorzugten wiederum Motive aus der syrischen Kunst. Sehr gebräuchlich waren Sphingen, Greife, Löwen, ägyptische Götter wie Horus und rein Dekoratives wie Palmen und Pseudohieroglyphen. Aber auch seltene Motive wie eine Leier (Taf. 32.6) oder ein Schiff sind ebenso vertreten wie Familienembleme wie z. B. Heuschrecken oder Kampfhähne. Ab dem siebten Jahrhundert v. Chr. verschwindet vor allem bei den Siegeln in Juda diese Dekoration. Der Text ist meist nach dem Schema »X, Sohn (oder Tochter) von Y« in zwei übereinander angeordneten Zeilen, die durch zwei parallele, horizontale Striche voneinander getrennt sind, gestaltet. Obwohl gelegentlich eckige Buchstabenformen auftreten, dominiert Kursivschrift, die in den schönsten Exemplaren große Eleganz erreicht. Dagegen nimmt sich die Schrift auf den Knochensiegeln, die vermutlich der Hand ihrer mittellosen Besitzer entstammt, eher kümmerlich aus. Die Siegel und die Siegelabdrücke geben uns wertvolle Hinweise über allgemein gebräuchliche Namen, darunter auch solche, die von bekannten biblischen Personen getragen wurden wie Ahab und Jeremia. Auch manche in der Bibel genannte Amtsträger, wie der »Stadtoberste«, der »Palastvorsteher« und der »Diener« (Minister) des Königs (Taf. 17.3) werden erwähnt. Siegel, die mit Sicherheit einem israelitischen oder judäischen König zugeordnet werden können, fehlen. Es gibt lediglich eine gewisse Wahrscheinlichkeit für ein Siegel aus dem Besitz der Isebel. Andererseits gibt es eine Reihe von Siegeln oder Ton-Bullen, die wahrscheinlich den aus der Bibel bekannten Persönlichkeiten gehörten, wie z. B. Baruch, der Sohn des Neria und Schreiber Jeremias, dann Haggai, der Sohn des Schebnia sowie Gedalja, der Sohn des Ahikam, der nach dem Ende des Südreichs von Nebukadnezar zum Statthalter von Juda eingesetzt wurde. In Arad wurden drei sehr ähnliche Siegel mit dem Namen Eliaschib, einem hohen Beamten, gefunden, die vermutlich von seinen Untergebenen zur Zeichnung der in seinem Namen erlassenen Anordnungen benützt wurden. Es tauchten aber auch Abdrücke desselben Siegels an verschiedenen Orten auf, was daran denken läßt, daß königliche Beamte an mehreren Orten ihren Dienst versahen oder reiche Gutsbesitzer mehrere Landgüter in unterschiedlichen Lagen besaßen.

Auch auf Vorratskrügen wurden Siegelabdrücke gefunden, die entweder ihren Besitzer nennen oder den Beamten, der für den Inhalt der Gefäße verantwortlich war. Letzteres lag vermutlich besonders in jenen Fällen vor, die zusätzlich einen Siegelabdruck von der königlichen Verwaltung in Juda tragen (Taf. 20, 21). Dieser zeigt einen mehr oder weniger vereinfachten Skarabäus oder eine »fliegende Buchrolle« – in Wirklichkeit eine sehr modifizierte, geflügelte Sonnenscheibe und eine darunter befindliche Inschrift bestehend aus den hebräischen Buchstaben *lmlk* (*la melech*: für den König, d. h. dem König gehörig) und dem Namen einer von vier Städten: Hebron, Ziph, Socho und den nicht identifizierten Ort *Mmšt* (vielleicht im nordwestlichen Juda). Diese Abdrücke befinden sich auf einem oder mehreren Henkeln der Vorratskrüge und stammen von über 20 Stempeln aus Stein oder Holz. Die Motive des Skarabäus und der geflügelten Sonnenscheibe sind offizielle Symbole für das judäische Königtum und finden sich auch in der Ikonographie der zeitgenössischen Nachbarländer. Die Inschriften variieren ein wenig. Jene mit den detailliertesten Skarabäus-Darstellungen sind mit den Inschriften auf Siegeln oder Stein aus dem Zeitraum vor etwa 700 v. Chr. vergleichbar, jene mit den vereinfachten Darstellungen sind etwas später während die Abdrücke mit der geflügelten Sonnenscheibe typologisch noch später anzusetzen sind. Neuere Ausgrabungsergebnisse aus Lachisch und Tell Batasch bezeugen beide Haupttypen während der Regierung Hiskijas. Man fand sie in den Zerstörungsschichten in Folge der Belagerung durch Sanherib 701 v. Chr. Wie lange davor die Siegel mit der Skarabäus-Darstellung schon erzeugt wurden, ist unbekannt. Das Motiv der geflügelten Sonnenscheibe blieb auch später, besonders vielleicht während der Regierungszeit Joschias im siebten Jahrhundert v. Chr., in Mode. Sowohl die exakte Datierung als auch der Zweck dieser Gefäße waren und sind Gegenstand von Diskussionen.

Beschriftete Gewichte und Masse

Israelitische und vor allem judäische Könige trachteten danach, Maße und Gewichte durch Standardeinheiten in den Griff zu bekommen (damit auch die Steuern, die in Naturalien zu begleichen waren, entsprechend gemessen werden konnten). Daneben gab es zweifellos je nach Bedarf andere Einheiten durch Privatinitiative. Ausgedrückt wurden diese Maßeinheiten, ihr Vielfaches oder ein Bruchteil von ihnen durch bestimmte Worte oder Zeichen. Unsere Informationen sind sehr unvollständig, so wurde zum Beispiel bis jetzt weder Meßstab noch Meßleine für eine bestimmte Längeneinheit entdeckt. Für den Bereich der Flüssigkeitsmaße sind zwei unvollständige Vorratskrüge aus dem achten Jahrhundert v. Chr. erhalten, deren Inschrift besagt, daß sie ein *bath* Fassungsvermögen aufweisen. Jener aus Tell Beit Mirsim trägt die Buchstaben *bt* (*bath*) und der aus Lachisch stammende nennt das königliche Maß mit den Worten *bt-lmlk* (*bath la melech*, das königliche bath). Ein zur Gänze erhaltener Krug aus Lachisch begnügt sich mit der Abkürzung *b*. Sonst sind bis jetzt keine Gefäße aus vorexilischer Zeit bekannt, die als Einheit für Trocken- oder Flüssigmaße gelten können.

Dagegen sind beschriftete Gewichte verhältnismäßig häufig. Sie bestehen vorwiegend aus Stein, einige wenige aus Metall und sind kugelförmig, in seltenen Fällen auch rechteckig. Die geläufigste Einheit ist der Schekel bzw. Vielfache und Bruchteile von ihm. Er wird durch das (aus Ägypten abgeleitete?) Symbol ɤ allein wiedergegeben. Die frühesten Beispiele stammen aus dem Nordreich und gehören in das achte Jahrhundert v. Chr. vor der assyrischen Eroberung. In Texten des Südens wird er manchmal durch *š* oder *šl* abgekürzt. Handelt es sich um ein »königliches« Gewicht konnte *lmlk* (*la melech*) hinzugefügt werden. Andere Einheiten, die man aus Inschriften auf Gewichten kennt, sind das *neseph* (*nsp* geschrieben = 5/6 eines Schekel), das *beqa* (*bq‘* geschrieben = 1/2 Schekel) und das *pjm* (*pjm geschrieben* = 2/3 Schekel). Das *gerah* (1/24 und später 1/20 Schekel) kann bis jetzt nur indirekt durch Zahlenangaben auf den Gewichten, nicht aber durch explizite Nennung erschlossen werden. Die Ziffern auf den Gewichten und auch sonst sind in der ägyptischen Schreibschrift, dem Hieratischen, geschrieben – das Auftreten phönizischer Ziffern auf einem Ostrakon aus dem Flußhafen von Tell Qasile ist einmalig – und geben die Zahl im entsprechenden ägyptischen *qedet*-Gewicht wieder. Da der hebräische Schekel zum ägyptischen *qedet* im Verhältnis 4 : 5 steht, meinen die Zahlen 5, 10, 20, 30 und 50 auf den Gewichten jeweils 4, 8, 16, 20 und 40 Schekel. Für alle anderen Zahlenangaben, wie etwa die Zählung der Tage oder Jahre, verwendeten die Israeliten die ägyptischen Zahlzeichen in ihrem normalen Wert (synonym). Auch unter den in den Texten verwendeten Abkürzungen finden sich Symbole für Maße oder Gebrauchsgegenstände, die aus der ägyptischen Schrift entlehnt sind.

Schließlich diente die Beschriftung gelegentlich zur Kennzeichnung, wem ein bestimmter Gegenstand gehörte und bei Tongefäßen etwa, deren Ursprungsort oder Inhalt anzugeben. Diese Beschriftung wurde nach dem Brennen in das fertige Gefäß eingeritzt oder eingemeißelt. Vor allem auf Krügen ist die Art oder die Herkunft des Weines, den sie enthalten, zu lesen – das Gebiet um Hebron wird mehrfach genannt. Auf den Henkeln einer Anzahl von in Gibeon gefundener Tonflaschen ist in ungeübter, hebräischer Kursivschrift der Ortsname gefolgt von *gdr* oder *gdd* und einem von mehreren Personennamen eingeritzt. Zunächst hielt man diese kurzen Texte als Bezeichnungen bestimmter Weinberge in Gideon oder dem nahegelegenen Gedor samt Erwähnung ihrer Besitzer, heute neigt man eher zur Ansicht, die genannten Personen hätten mit vor Ort stationierten Militäreinheiten zu tun. Sie stammen entweder aus dem Ende der Königszeit oder schon aus dem Exil.

TEXTE UND LITERATUR

Frühestens ins zwölfte Jahrhundert v. Chr., in die Richterzeit, lassen sich die Spuren althebräischer Literatur zurückverfolgen, doch der überwiegende Teil stammt aus viel späterer Zeit. Die Hebräische Bibel ist nahezu unsere einzige Quelle. Epigraphisches Material gibt uns einen Eindruck von Stil und Ausdrucksweise offizieller und offiziöser Texte (vorwiegend des achten bis sechsten Jahrhunderts v. Chr.). Der aus dem zehnten Jahrhundert v. Chr. stammende Geser-Kalender (Taf. 18.1), der nicht in Standardhebräisch geschrieben wurde, gibt vielleicht einen altertümlichen Bauern-Merkspruch wieder. Diese sind aber nicht als Literatur im eigentlichen Sinn zu verstehen. Europäischen Denkmustern folgend wird im biblischen Text üblicherweise zwischen Prosa und Poesie unterschieden, doch hat sich gezeigt, daß dieses Schema für hebräische Literatur nur unbefriedigend anwendbar ist. Anspruchsvolle Prosa trägt mitunter poetische Züge oder könnte als »poetische Prosa« bezeichnet werden und die Ermahnungen der Propheten liegen oft zwischen den beiden Gattungen. Jedoch verdient die Existenz literarischer Prosa im alten Israel Beachtung. Während die Poesie des alten Israel in enger Verbindung zu den Nachbarländern, im besonderen zu jener des spätbronzezeitlichen Ugarit, stand, gibt es von dort bis heute keine Zeugnisse literarischer Prosa. Den Platz epischer Gedichte in Versform, wie sie in Ugarit vorkommen, nimmt in Israel die erzählende Prosa ein, deren literarische Vorgänger noch zu suchen sind. Umgekehrt ist aber die Form des Epos in Israel unbekannt – vielleicht wegen der unisraelitischen, religiösen Assoziationen dieser Gattung. Folglich sind wir auf die hebräische Bibel angewiesen und müssen dabei stets im Auge behalten, daß sie nur bestimmte, nämlich religiös relevante Texte aus einem wesentlich größeren Korpus, das der lesenden oder zuhörenden Öffentlichkeit zur Verfügung stand, aufgenommen oder erwähnt hat. Manche hatten vielleicht poetischen Charakter wie das in Josua 10, 13 und 2 Samuel 1, 18 erwähnte Buch der Gerechten oder das in Numeri 21, 14 genannte Buch der Kriege des Herrn. Andere waren in Prosa geschrieben, wie die oft zitierten Bücher der Chronik der Könige Israels und Judas. Eine Zwischenstellung zwischen Poesie und Prosa nahmen vielleicht jene Texte ein, die Nathan, dem Propheten, Gad, dem Seher, dem Achija von Schilo und Jedo, dem Seher zugeschrieben werden (1 Chronik 29, 29 und 2 Chronik 9, 29). Texte aus dem Bereich der Mathematik oder Chemie oder allgemein utilitaristischer Prägung haben keine Spuren in der Bibel hinterlassen. Abhandlungen dieser Art entstanden in Ägypten und Mesopotamien und wurden in der Ausbildung der Schreiber benützt und dürften für ähnliche Zwecke in Israel auch wünschenswert gewesen sein. Aus Ugarit stammende Texte zur Behandlung von Pferden könnte darauf hindeuten, daß diese Gattung im vorisraelitischen Kanaan auch bekannt war und man darf wohl daraus schließen, daß der Gesundheit des Menschen und diverser technischer Belange nicht weniger Aufmerksamkeit galt.

Literarische Texte waren nicht zur Gänze für ein gebildetes Publikum geschrieben und auf dieses beschränkt. Einige, darunter die alphabetischen Psalmen, die aus der Feder gebildeter Autoren stammen, wurden wohl speziell von der lesekundigen Öffentlichkeit hoch geschätzt, doch es wird weite Kreise der Bevölkerung gegeben haben, die darauf angewiesen waren, Erzählungen zuzuhören, die sich für den mündlichen Vortrag eigneten und auf traditionellen Kunstregeln aufgebaut waren. Es wurde schon vermutet, daß die Pflege und Verbreitung dieser mündlichen Traditionen in Israel wie anderswo berufsmäßigen Sängern oblag, doch ist bemerkenswert, daß sie dort, wo man sie erwarten würde, nämlich in dem von Amos 6, 4–6 beschriebenen sozialen Umfeld, nicht auftreten. Wir besitzen auch keine konkreten Hinweise dafür, daß abends um ein Feuer oder an einem Brunnen, sei es in der

Stadt oder am Land, gesungen oder rezitiert wurde – schon Shakespeare meinte, daß ein erschöpfter Pflüger die literarische Unterhaltung lieber den Bessergestellten überläßt und selbst nächtens dem Schlaf anheimfällt. Zum tieferen Verständnis von Entstehung und Rezeption der Literatur bedarf es noch genauerer Anhaltspunkte.

Poesie

Seit der schon im achtzehnten Jahrhundert publizierten, bahnbrechenden Studie von Lowth über die hebräische Poesie wurde der Parallelismus als Grundstruktur hebräischer Versbildung erkannt. Demnach muß die erste Zeilenhälfte eines Verses durch Wiederholung, Bedeutungsverstärkung oder Kontrapunktierung eine Entsprechung in der zweiten finden; die zweite Zeilenhälfte kann auch zum nächsten Vers überleiten, es können aber auch drei oder mehr Zeilenteile (zu einer Zeile) verbunden werden. Die Bedeutung kristallisiert sich häufig um Schlüsselworte, die paarweise auftreten, zum Beispiel »froh sein« und »frohlocken«, »Silber« und »Gold« oder »Himmel« und »Erde«. Oft werden sie als A- und B-Wörter bezeichnet, wobei erstgenannte den gebräuchlicheren Terminus und letztgenannte den unüblicheren, aber mit stärkerem Ausdruck verwenden. Die Stellung von A- und B-Wörtern kann in der zweiten Verszeilenhälfte vertauscht werden (Chiasmus). A-Wörter können in nachfolgenden Versen wiederholt, wodurch diese miteinander verbunden werden. Dieses Merkmal ist ebenso typisch für frühe Gedichte wie der Gebrauch von Zahlen in ansteigender Folge (zum Beispiel 3–4 in der ersten und zweiten Zeilenhälfte). Als weitere Verfeinerungen wären Alliteration (Stabreim), Reim und Onomatopoesie zu nennen. Mehrere Verse bilden eine Strophe, mehrere Strophen ein Gedicht. Manche Strophen enden mit einem Refrain, wodurch sie unterschiedlich lang sein können.

Lebhafte Diskussionen entzündeten sich an der Frage, ob die althebräische Poesie das Metrum kannte. Jene, die die Fragestellung negativ beurteilten, halten es lediglich für möglich, die Silben (oder silbenbildende Konsonanten) pro Zeilenteil zu zählen, deren Anzahl im großen und ganzen zwar verhältnismäßig regelmäßig ist, gelegentlich aber beträchtlich abweicht. Jene, die gegenteiliger Ansicht sind, erkennen regelmäßig auftretende Betonungsschemata, so zum Beispiel die Hervorhebung von je drei oder 3–2 Wörtern (Elegieform, *qinah*) pro Zeile. Weitere Schwierigkeiten ergeben sich aus der Tatsache, daß wir die ursprüngliche Aussprache der Wörter nicht kennen, so daß nicht beurteilt werden kann, ob mehrere Wörter als Einheit mit nur einem gemeinsamen Akzent aufgefaßt werden konnten (oder umgekehrt mehrere untergeordnete Betonungen in einem langen Wort gezählt wurden) und daß manche Verszeilen von unregelmäßiger Länge sind. Darüberhinaus wurde darauf hingewiesen, daß Betonung allein nicht bedeutsam sein kann; sie muß mit semantischen und syntaktischen Aspekten verbunden sein.

In letzter Zeit wurden auch die engen Verbindungen hebräischer Poesie mit jener anderer altorientalischer Länder herausgearbeitet, wobei speziell die akkadische und mehr noch die ugaritische Dichtkunst zu nennen sind. Aus Ugarit sind zahlreiche

Tontafeln mit alphabetischer Keilschrift erhalten, auf welchen ein beachtlicher Korpus literarischer und anderer Texte bewahrt geblieben ist. Ungeachtet der doch erheblichen räumlichen und zeitlichen Entfernung, steht die ugaritische Literatur jener des alten Israel erstaunlich nahe. So sind auch dort die Verse nach dem Prinzip des Parallelismus strukturiert (der unter anderem auch in der akkadischen Dichtkunst zu finden ist) und es begegnen nicht nur die ugaritischen Paare für A- und B-Wörter sondern ganze Phrasen in leicht modifizierter Form auch in der hebräischen Literatur. Bedauerlicherweise ist über die altkanaanäische Literatur außerhalb Ugarits und seines phönizischen Nachfolgers wenig bekannt, doch es hat den Anschein, als bildete die hebräische Dichtkunst ein Glied, das sich in die spätbronzezeitliche und eisenzeitliche Literatur der Levante einfügt. Damit soll nicht gesagt sein, daß sie zur Gänze von bereits Bestehendem abgeleitet werden kann. Sie trägt eigenständige Züge, die kunstvoll mit übernommenen Traditionen vereint werden. Im formalen Bereich sind in israelitischen Oden einleitende Anrufungen wie *»Höret, ihr Könige! Höret, ihr Fürsten!«* in Richter 5, 3 oder *»Horcht her, ihr Himmel… und die Erde höre!«* in Deuteronomium 32, 1 oder Widmungen wie *»Singen will ich dem Herrn«* in Exodus 15, 1 zu nennen – Merkmale, die für typisch israelitisch gehalten werden können. Inhaltlich ist in der althebräischen Dichtkunst eine starke Hinwendung zu einer Bildersprache zu bemerken, die einer genauen Beobachtung der Natur entspringt. Als Beispiel dafür mag Jeremia 14, 5–6 stehen: *»Ja selbst die Hindin (Hirschkuh) auf der Flur läßt ihr eben Geborenes im Stich. Denn es gibt kein Gras. Und die Wildesel stehen auf den kahlen Höhen, beschnüffeln die Luft wie die Schakale nach Feuchtigkeit und ihre Augen werden matt. Denn es gibt nichts Grünes.«* Zeitweise ist die Ausdrucksweise sehr verknappt, doch Zeitgenossen werden um die Bedeutung gewußt haben. So formuliert Psalm 126 die Bitte der exilierten Judäer (an Jahwe), ihre Gefangenschaft zu wenden, wie die Bäche im trockenen Negev gewendet werden und will dadurch die überwältigende und gleichzeitig erschreckende, letztlich aber lebensspendende Vorstellung eines von plötzlichen Wassermassen überfluteten Wadis heraufbeschwören. Diese Art der Bildersprache wurde manchmal mit jener der alten Wüstenaraber verglichen, die ein ähnlich scharfes Auge für die Natur hatten und die Vorstellung vom überfluteten Wadi begegnet tatsächlich am Ende der großen Ode des Imru᾿l-Qays. Die hebräische Poesie bewegt sich nicht überall auf dem selben Niveau, ihre besten Stücke sind aber von außergewöhnlicher Qualität.

Prosa

Die Prosa der hebräischen Bibel manifestiert sich vorwiegend in gesetzlichen oder erzählenden bzw. erzählend-historischen Texten und prophetischen Ermahnungen. Eine Ergänzung dazu stellen epigraphische Funde mit hauptsächlich administrativen Texten dar, die kaum besondere stilistische Merkmale aufweisen. Obwohl – abgesehen vom Deuteronomium – alle übrigen gesetzlichen Texte nur schwer als literarische Prosa eingestuft werden können, weisen sie interessanterweise in ihrer

Formulierung (als auch in ihren Konzepten) gewisse Analogien zu anderen altorientalischen Gesetzbüchern auf. Kasuistische Formulierungen vom Typ »*Wenn ..., dann ...*« sind besonders mit mesopotamischem Gesetz, apodiktische Verfügungen vom Typ »*Du sollst ...; du sollst nicht ...*« mit ägyptischem, hethitischem und assyrischem Gesetz vergleichbar. Das Deuteronomium ist in seiner hohen rhetorischen Prosa stilistisch eigenständig und weist Verbindungen zur ermahnenden Prosa Jeremias auf. Wie hingewiesen gibt es stilistische Parallelen zu spätassyrischen Texten vor allem aus der Zeit Esarhaddons (siebtes Jahrhundert v. Chr.).

Da die Israeliten den Ausgangspunkt ihrer Volkwerdung auf ein historisches Ereignis zurückführen, nämlich den Exodus aus Ägypten und den Bundesschluß am Sinai, spielen historische Traditionen eine äußerst wichtige Rolle. In ihrem umfassenden Horizont sind sie tatsächlich unvergleichlich unter den Völkern des Alten Orient. Manche Traditionen beruhen wohl auf mündlichen Berichten, die schriftlich festgehalten wurden, andere gehen auf schriftliche Quellen zurück. Wissenschaftliche Untersuchungen stellten hier eine Reihe literarischer Gattungen und besonders im Bereich folkloristischer Motive verschiedenerlei stark veränderte, von außen kommende Parallelen fest. Manche dieser von außen kommenden Motive sind weit verbreitet, andere auf ein bestimmtes Gebiet beschränkt. So ist die biblische Sintfluterzählung am besten vergleichbar mit der babylonischen Geschichte über die Sintflut und während Erzählungen über die wundersame Geburt und frühe Kindheit eines Helden in verschiedenen Gebieten auftreten, findet der Bericht über die Geburt und wundersame Rettung des Mose (Exodus 2, 1–10) seine engste Parallele in der babylonischen Erzählung über Geburt, Aussetzung und wundersame Rettung des Sargon von Akkad. Auch auf frühe Kontakte zum ägäischen Raum zurückgehende Analogien werden vermutet. Einige hebräische Motive sind vielleicht hausgemacht, so die erfolgreiche Brautsuche des Helden an einem Brunnen, wie sie in der Jakobsgeschichte (Genesis 29) und bei Moses (Exodus 2) vorkommt und mit einer signifikanten Modifikation bei Isaak (Genesis 24) zu finden ist, dessen Werben ob seiner Zurückgezogenheit von einem anderen übernommen werden muß. Für die Darstellung von Ereignissen dürften bestimmte Muster verwendet worden sein, die mit Motiven von außerhalb vergleichbar sind. Das Motiv vom Wächter am Tor, der über Vorgefallenes berichtet, findet sich im Bericht über Absaloms Aufstand (2 Samuel 18, 24ff) und bei Jehus Staatsstreich (2 Könige 9, 17 ff.), aber auch in Aischylos' Agammemnon.

Insgesamt hat die Struktur althebräischer Erzählungen in den letzten Jahren besondere Aufmerksamkeit gefunden. Folgende drei Elemente lassen sich feststellen: der Erzähler, die Personen, die in der Geschichte vorkommen und die Handlung. Der (üblicherweise anonyme) Erzähler ist allwissend angelegt und weiß um die geheimsten und tiefsten Gedanken und Gefühle der die Handlung tragenden Charaktere oder ihre Gespräche an geheimen Orten. Er selbst enthält sich allerdings meist einer Bewertung. Diese obliegt anderen Charakteren in der Erzählung oder einer Wende des Geschehens. Dadurch soll Zustimmung oder Ablehnung durch den Leser erreicht werden.

In der Erzählung kommen nur wenige Personen vor; sie entwickelt sich meist um zwei Protagonisten und einer begrenzten Zahl von Nebenfiguren. Ihr Charakter wird hauptsächlich durch ihre Worte und Taten ausgedrückt und weniger durch Kommentare des Erzählers. Eine genaue physische Beschreibung der Personen ist selten und kommt nur vor, wenn sie für den Verlauf der Ereignisse von Bedeutung ist. So wird Saul als außerordentlich groß beschrieben (1 Samuel 9, 2) und dadurch als eindrucksvolle Führungspersönlichkeit charakterisiert. Die Bemerkung in Genesis 27, 11 Esau sei haarig, Jakob aber glatt, dient der Absicht, durch Täuschung den Segen Isaaks für Jakob zu erreichen. Ebenso werden Angaben über Bekleidung nur dann gemacht, wann sie für den Erzählfaden wichtig sind und Merkmale der Landschaft nur dort beschrieben, wo sie die Geschichte erfordert. Wie sehr ein weitgehend unbestimmter Hintergrund einer Erzählung Atmosphäre verleihen kann, deutet E. Auerbach in seiner berühmten Untersuchung über den Bericht der Opferung Isaaks (Genesis 22) an.

Der sprachliche Ausdruck ist in den Erzählungen einfacher gestaltet als in der Poesie und weist weniger stilistische Ausschmückungen auf, die den Erzählfluß verlangsamen könnten. Dennoch wird mitunter eine aus den Erfahrungen des Alltags schöpfende Bildersprache sehr eindrucksvoll verwendet, wie in dem rührenden Vergleich der geringen israelitischen Truppenstärke mit zwei kleinen Ziegenherden (1 Könige 20, 27). Auch andere stilistische Mittel kommen zur Anwendung. Selbst wenn sich die hebräische Erzählung in dieser Hinsicht einfacher Methoden bedient, ist der Gesamteindruck oft außergewöhnlich. Die Schilderung der Entwicklung Davids von einem tatkräftigen Jüngling zu einem seine Kräfte verlassenden, alten Mann (2 Samuel 9–20; 1 Könige 1–4) ist nicht nur ungleich anders als die Verherrlichung des Herrschers, wie wir sie aus den Nachbarländern kennen, sondern zeugt auch von einzigartigem, psychologischem Verständnis. Ein ähnlich hohes, literarisches Niveau hält auch die Charakterisierung von Jehu im zweiten Königsbuch (9–10).

Der Handlungsverlauf wird durch die Aneinanderreihung von wichtigen Ereignissen unter Ausschluß von Nebenfragen auf das Wesentliche reduziert (unter Umständen kann eine Nebenhandlung ablaufen). Nach einer kurzen Einleitung am Anfang konzentriert sich der Ablauf, den zwei Protagonisten weiterführen, auf den Höhepunkt, der manchmal eine überraschende Auflösung bietet, welche den Grundstock für künftige Ereignisse in sich birgt. In diesem Zusammenhang werden auch moralische und theologische Gesichtspunkte in Frage gestellt: Rufen die Taten göttliche Billigung oder Mißbilligung hervor, Belohnung oder Strafe? Manchmal beantwortet der Erzähler diese Frage ohne Umschweife, doch in den besten hebräischen Erzählungen kann die Antwort aus der Schilderung der Charaktere erschlossen werden ohne ausdrücklich formuliert zu sein. An zwei Beispielen sei diese Vorgangsweise veranschaulicht. König Ahab hat durch den Justizmord an Nabot Blutschuld auf sich geladen (1 Könige 21). Verzweifelt versucht er, sich seinem Schicksal zu entziehen und bittet sogar seinen Verbündeten, den König von Juda, an seiner Statt die Kleider des Königs von Israel zu tragen, wodurch sich die Aufmerksamkeit des Feindes auf ihn, den König von Juda, richten würde. Jedoch ungeachtet all dessen erreichte ihn durch einen aufs Geratewohl abgeschossenen Pfeil der Tod: Er konnte seinem Schicksal nicht entrinnen (1 Könige 22). Ein anderes Beispiel entgegengesetzter Art erzählt die Geschichte von Rut, der Moabiterin, die für ihre Treue zu und Sorge für ihre Schwiegermutter eine Belohnung verdient hat und zufällig auf des Feld des Boas gelangt, der sie dann zu seiner Frau nimmt (Rut 2, 3 ff.). Dieses Wirken des Göttlichen, das durch scheinbaren Zufall ein unerwartetes Ende einer Erzählung provoziert, ist ein vielleicht für die israelitische Literatur typisches Merkmal.

Zusammengefaßt kann die israelitische Erzählkunst, wie die israelitische Poesie, an ihrem Höhepunkt als herausragend bezeichnet werden. Dies setzt nicht nur Literaten voraus, die neuen und eindrucksvollen Gebrauch von althergebrachten, literarischen Traditionen zu machen verstanden sondern auch eine aufgeschlossene Öffentlichkeit, die dies zu schätzen wußte. Durch die Verbreitung des Judentums und des Christentums wurde das Beste aus der israelitischen Literatur zumindest in Übersetzung weltweit bekannt und bildet nicht den kleinsten Beitrag dieser kleinen Nation für die zivilisierte Welt.

KAPITEL XI

Religion

Seit dem Beginn archäologischer Tätigkeit im Heiligen Land wurden Versuche unternommen, mit den dort gemachten Entdeckungen Zeugnisse für den Glauben und die religiösen Praktiken der alten Israeliten zu finden, um die biblischen Schriften zu »illustrieren«. Allerdings konnten viele der vorgebrachten Deutungen mit der Zeit nicht standhalten. Die Archäologie kann, wie es scheint, nur teilweise Material für bestimmte Aspekte der israelitischen Religion zur Verfügung stellen. Außerdem öffneten ihre Entdeckungen den Blick für Bereiche, die das reine Bibelstudium nicht provoziert hätte. Die Knappheit relevanter epigraphischer Entdeckungen in Palästina ist besonders zu bedauern, sodaß auch schriftliches Material aus den Nachbarländern, wiewohl es manch wertvolle Hinweise enthält, diese Lücke nicht in wünschenswertem Ausmaß füllen kann.

DIE RELIGION DER ISRAELITEN IM LICHTE BIBLISCHER AUFZEICHNUNGEN

Die religiöse Situation stellt sich sehr vielschichtig dar. Gemäß den biblischen Angaben gründet Israels nationale Existenz seit Anfang an im Vertrag, den es am Sinai mit dem Herrn (dessen Name mit den hebräischen Konsonanten JHWH geschrieben und von den Forschern Jahwe ausgesprochen wird, mit Kurzformen wie Jeho/Jahu und Jo) geschlossen hat. Er befreite es aus ägyptischer Knechtschaft und sagte ihm unter der Bedingung vollkommener und ausschließlicher Treue das Erbe am Gelobten Land zu. Die Bibel schildert detailreich die ihm geschuldete oder dargebrachte Verehrung. Sie beschreibt oder erwähnt zentrale Verehrungsstätten vom Zeltheiligtum bis zum Tempel Salomos in Jerusalem und nennt auch andere kultische Plätze, darunter besonders die »Kulthöhen«. Diese galten bis zur Errichtung des Tempels als rechtmäßige Verehrungsstätten, dann aber als unzulässig, da sie zu dieser Zeit durch nicht-israelitische Kultpraktiken als unrein angesehen wurden. Wir erfahren auch viel über religiöse Amtsträger, nämlich Priester, Leviten und Propheten. Über (Schlacht) Opfer und wie sie dargebracht wurden, über Fragen der kultischen Reinheit und Unreinheit und über manch andere Themen wird in gesetzgeberischer Diktion in beträchtlichem Ausmaß geschrieben.

Allerdings wurden nach biblischer Darstellung diese religiösen Vorschriften zu oft durchbrochen, denn Israel neigte die ganze Zeit hindurch, anderen Göttern zu dienen und sie zu verehren, vor allem verschiedenen Ausprägungen von Baal, Astarte und Aschera. Dabei handelt es sich um lokale Ausprägungen vorwiegend kanaanäischer Gottheiten, über welche wir durch die alphabetischen Keilschrifttexte aus Ras Schamra (das alte Ugarit) an der syrischen Küste informiert sind, die die Glaubensvorstellungen und Traditionen, die in der kanaanäischen Welt während der späten Bronzezeit und danach hochgehalten wurden, widerspiegeln. Im kanaanäischen Pantheon war Aschera die Gattin des weisen und freundlichen, wenn auch manchmal lüsternen Hauptgottes El. Sie war die große Muttergottheit und trägt auch Züge der Göttinnen Anat und Astarte, beide Gottheiten des Krieges, der Liebe und der Fruchtbarkeit. Baal, der (Enkel?)Sohn Els, (der Name bedeutet »Herr«, sein wirklicher Name ist Hadad), war der Herrscher über die Stürme und die lebensspendenden Regenwolken, von welchen die Vegetation und somit menschliches und tierisches Leben und Gedeihen abhängig waren. Er wird von vielen als jährlich sterbender und wiedererstehender Gott angesehen, der vom Gott Mot in der alles ausdörrenden Sommerhitze vernichtet wird, aber zur Zeit der Herbstregen zu neuem Leben erwacht und Mot überwindet und somit die Wiederbelebung der Natur einleitet, auf die die Menschen angewiesen waren.

Baal und Astarte wurden in Nachfolge kanaanäischer Vorbilder vor allem *»auf den hohen Bergen, auf den Hügeln und unter jedem grünen Baum«* (Deuteronomium 12, 2) verehrt, in heiligen Bezirken, die mit Kultsteinen (*mazzeboth*) und bisweilen zugeschnitzten Baumstämmen (*aschera*, pl. *ascheroth*), Altären oder Opferplätzen, heiligen Bäumen, Kapellen oder Gebäuden für die Anbeter oder vielleicht auch Götterbildern ausgestattet waren. Diese Heiligtümer stellten einen Aspekt einer vor allem im ländlichen Bereich beliebten Religion dar, aber aus der Bibel erfahren wir, daß die kanaanäischen Götter manchmal auch offizielle Unterstützung von israelitischen und judäischen Herrschern in oder in der Nähe ihrer Hauptstädte erhielten. So hören wir aus dem Nordreich, daß Isebel 400 Propheten der Aschera und 450 Propheten des Baal unterhielt, vermutlich des in Phönizien verehrten, tyrischen Baal (1 Könige 18, 19). Der gut ausgestattete, von Ahab errichtete Baalstempel in Samaria wurde zwar von Jehu zerstört, doch unter seinem Sohn findet sich wieder eine *aschera* in Samaria (2 Könige 13, 6). Ebenso existierte auch in Jerusalem zur Zeit der Athalja ein Baalstempel mit eigenem Priester und sogar eine *aschera* wurde wiederholt im Tempel Salomos aufgestellt – vielleicht ist damit ein Kultbild gemeint, für welches die Frauen vor der Reform Joschijas Gewänder gewebt haben (2 Könige 23, 7).

Der Zusammenhang der in Juda zur Zeit des Jeremia verehrten »Himmelskönigin« mit kanaanäischen Göttinnen ist unklar. Sie könnte sich von Aschera oder Astarte herleiten lassen. Im eisenzeitlichen Palästina verliert Anat offenbar ihre Beliebtheit, die sie in der Bronzezeit genossen hat. Wieweit kleinere Götter, etwa Reschef und Horon, ihre Stellung halten konnten, bleibt fraglich, allerdings scheint die Zuneigung Jerusalems zu Salem, vermutlich dem ursprünglichen Stadtgott von Jerusalem, noch zur Zeit Davids spürbar gewesen zu sein, wenn man die Namen seiner beiden Söhne – Absalom und Salomo – bedenkt. Eine weitere jerusalemitische Gottheit dürfte Sedek gewesen sein. Im Unterschied zu diesen untergeordneten Göttern bekleidete der Hochgott El eine besondere Position. Die Israeliten pflegten ihre Gottheit El Schaddai zu nennen, bevor sie den Namen Jahwe wußten (Exodus 6, 3). Abraham, an den der göttliche Ruf erging, empfing den Segen von El Eljon, dem »höchsten Gott« (Genesis 14, 19–20), der vom kanaanäischen Priesterkönig von Salem verehrt wurde. Angesichts so früher gemeinsamer Verbindungen halten manche die Verschmelzung der El-Verehrung mit dem Jahwismus und die Übernahme verschiedener Merkmale für leicht möglich.

Zusätzlich zu den im vorisraelitischen Kanaan verehrten Göttern, kamen später Gottheiten aus dem Ausland dazu. So ließ Salomo für seine Frauen Heiligtümer errichten, gewidmet der sidonischen Astarte, dem moabitischen Gott Kemosch und dem ammonitischen Gott Milkom (1 Könige 11, 5–7), der vielleicht mit Moloch identisch ist und dem Kinderopfer an der nach phönizischer Art »tophet« genannten Stelle in Jerusalem dargebracht wurden. Darüber hinaus hören wir später von der Verehrung des Tammus, von einem Sonnenkult und von »himmlischen Heerscharen«. Die Beliebtheit assyrischer Kulte und die Verehrung von Sakkuth und Kaiwan, falls Amos 5, 26 auf diese beiden Bezug nimmt, wird von manchen mit dem auch religiösen Einfluß der Assyrer im Gefolge ihrer Expansionspolitik erklärt. Baal Schamem und der Baal von Tyrus wurden vermutlich in Israel, Phönizien und Syrien gleichermaßen verehrt. Angesichts dieser örtlichen und von außen einströmenden Zwänge überrascht es wenig, daß die Israeliten geneigt waren, jahwistische und fremde, religiöse Traditionen zu verknüpfen – *»schwankend zwischen zwei Meinungen«* (1 Könige 18, 21). Sogar in den Staatsheiligtümern des Nordreiches gab es »Kälber« (Stierstandbilder) – vielleicht gedacht als Anspielung auf alte, religiöse Metaphern der Israeliten, doch sicher ausgesprochene Häresie für die Orthodoxie in Jerusalem.

So müssen wir zur Kenntnis nehmen, daß uns die biblischen Aussagen mit einer verwirrenden Vielfalt von Glaubensvorstellungen und religiösen Praktiken konfrontieren. Die Situation wird dadurch zusätzlich verkompliziert, daß die biblische Ansicht, der orthodoxe, israelitische Monotheismus und kanaanäische und andere, polytheistische Abweichungen existierten von Anfang an nebeneinander, nach Meinung mancher Forscher eine späte und theoretische Rekonstruktion der religiösen Entwicklung Israels sei. Sie halten daran fest, daß sich die Religion Israels aus der Religion Kanaans entwickelt hätte. Sie glauben, strenger Monotheismus hätte sich stufenweise aus dem Henotheismus (Verehrung eines Gottes aber Anerkennung der Existenz anderer Götter) oder sogar aus dem Polytheismus entwickelt, er konnte aber vor dem Exil nur von einer Minderheit erreicht werden. Diese Vermutungen sind mit der Annahme verbunden, daß die Texte über die frühe Religion Israels viele Jahrhunderte nach der Zeit, über die sie berichten, entstanden seien, und daher keine Quelle genauer Auskünfte sein können. Daher nahm man an, daß die Verfasser ohnehin keinen historischen Tatsachenbericht über die israelitische Religion schreiben, sondern ihren Zeitgenossen eine möglichst signifikante Vorstellung vermitteln wollten, welche die Glaubensvorstellungen und Traditionen, die man damals für rechtgläubig hielt, fördern würden.

Daraus erhebt sich die Frage, ob wir den Anteil der JHWH Verehrer in Israel und jenen, die ihn nicht verehrten bzw. denen, die ihn ausschließlich verehrten, zu verschiedenen Zeiten abschätzen könnten. Neuere Studien über israelitische Personennamen geben einen Einblick in den Glauben der Israeliten an JHWH im Vergleich zu dem an andere Götter. Wie in anderen altorientalischen Ländern enthalten auch die Personennamen in Israel häufig den Namen einer Gottheit in Verbindung mit einem verbalen oder nominalen Satzglied und drücken damit entweder eine Tatsache: »Jonathan«, »JHWH hat gegeben«, oder vielleicht einen Wunsch aus: »Ezechiel«, »Möge El stärken«. Eine neuere Studie von J. Tigay über die Namen hebräisch beschrifteter Siegel aus der Königszeit (hauptsächlich achtes bis sechstes Jahrhundert v. Chr.) ergab, daß die überwältigende Mehrheit den Gottesnamen JHWH enthält und nur eine kleine Minderheit die Namen heidnischer Götter. Auffallenderweise kommen die Namen der in der Bibel besonders angeprangerten Gottheiten, wie Astarte und Aschera, gar nicht vor. Der Gottesnamen Baal ist vertreten, kommt aber möglicherweise in Bezug auf JHWH vor (vgl. Hosea 2, 18). Es hat daher den Anschein, als handle es sich bei der überwiegenden Mehrheit der Siegelbesitzer aus der Ober- und Mittelschicht um JHWH-Verehrer, wenn auch in anderen Quellen andere Götter genannt werden, besonders Aschera, falls wirklich sie und nicht ihr Kultsymbol in den Inschriften von Kuntillet Adschrud und Chirbet el-Qom (Abb. 56) gemeint ist.

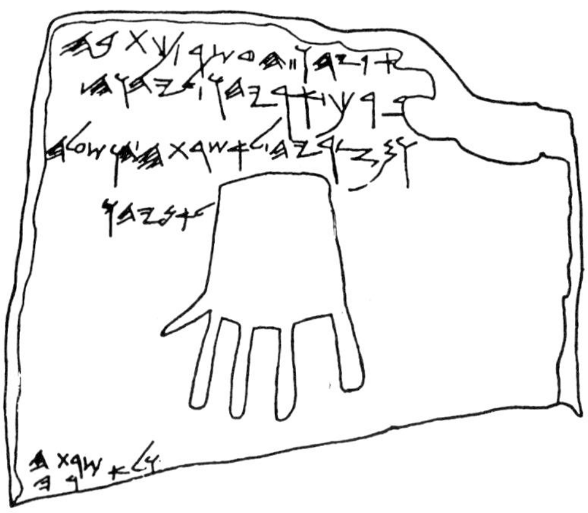

Abb. 56 Grabinschrift aus dem späten achten Jahrhundert v. Chr. von Chirbet el-Qom nächst Hebron. Der Text enthält einen Segensspruch und nennt JHWH und seine Aschera. Die dazugezeichnete Hand möge Böses abwehren. Diese Art von Inschrift wurde als Ausdruck traditioneller Frömmigkeit von den Propheten als häretisch gebrandmarkt und nach dem Exil unterlassen.

Für die Zeit vor dem achten Jahrhundert v. Chr. müssen wir auf die Bibel zurückgreifen, in der die mit JHWH gebildeten Namen seltener sind als die mit El gebildeten. Allerdings ist die Interpretation der mit den Elementen El und Baal gebildeten Namen zweideutig, da sie entweder JHWH oder die kanaanäische Gottheit meinen können. Es hat daher den Anschein, als wäre keine wirklich nennenswerte Häufung israelitischer Namen, die eindeutig mit Namenselementen fremder Götter gebildet worden sind, festzustellen. Die Frage der äußeren Einflüsse auf den

Jahwismus wird uns später beschäftigen. Die Herkunft des Namens JHWH, der im vorisraelitischen Palästina nicht belegt ist, dürfte weiter südöstlich davon im Raum Midian, Gebirge Seir und Paran zu suchen sein und von dort in palästinisches Gebiet eingedrungen sein. Schon aus diesem Grund kann der Jahwismus nicht einfach als eine Entwicklung innerhalb der kanaanäischen Religion beschrieben werden. Die Manifestationen dieser Religionen in Bezug auf Architektur und bewegliche (Kult)Objekte sollten uns weiterhelfen, ihre gegenseitigen Beziehungen besser zu verstehen.

KANAANÄISCHE HEILIGTÜMER

Wir beginnen mit der ausgehenden Bronze- und beginnenden Eisenzeit, als die ersten Spuren der späteren israelitischen Gesellschaft bemerkbar werden. Nach biblischen Angaben lebten die israelitischen Stämme während der Richterzeit in einem unbehaglichen Nebeneinander mit jenen kanaanäischen Stadtstaaten, die sie nicht erobern konnten. In dieser Situation wären religiöse Einflüsse der kanaanäischen Welt auf Israel vorstellbar. Kultureller Austausch kann natürlich schon früher passiert sein, vor allem dann, wenn die Vermutung zutrifft, daß sich unzufriedenes und vertriebenes kanaanäisches Landvolk zu einem nicht unerheblichen Teil in den Ahnen Israels wiederfindet. Darüber hinaus werden allgemeine religiöse Traditionen des Orient in beiden Gruppen, auch wenn sie unterschiedlichen Ursprungs sind, zum Erbgut gehört haben.

»Kulthöhen«

Da die Bibel immer wieder auf kanaanäische Eigentümlichkeiten in israelitischen Kulthöhen verweist, mag es ratsam scheinen, nach kanaanäischen Vorgängern dieser vorwiegend ländlichen Kultstätten zu suchen. Ein sehr anschauliches Beispiel eines nicht-städtischen, kanaanäischen Heiligtums findet sich in Naharija und stammt aus der mittleren Bronzezeit. In seinem letzten Stadium liegt innerhalb eines offenen Geländes eine annähernd runde, durch kleine, übereinandergehäufte Bruchsteine gebildete Plattform von 14 m Durchmesser auf den Fundamenten einer früheren Kultstelle. Drei Stufen führen zur Mitte hin und im Hintergrund befinden sich Steinstelen. Die Plattform war offensichtlich die Bühne für Flüssigkeits(Öl)- und Schlachtopfer. Rund um die Plattform und zwischen den Bruchsteinen fanden sich vielfältige Opfergaben: gewöhnliche und besondere Keramik, darunter Ritualgefäße wie Räucherständer und Schüsseln mit sieben Schalen und siebenschnäuzige Lampen, außerdem Perlen, Metallwaffen in Originalgröße und verkleinert, Schmuckstücke (von geringem Wert) und Figurinen aus Silber und Bronze. Funde von Modeln für das Gießen von Miniaturwaffen sowie ein Model für eine Statuette einer nackten, hörnertragenden Göttin deuten darauf hin, daß diese Gegenstände vor Ort für die Verehrer hergestellt wurden. Überreste von Feuerstellen und zahlreiche

Fragmente von Kochtöpfen und Tierknochen verstreut im Umfeld verweisen auf die Zubereitung von Nahrung. Diese wurde offenbar in einem daneben errichteten, rechteckigen Gebäude eingenommen und ihre Reste machten eine ständige Anhebung des Fußbodenniveaus erforderlich. Neben den Gläubigen könnte das Gebäude auch die Kultdiener und jene Metallarbeiter beherbergt haben, die die Devotionalien für die religiösen Verehrer erzeugten. Es wäre denkbar, daß diese heilige Stätte mit Opferplattform und Speisehalle um Jahrhunderte jene in 1 Samuel 9, 12–19 genannte *bama* vorwegnimmt. Allerdings erwähnt die Bibel weder hier noch an anderer Stelle die Widmung von Opfergaben oder deren Herstellung an Ort und Stelle.

Vergleichbare Heiligtümer unter freiem Himmel wurden an mehreren Orten des levantinischen Raumes im Zuge von Ausgrabungen entdeckt, so im syrischen Qatna, wo die mittelbronzezeitliche Kulthöhe noch einen als *aschera* errichteten Baumstamm umfaßt und im spätbronzezeitlichen Zypern.

Tempel

In den Städten des spätbronzezeitlichen Palästina und Syrien ist der Tempel die vorherrschende Struktur religiöser Gebäude. Nach dem Grundriß können drei Typen unterschieden werden: Erstens der Langraum-Tempel, der aus einem langrechteckigen Gebäude besteht und von der Schmalseite her zu betreten ist, sodaß sich dem Besucher bei Eintritt die gesamte Längsachse des Gebäudes eröffnet, wie in vielen modernen Kirchen; zweitens der Breitraum-Tempel, den der Besucher von der Längsseite aus betritt, d. h. mit Blickrichtung in rechtem Winkel zur Längsseite, und drittens ein seltenerer Tempeltyp mit quadratischem Grundriß.

Der Langraumtempel konnte durch zwei Pfeilerreihen der Länge nach in drei Schiffe gegliedert sein und einen von Türmen flankierten Eingang haben, womit die gesamte Struktur festungsähnlichen Charakter erhielt (*migdal*-Tempel). Wechselweise können auch die Seitenwände hinter der Fassade vorspringen (Anten) und dadurch eine Vorhalle entstehen lassen (*megaron* Tempel). Breitraumtempel können eine Kultnische in der Mitte der Rückwand haben, die manchmal mit einem Rücksprung einen kleinen Raum für ein Allerheiligstes (*adyton*) schafft. Dem Kultraum (*cella*) selbst kann eine Halle vorgelagert sein, deren Eingang von Türmen flankiert ist. Ein Podium an der Rückwand beherbergt Kultsymbole oder Statuen und ist, wenn es in einer Nische steht, über Stufen erreichbar. Bänke aus Lehmziegeln oder verputztem Stein entlang der Wände dienten weniger als Sitzgelegenheit für Besucher als vielmehr zum Aufstellen der Opfergaben oder Götterbilder, besonders in kleinen und mehr ländlichen Heiligtümern. Altäre für Räucheropfer finden sich gelegentlich innerhalb des Tempels, wohingegen die Altäre für die Schlachtopfer üblicherweise außerhalb des Tempels in den Höfen aufgestellt sind, wo es zusätzlich noch heilige Steine (*mazzeba*, pl. *mazzeboth*) geben konnte. Zur rituellen Ausstattung des Tempels gehörten Kultständer und Räucherständer aus Keramik, ringförmige *Kernoi* (Gefäße mit einem Kranz kleiner Schalen für verschiedene Opfer), Metallständer für Ritualgefäße, Lampen und gewöhnliche Keramik für die rituellen Mahlzeiten; auch wertvolle Opfergaben wurden hier aufbewahrt. Ägyptischer Einfluß macht sich manchmal sowohl im Grundriß (hier wäre zum Beispiel der Kapellengrundriß mit über Stufen erreichbarer Breitraum-*Cella* in el-Amarna in Ägypten zu nennen) und in der Architektur der Tempel (Beleuchtung durch Oberlichte, Säulen und Kapitelle nach ägyptischer Art) als auch in Bezug auf Ausstattung und rituelle Opfergaben bemerkbar.

Bestimmte kanaanäische Tempel scheinen von besonderer Bedeutung für das frühe Israel gewesen zu sein. Einer von ihnen war der Baal- oder El Berit-Tempel in Sichem – eine Stadt, zu der die Israeliten ein gewisses Naheverhältnis hatten. Josua 24 schildert die große Vertragszeremonie, die dort stattgefunden hat, jedoch später, unter Abimelech, machten sich (nach Richter 9) Unstimmigkeiten zwischen Israeliten und Kanaanäern in diesem Kondominium breit. Der von Abimelech zerstörte Baal/El Berit-Tempel wird häufig mit dem spätbronzezeitlichen (?) Breitraumtempel (2ab), der über dem früheren *Migdal*-Tempel freigelegt wurde, identifiziert. Wir kennen nur seinen Grundriß, nämlich 16 m mal 12, 5 m und wissen, daß er aus behauenen Steinen errichtet wurde; seine Ausstattung im Inneren oder Kultgefäße sind verloren. Ein gebrochener Steinpfeiler in einer Basis aus Stein, der manche an den in Josua 24, 26 f. erwähnten Pfeiler erinnert und ein Steinaltar, errichtet über einem früheren aus Lehmziegeln, stehen axial vor dem Eingang. Zwei frühere Pfeiler, die den Eingang flankierten, sind noch zu erkennen. Der Tempel und Sichem selbst wurden im späten zwölften Jahrhundert v. Chr. zerstört. Die Fläche, an der der Tempel gestanden war, wurde für Lagergruben verwendet. Ein israelitisches Vierraum-Haus, das im achten Jahrhundert v. Chr. über den Resten errichtet wurde, hielten manche für eine kultische Anlage, dürfte aber eher ein öffentliches Lagerhaus gewesen sein.

Von religiösen Gebäuden in Jerusalem wissen wir vor seiner Eroberung durch David nichts. Allerdings gibt es diesbezügliche Hinweise aus einer anderen Stadt, die lange eine nicht-israelitische Enklave geblieben ist – Beth Schean. Beth Schean stand offensichtlich noch im frühen zwölften Jahrhundert v. Chr. unter ägyptischer Kontrolle, geriet dann in die Hände der Philister und wurde unter David oder Salomo in das vereinigte Königreich integriert (eine davon abweichende Meinung datiert dies erst nach der Invasion durch Schoschenq). Die Ausgrabungen brachten hier zwei Gebäude in Stratum V ans Licht (von Frances James ca. 1100–910 v. Chr. datiert), die die Ausgräber für Tempel hielten. Den »Nordtempel« identifizierten sie mit dem in 1 Samuel 31, 10 erwähnten Tempel der Astarte und den »Südtempel« mit dem in 1 Chronik 10, 10 genannten Tempel des Dagon. Beide Tempel sind ost-west ausgerichtet und öffnen sich nach Westen und beide besitzen eine Vorhalle vor der Hauptstruktur. Der »Nordtempel« besteht aus einem Einzelraum, dessen Decke von vier großzügig im Raum verteilten Pfeilern (deren Basaltbasen erhalten sind) gestützt wurde. Der »Südtempel« stellt eine lange Halle dar, die in Längsrichtung durch zwei parallele Reihen von ursprünglich je drei Pfeilern unterteilt war; die

Pfeiler waren durch niedrige Mauern verbunden. Ob dieser Saal überdacht und mittels Oberlichte beleuchtet oder ursprünglich nach oben offen war, so daß die Pfeiler eine nachträgliche Änderung darstellten, ist umstritten. Störungen, die eine hellenistische Zisterne verursachte, erschweren die Beurteilung, ob ein querliegender Kultraum am Ostende zum ursprünglichen Bestand gehörte. Sollte dies der Fall sein, so ergibt sich eine gewisse Ähnlichkeit mit dem phönizischen Astarte-Tempel in Kition auf Zypern. Zwei Gruppen von je drei Räumen flankieren das Gebäude im Norden und Süden.

Es wurden Zweifel am kultischen Charakter dieser Bauten erhoben. Magnus Ottosson hielt den »Südtempel« für einen Palast und den »Nordtempel« für die Palastkapelle. Obwohl in keinem der beiden Gebäude Altäre oder Podien für Statuen sichergestellt werden konnten, wurden sie als ursprünglich vorhanden vorausgesetzt. Angesichts der gestörten Stratigraphie können geborgene Ritualgegenstände auch von darunterliegenden Tempeln aus früheren Straten stammen, allerdings sind bestimmte Kultständer aus Keramik mit einer speziellen Schlangenverzierung nur typisch für Stratum V. Zu welchem Zeitpunkt die beiden Gebäude weltlichen Zwecken zugeführt wurden, ist unbestimmt. Frances James hielt dies erst nach dem Einfall von Schoschenq für möglich, andere vermuten ein früheres Datum.

Von Heiligtümern, die von Salomo oder späteren Königen des Nordreichs oder Judas für fremde Götter errichtet worden wären, gibt es keine Spuren. Es sind jedoch zwei andere, nicht-israelitische Heiligtümer späteren Datums bekannt. Ausgrabungen von H.J. Franken in Tell Deir ʿAlla östlich des Jordan nahe des unteren Zerka brachten Teile eines Gebäudes vermutlich aus dem späten achten Jahrhundert v. Chr. ans Tageslicht. In ihm befanden sich zwei Gruppen von Textfragmenten in roter und schwarzer Tinte auf Verputz, die ursprünglich zu einer Stele aus Lehmziegeln oder den beiden Seiten einer Tür gehört haben. Obwohl die richtige Zusammensetzung der Textteile schwierig ist, geht doch klar daraus hervor, daß sie eine sonst nicht bezeugte Geschichte des in Numeri 22 – 24 erwähnten Propheten Bileam einschließlich einer Prophezeiung enthalten. Das Heiligtum könnte mit transjordanischen Ammonitern oder vielleicht Midianitern in Verbindung stehen. Ein edomitisches Heiligtum wurde erst kürzlich südlich von Arad in Horvat Qitmit entdeckt. Es dürfte aus der Zeit der Edomitereinfälle in Juda kurz vor dem Ende des Königreichs stammen.

Neben den nicht-israelitischen Heiligtümern auf israelitischem Boden sind auch jene in den angrenzenden Ländern von Interesse. Aus dem phönizischen Bereich haben wir für die frühe Eisenzeit keine Hinweise, anders verhält es sich mit dem philistäischen Bereich in der südpalästinischen Küstenebene, der sowohl kulturellen als auch militärischen Einfluß auf das frühe Israel ausgeübt haben dürfte. In Aschdod, das eine der fünf philistäischen Hauptstädte war, wurde von Moshe Dothan eine Kulthöhe in Stratum XIII (Areal G)/zwölftes Jahrhundert v. Chr. freigelegt. Es handelt sich dabei um einen offenen Platz mit einem Ziegelaltar und einer Steinbasis, die vermutlich eine Götterstatue trug. Einem Gebäude mit einer Apsis in Areal H könnte auch kultische Bedeutung zugekommen sein.

Die Ausgrabungen von Amihai Mazar am kleinen Flußhafen bei Tell Qasile nördlich von Tel Aviv sind für unsere Fragestellung etwas ergiebiger. In den Straten XII–X (ca. 1150 – 980 v. Chr.) stieß er auf eine Abfolge von drei übereinander errichteten, kleinen Tempeln. Die ersten beiden zeigen einen annähernd quadratischen Grundriß, während der dritte eine ostwest gerichtete Langraumkonstruktion mit den Maßen 14, 5 m mal 8 m war. Im Osten befindet sich ein Vorraum, der Eingang liegt seitlich und führt über eine indirekte »Knickachse« zum rechteckigen, westlichen Kultraum. Das zentrale Element stellt, wie in den vorangegangenen Straten, ein über zwei Stufen erreichbares Podium dar. Es befindet sich vor einer Zwischenmauer, wodurch eine kleine Kammer (vielleicht eine Schatzkammer) in der nordwestlichen Ecke des Raumes entsteht. An den Seitenwänden dieses und des Vorraumes ziehen verputzte Bänke entlang, ähnlich wie in den früheren Tempeln. Das Dach des Hauptraumes wurde von zwei axial angeordneten Holzpfeilern (Zedernholz?) auf runden Steinbasen getragen. An die Westseite der beiden späteren Strukturen fügte sich ein Miniaturtempel in den Ausmaßen von 4,18 m mal 2,2 m, der ebenso mit Podium und Bänken ausgestattet war. Der Hof außerhalb war in jedem Stratum mit viel Asche, Tierknochen und Keramikscherben übersät. In Stratum XI fand sich eine *Favissa* (eine Grube für den Empfang von unbrauchbar gewordenen Kultgegenständen) und in Stratum X eine 1, 2 m lange Steinbasis für einen Altar, dessen oberer Teil vermutlich aus Lehmziegeln bestanden hatte. Der Tempel aus Stratum X hat gewisse Ähnlichkeiten im Grundriß sowohl mit bestimmten palästinischen Tempeln der späten Bronzezeit (vgl. den »Graben-Tempel« in Lachisch) als auch mit anderen Tempeln aus dem ägäischen Raum, wobei vor allem Mykene zu nennen wäre.

Diesen philistäischen Heiligtümern wurden vielfältige Kultgegenstände, Gefäße und Votivgaben gestiftet, darunter auch Keramik nach philistäischer, kanaanäischer, ägäischer und ägyptischer Art. Von besonderem Interesse sind eine in Aschdod gefundene Göttin ägäischen Ursprungs in ausgesprochen abstrakter Wiedergabe auf einem Thron sitzend, ein anthropomorphes Gefäß mit Parallelen zu Mykene, das vielleicht eine weibliche Gottheit aus der *Favissa* in Tell Qasile darstellt, und eine Keramiktafel, die die Ansichtsseite eines ägyptischen *Naiskos* nachbildet, auf der zwei in Relief ausgeführte Göttinnen dargestellt sind, die den Betrachter einst anblickten; vielleicht stand diese Tafel auf dem Podium des letzten Tempels in Tell Qasile. Unter der Keramik sind noch zylindrische Kultständer erwähnenswert, die Schüsseln trugen, welche durch vorspringende Zapfen auf den Ständern verankert wurden, wovon sich drei im Miniaturtempel gefunden haben, sowie *Kernoi*, die mit zyprischen vergleichbar sind, und ein löwenköpfiges Gefäß (*Rhython*) mit einem Henkel, das mykenische oder minoische Vorbilder hat. Diese Art religiöser Gegenstände scheint im frühen Israel nur wenig Nachahmung gefunden zu haben. Auftretende Parallelen lassen sich auf den kanaanäischen Bereich zurückführen.

Etwas ist noch über einen bedeutend späteren – im siebten Jahrhundert v. Chr. gegründeten – Tempel in der Philisterstadt Ekron (Tel Miqne) zu sagen. Dieser war ein Teil des Palastkomplexes und bestand aus einem ostwestlich ausgerichteten Langraum, der durch zwei Reihen von je vier Säulen in drei Schiffe geteilt wurde; der Kultraum war am Westende. Lagerräume für die Tempelschätze, einschließlich von Gold, Silber, Bronze und Elfenbeinschnitzereien, zum Teil ägyptischen Ursprungs, umgaben die Seitenwände und die Rückwand. Der Plan ist somit mit dem »Südtempel« in Beth Schean vergleichbar. Andere Seitenkammern enthielten Massen von Vorratskrügen und eine Ölpresse für die Erzeugung von rituell zu verwendendem, heiligem Öl (vgl. Dan). Man fand hier eine bemerkenswerte Gründungsinschrift des Stadtkönigs, geschrieben in einem mit dem Hebräischen und besonders dem Phönizischen verwandten Dialekt (Phönizisch war internationale Bildungs- und Handelssprache) und in entsprechender, archaischer Monumentalschrift. Der Name des Königs war anscheinend derselbe wie derjenige des Stadtkönigs von Gat zur Zeit Davids, in der Bibel *Achisch* geschrieben (1 Samuel 21, 11–16). Dieser Name könnte mit *Achaios*, »Achäer, Grieche«, zusammenhängen, was interessante Fragen betreffs der Abstammung seiner Familie und derjenigen der Philister im allgemeinen aufwirft.

Von den religiösen Bauten der östlichen Nachbarn Israels wissen wir sehr wenig, dennoch bedarf ein von den Midianitern im zwölften Jahrhundert v. Chr. errichtetes Heiligtum in Timna im Wadi Araba der Erwähnung. Es stammt aus der Zeit bevor das Gebiet unter israelitischer Kontrolle war und besteht aus einem an den Felsen gelehnten, groben Breitraumbau, dessen halbkreisförmige Kultnische an der Rückwand in den Felsen gehauen ist. Der Grundriß erinnert an den spätbronzezeitlichen »Stelen-Tempel« von Hazor, doch über Steinmauerwerk dürfte ein Zeltdach gespannt gewesen sein, das von einem vorausgehenden ägyptischen Schrein adaptiert worden war. Unter den Kultgegenständen fand man eine Kupferschlange mit einem vergoldeten Kopf, die die von Moses gemachte eherne Schlange (2 Könige 18, 4) ins Gedächtnis ruft.

ISRAELITISCHE HEILIGTÜMER

»Kulthöhen«

Die im Hebräischen *bama* bezeichnete Kulthöhe kann sich nach biblischen Angaben innerhalb einer Siedlung aber auch draußen am Land befinden. Sie ist jener heilige Platz, der von den Anfängen bis zur Reform des Joschija begegnet. Es muß viele davon gegeben haben, doch wir sind nur dürftig über Lage und Verteilung unterrichtet. Archäologische Untersuchungen ergaben mittlerweile eine Reihe möglicher Standorte. Als älteste gilt heute ein Platz hoch oben auf einem Hügel in einiger Entfernung von israelitischen Ortslagen, etwa 6 km südöstlich von Dschenin im Territorium von Manasse. Vermutlich um 1200 v. Chr. gegründet und nur kurze Zeit in Verwendung bestand sie aus einer elliptischen Einfassung von etwa 21 m Längenausdehnung und war von einer groben Mauer umgeben. Im Inneren lag ein großer Stein (vielleicht ein umgestürzter Pfeiler oder ein Altar) und davor befand sich eine Steinpflasterung, vielleicht auch ein Baum. Kochtopfscherben lassen die Einnahme von Mahlzeiten vermuten. Unter den Funden ist neben Fragmenten eines Räucherständers in Form eines Hauses oder Tempels vor allem eine bemerkenswerte Bronzestatuette eines Stieres (Taf. 22.2) zu nennen – ein verkleinerter Vorläufer jener von Jerobeam in Bethel und Dan aufgestellten »Kälber« (Stierbilder), die allerdings allesamt auf älteren Vorstellungen beruhen: Man denke an den Titel der »Stier« für den kanaanäischen Hochgott El oder an das »Goldene Kalb«.

Über die Zuordnung zu den Kulthöhen einer bislang einzigartigen Struktur etwa 150 m unter dem Gipfel des Ebal herrscht Unsicherheit. Sie stammt aus der Zeit zwischen ca. 1240 und 1140 v. Chr. und besteht aus einer größeren, äußeren und einer kleineren, inneren Einfassung, in welcher sich ein rechteckiges Steingebäude befindet. Dieses erstreckt sich über zwei Bauphasen mit zunehmend besserer Ausführung. Der ursprüngliche Grundriß gab Anlaß zu Vergleichen mit dem späteren Vierraum-Haus. Um das Gebäude herum fanden sich Schichten von Asche und Tierknochen (unter anderem von Schafen) in Hülle und Fülle und Reste von hier verzehrten Mahlzeiten. Andere Funde, darunter ein Krughenkel aus Keramik mit einem Stierkopf (der einem anderen aus dem Kontext des elften Jahrhunderts v. Chr. in Schilo ähnelt), könnten kultische Bewandtnis haben. Die weitere Keramik umfaßt auch Vorratskrüge mit Halswulst, von welchen einer im Gebäude selbst entdeckt wurde. Während der zweiten Bauphase gewährte eine monumentale Treppenflucht Zugang zur inneren Einfassung. Nachdem das Gebäude endgültig nicht mehr in Verwendung stand, wurde es mit Steinen, Erde und Asche, die man dem Hof entnahm, gefüllt und mit einer Pflasterung bedeckt. Der Ausgräber A. Zertal könnte sich die endgültige Form des Gebäudes in Analogie zum von Josua errichteten Altar am Ebal vorstellen (vgl. Josua 8, 30; Deuteronomium 11, 29), andere halten es für einen Turm. Die große Menge von Überresten von Mahlzeiten macht es aber in jedem Fall wahrscheinlich, daß hier gemeinsame Festmähler abgehalten wurden – ein Aspekt, der mit der Interpretation des Platzes als Kulthöhe gut vereinbar ist.

Auch innerhalb von Siedlungen sind drei frühe Kulthöhen bekannt geworden und zwar sowohl aus dem Norden (Hazor Stratum XI) als auch aus dem Süden (Arad Stratum XII und Lachisch Stratum V). Die beiden Erstgenannten stammen aus dem elften Jahrhundert v. Chr., die Letztgenannte aus dem zehnten Jahrhundert v. Chr. Das Heiligtum in Arad stand an der Bergspitze und ermöglichte den Ausblick auf die Häuser an den Abhängen, ähnlich jenes in Hazor. Unser Faktenwissen ist in allen drei Fällen wiederum unvollständig. In Arad und Lachisch scheint abermals ein kieselgepflasterter, heiliger Bezirk umgeben von einer Umfassungsmauer existiert zu haben. Eine ähnliche Pflasterung konnte auch in Hazor um ein kapellenartiges Gebäude herum festgestellt werden. Ein vergleichbares Gebäude gab es auch in Lachisch, allerdings entlang der Einfassung. Beide hatten Bänke aus Stein und Lehm zum Ablegen der Opfergaben und Ritualgegenstände (ein Brauch, der zwar aus der palästinischen Bronzezeit bekannt, in der Bibel aber nicht erwähnt ist). Unter jenen aus Lachisch befanden sich neben häuslicher Keramik auch vier Räucherständer und ein weiterer Ständer, auf dem ursprünglich ein Krüglein und eine Lampe Platz fanden, sowie ein 45 cm hoher Altar aus Kalkstein, wahrscheinlich einst mit vier Hörnern. Auch in Hazor fand man Räucherständer in der Umgebung der Kapelle. In Arad gab es einen Steinaltar und einen halbmondförmigen Opferplatz aus Ziegeln, der von einer Steinmauer umgeben war. Viele Gruben in nächster Umgebung enthielten verbrannte Knochen, einschließlich eines kopflosen Skeletts eines jungen Lammes, die allesamt als Überreste von Schlachtopfern oder rituellen Mahlzeiten anzusehen sind. Ein weiteres gemeinsames Merkmal sind Steinpfeiler, hebräisch *mazzeba*, pl. *mazzebot*. Im heiligen Bezirk von Lachisch könnte neben einer *aschera* (Olivenbaum) auch eine *mazzeba* gestanden sein; in Hazor gab es vier in einer Reihe stehende Pfeiler neben der Kapelle. Ebenso in Hazor entdeckte Yigael Yadin einen für ein Gründungsopfer gehaltenen, vergrabenen Krug mit Votivgaben aus Bronze (die andererseits auch den Vorrat eines Metallarbeiters zum späteren Wiedereinschmelzen darstellen könnten). Darunter befand sich neben verschiedenen Waffen wie Schwert und Axt auch eine Bronzefigurine einer sitzenden Gottheit kanaanäischen Typs (Abb. 57), die einen Helm trägt und ursprünglich eine Waffe hielt. Wieweit dieser »Kriegsgott« religiöse Vorstellungen der Israeliten ausdrückt, bleibt fraglich.

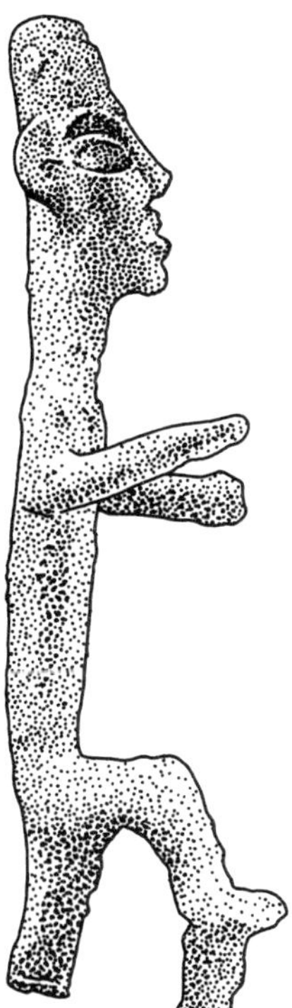

Abb. 57 Bronzefigurine einer Gottheit aus der Kulthöhe in Hazor, Stratum XI (ca. 14 cm hoch). Die religiöse Relevanz dieser Figurine für die Israeliten ist unklar.

Während diese Art von Kultstätten Ähnlichkeiten zu bestimmten kanaanäischen Heiligtümern der mittleren Bronzezeit etwa in Naharija und Gezer aufweisen, so sind solche Kulthöhen vor allem in den Städten der Spätbronzezeit praktisch unbekannt (es wurden Tempel bevorzugt). In diesem Ausmaß kennzeichnen sie einen Neuanfang. Es ist auch nicht bezeugt, daß sie von den Israeliten in späteren Jahrhunderten erbaut wurden.

Schließlich scheint es sich bei einer Konstruktion am Land, die aber mit einer nahe gelegenen Siedlung verbunden ist und bei Ausgrabungen in Machmisch in der Nähe von Herzlia nördlich von Tel Aviv ans Tageslicht kam, um eine *bama* gehandelt zu haben. Dabei handelt es sich um einen ca. 10 m mal 10 m großen, viereckigen Bezirk mit einem Boden aus roter Erde, der von einer Ziegelmauer, die auf einem groben Steinfundament ruht, umgeben ist. Eine einfache Plattform bildete vielleicht einen Altar; Keramik- und Knochenfragmente in der Umgebung deuten auf die Zubereitung von Mahlzeiten. Einige flache Steine könnten als Tische gedient haben. Dieser aus dem zehnten Jahrhundert v. Chr. datierende Ort befand sich in einem Gebiet, das offensichtlich schon israelitischer Kontrolle unterlag und dürfte mit der etwa 400 m entfernten Siedlung Tel Michal in Zusammenhang zu sehen sein.

Abb. 58 Rekonstruktion der Kulthöhe in Dan nach der Umgestaltung durch Ahab und Jerobeam II. Das frühere Quader-Podium wurde wesentlich vergrößert und mit einem monumentalen Stiegenaufgang versehen. Die Spuren der imposanten Struktur auf dem Podium sind schwierig zu lesen und zu deuten.

Zusätzlich zu diesen lokalen und regionalen Kulthöhen gab es noch einige andere von überregionaler, ja gesamtstaatlicher Bedeutung. Eine der großen Kulthöhen befand sich in Gibeon, wo das Zelt und der von Bezalel geschaffene Bronzealtar standen und wo König Salomo nach seinem Amtsantritt seine berühmte Traumvision hatte (1 Könige 3, 4 ff. und 2 Chronik 1, 3–5). Archäologisch konnte sie bis heute nicht verifiziert werden. Später errichtete Jerobeam I. zwei Heiligtümer in Bethel und Dan (1 Könige 12, 29). Jenes in Bethel ist archäologisch ebensowenig greifbar, doch über die Kultstätte in Dan (Abb. 58) besitzen wir interessante Informationen. Die großflächigen Ausgrabungen von A. Biran ergaben gewaltige Überreste, die mit der von Jerobeam I. gegründeten Kulthöhe identifiziert wurden.

In einem 60 m mal 45 m großen Hof, der an drei Seiten durch Räume oder Mauern aus glatten Steinquadern begrenzt ist, stehen ein mächtiges Podium und ein großer Altar, dessen Basis erhalten ist. Am Podium sind drei Bauphasen erkennbar. Im zehnten Jahrhundert v. Chr. wurde es als 18, 5 m mal 7 m großes, rechteckiges Gebäude begonnen und im neunten Jahrhundert v. Chr. von Ahab zu einem annähernd quadratischen Bau auf ca. 18, 5 m mal 19 m vergrößert. Damals erhielten die Ansichtsseiten Mauerwerk aus hervorragend bearbeiteten Steinquadern mit Bossen und Randschlag in Läufer- und Bindertechnik, wie wir es schon in Samaria aus dieser Zeit kennengelernt haben. Nahe dem unteren Ende war eine Reihe von Balken eingefügt. Im Inneren war das Podium, das bis zu 3 m hoch war, mit Steinen gefüllt. Im achten Jahrhundert v. Chr. fügte Jerobeam II. im Süden einen gewaltigen Freitreppe von 7 m Breite an. Die Oberkonstruktion der ersten Bauphase ist unbekannt. Vielleicht bestand sie aus einer leichten Holzkonstruktion mit Vorhängen, die Erinnerungen an ein Zeltheiligtum hervorrufen sollte. Aus der zweiten

Bauphase gibt es ein ungewöhnlich strukturiertes Gebäude auf der Nordhälfte des Podiums. Im Hof vor dem Podium stand ein gewaltiger, über Stufen erreichbarer Altar mit Hörnern, die typologisch schon im weit entfernten Beerscheba vorgekommen sind. Er befand sich innerhalb einer gepflasterten, quadratischen Einfassung, in welcher ein kleinerer, aus einem einzelnen Steinblock bestehender, gehörnter Altar gefunden wurde. Die Räumlichkeiten, die um den Hof angeordnet waren, dienten verschiedenen Zwecken. Ein rechteckiger Raum mit einem Sockel war vielleicht für Versammlungen vorgesehen. In einem anderen Raum befanden sich drei Altäre – zwei an einer Wand und einer freistehend. In dessen Umgebung fanden sich drei Eisenschaufeln zum Beseitigen der Asche und unter ihm lag ein Szepter aus Silber und Bronze. In der Nähe gab es noch eine Ölpresse, die vielleicht die Versorgung der religiösen Zeremonien mit erstklassigem Olivenöl gewährleistete und eine etwas rätselhafte Anlage, die vom Wasser einer Quelle in der Umgebung des Tells gespeist wurde und vermutlich kultischen Waschungen diente.

Torheiligtümer

Heiligtümer nach Art einer *bama* in einem Tor werden unter anderem in 2 Könige 23, 8 genannt. Versuche, diese Heiligtümer auch zu identifizieren, stießen bis heute nicht auf allgemeine Zustimmung. Einer dieser Vorschläge bezog sich auf eine Steinbasis und einen Pfeiler(?) im Kontext eines offenen Platzes im Inneren des Tores aus dem zehnten Jahrhundert v. Chr. in Tell el-Fara (N), Stratum VIIB. Heute wird dieser Befund allerdings als Anlage zum Zerdrücken von Oliven interpretiert. Eine andere Möglichkeit einer religiösen Struktur bot sich im freien Raum zwischen dem inneren und dem äußeren Tor in Dan an. Hier trugen vier Säulen in Basen nach syrohethitischem Stil (Abb. 59), von welchen drei erhalten sind, ursprünglich einen

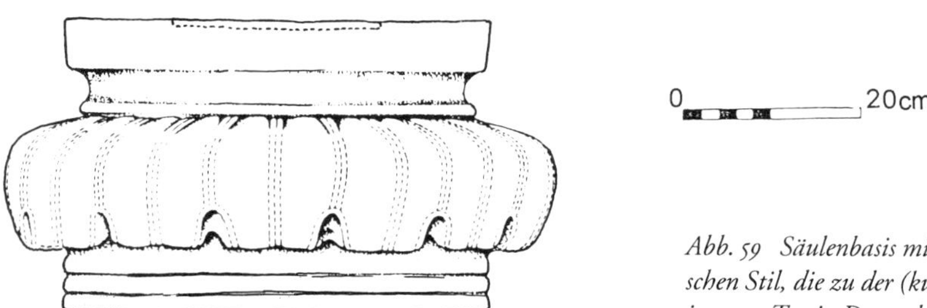

Abb. 59 Säulenbasis mit Ornamenten im nordsyrischen Stil, die zu der (kultischen?) Anlage vor dem inneren Tor in Dan gehörte.

Baldachin, der einem heiligen Pfeiler oder dem Thron des Königs, wenn dieser »im Eingang des Tores saß«, Schatten spendete. Schließlich gab die Entdeckung eines stundenglasförmigen Kalksteinaltars (vermutlich für Weihrauch) im Torbereich von Beerscheba Anlaß für die Annahme, auch hier wären religiöse Zeremonien durchgeführt worden.

Keiner dieser Vorschläge kann wirklich überzeugen – am ehesten noch jener Befund, der im äußeren Tor in Dan festgestellt wurde: Fünf gegen die Mauer aufgestellte Steine, vor welchen sich eine Steinbank oder ein Tisch zur Ablage der Opfergaben befindet. In der näheren Umgebung wurden Gefäße zum Verbrennen von Weihrauch, Öllampen und Keramikschüsseln gefunden.

Kulträume und Kultnischen in weltlichen Gebäuden

Manche Gebäude, denen man in der Vergangenheit religiöse Geltung beigemessen hat, waren tatsächlich eher weltliche Bauten, in denen vielleicht ein Raum oder eine Ecke kultischen Zwecken gewidmet war.

In Stratum VA in Megiddo, zehntes Jahrhundert v. Chr., wurde ein großes Vierraum-Haus mit zusätzlichen Seitenräumen und einem vorgelagerten Hof (Locus 2081) freigelegt. Zwei Steinpfeiler im Eingang des Gebäudes hielten manche für kultisch und andere einfach für Türpfosten. Allerdings gibt es im Vorhof zwei vorspringende Mauern, die eine Nische bilden, in welcher ein großer und ein kleiner, gehörnter Kalksteinaltar gefunden wurden. Möglicherweise flankierten sie ursprünglich den Eingang. Unter den weiteren Fundobjekten befanden sich je ein Räucherständer aus Stein und Keramik und verschiedenartige Keramikgefäße. Ein flacher Stein vor der Tür könnte als Opfertisch gedient haben. Es besteht die Möglichkeit, daß wir es hier mit einer Kultnische oder Hauskapelle zu tun haben. In Megiddo könnte in Gebäude 338 eine weitere Kultnische existiert haben. Dieses wurde zwar auch als Ganzes für ein Heiligtum gehalten, doch alles in allem genommen war es wohl eher ein prächtiges Gebäude für die Verwaltung oder für Wohnzwecke.

Auch der rein kultische Charakter eines Gebäudes aus dem zehnten Jahrhundert v. Chr. in Taanach ist umstritten, obwohl in seiner unmittelbaren Nähe ein Steinbassin, eine Stele und zwei außergewöhnliche, unter anderem mit Sphingen und Löwen geschmückte Räucherständer aus Terrakotta gefunden wurden. Die Architektur und viele der Fundobjekte geben es als weltliches Gebäude aus und das Räuchern mit Weihrauch kann auch offiziellen oder gesellschaftlichen Zusammenkünften eine besondere Note verleihen – wie wir es aus dem alten Ägypten und auch aus der arabischen Welt kennen.

Andere Kultstätten

Ein bislang einzigartiges Gebäude (Abb. 60) aus der Mitte des neunten bis zur Mitte des achten Jahrhunderts v. Chr. in Kuntillet Adschrud (Horvat Teiman) am Südrand des Negev diente offensichtlich religiösen und anderen Zwecken. Sein Grundriß erinnert an eine rechteckige Festung mit zentralem Innenhof und Bastionen an den Ecken, allerdings fehlen die in einer solchen Anlage zu erwartenden Kasemattenräume. Tatsächlich könnte es sich sowohl um eine verteidigte Wasser- und Raststation für Reisende als auch um einen Ort der religiösen Andacht für Israeliten und andere gehandelt haben. Der Zutritt erfolgte über einen Eingangshof mit Sei-

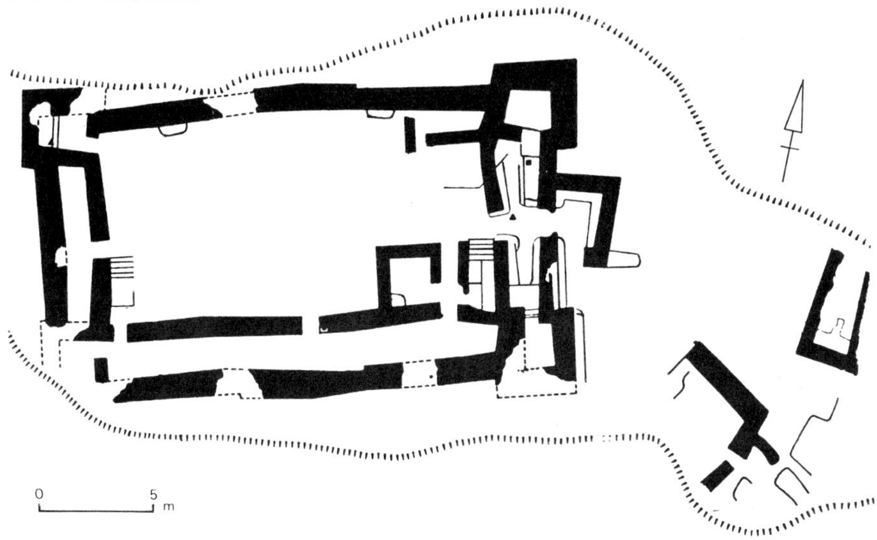

Abb. 60 Grundriß der »Raststätte« am Straßenrand in Kuntillet Adschrud. Trotz formaler Ähnlichkeiten mit einer Festung mit Eckbastionen dürfte es sich hauptsächlich um einen Ort der Rast und Erfrischung und der Möglichkeit zu einer kurzen, religiösen Andacht für Reisende gehandelt haben.

tenbänken und führte in einen unmittelbar dahinterliegenden, ebenfalls mit Bänken für die Opfergaben ausgestatteten, schmalen Raum. Beide Räume unterschieden sich von den anderen durch einen feinen, weißen Verputz an den Wänden, der im Eingangshof durch Bemalung mit floralen und geometrischen Mustern verziert war. Im anschließenden Raum wurden Fragmente von zwei großen Krügen gefunden, die Zeichnungen und Inschriften mit roter Tinte in hebräisch trugen. Die Zeichnungen lassen eine Leierspielerin, den ägyptischen Gott Bes (Abb. 68), einen Löwen, eine Kuh mit Kalb und einen Lebensbaum (Abb. 67) neben eher groben Konturen menschlicher Figuren erkennen. Diesen Bildern könnte kultische Bedeutung zukommen. Die Inschriften nennen in zwei Texten Jahwe (in einem Fall vielleicht beschrieben als Jahwe von Samaria) gemeinsam mit »seiner(?) Aschera«. Von zwei gewaltigen Steinschalen ist die eine mit etwa 180 kg Gewicht am Rand mit einer Bitte um den Segen Jahwes an den Besitzer beschrieben. Eine weitere Inschrift auf dem abgefallenen Wandverputz aus dem schmalen Raum erwähnt das Wohlwollen Jahwes, während ein Textfragment in phönizischer Schrift aus dem Durchgang von einem Lagerraum in den Hof El und Baal nennt. Eine heute unlesbare, phönizische Inschrift befand sich am Durchgang vom schmalen Raum mit den Bänken zum Hof. Der Anbringungsort dieser Inschriften an den Türpfosten erinnert an die Weisung in Deuteronomium 6, 9, jedoch lassen ihr heidnischer Charakter und allgemein die Mischung israelitischer und fremder religiöser Bekenntnisse in Kuntillet Adschrud die biblische Kritik am Synkretismus besser verstehen. Altäre oder Räucherständer waren hier nicht zu finden. Der Zusammenhang einer stark zerstörten Struktur ganz in der Nähe mit kultischen Tätigkeiten ist gänzlich ungeklärt – Fragmente von dort aufgefundenen Wandmalereien zeigen weltliche Motive. Der Vorschlag, in Kuntillet Adschrud wären *marseach*-Feste abgehalten worden, bleibt spekulativ.

Es gibt aber noch weitere, scheinbar kultische Stätten, die dennoch nicht eindeutig zuzuordnen sind. Eine sehr rätselhafte unter diesen ist Samaria Locus E 207. Im Wesentlichen besteht sie aus einem großen, 6 m breiten, nach unten sich verjüngenden Graben, der eine aus dem Felsen geschlagene trapezoide Insel im Ausmaß von 30 m mal 26 m mal 26 m nahezu umgibt. Durch spätere Abbauarbeiten und Beerdigungen gibt es zahlreiche Störungen, sodaß keine alte Bausubstanz mehr erkannt werden konnte. Allerdings befand sich Keramik sehr zahlreich im Graben, darunter weibliche Figurinen, Reiterfigurinen und mehrere Körbe voll mit Lampen. Möglicherweise waren diese Fundobjekte ursprünglich an einem kultischen Ort beheimatet, an welchem nächtens Zeremonien stattfanden, doch ob diese hier oder anderswo zu lokalisieren sind, läßt sich heute nicht entscheiden.

In Jerusalem gibt es eine von Menschenhand angelegte Höhle (Höhle I) von 8,12 m Tiefe und 4,2 m Breite, die von einer Mauer geteilt wird, welche sich von einem zentralen Felspfeiler nach rückwärts erstreckt. Die Höhle enthielt neben mehr als 1200 Keramikgefäßen auch massive oder hohle weibliche Figurinen, Tier- und Reiterfigurinen, Vogelmodelle und andere Objekte. Einige zur Gänze erhaltene Schüsseln neben dem Eingang bargen die Überreste von Tierknochen. Viele dieser Funde erinnern an Samaria. Vielleicht handelt es sich bei der Höhle um ein Lager von kultischen Opfergaben, weniger wahrscheinlich ist ihre Deutung als Heiligtum.

Auch die Bedeutung bestimmter großer Steinhaufen-Denkmäler, die hauptsächlich, aber nicht ausschließlich, in Gruppen nahe Malha, südwestlich von Jerusalem auftreten, ist schwierig zu erschließen. In exponierter Lage ähnelten sie im Zustand vor der Ausgrabung hohen Kegeln mit abgeflachten Spitzen und man vermutete ursprünglich und auch naheliegend, daß sie Gräber beherbergten. Die Ausgrabung eines solchen Steinhaufens durch Ruth Amiran brachte allerdings folgendes ans Tageslicht: Der Steinhaufen besteht aus übereinander angehäuftem Bruchgestein und bedeckte damit eine kleine Plattform mit kleiner gepflasterter Fläche, einer Grube und einer Feuerstelle und einen Bereich voller verbrannten Schutts, Holzkohle und Fragmenten judäischer Keramik aus dem siebten Jahrhundert v. Chr. Weitere Scherben dieser Zeit fand man im Steinhaufen. Der ganze Bereich war mit etwas Abstand von einer grob kreisförmigen, vieleckigen Trockensteinmauer mit etwa 5 m langen, schräg aneinandergesetzten Abschnitten umgeben. An zwei Stellen erlaubten einige Stufen Zutritt zum Inneren. Nachdem später eine äußere Mauer angefügt worden war, wurde offensichtlich kurz darauf der Steinhaufen aufgetürmt. Es konnten keine Spuren einer Beerdigung festgestellt werden. So wird von manchen erwogen, daß es sich bei der Anlage um eine Kulthöhe, vielleicht in Verbindung mit einem hypothetischen Grab handle, die, nachdem die Kulthöhen verboten worden waren, mit einem Steinhaufen bedeckt wurde (manche Gelehrte nehmen tatsächlich eine Verbindung aller Kulthöhen mit Begräbnissen an). Andere wiederum interpretieren die Anlage als Ort eines Erinnerungsfestes zu Ehren eines verstorbenen Familienoberhauptes oder Häuptlings. Das enge Nebeneinander mehrerer dieser Strukturen und ihre kurze Benützungsdauer sprechen gegen eine Deutung als *bama*, jedoch sind weitere Untersuchungen erforderlich, um Klarheit zu gewinnen.

Tempel

In den biblischen Erzählungen benutzten die Israeliten ein Zeltheiligtum schon zu Zeiten des Mose, das sie in das Gelobte Land mitnahmen und es dort im Lauf der Zeit an verschiedenen Orten aufstellten. Zusätzlich zu diesem Zentralheiligtum wird von mehreren, anderen, heiligen Stätten vorwiegend im westlichen Palästina berichtet, die nach Ansicht mancher Gelehrter mit Tempeln ausgestattet gewesen sein sollen, die archäologisch allerdings nicht greifbar sind. Ferner erfahren wir vom Privatunternehmen des Micha, ein Daniter, der einen Tempel erbaute, diesen mit Götterbildern und einem *ephod* (Priestergewand) ausstattete und einen Leviten als Priester einstellte (Richter 17). Auch darüber besitzen wir keinerlei Hinweise aus der Archäologie.

Das zentrale Zeltheiligtum bleibt trotz der detaillierten Beschreibung des Zeltes und seiner Ausstattung im Buch Exodus (26 – 27 und 36, 8 ff.) ein schattenhaftes Gebilde, wiewohl die biblischen Angaben wiederholt die Grundlage für theoretische Rekonstruktionsversuche bildeten. Vergleichende Forschungen ergaben, daß auch anderswo im semitischen Sprachraum Zeltheiligtümer auftreten. Die Entdeckung des midianitischen Heiligtums in Timna im Wadi Araba aus dem zwölften Jahrhundert v. Chr., das die Verbindung von Zelt und Steinfundament in sich vereinigt, könnte richtungsweisend sein für ein in Schilo entdecktes Heiligtum, wo die Forschung die Verbindung von Zügen eines Tempelgebäudes mit denen einer Zeltkonstruktion vorgeschlagen hat. Unklar bleibt auch der Zusammenhang jenes Zeltes, das David für die Bundeslade in jenem Bereich errichten ließ, in dem Salomo später seinen Tempel baute, (und das nach 1 Könige 8, 4 in den Tempel gebracht wurde) und dem zentralen Zeltheiligtum sowie die Frage, ob eines von beiden für die Beschreibung im Buch Exodus Pate stand. Von vielen wird dieser Bericht als späte Theorie, als Projektion der Merkmale des Tempels auf die Zeit der Wüstenwanderungen gehalten, während andere wiederum auf die Unterschiede zwischen Zeltheiligtum und Tempel hinweisen und glauben, daß der Bericht über das Zelt einen historischen Kern hat. Gewisse Maßangaben zum Zeltheiligtum und seiner Ausstattung sind überdies als in späteren Zusammenhängen einschlägig betrachtet worden, wie wir noch sehen werden.

Der Tempel Salomos in Jerusalem (Abb. 61) war Palastheiligtum und nationales Zentralheiligtum in einem und ersetzte in dieser letztgenannten Funktion das Zeltheiligtum – so berichtet uns die Bibel. Unsere Informationen beziehen wir hauptsächlich aus der (weder vollständigen noch stets nachvollziehbaren) Beschreibung des Gebäudes im ersten Buch der Könige (6 – 7), die ergänzt wird in 2 Chronik 3 – 4 und Ezechiel 40 – 43. Archäologisch läßt sich das Gebäude im großen und

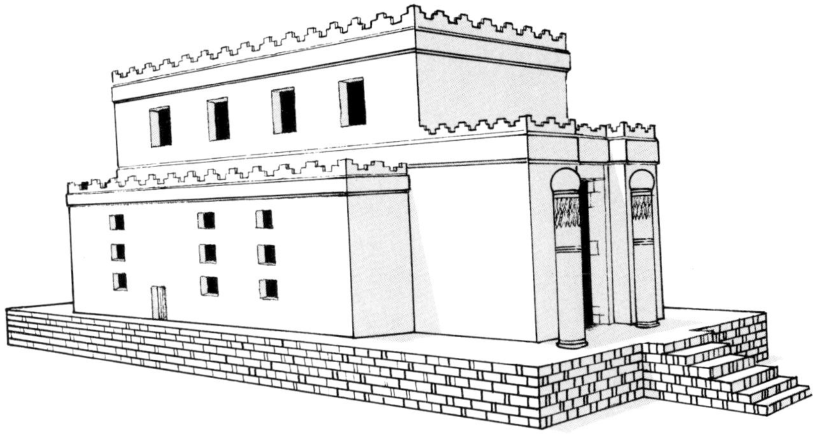

Abb. 61 Künstlerische Rekonstruktion des Tempels König Salomos nach der Beschreibung in 1 Könige 6. Der Zugang zur Vorhalle wird von den beiden Säulen Jachin und Boas flankiert.

ganzen nicht fassen. Mauerreste nahe bei der Südostecke der Umfassung des heutigen *Haram* werden nicht mit allgemeiner Zustimmung für israelitisch oder sogar salomonisch gehalten, obwohl es dahingehende Vorschläge gibt. Ebensowenig können Bestrebungen, Mauerfragmente und Felsschnitte auf dem Tempelplatz in Verbindung mit Salomos Tempel und seinen Höfen zu bringen, ohne wissenschaftliche Ausgrabungen nicht untermauert werden. Sogar der genaue Platz des Tempels ist umstritten. Die traditionelle Ansicht besagt, daß sich entweder der Altar oder das Allerheiligste über dem »heiligen Felsen« (*Sachra*) im Inneren des Felsendoms befand. Dagegen steht eine heutige Annahme, daß der Tempel des Herodes, und damit vermutlich auch der Tempel Salomos, weiter nördlich lagen und das Allerheiligste etwa um den heutigen »Dome of the Tables«. Dennoch erlaubt uns der Bibeltext mit Unterstützung archäologischer und schriftlicher Nachrichten von anderen Orten ein Bild von den wesentlichen Merkmalen dieses wichtigen, alten Gebäudes zu machen. Es vereinigte in sich, vermutlich den Vorlieben seines königlichen Gründers entsprechend, viele Traditionen aus verschiedenen Gebieten.

Die Fundamente des Tempels bestanden aus gewaltigen Steinquadern, worin wir zwar eine bekannte, aber selten verwendete Technik in den reichen, spätbronzezeitlichen Städten, etwa in Ugarit, wiedererkennen. Die weitverbreitete Anwendung dieses Verfahrens in Verbindung mit großzügigem Gebrauch des kostbaren Zedernholzes hier und in anderen salomonischen Gebäuden bedeutete einen enormen Aufwand und leitete eine neue Ära ein. Die Beschaffenheit der Oberbauten – ob aus zugehauenem Stein oder aus Lehmziegeln in einem Holzrahmen – ist Gegenstand von Diskussionen. Der Grundriß des Tempels stellt im wesentlichen einen ostwest ausgerichteten Langbau mit Zutritt vom Osten aus dar, der an den Seiten und rückwärts von übereinanderliegenden Seitenkammern umgeben ist. Die Bibel erwähnt nur die inneren Abmessungen des Tempels, doch unter Berücksichtigung der Wandstärke wird man ungefähr 50 m Länge und 25 m Breite der Gesamtkonstruktion annehmen dürfen. Das Hauptgebäude bestand aus einer Halle, die 40 Königsellen lang,

20 breit und 30 hoch war (dies entspricht etwa 20 m mal 10 m mal 15 m). Die vorgelagerte Vorhalle erstreckt sich nochmals über 10 Königsellen Länge und 20 Königsellen Breite und wurde vermutlich durch Verlängerung der Seitenmauern des Hauptgebäudes als Anten gebildet. An der Rückwand des Hauptgebäudes befand sich das Allerheiligste, ein Holzkubus von 20 Königsellen (10 m) Seitenlänge – vielleicht von ägyptischen Vorbildern inspiriert. Die Höhe der Vorhalle, ob gleich, niedriger oder beträchtlich höher als das Haupthaus (vgl. 2 Chronik 3, 4) ist nicht zu entscheiden. In letztgenanntem Fall könnten die den Eingang flankierenden Türme der *migdal* - Tempel oder die Pylone ägyptischer Tempel als Quelle der Inspiration gedient haben. Das hölzerne Allerheiligste diente der Herberge der von Keruben flankierten Bundeslade, könnte auch Aufbewahrungsort des Zeltheiligtums gewesen sein und läßt ägyptische Parallelen erkennen, obwohl es einen ausdrücklich auf die Israeliten abgestimmten Zweck erfüllte. Ob es sich auf einem Podium erhob oder ob ein darüberliegender Raum die Höhendifferenz zur Haupthalle ausglich, wissen wir nicht. Die Langraumkonstruktion selbst ist zwar aus Nordsyrien stammend hier angewandt, doch durch die Wiederholung einfacher arithmetischer Reihen (2–3-4) in den Abmessungen besonders charakterisiert. Dagegen ist der Ursprung der Seitenkammern schwieriger zu fassen. Beim Südtempel von Beth Schean begegneten uns schon – vermutlich – Lagerräume, die dessen Haupthalle flankierten. Auch das Prinzip der Kasemattenmauern wurde schon erwogen, allerdings konnten hier keinerlei übereinanderliegende Ebenen festgestellt werden.

In dem sonst vergleichbaren Tempel von Tell Taʿyinat in Syrien fehlen die Seitenkammern gänzlich. Die beste Parallele zu diesen zeigt der ebenfalls in Syrien (nordwestlich von Aleppo) befindliche Tempel von ʿAin Dara, bei dem ein in Kammern unterteilter Korridor die Seitenwände und die Hinterwand im dritten Baustadium (900–740 v. Chr.) des seit 1200 v. Chr. bestehenden Gebäudes umgibt. Ob dieser aber einen Oberstock oder vielleicht sogar zwei – wie Salomos Tempel – besaß, ist unsicher. Auch in der Planung des Hauptgebäudes ist die Analogie mit letzterem begrenzt und obgleich die Skulpturenornamentik von ʿAin Dara Keruben (Sphingen) verwendet, ist sie von hethitisch-nordsyrischen und nicht von phönizisch-ägyptischen Traditionen beeinflußt.

Auch über die architektonische Funktion der beiden Säulen Jachin und Boas gab es zahlreiche Diskussionen. Standen sie vor der Vorhalle oder stützten sie deren Dach? Erstgenannte, wahrscheinlichere Möglichkeit kennt Vorläufer im spätbronzezeitlichen Heiligtum von Kamid el-Loz im Libanon und Parallelen im Herakles/Melqart-Tempel von Tyrus, über welchen Herodot (Historien II 44) berichtet. Die doch beträchtliche Deckenspannweite in Vorhalle und Tempelhalle muß die Erbauer vor Probleme gestellt haben. Die Bibel erwähnt keinerlei Säulen, die die Last des (vermuteten Flach)Daches mitgetragen hätten, wie zum Beispiel in der viel schmäleren Halle des Südtempels in Beth Schean. Es ist denkbar, daß man Verstrebungen in der Art mittelalterlicher Stichbalken benützte, vielleicht in Kombination mit Wandpfeilern. Dachbalken segmentierten die Innendecke kassettenartig. Unter der Decke aber über

Abb. 62 Links: Rekonstruktion eines Kesselwagens aus dem Tempel Salomos. Die reiche Verzierung der Seitenflächen ist unter anderen kanaanäischen, phönizischen und ägyptischen Einflüssen zu verdanken. Rechts: Ein gattungsähnlicher Kesselwagen aus dem bronzezeitlichen Zypern mit beachtenswerter Ornamentik.

dem Niveau der Seitenräume, die eigene Fenster besaßen, befanden sich Oberlichten zur Beleuchtung des Hauptraumes – vergleichbar dem Eindruck in einer Basilika.

Nach biblischen Angaben ist die Haupthalle zur Gänze mit Zedernholz verkleidet, mit Schnitzbildern von Keruben (Sphingen) und Palmen verziert und mit Edelsteinen und Blumenmotiven geschmückt (vgl. Rekonstruktion Farbtaf. 8). Hier kommen offensichtlich von Ägypten beeinflußte, phönizische Dekorationsmuster zum Tragen. Die Elfenbeinschnitzereien aus Samaria geben uns Anhaltspunkte hinsichtlich der Formen und auch der Goldüberzug der ornamentierten Wandverkleidung fügt sich in dieses Bild ein. Stilistisch ähnlich verhält es sich mit den beiden aus Olivenholz geschnitzten und mit Gold überzogenen Keruben im Allerheiligsten, die die Bundeslade beschützten. In Bezug auf die Ausstattung des Tempels erkennen wir Traditionen aus anderen Bereichen wieder. Die verzierten Kesselwagen (vgl. Abb. 62), die runde Becken trugen (1 Könige 7, 27 ff.), sind letztlich ägäischen, genauer zypriotischen Ursprungs und wurden im kanaanäisch-phönizischen Bereich an dessen Vorstellungen angepaßt. Falls ein Modell aus Megiddo V richtig gedeutet wird, waren dem eisenzeitlichen Palästina verwandte Kultständer ohne Räder bekannt. Stilistisch passen sie gut ins zehnte Jahrhundert v. Chr. Schwieriger sind Vorbilder für das Eherne Meer, das von zwölf Rindern getragen wurde, zu finden. Es bildete ein Meisterstück phönizischer Handwerkskunst, das von Hiram von Tyrus angefertigt wurde, der auch die anderen Bronzearbeiten des Tempels herstellte. In diesem Sinne verkörpert Salomos Tempel ein außergewöhnliches Bauwerk zwar weniger an Größe aber an architektonischer Pracht und Ausstattung, in dem auf einzigartige Weise Traditionen aus verschiedenen Bereichen aufgenommen und vermischt wurden. Der Tempel war jedoch für den gewöhnlichen Gottesverehrer unzugänglich, da sich dieser mit einem äußeren Hof begnügen mußte (in einem inneren Hof befand sich der Altar), und fügt sich dadurch wieder in weitverbreitete Vorstellungen der semitischen Welt ein, wie auch das Nebeneinander von Tempel und Palast an anderen Orten des levantinischen Raumes der Eisenzeit, etwa Hamat und Tell Taʿyinat anzutreffen ist.

Während der Tempel Salomos unausgegraben bleibt, existiert zumindest ein kultisches Gebäude, das architektonisch als Tempel zu bezeichnen (obwohl es manche für eine *bama* halten) und archäologisch untersucht ist. Es handelt sich dabei um das Heiligtum in der Zitadelle von Arad im südlichen Juda (Abb. 63), das vom schon verstorbenen Yochanan Aharoni ausgegraben und zusammenfassend dokumentiert wurde (seine Mitarbeiter legten neuerdings eine detailliertere Publikation vor) und das zahlreiche Diskussionen ausgelöst hat. Nach Aharoni wurde es in der Regierungszeit Salomos (Stratum XI) gegründet und im Zuge der Reformmaßnahmen des Joschija (Stratum VII) endgültig zum Erliegen gebracht. Dazwischen wurde es während der früheren Kultreform des Hiskija (Stratum VIII) stark eingeschränkt und seines Altars beraubt. Die Chronologie wurde zwar angezweifelt, doch im wesentlichen ist die Architektur des Gebäudes, das einen großen Umbau erlebte, verhältnismäßig klar. Wie der Tempel Salomos ist auch dieses Heiligtum geostet, anders als jener aber ist es vom Typ her ein Breitraum, an dessen Seiten und rückwärts Bänke für die Opfergaben entlanglaufen. Vor dem Kultraum befindet sich ein Hof und in der Mitte seiner Rückwand eine kleine, erhöhte Kultnische (Farbtaf. 7.2), die man über drei Stufen erreichte. Während der ersten Bauphase maß der Kultraum 9 m mal 2,7 m, was nach Aharoni 20 mal 6 frühen Königsellen von 44,5 cm entsprechen sollte. Er wies darauf hin, daß auch die Breite des salomonischen Tempels 20 Ellen betrug und dachte, die Dimensionen des Kultraumes hätten eine Beziehung zu jenen des Zeltheiligtums. Die Kultnische hatte Innenmaße von nur 1,5 m mal 0,75 m, jedoch der mit Steinen aus dem Wadi-Bett gepflasterte Hof erstreckt sich über annähernd 10 m mal 10 m. In ihm stand der »Altar aus Erde« (Lehmziegel) und Steinen aus dem Feld (vgl. Exodus 20, 24–25), doch durch den späteren Umbau sind lediglich einige wenige Fundamentsteine erhalten, die uns zumindest den ursprünglichen Ort des Altares, nämlich annähernd in der Mitte des Hofes, verraten. An die Seiten und an die Rückwand des gesamten heiligen Bereiches grenzen langrechteckige Räume. Nach der Zerstörung von Stratum XI durch Schoschenq wurde der Tempel in Stratum X (neuntes Jahrhundert v. Chr.?) wieder aufgebaut. Dieses modifizierte Gebäude war einschließlich des wichtigsten Kultinventars verhältnismäßig gut erhalten. Der vergrößerte Kultraum war nun auf 10, 5 m Breite angewachsen und die Raumtiefe erreichte 3,15 m (oder 6 neue Königsellen). Aharoni hielt das neue Breitenmaß von 10,5 m für 20 Königsellen zu 52 cm, die in dieser Bauphase das alte, kürzere Ellenmaß ersetzt hätten (vgl. 2 Chronik 3,3). In ähnlicher Weise deutete er die Vergrößerung des Altars auf 2,3 m Seitenlänge. Ebenso vergrößert wurden die Kultnische und der Hof, der gleichzeitig an Breite verlor, da seine Nordhälfte bis zum Altar zu einem Raum umgebaut worden war. Zwei Säulenbasen vor dem Eingang in den Kultraum trugen entweder freistehende Säulen oder Stützen für das Dach. Den Kultraum versah man entlang den Wänden mit Bänken für die Opfergaben. Zwei kleine Steinaltäre (vielleicht für

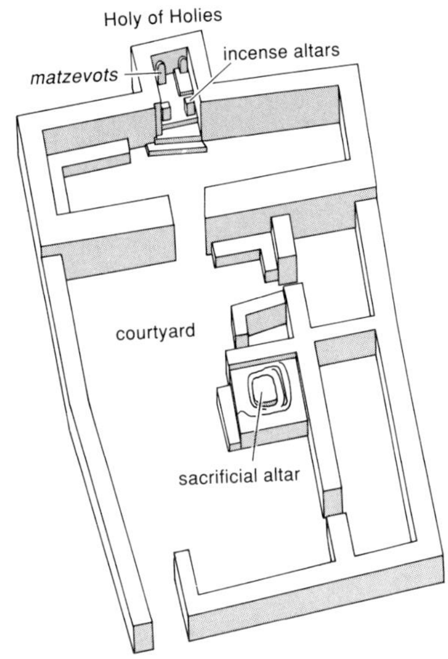

Abb. 63 Rekonstruktion des Tempels von Arad in der Sicht seines Ausgräbers Yochanan Aharoni. Der Kultbau, der für die religiösen Bedürfnisse der Garnison errichtet, aber vermutlich auch für die Nachbarschaft zugänglich war, besteht aus einem Kultraum, dem ein großer Hof vorgelagert war, in welchem sich ein Altar aus »unbehauenen Steinen« (vgl. Exodus 20, 25) befand. Beim Kultraum handelt es sich um einen Breitraum, der in der Mitte der Rückwand eine erhöhte Kultnische besitzt. Ihre Ausstattung bestand ursprünglich aus zwei verschieden großen Steinpfeilern (vielleicht symbolisch für JHWH und seine Gefährtin), vor welchen zwei kleine, steinerne Räucheraltäre standen. Aharoni vermutet, daß die Benützung des Altars im Hof unter Hiskija unterdrückt und jene des gesamten Tempelkomplexes unter Joschia untersagt wurde.
Neuerdings wird Aharonis Sicht der Dinge in Frage gestellt: Die Kultnische könnte nach einer Seite hin größer gewesen sein. Das Gebäude existierte erst ab dem achten oder siebten Jahrhundert v. Chr., und Veränderungen, die angeblich mit den Reformen Hiskijas und Joschijas zusammenhängen sollen, fügen sich nicht in die neue Chronologie ein.

Tierfett oder Weihrauch) flankierten ursprünglich vielleicht die Treppen zum Allerheiligsten und eine flache, oben gerundete, 80 cm hohe Kultstele mit Spuren von roter Bemalung gehörte möglicherweise in die Kultnische (eine frühere Stele aus Flint, vielleicht aus Stratum XI, wurde eingemauert gefunden und einige weitere dürften im Hof gestanden sein).

Die Umwandlung der Nordhälfte des Hofes in einen Lagerraum, verschob den Altar aus dem Zentrum des Platzes in Wandnähe. Aus unbehauenen Steinen wurde er auf einer Fläche von 5 mal 5 Ellen in einer Höhe von 3 Ellen aufgeführt (vgl. Exodus 27, 1). Obenauf lag eine Platte aus Flint, die mit verputzten Rinnen versehen war, so daß Blut und Fett von den Schlachtopfern ablaufen konnten. Vielleicht befand sich darüber einst ein Metallrost für die Kohlen, auf welche das Opferfleisch gelegt wurde. Hörner an den Ecken blieben nicht erhalten und es darf bezweifelt werden, ob welche aus vergänglichem Material ursprünglich angepaßt worden waren. Später wurde noch ein Wasserbecken in der Südostecke des Hofes zugefügt und ein Räucherständer und eine ungewöhnlich große Öllampe fanden sich in einem kleinen Raum neben dem Altar. Zwei Teller mit eingeschnittenen Buchstaben werden uns später noch beschäftigen.

Die Frage nach der Herkunft dieses Gebäudetyps wurde verschieden beantwortet. Man nannte spätbronzezeitliche Tempel in Palästina mit breiten Kulträumen und Kultnische, modifizierte israelitische Vierraum-Häuser mit breiten und wenig tiefen Räumen als auch alte, judäische Traditionen, die irgendwie mit dem Zeltheiligtum zu tun haben könnten. Mag sein, daß unser Tempel in irgendeiner Verbindung zum breiten und engen Endraum im Vierraumhaus steht, Ottosson machte aber darauf aufmerksam, daß Tempel und Wohnhaus architektonisch eigenständige

Wege gingen und der sehr breite, aber wenig tiefe Kultraum auch im phönizischen Astarte-Tempel in Kition auf Zypern auftritt. Vermutlich bestimmten Einflüsse aus mehreren Richtungen die Form des Tempels in Arad. Auch ob ihn seine Plazierung als »Grenzheiligtum« ausweist, ist strittig.

Die hier zusammengefaßt vorgestellte Interpretation der Ausgrabungsergebnisse von Arad durch Aharoni und seine Mitarbeiter entging nicht der Kritik. Besonders die Datierung des Tempels in das zehnte Jahrhundert v. Chr. wurde abgelehnt und seine Gründung erst im späten achten oder sogar frühen siebten Jahrhundert v. Chr. für wahrscheinlicher gehalten. Ebenso bedarf der von Aharoni publizierte Plan des Tempels die eine oder andere Modifikation: Die Südmauer der Kultnische dürfte nicht richtig sein und tatsächlich etwas weiter südlich liegen. Es bleibt aber die endgültige Publikation abzuwarten.

Nicht allzu weit von Arad entfernt, nämlich in Beerscheba, vermuteten Aharoni und seine Mitarbeiter einen weiteren Tempel und zwar aufgrund der Entdeckung von Teilen eines zerlegten Altars aus Steinquadern mit hohen Hörnern. Der bearbeitete Stein läßt an einen nicht-israelitischen Altar denken. Vielleicht gehörte er zu einem Tempel, ähnlich wie jener in Arad, der sich auf dem Tell von Beerscheba befand – dort, wo heute eine tiefe Grube den Stadtplan unterbricht. Die Grube wäre dann als Resultat der vollkommenen Beseitigung des Heiligtums durch Hiskija zu deuten. Yadin dachte allerdings im Zusammenhang mit dem Altar an eine *bama* in der Nähe des Stadttores, fand dafür aber wenig Zustimmung. Da sich aber der Alternativvorschlag nicht mehr verifizieren läßt, bleibt die Lösung des Problems ausständig.

Leider gibt es keine weiteren Beispiele hebräischer Heiligtümer vom Typ eines Tempels, die archäologisch faßbar wären. Wir haben uns mit einigen Modellen aus Terrakotta zu begnügen, die einräumige Gebäude mit dekorierter Fassade darstellen, vor welcher Säulen mit verzierten Kapitellen entweder frei stehen oder einen Architrav tragen, und die vielleicht Abbilder von Kapellen oder kleinen Tempeln sind. Exemplare von Tell el-Fara (N) (Abb. 66) gehören wahrscheinlich in die Zeit vom zehnten bis ins achte Jahrhundert v. Chr. Unklar ist, ob die in den Modellen nachgeahmten Gebäude innerhalb oder außerhalb von Städten zu finden waren und ob sie in Zusammenhang mit dem Kult der Israeliten oder jenem anderer Völker stehen. Noch zweifelhafter ist der Zweck jener Gebäude, die den reich ornamentierten Keramikständern, wie sie zum Beispiel in Megiddo gefunden wurden, als sozusagen lebendes Modell dienten. Darüber hinaus ist stets im Auge zu behalten, daß die Ausgrabungen sowohl in Wohn- als auch in Regierungsstädten auffallend wenige Gebäude kultischen Charakters freilegen konnten. Weder in Tell Beit Mirsim, Beth Schemesch oder Tell en-Nasbe, wo überall beträchtlich große Wohnbezirke ausgegraben wurden, noch in Megiddo gibt es gesicherte Spuren kultischer Gebäude. (Der Vorschlag von Thiersch, die großen Vierraumhäuser von Tell en-Nasbe wären als Heiligtümer zu verstehen, ist nicht mehr aktuell.)

In diesem Punkt unterscheidet sich Israel auffallend von der damaligen alten Welt mit ihrer Vielfalt von Tempeln, Kapellen und Straßenaltären, die überall in den Städten zu finden waren. Vielleicht gibt es einen Zusammenhang mit jahwistischen Vorstellungen, wonach öffentliche Verehrung nur an wenigen Plätzen stattzufinden habe.

Jerusalem scheint hier – zumindest in Zeiten des Glaubensabfalls – eine Ausnahme zu bilden. Aus der Bibel erfahren wir, daß König Ahas an jeder Straßenecke Altäre errichtete (2 Chronik 28, 24; vgl. Jeremia 11, 13) und Ezechiel 16, 24–25 berichtet in ähnlicher Weise von Kulthöhen in jeder Straße. Mag sein, daß wir es hier mit späten Neuerungen zu tun haben, auf jeden Fall lassen sich die literarischen Erwähnungen zum heutigen Zeitpunkt archäologisch nicht erhärten. Auch bleibt unentschieden, in welchem Ausmaß es Gebäude – Vorläufer der späteren Synagogen – gab, in denen sich Gläubige einfach zur Andacht versammeln konnten.

RELIGIÖSE ZEREMONIEN

Kultische Aspekte im Rahmen sozialer Zusammenkünfte

Wenn sich bestimmte Gruppen von Menschen zu einem Treffen versammelten, konnten religiöse Zeremonien im Spiel gewesen sein. Diese waren aber nicht notwendigerweise an öffentliche Heiligtümer gebunden. Familien- oder Sippentreffen wie sie 1 Samuel 20, 28–29 beschreibt, wo sich die Familie Davids bei Neumond in Bethlehem trifft, um zu opfern, können auf noch unbekannte, örtliche Kapellen oder auch andere Räumlichkeiten hinweisen. Diese Räumlichkeiten mögen vielleicht der Ort für gesellschaftliche Zusammenkünfte der Oberschicht gewesen sein, wo sie das *marseach* begingen, ein Fest mit unorthodoxen religiösen Zügen. Quellen wie Amos 6, 4 und Jeremia 16, 8 sowie Quellen außerhalb Israels beschreiben diese Treffen als übermäßige Eß- und Trinkgelage, wobei auch eine Gedenkfeier für die Verstorbenen eingeschlossen war. Die luxuriösen Elfenbeinliegen, auf denen man bei solchen Festen zu ruhen pflegte (Amos 6, 4), könnten mit Elfenbeinschnitzereien wie die in Samaria gefundenen geschmückt gewesen sein. Ob dafür irgendein anderes kultisches Zubehör vorgesehen war, wissen wir nicht; ebensowenig gibt es eine bestimmte Räumlichkeit, die für diese Feste mit Sicherheit zu identifizieren wäre – lediglich Kuntillet Adschrud wurde diesbezüglich erwogen. Öffentliche Angelegenheiten, die den Abschluß einer bindenden Vereinbarung vorsahen, wurden vermutlich von religiösen Zeremonien begleitet. Vielleicht kamen bei diesen Gelegenheiten jene Kultständer zur Verwendung, die in den Reliefs im Palast Sanheribs von assyrischen Soldaten aus dem eroberten Lachisch fortgetragen wurden und die einst im Verwaltungssitz gestanden haben. Ähnlichen Zwecken, nämlich religiösen Begleitzeremonien, dienten vermutlich auch die Altäre, Räucher- und Kultständer in den Verwaltungszentren Jerusalem, Taanach und Megiddo – es scheint nur schwer vorstellbar, daß die reich verzierten Keramikständer, die dem zehnten Jahrhundert v. Chr. entstammen, für den Gebrauch im Alltag bestimmt gewesen wären.

Häusliche Kultpraktiken

Religiöse Zeremonien fanden anscheinend auch im privaten Wohnbereich statt. Die Wohnhäuser verfügten zwar über keine Altäre für Schlachtopfer, aber Rauchopfer wurden wohl ziemlich häufig dargebracht, was durch Funde von Weihrauchschalen, die üblicherweise in Randnähe perforiert sind, für das nördliche Israel ab ca. 1000 v. Chr. und für Juda in etwas geringerer Anzahl ab ca. 800 v. Chr. belegt ist. Es gab auch besondere, kleine Räucheraltäre aus Stein, die ansatzweise vielleicht mit kleinen Hörnern versehen waren, oder aus Terrakotta. Ab dem siebten Jahrhundert v. Chr. kam in Israel als auch in den Nachbarländern ein würfelförmiger Typ mit konkaver Oberseite und kleinen Füßen auf, der aber erst im sechsten und fünften Jahrhundert v. Chr. große Verbreitung fand.

Weniger eindeutig dagegen ist die Funktion einer bestimmten Art von Löffel. Er besteht meist aus Stein, vorwiegend Steatit. Die Höhlung des Löffels wird meist als in einer flachen Hand liegend wiedergegeben, jedoch ein Exemplar aus Tell Beit Mirsim hatte die Form eines Löwenkopfes mit offenem Maul und vorstehendem Unterkiefer, der mit Voluten und Palmetten verdeckt war und statt dem Griff besaß es ein Rohr, das Anlaß zu verschiedenen Deutungen gab. Manche meinen, man würde damit den Rauch des Weihrauchs blasen oder inhalieren. Es zeigen aber nicht alle von ihnen Brandspuren und ein Elfenbeinlöffel aus Megiddo muß anders verwendet worden sein. Vielleicht gehörten sie aber auch zu Behältern mit aromatischen Flüssigkeiten, um diese in sie auszugießen, obwohl Steatitschüsseln dafür wohl ziemlich schwer waren. Falls solche Gegenstände überhaupt kultischer Natur waren, so hatten sie ihren Platz wohl eher im häuslichen als im öffentlichen Ritus. In Israel waren sie vor allem im achten und siebten Jahrhundert v. Chr. beliebt und stehen nordsyrischen Formen nahe.

Das Verbrennen von Weihrauch mag für Anhänger des strengen Jahwismus unannehmbar gewesen sein, besonders dann, wenn das Opfer fremden Göttern wie den Himmlischen Heerscharen galt, welchen die Jerusalemiter auf den Dächern ihrer Häuser opferten (Jeremia 19, 13). Archäologische Funde deuten noch auf andere, nicht tolerierbare Kultformen hin. Man fand zwar in israelitischen Häusern keine den *Teraphim* entsprechenden Figuren, besonders keine lebensgroßen, männlichen, wie sie von Davids Frau Michal benützt wurde, um David zu verkörpern (1 Samuel 19, 13). Man fand jedoch kleine, mit Hilfe von Modeln hergestellte Plaketten in Form weiblicher Figuren und solide gearbeitete, dreidimensionale weibliche Figurinen, die wohl entweder Repräsentationen von Göttinnen oder manchmal auch Amulette darstellen. Die Plaketten waren schon in der späten Bronzezeit beliebt und stellten damals eine stehende, nackte Frauenfigur – vielleicht Astarte, Qudschu oder Anat – mit Hathorfrisur in Vorderansicht dar, die göttliche Symbole hält. Dieser Typ konnte sich nicht bis in die Eisenzeit halten. Die aus Modeln gefertigten und händisch nachbearbeiteten Darstellungen von Frauen, die auf einer Couch oder auf einem Bett liegen, waren ebenso schon in der Bronzezeit bekannt, bestanden aber in vielfältigen Formen in der Eisenzeit I fort. Einige sind gänzlich nackt dargestellt, andere tragen Arm- oder Halsbänder; üblicherweise hängt das Haar zu beiden Seiten des Kopfes herab, fallweise tritt ein hoher Hut (*Polos*) auf. Die schwanger dargestellten Figuren dienten vielleicht als Amulett, das zu Schwangerschaft verhelfen oder eine leichte Geburt begünstigen möge. Diese Plaketten gingen in Juda während des vereinten Königreiches zurück, dagegen taucht im nördlichen Israel der Eisenzeit II eine Variante auf, in der eine Frau einen runden Gegenstand (vielleicht ein Tamburin) vor der Brust hält. Vermutlich kommt hier phönizischer Einfluß zum Tragen, möglicherweise auf dem Hintergrund von Fruchtbarkeitsriten in Zusammenhang mit Musik. Unter den massiven Figurinen, von welchen manche vielleicht auch als Spielzeug dienten, ist der Typ der auf einem Hocker sitzenden Frau, die ein Kind hält, zu nennen und der von Hathor- und Isisdarstellungen inspiriert sein kann.

Zu großer Beliebtheit gelangen in der Eisenzeit II solide Astarte- Pfeilerfigurinen. Sie treten in den Häusern und Gräbern mancher Wohngebiete so zahlreich auf, daß es den Anschein hat, als besitze jeder Haushalt zumindest eine von ihnen. Sie sind von Hand geformt oder auf der Scheibe gedreht, haben eine glockenförmige, sich zur Standfläche hin verbreiternde Körperform mit vollen Brüsten, die von den grob modellierten Armen gehalten werden. Die Köpfe wurden separat mit Hilfe eines Models, vielleicht in einem eigenen Produktionszentrum, hergestellt und dann mit vorspringenden Zapfen (Dübeln?) in den Körper eingesetzt. Der Hinterkopf der Pfeilerfiguren blieb unbehandelt, was vermutlich besagt, daß sie ihren Betrachter anblicken sollten. Die Gesichter sind sorgfältig modelliert, manchmal weiß bemalt und mit roten Wangen versehen; die Frisur zeigt üblicherweise viele kleine Locken und einige Seitenlocken, nur gelegentlich werden hohe Kappen oder Schals getragen. Ob es sich bei den Pfeilerfiguren um Repräsentationen einer Gottheit, etwa der Himmelkönigin, handelt oder einfach um ein Amulett, sei dahingestellt. Stilistisch sind sie wiederum von Phönizien beeinflußt. Beispiele aus anderen, insbesonders gemischten Materialien sind nicht bekannt.

Inwieweit Modelle von Betten, Vögeln (Tauben?) und Reitern aus Terrakotta oder auch tönerne Rasseln mit religiösen Riten in Zusammenhang gebracht werden können, bleibt offen. Jeremia erwähnt zweimal (7, 18 und 44, 19) heilige Kuchen. Keramische Model dafür wurden auch im phönizischen Bereich gefunden, sind insgesamt aber doch außergewöhnlich. Keramische *Phalloi* sind vermutlich einfach als Talisman zu verstehen. Ebensowenig können wir abschätzen, ob kleine Fayenceobjekte ägyptischer Herkunft, die Gottheiten wie Harpokrates, Sachmet oder Bes und heilige Tiere wie einen Löwen oder eine Katze oder das Horusauge darstellen, für die Israeliten, bei welchen sie vor allem in der Eisenzeit I als Amulette oder anderweitig sehr beliebt waren, religiöse Bedeutung hatten oder einfach als exotischer (Mode)-Schmuck angesehen wurden.

Dieses Umfeld entsprach in keiner Weise orthodoxen jahwistischen Vorstellungen, die offensichtlich auch in anderen Punkten häufig mißachtet wurden. So deuten Knochenfunde von Schweinen in Lachisch einen Verstoß gegen die Ernährungsgesetze an, obwohl solche Funde im großen und ganzen selten sind.

Grundsätzlich ist im Zusammenhang mit der rituellen Reinheit aber bemerkenswert, daß nur ein mögliches Beispiel eines rituellen Bades, das nachexilisch so häufig vorkommt, in Tel Masos identifiziert werden konnte. Festzuhalten bleibt, daß die spätere Ausprägung des Judentums am Ende unserer Periode erst im Werden begriffen war.

Religiöse Bräuche rund um die Verstorbenen und in der Volksreligion

Unbestritten war die Vorstellung eines schemenhaften Weiterlebens der Verstorbenen in biblischer Zeit weit verbreitet und der Brauch, Gegenstände des täglichen Lebens, Nahrung und Schmuck den Toten mitzugeben, scheint zu besagen, daß jene in der Lage wären, von diesen Gaben auch zu profitieren. Jedoch weiteres bleibt zweifelhaft. Es wurde zwar vermutlich ein Totenmahl von den Verwandten der Verstorbenen begangen und diesen Trankopfer im Rahmen der *marseach*-Treffen gespendet, doch es gibt kaum Anzeichen von regelmäßigen Speise- oder Trankopfern oder anderen Opferungen an den Begräbnisstätten. Wir wissen auch nicht, ob die Feuer, die bei besonders feierlichen Bestattungen entzündet wurden, eine besondere religiöse Bedeutung im Sinne der Reinigung hatten. Sie werden im Zusammenhang mit Begräbnissen judäischer Könige genannt und scheinbar ist dieser Ritus auch in einem Grab in Tel Eton in Juda belegt, bleibt aber sonst ungewöhnlich. Darüberhinaus legen die biblischen Verbote, »die Geister der Toten anzurufen«, um Orakel von ihnen zu empfangen, und die Geschichte über die Hexe von Endor die Vermutung nahe, daß solche Praktiken existierten, wir aber keinerlei Andeutungen dafür oder für andere Arten der Weissagung aus der Archäologie besitzen. Festzuhalten bleibt lediglich, daß in Jesaja 3 und 4 Wahrsager, Magier und Zauberer im selben Atemzug mit Menschen von hohem, sozialem Ansehen genannt werden.

Untersuchungen zur Volksreligion im alten Israel – im Unterschied zur Hochreligion – ergeben, daß man kaum, wenn überhaupt, auf die in diesem Zusammenhang zu erwartenden Merkmale trifft. So sind in der Volksreligion des arabischen Palästina und anderswo kleine Schreine über den Gräbern heiliger Männer, die vor ihrem Namen den Titel »Scheich« führen und bei denen man Rat und Hilfe suchen konnte, sehr beliebt. Es wurden zwar die Gräber einiger der »kleinen« Richter des alten Israel dahingehend interpretiert, doch dies ist reine Vermutung. Bemerkenswert ist auch das seltene Vorkommen von heiligen Bergen und Höhlen. Außer jenen aus offiziellen, religiösen Traditionen – der Zion und in der samaritanischen Tradition der Garizim einerseits und die Höhle von Machpela andererseits – sind keine weiteren bekannt. Am auffallendsten ist vielleicht das Fehlen von heiligen Quellen und Gewässern, die samt ihren Geistern in der Volksfrömmigkeit vieler anderer Länder auftreten. Weder Kultplätze noch Weihgaben, die auf rituelle Handlungen hinweisen, konnten in ihrer Nähe festgestellt werden und falls es irgendeine Art von Kultlegenden rund um so berühmte Quellen wie die Gichon-Quelle in Jerusalem gab, sind sie verloren gegangen. Auch die Identität des mysteriösen Fremden, mit dem Jakob an der Furt des Jabbok kämpfte (Genesis 32, 24 ff.), bleibt ein Geheimnis.

Epigraphische Zeugnisse

Wenden wir uns nun den in Palästina gefundenen Inschriften zu und untersuchen wir, was sie zum Befund, der sich aus den besprochenen Denkmälern ergibt, beizutragen haben. In Bezug auf Texte, in welchen fremde Glaubensvorstellungen und Kulte zum Ausdruck kommen, können wir uns kurz fassen. Der einzige, bedeutende, epigraphische Fund, der nicht-israelitische, religiöse Traditionen reflektiert, ist die Geschichte des Balaam im schon erwähnten Text aus Tell Deir ʿAlla. Inwieweit die Israeliten die hier zur Sprache kommenden Vorstellungen teilten, wissen wir nicht.

Jedwede Einschätzung, wieweit der orthodoxe Jahwismus und seine Schriften tatsächlich auf die Anfänge Israels zurückgehen, wird einmal mehr durch das Fehlen relevanter, epigraphischer Zeugnisse erschwert. Es gibt weder Fragmente und schon gar nicht vollständig erhaltene Abschnitte von biblischen Texten oder den darin zitierten Werken, wie etwa die späteren Schriftrollen vom Toten Meer, die aus israelitischer Zeit stammen. Das bis heute älteste Beispiel eines biblischen Zitates fand man eingeritzt auf einem winzigen Blatt aus Silber (Abb. 64), das zusammengerollt als Amulett diente und den Priestersegen aus Numeri 6, 24–26 zum Inhalt hat. Fundort war ein wohlhabendes Grab in Jerusalem vom Ende der Königszeit oder sogar später. Ein indirekter Beleg für jene biblische Textstelle, die es verbietet, als Pfand genommene Kleidung über Nacht zurückzubehalten (Exodus 22, 25–26 und Deuteronomium 24, 12–13), dürfte in einem Ostrakon aus dem späten siebten Jahrhundert v. Chr. aus Mezad Haschavjahu vorliegen, wo die Bitte eines Erntearbeiters um Rückgabe seiner als Pfand einbehaltenen Kleidung formuliert ist. Ferner wurde weder ein bestimmtes religiöses Symbol zur Kennzeichnung der Gottheit der Israeliten, wie die, durch welche viele zeitgenössische, heidnische Götter repräsentiert waren, noch ein typisches Erkennungszeichen für die Religion der Israeliten wie etwa später das Kreuz oder der Halbmond benützt. Welchen Stellenwert die seltenen, bis jetzt entdeckten Exemplare des sechszackigen Davidsterns einnahmen, können wir nicht wirklich einschätzen.

Zweifelsfrei steht aber fest, daß im siebten und sechsten Jahrhundert v. Chr. unter anderen die Beamten und Schreiber in Juda Anhänger des Jahwismus waren. In den Briefen von Arad und Lachisch benützten sie Einleitungsfloskeln wie *»JHWH gewähre dir Wohlbefinden«*, *»Ich segne dich durch JHWH«*, *»Möge JHWH meinem Herrn Botschaften des Friedens bringen«* oder den Schwur *»So wahr JHWH lebt«*. Bezeichnenderweise sind keine anderen Gottheiten genannt. Ausgesprochen orthodoxe Bekenntnisse fand man auch auf die Wände einer Grabhöhle in Chirbet Beit Lei nordöstlich von Lachisch gekritzelt. Nach Frank Moore Cross enthalten sie sogar eine verlorene Heilsprophezeiung, doch die Lesung ist zweifelhaft. Zeitlich

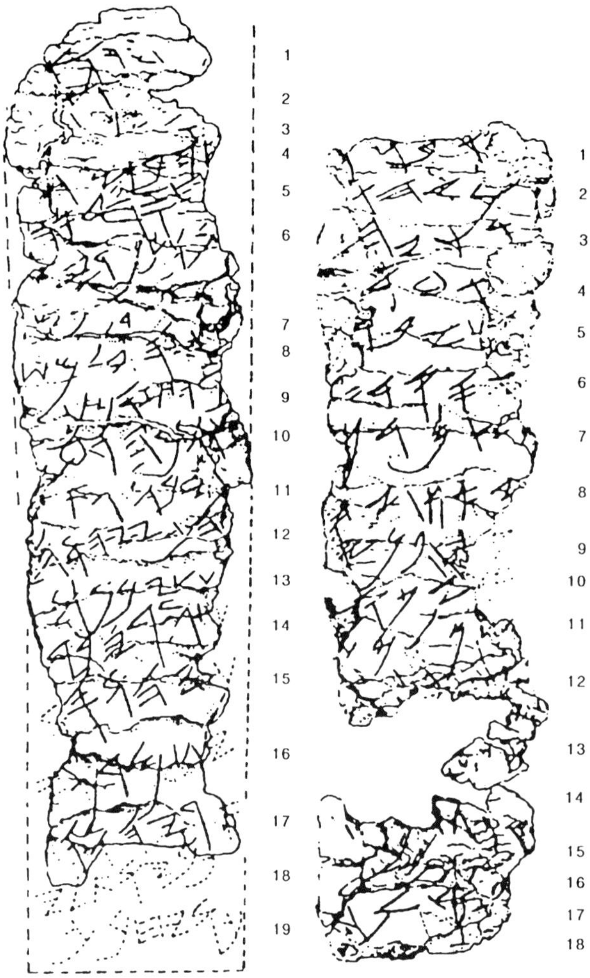

Abb. 64 Kleine Silberstreifen aus dem Hinnomtal mit gravierter Inschrift, die etwas modifiziert den Priestersegen enthalten. Es handelt sich dabei um die älteste Annäherung an einen Bibeltext. Siebtes Jahrhundert v. Chr.

gehören diese Texte in die letzten Tage des judäischen Königreiches oder vielleicht auch früher.

Aber es werden wohl auch Probleme mit der Annahme des Gottes von Israel unter Ausschluß aller anderen Götter erwachsen sein. In der kanaanäischen Religion hatte sich die Tendenz entwickelt, die Repräsentationen ihrer großen Götter an lokalen Heiligtümern zu personifizieren. So entstanden eine Vielfalt von lokalen Ausprägungen von Baal und Astarte. Amos 8, 14 gibt einen Hinweis, daß derselbe Prozeß in der Volksfrömmigkeit der Israeliten Platz gegriffen haben könnte: Die Israeliten schwören unter anderem bei dem Gott von Dan. Aus dortigen Ausgrabungen kennen wir eine griechische Inschrift, die »dem Gott, der in Dan ist« gewidmet ist, womit vielleicht das Weiterleben solch frommer Vorstellungen über Jahrhunderte hinweg zum Ausdruck kommt. Aus etwas früherer Zeit dürfte es in den Inschriften von Kuntillet Adschrud einen Bezug auf einen JHWH von Samaria und vielleicht auch auf einen JHWH von Teman geben, womit aber vermutlich allgemein der Süden und eher nicht ein bestimmtes Gebiet dieses Namens in Edom gemeint sein wird. Der Niedergang Israels und Judas und das Exil unterbrachen, zumindest im Bereich der zentralen Aspekte des israelitischen Glaubens, diese separatistischen Tendenzen. Allerdings läßt sich anhand einer jüdischen Gruppe, die im fünften Jahrhundert v. Chr. auf Elephantine bei Assuan in Ägypten lebte, der Fortbestand einer anderen, kuriosen Lokalisierung nachvollziehen. Das nordisraelitische Bethel war ein mehrfach geheiligter Ort, und zwar durch seine Verbindung zu den Patriarchen und als Platz eines der beiden von Jerobeam gegründeten Reichsheiligtümer. Heilige Steine, die als von Göttern »bewohnt« gedacht wurden, galten im Alten Orient als Bait-Il (=Bethel), also »Haus des Gottes«, woraus sich ein Gott dieses Namens ableitete. Im Bewußtsein so manches Israeliten mag das Wort Bethel eine Assoziation der gleichnamigen Gottheit ausgelöst haben: Jeremia 48, 13 enthält vielleicht einen Hinweis darauf. In Elephantine kommt »Bethel« auf jeden Fall als göttliches Namenselement vor, das ebenso benützt ist als anderswo »Jahu«. Der Niedergang der Kolonie setzte dieser irrenden Theologie ein Ende.

Was die Religionsausübung sowie die Organisation des Kultes und das dafür erforderliche Personal betrifft, hat uns die Epigraphik nicht viel anzubieten. Arad-Ostraka erwähnen die Namen zweier Priesterfamilien aus nachexilischer Zeit: Meremot und Paschhur (vgl. Nehemia 7, 41 und Esra 2, 38 bzw. Nehemia 3, 4 und Esra 8, 33); ein anderes Ostrakon nennt die Söhne Korachs – möglicherweise die wohlbekannte Familie von levitischen Sängern. Dagegen ist die Identität eines auf einem Siegel genannten »Priesters von Dor« rätselhaft; vielleicht war er kein Israelite. Mehrfarbiger Stoff bestehend aus Leinen- und Wollfäden, der in Kuntillet Adschrud gefunden wurde, legt die Anwesenheit von Priestern dort nahe, da solche Gewebe zu tragen für Laien verboten war, allerdings besitzen wir dafür keine Bestätigung aus epigraphischem Material. Auch über die in der Religion der Israeliten eine so wichtige Rolle spielenden Propheten hat die Epigraphik nichts zu berichten, mit Ausnahme eines namentlich nicht genannten Propheten in einem Brief aus Lachisch. Ebensowenig Hilfe kommt von der Archäologie, die weder Hinweise für einen gemeinschaftlichen Wohnsitz für eine Gruppe von Propheten (vgl. dazu 2 Könige 6, 2) entdecken konnte, noch Genaueres zu den großen »Schriftpropheten« beisteuern kann. Ob es sich bei einem auf einem Siegel des frühen achten Jahrhunderts v. Chr. genannten »Diener JHWHs« um einen Tempelsänger handelt, ist fraglich.

Der Ablauf von Zeremonien und Ritualen im Rahmen von öffentlichen Gottesdiensten, wie etwa der »Pilgerfeste«, oder bestimmte Formen des Gebets für die Gemeinschaft oder den Einzelnen sind durch die Epigraphik nicht erfaßt. Allerdings gibt es einige wenige Indizien, die mit den religiösen Pflichten in Zusammenhang gebracht wurden. Auf Krügen aus Kuntillet Adschrud sind die Buchstaben *qr* zu lesen, was vielleicht als Abkürzung von *qorban,* Opfer, zu verstehen ist. Der Buchstabe *j,* der die Ziffer 10 ausdrückt, auf einem anderen Krug besagt vielleicht, daß dieser den an die Priester zahlbaren Zehnten enthielt. Auf zwei Schalen des achten (?) Jahrhunderts v. Chr., die neben dem Altar in Arad gefunden wurden, stehen die Buchstaben *qk* (oder *qs*?) vielleicht für *qodesch kohanim* (»geheiligt/reserviert für die Priester« oder andernfalls für *qdš* – ?, »heilig«). Eine ähnliche Inschrift befindet sich auf einem Grantapfel aus Elfenbein, der einst den Kopf eines Szepters oder zeremoniellen Stabes bildete und vielleicht einem Priester des Jerusalemer Tempels gehörte. Sein Verwendungszweck ist unbekannt. Ähnlich mag das Wort »heilig« (*qdš* – *qadosch*) auf Gefäßen aus Beerscheba und Hazor deren Verwendung in religiösem Zusammenhang andeuten (vgl. Sacharja 14, 21). Mit Ausnahme des Szepterkopfes haben die genannten Beispiele keinen Zusammenhang mit Jerusalem und seinem Tempel, daher sind wir bis auf weiteres auf die Bibel als einziger Informationsquelle über das Kultpersonal und die von ihm ausgeführten Zeremonien angewiesen.

WIE ABHÄNGIG ODER UNABHÄNGIG WAR DIE RELIGION DER ISRAELITEN?

Nach allem bisher Gesagten wird deutlich, daß die Glaubensvorstellungen der Israeliten viel mit der kanaanäischen Religion gemein haben, ja sogar Abhängigkeiten von kanaanäischen Vorbildern aufweisen. Tatsächlich treffen wir noch weitergehende Analogien zum Alten Orient im allgemeinen an, doch sind die Einflüsse aus anderen Nachbarländern sekundär gegenüber jenen aus Gebieten kanaanäischer Prägung. So sind die Berührungspunkte zum philistäischen Bereich bemerkenswert spärlich gesät, wo das gemeinsame kanaanäische Erbe als Erklärung nicht ausreicht, und jene nach Osten noch dürftiger. Das midianitische Heiligtum in Timna und die dort gefundene Kupferschlange rufen zwar Erinnerungen an die »Eherne Schlange« Nechuschtan im Jerusalemer Tempel wach, doch diese greift auf Vorgänger aus dem kanaanäischen Bereich zurück. Es gibt aber auch Unterscheidendes. So hört zum Beispiel die Herstellung von Metallfigurinen von Gottheiten in der Art der kanaanäischen Spätbronzezeit bald nach der Etablierung der Israeliten im Land auf. Insbesondere wurde weder von damals noch aus späterer Zeit eine Statue gefunden, die JHWH zweifelsfrei dargestellt, repräsentiert hätte. Die mit Motiven aus dem kanaanäischen Dekorationskanon, wie Löwen, Sphingen oder Göttern geschmückten Kultständer verschwanden im Lauf der Königszeit. Ideologische Grundsätze mögen dabei eine Rolle gespielt haben. Jedenfalls ging Israel mehr und mehr seinen eigenen Weg und grenzte sich letztendlich klar und deutlich von den Traditionen seiner Nachbarn ab.

KAPITEL XII

Die Kunst

Jeglichem Versuch, die bildende, besonders die darstellende Kunst des alten Israel zu besprechen, wird wahrscheinlich mit Skepsis begegnet. Wie sollte sich so ein Kunstzweig auch entwickelt haben, wo doch die Zehn Gebote ein unmißverständliches und ausführliches Verbot über die Herstellung *»eines Abbildes von dem, was oben im Himmel oder unten auf der Erde oder im Wasser unter der Erde ist«* formuliert haben (Exodus 20, 4; vgl. auch Deuteronomium 5, 8)? Da es in den Zehn Geboten aber weiter heißt, man dürfe sich vor diesen Abbildern weder verneigen noch sie verehren, könnte sich das Verbot vielleicht nur auf Objekte der religiösen Anbetung beziehen, so daß andere Formen der künstlerischen Darstellung nicht betroffen und daher möglich wären. Das nachexilische Judentum tolerierte tatsächlich mitunter gegenständliche Kunst, sogar in Synagogen.

Nichtsdestoweniger führten archäologische Entdeckungen mehr und mehr zur Erkenntnis, daß solche »Abbilder« existierten, und das Erscheinungsbild dieser Kunst, ihre stilistischen Merkmale, ihre Beziehung zur zeitgenössischen Kunst der orientalischen Nachbarländer, die eventuelle religiöse Bedeutung der israelitischen Kunst und wieweit sie aufgrund religiöser Rücksichtnahmen Beschränkungen unterlag, gaben Anlaß zu wachsender Aufmerksamkeit.

Natürlich sollten wir an jenem Zeitpunkt der Geschichte beginnen, zu welchem die Anwesenheit der Israeliten im Gelobten Land greifbar wird. Gegenstände, die nach israelitischer Tradition noch der Zeit vor der Seßhaftwerdung entstammen, zum Beispiel das Zeltheiligtum und sein Zubehör, etwa die Bundeslade (Exodus 36–38) bleiben hypothetisch, allerdings zeigen neuere Forschungen, daß sich die biblischen Beschreibungen in den allgemeinen Kontext des in Frage stehenden Zeitraumes einfügen. Andererseits gilt zu bedenken, daß Israel zu Beginn seiner Geschichte sich in einem Land befand, dessen kanaanäische Einwohner hochstehende künstlerische Traditionen entwickelt hatten und wo unter ägyptischer Herrschaft auch dessen Kunst importiert worden war. Da schon das frühe Israel dem Einfluß seiner Nachbarn ausgesetzt war und die Kanaanäer noch lange im Land wohnen blieben, müssen wir uns zunächst mit der Kunst Palästinas in jener Zeit auseinandersetzen, in der Israel dort zu leben begann, nämlich in der späten Bronzezeit.

DIE KANAANÄISCHE KUNST ZUR ZEIT DES ERSCHEINENS ISRAELS IN PALÄSTINA

In Zeiten der massiven Beeinflussung Palästinas durch internationale Beziehungen findet sich natürlicherweise auch in der Kunst ein Spiegel dieser Situation. Durch die Vorherrschaft Ägyptens kam es zur direkten Einführung ägyptischer Charakteristika in Architektur, sakraler und profaner Plastik (in Flach- und Rundbild) und in der Kleinkunst, hier vor allem bei Elfenbein- und Fayenceobjekten. Ägyptische Kunstformen beeinflußten auch nachhaltig lokale Traditionen, die untereinander sehr gemischt waren. Syrische und phönizische, ägäische und hethitische Kontakte hinterließen alle ihre Spuren. Resultierend aus dieser Situation stand ein breites Spektrum an Motiven der unterschiedlichsten Herkunft zur Verfügung, die feststehenden Traditionen gemäß verwendet wurden, aber mit Blick auf den zu erzielenden, dekorativen Effekt manchmal durch nachlässige Wiederholung ihre ursprüngliche Vorlage nicht korrekt wiedergeben. Greife und Sphingen verbinden Traditionen sowohl aus dem entfernten Anatolien und Ägypten als auch der Ägäis, Rinderdarstellungen folgten möglicherweise ägäischen Vorbildern, während der Löwe nach ägyptischer oder syro-mesopotamischer Manier Einzug in die kanaanäische Kunst fand (das Motiv des Löwen, der einen Stier oder ein anderes Beutetier reißt, war besonders in der letzteren Region langlebig). Während sich der von zwei Capriden – Ziegen, Steinböcken oder Gazellen – flankierte »Lebensbaum« in einem Großteil der Levante großer Beliebtheit erfreute, gelangte die Lotusblume und -knospe von Ägypten kommend in das Land. Diese Motive wurden zusammen mit anderen in höchst ansprechender Weise für plastische Elfenbeinobjekte oder für Plaketten aus Elfenbein verwendet, welche einst Möbel, Holzverkleidungen oder Truhen u.a. schmückten. Aus Lachisch und Megiddo sind einige der herausragendsten Beispiele erhalten (Taf. 28, 29.1): Die schönsten Exemplare aus Megiddo stehen durch große Geschicklichkeit in der Ausführung und Sensibilität im Ausdruck auf echt künstlerischem Niveau.

Andere Zweige künstlerischen Schaffens sind von unterschiedlicher Ausführungsqualität. Die ohnehin nur in beschränktem Ausmaß vorhandene Steinplastik neigt zu mitunter übermäßiger Vereinfachung. Götterstatuetten aus Metall, die entweder einen sitzenden, einen Gegenstand in der Hand haltenden Gott oder einen stehenden, eine Waffe schwingenden Gott zeigen, sind oft roh gearbeitet mit flachen Körpern und runden Köpfen. Offenbar wurde diese Art der Darstellung als passende Votivgabe für gewisse Götter erachtet. Einige wenige allerdings fallen durch naturalistischeren Ausdruck und künstlerisches Gespür auf. Das weibliche Pendant dazu findet sich auf reliefierten Platten mit der Darstellung nackter Göttinnen oder sterblicher Frauen. Sie bestehen entweder auch aus Metall oder wurden mittels Modeln aus Terrakotta gefertigt und weisen ähnlich variierten, künstlerischen Standard auf. Welche Götter allerdings jeweils gemeint sind, ist unklar. Ein bestimmter Typ wird üblicherweise als Göttin Qudschu bezeichnet. Dabei handelt es sich um jene nackte, weibliche Figur in Vorderansicht, die eine »Hathor«-Perücke trägt und eine Lilie in jeder Hand hält. Andere Frauendarstellungen mit Hathorfrisur und Blumen, deren Arme seitlich neben dem Körper herabhängen oder die Brüste halten, könnten als Amulette gedient haben und wurden in Massenproduktion hergestellt. Das von Ägypten kommende Motiv der auf einem Sofa liegenden Frau zeigt in seinen besten Exemplaren eine gewisse künstlerische Note.

Die Keramik ist nur manchmal und dann auch eher bescheiden bemalt. Als eines der beliebtesten Motive tritt der von Capriden flankierte »Lebensbaum« auf, der aber durch zunehmende Vereinfachung gegen Ende der Periode immer abstrakter in der Darstellung wird. Dieselbe Entwicklung durchlaufen die Stempelsiegel dieser Zeitspanne. Beispiele von künstlerischem Wert stellen hier eine Ausnahme dar, obwohl in manchen ein Gefühl für Bewegung zum Ausdruck gebracht wird.

Das Auftreten der Philister und der Seevölker im frühen zwölften Jahrhundert v. Chr. fügten dem künstlerischen Repertoire weitere Aspekte von gemischter Abstammung hinzu. Zyprisch-mykenische Traditionen, die sich besonders in der Bemalung der Keramik bemerkbar machen, werden mit ägyptischen und kanaanäischen Merkmalen verknüpft. So kann die löwenköpfige Form großer Trinkschalen (*Rhyton*) wahrscheinlich auf aus Ägypten stammende Formen zurückgeführt werden, die in Kanaan nachgeahmt wurden. Dagegen spiegeln kleine Terrakottafiguren stilisierter, sitzender Göttinnen oder klagender Frauen mit erhobenen Armen ägäischen Einfluß wider. Andere Gegenstände wiederum sind rein ägyptisch oder kanaanäisch. Künstlerisch befinden sich Objekte dieses Mischstils auf eher niedrigem Niveau und verschwanden bald.

KANAANÄISCHE UND ISRAELITISCHE KUNST DER RICHTERZEIT

Die Kunst Kanaans, wie auch die kanaanäische Gesellschaft im allgemeinen, überstand das turbulente zwölfte Jahrhundert v. Chr. in einem verarmten Zustand. Um ca. 1000 v. Chr. waren die Kanaanäer großteils in Israel eingegliedert, aber schon davor bewirkten Beziehungen zum israelitischen Bergland den baldigen Erwerb kanaanäischer Kunstgegenstände durch Israeliten. Offensichtlich wurden Objekte der gegenständlichen Kunst Kanaans auch für religiöse Zwecke verwendet. In diesem Zusammenhang sind eine Bronzefigurine eines sitzenden Gottes aus dem frühisraelitischen Heiligtum in Hazor XI, eine weitere eines »schlagenden Gottes« aus Megiddo VB, einer gleichermaßen frühisraelitischen Schicht, und noch einmal das Stierbild (Taf. 22.2) kanaanäischer (oder zypriotischer) Herkunft aus dem ländlichen, wahrscheinlich israelitischen Heiligtum in der Nähe Dschenins anzuführen. Diese Götterbilder könnten sowohl für Kanaanäer als auch für Israeliten von religiöser Bedeutung gewesen sein.

Bildliche Darstellungen auf Siegeln oder von Siegelabdrücken, die eine mögliche Auskunftsquelle über den künstlerischen Standard sein können, kommen in diesem Zeitraum selten vor. Wenn überhaupt, dann finden wir sie auf Stempelsiegeln in der

Form ägyptischer Skarabäen oder ihrer Nachbildungen und noch seltener auf konischen oder pyramidenförmigen Siegeln aus billigen Materialien wie Lehm oder Stein. Auf den Skarabäen sind wenig ansprechend in sehr vereinfachten Formen der Pharao oder königliche Symbole dargestellt. Letztere sind durch pflanzliche Motive oder geometrische Muster als glatte Oberflächen angedeutet und ihr Abdruck zeigt weder Hoch- noch Tiefrelief. Manche Darstellungen sind nicht unansehnlich, aber keine ist künstlerisch auf irgendeine Art fortgeschritten. Obwohl manche der Siegel von Orten stammen, die möglicherweise israelitisch waren, sind ihre Hersteller unbekannt und sie selbst nicht als typisch israelitisch zu beschreiben.

VOLKSKUNST IM FRÜHEN ISRAEL

Es erhebt sich die Frage, ob die Israeliten neben all diesen fremden Einflüssen auch über eine eigenständige Kunst verfügten. Offenbar war dies der Fall, doch ihre Erzeugnisse waren eher grob, wenn auch oft kraftvoll im Ausdruck. Versionen der kanaanäischen Bronzefigurinen in Terrakotta könnten israelitische Produkte sein, so zum Beispiel die Darstellung des »schlagenden Gottes« aus Bethel oder Stierbilder bzw. Teile von ihnen aus den Heiligtümern in Schilo und am Ebal. Häufiger dagegen begegnen plastische Darstellungen auf Keramikgefäßen. Mischschalenförmige Gefäße aus Chirbet Raddanah und Dothan haben wie Stierköpfe geformte Ausgüsse und löwenköpfig endende Griffe. Ein Gefäß aus Isbet Sarta trägt die schematische Darstellung eines Steinbocks und einer Palme und verwandte, aber undatierte Vasenfragmente mit plastischem Dekor kommen aus Tell en-Nasbe.

Ein Krughenkel aus Bethel, zum Teil geformt als menschlicher Kopf, ist zwar grob in der Ausführung, aber stark im Ausdruck. Bemerkenswerte Stücke plastisch dekorierter Keramik wurden auch im heiligen Bezirk von Schilo entdeckt. Darunter befinden sich Fragmente eines Vorratskruges mit Rosettendekor und zwei Scherben, die plastische Tierdarstellungen tragen: der Kopf einer Löwin ziert den Rand eines Kochtopfes und ein Widderkopf den Henkel eines mischschalenförmigen Gefäßes. Unsere Sammlung wird durch Teile eines Kultständers aus Terrakotta ergänzt, der mit Darstellungen eines Pferdes, einer Löwin und eines einen Hirsch reißenden Leoparden geschmückt ist.

Obwohl diese Art, etwas zu verzieren, nicht ausschließlich in israelitischen Ortslagen gefunden wurde, scheint sie dennoch dort beheimatet zu sein und I. Finkelstein bezeichnete sie tatsächlich als das »einzige überlebende, künstlerische Vermächtnis, das von den Israeliten der Eisenzeit I erhalten geblieben ist«.

Anatolische (hethitische) Parallelen gibt es zum mischschalenförmigen Gefäß aus Chirbet Raddana und die Hirschdarstellung auf dem Kultständer aus Schilo erinnert an das Vorkommen von Cerviden in der Kunst Nordsyriens und der Hethiter. Zu erinnern ist aber an die zahlreichen Rotwildknochen, die in der Kultstätte am Ebal gefunden wurden, wodurch doch ein bestimmter Stellenwert dieses Tieres für die israelitischen Besucher jenes Ortes ausgedrückt wird. Keramik einfach zu bemalen war bei den frühen Israeliten offensichtlich nicht gebräuchlich und wo Bemalung dennoch auftritt, deutet sie vielleicht auf kanaanäisches Erbe hin. Aber auch in den plastischen Erzeugnissen läßt sich die Tendenz zur Abstraktion nicht leugnen, wiewohl sie mit gelegentlichen Naturalismen und dem Bemühen nach möglichst ganzheitlicher, dekorativer Wirkung Hand in Hand geht.

ISRAELITISCHE KUNST DER KÖNIGSZEIT

»Reichskunst«

Die Entstehung des vereinigten Königreichs, besonders die Zeit Davids und Salomos, hinterließ auch Spuren im Bereich der Kunst. Die Bauprogramme Davids und vor allem Salomos eröffneten den künstlerischen Aktivitäten beträchtliche neue Möglichkeiten, die die Fachkenntnisse fremder Spezialisten in Bezug auf architektonischen Entwurf, Dekor und Ausstattung erforderten. Der Großteil dieser gewaltigen Bauvorhaben ist archäologisch nicht bezeugt oder nur indirekt durch Heranziehung von Parallelen aus anderen Gebieten verständlich. Wir wissen nichts über Davids Residenz in Hebron oder über seinen mit tyrischer Hilfe errichteten Palast in Jerusalem (2 Samuel 5, 11). Auch was die sakrale und profane Bautätigkeit Salomos betrifft, sind wir hauptsächlich auf biblische Informationen angewiesen (1 Könige 4–7; 2 Chronik 2- 4).

Wie vorhin schon erwähnt, spielten allgemeine kanaanäische Traditionen und deren phönizische Ableger eine nicht unbedeutende Rolle. Dies trifft zum Beispiel beim dekorativen Gebrauch der Palme und der Sphingen (die von den Gelehrten mit den biblischen »Keruben« gleichgesetzt werden) im Tempel und den den Thron Salomos flankierenden Löwen zu. (Wir werden die Verwendung dieser Motive auf Kultständern oder in anderen israelitischen Kontexten später noch besonders beachten.) Ägäische (zypriotische) Traditionen wie sie sich in der Art der beweglichen Kesselwagen im Tempel manifestieren, gelangten schon früher nach Kanaan. Noch interessanter ist das Vorkommen von Kultständern kanaanäischer Herkunft in Städten, die schon in der frühen Königszeit (unter Salomo?) unter israelitische Herrschaft gerieten. Diese Ständer stellen Nachahmungen von Gebäuden dar und sind mit plastisch gearbeiteten Figuren geschmückt. Zwei Exemplare davon wurden in Taanach gefunden: einer von Sellin noch vor dem Ersten Weltkrieg und der zweite erst in jüngerer Zeit von Lapp. Der erste konnte aus Fragmenten teilweise wieder zusammengesetzt werden und stellt ein hohes, rechteckiges Gebäude dar, dessen Ecken an der Vorderseite mit fünf Reihen von Löwen und Sphingen, alternierend übereinander angeordnet, verziert sind. Ihre Körper bilden die Seitenflächen des Ständers, nur die Köpfe ragen aus der Vorderseite hervor. Von der Dekoration an der Vorderseite sind nur mehr zwei an einem heiligen Baum hochspringende Gazellen erhalten.

Der zweite Ständer von Taanach (Taf. 23) ist wesentlich besser erhalten. Seine

Dekoration ist in vier Registern angeordnet. Jeweils seitlich befinden sich wiederum drei Reihen abwechselnd übereinander dargestellter Löwen und Sphingen. Im untersten Register der Vorderseite hält eine weibliche Figur, eine »Herrin der Tiere«, die Eck-Löwen an ihrer Seite. Das zweite Register der Vorderseite fehlt, im dritten erkennen wir einen von Ziegen flankierten Lebensbaum und im obersten ein Kalb unter einer geflügelten Sonnenscheibe, das von volutenförmigen Verzierungen seitlich eingerahmt wird. Die Oberseite des Ständers ist als beckenartige Vertiefung (vielleicht für Flüssigkeiten) gearbeitet, deren vorspringender Rand an eine ägyptische Hohlkehle erinnert. Die knopfartigen Vorsprünge könnten ursprünglich von vorragenden Deckenbalken stammen. Der andere Ständer mag im oberen Bereich ähnlich ausgesehen haben. Vom Fragment eines dritten, ähnlichen Ständers, den Yigal Shilo im davidischen (?) Jerusalem gefunden hat, ist nur der obere Teil eines frontal gesehenen Mannes mit nacktem Oberkörper, kurzem Spitzbart und langen Haaren nach ägäischer oder philistäischer Art erhalten, der offensichtlich zwei ihn flankierende Tiere gehalten hat, von welchen aber nur mehr die Pranken vorhanden sind.

Diese Kultständer sind in mehrfacher Hinsicht außergewöhnlich. Das Bildprogramm ihrer Dekorationen ist gänzlich un-israelitischer Herkunft, wurde aber auch im Tempel Salomos verwendet. Stilistisch bildet es eine Mischung kanaanäischer Elemente mit ägyptischen, syro-mesopotamischen und ägäischen Motiven. Wurden solche Kultständer von Israeliten hergestellt? Möglich scheint dies am ehesten beim ersten der drei Ständer zu sein, der sich wie eine grobe Kopie ausnimmt. Die anderen Ständer, besonders der zweite aus Tanaach, dürften doch eher aus Handwerkerkreisen stammen, die geübt waren im Umgang mit alten Traditionen.

Fragmente anderer Kultständer wurden in Megiddo entdeckt. Zwei von ihnen konnten teilweise rekonstruiert werden und zeigen auch das Motiv der Sphingen, sind aber insgesamt kleiner und tragen weniger Dekoration. Vielleicht liegen sie zeitlich wie die Ständer aus Taanach oder später, obwohl diese Kultgegenstände nach der Trennung des Königreichs offenbar an Bedeutung verloren. Auch die plastische Verzierung der Keramik scheint zurückzugehen. Eines der wenigen Beispiele liefern Fragmente einer mischschalenförmigen Schale (ca. 600 v. Chr.) aus En Gedi (Abb. 65). Ursprünglich dachte man, die vom Abdruck eines Stempelsiegels stammenden Motive, nämlich eine sitzende, männliche Figur mit Krone in Anbe-

Abb. 65 In En-Gedi gefundene Fragmente eines Keramikgefäßes mit gestempelter, plastischer Verzierung, die vor allem nach der Teilung des Königreichs selten auftritt.

tung vor einer Pflanze, ein Widder (der jetzt für einen Hirsch gehalten wird) und ein Löwe (?) wären eine Applikation eines separaten Tonstreifens, bis sich herausstellte, daß die dekorativen Motive direkt auf den Gefäßkörper gestempelt wurden. Jedenfalls finden wir so reichliche Dekorationen nicht auf einer anderen Art von Kultgegenständen, wofür das aus dem zehnten Jahrhundert v. Chr. stammende Modell eines kleinen Schreines aus Tell el-Fara (N) angeführt werden darf (Abb. 66).

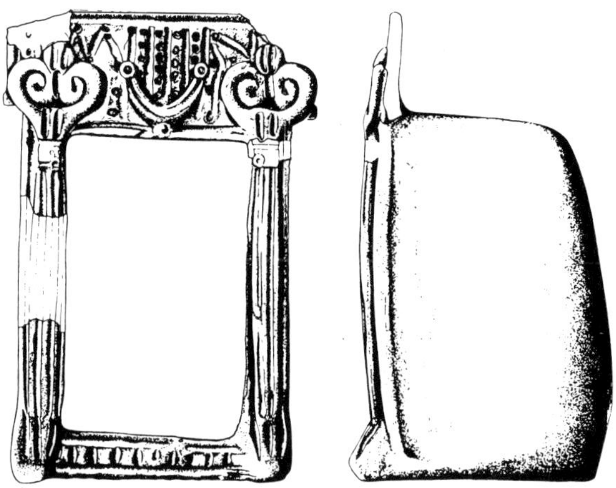

Abb. 66 Terrakottamodell eines Schreines von Tell el-Fara (N), Stratum VIIB (zehntes Jahrhundert v. Chr.?). Dieses Modell stellt ein kleines, vorne offenes Kultgebäude dar, dessen Eingang von zwei Säulen mit Volutenkapitellen flankiert ist. Über dem Eingang befindet sich ein kleiner Bereich plastisch gearbeiteter Verzierung, die jedoch in keinem Verhältnis zu der üppigen Dekoration der zeitgleichen Kultständer mit deren Darstellung verschiedener Lebewesen steht.

Auch in der Zeit Salomos können wir Entwicklungen im Bereich der Kunst beobachten. Götterstatuen aus Metall und Plaketten mit Figuren von Göttinnen gingen rapide zurück. Letztere wurden durch freistehende, mit Hilfe von Modeln oder von Hand geformte Figurinen ersetzt, bei denen sich nach der Reichsteilung Unterschiede zwischen dem Norden und dem Süden erkennen lassen. Jene im Norden zeichnen sich durch die versuchte, realistische Darstellung eines kompletten, weiblichen Körpers aus während jene im Süden den Typ der »Pfeilerfigurine« entwickelten, die aus einem mit einem Model hergestellten Kopf verzapft in einen unproportional kleinen, mit der Hand oder auf der Scheibe geformten, glockenförmigen Körper besteht; ihre Arme halten entweder die Brüste oder – seltener – ein Kind oder einen scheibenförmigen Gegenstand (vielleicht eine Rahmentrommel, weniger wahrscheinlich einen Kuchen oder einen Brotlaib). Diese Gegenstände finden sich auch bei manchen Figurinen aus dem Norden (die »Frau mit dem Tamburin«). Die nördlichen Exemplare sind künstlerisch wenig anspruchsvoll, die südlichen dagegen zeigen bei den Köpfen, die üblicherweise mit streng angeordneten Löckchen – möglicherweise eine Perücke oder natürliches Kraushaar – oder längerem, gewelltem Haar versehen sind, Ansätze künstlerischen Ausdrucks. Gelegentliche Bemalung deutet Schmuck an. Obwohl manchen Gesichtern ein Lächeln oder eine individuelle Note eine gewisse Lebendigkeit verleiht, sind nur wenige als wirklich künstlerisch einzustufen. Vermutlich phönizischen Ursprungs waren diese Figurinen in

Juda und hier besonders in Jerusalem im achten und siebten Jahrhundert v. Chr. sehr beliebt. Vielleicht repräsentieren sie die »Herrin des Himmels« oder eine andere, von den Frauen verehrte Göttin oder Frauen, die die göttliche Gunst erflehen. Vermutlich auch kultischen Charakters sind Statuen von Pferden oder Pferd und Reiter in der Art der Standbilder der in 2 Könige 23, 11 erwähnten »Pferde der Sonne«, die aber nicht als Kunstwerke zu bezeichnen sind.

Für das Verschwinden der üppigen, wenn auch fremd beeinflußten Dekoration der Kultständer und das Aufhören der Götterstatuen sind wahrscheinlich Bedenken, die die Vertreter der offiziellen Religion namhaft gemacht haben, verantwortlich. Offensichtlich konnten sie sich aber nicht völlig durchsetzen, besonders nicht in Bezug auf Bilder in Zusammenhang mit weiblichen Kultformen.

DIE KUNST NACH DER REICHSTEILUNG

Nach der Reichsteilung erreicht Qualität und Quantität des künstlerischen Schaffens seinen Höhepunkt in der Entwicklung der israelitischen Kunst. Dafür können Gründe angeführt werden: In beiden Königreichen war nun, neben dem königlichen Hof und seinem Umfeld, eine soziale Oberschicht entstanden, die sich einen aufwendigen Lebensstil leisten konnte, welcher sich an ausländischen Vorbildern maß und zum Teil nachgeahmt bzw. weiterentwickelt wurde. Daher befindet sich die israelitische Kunst im Spannungsfeld zwischen (selektiver) Imitation fremder Modelle, nämlich ägyptischer, phönizischer und syro-mesopotamischer, und einigen eigenständigen Neuerungen.

Unter jenen Kunstgegenständen, die dem Lebensstil der Oberschicht einen Hauch von Luxus verliehen, sind zuallererst die Elfenbeinschnitzereien zu nennen, die als Wandverkleidungen oder Möbelstücke die Paläste der Könige und die Häuser des Adels schmückten. Die aus der Produktion phönizischer Handwerker stammenden waren von auserlesener Güte: Technisch meisterhaft gearbeitet, ein breites Spektrum ägyptisch inspirierter Motive in glatter und glänzender Ausführung darstellend, gereichten sie jedem Besitzer zur Freude. Jene aus syrischer Handwerkertradition standen diesen nur wenig nach. In Israel finden wir flache Plaketten aus Elfenbein mit reliefiert gearbeiteten Schnitzereien oder bisweilen eingeschnittenen linearen Mustern. Die Plaketten konnten durch Einlagen aus farbigem Glas, Paste und vielleicht auch Edelsteinen zusätzlich verschönert und mit einem Überzug aus Blattgold versehen werden. Darüber hinaus gibt es plastische Elfenbeinarbeiten, die entweder Wandverkleidungen oder Möbel schmückten oder als luxuriöse Einzelstücke auftraten.

Allein in Samaria wurden etwa 500 Elfenbeinobjekte entdeckt, darunter 300 mit Schnitzereien. Leider konnten sie nicht innerhalb ihres ursprünglichen Kontextes geborgen werden, sodaß ihre Datierung umstritten ist. Einige könnten dem in 1 Könige 22, 39 erwähnten »Elfenbeinpalast« Ahabs entstammen, andere (manche

Gelehrte glauben alle) sind etwa hundert Jahre jünger. Die überwiegende Mehrheit sind der Art nach phönizisch und von vor Ort arbeitenden, phönizischen Handwerkern nach Motiven eines aus Ägypten stammenden Motivrepertoires hergestellt. Auch ein gewisser syrischer Einfluß ist bemerkbar. Bei einem eher grob gearbeiteten, in syrischer Tradition stehenden und einen Kerub (Sphinx) mit übergroßem Kopf darstellenden Stück dürfte es sich um eine israelitische Arbeit handeln. Israelitische Schnitzereien, die gelegentlich aus billigerem Knochen anstelle des kostbaren Elfenbeins gearbeitet sind, wurden unter anderem auch in Hazor gefunden. Bei einem Henkel aus Knochen, der als Engel mit vier Flügeln geformt ist, welcher sich an einem Lebensbaum festhält, verbinden sich syrische und phönizische Merkmale. Weitere Beispiele kommen aus Tell en-Nasbe und Geser, sowie ein neueres aus Tell Abu al-Charaz (Jabesch of Gilead). Eine kleine Pyxis und ein geschnitzter Löffel aus Elfenbein von Hazor (Taf. 29.2.3) verraten sowohl einige syrische als auch phönizische Eigenheiten. Vielleicht haben wir in diesen Arbeiten die Produkte einer nordisraelitischen Schnitzereischule vor uns, die möglicherweise in Samaria und vielleicht auch noch anderswo angesiedelt war. Es ist immerhin beachtenswert, daß die Assyrer diese Erzeugnisse wert befanden, sie als Kriegsbeute mitzunehmen (manche von ihnen wurden in Nimrud gefunden), obwohl sie weder in Bezug auf technische Ausführung noch im ästhetischen Ausdruck an die besten Stücke der Phönizier herankommen. In Juda waren Elfenbeinarbeiten weniger verbreitet. Jedoch aus Lachisch ist ein Flaschenkopf aus geschnitztem Elfenbein bekannt und auch unter den Tributgaben Hiskijas an Sanherib wird Elfenbein genannt. Wie jüngere Entdeckungen in Jerusalem zeigen, ersetzte man im ärmeren Süden die Elfenbeineinlagen in Wandverkleidungen aus Holz, benützte aber ähnliche Muster.

Im Bereich der Bildsiegel kam es vermutlich schon im zehnten Jahrhundert v. Chr. zu einem erstaunlichen Wandel im Vergleich mit den vor der Königszeit aktuellen Siegeln. Die billigen konischen oder pyramidenförmigen Stempelsiegel wurden nach und nach durch kleinere Siegel in Skarabäenform, die häufig aus Halbedelsteinen oder anderen kostbaren Materialien bestanden, ersetzt. Die bildlichen Darstellungen zeigen eine beachtliche Mannigfaltigkeit und verbesserte Ausführung, beruhen zum Teil auf ägyptischen oder phönizischen, auch auf den Elfenbeinschnitzereien zu findenden Motiven und zum Teil auf syrischen. Der phönizische Einfluß dominiert im neunten und achten Jahrhundert v. Chr., der syrische später. Es werden Menschen und Tiere, einzeln oder in Gruppen, Pflanzenmotive und göttliche Symbole wie Stern oder Sonne, diese besonders im siebten Jahrhundert v. Chr., zur Darstellung gebracht. Nicht alle in den Nachbarländern beliebten Motive fanden in Israel gleichermaßen Wertschätzung; einige, beispielsweise der in Syrien verbreitete Löwe oder der Greif stießen auf gewisse Resonanz, während das äsende Reh und der Hahn besonders in Israel beliebt waren.

Auf den frühen Siegeln gab es nur selten Inschriften, doch ab dem neunten Jahrhundert v. Chr. wurden sie zunehmend gebräuchlicher und beschränkten sich meist auf den Namen des Besitzers und dessen Vaters. Im siebten Jahrhundert v. Chr. jedoch dominierten in Juda Siegel nur mit Inschriften. Die schönsten Exemplare dieser nicht bildhaften Siegel bestechen nicht nur durch meisterhafte Ausführung sondern auch durch ein Gespür für Ausgewogenheit und fließende Linien und sind in dieser Hinsicht in der damaligen semitisch sprechenden Welt unübertroffen. Vielleicht konnten die alten Judäer, wie später die arabischen Kalligraphen, ihre künstlerischen Ambitionen auf diese abstrakte Art und Weise befriedigen.

Häufig wirken die Abdrücke der Siegel zweidimensional, da die Bilder und/oder Inschriften ziemlich flach gearbeitet sind. Einige herausragende Ausnahmen jedoch erwecken durch sorgfältiges Relief einen sehr naturalistischen Ausdruck. Das berühmte Siegel des Schema (Taf. 32.4), ein Diener des Jerobeam, belegt, welch hohes künstlerisches Niveau erreicht werden konnte. Es zeigt einen brüllenden Löwen in außergewöhnlich lebensnaher Darstellung, auch wenn bei genauerem Hinsehen die Körperhaltung des Tieres und die Art, wie seine Mähne wiedergegeben ist, Anleihen aus dem traditionellen Kanon erkennen lassen. Mit solchen Exemplaren schufen israelitische Siegelschneider echte Kunstwerke. Das Löwensiegel ist jetzt eher in die Zeit Jerobeam I. als des II. datiert worden, also eher in das zehnte als in das achte Jahrhundert v. Chr. und repräsentiert in diesem Fall für diese frühe Zeit ein künstlerisches Werk von bemerkenswerter Güte. Abstrakte Bilder, wie diejenigen auf *la-melech*-Siegeln, sind in dieser Periode ungewöhnlich.

Die nächste sich in diesem Zusammenhang stellende Frage heißt, ob die Israeliten ihre Siegel auch selbst herstellten. Lange war man der Meinung, daß praktisch alle diese Siegel das Werk phönizischer oder syrischer Künstler wären und die Israeliten selbst nur die billigen, gewöhnlichen Siegel aus einfach zu bearbeitendem Rohmaterial wie zum Beispiel Knochen hergestellt hätten. Heute nimmt man jedoch an, daß während der Königszeit israelitische Werkstätten für die Siegelproduktion, denkbar etwa in Samaria, eingerichtet wurden – analog zur vermuteten Schule für die Herstellung der Elfenbeinschnitzereien. Demgemäß gibt es auch keinen Grund, die Möglichkeit auszuschließen, daß die in Juda gefundenen, anikonischen Siegel in Jerusalem oder in anderen Zentren in Juda hergestellt wurden.

Im Bereich der Malerei wird es etwas schwieriger zu einem Urteil zu gelangen, da wiederum nur sehr wenige Beispiele dafür erhalten sind und es genauso schwierig ist, israelitische oder fremde Arbeit zu unterscheiden. Die bislang umfangreichste Sammlung von Malereien stammen aus der Wüstenstation und dem Heiligtum aus

Abb. 67 Malerei auf einem Keramikfragment aus Kuntillet Adschrud. Zwei Steinböcke knabbern an einem heiligen Baum. Die Darstellung geht auf syrisch-phönizische Stilelemente zurück, das Motiv aber ist viel älter.

Abb. 68 Malerei auf einem Keramikfragment aus Kuntillet Adschrud. Zwei Bes-Figuren und eine sitzende Leier-Spielerin. Motive und Ausführung stehen überwiegend in syrisch-phönizischer Tradition.

Kuntillet Adschrud im Negev und sind dem neunten und achten Jahrhundert v. Chr. zuzurechnen. Es handelt sich dabei um Wandmalereien und Malereien auf zwei großen Vorratsgefäßen (*Pithoi*), wobei es sich bei letztgenannten um Vorentwürfe von Freskenmalern oder um Zeichnungen von Besuchern, unter welchen sich Phönizier genau so wie Israeliten befanden, gehandelt haben könnte. Die Wandmalereien (vermutlich stellvertretend für viele andere ähnliche, die aber verloren sind) zeigen Bilder in schwarzen Umrissen, die mit Punkten oder schwarzen Linien gefüllt sind; rot und gelb setzen Akzente. Inhaltlich sehen wir Menschen auf einer Stadtmauer, eine sitzende Figur, die eine Lotusblume hält und Tierszenen, der heilige Baum und Girlanden aus Lotusblumen kommen ebenfalls vor. Auf den Vorratskrügen sind ein Löwe, eine Kuh mit Kalb und andere Tiere, ein von Steinböcken flankierter heiliger Baum (Abb. 67), eine sitzende Leier-Spielerin und zwei eigenartige, stehende Bes (?)-Figuren (Abb. 68) sowie ein Bogenschütze zu erkennen. Ob und wenn ja, in welchen Zusammenhang diese Bilder gehören, ist unbekannt. Motiv und Form sind stark phönizisch beeinflußt, während die Ausführungsqualität von talentiert bis kindisch einfach schwankt. Diese Charakterisierung trifft auf eine Prozession mehrerer menschlicher Figuren (Abb. 69) zu, die Assoziationen an Traditionen

Abb. 69 Prozession von Männern auf einem Keramikkrug aus Kuntillet Adschrud. Die impressionistisch-abstrakten Züge wurden mit der Kunst Nordarabiens verglichen, zeigen aber auch eine gewisse Nähe zu den abstrakt gekritzelten Zeichnungen in der Grabhöhle von Khirbet Beit Lei in Juda.

aus der »Wüstenkunst« weckt. Ferner neigt die Malerei hinsichtlich der Ausführung zur Abstraktion; gelegentlich ist ein Anflug von Humor zu beobachten. Wiederum wissen wir nicht genau, was davon von Israeliten stammt.

Unter den späteren Beispielen gegenständlicher Zeichnungen und Malereien finden sich nur schwer Arbeiten, die an die besseren von Kuntillet Adschrud heranreichen. Gekritzelte Graffiti an Höhlenwänden, wie etwa jene aus (dem nachexilischen?) Chirbet Beit Lei grenzen an abstrakt kindlichen Ausdruck. Erwähnenswert ist jedoch das Bild eines sitzenden Mannes mit langem Bart (Taf. 31.3) in roter und schwarzer Farbe auf einer Keramikscherbe aus Ramat Rachel (Chirbet Salih) bei Jerusalem. Zeitlich gehört es wahrscheinlich in das letzte Jahrhundert des Südreiches und manche wollen in dem Mann König Jojakim dargestellt sehen. Man vermutet sowohl assyrische wie griechische Einflüsse, diese aufgrund des »archaischen Lächelns« im Gesicht des Mannes, doch wir verfügen über viel zu wenig Material, um eine Verbindung dieses Bildes zu einem bestimmten historischen Hintergrund in Juda oder außerhalb herzustellen.

ANDERE BEISPIELE ANGEWANDTER KUNST

Ein ähnliches Nebeneinander gut gearbeiteter, ausländischer Stücke und, zumindest anfänglich, ärmlicher, israelitischer Nachbildungen kann auch in anderen Bereichen beobachtet werden. Die von phönizischen und vielleicht auch syrischen Handwerkern verzierten Tridacna Muscheln wurden von den Israeliten eher schlecht als recht in Stein oder Knochen nachgeahmt. Dagegen gelingen Kopien phönizischer Entwürfe auf israelitischer Keramik (wie eine Kuh oder ein Stier auf einem Keramikfragment aus Tell Beit Mirsim: Abb. 70) besser. Ob auch Israeliten an der Herstellung vom Stil her phönizischer Metallschalen, die in Assyrien gefunden und als Kriegsbeute von Israel mitgenommen wurden, beteiligt waren, können wir nicht entscheiden.

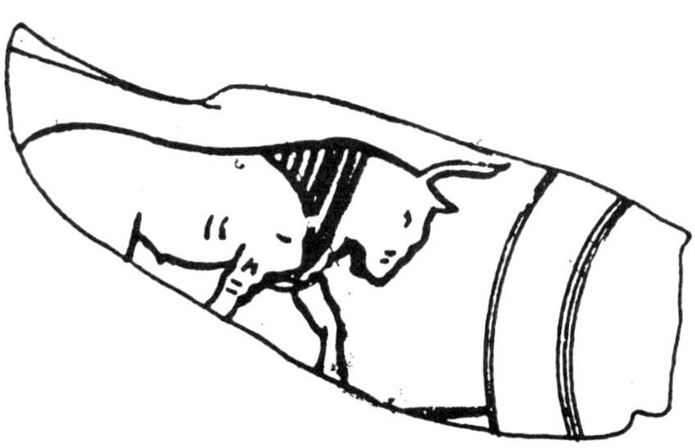

Abb. 70 Zeichnung eines Stieres auf einem Fragment eines runden Keramikgefäßes aus Juda. Das Motiv stammt aus phönizischem Repertoire, wo es auf Metallvasen auftreten kann.

Schließlich ist die Frage zu stellen, ob in Israel auch Skulpturen hergestellt wurden – entweder um damit wichtige Gebäude zu verschönern, in der Art der Sphin-

Abb. 71 Felsrelief einer Sphinx. Ursprünglich wurde es in den »Steinbrüchen Salomos«, einem ehemaligem Steinbruch in der Nähe der Nordmauer von Jerusalem gefunden, befindet sich aber jetzt in London. Für die Israeliten stellte das Bild vermutlich einen Kerub dar. Möglicherweise stammt es aus vorexilischer Zeit.

gen oder anderer mythologischer Geschöpfe, wie wir sie von den Kultständern kennen und die möglicherweise von tatsächlichen Gebäuden in der Nachbarschaft kopiert wurden, oder als Porträts von Königen, wie jene von den Ammonitern vom neunten bis zum sechsten Jahrhundert v. Chr. geschaffenen, oder schlußendlich als Kultstatuen. Die äußerst lückenhafte Fundlage läßt dennoch vermuten, daß es solche Skulpturen in einem gewissen Ausmaß gab. Megiddo ist einer der Fundplätze. Gelegentlich wurden heidnische Götterbilder oder -symbole errichtet. Zur Zeit König Asas und zur Zeit König Manasses werden Standbilder der Aschera im Tempel zu Jerusalem und Pferdestatuen (?) zur Verehrung der Sonne erwähnt (1 Könige 15, 13; 2 Könige 21, 7; 23, 11). Da sie, wenig überraschend, während Phasen der religiösen Erneuerung zerstört wurden, haben wir keine Vorstellung davon, wie sie ausgesehen haben könnten.

Bislang kennen wir keine Beispiele für Skulpturen in Zusammenhang mit Monumentalarchitektur, lediglich der eine oder andere interessante Streufund ist zu nennen. So wurde im südlichen Juda in Tell Beit Mirsim eine kleine, grob gefertigte Löwenplastik (Taf. 31.1) entdeckt, die vielleicht ursprünglich den einen Teil eines einen Pfeiler oder eine Statutenbasis flankierenden Paares bildete. Zunächst in die späte Bronzezeit datiert, wird sie nun für neuntes oder achtes Jahrhundert v. Chr. gehalten; stilistisch sind nordsyrische oder hethitische Einflüsse erkennbar. Möglicherweise existierten noch andere Formen der Architekturplastik: Psalm 144, 12 vergleicht die Töchter Israels mit den Pfeilerplastiken an den Ecken eines Palastes (oder eines Tempels).

Wandreliefs gab es offensichtlich nur fallweise, da nichts dafür spricht, daß sie in ähnlich eindrucksvoller Weise eingesetzt wurden wie unter anderem von assyrischen Königen, um erfolgreiche Kriegszüge oder andere Leistungen zu verewigen. Nach Ezechiel 8, 10 existierten im Tempel zu Jerusalem Reliefs (oder Malereien) heidnischen Inhalts. Tatsächlich gefunden wurde ein Relief in den »Steinbrüchen Salomos« (Untergrundsteinbrüche) in Jerusalem, das eine an syro-hethitische Vorbilder erinnernde Sphinx darstellt (Abb. 71). Da die Steinbrüche wohl nach der Reichsteilung im Zuge der Expansion der Stadt sehr intensiv genutzt wurden, kann das Relief damals entstanden sein, obwohl auch ein anderes Datum möglich ist. Außerhalb Jerusalems kennen wir zwei Beispiele aus dem nördlichen Israel. Eine vereinzelte, in Stratum III (achtes bis siebtes Jahrhundert v. Chr.) in Megiddo gefundene, aber vermutlich ältere Steinplatte, trägt in flachem, auf die Angabe einiger weniger Flächen reduziertem Relief die Darstellung einer weiblichen Figur (Abb. 72 rechts), deren übertrieben großer Kopf Assoziationen mit aramäischen Traditionen in Nordsyrien wachruft. Der zweite Fund kommt aus dem davon nicht allzu weit entfernten Beth Schean und zeigt in einer etwas naturalistischeren Darstellung zwei Register übereinander. Die Interpretation ist nicht ganz klar, man denkt an einen Löwen, der von einem Hund angegriffen wird, und einen Löwen und eine Löwin im Liebesspiel. Ursprünglich für bronzezeitlich gehalten, wird nun von manchen die Eisenzeit (achtes Jahrhundert v. Chr.?) bevorzugt. Ob irgendeines der genannten Beispiele aus öffentlichen Aufträgen stammt, wissen wir nicht. Dasselbe gilt für einen kleinen Bronzelöwen in ägyptisch beeinflußtem, phönizischem Stil, der als Votivgabe im Tempelbezirk in Arad gefunden wurde.

Zwei andere Löwenplastiken aus dem Gebiet östlich des Sees von Gennesareth lassen Zweifel an ihrer israelitischen Provenienz aufkommen. Eine von ihnen, die schon länger bekannt ist, aus Sheich Saʿd, dem alten Karnain, flankierte als vollständig erhaltener Orthostat den Eingang zu einem Tor und erinnert durch den hervorragenden Kopf und den sich in einer Fläche mit den Seitenwänden befindendem Körper an die Figuren der Kultständer von Taanach. Von der anderen, die erst in neuerer Zeit in einem Dorf namens Mascharfawi, 4 km östlich des Sees am Golan gefunden wurde, ist nur der Kopf erhalten. Diese kraftvollen, aber rohen, unter nordsyrischem Einfluß stehenden Plastiken scheinen das Werk einer lokalen Bildhauerschule zu sein, die sich von jener, die die Kultständer von Taanach inspirierte, unterscheidet. Ob es sich bei diesem Gebiet zur Entstehungszeit der Skulpturen überhaupt um israelitisches und nicht um syrisches handelt, ist schwierig zu entscheiden.

Schließlich ist noch ein sehr interessantes Fragment einer Statuette aus Kalkstein (Abb. 72 links) von Megiddo der Erwähnung wert. Die Figur trägt ein langes, enges Kleid, darüber ein kürzeres und einen Gürtel, dessen Enden vorne herabhängen. Damit weist sie große Ähnlichkeiten zu einer Frauenstatue von Chirbet el-Hadschar in Jordanien auf. Die Statuette aus Megiddo wird Stratum III zugerechnet, könnte aber älter sein, die Statue aus Jordanien in das achte Jahrhundert v. Chr. datiert, d. h. beide sind annähernd gleichzeitig. Die Statuette aus Megiddo war vielleicht nur halb so groß wie jene aus Jordanien, wird aber als ungewöhnlich kunstvoll ge-

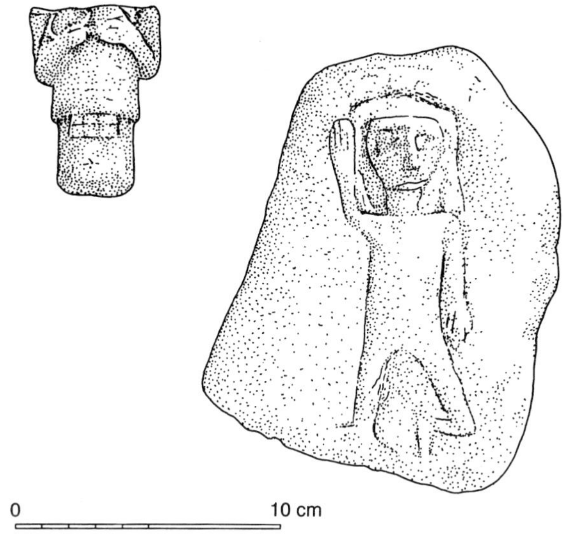

Abb. 72 rechts: Steinplatte mit grob gearbeitetem Relief einer Frauenfigur aus Stratum III in Megiddo. Der unverhältnismäßig große Kopf läßt an syrisch-aramäischen Einfluß denken.
links: Teil einer Frauenstatuette aus Kalkstein in guter, handwerklicher Ausführung. Der erhaltene Ausschnitt (Kopf und Füße fehlen) ähnelt stark einer größeren Steinplastik aus Chirbet el-Hadschar in Jordanien und könnte, wie diese, eine Göttin oder Königin darstellen. Megiddo, Stratum III, spätes achtes bis siebtes Jahrhundert v. Chr.

fertigt beschrieben. Vielleicht stellt sie die Nachbildung einer lebensgroßen Statue einer Königin dar. Die möglichen Folgerungen geben zu denken.

EINE GESAMTEINSCHÄTZUNG DER ISRAELITISCHEN KUNST

Unsere sehr eingeschränkte Kenntnis über die israelitische Kunst erschwert eine wirkliche Einschätzung ihres Stellenwertes erheblich. Ab der Entstehung des vereinigten Königreichs scheint sie gewissen Beschränkungen aufgrund religiöser Vorstellungen unterworfen gewesen zu sein. Das Fehlen von Statuen von Königen oder der Darstellung ihrer Leistungen sowie der Übergang vom Bildsiegel zum Siegel nur mit Inschrift können damit zusammenhängen. Dennoch wurde weder in Israel noch in Juda ab dem siebten Jahrhundert v. Chr. gänzlich auf gegenständliche Kunst verzichtet. Sie war in der Auswahl traditioneller Motive und auch in der Ausführung der kanaanäischen Kunst und deren phönizischen und syrischen Ausprägungen verpflichtet – syrischer insbesondere im Bereich der nicht-staatlichen und der Volkskunst. Im Bemühen, diesen Vorbildern gerecht zu werden, treten israelitische Künstler oft als imitierende Neulinge im Kunstbereich auf, deren Werke zumindest zunächst kein hohes Niveau erreichten. Darüber hinaus erwies sich die künstlerische Produktivität Israels eher als begrenzt und nicht alle Bereiche gleichermaßen durchdringend. Exemplarisch seien hier besonders dreidimensionale Kunstformen genannt: Die vielversprechenden, plastischen Verzierungen der Keramik und der Terrakotten aus der Richterzeit blieben eine trügerische Hoffnung.

Die israelitische Kunst verrät im Umgang mit den Motiven oft Desinteresse an der Wiedergabe anatomisch korrekter Details, aber ein Bemühen nach Reduktion auf einfache Formen. Am Höhepunkt dieses Bestrebens steht das Zusammenspiel von genauer Naturbeobachtung, dem Gefühl für fließende Linien (wie es auch in den schönsten Beispielen judäischen Schriftstils, vor allem auf den Siegeln, wahrzunehmen ist) und dem überraschenden Sinn für Bewegung – in der Art einer Momentaufnahme in wenigen, ausdrucksstarken Strichen (vgl. Abb. 73). Dieses kom-

Abb. 73 Drei Bildsiegel ohne Inschriften. Links: Pferd mit menschlicher Figur und Vogel, Lachisch. Mitte: Ein von einem Pferd gezogener Streitwagen mit drei Mann Besetzung, Tell Dan. Rechts: Pferd und Reiter, Beth Schean. Eisenzeit II.

plexe Können spiegelt sich in der Wiedergabe eines äsenden Cerviden auf einem Siegel (Taf. 32.5) und besonders in der hervorragenden Reliefierung eines stolzierenden Pferdes auf einem Siegelabdruck (Taf. 32.3) aus Jerusalem wider. Eine genauere Untersuchung einiger Einzelfälle mag hier aufklärend wirken.

Das Siegel des Jaasanjahu, auf dem ein Hahn zu sehen ist (Abb. 74 links), steht in einer Reihe von Darstellungen dieses Tieres, die sich vom Assyrien des achten Jahrhunderts v. Chr. bis ins archaische Griechenland erstrecken. Die Art und Weise allerdings, in der das Tier zur Darstellung gelangt, unterscheidet sich von Land zu Land. Der assyrische Siegelschneider zeigt eine Vorliebe zum naturalistischen Detail bis hin zur Wiedergabe eines flaumigen Gefieders. Die frühgriechischen Vasenmaler zielten auf dekorative, fast heraldische Wirkung ab. Die israelitische Darstellungsart übernimmt nicht das naturalistische Detail der Assyrer, sondern in gewissem Ausmaß die von den griechischen Vasenmalern erreichte, heraldische Wirkung, allerdings in weniger komplizierter, zurückgenommener Ausführung. Dadurch erreicht aber der von israelitischen Handwerkern in wenigen, schematischen Linien gezeichnete Hahn als einziger einen Ausdruck von Lebendigkeit – Abb. 74 (links) zeigt den Hahn mit geducktem Kopf als würde er seinen Rivalen ins Visier nehmen.

Abb. 74 Links: Siegel des Jaasanjahu, Diener des Königs, von Tell en-Nasbe. Rechts: In Gegenüberstellung dazu ein Hahn auf einer protokorinthischen Vase aus Perachora, Griechenland. Beide Darstellungen knüpfen offensichtlich formal am selben Muster an, wenn auch der griechische Hahn eher einen statischen, heraldischen Eindruck hinterläßt.

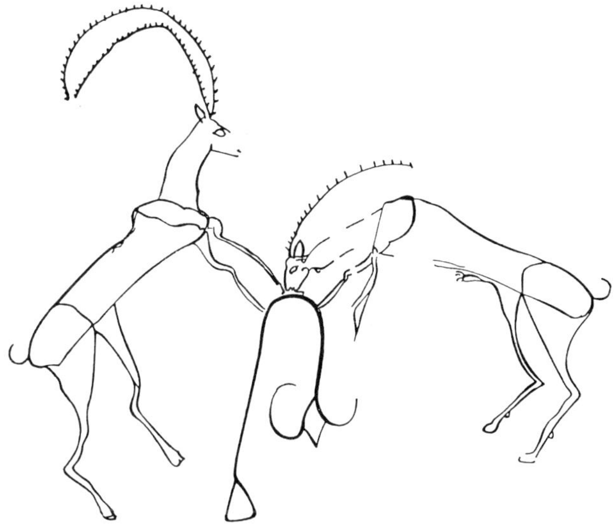

Abb. 75 Geritzte Zeichnung auf einem Krug aus Lachisch mit zwei Steinböcken, die an einer Lotuspflanze knabbern. Das Motiv der zwei einen heiligen Baum flankierenden Capriden ist in der levantinischen Kunst weit verbreitet. In dieser Wiedergabe liegt es als lebendige und anmutige, naturalistische Skizze vor – trotz einiger Fehler in der Zeichnung (kreuzende Konturen). Sechstes Jahrhundert v. Chr.

Eine vergleichbare Entwicklung zeigt die Zeichnung zweier an einer herabhängenden Lotuspflanze knabbernder Steinböcke (Abb. 75), die von einem unbekannten Töpfer aus Lachisch auf einen Krug geritzt ist. Das Motiv geht letztendlich auf das alte Bild der zwei einen heiligen Baum flankierenden Capriden zurück, aber in der Linienführung ist die Version von Lachisch als einzigartig zu bezeichnen. Obwohl Fehler in der Übernahme des Musters passiert sind, so überkreuzen sich die Konturen von Körper und Beinen in einer Art, die selbst eines Anfängers nicht würdig ist, die Darstellung bleibt rein zweidimensional und die Hörner der Tiere sind auf Einzelstriche reduziert. Ungeachtet all dessen besitzt die Zeichnung jedoch eine Frische und einen Sinn für anmutige Linienführung sowie Wahrhaftigkeit in der Beobachtung, die sie in den Bereich echter Kunst hebt.

Diese impressionistische Sicht und Wiedergabe kann vielleicht als allgemeine Tendenz in der israelitischen Kunst angeführt werden. Möglicherweise hat dies auch mit impressionistischen Schilderungen, die sich zuweilen in der israelitischen Literatur finden (Nahum 3, 2–3) zu tun. Jedenfalls wurde diese Entwicklung, wie die Kunst Israels im allgemeinen, mit dem Untergang des Königreichs Juda jäh abgebrochen.

ISRAELITISCHE MUSIK

Während die bildende Kunst in Israel nicht mit internationaler Anerkennung rechnen konnte, wurden israelitische Musik und besonders israelitischer Gesang offensichtlich geschätzt. In den Listen Sanheribs finden sich nämlich – sehr ungewöhnlich – auch Sänger und Sängerinnen aufgezählt, die er von Hiskija als Tribut erhielt. Auch später, im babylonischen Exil, wurden die aus Juda deportierten von ihren Eroberern

Abb. 76 Ausschnitt einer Wandmalerei in einem Grab in Beni Hassan. Eine Prozession asiatischer Nomaden ersucht um Aufnahme in Ägypten (frühes Mittleres Reich). Die Leier entspricht grundsätzlich dem Typ, der im zweiten Jahrtausend v. Chr. in Kanaan in Gebrauch war.

ermahnend aufgefordert, sie mit »Liedern von Zion« zu unterhalten (Psalm 137, 3). Wünsche dieser Art, die von gutinformierten Herrschern großer Reiche geäußert wurden, waren sicherlich vielsagend. Dazu gibt es aber Parallelen: So zeigten die Assyrer Interesse an arabischer Musik und syro-phönizische Musik war unter anderem in Ägypten geschätzt. Für unsere Fragestellung bleibt die Bibel die Primärquelle, später ergänzt durch rabbinische und patristische Literatur und die Schriften des jüdischen Historikers Flavius Josephus.

Auch dieser Kunstzweig ist das Ergebnis einer langen Entwicklung. Als Israel in die Geschichte eintritt, standen die Länder des Mittleren Ostens von Ägypten bis Mesopotamien bereits im Erbe etablierter musikalischer Traditionen und verfügten über eine Vielzahl von Musikinstrumenten zur Unterstützung der menschlichen Stimme. Musik war nicht nur in seßhaften Gesellschaftsformen anzutreffen, wo Gruppen ausgebildeter Sänger und Musiker in Palästen und Tempeln beschäftigt waren, sondern auch unter umherziehenden Hirten (woran uns die berühmten Bilder aus Beni Hassan erinnern Abb. 76). Die Musik Israels mag aus beiden Quellen geschöpft haben. Die Genesis (4, 20–22) berichtet, daß Musikinstrumente wie die Leier und die Flöte auf Jubal zurückgehen, Bruder des ersten in einem Zelt lebenden Hirten und des ersten, herumziehenden Schmiedes. Allerdings können wir uns über die Art der Musik dieser nicht-seßhaften Menschen im zweiten und ersten Jahrtausend v. Chr. nur schwer Vorstellungen machen. Vermutlich war sie – wie später auch – von der Musik, die sie bei ihren seßhaften Zeitgenossen vorfanden, beeinflußt. Über musikalische Traditionen der seßhaften Bevölkerungsgruppen sind wir durch archäologische Entdeckungen, bildliches und schriftliches Material in bezug auf Musikinstrumente verhältnismäßig gut informiert. Unter den Blasinstrumenten finden wir Flöten, Doppelflöten (Oboen), (Widder)Horn und Trompete, bei den Saiteninstrumenten große und kleine Harfe, Laute mit kleinem Klangkörper und langem Hals und Leier (eine in Kanaan beliebte Sonderform hat einen rechteckigen Klangkörper und ausladende, durch ein Joch verbundene Arme) und die Schlaginstrumente sind mit Trommel, großem und kleinem Tamburin (vielleicht als »Rahmentrommel« zu bezeichnen), großer und kleiner Zimbel, Sistrum und Rassel vertreten (vgl. Abb. 77). Gruppenweise dürften verschiedene Instrumente als Begleitung zum Gesang verwendet worden sein (vor allem Saiteninstrumente), jedoch

Abb. 77 Musiker aus Sendschirli (rechts) und Karkemisch (links) mit Musikinstrumenten, die im levantinischen Raum während der Eisenzeit in Gebrauch waren.

scheinbar nicht für reine Orchestermusik oder als Soloinstrument. Vielleicht ergab sich durch das Zusammenspiel verschiedener Instrumente ein polyphoner Klang, der den Gesang eine Quart oder Quint höher oder tiefer oder in einem angehaltenen, tieferen »Baß«ton, begleitete. In Ägypten gab es offensichtlich Dirigenten, die den Musikern durch detaillierte, »cheironomische« Hand- und Fingerzeichen vielleicht auch den entsprechenden Notenwert signalisierten. Melodie und Rhythmus der Musik bleiben für uns aber im Verborgenen. Möglich, daß die Instrumente mit Unterbrechungen auf Notenwerte analog unserer C-Dur Tonleiter gestimmt waren und darauf andere Tonleitern aufbauten.

Musik begleitete die verschiedensten Gelegenheiten. Es gab Arbeitslieder (wie das Lied der Brunnengraber, Numeri 21, 17–18, oder jenes der Erntearbeiter auf dem Feld oder im Weinberg), Lieder der Freude anläßlich privater oder öffentlicher Feiern und Lieder des Schmerzes nach einem Trauerfall sowie musikalische Begleitung bei staatlichen Ereignissen oder öffentlichen Gottesdiensten. Mit der Entstehung der Monarchie ist aber auch im Bereich der Musik ein Wandel eingetreten. Davor war die Musik von privater Hand (einzeln oder in Gruppen) getragen; (es dürfte aber schon »Berufs«Musiker, zum Beispiel Geschichten- und Balladensänger, gegeben haben). Die Institution des Königshofs und des Tempels trugen zur Gründung von Musikergruppen bei, die nach kanaanäischem Modell in eigenen Zünften organisiert waren (die Musiker im religiösen Bereich entstanden rund um levitische Familien, so die Söhne des Asaph und des Korach). Die höfische Musik, die von Sängerinnen und Sängern dargebracht wurde, fand bald Nachahmer in der Aristokratie, deren Festgelage durch Gesang und Instrumentalmusik begleitet wurde (vgl. Amos 6, 5 und Jesaja 5, 12).

Musikinstrumente

Im allgemeinen scheinen die Israeliten dieselben Musikinstrumente benützt zu haben, die auch bei ihren Zeitgenossen in Verwendung standen, doch ist ihre Identifizierung mit den biblischen Begriffen schwierig. So ist man heute der Ansicht, David spielte eher nicht auf einer Harfe sondern auf einer Leier (deren Ton vielleicht so klang wie eine moderne, spanische Gitarre). Es scheint aber, als entwickelten die Israeliten die bekannten Typen weiter. Amos 6, 5 verspottet zum Beispiel die Adeligen von Samaria, die für sich neue Musikinstrumente entwarfen – wie vor ihnen schon David (was allerdings überraschend früh für solche Erfindungen wäre). Möglicherweise gibt es für diese Vermutung sogar Unterstützung seitens der Archäologie. Ein judäisches Siegel des siebten Jahrhunderts v. Chr. (das, wenn es echt ist, aus dem Besitz einer Königstochter stammt) bildet – in Abweichung von der lokalen Standardform – eine zwölfsaitige Leier ab (Taf. 32.6). Sie hat einen eher gerundeten denn eckigen Klangkörperboden und eine nach innen gebogene Seite und ist ungewöhnlicherweise dekoriert. Im Vergleich mit den ungefähr gleichzeitigen Reliefs in Karatepe in Anatolien, die rundbodige Formen der Leier abbilden, sind hier vielleicht griechische Einflüsse im Spiel.

Musikalische Traditionen

Die Bibel gibt uns den einen oder anderen Hinweis auf die Anordnungen für verschiedene Arten der Musik. Anläßlich der Siegesfeierlichkeiten singen Moses und die Israeliten ihr Siegeslied (Exodus 15), auf welches Miriam und die Frauen mit Tamburinklang und Tanz antworten. 1 Samuel 18, 6–8 schildert in einer ähnlichen Situation den Empfang des siegreichen David durch Tamburin spielende und tanzende Frauen. Feste des Adels werden von einer kleinen Gruppe von Musikern mit Leier, Harfe, Tamburin und Oboe (Jesaja 5, 12) begleitet. Im religiösen Bereich fühlte sich vielleicht eine Gruppe von Propheten durch die Klänge derselben Instrumente inspiriert (1 Samuel 10, 5). Was die sakrale Musik betrifft, beziehen sich unsere Informationen verständlicherweise vorwiegend auf den Tempel. Leider sind manche Begriffe in den Psalmen nur schwer präzise zu deuten: *sela* fand vielfältige Interpretationen und die Pflichten des *menazzeach* (Chorleiter oder musikalischer Leiter) wurden viel diskutiert. Vielleicht war er für cheironomischen Chorgesang aber auch für Sologesang zuständig. Andere Punkte sind klarer zu fassen. Psalm 150 nennt zwar eine ganze Reihe verschiedener Musikinstrumente, dennoch wird die Tempelmusik zum überwiegenden Teil von Sängern und den sie begleitenden Saiteninstrumenten getragen worden sein. Weniger zum Einsatz kamen »weltliche« Instrumente, etwa die Oboe. Psalm 68, 25 ff. beschreibt eine Prozession mit Sängern, Instrumentalisten und interessanterweise auch jungen, Tamburin spielenden Frauen. Gelegentlich gibt es auch einen Hinweis über das zahlenmäßige Verhältnis der Instrumentalmusiker. So ordnet etwa David nach 1 Chronik 15, 19 ff. an, daß drei Zimbel-Spieler, acht Harfenspieler und sechs Leier-Spieler bei einem bestimmten Anlaß ihr Bestes geben sollten. Darüber hinaus ist es immerhin bemerkenswert, daß gerade im religiösen Bereich, in dem eher eine konservative Haltung zu erwarten ist, neues Liedgut offensichtlich geschätzt wurde. In der Tat werden David Liedneuschöpfungen zugeschrieben. Es könnten aber auch im Volk beliebte Melodien für religiöse Zwecke adaptiert worden sein. All dies vermittelt aber noch keine Vorstellung darüber, wie israelitische Musik und insbesondere religiöse Musik geklungen haben könnte. (Der Umstand, daß es keine Streichinstrumente wie die Violine, die mit dem Bogen zu spielen waren, gab, muß einen von unseren modernen Orchestern sehr verschiedenen Klang erzeugt haben). Josephus versuchte Vergleiche mit griechischer Musik anzustellen (Antiquitates VII, 305). In diesem Zusammenhang nützlicher ist die Beobachtung moderner Musikwissenschafter, speziell Idelsohns, wonach die traditionelle, religiöse Musik, die sich in isolierten jüdischen Gemeinden, etwa unter den im Jemen lebenden Juden, erhalten hat, bemerkenswerte Ähnlichkeiten zum frühchristlichen Gregorianischen Choral aufweist, der seinerseits vielleicht etwas mit der religiösen Musik des Judentums zur Zeit der Entstehung des Christentums zu tun hat (Abb. 78). Vielleicht geht sogar das beiden musikalischen

Abb. 78 Notenwerte für denselben biblischen Text nach orientalisch jüdischer bzw. gregorianischer Tradition gesungen. Die Ähnlichkeiten könnten auf einen möglichen, gemeinsamen Ursprung hinweisen, nämlich die religiöse Musik des Zweiten Tempels, die ihrerseits musikalische Traditionen aus der Zeit des Ersten Tempels verewigt haben könnte.

Traditionen zugrundeliegende System tatsächlich auf die Zeit des Ersten Tempels zurück. Hiermit begeben wir uns aber auf den Boden reiner Vermutungen. Festzuhalten sind sehr alte, cheironomische Traditionen rund um den synagogalen Gesang in solchen Gemeinden, doch wieweit sie für den uns interessierenden Zeitabschnitt irgendeine Relevanz haben, sei dahingestellt.

TANZ UND SCHAUSPIEL

Wie in den Nachbarländern so war auch im alten Israel Musik häufig mit Tanz verbunden. Obwohl Tanz vor allem bei erfreulichen Anlässen sicherlich beliebt war, wissen wir nicht viel über ihn, da es keine bildlichen Darstellungen so wie besonders in Ägypten gibt. Daher müssen wir uns wiederum auf die Bibel und nachbiblische, jüdische Quellen verlassen und diese Informationen durch Bild- und Schriftmaterial aus den Nachbarländern ergänzen.

Grundsätzlich tanzten in Israel sowohl Männer als auch Frauen, alleine oder in Gruppen. Diese sind bei Prozessionen anzutreffen, bei Reigen, nebeneinander oder gegenüber. Das Hohelied könnte sich nach der Meinung eines Interpreten darauf beziehen, doch könnte der Passus nachexilisch sein.

Weltliche und religiöse Feste boten Anlaß zum Tanz. Wir erfahren von jungen Mädchen, die in den Weinbergen tanzten (Richter 21, 21) oder von Siegesfeiern, im

Rahmen derer die zurückkehrenden Krieger von singenden und tanzenden Frauen begrüßt wurden. Wie wir bereits sahen, erfahren wir nicht, ob bei den Festen des Adels, an welchen Amos Anstoß nahm, der Tanz dieselbe Rolle spielte wie die Musik – wie etwa im Griechenland Homers. Mehrfach ist Tanz im Kontext mit Religion erwähnt (Psalm 149, 3 und 150, 4). Wenn Psalm 26, 6 vom Herumschreiten um den Altar spricht, war die Bewegung wohl feierlich und erhaben, bei anderen Gelegenheiten aber, als zum Beispiel König David vor der Bundeslande tanzte (2 Samuel 6, 14), kraftvoll, vielleicht sogar ekstatisch. Im Fall der Prophetenschar, auf die Saul trifft, kann auch durch die Musik ein ekstatisches Element ausgelöst worden sein (1 Samuel 10, 5). Daher verwundert es wenig, daß es im hebräischen Vokabular eine Reihe von Begriffen gibt, die sich auf energiegeladene Tätigkeiten beim Tanz beziehen: umherwirbeln, springen, stampfen. Irgendwelche Angaben über festgesetzte Bewegungsabläufe für bestimmte Tänze, wie sie aus späteren Jahrhunderten bekannt sind, fehlen völlig.

Mit einer bemerkenswerten Wissenslücke sind wir im Bereich des Schauspiels konfrontiert. Sowohl Ägypten als auch Mesopotamien kannten die Aufführung altbekannter Mythen in der Form des Schauspiels. In der hebräischen Tradition erkennen wir keinen stichhaltigen Grund, warum Ereignisse oder Geschichten rund um Personen nicht in ähnlicher Weise dramatisch aufgeführt hätten werden können. Man denke an Schauspiele dieser Art in hellenistischer Zeit, an das Drama von Ezechiel von Alexandria über den Exodus oder an das spätere jüdische Purim-Fest, das sich an der Geschichte der Königin Esther entfaltet oder an die mittelalterlichen Mysterienspiele. Sie alle beweisen dies. Trotz allem gibt es bis jetzt keine klare Spur von Schauspiel im alten Israel und auch keine Anhaltspunkte, was dazu geführt haben könnte. Die Vermutung, daß die in der israelitischen Literatur (hier wären das Hohelied und das Buch Hiob zu nennen) auftretenden Akteure in einer Erzählhandlung gleichsam wie verschiedene »Rollen« auch von unterschiedlichen Personen gesprochen wurden, bleibt unbewiesen.

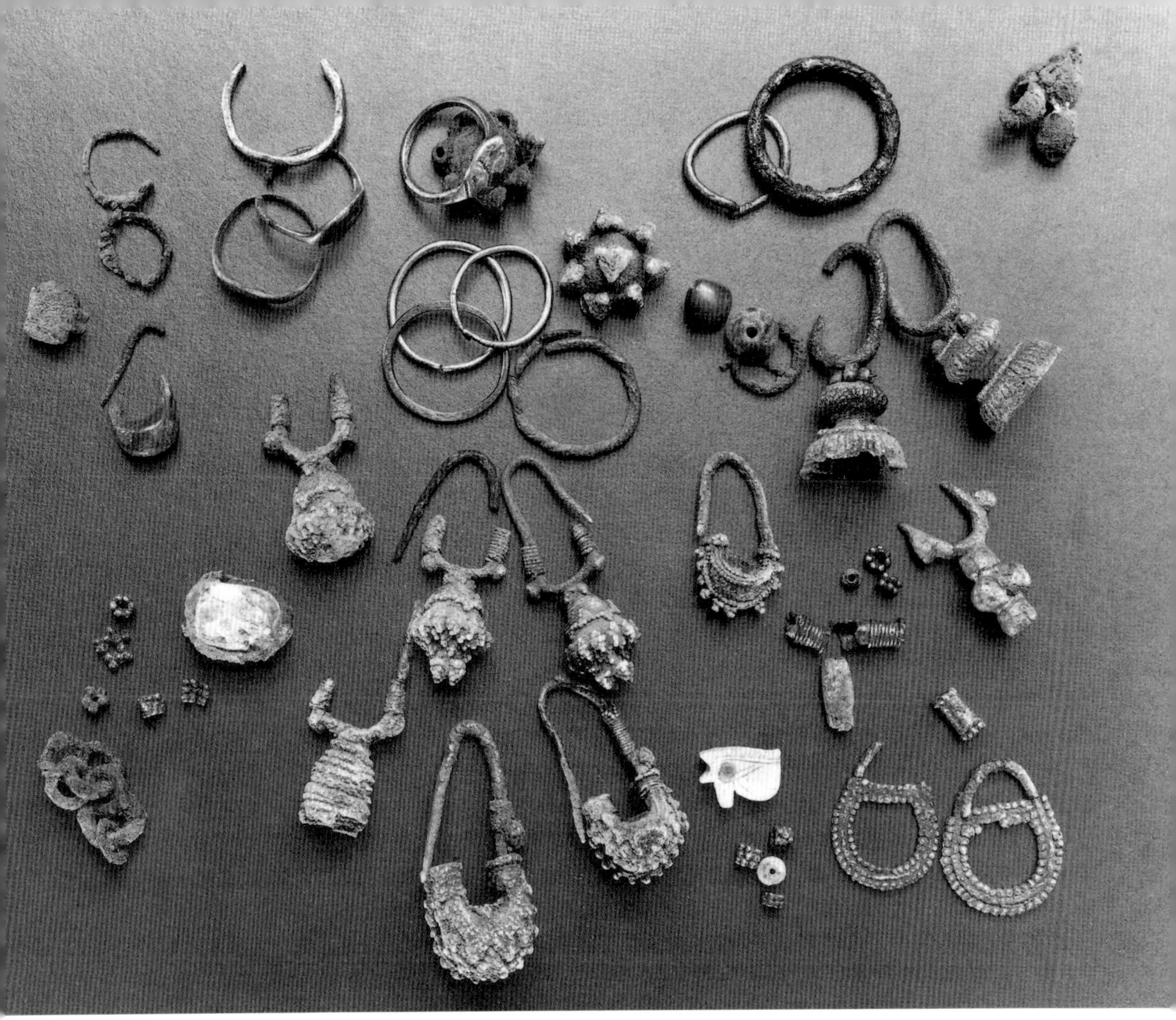

Taf. 25.1 Schmuck aus den Gräbern von Ketef Hinnom, Jerusalem, Ende der Monarchie und später.

Taf. 25.2 Model für Axtblätter und Waffen, die in der Bronze- und Eisenzeit in Verwendung standen.

Kunstgewerbe

Taf. 26.1 Weibliche Figurine (»Pfeilerfigurir mit Tamburin oder Rahmentrommel, viellei in Verbindung mit Fruchtbarkeitskult Lachisch.

Taf. 26.2 Flaschenverschluß in Form ei Widderkopfes aus Elfenbein, Lachisch.

Taf. 26.3 Kultständer aus Keramik mit Darstellung von Musikern, Aschdod. Erinn an das kleine »Orchester« in 1 Samuel 10, 5 u Jesaja 5, 12.

Taf. 26.4 Keramischer Kultständer aus Taana mit Tierfiguren in roher Ausführung.

Taf. 27.1 Fragment eines keramischen Ku ständers, Jerusalem.

Taf. 27.2 Keramikfragment aus Schilo mit p stisch gearbeiteten Tierdarstellungen: Leopard greift einen Hirsch an.

Taf. 27.3 Fragment eines Kultständers a Terrakotta, Tell en-Nasbe.

Taf. 27.4 Figurine einer Frau im Sitzbad aus d Nekropole der phönizischen Hafenstadt Achs

Taf. 27.5 Terrakotta-Figurine eines Reiters a Lachisch, mit religiöser Bedeutung.

1

2

3

4

5

Taf. 28.1 Spätbronzezeitliche Elfenbeinplakette aus Megiddo, den ägyptischen Gott Bes darstellend.

Taf. 28.2 Spätbronzezeitlicher Elfenbeinkamm aus Megiddo mit Schnitzereien verziert: Die Darstellung zeigt einen Hund, der einen Steinbock angreift.

Taf. 29.1 Spätbronzezeitlicher Elfenbeinbehälter aus Megiddo mit plastisch herausgearbeiteten Löwen- und Sphingendarstellungen.

Taf. 29.2,3 Geschnitzter Elfenbeinlöffel aus Hazor mit phönizischen Palm-Ornamenten auf der einen Seite und einer vereinfachten Frauendarstellung in syrischem Stil auf der anderen.

Elfenbeinschnitzereien

Taf. 30.1 Phönizische Terrakotta-Figurine einer Schwangeren aus Achsib. Sie hat eine gewisse Nähe zu israelitische Darstellungen im Kontext mit Fruchtbarkeitsvorstellungen, ist aber viel naturalistischer gestaltet.

Taf. 30.2 Rundum geschnitzter, knöcherner Griff aus Hazor mit der Darstellung einer vierflügeligen Figur, die sich mit beiden Händen an einer Palme festhält. Das Motiv stammt aus Ägypten, zeigt in der Ausführung aber syrischen Einfluß.

Taf. 30.3 Schekel-Gewichte, Bruchteile und Mehrfaches, aus Stein.

Taf. 31.1 Löwenplastik aus Stein von Tell Beit Mirsim. Vielleicht Teil eines Paares, das einst eine Säulen- oder Statuenbasis flankierte. Ursprünglich in die späte Bronzezeit, neuerdings ins neunte oder achte Jahrhundert v. Chr. datiert.

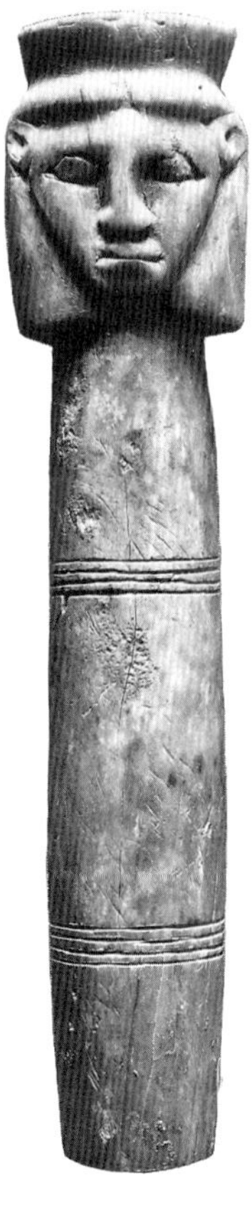

Taf. 31.2 Geschnitzter, knöcherner Griff, der von einem Hathorkopf gekrönt ist. Beitin (Bethel), späte Bronzezeit.

ıf. 31.3 Bemaltes Keramikfragment aus Ramat Rachel. Die Zeichnung ellt einen sitzenden König, vielleicht König Jojakim von Juda, dar. In er Wiedergabe werden assyrische oder griechische Einflüsse vermutet.

Taf. 32.1,2 Siegel und gezeichneter Siegelabdruck des Jaasanjahu, eines hohen königlichen Beamten mit Darstellung eines Hahnes in angriffslustiger Stellung, Mizpa (Tell en-Nasbe), spätes achtes/siebtes Jahrhundert v. Chr.

3

Taf. 32.3 Siegelabdruck eines paradierenden Pferdes auf einem Krughenkel aus Jerusalem.

Taf. 32.4 Bronzeabdruck vom Siegel des Schema, Diener des Jerobeam, 8. vielleicht sogar 10. Jahrhundert v. Chr.

Taf. 32.5 Siegel eines Jeremia mit der Darstellung eines äsenden Rehes. Der Name ist sehr häufig anzutreffen. 8. Jahrhundert v. Chr.

Taf. 32.6 Siegel der Maadana, der Tochter des Königs mit der bislang einzigartigen Darstellung einer Leier auf einem Siegel.

Taf. 32.7 Siegel des Ḥmn, mit Greif und Heuschrecke.

Taf. 32.8 Siegel mit der Darstellung zweier Vögel.

6

7

8

3.1 Auswahl früheisenzeitlicher Keramikgefäße.

3.2 Keramikgefäße aus der Eisenzeit II, Beerscheba.

Epilog

Im Verlauf von etwa sechs Jahrhunderten entwickelte sich Israel von einer in Sippen und Familien organisierten, bäuerlichen Gesellschaft zu einem Staat mit einer städtischen Mittel- und Oberschicht, dem Handwerker, Händler, Schreiber, Beamte, Priester, Soldaten und Landbesitzer angehörten. Seine materielle Basis und seine technischen Kapazitäten können in vielerlei Hinsicht einem Vergleich mit seinen Nachbarländern standhalten. Seine intellektuelle Aktivität war sowohl in weltlichen als auch in religiösen Belangen intensiv und bisweilen innovativ. Im besonderen sind das hohe schöpferische Niveau seiner literarischen Werke, Fertigkeiten im Bereich der Musik und gewisse eigenständige, stilistische Entwicklungen in der darstellenden Kunst, die sich in Juda bis zur babylonischen Eroberung 586 v. Chr. erstreckten, zu nennen.

Diese Katastrophe verdient genauere Betrachtung. Die Bibel berichtet von umfangreichen, materiellen Zerstörungen, die die Archäologie bestätigt, vor allem in Jerusalem aber auch an vielen anderen Orten. Krieg, Hungersnot, Epidemien, Flucht und Deportation haben die Bevölkerung deutlich dezimiert (obwohl der tatsächliche Verlust schwer zu beziffern ist). Die Zerstörung betraf nicht alle Gebiete gleichermaßen; das benjaminitische Territorium und Teile Judas waren weniger schwer in Mitleidenschaft gezogen. Auch dürften neben dem ärmsten Teil der bäuerlichen Bevölkerung, die die Babylonier in herrenlosem Land (einschließlich der Güter der Deportierten) angesiedelt hatten, noch kleine Gruppen aus der Mittel- und Oberschicht, sowohl Laien als auch Priester, zurückgeblieben sein. Vermutlich konnte dadurch die in Sippen und Familien strukturierte Gesellschaft in gewissem Umfang weiterbestehen und verschiedene technische Traditionen fortgeführt werden, was sich in den Keramikformen und den Schriftstilen ablesen läßt. Einiges weist auch darauf hin, daß sich in diesem schrecklich verarmten Land kulturelle Aktivitäten erhalten haben, zwar nicht im Bereich der Kunst aber in Bezug auf religiöse Literatur – beispielsweise Teile der Klagelieder. Manche glauben auch, das »Deuteronomistische Geschichtswerk« sei hauptsächlich während der babylonischen Zeit in Juda entstanden, um einem verwirrten Volk Halt und Stütze zu geben. In diesem ist die Geschichte Israels von der Richterzeit bis zum Sturz Jerusalems 586 v. Chr. und darüber hinaus mit der Zielsetzung, Zyklen von Apostasie, Bestrafung, Reue und Erlösung aufzuzeigen, gesammelt und redigiert. Der Umstand, daß die Babylonier – anders als die Assyrer – den verbliebenen Rest der Bevölkerung Judas nicht durch die Ansiedlung von Kolonisten von irgendwo anders noch zusätzlich unterminierten, eröffnete die Möglichkeit eines künftigen Wiederauflebens der Kultur. Mittlerweile bestand das palästinische Judentum bei den nach Babylonien Exilierten, unter denen sich die Elite der judäischen Gesellschaft befand, auf dem Nebenschauplatz fort. Deren literarischen Nachlaß dokumentieren nicht nur das Buch Ezechiel sondern auch in nahezu allgemeiner Übereinstimmung der wunderbare Text des »Deutero-Jesaja« (Jesaja 40 ff. bis vielleicht Kapitel 56). Diese Blüte literarischen Schaffens dort im Exil nimmt etwas Wunder und ist schwierig zu erklären. Viele der Exilierten werden voll beschäftigt gewesen sein und ihre Versorgung mit hebräischem Schrifttum unterlag wohl Beschränkungen. In dieser Hinsicht war die Situation in Palästina wahrscheinlich günstiger, da es die Babylonier vorteilhaft gefunden haben werden, Aufzeichnungen, die ihnen für die zu errichtende Verwaltung des Landes nützlich erschienen, zu erhalten. Vielleicht erhielten Einzelne, die von den Machthabern begünstigt waren, zu gegebener Zeit Einsicht in solche Dokumente, die ihnen beim Abfassen historischer Texte dienlich sein konnten.

Der entscheidende Einfluß für die zukünftige Entwicklung kam jedoch von der Deutung der jüngsten Vergangenheit. Im Volksglauben tief verwurzelt war die Überzeugung gewesen, daß der Herr Sein Volk, Seine Stadt und Seinen Tempel letztendlich nicht im Stich lassen würde. Die Ereignisse ließen schmerzlich erkennen, daß diese Zuversicht fehl am Platz war. Für diesen tief bestürzenden Zustand könnte es mehrere Erklärungsmöglichkeiten gegeben haben. Entweder hatte der Herr kein Interesse an Seinem Volk oder Er verfügte sogar nicht über die Macht, helfend einzugreifen. In diesem Fall war es wohl das Beste, Hilfe von anderswo zu erflehen – entweder von den traditionellen Göttern Kanaans (für die, die in Palästina lebten) oder von den Göttern Babyloniens (für die, die im Exil in Babylonien waren), wobei eine Verknüpfung dieser Götter mit der Verehrung des Gottes von Israel klug wäre. Es war aber auch eine radikal andere Erklärung denkbar. Die Propheten Israels hatten vorausgesagt, daß Ungehorsam gegenüber den Geboten des Herrn schreckliche Bestrafung nach sich ziehen würde. Die Geschichte gab ihnen Recht und die einzige Zukunftshoffnung lag in der strikten Befolgung des göttlichen Willens. Diese Gedanken übten entscheidenden Einfluß auf die Exilgemeinde in Babylonien aus, wo übrigens das strikte Einhalten des Sabbat und die Beschneidung die besondere Identität der Exilierten zu bewahren vermochten. Mit der mit den Namen Esra und Nehemia verknüpften »Rückkehr nach Zion« wurde diese Ideologie in Jerusalem vorherrschend. Dort führte sie zur Bildung einer Gemeinde, die nicht nur an die strikte und peinliche Befolgung des Gesetzes gebunden war sondern auch an ein von anderen Völkern getrenntes Dasein. Diese Gesellschaft war von jener des vergangenen Juda sehr verschieden, aber ihren Mitgliedern sollte die Zukunft gehören. Die drei großen, monotheistischen Religionen – Judentum, Christentum und Islam – sind in unterschiedlichen Ausprägungen ihre Nachkommen und der weltweite Einfluß der Bibel stammt von diesem modifizierten Sproß jener alten Ordnung, die 586 v. Chr. zu Ende gegangen war.

Anhang

Bibliographie

(in Auswahl)

Abkürzungen

AASOR	Annual of the American Schools of Oriental Research
ABD	Anchor Bible Dictionary
ADAJ	Annual of the Department of Antiquities of Jordan
AJA	American Journal of Archaeology
ANEP	The Ancient Near East in Pictures, Pritchard, J.B. (ed.), Princeton N. J. [2]1969
ANET	Ancient Near Eastern Texts Relating to the Old Testament, Pritchard, J.B. (ed.), Princeton N.J. [3]1969
BA	The Biblical Archaeologist
BARev	Biblical Archaeology Review
BAR Int.Ser.	British Archaeological Reports, International Series
BASOR	Bulletin of the American Schools of Oriental Research
Ben-Tor 1992	Ben-Tor, A. (ed.), The Archaeology of Ancient Israel, New Haven & London 1992
BRL	Biblisches Reallexikon, Handbuch zum Alten Testament I/1, Galling, K. (Hrg.), Tübingen [2]1977
BZAW	Beihefte zur Zeitschrift für die alttestamentliche Wissenschaft
BZWANT	Beiträge zur Zeitschrift für die Wissenschaft vom Alten und Neuen Testament
CAH	Cambridge Ancient History
Enc.Jud.	Encyclopedia Judaica
EI	Eretz Israel
HThR	Harvard Theological Review
IDB	The Interpreter‹s Dictionary of the Bible
IDBS	The Interpreter‹s Dictionary of the Bible, Supplementary Volume
IEJ	Israel Exploration Journal
JA	Journal Asiatique
JANES	Journal of the Ancient Near Eastern Society
JAOS	Journal of the American Oriental Society
JARCE	Journal of the American Research Centre in Egypt
JBL	Journal of Biblical Literature
JCS	Journal of Cuneiform Studies
JESHO	Journal of the Economic and Social History of the Orient
JNES	Journal of Near Eastern Studies
JNWSL	Journal of Northwest Semitic Languages
JQR	Jewish Quarterly Review
JSOT	Journal for the Study of the Old Testament

JSOTSS	Journal for the Study of the Old Testament, Supplement Series
Levy 1995	Levy, T.E. (ed.), The Archaeology of Society in the Holy Land, Leicester 1995
Mazar 1990	Mazar, A., Archaeology of the Land of the Bible, 10,000–586 B.C.E., New York & London 1990
MMA	Monographs in Mediterranean Archaeology
NEAEHL	The New Encyclopaedia of Archaeological Excavations in the Holy Land
OBO	Orbis Biblicus et Orientalis
OEAME	Myers, E.M. (ed.), The Oxford Encyclopedia of Archaeology in the Middle East, Oxford 1997
PEQ	Palestine Exploration Quarterly
Qedem	Qedem, Monographs of the Institute of Archaeology of the Hebrew University of Jerusalem
SAOC	Studies in Ancient Oriental Civilization
SHAJ	Studies in the History and Archaeology of Jordan, Hadidi, A. (ed.), Amman, London & New York 1982, 1985 & 1987
SMA	Studies in Mediterranean Archaeology
SVT	Supplements to Vetus Testamentum
SWBA	The Social World of Biblical Antiquity
Symposia	Symposia Celebrating the Seventy-Fifth Anniversary of the American Schools of Oriental Research (1900–1975), Cross, F.M. (ed.), Cambridge, Mass. 1979
TA	Tel Aviv, Journal of the Tel Aviv University, Institute of Archaeology
TAVOB A	Beihefte zum Tübinger Atlas des vorderen Orients, Reihe A: Naturwissenschaften
Weippert 1988	Weippert, H., Palästina in vorhellenistischer Zeit, Handbuch der Archäologie, Vorderasien II, Band I, München 1988
ZDPV	Zeitschrift des Deutschen Palästina-Vereins

Einleitung[1]

Dieser Teil der Bibliographie ist ausführlicher als der zu den restlichen Kapiteln, da hier grundlegende Positionen für das ganze Buch festgeschrieben werden.

H = auf Hebräisch, E = Englische Übersetzung, D = Deutsche Übersetzung

Bibel und Bibelkritik:
Für eine allgemeine Orientierung siehe Enc. Jud 4, Bible, 514 ff. Von der zahlreichen Literatur seien aufgeführt: Soggin, J.A., Introduction to the Old Testament, London 1976. Eißfeldt, O., Einleitung in das Alte Testament, Tübingen [3]1964 ist älteren Positionen verpflichtet, während Knight, D.A. & Tucker, C.H. (eds.), The Hebrew Bible and its Modern Interpreters, Philadelphia, Pa. & Chico, Cal. 1985 neuere Forschungsrichtungen aufzeigt. Gottwald, N.K., The Hebrew Bible: a Socio-Literary Introduction, Philadelphia, Pa. 1985 (gute Bibliographie). Für Zusammenfassungen des neueren Forschungsstandes vgl. ABD, Elohist, II, 478–482. Deuteronomy, II, 168–183. Yahwist (»Y«) source, VI, 1012–1070. Priestly (»P«) source, V, 454–461. Siehe ferner: Canon of the O.T., IDB I, 499–520. IDBS, 150–160. Biblical Criticism, IDB I, 407–416. IDBS, 98–100. Tov, E., The Text of the Old Testament, in Van der Woude, A.S. (general editor) & Mulder, M.J. et al. (eds.), The World of the Bible, Bible Handbooks, vol. I, Grand Rapids 1986, 156–190. Für eine genaue Diskussion der biblischen Bücher siehe Van der Woude, A.S. (ed.), The World of the Bible, Bible Handbooks, vol. II, Grand Rapids 1987, 97–296 (verschiedene Autoren). Statistische Details zur Bibel gibt Ullendorff, E., Is Biblical Hebrew a Language? Studies in Semitic Languages and Literatures, Wiesbaden 1977, 3–17. Für einen kritischen Überblick zur neuen Tendenz, biblische Schriftsteller als spät und von geringer Bedeutung zu sehen vgl. Dever, W.G., Will the real Israel Please Stand Up?, Archaeology and Israelite Historiography Part I, BASOR 297 (1995) 61–80.
Zur gegenwärtigen Tendenz der Spätdatierung des Pentateuch und anderer biblischer Bücher und zu Fragen der Historizität vgl. Davies, P.R., In Search of Ancient Israel, JSOTSS 148, Sheffield 1997. Whybray, N., The Making of the Pentateuch, A Methodological Study, JSOTSS 53, Sheffield 1987 und van Seters, J., Abraham in History and Tradition, New Haven & London 1975. Ders., In Search of History: Historiography in the Ancient World and the Origins of Biblical History, New Haven & London 1983. Thompson, T.L., The Historicity of the Patriarchal Narratives: The Quest for the Historical Abraham, Berlin & New York 1974. Ders., The Origin Traditions of Ancient Israel, Vol. I: The Literary Foundation of Genesis and Exodus 1–23, JSOTSS 55, Sheffield 1987. Welten, P., Geschichte und Geschichtsdarstellungen in den Chronikbüchern, Neukirchen-Vluyn 1974. Einen Überblick zu den Forschungsmethoden der Bibel gibt House, P.-R. (ed.), Beyond Form Criticism, Essays in Old Testament Literary Criticism, Winona Lake, Ind. 1972, besonders die Einleitung 3–22. Tigay, J.H. (ed.), Empirical Models for Biblical Criticism, Philadelphia, Pa. 1985. Ein nützlicher Überblick mit Hinsicht auf das Rahmenwerk in anderen alten Texten S. 22 ff. und passim, besonders in seinem eigenen Beitrag.

Hebräische und andere relevante Inschriften:
Inschriften, die für uns primär von Interesse sind, verzeichnet Smelik, K.A.D., Writings from Ancient Israel, A Handbook of Historical and Religious Documents, Edinburgh 1991 (*E*). Eine ausgezeichnete Auswahl ägyptischer und altorientalischer Texte bietet ANET. Vgl. ferner Beyerlin, W., Religionsgeschichtliches Textbuch zum Alten Testament, Das Alte Testament Deutsch, Ergänzungsreihe 1, Göttingen 1975. Donner, H./ Röllig, W., Kanaanäische und Aramäische Inschriften I-III, Wiesbaden [2]1966–1969. Galling, K., Textbuch zur Geschichte Israels, Tübingen 1950. Gibson, J.C.I., Syrian Semitic Inscriptions I-III, Oxford 1971–1982. Greßmann, H., Altorientalische Texte zum Alten Testament, Berlin – Leipzig 1926. K. Jaroš, Hundert Inschriften aus Kanaan und Israel, Fribourg 1982. Renz, J./ Röllig, W., Handbuch der Althebräischen Epigraphik I, II/1, III, Darmstadt 1995.

[1] Studien, die ursprünglich in deutscher Sprache geschrieben wurden, sind auf Deutsch zitiert. Die Bibliographie ist für den deutschen Leser um einige deutschsprachige Studien erweitert.

Allgemeine Kulturgeschichte:
Für einen Überblick siehe Roberts, J.J., The Ancient Near Eastern Environment, in Knight, D.A. & Tucker, G. N. (eds.), siehe oben unter I, 75–121. Zu Detailfragen siehe CAH ²1970 ff. Siehe auch Hallo, W.W., Origins: The Ancient Near Eastern Background of Some Modern Western Institutions, Leiden, New York & Cologne 1996. Zu Mari und Ugarit konsultiere Malamat, A., Mari and the Israelite Experience, Oxford 1989. Young G.D. (ed.), Ugarit in Retrospect, Fifty Years of Ugarit and Ugaritic, Winona Lake, Ind. 1985, 99–111 (speziell Ugarit and the Bible). Loretz, O., Ugarit und die Bibel, Darmstadt 1990.
Für den alten Orient allgemein siehe auch ANET, ANEP und Wiseman D. (ed.), Peoples of the Old Testament, Oxford 1973, und Bienkowski P. und Millard, A. (eds.), Dictionary of the Ancient Near East, London 2000.

Klassische Texte:
Vgl. allgemein Stern, N., Greek and Latin Authors on Jews and Judaism, I-III, Jerusalem 1978, 1980, 1984. Für Josephus siehe Attridge, H.W., The Interpretation of Biblical History in the Antiquitates Judaicae of Flavius Josephus, Missoula, Mont. 1976. Zu Eusebius siehe Wallace-Hadrill, D.S., Eusebius of Caesarea, London 1960. Zum Onomastikon vgl. Wolf, D.S., Eusebius of Caesarea and the Onomastica, BA 27 (1964) 66–96.

Zur Entstehung der modernen und besonders der archäologischen Erforschung des Landes:
Ben-Arieh, Y., The Rediscovery of the Holy Land in the Nineteenth Century, Jerusalem 1979. Moorey, P.R.S., A Century of Biblical Archaeology, Cambridge 1991. Silberman, N.A., For God and Country: Exploration, Archaeology, and the Secret Struggle for the Holy Land, 1799–1914, New York 1982. Siehe auch De Geus, H., in Van der Woude et al. (eds.) 1986 (siehe oben unter I), 65–74. Siehe ferner in Drinkard, J.F. et al. (eds.) 1988 (vgl. unten).

Archäologie
a) Allgemeine Überblicke und Handbücher: Folgende vier Bücher decken den ganzen Bereich ab und sind auch für diese Studie maßgeblich: Ben-Tor, A. (ed.), The Archaeology of Ancient Israel, New Haven & London 1992. Levy, T.E. (ed.), The Archaeology of Society in the Holy Land, Leicester 1995. Mazar, A., Archaeology of the Land of The Bible, 10,000–586 B.C.E., New York & London 1990. Weippert, H., Palästina in vorhellenistischer Zeit, Handbuch der Archäologie, Vorderasien II, Band I, München 1988. Zu den einzelnen Ortslagen vgl. NEAEHL. OEAME. Bibellexika: Buttrick, G.A. (ed.), The Interpreter's Dictionary of the Bible, New York & Nashville Tenn. 1962 und Supplementary Volume ed. K. Crim, Nashville Tenn. Freedman, D.N. (ed.), The Anchor Bible Dictionary, New York & London 1992. Görg, M./ Lang, B. (Hrg.), Neues Bibel-Lexikon I-III, Zürich 1991–1999. Haag, H. (Hrg.), Bibel-Lexikon, Einsiedeln ²1968. Negev, A. (Hrg.), Archäologisches Bibellexikon, Jerusalem ²1991. Reicke, Bo./ Rost, L. (Hrg.) Biblisch-Historisches Handwörterbuch I-III, Göttingen 1962–1966.
Folgende Studien zeigen eine neue Schau der Archäologie in Israel und den benachbarten Ländern: Amitai, J. (ed.), Biblical Archaeology Today, Proceedings of the International Congress on Biblical Archaeology, Jerusalem 1984, Jerusalem 1985. Biran, A. & Aviram, J. (eds.), Biblical Archaeology Today, Proceedings of the Second International Congress on Biblical Archaeology, Jerusalem, June 1990, Jerusalem 1990. Siehe ferner Drinkard, J.F., Mattingly, C.L., Maxwell Miller, J. (eds.), Bencharks in Time and Culture, An Introduction to Palestinian Archaeology dedicated to Joseph A.Calloway, Atlanta, Geo. 1988. Fritz, V., An Introduction to Biblical Archaeology, JSOTSS 372, Sheffield 1994. Gittin, S. & Dever, W.G. (eds.), Recent Excavations in Israel: Studies in Iron Age Archaeology, AASOR 49, 1989. Harris, R.L., Exploring the World of the Bible Lands, London und New York 1995.
b) Archäologische Methoden: Moorey, P.R.S., Excavations in Palestine, Guildford 1981. Ders., A Century of Biblical Archaeology, Cambridge 1991. Franken, H.J., Archaeology of Palestine: Problems and Tasks, in Van der Woude & Mulder, M. J. (eds.), oben unter I, 50–62. Chapman, R.L., Excavation Techniques and Recording Systems: A Theoretical Study, PEQ 118 (1986) 5–26. W.G.Dever hat sich wiederholt mit archäologischer Methodenlehre beschäftigt. Folgende neuere Studien seien genannt: Gitin, S. & Dever, W.G., siehe oben unter VIa, 143–152. EI 20 (1985) 44–51. BASOR 277/8 (1990) 120–130. Vgl. auch in Knight, D.A. & Tucker, G.M. (eds.), oben unter I, 31–74. Die Beiträge verschiedener Autoren in BASOR 277/8 (1990) zeigen den gegenwärtigen Stand der Diskussion. Zu Technik und naturwissenschaftlichen Fragestellungen siehe bei

Drinkard, J.E. et al. (eds.) 1988 (oben VIa). Zur gänzlichen Aufbewahrung aller Funde vgl. Van Beek, G. EI 20 (1989), 12*-29*.

c) Absolute Chronologie, Regierungsjahre der Könige der Vereinten Monarchie und der Königreiche von Juda und Israel: Zur gegenwärtigen Diskussion über die vorderasiatische Chronologie vgl. Åhlström, P. (ed.), High Middle, or Low, Parts 1, 2 and 3, Gothenburg 1987, 1989 und die vorgeschlagene spätere Datierung von ägyptischen Pharaonen wie Ramses II., Merenptah und ihrer Nachfolger sind von direktem Interesse für die israelitische Geschichte. Probleme der ägyptischen Chronologie betreffen Israel ebenfalls, jedoch die assyrische Chronologie vom 9. Jahrhundert v. Chr. an und diejenige von Babylonien sind im Wesentlichen innerhalb einer Zeitspanne von einem Jahr festgelegt. Vgl. auch Cogan, M., Chronology, ABD II, 1011–1017, wo verschiedene Datierungssysteme vorgestellt werden. Kitchen, K.A., Egypt, the Levant and Assyria in 701 B.C., in Görg, M. (ed.), Fontes atque Pontes. Eine Festgabe für Hellmut Brunner, Ägypten und Altes Testament, Band 15, 243–253, Wiesbaden 1983. Ders., The Chronology of Ancient Egypt, World Archaeology 23 (1991–2) 201–8. Große Anerkennung genießt das Datierungssystem von H. Tadmor, das auch den Ausführungen von Cogan zu Grunde liegt. In diesem Buch wird die Chronologie von Maxwell Miller, J. & Hayes, J.H., A History of Ancient Israel and Judah, London 1986 übernommen. Die synoptische Königsliste richtet sich für Ägypten nach von Beckerath, J., Chronologie des pharaonischen Ägypten, Münchner Ägyptologische Studien 46, Mainz 1997.

d) Archäologische Perioden werden nach der Einteilung der NEAEHL übernommen (vgl. Tabelle S. 325). Alternativen können bei Ben-Tor 1992, Mazar 1990 und Weippert 1988 eingesehen werden. Ein grundlegend anderes System vertritt P. James et al., Centuries of Darkness, London 1991, wo z. B. die Späte Bronzezeit II in Palästina mit dem Zeitalter Salomos gleichgesetzt wird. Diese Meinung fand jedoch keine allgemeine Akzeptanz: vgl. K. Kitchen et al., Centuries of Darkness, Cambridge Archaeological Journal 1 (1991) 227–253. Eine Alternative bietet I. Finkelstein, The Archaeology of the United Monarchy: an Alternative View, Levant 18, 177–187. Er sieht es auf Grund der Eisenzeit II Straten in Israel (z. B. Megiddo VA-IVB) für möglich an, die Datierung um ein Jahrhundert nach unten zu verschieben: Bisher in das 10. Jh. v. Chr. datierte Straten könnten auch in das 9. Jh. v. Chr. datiert werden usw.. Siehe dazu nun auch Finkelstein, I, Bible Archaeology or Archaeology of Palestine in the Iron Age? A Rejoinder, Levant 30 (1998) 167–174, ein Aufsatz, der sich gegen Mazar, A., Iron Age Chronology: A Reply to I. Finkelstein, Levant 29 (1997) 155–165, richtet. Die Diskussion geht weiter.

e) Archäologie und Bibel: Darrell Lance, H., The Old Testament and the Archaeologist, Philadelphia, Pa. 1981. Kenyon, K.M. (revised by Moorley, P.R.S.), The Bible and Recent Archaeology, London 1987. Dever, W.G., Recent Archaeological Discoveries and Biblical Research, Seattle & London 1990.

Geographie. Das Land und seine Ressourcen

Atlanten:

Aharoni, Y. & Avi-Yonah, M (eds.), The Macmillan Bible Atlas, London 1970. Grollenberg, L.H., Atlas of the Bible, London 1965. Bahat, D., The Illustrated Atlas of Jerusalem, Jerusalem 1990, 28 oben. May, H.G., (ed.), Oxford Bible Atlas, Oxford 1987. Pritchard, J.P. (ed.) The Times Atlas of the Bible, London 1989. Rogerson, J. (ed.), Atlas of the Bible, Oxford 1989.

Allgemeine Geographie:

Abel, F.M., Géographie de la Palestine, Etudes Bibliques, I-II, Paris ³1967. Aharoni, Y., The Land of the Bible, A Historical Geography, London ²1979. Alexander, P.S., Early Jewish Geography, ABD II, 977–988. Baly, D., Geographical Companion to the Bible, London 1963. Bintliff, J.L. & van Zeist W. (eds.), Palaeoclimates, Palaeoecology and Human Communities in the Eastern Mediterranean Region in Later Prehistory, BAR Int. Ser. 133, 1988. Braudel, F., The Mediterranean and the Mediterranean World in the Age of Philip II., vol. I, London 1972. Cansdale, G., Animals of Bible Lands, Exeter 1970. Donner, H., Einführung in die biblische Landes- und Altertumskunde, Darmstadt 1976. Kallai, Z., Historical Geography of the Bible, The Tribal Territories of Israel, Jerusalem 1986. Karmon, Y., Israel: A Regional Geography, Jerusalem 1971. Orni, E. & Efrat, E., Geography of Israel, Jerusalem ⁴1980. Raphael, C.N., Geography of Palestine,

ABD II, 964–977. Smith, G.A., Historical Geography of the Holy Land, London 1894 (und spätere Nachdrucke). Zohary, M., Vegetation of Israel and the Adjacent Areas, TAVOB A/7, Wiesbaden 1982a. Ders., Plants of the Bible, Cambridge 1982b.

Verkehrsverbindungen:
Betzel, B.J., Roads and Highways (Pre-Roman Roads and Highways), ABD V, 776–782. Ders., Travel and Communications (Old Testament World), ABD VI, 644–648. Boyden, P.B., A System of Communications throughout each County, National Army Museum Report 1978–1979, 8–13, bes. S. 11. Casson, L., Ships and Seamanship in the Ancient World, Princeton, N.J. ²1986. Ders., The Periplous Mari Erythrei, Princeton N.J. 1989. Crown, A.D., Tidings and Instructions: how news travelled in the ancient Near East, JESHO 17,3 (1974) 244–271. Dorsey, D., The Roads and Highways of Ancient Israel, Baltimore & London 1991. Grant, C.F., The Syrian Desert, Caravans, Travel and Exploration, London 1937. Hallo, W.W., The Road to Emar, JCS 18 (1964) 57–88.

Ursprung und Abstammung der Israeliten

Ahlström, G.W., Who Were the Israelites ?, Winona Lake, Ind. 1986. Ders., The History of Ancient Palestine from the Palaeolithic Period to Alexander‹s Conquest, JSOTSS 146, Sheffield 1993. Albright, W.F., The Archaeology of Palestine, Harmondsworth 1949. Alt, A., Essays on Old Testament History and Religion, Oxford & Garden City, N.Y. 1966/1967, 135–169. Bienkowski, P. (ed.), Early Edom and Moab: the Beginning of the Iron Age in Southern Jordan, Sheffield Archaeol. Mon. 7, Sheffield 1992. Bimson, J.J., Redating the Exodus and the Conquest, Sheffield 1978. Boling, R.G., The Early Biblical Community in Transjordan, SWBA 6, Sheffield 1988. Coote, R.B. & Whitelam, K.W., The Emergence of Early Israel in Historical Perspective, SWBA 5, Sheffield 1987. Dornemann, R.H., The Beginnings of the Iron Age in Transjordan, SHAJ 1 (1982) 135–140. Ders., The Archaeology of Transjordan in the Bronze and Iron Ages, Milwaukee, Wisc. 1985. Finkelstein, I., The Archaeology of the Israelite Settlement, Jerusalem 1988. Freedman, D.N. & Graf, D. (eds.), Palestine in Transition, The Emergence of Ancient Israel, SWBA 2, Sheffield 1983. de Geus, C.H.J., The tribes of Israel, Amsterdam 1976. Gottwald, N.K., The Tribes of Yahweh, A Sociology of the Religion of Liberated Israel 1250–1050 BC, New York 1979/London 1980. Halpern, B., The Emergence of Israel in Canaan, Chico, Cal. 1983. Hopkins, D.C., The Highlands of Canaan, SWBA 3, Sheffield 1985. Isserlin, B.S.J., The Israelite Conquest of Canaan: A Comparative Review of the Arguments Applicable, PEQ 115 (1983) 85–94. Ji, C.C., Iron Age I in Central and Northern Transjordan: Interim Summary of Archaeological Data, PEQ 127 (1995) 122–140. Kempinski, A., How Profoundly Canaanized were the Israelites?, ZDPV 108 (1992) 1–7. Kitchen, K.A., Ancient Orient and Old Testament, Chicago 1966. Ders., The Tabernacle – A Bronze Age Artefact, EI 24 (1993) 119*-129*. Lemaire, A., Recherches actuelles sur les origins de l‹ancien Israel, JA 270 (1982) 5–24. Lemche, N.P., Early Israel, SVT 37, 1985. Malamat, A., Mari and the Israelite Experience, Oxford 1989. Mendenhall, G.E., The Hebrew Conquest of Palestine, BA 25 (1962) 66–68. Millard, A.R. & Wiseman, D.J. (eds.), Essays on the Patriarchal Narratives, Leicester 1983. Mittmann, S., Beiträge zur Siedlungs- und Territorialgeschichte des Ostjordanlandes, Wiesbaden 1970. Oren, E., »Governors Residencies« in Canaan under the New Kingdom. A Case study in Egyptian Administration, Journal for the Study of Egyptian Antiquities 14 (1984) 37–56. Redford, D.B., Egypt, Canaan and Israel in Ancient Times, Princeton, N.J. 1992. Rendsburg, G.A., The date of the Exodus and the Conquest/ Settlement: the Case for the 1100s, VT 42 (1992) 510–527. Rowley, H.H., From Joseph to Joshua, Oxford 1950. Stager, L.E., The Archaeology of the Family in Israel, BASOR 260 (1985a) 1–38. Ders., Merenptah, Israel and the Sea Peoples. New Light on an Old Relief, EI 18 (1985b) 56*-64*. Thompson, T.L., Early History of the Israelite People from Written and Archaeological Sources, Leiden, New York & Cologne 1992. Ussishkin, D., Lachish – Key to the Israelite Conquest of Canaan, BARev 13,1 (1987) 18–39. de Vaux, R., Histoire Ancienne d'Israël I, II, Paris 1971/1973. Weinstein, J.M., The Egyptian Empire in Palestine: A Reassessment, BASOR 241 (1981) 1–28. Weippert, M., The Settlement of the Israelite tribes in Palestine, London 1971. Whitelam, K.W., Israel's Tradition of Origin: Reclaiming the Land, JSOT 44 (1989) 19–42. Yadin, Y., Is the Biblical Account of the Conquest of Canaan Reliable?, BARev 7 (1982) 16–23. Yurco, F.J., 3200 Years-Old

Pictures of Israelites, Found in Egypt, BARev 16,5 (1990) 20–38. Ders., BARev 17,6 (1991) 54–55.61. (Antwort an Rainey, A.F. BARev 17,6 (1991) 56–60.93). Ein aktuelles Werk zum Thema: Frerichs, E.S. & Lesko, L.H. (eds), Exodus: The Egyptian Evidence, Winona Lake, Ind. 1997.

Geschichte

Folgende Literatur ist hilfreich (eine umfangreiche Liste ist zu finden bei: Maxwell Miller, J. & Hayes, J.H., A History of Ancient Israel and Judah, London 1986, 477–478): Ahlström, G.W., The History of Ancient Palestine from Paleolithic Period to Alexander's Conquest, JSOTSS 146, Sheffield 1993. Arnold, P.M., Gibeah: The Search for a Biblical City, JSOTSS 79, Sheffield 1990. Bright, J.A., A History of Israel, Philadelphia Pa. & London [3]1985. Ben-Sasson, H.H. (ed.), History of the Jewish People, London & Cambridge 1976. Garbini, G., History and Ideology in Ancient Israel, London 1988. Halpern, B. & Hobson, D.W., Law and Ideology in Monarchical Israel, JSOTSS 124, Sheffield 1991. Hayes, J.H. & Maxwell Miller, J. (eds.), Israelite and Judean History, Philadelphia Pa. & London 1977. Heaton, E.W., Solomon's New Men, London 1974. Kitchen, K.A., How we know when Solomon Ruled. Synchronisms with Egyptian and Assyrian Rulers Hold the Key to Dates of Israelite Kings, BARev 27,4 (2001) 32–37. 58. Malamat, A., The Last Days of the Kings of Judah, in Malamat, A., Perdue, T.G., Tombs, L.E. & Johnson, G.L., Archaeology and Biblical Interpretation, Essays in Memory of D. Glen Rose, Atlanta Geo. 1987, 287–314. Mazar, B. & Malamat, A., (eds.), The World History of the Jewish People, Jerusalem 1961ff (speziell Vols. I, II, III, IV.1 und 2). Mettinger, T.N.D., Solomonic State Officials, A Study of the Civil Government Officials of the Israelite Monarchy, Lund 1971. Na'aman, N., Hezekiah's Fortified Cities, BASOR 261 (1986) 5–21. Pitard, W.T., Ancient Damascus : Historical Study of the Syrian City State from the Earliest Times until the Fall of the Assyrians, Winona Lake, Ind. 1987. Schipper, B.U., Israel und Ägypten in der Königszeit, Die kulturellen Kontakte von Salomo bis zum Fall Jerusalems, Orbis Biblicus et Orientalis 170, Freiburg/ Schweiz – Göttingen 1999. Schley, D.G., Shiloh: a Biblical City in Tradition and History, JSOTSS 63, Sheffield 1989. Shanks, H. (ed.), Ancient Israel. A Short History from Abraham to the Roman Destruction of the Temple, London 1989. Shea, W.H., Jerusalem Under Siege. Did Sennacherib attack twice?, BARev 25,6 (1999) 36–44.64; vgl. jedoch Cogan, M., BARev 27,1 (2001) 40–45.69. Strange, J., Joram, King of Israel and Judah, VT 25 (1975) 191–201. Thompson, T.L., Historiography (Israelite), ABD III, 206–212. Ussishkin, D., The Conquest of Lachish by Sennacherib, Tel Aviv 1982.
Siehe auch: Israel (History), ABD III, 526–576 und die entsprechenden Kapitel in CAH vols. II.1, II.2, III.1, III.2, Cambridge [2]1973–1991.
Für die Zeit der Richter vgl. auch: de Vaux, R., Histoire Ancienne d'Israël, La Periode des Juges, Etudes Bibliques, Paris 1973.
Deutsche Literatur: Clauss, M., Das alte Israel, Geschichte, Gesellschaft, Kultur, München 1999. Donner, H., Geschichte des Volkes Israel und seiner Nachbarn in Grundzügen, Göttingen 1987. Fohrer, G., Geschichte Israels, Von den Anfängen bis zur Gegenwart, Heidelberg 1977. Herrmann, S., Geschichte Israels in alttestamentlicher Zeit, München 1973. Jaroš, K., Geschichte und Vermächtnis des Königreiches Israel von 926 bis 722 v. Chr., Europäische Hochschulschriften XXIII/136, Bern – Frankfurt – Las Vegas 1979. Ders., Kanaan – Israel – Palästina, Ein Gang durch die Geschichte des Heiligen Landes, Kulturgeschichte der antiken Welt 51, Mainz [2]1994. Metzger, M., Grundriß der Geschichte Israels, Neukirchen – Vluyn [4]1977. Noth, M., Geschichte Israels, Göttingen [7]1969. Soggin, J.A., Einführung in die Geschichte Israels und Judas, Von den Ursprüngen bis zum Aufstand Bar Kochbas, Darmstadt 1991.

Sozialstruktur, Konstitutionelle Vorstellungen und Regierungsformen

Das umfassendste und grundlegendste Werk ist de Vaux, R. Das Alte Testament und seine Lebensordnungen I-II, Freiburg-Basel-Wien [2]1964, 1960. Neuere Werke bringen verschiedene Aspekte: Ahlström, G,W., Who were the Israelites?, Winona Lake, Ind. 1986. Becker, H.J., Law and the Administration of Justice in the Old

Testament and Ancient East, London 1980. Bird, P.A., Women, ABD VI, 947–957 (speziell 950ff). Brenner, A., The Israelite Woman: Social Role and Literary Type in Biblical Narrative, The Biblical Seminar 2, Sheffield 1985. Broshi, M. and Finkelstein, I., The Population of Palestine in Iron Age II, BASOR 287 (1992) 47–60. Chaney, M.L., Systemic Study of the Israelite Monarchy, Semeia 37 (1986) 55–76. Chirichigno, G.C., Debt-Slavery in Israel and the Ancient Near East, JSOTSS 141, Sheffield 1993. Clements, R.E. (ed.), The World of Ancient Israel. Sociological, Anthropological and Political Perspectives, Cambridge 1989. Coote, R.B. & Whitelam, K.W., The Emergence of Early Israel, SWBA 5, Sheffield 1987. Finkelstein, I., The Archaeology of Israelite Settlement, Jerusalem 1988. Flanagan, J., David's Social Drama: A hologram of Israel's Early Iron Age, SWBA 7/JSOTSS 73, Sheffield 1981. Frick, F.S., The Formation of the State in Ancient Israel: A Survey of Models and Theories, SWBA 4, Sheffield 1985. Fritz, V. & Davies, P.R. (eds.), The Origins of the Ancient Israelite States, JSOTSS 228, Sheffield 1985. de Geus, C.H.J., The Tribes of Israel: An Investigation into some of the Presuppositions of Martin Noth's Amphictyony Hypothesis, Assen 1976. Gottwald, N.K., The Tribes of Yahweh, London 1980. Halpern, B., The Emergence of Israel in Canaan, Chico, Cal. 1983. Heaton, E.W., Everyday Life in Old Testament Times, London 1956. Ishida, T., The Royal Dynasties in Ancient Israel: A Study of the Formation and Development of Royal-Dynastic Ideology, BZAW 142, Berlin 1977. Kessler, R., Staat und Gesellschaft im vorexilischen Juda, SVT 47, Leiden 1992. Lemche, N.P., Early Israel, Anthropological and Historical Studies on Israelite Society before the Monarchy, Leiden 1985. Mettinger, T.N.D., King and Messiah, The Civil and Sacral Legitimation of the Israelite Kings, Lund 1976. Rüterswörden, U., Die Beamten der Israelitischen Königszeit, BZWANT 17/117, Stuttgart-Berlin-Köln-Mainz 1985. Smith, P., People of the Holy Land from Prehistory to the Recent Past, in Levy 1995, 158–75. Stager, L.E., The Archaeology of the Family in Ancient Israel, BASOR 260 (1985), 1–35. Weinfeld, M., The Promise of the Land, The Inheritance of the Land of Canaan by the Israelities, Berkeley, Cal. 1993. Whitelam, K.W., The Just King, Monarchical Judicial Authority in Ancient Israel, JSOTSS 12, Sheffield 1979.

Städte und Dörfer: Planung und Architektur

Überblicke:
Herzog, Z., Fortifications (Levant), ABD II, 844–852 (speziell 848ff). Kempinski, A., Reich, R., Katzenstein H. & Aviram J. (eds.), The Architecture of Ancient Israel from the Prehistoric to the Persian Period, Jerusalem 1992. Kenyon, K.M., revised by Moorey, P.R.S., The Bible and Recent Archaeology, London 1987.

Einzelthemen:
a) Ländliche Siedlungen: Finkelstein I., The Archaeology of Israelite Settlement, Jerusalem 1988. Hopkins, D.C., The Highlands of Canaan, JSOTSS 68, Sheffield 1965. Dar, S., Landscape and Pattern, An Archaeological Survey of Samaria 800 B.C.E.-636 C.E., BAR Int. Ser. 308, i.ii, Oxford 1986. Stager, L.E., The Archaeology of the Family in Ancient Israel, BASOR 260 (1985) 1–35. Thompson, T.L., Early History of the Israelite People from Written and Archaeological Sources, Leiden, New York & Cologne 1992, (speziell 215ff).
b) Städte und Stadtplanung: Frick, F.S., The City in Ancient Israel, Missoula, Mont. 1977. Geva S., Hazor, Israel: An Urban Community of the 8th Century B.C.E., BAR Int. Ser. 543, Oxford 1989. Herzog, Z., Cities, ABD I, 1031–1043 (speziell 1037ff). Kenyon, K.M., Royal Cities of the Old Testament, London 1971. Lampl, P., Cities and Town Planning in the Ancient Near East, London 1968. Shilo, Y., Elements in the Development of the Town Planning in the Israelite City, IEJ 28 (1978) 36–51. Ders., The Population of the Iron Age Palestine in the Light of a Sample Analysis of Urban Plans, Areas and Population Density, BASOR 239 (1980) 25–35.
c) Gebäude, allgemein: Braemer, F. L'architecture domestique du Levant à l'Age du Fer, Paris 1982. Wright, G.R.H., Ancient Buildings in South Syria and Palestine, Leiden & Cologne 1985.
d) Häuser: zusätzlich zu den obigen vgl. Holladay, J.S., Houses, Israelite, ABD III, 308–318. Shilo, Y., The Four Room House – Its Situation and Function in the Israelite City, IEJ 20 (1970) 180–190. Finkelstein, I., 1988, speziell 255–260 und Stager, L. 1985 (vgl. oben IIa) für neuere Ansichten.

e) Paläste: Fritz, V., Paläste während der Bronze- und Eisenzeit in Palästina, ZDPV 99 (1983), 1–42. Herzog, Z., Administrative Structures in the Iron Age, in Kempinski et al. 1992, 223–230. Reich. R., Palaces and Residencies in the Iron Age, in Kempinski et al. 1992, 202–222 (genannt unter I.).
f) Zitadellen: Mazar 1990, 406ff, 412, 438ff, 450.
g) Andere Fortifikationen: Mazar 1990, 453 ff.
h) Stadtmauern und Stadttore: Herzog, Z. Das Stadttor in Israel und in den Nachbarländern, Mainz 1986.
i) Vorratsräume und Ställe: Davies, G.I., Solomonic Stables at Megiddo After All?, PEQ 120 (1988) 130–141. Holladay, J.S., Stable, Stables, ABD VI, 178–183. Ders., The Stables of Ancient Israel, in Geraty, T. & Herr, L. G. (eds.), The Archaeology of Jordan and Other Studies, Siegfried Horn Festschrift, Berrien Springs, Mi. 1986, 103–165.
j) Öffentliche Wasserversorgung: Grewe, K., Licht am Ende des Tunnels, Planung und Trassierung im antiken Tunnelbau, Zaberns Bildbände zur Archäologie, Mainz 1998. Oleson, J.P., Waterworks, ABD VI, 883–893. Shiloh, Y., Underground Water Systems in the Land of Israel in the Iron Age, in Kempinski, A. et al., 1992, 275–293 (vgl. oben unter I). Wilkinson, J.C.,Ancient Jerusalem: its Water-supply and Population, PEQ 106 (1974) 33–51. Reich R. & Shukron E., Light at the End of the Tunnel. Warren‹s Shaft Theory of David's Conquest Shattered, BARev 25,1 (1999) 22–33.72. Siehe auch Shanks, H., BARev 25,6 (1999) 20–30, 31–35. Vgl. ferner Lancaster, S.P. & Long, G.A., BASOR 315 (1999) 15–26. Rosenberg, S., TA 25 (1988) 116–130. Bahat, D. The Illustrated Atlas of Jerusalem, Jerusalem 1990, 28 oben.
k) Gräber: Barkay, G. & Kloner, A., Jerusalem Tombs from the Days of the First Temple, BARev 12 (1986) 22–39. Bloch-Smith, E., Judahite Burial Practices and Beliefs about the Dead, JSOTSS 123, Sheffield 1992. Rahmani, L.Y., Ancient Jerusalem's Funerary Customs and Tombs: Part II, BA 44 (1981) 229–235. Ussishkin, D., The Necropolis from the Time of the Kingdom of Judah at Silwan, BA 33 (1970) 34–36. Ders., The Village of Silwan: The Necropolis from the Period of the Judean Kingdom, Jerusalem 1986 (*H*).

Die Landwirtschaft

Borowski, O., Agriculture in Iron Age Israel, Winona Lake Ind. 1987. Ders., Agriculture, ABD I, 95–98. Bruins, H.J., Desert Environment and Agriculture in the Central Negev and Kadesh-Barnea during Historical Times, Nijkerk 1986. Dar, S., Landscape and Pattern. An Archaeological Survey of Samaria 800 B.C.E. – 636 C.E., BAR Int. Ser. 308, Oxford 1986. Evenari, M., Shanan, L., Tadmor, N., et al., The Negev: The Challenge of a Desert, Cambridge Mass. 1971. Finkelstein, I., Living on the Fringe. The Archaeology and History of the Negev, Sinai and Neighbouring Regions in the Bronze and Iron Age, MMA 6, Sheffield 1995. Finkelstein, I. & Na'aman, N. (eds.), From Nomadism to Monarchy. Archaeological and Historical Aspects of Early Israel, Jerusalem 1994. Frick, F.S., Ecology, agriculture, and patterns of settlement, in Clements, R.E. (ed.), The World of Ancient Israel: Sociological, Anthropological and Political Perspectives, Cambridge 1989. Frankel, R., Avitsur, S. & Ayalon, E., History and Technology of Olive Oil in the Holy Land, Arlington & Tel Aviv 1994. Heltzer, M. & Eitam, D., Olive Oil in Antiquity, Israel and Neighbouring Countries. Conference 1987, Haifa 1987. Herzog, Z., The Beersheba Valley: From Nomadism to Monarchy, in Finkelstein, I. & Na'aman, N. (eds.) 1994, op.cit., 122–149. Hopkins, D.C., The Highlands of Canaan: Agricultural Life in the Early Iron Age, SWBA 3, Sheffield 1985. Rosen, B., Subsistence Economy in Iron Age I, in Finkelstein, I. & Na'aman, N. (eds.), 1994, op.cit., 339–351. Turkowski, L., Peasant Agriculture in the Judean Hills, PEQ 101 (1969) 21–33. Wapnish, P., Camel Caravans and Camel Pastoralists at Tell Jemmeh, JANES 13 (1981) 101–121.

Industrie und Handwerk

Allgemein:

Neben Weippert 1988 und Mazar 1990 sind folgende Studien hilfreich: Lucas, A. & Harris, J.R., Ancient Egyptian Materials and Industries, London 1962. Moorey, P.R.S., Ancient Mesopotamian Materials and Industries, Oxford 1994. Singer, C., Holmyard, E.A., Hall, A.R. et al. (eds.), A History of Technology from the Earliest Times to the Fall of Ancient Empires, Oxford 1954. Nicholson, P.T. & Shaw, I. (eds), Ancient Egyptian Materials and Techniques, Cambridge 2000. Sehr detailliert und auf zeitgenössischem Stand.

Metall:

Artzy, M., Tin Bars in the Sea near Haifa, BASOR 250 (1983) 51–55. Corad, H.G. & Rothenberg, B., Antikes Kupfer im Timna-Tal, 4000 Jahre Bergbau und Verhüttung in der Arabah (Israel), Der Anschnitt, Zeitschrift für Kunst und Kultur im Bergbau, Beiheft 1, Bochum 1980. Curtis, J. (ed.), Bronzeworking Centres of Western Asia c. 1000–539 BC, London 1988, speziell Kapitel 14: Phoenicia as a bronzeworking centre in the Iron Age von G. Falsone (S. 222–250) und 15: The role of the Sea Peoples in the bronze industry of Palestine/ Transjordan in the Late Bronze – Early Iron transition von J.N.Tubb (s. 251–270). Horne, L., Fuel for the Metal Worker. The Role of Charcoal and Charcoal Production in Ancient Metallurgy, Expedition 25 (1982) 6–13. Lupu, A. & Rothenberg, B., The Extractive Metallurgy of the Early Iron Age Copper Industry in the Arabah, Israel, Archaeologia Austriaca 47 (1970) 91–130. Madden, R., Wheeler, T. & Muhly, J.D., Tin in the Ancient Near East: Old Questions and New Finds, Expedition 19 (1977) 35–47. McNutt, P.M., The Forging of Israel, Iron Technology, Symbolism and Tradition in Ancient Society, JSOTSS 108, Sheffield 1990. Negbi, O., The Continuity of the Canaanite Bronzework of the Latest Bronze Age into the Early Iron Age, TA 1 (1974), 159–172. Pigott, V.C. & Notis, M.R., The Earliest Steel from Transjordan, MASCA Journal 2 (1982) 35–39. Rothenberg, B., Ancient Copper Industries in the Western Arabah, PEQ 94 (1962) 5–71. Stech, T. et al., Iron at Taanach and Early Iron Metallurgy in the Eastern Mediterranean, AJA 85 (1981) 245–268. Waldbaum, J.C., From Bronze to Iron: Transition from the Bronze Age to the Iron Age in the Eastern Mediterranean, SMA 54, Göteborg 1978. Wertime, I.A. & Muhly, J.D., The Coming of the Age of Iron, New Haven 1980. Weippert, M., Metall und Metallbearbeitung, ^{2}BRL, 219 224.

Stein:

Amiran, R., The Millstone and the Potter's Wheel, EI 4 (1956) 46–49 (H). Lucas, A. & Harris, J.R, oben unter I, 406–428. Moorey, P.R.S., Ancient Mesopotamian Materials and Industries, Oxford 1994, 21–73. Thompson, H.O., Iron Age Cosmetic Palettes, ADAJ 16 (1971) 61–70. Ders., Cosmetic Palettes, Levant 4 (1972) 148–150.

Mineralvorkommen:

Lucas, A. & Harris, J.R. 1962 oben unter I, speziell S. 8,34ff, 82–84, 501–502, 512. Moorey, P.R.S., 1994 oben unter I, 139,240–242. Gibson, S., Lime Kilns in North-East Jerusalem, PEQ 116 (1984) 94–102. Weippert, H., Stein und Steinbearbeitung, ^{2}BRL, 317–321.

Keramik:

a) Allgemein und zur Typologie siehe Amiran, R., Ancient Pottery from the Holy Land from its Beginnings in the Neolithic Period to the End of the Iron Age, Jerusalem & Ramat Gan 1970. Lapp, N.L., Chronology of Palestinian Pottery, ABD V, 433–444, speziell 441–442. Tappy, R.E., The Archaeology of Israelite Samaria, I, Atlanta, Geo. 1992, 231ff und passim, bietet eine wertvolle Analyse der palästinischen Keramik der Eisenzeit I und II.

b) Technische Aspekte: Anderson, W.P., The Pottery Industry at Phoenician Sarepta (Sarafand, Lebanon) with Parallels from Kilns from other East Mediterranean Sites, in Mc Govern, P.E., Notis, M.D. & Kingery, W.D. (eds.), Cross-Craft and Cross-Cultural Influences in Ceramics, Ceramics and Civilisation, Vol. IV, Westerville, Oh. 1989, 197–245. Dever, W.G., Gezer III, A Ceramic Typology of the Late Iron II, Persian and Hellenistic Periods at Gezer, Jerusalem 1990. Franken, H.J., In Search of the Jericho Potters: Ceramics from the Iron Age and from the Neolithic, Amsterdam 1974. Franken, H.J., Pottery, ABD V, 428–433, speziell 431–432. Franken, H.J., in Franken, H.J. & Steiner M.L., Excavations in Jerusalem 1961–1969, II. The Iron Age Extramural Quarter on the South East Hill, London 1990, 61–131. Hankey, V., Pottery Manufacture at Beit Shabab, Lebanon, PEQ 100 (1968) 27–32 (Töpferbrennöfen). Holladay, J.L., Red Slip, Burnish, and the Solomonic Gateway at Gezer, BASOR 277/8 (1990) 23–70. Johnston, R.H., The Biblical Potter, BA 37 (1974) 86–108. Kelso, J.L., & Thorpe, J.P., The Potter«s Technique at Tell Beit Mirsim, particulary in Stratum A, in Albright, W.F., The Excavation of Tell Beit Mirsim, AASOR XXI–XXII (1943) 86–142. Rast,

W.E., Taanach I. Studies in the Iron Age Pottery, Cambridge Mass. 1978. Tappy, R.E., The Archaeology of Israelite Samaria I, Atlanta Geo., 1992. Wood, R.G., Potter's Wheel, ABD V, 427–428.

Fritte und Fayence:
Lucas, A. & Harris, J.R., 1962 siehe oben unter I, 155–178 und den Index S. 505. Moorey, P.R.S., 1994 siehe oben unter I, 168–189. Weippert, H., Fayence, ²BRL, 74–77.

Glas:
Barag, D., Cosmetic Glass Palettes from the Eighth-Seventh Century BC, Journal of Glass Studies 24 (1972) 11–19. Ders., A Catalogue of Glass in the Department of Western Asiatic Antiquities in the British Museum, I Ur III .AD 200, London 1988. Moorey, P.R.S. 1994, siehe oben unter I, 189–215. Weippert, H., Glas, ²BRL, 98–99.

Holz:
Weippert, H., Holzbearbeitung, ²BRL, 147–149.

Leder:
Reed, R., Ancient Skins, Parchments and Leathers, London 1972. Weippert, H., Leder, Lederbearbeitung, ²BRL, 203–204.

Spinnen und Weben:
Crowfoot, G.M., The Vertical Loom in Palestine and Syria, PEQ 73 (1941), 141–151. Galling, K., Weben und Weberei, ²BRL, 360–361. Irving, D., Spinnen, ²BRL, 311–313; Stoff, 325–327. Weir, S., Spinning and Weaving in Palestine, London 1970.

Schmuck:
Maxwell-Hyslop, K.R., Western Asiatic Jewellery c. 3000–612 BC, London 1971. Weippert, H., Schmuck, ²BRL, 282–289.

Siegel:
Keel, O., Corpus der Stempelsiegel-Amulette aus Palästina/ Israel, Von den Anfängen bis zur Perserzeit, Einleitung, Orbis Biblicus et Orientalis, Series Archaeologica 10, Freiburg/ Schweiz – Göttingen 1995. Keel, O., Corpus der Stempelsiegel-Amulette aus Palästina/ Israel, Von den Anfängen bis zur Perserzeit, Katalog Band I: Von Tell Abu Farağ bis ʿAtlit, Unter Mitarbeit von D. Ben-Tor, B. Jaeger, A. Jäkle, K. Jaroš, H. Keel-Leu, C. Mlinar und C. Uehlinger, Freiburg/ Schweiz – Göttingen 1997. Keel, O./ Uehlinger, Chr. Altorientalische Miniaturkunst, Die ältesten visuellen Massenkommunikationsmittel, Ein Blick in die Sammlungen des Biblischen Instituts der Universität Freiburg Schweiz, mit Beiträgen von M. Gasser, C. Herrmann, H. Keel-Leu und C. Müller-Winkler, Freiburg/ Schweiz – Göttingen ²1996. Welten, P., Siegel und Stempel, ²BRL, 299–307. Rowe, A., A Catalogue of Egyptian Scarabs, Scaraboids, Seals and Amulets in the Palestine Archaeological Museum, Le Caire 1936.

Knochen und Elfenbein:
Moorey, P.R.S., 1994, vgl. oben I, 112–27; Lucas, A. & Harris, J.R., 1962, siehe oben I, index. Weippert, H., Elfenbein, ²BRL, 56–72.

Wirtschaftsleistung:
a) Eisen und Stahl: Forbes, R.J., in Matz, F. & Buchholz, H.-G. (eds.), Archaeologia Homerica 11, Bergbau, Steinbruchtätigkeit und Hüttenwesen, Göttingen 1967 speziell Seite K 31 für zivile Bedürfnisse. Für staatliche Bedürfnisse (Bewaffnung) Moorey, P.R.S., 1994, siehe oben unter I, 290; er gibt als Gewicht eines mesopotamischen Helms drei Kilo an, während Ventzke, W., Der Schuppenpanzer von Kamid-el-Loz, in Hachmann, R., Bericht über die Ergebnisse der Ausgrabungen in Kamid el-Loz in den Jahren 1977–1984, Bonn

1986, 161–182, speziell 178–179 für Bronzepanzer verschiedener Größe 9,6–26,6 kg angibt. Prof. A. Eitan (brieflich vom 7. 2. 1995) spricht beim Eisen-Schwert aus Vered Jericho von 0,85 kg (ursprünglich war das Schwert schwerer). Moorey, P.R.S., 1994, siehe oben unter I, 281 zitiert Jankowska, N.B., Socio-Economic History, in Diakonof, J.M. (ed.), Ancient Mesopotamia, Moscow 1969, 253–267 betreffs der Eisenmengen, die von Levantestaaten als Tribut an Assyrien geliefert wurden.
b) Keramik: Siehe Franken, ABD V, 430 für den jährlichen Verbrauch einer damaligen Durchschnittsfamilie von vier Personen. Vgl. Anderson, W.P., 1989, 203 und Hankey 1968, 29 (oben unter Vb) für die Zahl gebrannter Gefäße in antiken und modernen Brennöfen.
c) Olivenöl: Die Zahlen bei Heltzer, in Heltzer, M. & Eitam, D., Olive Oil in Antiquity, Israel and Neighbouring Countries, Conference 1987, Haifa 1987, 115 sind vergleichbar mit den Zahlen bei Mattingly, D.J., Oil for Export?, A Comparison of Libyan, Spanish and Tunisian olive oil production in the the Roman Empire, Journal of Roman Archaeology 1 (1988) 33–56, speziell 33–34 & Anm. 4–5.
d) Wollgewebe: Rosen, B., in Finkelstein I., ʿIzbet Ṣarṭah: An Early Iron Age Site near Rosh haʿAyin, Israel, BAR Int. Ser. 229, Oxford 1986, 156–185, speziell 180 betreffs der für Kleidung benötigten Wollmengen. Ferner Annual Reports of the Dept. of Agriculture, Forestry and Fisheries, Palestine, 1925 und 1926 für die Zahl der Schafe und Ziegen in Palästina in der frühen britischen Mandatszeit.

Der Handel und das Wirtschaftssystem

Elat, M., Kishrei Kalkalah ben artsot ha-Mikra bi-yeme Bayit rishon (Economic Relations in the lands of the Bible ca. 1100–539 B.C.E.), Jerusalem 1977 (*H*). Finkelstein, I., Arabian trade and Socio-Political Conditions in the Negeb in the Twelfth-Eleventh Centuries B.C.E., JNES 47 (1988), 241–252. Ders., Living on the Fringe: The Archaeology and History of the Negev, Sinai and Neighbouring Regions in the Bronze and Iron Ages, MMA 6, Sheffield, 1995, speziell 144–153. Hawkins, J., Trade in Ancient Near East, London 1977. Knauf, E.A., Ishmaelites, ABD III, 513–520 (nützliche Informationen über das alte Arabien und den Weihrauchhandel). Naʿaman, N., The Brook of Egypt and Assyrian Policy on the Border of Egypt, TA 6 (1979) 68–90. Oppenheim, A.L., Essay in Overland Trade in the First Millenium, JAOS 21 (1967) 236–254. Silver, M., Economic Structures of Antiquity, Westport Ct. & London 1995. Snell, D.C., Trade in the First Millenium B.C.E., ABD VI, 622–629. Waldbaum, J.C., The Chronology of Early Greek Pottery: New Evidence from Seventh-Century Destruction Levels in Israel, AJA 101 (1979) 23–40 (Guter Überblick betreffs der Verteilung der griechischen Keramik in Israel, speziell die Skizze fig. 1 S. 24). Ders., Greeks in the East or Greeks *and* the East, BASOR 305 (1981) 1–17.

Kriegsführung

Aharoni, Y., Arad Inscriptions, Jerusalem 1975. Bartlett, J.B., Edom and the Fall of Jerusalem, 587 BC, PEQ 114 (1982) 15–24. Biran, A. & Naveh, J., An Aramaic Stele Fragment from Tel Dan, IEJ 43 (1993) 81–98. Dies., The Tel Dan Inscription: A New Fragment, IEJ 45 (1995) 1–18. Buchholz, H.G. & Wiesner, J. (eds.) Archaeologia Homerica, Kriegswesen, Teil 1, Schutzwaffen und Wehrbauten, Göttingen 1977. Dies., Teil 2, Angriffswaffen, Göttingen 1980. Chambon, A., Tell el-Farʿah 1. L'Age du Fer, Paris 1984. Dalley, S., Foreign Chariotry and Cavalry in the Armies of Tiglath-Pileser III and Sargon II., Iraq 47 (1985) 59–84. Davies, R.W., The Roman Military Diet, Britannia II, 122–142. Eitan, A., Rare Sword of the Israelite Period found at Vered Jericho, Israel Museum Journal 12 (1994) 61–62. Ephʿal, I., Arabs in Babylonia in the 8th century BC, JAOS 94 (1974) 108–115. Eretz, M.I., Weapons and Implements of Warefare, ABD VI, 893–894. Fales, F.M., Grain Reserves, Daily Rationing and the Size of the Assyrian Army, State Archives of Assyria, Bulletin 4 (1990) 23–24. Galling, K., Goliath und seine Bewaffnung, VT 15 (1966) 150–169. Hallock, M., Persepolis Fortress Tablets, O.I.P. 92, Chicago 1989 (Informationen über Rationen). Herzog, C. & Gichon, M., Battles of the Bible, London & Mechanicsburg Pa. ²1997. Hobbs, T.R., A Time for War: A Study of Warfare in the Old Testament, Wilmington M. 1989. Jones, C.H., The Concept of Holy War, in Clements, R.E., The World of

Ancient Israel, Cambridge 1989, 299–320. Lemaire, A., Inscriptions Hébraïques, Tome I, Les Ostraca, Paris 1977. Malamat, A., Military Rationing in Papyrus Anastasi and the Bible. Melange A. Robert, Paris 1956, 113–121. Marion, H., Early Eastern Steel Swords, AJA 65 (1961) 175–184. Mazar, A., Iron Age Fortresses in the Judean Hills, PEQ 114 (1982) 87–109. Mendenhall, G.E., The Census Lists of Numbers 1 and 26, JBL 77 (1958) 52–66. Milik, J.T. & Cross, F.M., A Typological Study of the el-Khads Javelin and Arrow Heads, ADAJ 5 (1956) 15–25. Miller, P.D., The Divine Warrior in Early Israel, Harvard Semitic Monographs 5, Cambridge Mass. 1975. Mittman, S., Gib den Kitäern 3 b(at) Wein. Mengen und Güter in den Arad-Briefen, ZDPV 109 (1993), 39–48. Na'aman, N., Hezekiah's Fortified Cities and The LMLK Stamps, BASOR 261 (1986) 5–21. Neiman, D., URBI – Irregulars or Arabs, JQR 60 (1969–1970) 237–258. Von Rad, G., The Holy War in Ancient Israel, Grand Rapids, Mich. 1991. Tadmor, C., The Campaigns of Sargon II of Assur: A Chronological Historical Study, JCS 2 (1958) 22–40. 77–100. Ussishkin, D., The Conquest of Lachish by Sennacherib, Tel Aviv 1982. Kinnier Wilson, J.V., The Nimrud Wine Lists. A study of men and administration at the Assyrian capital in the Eighth Century B.C., London 1972, besonders Mallowan, M.A.L., Seite XIV (Weinration von 0, 184 Liter pro Tag, etwa ein Becher voll). de Vaux, R., Das Alte Testament und seine Lebensordnungen (vgl. oben). Yadin, Y., The Art of Warfare in Biblical Lands, London 1965.

Sprache, Schrift und Literatur

Sprache:

Eine hilfreiche Übersichtsstudie ist Sáenz-Badillos, A., A History of the Hebrew Language, Cambridge 1993. Für einen Überblick vgl. auch ABD IV, 203–217 (G. Schramm, Hebrew as a Language Name, 203–204. P.C.Schmitz, Linguistic Affiliations, 204–205. Ders., Early History of Hebrew, 205–206. Structural Overview, 206–208). Ferner: Baumgartner, W., Ausgewählte Aufsätze, Leiden 1955, speziell 208–239. Blau, J., Hebrew Language, Enc. Jud 16, 1568–1583. Davies, G.I., Ancient Hebrew Inscriptions, Corpus and Concordance, Cambridge 1991. Driver, G.R., Problems of the Hebrew Verbal System, Edinburgh 1936. Garbini, G., Il semitico di nord-ouest, Neapel 1960. Garr, W.R., Dialect Geography of Syria-Palestine 1000–586 B.C.E., Philadelphia Pa. 1985. Harris, Z.S., Development of the Canaanite Dialects, An Investigation in Linguistic History, New Haven 1959. Kuriakos L.M., Non-Paradigmatic Forms of Weak Verbs in Masoretic Hebrew, Quilon (Kerala) 1973. Kutscher, E.Y., A History of the Hebrew Language, Jerusalem 1982. Moran, W.L., The Hebrew Language in its Northwest Semitic Background, in G.E.Wright (ed.), The Bible and the Ancient Near East. Essays in Honor of W.F.Albright, Garden City, New York 1961, 54–72. Polzin, R., Late Biblical Hebrew. Towards an Historical Typology of Biblical Prose, Missoula Mont. 1976. Rabin, C., Hebrew, in Sebeok, T.A. (ed.), Current Trends in Linguistics, vol. 6: Linguistics in Southwest Asia and North Africa, 1970, 197–203. 304–346. Ders., A Short History of the Hebrew Language, Jerusalem 1973. Ders., The Emergence of Classical Hebrew, in Malamat, A. (ed.), The World History of the Jewish People, First Series, V: The Age of the Monarchies, II: Culture and Society, Jerusalem 1979, 71–78. 293–295. Rendsburg, G.A., Diglossia in Ancient Hebrew, New Haven 1990. Ders., The Structure of Biblical Hebrew, JNWSL 1991, 81–99. Ders., Morphological Evidence for Regional Dialects in Ancient Hebrew, in Bodine, W.R., (ed.), Linguistics and Biblical Hebrew, Winona Lake Ind. 1992. Ullendorf, E., Is Biblical Hebrew a Language?, Wiesbaden 1977. Waldman, N.M., The Recent Study of Hebrew, A Survey of the Literature with Selected Bibliography, Cincinnati – Winona Lake Ind. 1989 (mit umfangreichen Literaturangaben).

Schrift:

Baines, J., Literacy, Ancient Near East, ABD IV, 333–337. Cross, F.M., The Origin and Early Evolution of the Alphabet, EI 8 (1967) 8*-24*. Ders., Early Alphabetic Scripts, in Cross, F.M. (ed.), Symposia 1979, 97–121. Ders., Newly found inscriptions in Old Canaanite and Early Phoenician Scripts, BASOR 238 (1980) 1–20. Cross, F.M. & Freedman, D.N., Early Hebrew Orthography, A Study of the Epigraphic Evidence, American Oriental Series 36, 1952. Davies, G.I., Ancient Hebrew Inscriptions, Corpus and Concordance, Cambridge 1991. Demski, A., On the Extent of Literacy in Ancient Israel, in Amitai, J. (ed.), Biblical Archaeology Today..., 1985, 349–353. Driver, G.R., Semitic Writing, From Pictogram to Alphabet, London [3]1976. Gelb, I.J., A Study of Writing, Chicago – London 1963. Gibson, J.C.L., Textbook of Syrian Semitic

Inscriptions, I. Hebrew and Moabite Inscriptions, Oxford ²1973. Isserlin, B.S.J., The Earliest Alphabetic Writing, CAH III, 1, 1982, 794–816. Jamieson-Drake, D.W., Scribes and Schools in Monarchic Judah, A Socio-Archaeological Approach, JSOTSS 109, Sheffield 1991. Jaroš, K., Hundert Inschriften aus Kanaan und Israel, Fribourg 1982. Ders., Die ältesten Fragmente eines biblischen Textes, Zu den Silberamuletten von Jerusalem, Mainz 1997. Lemaire, A., Inscriptions Hébraïques, Tome I, Les ostraca, Paris 1981. Ders., Les Écoles et la formation de la Bible dans l'ancien Israël, OBO 39, Freiburg/Schweiz – Göttingen 1981. Ders., Education, ABD II, 305–312. Ders., Writing and Writing Materials, ABD VI, 999–1008. Millard, A.R., The Practice of Writing in Ancient Israel, BA 35 (1972) 98–111. Ders., In Praise of Ancient Scribes, BA 45 (1982) 143–153. Ders., An Assessment of the Evidence for Writing in Ancient Israel, in Amitai, J. (ed.), Biblical Archaeology Today..., 1985, 301–312. Ders., The Infancy of the Alphabet, World Archaeology 17 (1986) 390–398. Ders., Literacy, ABD IV, 337–340. Naveh, J., A Palaeographic Note on the Distribution of the Hebrew Script, HThR 61 (1968) 68–74. Ders., The Scripts in Palestine and Transjordan in the Iron Age, in Sanders, J.A. (ed.), Near Eastern Archaeology in the Twentieth Century, Essays in Honor of Nelson Glueck, New York 1970, 277–283. Ders., Early History of the Alphabet, An Introduction to West Semitic Epigraphy and Palaeography, Jerusalem & Leiden 1982. Renz, J./ Röllig W., Handbuch der Althebräischen Epigraphik, Band I: Die Althebräischen Inschriften, Teil 1: Text und Kommentar, Band II/1: Die Althebräischen Inschriften, Teil 2: Zusammenfassende Erörterungen, Paläographie und Glossar, Band III: Texte und Tafeln, Darmstadt 1995. Sass, B., The Genesis of the Alphabet and Its Development in the Second Millenium BC, Wiesbaden 1988. Ders., Studia Alphabetica, On the Origin and Early History of the Northwest Semitic, South Semitic and Greek Alphabets, OBO 102, Freiburg/ Schweiz – Göttingen 1991. Shiloh, Y., South Arabian Inscriptions from the City of David, Jerusalem, PEQ 119 (1987) 9–18. Smelik, K.A.D., Writings from Ancient Israel, A Handbook of Historical and Religious Documents, Edinburgh 1991.

Texte und Literatur:

Überblick siehe Alter, R. & Kermode, F. (eds.), The Literary Guide to the Bible, London 1987. Schedl, C., Baupläne des Wortes, Einführung in die biblische Logotechnik, Wien 1974.

a) Poesie: Alonso Schoekel, L., A Manual of Hebrew Poetics, Subsidia Biblica 11, Rome 1988. Alter, R., The Art of Biblical Poetry, Edinburgh 1990. Berlin, A., Dynamics of Biblical Parallelism, Bloomington Ind. 1983. Dies., Parallelism, ABD V, 152–155. Culley, R., Metrical Analysis of Classical Hebrew Poetry, in Weers, J.W. & Redford, D.B. (eds.), Essays on the Ancient Semitic World, Toronto 1970. Follis, E.R. (ed.), Directions in Classical Hebrew Poetry, JSOTSS 40, Sheffield 1987. Freedman, D.N., Pottery, Poetry and Prophecy, Studies in Early Hebrew Poetry, Winona Lake Ind. 1980. Gevirtz, S., Patterns in the Early Poetry of Israel, SAOC 32, Chicago 1963. Hrushovski, B., Prosody, Hebrew, Enc. Jud. 13, 1200–1203. Kugel, J.L., The Idea of Biblical Poetry, Parallelism and its History, New Haven & London 1981. Loretz, O. & Kottsieper, I., Colometry in Ugaritic and Biblical Poetry, Introduction, Illustrations, and Topical Bibliography, Winona Lake Ind. 1987. Meer, van der, W. & Moor, de, J.C. (eds.), The Structural Analysis of Biblical and Canaanite Poetry, JSOTSS 74, Sheffield 1988. Watson, W.G.E., Traditional Techniques in Classical Hebrew Verse, JSOTSS 170, Sheffield 1994.

b) Prosa: Alter, R., The Art of Biblical Narrative, London 1981. Auerbach, E., Mimesis. Dargestellte Wirklichkeit in der abendländischen Literatur, Bern 1946, 12–30. Bar Efrat, S., Narrative Art in the Bible, JSOTSS 26, Sheffield 1989. Berlin, A., Poetics and Interpretations of Biblical Narrative, Winona Lake Ind. 1991. Bodine, W.N. (ed.), Linguistics and Biblical Hebrew, Winona Lake Ind. 1992. Exum, J.C. & Clines, D.J.A. (eds.), The New Literary Criticism and the Hebrew Bible, JSOTSS 143, Sheffield 1993. Davison, D.A., Text-Linguistics and Biblical Hebrew, JSOTSS 177, Sheffield 1994. Fewell, D.N. & Gunn, D.M., Narrative Hebrew, ABD IV, 1023–1027. Gunn, D.M. & Fewell, D.N. (eds.), Old Testament Narrative, Oxford 1989. Sternberg, M., The Poetics of Biblical Narrative, Bloomington Ind. 1985.

Religion

Ackerman, S., Under Every Green Tree, Popular Religion in Sixth-Century Judah, Harvard Semitic Monographs 46, Atlanta Ga. 1992. Ahlström, G., Aspects of Syncretism in Israelite Religion, Lund 1963. Albertz, R., Religionsgeschichte Israels, Erster und zweiter Teilband, Grundrisse zum AT 8/1–2, Göttingen 1992. Barkai, G., 1986, Ketef Hinnom: A Treasure Facing Jerusalem's Walls‹, Israel Museum Catalogue 274, Jerusalem 1986, 34–35. Biran, A. (ed.), Temples and High Places in Biblical Times, Jerusalem 1981. Ders., Biblical Dan, Jerusalem 1994. Busink, T.A., Der Tempel von Jerusalem von Salomon bis Herodes, Eine archäologisch-historische Studie unter Berücksichtigung des westsemitischen Tempelbaus, Leiden 1970. Coogan, M.D., Exum, J.C. & Stager, L.E. (eds.), Scripture and other Artifacts, Essays on the Bible and Archaeology in Honour of Philip J. King, Louisville Kentucky 1994. Cryer, F.H., Divination in Ancient Israel and its Near Eastern Environment, JSOTSS 142, Sheffield 1994. Dietrich, W. & Klopfenstein, N.A. (eds.), Ein Gott allein? JHWH-Verehrung und Monotheismus im Kontext der israelitischen und altorientalischen Religionsgeschichte, OBO 139, Freiburg/ Schweiz – Göttingen 1993. Fohrer, G., Geschichte der israelitischen Religion, Berlin 1969. Fowler, J.D., Theophoric Personal Names in Ancient Hebrew, JSOTSS 49, Sheffield 1988. Gitin, S., Dothan, T. & Naveh, J., A Royal Dedicatory Inscription from Ekron, IEJ 17 (1997) 1–16. Haran, N., Temples and Temple Service in Ancient Israel, Oxford 1978. Ders., Temples and Cultic Open Areas as Reflected in the Bible, in Biran, A. (ed.), 1981, op.cit., 31–37. Holland, T.A., A Study of Palestinian Iron Age Baked Clay Figurines with Reference to Jerusalem: Cave 1, Levant 9 (1977) 121–155. Jaroš, K. Die Stellung des Elohisten zur kanaanäischen Religion, OBO 4, Freiburg/ Schweiz – Göttingen ²1982. Ders., Wurzeln des Glaubens, Zur Entwicklung der Gottesvorstellung von Juden, Christen und Muslimen, Kulturgeschichte der Antiken Welt 63, Mainz 1995. Ders., Die ältesten Fragmente eines biblischen Textes, Zu den Silberamuletten von Jerusalem, Antike Welt 28 (1997) 475–477. Ders., Die ältesten Fragmente eines biblischen Textes, Zu den Silberamuletten von Jerusalem, Mainz 1997. Kaufmann, Y., The Religion of Israel from the Beginnings to the Babylonian Exile, London 1961. Keel, O. (ed.), Monotheismus im Alten Israel und seiner Umwelt, Biblische Beiträge 14, Fribourg 1980. Keel, O.,/ Uehlinger, Chr., Göttinnen, Götter und Gottessymbole, Neue Erkenntnisse zur Religionsgeschichte Kanaans und Israels aufgrund bislang unerschlossener ikonographischer Quellen, Quaestiones Disputatae 134, Freiburg – Basel – Wien 1992. Lang, B., Monotheism and the Prophetic Minority, An Essay in Biblical History and Sociology, SWBA 1, Sheffield 1983. Lemche, N,.P., The Development of the Israelite Religion in the Light of Recent Studies on the Early Religion of Israel, SVT 43, Leiden 1991, 97–115. Loretz, O., Ugarit und die Bibel, Kanaanäische Götter und Religion im Alten Testament, Darmstadt 1990. Meshel, Z., Kuntillet ʿAjrud: A Religious Centre from the Time of the Judaean Monarchy on the Border of Sinai, Israel Museum Catalogue 175, Jerusalem 1978. Miller, P.D., Hanson, P.D., McBride, S.D. (eds.), Ancient Israelite Religion, Essays in Honor of Frank Moore Cross, Philadelphia Pa. 1987. De Moor, J.C., The Rise of Yahwism, The Roots of Israelite Monotheism, Leuven 1990. Niehr, H., Der höchste Gott, Alttestamentlicher JHWH-Glaube im Kontext syrisch-kanaanäischer Religion des 1. Jahrtausends v. Chr., BZAW 190, Berlin 1990. Ottosson, M., Temples and Cult Places in Palestine, Uppsala 1980. Pritchard, J.B., Palestinian Figurines in Relation to Certain Goddesses known through Literature, New Haven 1943. Ringgren, H., Israelitische Religion, Die Religionen der Menschheit 26, Stuttgart 1963. Schmidt, W.H., Alttestamentlicher Glaube in seiner Geschichte, Neukirchen – Vluyn ²1075. Shiloh, Y., Iron Age Sanctuaries and Cult Elements in Palestine, in Cross, F.M. (ed.), Symposia, 147–157. Smelik, K.A.D., Writings from Ancient Israel, A Handbook of Historical and Religious Documents, Edinburgh 1991 (*E*). Smith, M.S., The Early History of God, Yahweh and the other Deities in Ancient Israel, San Francisco 1990. Tadmor, M., Female Cult Figurines in Late Canaan and Early Israel: Archaeological Evidence, in Ishida, T. (ed.), Studies in the Period of Solomon and other Essays, Winona Lake Ind. 1982, 139–173. Theuer, G., Der Mondgott in den Religionen Syrien-Palästinas unter besonderer Berücksichtigung von KTU 1.24, OBO 173, Freiburg/ Schweiz – Göttingen 2000. Tigay, J.H., Israelite Religion: The Onomastic and Epigraphic Evidence, in Miller, P.D., Hanson, P.D. & McBride, S.D. (eds.), siehe oben 157–194. Tigay, J.H., You Shall Have No Other Gods, Israelite Religion in the Light of Hebrew Inscriptions, Atlanta Ga. 1986. van der Toorn, K., Becking, B. & van der Horst, P.W. (eds.), Dictionary of Deities and Demons in the Bible (DDD), Leiden, New York & Köln 1995. de Vaux, R., Les institutions de l'Ancien Testament, II, institutions religieuses, Paris 1960, 87–429. Zwickel, W., Räucherkult und Räuchergeräte: Studien zum Räucheropfer im Alten Testament, OBO 97, Freiburg/ Schweiz – Göttingen 1990. Ders., Der Salomonische Tempel, Kulturgeschichte der Antiken Welt 83, Mainz 1999.

Die Kunst

Amiet, P., Art of the Ancient Near East, New York 1980. Barnett, R.D., Ancient Ivories in the Middle East and Adjacent Countries, Qedem 14, Jerusalem 1982. Bayer, B., Material Relics of Music in Ancient Palestine and its Environs, Tel Aviv 1967. Ders., Music, Enc. Jud. 12, 554–565. Beck, P., The Drawings from Horvat Teiman, TA 9 (1982) 3–68. Braun, J., Die Musikkultur Altisraels/Palästinas, OBO 164, Freiburg/Schweiz – Göttingen 1999. Dever, W.G., Art, in Levy 1995, 423–425. Eaton, J.H., Dancing in the Old Testament, Expository Times 86 (1975) 136–140. Frankfort, H., The Art and Architecture of the Ancient Orient, London 1954. Haïk-Vantoura, S., The Music of the Bible Revealed, Sheffield 1975. Henton Davies, G., Dancing, IDB 1, 760–761. Hestrin, R. & Dayagi-Mendels, M., Inscribed Seals, First Temple Period : Hebrew, Ammonite, Moabite, Phoenician and Aramaic, From the Collections of the Israel Museum and the Israel Departments of Antiquities and Museums, Jerusalem 1979. Isserlin, B.S.J., Israelite Art during the Period of the Monarchy, in Roth, C. (eds.), Jewish Art, An Illustrated History, Tel Aviv 1961. Jones, I.H., Musical Instruments, ABD IV, 934–939. Keel, O./ Uehlinger, C., op. cit. (oben unter Kapitel XI). Keel, O., Shuval, M., Uehlinger, C., Studien zu den Stempelsiegeln aus Palästina/ Israel III. Die frühe Eisenzeit, Ein Workshop, OBO 100, Freiburg/ Schweiz – Göttingen 1990. Keel, O., Studien zu den Stempelsiegeln aus Palästina/ Israel, IV, OBO 135, Freiburg/ Schweiz – Göttingen 1994. Kilmer, A.D., Music, IDBS 610–612. Matthews, V.H., Music in the Bible, ABD IV, 930–934. Sass, B & Uehlinger C. (eds.), Studies in the Iconography of the Northwest Semitic Inscribed Seals, Proceedings of a Symposium Held in Fribourg on April 17–20, 1991, OBO 125, Freiburg/ Schweiz – Göttingen 1993. Schroer, S., In Israel gab es Bilder, Nachrichten von der darstellenden Kunst im Alten Testament, OBO 74, Freiburg/ Schweiz – Göttingen 1987. Sendrey, A., Music in Ancient Israel, London 1969. Stern, L., New Types of Phoenician Style Decorated Pottery from Palestine, PEQ 110 (1978) 11–21. Werner, E., Music, IDB 3, 457–469. Ders., Musical Instruments, IDB 3, 469–476. Werner, E., et al., Jewish Music, in S. Sadie (ed.), The New Grove Dictionary of Music and Musicians, besonders Vol. 9, 614–621. Winter, J., Phoenician and North Syrian Ivory Carving in Historical Context, Iraq 38 (1976) 1–21. Ders., Is there a South Syrian Style of Ivory Carving in the Early First Millennium BC?, Iraq 43 (1981) 101–130.

Danksagung

Ein Buch dieser Art zu publizieren war nicht einfach. Der Autor erfuhr auf vielfache Weise Hilfe und Unterstützung. Außerstande jeden einzeln anzuführen, möge diese umfassende Wertschätzung auch jene erreichen, die nicht namentlich genannt sind. Zu Dank verpflichtet bin ich der Brotherton Library der Universität Leeds, der British Library, der Library des Instituts für Archäologie in London und dem Palestine Exploration Fund und seiner Bibliothek (im besonderen Dr. R. Chapman III., Dr. Shimon Gibson und Frau H. Bell). Danken möchte ich auch der British School of Archaeology in Jerusalem, ebenso wie der Hebräischen Universität in Jerusalem (besonders Prof. Y. Tsafrir und Prof. A. Eitan), der Israel Antiquities Authority und ihrer Vorgängerin, dem Department of Antiquities, dem Israel Museum (und dort besonders Dr. I. Lewitt und Dr. M. Dayagi-Mendels). Der verstorbenen Dame Dr. Kathleen Kenyon möchte ich für die Ausbildung in den Methoden der Archäologie im Laufe mehrerer, ersprießlicher Wochen bei ihren Ausgrabungen in Sabratha in Libyen und in Sutton Walls in England meinen Dank ausdrücken. Ich versuchte, ihre Methoden in meinen eigenen Grabungen in Israel und besonders bei meiner Grabungstätigkeit in der phönizisch-punischen Stadt Motya in Sizilien anzuwenden. Meiner kurzen, aber glücklichen Erfahrung als zeitweiliger Inspektor der Altertümer in Israel (für die ich dem damaligen, heute schon verstorbenen Leiter des Department of Antiquities Dr. S. Yeivin zu Dank verpflichtet bin) habe ich viel zu verdanken.

Im einzelnen möchte ich meine Dankbarkeit für Hilfe verschiedenster Art an folgende Personen ausdrücken. Der verstorbene Prof. N. Avigad, Prof. I. Finkelstein, Prof. S. Gitin, Prof. T. Dothan und Prof. D. Ussishkin stellten freundlicherweise Abbildungen zur Verfügung. Dr. G. I. Davies las eine frühere Version der ersten Hälfte des Manuskripts und unterbreitete eine kritische Stellungnahme und wertvolle Anregungen. Auch C. Rabin setzte sich mit einer früheren Fassung des Kapitels über die hebräische Sprache auseinander. Prof. P. R. S. Moorey ermöglichte zu Vergleichszwecken das Abwiegen mehrerer Schwerter, Dolche und Pfeilspitzen aus Deve Hüyük im Ashmolean Museum in Oxford. Dr. H. Catling gab wertvolle Hinweise im Bereich ägäischer Waffen. Dr. V. Hankey und Dr. D. Evely beantworteten freundlicherweise meine Anfragen bezüglich der Brennöfen für Keramik und Dr. Hankey versorgte mich auch mit der entsprechenden Bibliographie. Prof. A. Millard, Prof. K. Kitchen, Dr. H. J. Bruins und Dr. H. Curtis stellten dankenswerterweise Informationen zur Verfügung. Prof. J. Rogerson erlaubte die Reproduktion einer Abbildung und Prof. N. Postgate übermittelte mir eine sehr wichtige Literaturangabe. Mein Sohn Raphael, selbst ein Archäologe, fertigte viele der Strichabbildungen an und dankt mehreren Kollegen für so manchen Hinweis. Schließlich möchte ich einer Reihe von Damen (und besonders Frau Audrey Harrison) danken, die ein unhandliches Manuskript in ordentliche Maschinenschrift brachten.

Anmerkungen zur deutschen Ausgabe

Der Verfasser möchte der angenehmen Verpflichtung einer doppelten Danksagung nachkommen. Zunächst an den Verlag Philipp von Zabern und speziell an Herrn Franz Rutzen für den Entschluß, eine deutsche Ausgabe meines englischsprachigen Werkes herauszubringen und für die freundliche und verständnisvolle Weise, in welcher daraus entspringende Probleme behandelt worden sind. Dann aber ganz besonders an Frau Dr. Brigitte Jaros-Deckert, welche die mühevolle und diffizile Aufgabe der Übersetzung übernommen hat – die resultierende Fassung ist nicht nur genau sondern auch völlig idiomatisch. Die Übersetzerin hat außerdem noch wertvolle Zusätze gemacht. Sie hat insbesondere eine chronologische Tabelle beigefügt und auf eine ganze Anzahl deutschsprachiger Fachliteratur hingewiesen, die der deutschsprachigen Leserschaft für weitere Orientierung von Nutzen sein werden. Möge das daraus resultierende Buch bei seinen Leserinnen und Lesern Interesse und Vergnügen erwecken, zusammen mit dem Wunsch, den Gegenstand weiter zu verfolgen.

Leeds, März 2001 B. S. J. Isserlin

Abbildungsnachweis

Schwarzweißtafeln

1.1: E.N. Hepper, Royal Botanic Gardens, Kew.
1.2–2.1: Palestine Exploration Fund.
2.2: Prof. Y. Tsafrir, Hebrew University, Jerusalem.
2.3: Palestine Exploration Fund.
3: Prof. D. Ussishkin, Institute of Archaeology, University of Tel Aviv; Photo: David Harris.
4.1: The City of David Archaeological Project, Prof. Y. Tsafrir, Hebrew University Jerusalem.
4.2: The City of David Archaeological Project (T. Harari).
4.3: The City of David Archaeological Project, Prof. Y. Tsafrir, Hebrew University Jerusalem.
5: Photo courtesy, The Oriental Institute, University of Chicago.
6.1: The City of David Archaeological Project, Prof. Y. Tsafrir, Hebrew University Jerusalem.
6.2: Copyright British Museum, London.
6.3: Israel Museum, Jerusalem.
7.1: Schumacher, G., Tell el-Mutesellim I, Leipzig 1908.
7.2: The Ancient Art and Architecture Collection Ltd.
7.3: Prof. A. Biran, Nelson Glueck School of Biblical Archaeology, Jerusalem.
8: Prof. D. Ussishkin, Institute of Archaeology, University of Tel Aviv.
9.1: Photo courtesy, The Oriental Institute, University of Chicago.
9.2: Palestine Archaeological Museum.
10–11: Copyright British Museum, London.
12: Prof. D. Ussishkin, Institute of Archaeology, University of Tel Aviv.
13: Philipp Winton.
14.1: Copyright British Museum, London.
14.2: Palestine Archaeological Museum.
14.3, 15.1: Prof. D. Ussishkin, Institute of Archaeology, University of Tel Aviv.
15.2: Copyright British Museum, London.
16.1.2: Archives Photographiques.
16.3: Prof. A. Biran, Nelson Glueck School of Biblical Archaeology, Jerusalem.
17.1.2: Israel Museum, Jerusalem.
17.3: Courtesy of the Trustees of the late Sir Henry S. Wellcome.
17.4: Prof. Y. Tsafrir, Hebrew University Jerusalem.
18.1: Israel Antiquities Authority.
18.2: Palestine Archaeological Museum.
19.1: Courtesy of the Trustees of the late Sir Henry S. Wellcome.
19.2: Department of Antiquities, Israel.
20.1: Prof. D. Ussishkin, Institute of Archaeology, University of Tel Aviv.
20.2: Copyright British Museum, London.
21: Prof. D. Ussishkin, Institute of Archaeology, University of Tel Aviv.
22.1: Photo courtesy, The Oriental Institute, University of Chicago.
22.2: Israel Antiquities Autority, Photo: Israel Museum, Jerusalem; Nachum Slapak.

22.3: The Ancient Art and Architecture Collection Ltd.
23: Collection of the Archaeological Staff Officer, Judaea and Samaria, Photo: David Harris.
24.1: Palestine Archaeological Museum.
24.2: Fritz, V., Ein Tell am See Gennesareth, in Antike Welt 29 (1998) Heft 5, S. 435 Abb. 4.
24.3: Department of Antiquities, Israel.
25.1: Israel Antiquities Authority, Israel Museum.
25.2: Palestine Archaeological Museum.
26.1: Israel Museum, Jerusalem.
26.2: Prof. D. Ussishkin, Institute of Archaeology, University of Tel Aviv.
26.3: Israel Museum, Jerusalem.
26.4: Archaeological Museum, Istanbul.
27.1: The City of David Archaeological Project, Prof. Y. Tsafrir, Hebrew University of Jerusalem.
27.2: Prof. I. Finkelstein, Institute of Archaeology, University of Tel Aviv.
27.3–5: Israel Antiquities Authority.
28.1: Photo courtesy, The Oriental Institute, University of Chicago.
28.2, 29.1: Palestine Archaeological Museum.
29.2.3: Israel Antiquities Authority.
30.1: Department of Antiquities, Israel.
30.2: Israel Museum, Jerusalem.
30.3: Archäologisches Bibellexikon, A. Negev (Hg.), Neuhausen Stuttgart 1991, Farbtafel 33.
31.1.2: Israel Antiquities Authority.
31.3: Photo: Helene Bieberkraut.
32.1: Palestine Archaeological Museum.
32.2: Israel Antiquities Authority.
32.3: Prof. N. Avigad.
32.4: Israel Museum, Jerusalem.
32.5: Privatesammlung Teddy Kollek, Jerusalem.
32.6: Prof. N. Avigad.
32.7.8: Israel Antiquities Authority.
33: Fritz, V., Einführung in die Biblische Archäologie, Darmstadt 1985, Taf. 14 und 15.

Farbtafeln

1.1.2, 2.1: Hans Günther Kaufmann.
2.2: Beyer, J. M., Ein Geheimnis wird gelüftet, in Antike Welt 30 (1999) Heft 1, S. 68, Abb. 2.
3: Das Tote Meer. Jericho. Qumran. En Gedi. Massada. Sodom, Herzlia Israel (ohne Jahresangabe). Farbtafel S. 27.
4.1: Richard Nowitz.
4.2: Weber, Th., Wo trieb Jesus die Dämonen aus?, in Antike Welt 31 (2000) Heft 1, S. 23, Abb. 1.
5.1: Richard Nowitz.
5.2: Brigitte Jaroš-Deckert.
6.1: Brigitte Jaroš-Deckert.
6.2: Richard Nowitz.
7.1: Grewe, K., Licht am Ende des Tunnels, Sonderhefte der Antiken Welt, Mainz 1998, Farbabb. 52.
7.2: Zwickel, W., Der salomonische Tempel, Kulturgeschichte der antiken Welt 83, Mainz 1999, Taf. 13.
8: A.a.O. Taf. 4b.

Textabbildungen

1–2: Zusammengestellt vom Autor.
3: Nachzeichnung aus Rogerson, J., Atlas of the Bible, Oxford 1989, 59.
4: Hauptsächlich nach Orni, E. & Efrat, E., Geography of Israel, Jerusalem 1980, 145.
5: Hauptkarte meist nach Orni, E. & Efrat, E., op. cit., 165. Kartenausschnitt links oben nach Rogerson, J. & Davies, P., The Old Testament World, Cambridge 1989, 27.
6: Hauptsächlich nach Dorsey, D., The Roads and Highways of Ancient Israel, Baltimore & London, endpapers, und Aharoni, Y. & Avi-Yonah, M. (eds.), The Macmillan Bible Atlas, London 1970.
7: Zusammengestellt vom Autor.
8: Vorwiegend nach Finkelstein, I., The great transformation: the conquest of the highland frontiers and the rise of the territorial states, in: Levy, T.E. (ed.), The Archaeology of Society in the Holy Land, London 1995, 356 fig. 3 und Ji, C.C., Iron Age I in Central and Northern Transjordan: Interim Summary of Archaeological Data, PEQ 127 (1995) 122–140 und Mittmann, S., Beiträge zur Siedlungs- und Territorialgeschichte des Ostjordanlandes, Wiesbaden 1970.
9: Vorwiegend nach Finkelstein, I., The Archaeology of the Israelite Settlement, Jerusalem 1988 und Oren, E., »Governors' Residencies« in Canaan under the New Kingdom. A Case Study in Egyptian Administration, Journal of the Society for the Study of Egyptian Antiquities 14 (1984) 37–56 und Weinstein, J.M., The Egyptian Empire in Palestine: A Reassessment, BASOR 241 (1981) 1–28.
10: Nach Rogerson, J., Atlas of the Bible, Oxford 1989, 29.
11: Nach Maxwell Miller, J. & Hayes, J.H., A History of Ancient Israel and Judah, London 1986, 140 map 13 und Aharoni, Y. & Avi-Yonah, M. (eds.), The Macmillan Bible Atlas, London 1970, 61 map 90.
12: Nach Maxwell Miller, J. & Hayes, J.H. op.cit., 181 map 15 und Aharoni, Y. & Avi-Yonah, M (eds.) op. cit., 68 map 104 und 105 (Ergänzungskarte).
13: Nach Maxwell Miller, J. & Hayes, J.H. op.cit., 181 map 15 und 215 map 17.
14: Nach Aharoni, Y. & Avi-Yonah, M (eds.) op. cit., 76 map 118 und 91 map 142.
15: Nach Bordreuil, P., Sigillaires ouest-Sémitiques, III..., Syria LXII (1985) 21–29 figs 1A, 2, 7 und 8 und Mazar 1990, 519 fig. 11.36.
16: George Taylor, c Thames and Hudson.
17: Nach Aharoni, Y. & Avi Yonah, M (eds.), The Macmillan Bible Atlas, London 1970, map 130.
18: Herzog, Z., Beersheba II. The Early Iron Age Settlement, Tel Aviv 1984, 80 fig. 35.
19: George Taylor, c Thames and Hudson.
20: Nach Finkelstein, I., The Archaeology of the Israelite Settlement, Jerusalem 1988, 259 fig. 88.
21: George Taylor, c Thames and Hudson.
22: Nach McClellan, T.I., Town Planning at Tell en Na_beh, ZDPV 100 (1984) fig. 1 und Autor.
23: Nach Herzog, Z., in Katzenstein, H. (ed), The Architecture of Ancient Israel, Jerusalem 1987, 216, fig. 17.
24: Nach Bahat, D., The Illustrated Atlas of Jerusalem, London & New York 25, mit weiterer Information von Avigad, N., Discovering Jerusalem, Oxford 1984, 50 fig. 30 und Prag, K., The Blue Guide to Jerusalem, London 1989, 22.
25: George Taylor, c Thames and Hudson.
26: Nach Tufnell, O., Lachish III. The Iron Age. The Plates, Oxford 1953, pl. 29, Nr. 21 & 22.
27: Tracy Wellman, c Thames and Hudson.
28: George Taylor c Thames and Hudson.
29: Mazar 1990, 425 fig. 10.12.
30: Mazar 1990, 475 fig. 11.28.
31: Ben-Tor 1992 (*E*), 342 fig. 9.33.
32: Ben-Tor 1992 (*E*), 342 fig. 9.34.
33: Herzog, Z., Das Stadttor in Israel und in den Nachbarländern, Mainz, 114 Abb. 91, 97, Abb. 82, 109, Abb. 89.
34: Loud, G., Megiddo II. The Expeditions of 1935–39. University of Chicago Oriental Institute Publications LXII, Chicago 1948, 50 fig. 107.
35: Ben-Tor 1992 (*E*), 314 fig. 9–10.

36: Lamon, R.S. & Shipton, G.M., Megiddo I. The Expedition of 1925–31. University of Chicago Oriental Institute Publications XLII, Chicago 1939, 36 fig. 43.
37: George Taylor, © Thames and Hudson.
38: Grewe, K., Licht am Ende des Tunnels, Sonderhefte zur Antiken Welt, Mainz 1998, S. 42 Abb. 48.
39: A.a. O., S. 44 Abb. 54.
40: Tracy Wellman, c Thames and Hudson.
41: Nach Mazar 1990, 391 fig. 9.3 und vom Autor.
42: Vom Autor.
43: Turkowski, L., Peasant Agriculture in the Judean Hills, PEQ 101 (1969) 39 fig. 2.
44: Cohen, E., Tel Miqne-Ekron excavations, courtesy S. Gitin & T. Dothan.
45: Nach Gunneweg, J., Perlman, I. & Meshel, Z., The Origin of the Pottery at Kuntillet ʿAjrud, IEJ 35 (1985) 271 fig. 1.
46: Wood, B.G., The Sociology of Pottery in Ancient Palestine, JSOTSS 103, Sheffield 1990, 105 fig. 7.
47: Fritz, V. Einführung in die biblische Archäologie, Darmstadt 1985, Faltkarte.
48: Amiran, R., Ancient Pottery of the Holy Land, Jerusalem – Ramat Gan 1969, p. 209 Pl. 66.7 und p. 211 Pl. 67.1 und 8.
49: Singer, C., Holmyard, E.J., Hall, A.R et al. (eds.), A History of Technology from the Earliest Times to the Fall of Ancient Empires, Oxford 1954, 413 fig. 269 a und c.
50: Nach Wood, B.G., The Sociology of Pottery in Ancient Palestine, JSOTSS 103, Sheffield 1990, 115 fig. 17 und 120 fig. 23.
51: Philip Winton c Thames and Hudson.
52: Nach Mazar 1990, 362 fig. 8.33.
53: Nach Mazar, A., Iron Age Fortresses in the Judean Hills, PEQ 114 (1982) 87 fig. 1 mit zusätzlichen Daten von Lemaire, A., Inscriptions Hébraïques, Tome I. Les Ostraca, Paris 1977, 110, 115.
54: Philip Winton c Thames and Hudson.
55: Ben-Tor 1992 (*E*), 300 fig. 8.29.
56: Dever, W.G., Recent Archaeological Discoveries and Biblical Research, Seattle & London 1990, 149 fig. 50.
57: Nach Yadin, Y., Hazor III-IV. An Account of the third and fourth seasons of excavations 1957–58, Jerusalem 1961, Pl. CCCXLVI.
58: A. Biran, Nelson Glueck School of Biblical Archaeology, Jerusalem.
59: Biran, A., Biblical Dan, Jerusalem 1994, 190 fig. 150.
60: Ben-Tor 1992 (*E*), 340 fig 9.30.
61: George Taylor c Thames and Hudson.
62: Weippert, H., Die Kesselwagen Salomos, ZDPV 108 (1992) 18 Abb. 5 und 25, Abb. 12.
63: Tracy Wellman c Thames and Hudson.
64: Jaroš, K., Die ältesten Fragmente eines biblischen Textes, Mainz 1997, Abb. 1 und 2.
65: Stern, L., New Types of Phoenician Style Decorated Pottery from Palestine, PEQ 110 (1978) 13 fig. 1.
66: Dever, W.G., Recent Archaeological Discoveries and Biblical Research, Seattle & London 1990, 154 fig. 54.
67: Harris, R.L., Exploring the World of the Bible Lands, London & New York 1995, 52.
68: Dever, W.G., Recent Archaeological Discoveries and Biblical Research, Seattle & London 1990, 145 fig. 47.
69: Dever, W.G., op. cit., 144 fig. 46.
70: Stern, L., New Types of Phoenician Style Decorated Pottery from Palestine, PEQ 110 (1978) 17 fig. 7.
71: Vicent, H. & Steve, M.-A., Jérusalem de l‹Ancien Testament, Recherches d‹Archéologie et d‹Histoire I, Texte, Paris 1954, 134 fig. 51.
72: Nach May, H.G., Material Remains of the Megiddo Cult. Oriental Institute of Chicago Publications XXVI, Chicago 1935, Pl. XXXII, M 4418 und M 1222. Für die Statue aus Chirbet el-Hadschar vgl. Bienkowski, M. (ed.), Treasures from an Ancient Land. The Art of Jordan, Merseyside 1991, 42, fig. 42.
73: Schroer, S., In Israel gab es Bilder. Nachrichten von der darstellenden Kunst im Alten Testament, OBO 74, Freiburg/Schweiz – Göttingen 1987, Abb. 113, 114, 117.
74 (links): Nach Hestrin, R. & Dayagi-Mendels, M., Inscribed Seals..., Jerusalem 1979, fig. 5.

74 (rechts): Payne, H., Necrocorinthia. A Study of Corinthian Art in the Archaic Period, Oxford 1931, 75, fig. 21 f.
75: Tufnell, O., Lachish III .The Iron Age. The Plates, Oxford 1953, Pl. 50,1.
76: Philip Winton c Thames and Hudson.
77: BRL 235,236, fig. 57.
78: Buttrick, G.A. (ed.), The Interpreter's Dicionary of the Bible, New York and Nashville Tenn. 1962, 467.
Bei Abbildungen 3; 4; 5; 6; 8; 9; 10; 11; 12; 13; 14; 17; 41; 50 und 53 wurden zusätzlich die Karten auf der Innenseite des Einbandes von Pritchard, J. B. (ed.), The Times Atlas of the Bible, 1989 verwendet.

Synoptische Königslisten: Graphik Brigitte Jaroš-Deckert.

Tabellen

ARCHÄOLOGISCHE PERIODEN	
Präkeramisches Neolithikum	ca. 6300–5500 v. Chr.
Keramisches Neolithikum	ca. 5500–4500 v. Chr.
Chalkolithikum	ca. 4500–3300 v. Chr.
Frühe Bronzezeit	ca. 3300–2200 v. Chr.
FB I	3300–3000 v. Chr.
FB II	3000–2700 v. Chr.
FB III	2700–2200 v. Chr.
Mittlere Bronzezeit	ca. 2200–1550 v. Chr.
MB I	2200–2000 v. Chr.
MB IIA	2000–1750 v. Chr.
MB IIB	1750–1550 v. Chr.
Späte Bronzezeit	ca. 1550–1200 v. Chr.
SB I	1550–1400 v. Chr.
SB IIA	1400–1300 v. Chr.
SB IIB	1300–1200 v. Chr.
Eisenzeit	ca. 1200–586 v. Chr.
EZ I A	1200–1150 v. Chr.
EZ I B	1150–1000 v. Chr.
EZ II A	1000–900 v. Chr.
EZ II B	900–700 v. Chr.
EZ II C	700–586 v. Chr.

SYNOPTISCHE KÖNIGSLISTEN

ÄGYPTEN	DAS VEREINIGTE KÖNIGREICH	
21. Dynastie		
Smendes (1070/69–1044/43)		
Amen-em-nisut (1044/43–1040/39)		
Psusennes (1044/43–994/93)	Saul (1012–1004)	
Amen-em-opet (996/95–985/84)	Eschbaal (1004; nur im Norden)	
Osochor (985/84–979/78)	**David** (1005/4–965)	
Si-amun (979/78–960/59)		
Psusennes II. (960/59–946/45)	**Salomo** (965–926/5)	
22. Dynastie (ohne oberägypt. Linie)	**DIE SCHWESTERSTAATEN JUDA UND ISRAEL**	
Schoschenq I. (946/45–925/24)	Juda	Israel
Osorkon I. (925/24–ca. 890)	Rechabeam (924–907)	Jerobeam I. (924–903)
Takelot I. (ca. 890–877)	Abija (907–906)	
Schoschenq II. (ca. 877–875)	Asa (905–874)	Nadab (903–902)
		Bascha (902–886)
		Ela (886–885)
		Simri (882)
		Omri (885–873)
		|Tibni (882–878| Gegenkönig
Osorkon II. (ca. 875–837)	Joschafat (874–850)	Ahab (873–851)
		Ahasja (851–849)
	Joram (850–843)	Joram (849–843)
	Ahasja (843)	Jehu (843–816)
	Athalja (843–837)	
Schoschenq III. (ca. 837–798 |785?|)	Joasch (837–?)	Joahas (816–800)
Schoschenq III.a (ca. 798–785 ?)	Amasja (801–773)	Joasch (800–785)
Pe-mu (ca. 785–774)		Jerobeam II. (785–745)
Schoschenq V. (ca. 774–736)	Asarja (773–756; † 736)	
23. Dynastie (im Delta)		Sacharja (745)
Petubastis II. (ca. 756–732/30)	Jotam (?–742)	Schallum (745)
Auput II. (ca. 756–725 ?)	Ahas (742–727)	Menachem (745–736)
		Pekachja (736–735)
		Pekach (735–732)
Osorkon IV. (ca. 732/730–722)	Hiskija (727–698)	Hoschea (732–723)
"Psammus"? (ca. 722–712)		
24. Dynastie (in Sais)		
Fürst Tef-nachte (um 740–719/17)		
Bokchoris (719/17–714/12)		
25. Dynastie (Kuschiten)		
Kaschta (vor ca. 746)		
Pije (746–715/713)		
Schabako (715/713–700/698)		
Schebitko (700/698–690)		
Taharqo (690–664)	Manasse (697–642)	
Tanot-amun (664–ca. 655)		
26. Dynastie		
Psametik I. (664–610)	Amon (642–640)	
	Joschija (639–609)	
Necho (II.) (610/9–595)	Joahas (609)	
	Jojakim (608–598)	
	Jojakin (598/97)	
Psametik II. (595–589)	Zidkija (597–587)	
Apries II. (589–570)		
Amosis II. (570–526)		

ARAMÄER VON DAMASKUS	ASSYRER	NEUBABYLONIER
	Assur-nirari IV. (ca. 1016–1011)	
	Assur-rabi II. (ca. 1010–970)	
	Assur-res-isi II. (ca. 969–965)	
	Tiglat-Pilesar II. (ca. 964–933)	
Rezon (ca. 925)	Assurdan II. (ca. 932–910)	
Chesjon (ca. 920)		
Tabrimmon (ca. 910)		
Ben Hadad I. (ca. 890)	Adadnirari II. (ca. 909–889)	
	Tukulti-Ninurta (ca. 888–884)	
	Assur-nasir-pal II. (ca. 883–859)	
Ben Hadad II. (ca. 860)	Salmanassar III. (ca. 858–824)	
Hasael (843–?)	Samsi-Adad V. (ca. 823–811)	
	Adadnirari III. (810–783)	
Ben Hadad III. (ca. 800)	Salmanassar IV. (ca. 782–773)	
	Assurdan III. (ca. 772–756)	
	Assurnirari V. (ca. 753–745)	
	Tiglatpilesar III. (ca. 744–727)	
Rezin (ca. 740)		
	Salmanassar V. (727–722)	
	Sargon II. (722–705)	
	Sanherib (ca. 705–681)	
	Asarhaddon (ca. 680–669)	
	Assurbanipal (ca. 668–627)	
	Assur-etil-ilani (ca. 630–623)	Nabu-apal-usur (ca. 626–605)
	Sinsariskum (ca. 623–612)	
	Assur uballit II. (ca. 612–609)	Nebukadnezar (ca. 604–562)
		Awil-Marduk (ca. 561–560)
		Nergal-sar-usar (ca. 559–556)
		Labsi-Marduk (ca. 556)
		Nabonid (ca. 555–538)